Droit fiscal

HyperCours Dalloz

sous la direction de

- Dominique **Chagnollaud de Sabouret**
  Professeur à l'Université Panthéon-Assas (Paris II)
- Serge **Guinchard**
  Professeur émérite de l'Université Panthéon-Assas (Paris II)

Droit fiscal 2023

Fiscalité des particuliers et des entreprises

3e édition 2023

Régis Vabres
Professeur à l'Université Jean Moulin (Lyon III)

DALLOZ

Éditions DALLOZ
Tour Lefebvre Dalloz
10, place des Vosges
CS90358
92072 Paris La Défense Cedex

ISBN 978-2-247-22341-1

En un seul ouvrage, *l'Hypercours Droit fiscal* met à la portée des étudiants des moyens d'acquisition, de révision et d'entraînement performants. Il fournit les connaissances théoriques indispensables et propose les références, exemples, exercices et thèmes de réflexion qui permettent d'appréhender correctement la mise en application de ces connaissances.

• Le cours, complet, est décomposé en titre mais surtout en chapitres thématiques correspondant aux séances de travaux dirigés. La structure de chacun d'eux est annoncée en début de chapitre par un plan analytique.

– Parallèlement au cours, sur la même page, l'ensemble du texte est découpé en blocs d'idées homogènes, selon une numérotation située dans la marge. Cette numérotation permet d'accéder à des définitions (v. ss la rubrique « Quid »).

– Des mots ou expressions clés sont signalés par la lettre « Q » en exposant. S'ils ne sont pas définis dans le cours même, il faut là encore se reporter à la rubrique « Quid » pour en connaître la signification précise.

• Des rubriques pédagogiques (pages signalées par un bandeau de couleur), complètent le cours de chaque chapitre. Elles ont une double fonction : mieux faire comprendre et assimiler le cours, mais aussi préparer efficacement les étudiants aux épreuves des travaux dirigés et des examens.

– La rubrique « *Mémo* » permet de synthétiser rapidement l'ensemble d'un cours.

– La rubrique « *Quid* » permet de disposer immédiatement de définitions extensives des mots clés du cours (signalés dans le cours par la lettre « Q » – pour « Quid » – en exposant). À chaque mot clé est accolé un ou des numéros(s) correspondant au découpage signalé en marge dans le cours afin de les repérer plus rapidement, le tout à la façon des liens hypertexte.

– La rubrique « *Document* » présente les textes de référence.

– La rubrique « *Biblio* » donne accès à une bibliographie sélective.

– La rubrique « *Quiz* » délivre des épreuves corrigées de commentaires d'arrêt, d'articles, de dissertations, de consultations juridiques, de cas pratiques et des questions, des tests...

• Présentant une synthèse de la matière, des éléments de pratique et de documentation viennent à la suite du cours et des compléments pédagogiques.

– Le *sujet terminal* propose un sujet d'examen corrigé correspondant à une épreuve type donnée en fin de semestre ou d'année et faisant appel à l'ensemble des connaissances acquises.

• Pour s'orienter à l'intérieur du manuel :

– Au début de l'ouvrage, après le *plan général* de celui-ci, le *sommaire des Quiz* répertorie les sujets corrigés par genre (tests de connaissances ou de compréhension, dissertations, commentaires d'arrêts, cas pratiques).

– Situé en fin d'ouvrage, l'*index alphabétique* des termes utilisés prend pour repères les blocs d'idées homogènes numérotés en marge du cours et permet de trouver une notion rapidement. Les mots *Quid* y sont intégrés pour faciliter la lecture des définitions.

– La *table des matières* en fin d'ouvrage permet d'accéder facilement au cours et à sa structure.

Principales abréviations

BA	Bénéfices agricoles
BIC	Bénéfices industriels et commerciaux
BNC	Bénéfices non commerciaux
BF Lefebvre	*Bulletin Francis Lefebvre*
BJS	*Bulletin Joly Sociétés*
BOFiP	*Bulletin officiel des finances publiques*
CGI	Code général des impôts
CRDS	Contribution au remboursement de la dette sociale
CEHR	Contribution exceptionnelle sur les hauts revenus
CSG	Contribution sociale généralisée
Conv. EDH	Convention européenne de sauvegarde des droits de l'homme et des libertés fondamentales
CEDH	Cour européenne des droits de l'homme
HT	Hors taxe
IS	Impôts sur les sociétés
IR	Impôt sur les revenus
J.-Cl. Fisc.	*Juris-Classeur Fiscal*
LPF	Livre des procédures fiscales
PME	Petites et Moyennes Entreprises
PCG	Plan comptable général
PV	Plus-values des particuliers
PFNL	Prélèvement forfaitaire non libératoire
PFU	Prélèvement forfaitaire unique
PS	Prélèvements sociaux
RSA	Revenu de solidarité active
RCM	Revenus des capitaux mobiliers
RF	Revenus fonciers
Dr. fisc.	*Revue de Droit fiscal*
SARL	Société à responsabilité limitée
SA	Société anonyme
SCI	Société civile immobilière
TMI	Taux marginal d'imposition
TVA	Taxe sur la valeur ajoutée
TTC	Toutes taxes comprises
TFUE	Traité sur le fonctionnement de l'Union européenne
TS	Traitements et salaires

Plan général de l'ouvrage

Sommaire des Quiz

Les chiffres envoient aux numéros des pages. Tous les sujets sont corrigés en fin de la rubrique pédagogique sauf ceux indiqués en italiques.

Tests de connaissances

Tableaux de connaissances

Commentaires d'articles, d'arrêts ou de textes

Cas pratiques

Dissertations

Introduction

Plan analytique

section 1
La théorie générale de l'impôt

§ 1 La notion d'impôt

A. Les caractères essentiels de l'impôt

B. Les caractères secondaires de l'impôt

§ 2 La distinction de l'impôt et des autres types de prélèvements

A. L'impôt et les prélèvements non obligatoires

B. L'impôt et les prélèvements obligatoires

§ 3 Les classifications de l'impôt

A. Les classifications économiques

B. Les classifications juridiques

section 2
Les sources internes

§ 1 Les sources constitutionnelles

A. Le principe de légalité de l'impôt

B. Le principe de la nécessité de l'impôt et le principe de rétroactivité

C. Le principe de l'égalité devant l'impôt et devant les charges publiques

D. Les autres principes et objectifs à valeur constitutionnelle

§ 2 Les sources législatives et réglementaires

A. La loi

B. Les ordonnances de l'article 38 et les règlements

§ 3 La doctrine administrative et les rescrits fiscaux

A. La définition de la doctrine administrative

B. La valeur de la doctrine administrative

C. La protection du contribuable contre les changements de doctrine

D. Le rescrit fiscal

§ 4 La jurisprudence

A. L'interprétation des textes

B. Les créations du juge

section 3

Les sources internationales et européennes

§ 1 La Convention européenne des droits de l'homme

A. Les droits procéduraux

B. Les droits substantiels

§ 2 Le droit de l'Union européenne

A. Les interdictions fiscales découlant du traité

B. La protection des libertés fondamentales

C. L'harmonisation des législations fiscales

D. La lutte contre la fraude et l'évasion fiscale

§ 3 Les conventions fiscales internationales et les travaux de l'OCDE

A. Le contenu des conventions fiscales internationales

B. La portée des conventions fiscales internationales

Compléments pédagogiques

Introduction

Parmi les matières enseignées à l'université, le droit fiscal occupe une place à part. Cet enseignement est tantôt assuré par des enseignants-chercheurs spécialisés en droit public, tantôt par des enseignants-chercheurs dont la spécialité est le droit privé et le plus souvent le droit des affaires. Cette diversité des pratiques d'enseignement s'explique parfaitement par la spécificité du droit fiscal : la matière est liée au droit administratif, aux finances publiques (l'impôt fournit d'importantes recettes budgétaires à l'État sans pouvoir financer toutes les dépenses publiques), mais la fiscalité affecte également tous les actes de la vie civile ainsi que certains droits fondamentaux des contribuables dont certains concernent les principales notions du droit privé : contrat, bien, propriété, entreprise. De surcroît, étudier la fiscalité implique de maîtriser raisonnement juridique, conséquences économiques et quelques opérations mathématiques de base. Mais faut-il le rappeler, le calcul n'est que le résultat d'une démonstration et d'une construction juridique. Tout comme les formalités inhérentes aux obligations fiscales : la maîtrise des règles est un préalable indispensable à leur mise en œuvre. Le droit fiscal est donc bien une matière juridique à part entière qu'il faut appréhender avec humilité, mais aussi détermination et bon sens. Le droit fiscal est à la croisée de toutes les branches du droit et parfois il leur apporte un éclairage particulièrement stimulant sur la théorie juridique. 1

Le droit fiscal est traditionnellement défini comme l'ensemble des règles juridiques relatives aux impositions. Particulièrement large, cette définition présente le mérite d'englober les multiples facettes du droit fiscal. Celui-ci réunit en effet plusieurs dimensions. Les notions d'impôt et de taxe bien sûr, mais également les différents régimes fiscaux, les droits et obligations des contribuables ainsi que les procédures fiscales. À cet égard, le droit fiscal est une branche du droit qui comporte de nombreuses sous-branches : la fiscalité des revenus des particuliers, la fiscalité patrimoniale, la fiscalité des entreprises, la fiscalité internationale, sans oublier le contrôle et le contentieux fiscaux. Ces différentes ramifications ne doivent pas faire perdre de vue leur tronc commun : l'imposition est un acte d'autorité, celle de l'État sur ses sujets. Cette imposition peut prendre des formes variables, l'impôt au sens strict du terme, n'étant qu'une forme d'imposition parmi d'autres. Il est toutefois nécessaire d'en saisir les caractéristiques (section 1) pour mieux comprendre ses sources (section 2). 2

section 1

La théorie générale de l'impôt

3 La théorie générale de l'*impôt*[Q] s'intéresse à la délimitation de la notion d'impôt (§1) et vise ainsi à le distinguer d'autres types d'imposition (§2).

§ 1 La notion d'impôt

4 De manière classique, l'impôt est défini par la doctrine comme « une prestation pécuniaire, requise des particuliers par voie d'autorité, à titre définitif et sans contrepartie, en vue de la couverture des charges publiques ». Bien qu'elle soit perfectible, cette définition met en évidence les caractères essentiels de l'impôt (A) : un prélèvement pécuniaire obligatoire et sans contrepartie déterminée pour le contribuable (qu'il soit une personne physique ou une personne morale). Elle permet également de souligner les caractères dits secondaires qui ne sont pas à négliger pour autant (B).

A. Les caractères essentiels de l'impôt

5 L'impôt présente deux caractères essentiels : il constitue un prélèvement obligatoire (1), pour lequel les contribuables ne peuvent exiger une quelconque contrepartie (2).

1. *Un prélèvement obligatoire*

6 L'impôt est un prélèvement contraignant et unilatéralement établi par l'État ou les collectivités territoriales, sans que le contribuable n'exprime véritablement son consentement (mis à part le vote de la loi par les représentants élus qui est davantage une manifestation du principe de légalité ; v. ss 40).

7 Ce caractère contraignant ne signifie pas que le régime de l'impôt ne laisse pas au contribuable une certaine marge de liberté. Certains dispositifs fiscaux offrent la possibilité d'opter ou non pour l'impôt (ex. option pour la TVA prévue par la loi pour certaines activités de location immobilière) ou d'opter ou non pour certains mécanismes (ex. déduction des frais réels ou forfait de 10 %).

2. *Un prélèvement sans contrepartie déterminée*

8 L'impôt n'est pas versé par le contribuable en échange de prestations déterminées. Certes, l'impôt est une recette essentielle pour le financement des services publics. Pour autant, il n'est pas possible de créer une connexion entre un prélèvement déterminé et l'un des services publics assurés par l'État ou les autres collectivités publiques. L'impôt est ainsi soumis à un principe de non-affectation qui est fondamental au regard des finances publiques, mais qui suscite souvent la méfiance des contribuables.

9 Là encore des exceptions existent. C'est ainsi que certains impôts sont affectés au financement de la Sécurité sociale, comme la contribution sociale généralisée (CSG).

Pour d'autres taxes particulières, une finalité économique et politique est souvent aisément identifiable. À titre d'exemple, l'État a instauré une taxe sur les nuisances sonores perçue sur les compagnies aériennes et servant à financier les installations des riverains des aéroports. Le Conseil d'État l'a analysé comme un impôt en dépit d'une certaine traçabilité des recettes fiscales engendrées et finalement d'une forme de contrepartie au bénéfice de certains contribuables. 10

Outre le financement des charges publiques, la fiscalité peut parfois constituer un levier de dissuasion : la taxe sur les véhicules polluants ou la taxe sur les logements vacants sont des outils visant à empêcher le développement de certaines activités jugées néfastes pour l'intérêt général. 11

B. Les caractères secondaires de l'impôt

L'impôt présente également deux caractères dits secondaires : il prend en principe une forme pécuniaire (1) et il est versé à titre définitif (2). 12

1. *Un prélèvement pécuniaire*

L'impôt est en principe une obligation monétaire à la charge du contribuable. Celui-ci doit respecter ses obligations fiscales en utilisant la monnaie ayant cours légal en France, c'est-à-dire l'euro, ce qui exclut toute autre forme de paiement (en particulier les monnaies digitales de type bitcoin), sauf cas prévus par la loi. Par exception, l'article 1716 *bis* du CGI autorise la dation en paiement pour le règlement de certains impôts (droits de mutation, impôt sur la fortune immobilière ou droit de partage) et prévoit que le règlement de la dette fiscale au moins égale à 10.000 € puisse prendre la forme d'une remise d'œuvres d'art ou d'immeubles dont la nature est déterminée par la loi. 13

2. *Un prélèvement effectué à titre définitif*

L'impôt n'a pas vocation à être restitué. En d'autres termes, le prélèvement effectué par l'État n'a pas le caractère d'un prêt qui pourrait donner lieu à un remboursement. Au demeurant, l'impôt n'est pas restitué, même lorsque les finances publiques sont mal gérées ou que les ressources issues de l'impôt sont gaspillées. Le contribuable n'est donc pas un créancier de l'État, sauf lorsqu'il a supporté un impôt trop important par rapport à ce qui était dû, ce qui sera le cas toutes les fois où il a commis une erreur ou lorsque le prélèvement qu'il aura supporté aura été calculé sur une base trop élevée. Les règles relatives aux procédures fiscales ont justement vocation à traiter l'ensemble des litiges pouvant survenir entre l'administration fiscale et les contribuables. 14

§ 2 La distinction de l'impôt et des autres types de prélèvements

Afin d'être correctement défini, l'impôt doit être distingué des prélèvements non obligatoires (A) ainsi que des autres prélèvements qui présentent comme lui un caractère obligatoire (B). Un même prélèvement relève nécessairement de l'une de 15 ses catégories. Les régimes subséquents étant différents, on peut difficilement concevoir des hybrides. Le silence du législateur ou l'imprécision des termes employés peut toutefois rendre l'opération de qualification très délicate.

A. L'impôt et les prélèvements non obligatoires

16 Un prélèvement qualifié de non obligatoire ne signifie pas que le prélèvement en cause dépend de la seule volonté du contribuable. Cela signifie en réalité que celui-ci est libre de profiter ou non de la contrepartie qui est prévue. Là où l'impôt est généralisé, la redevance (1) et la contribution (2) constituent des prélèvements qui se limitent aux bénéficiaires des usagers des services financés.

1. *La distinction de l'impôt et de la redevance*

17 La *redevance*[Q] peut être définie comme la somme versée par l'usager d'un service public ou d'un ouvrage public et qui trouve sa contrepartie directe et immédiate dans les prestations fournies par ce service dans l'utilisation de l'ouvrage. Le traitement des ordures ménagères donne lieu au paiement d'une redevance (improprement qualifiée de taxe d'enlèvement des ordures ménagères) : le contribuable finance ici directement le service dont il bénéficie en retour. Il importe donc qu'un service individualisable soit rendu à l'usager et qu'il ne relève des missions d'intérêt général incombant à l'État (CE 28 nov. 2018, n° 413839).

2. *La distinction de l'impôt et de la contribution*

18 La contribution est exigée par la collectivité publique à l'occasion de certains travaux ou opérations accomplis par une personne privée. Par exemple, une taxe dite d'aménagement, prévue par l'article L. 331-1 du Code de l'urbanisme, s'applique lors du dépôt d'un permis de construire ou d'une déclaration préalable de travaux, effectuée par un particulier ou une entreprise. Cette contribution permet donc de participer à l'action des collectivités publiques en matière d'urbanisme, en assurant une partie de son financement.

B. L'impôt et les prélèvements obligatoires

19 L'impôt n'est pas le seul prélèvement obligatoire. Bien que présentant des caractéristiques différentes, les taxes (1) et les cotisations sociales (2) en font également partie.

1. *La distinction de l'impôt et de la taxe*

20 La *taxe*[Q] peut être définie comme la somme exigée en contrepartie des prestations offertes par un service public ou de la possibilité d'utiliser un ouvrage public. En d'autres termes, la taxe reçoit une affectation particulière et son paiement permet au débiteur de bénéficier d'une contrepartie. La difficulté en la matière est double : les taxes sont très diverses et certaines ne comportent pas un intitulé permettant de les identifier. Tel est le cas par exemple de la contribution à l'audiovisuel public prévue par l'article 1605 du Code général des impôts qui permet le financement des organismes de l'audiovisuel public. Il en est de même de la taxe sur la valeur ajoutée qui ne constitue aucunement une taxe, mais qui constitue en réalité un impôt, dès lors que les recettes perçues par l'État ne sont pas spécialement affectées au financement d'une activité ou d'un service public.

2. *La distinction de l'impôt et des cotisations sociales*

Les *cotisations sociales*[Q] s'entendent des sommes versées aux institutions de protection sociales, publiques ou privées, en exécution d'obligations légales ou conventionnelles. Elles sont versées soit par les cotisants, soit par leurs employeurs. Ces cotisations ouvrent droit aux prestations et avantages prévus par les différents régimes concernés. Le cotisant a donc droit à une prestation future, liée à évènement déterminé (maladie, retraite, etc.). Leur identification est primordiale : les cotisations sociales ne relèvent pas des dispositions du Code général des impôts, sauf renvoi exprès à celui-ci. À l'occasion d'une même opération, le calcul des cotisations sociales suivra bien souvent des règles différentes de celles prévues pour l'impôt concerné, comme le montre, par exemple, le régime des plus-values privées sur droits sociaux et valeurs mobilières (v. ss 313). 21

En outre, les compétences du Parlement ne sont pas les mêmes : au regard de l'article 34 de la Constitution, le Parlement fixe seulement les principes fondamentaux des cotisations, ce qui exclut notamment la détermination de leurs taux respectifs. 22

§ 3 Les classifications de l'impôt

À défaut de pouvoir définir l'impôt de manière précise, plusieurs tentatives de classifications ont été élaborées. Ces classifications ont une origine doctrinale, légale ou parfois jurisprudentielle. Sans avoir la valeur d'une règle de droit, elles permettent de mieux appréhender la diversité de la matière fiscale. Ces classifications s'appuient soit sur un critère économique (A), soit sur un critère juridique (B). 23

A. Les classifications économiques

Les classifications distinguent les différents types d'impôt en se basant sur un critère lié à la technique d'imposition. Ce critère peut être le redevable de l'impôt (qui est imposé ?), l'assiette imposable (qu'est-ce qui est imposé ?) ou le mode de calcul de l'impôt (comment calculer l'impôt ?) On distingue généralement ici les impôts réels et personnels (1), les impôts sur le capital, le revenu ou encore la dépense (2) ainsi que les impôts proportionnels et progressifs (3). 24

1. *Impôts réels et personnels*

Cette distinction est la plus ancienne. L'impôt réel est celui qui frappe une opération, un bien ou une somme d'argent uniquement dans sa nature, sa valeur monétaire ou sa quantité, abstraction faite de la personne du contribuable. L'impôt personnel est à l'inverse celui qui frappe directement la personne, en raison de son existence même. L'impôt personnel « pur » a quelque peu disparu. Une taxe sur les personnes « oisives » (sans activité) fut instaurée en 1948, mais elle ne fut jamais appliquée. Aujourd'hui, l'impôt sur le revenu des personnes physiques est un hybride entre l'impôt personnel et l'impôt réel (ce sont les revenus qui supportent l'impôt, mais celui-ci tient compte de la situation de la personne). 25

■ 26 En revanche, la distinction entre les deux types d'impôt conserve une importance. En effet, certains impôts ont un caractère personnel qui conduit à tenir compte de la situation particulière de la personne (comme le montre le calcul du quotient familial dans le cadre de l'impôt sur le revenu ou la détermination du foyer fiscal dans le cadre de l'impôt sur la fortune immobilière, v. ss 174 et 1141). Les impôts réels à l'inverse montrent une certaine indifférence à la personne ou à la structure qui exerce l'activité taxée. Ainsi, par exemple, l'impôt sur les sociétés ne s'applique pas seulement aux sociétés : il peut trouver à s'appliquer à tout organisme réalisant une activité lucrative, y compris une entreprise individuelle (v. ss 419).

2. *Impôts sur le capital, sur le revenu et sur la dépense*

■ 27 Le capital, le revenu et la dépense sont des concepts économiques qui permettent d'appréhender la richesse. Le capital est une richesse acquise (il révèle donc une approche patrimoniale et figée). Le revenu est une richesse renouvelée (la richesse provient de l'exploitation d'une activité ou d'un actif). La dépense est une richesse indirecte (l'individu utilise ses ressources pour acquérir un bien ou un service).

■ 28 Le système fiscal français comporte aujourd'hui des impôts sur le capital, le revenu ou encore la dépense. L'imposition du capital se manifeste par exemple au travers de l'impôt sur la fortune immobilière (les biens et droits immobiliers sont taxés indépendamment du fait de savoir s'ils produisent ou non des revenus) et les taxes foncières. L'imposition sur la dépense apparaît notamment au niveau de la taxe sur la valeur ajoutée dont le poids est supporté *in fine* par le consommateur final. L'imposition sur le revenu est bien entendu symbolisée par l'impôt sur le revenu des personnes physiques. Chacune de ces impositions présente ses forces et ses faiblesses. Les impôts sur le revenu et sur le capital offrent quelques garanties à l'État : celui-ci est quasiment assuré que le contribuable dispose des ressources nécessaires pour faire face à ses obligations fiscales (sauf comportement négligent ou frauduleux). L'imposition sur la dépense est en principe indolore et simple à mettre en œuvre, puisqu'elle se concrétise à l'occasion d'un achat. Elle ne permet toutefois ni de personnaliser l'impôt, ni de mettre en place une progressivité en fonction des revenus et son caractère indolore concerne surtout les entreprises (qui peuvent faire supporter le poids de l'impôt sur leurs clients) et non les particuliers. En outre, le cumul d'une imposition sur le revenu et sur le capital ne favorise pas le travail et l'épargne, au-delà d'un certain seuil (psychologique) jugé confiscatoire par le contribuable.

3. *Impôts proportionnels et progressifs*

■ 29 La distinction des impôts proportionnels et des impôts progressifs tient compte des modalités de calcul de la charge fiscale. L'impôt proportionnel revient à appliquer un pourcentage arithmétique identique, quel que soit le montant de l'assiette imposable (comme par exemple, la taxe sur la valeur ajoutée dont le taux de droit commun est de 20 % ou les droits de mutation à titre onéreux frappant les cessions d'immeubles ou de titres sociaux). L'impôt progressif présente à l'inverse la particularité de s'appuyer sur des taux variables qui le plus souvent augmentent avec la base d'imposition. C'est le cas notamment du barème de l'impôt sur le revenu, mais également des droits de mutation à titre gratuit (qui frappent les donations et les successions).

Le Conseil constitutionnel a reconnu en 1993 la valeur constitutionnelle du principe de progressivité pour l'impôt sur le revenu, en visant les principes d'égalité devant l'impôt et d'égalité des charges publiques, énoncés dans la Déclaration des droits de l'homme et du citoyen de 1789 (v. ss 55). 30

B. Les classifications juridiques

Les classifications juridiques s'appuient sur un critère différent de ceux vus précédemment. Leur articulation repose davantage sur le fait générateur et les techniques de collecte de l'impôt. Cette approche permet de différencier les impôts directs et indirects (1), étant observé qu'au sein des impôts indirects, la TVA occupe une place particulière (2). 31

1. *Impôts directs et indirects*

Les impôts directs sont ceux qui frappent directement les biens ou les revenus d'une personne, du seul fait qu'elle possède ces biens ou revenus. Les impôts indirects n'atteignent le contribuable qu'indirectement, c'est-à-dire à l'occasion de l'emploi des ressources ou des dépenses. Les impôts indirects frappent la production, l'échange ou la consommation. 32

Cette distinction entraîne des conséquences importantes sur le plan juridique. L'article L. 199 du Livre des procédures fiscales qui détermine le tribunal compétent en matière de contentieux fiscal prévoit que le contentieux relatif aux impôts directs relève des juridictions administratives et que le contentieux relatif aux impôts indirects relève des juridictions judiciaires. Toutefois, la TVA fait figure d'exception et son traitement contentieux relève des juridictions administratives comme les impôts directs. 33

La distinction entre les impôts directs et indirects est également importante au niveau du recouvrement. La plupart des impôts directs sont recouvrés par voie de rôle (IR, IS, impôts locaux), tandis que les impôts indirects ne le sont pas (TVA, droits d'enregistrement). En cas de rôle, il faut distinguer l'avis d'imposition (qui est un extrait du rôle) et l'avis de mise en recouvrement (qui est un titre exécutoire et non un acte de poursuite (LPF, art. L. 256)). L'avis de mise en recouvrement marque la fin de la procédure d'assiette (c'est-à-dire la période au cours de laquelle l'administration prend connaissance des opérations du contribuable et calcule l'impôt) et il sert de référence pour fixer la date d'exigibilité de l'impôt. Pour les impôts indirects, il n'y a pas de rôle, l'impôt est dû, au moment où l'opération est réalisée (l'impôt est donc payé spontanément, le plus souvent à la suite d'une déclaration). 34

2. *Impôts indirects, taxes sur le chiffre d'affaires et droits d'enregistrement*

Au sein des impôts indirects, la TVA constitue une catégorie à part : la compétence juridictionnelle n'est pas la même ; la TVA relève largement du droit de l'Union européenne ; la TVA est neutre pour les entreprises assujetties, contrairement aux autres impôts indirects. 35

En raison de l'influence du droit de l'Union européenne, les États sont dans l'incapacité d'établir des taxes venant compromettre le système de la TVA. Dans l'affaire 36

Denkavit, la CJCE a rendu un arrêt fondamental qui vise à préserver la cohérence du système européen de la TVA : les États sont ainsi dans l'incapacité d'adopter une taxe nationale ayant la même assiette que la TVA et portant sur toutes les opérations réalisées à titre onéreux (CJCE 31 mars 1992, *Denkavit*). En revanche, les législateurs nationaux sont en droit de soumettre les entreprises exonérées de TVA à une taxe spécifique, comme la taxe sur les salaires (CE 21 déc. 2007, *FC Metz*, n° 295646).

section 2

Les sources internes

37 En droit fiscal, il est possible d'identifier quatre sources internes du droit : les sources constitutionnelles (§1), les sources législatives et réglementaires (§2), la doctrine administrative et les rescrits fiscaux (§3) ainsi que la jurisprudence (§4).

§ 1 Les sources constitutionnelles

38 En droit fiscal, les sources constitutionnelles se limitent à quelques dispositions. L'article 13 de la Déclaration des droits de l'homme et du citoyen précise que « pour l'entretien de la force publique, et pour les dépenses d'administration, une contribution commune est indispensable ; elle doit être également répartie entre les citoyens, en raison de leurs facultés ». L'article 14 du même texte dispose que « les citoyens ont le droit de constater, par eux-mêmes ou par leurs représentants, la nécessité de la contribution publique, de la consentir librement, d'en suivre l'emploi, et d'en déterminer la quotité, l'assiette, le recouvrement et la durée ». Ce principe du consentement à l'impôt a été repris à l'article 34 de la Constitution selon lequel la loi fixe les règles concernant « l'assiette, le taux et les modalités de recouvrement des impositions de toutes natures ».

Le Conseil constitutionnel est chargé du contrôle de constitutionnalité de la loi, celui-ci pouvant s'opérer *a priori* (c'est-à-dire avant la promulgation de la loi) ou *a posteriori* (c'est-à-dire dans le cadre d'une question prioritaire de constitutionnalité). Lorsqu'à l'occasion d'une instance en cours devant une juridiction, il est soutenu qu'une disposition législative porte atteinte aux droits et libertés que la Constitution garantit, le Conseil constitutionnel peut être saisi de cette question sur renvoi de la Cour de cassation et du Conseil d'État. Depuis sa décision « Liberté d'association » du 16 juillet 1971, le Conseil constitutionnel a considérablement élargi les principes et les normes qui doivent être respectés par le législateur. En effet, le Conseil constitutionnel fonde son contrôle sur le bloc de constitutionnalité qui recouvre désormais la Constitution du 4 octobre 1958, la Déclaration des droits de l'homme et du citoyen du 26 août 1789, le Préambule de la Constitution de 1946 ou encore la Charte de l'environnement.

39 Parce que les textes constitutionnels sont peu nombreux, c'est surtout la jurisprudence du Conseil constitutionnel qui peut accroître l'influence des sources constitutionnelles sur le droit fiscal, notamment grâce au mécanisme de la question

prioritaire de constitutionnalité (QPC). Toutefois, il faut reconnaître que la juridiction constitutionnelle se montre parfois frileuse se contentant de motivation elliptique (Cons. const. 19 nov. 2021, n° 2021-946 QPC) et que le nombre de QPC conduisant à des censures au bénéfice du contribuable sont plutôt rares. Les décisions du Conseil constitutionnel ont une autorité particulière, parce qu'elles s'imposent au législateur, aux juridictions de l'ordre judiciaire et de l'ordre administratif, ainsi qu'à l'administration (Const., art. 61). Parmi les principes constitutionnels dont le respect est sous le contrôle du Conseil constitutionnel, trois ont une importance particulière en droit fiscal : le principe de légalité de l'impôt (A) ; le principe de la nécessité de l'impôt (B) ; le principe de l'égalité devant l'impôt et devant les charges publiques (C). D'autres principes et objectifs à valeur constitutionnelle viennent compléter le dispositif (D).

A. Le principe de légalité de l'impôt

Ce principe signifie que seul le législateur est compétent pour déterminer les règles fiscales, la loi ne pouvant se limiter à fixer des principes. Ce point mérite toutefois quelques nuances. D'abord, le principe de légalité signifie que seule la loi peut créer un nouvel impôt, c'est-à-dire un prélèvement pécuniaire obligatoire, perçu à titre définitif et destiné à assurer le financement de l'État, des collectivités territoriales et des établissements publics (v. ss 5). Mais cette compétence ne s'étend pas à tout ce qui a trait au droit fiscal. Le fonctionnement de l'administration fiscale relève par exemple du seul pouvoir réglementaire, tout comme la phase contentieuse de la procédure fiscale. La loi dispose donc seulement d'une compétence exclusive pour la conception des impositions de toute nature et non pour le droit fiscal dans son intégralité. L'expression « impositions de toute nature » est particulièrement large et se montre indifférente aux personnes imposées ainsi qu'aux personnes bénéficiant du prélèvement. Ce sont les caractéristiques du prélèvement qui fondent en réalité la compétence du législateur, ce qui conduit à y inclure les impôts, les taxes et les contributions sociales. 40

Ensuite, en vertu du principe de légalité, le législateur doit exercer intégralement sa compétence et ne peut transférer celle-ci entre les mains du pouvoir réglementaire, l'incompétence négative étant susceptible d'être censurée par le Conseil constitutionnel. Ainsi, à titre exemple, la méconnaissance par le législateur de l'étendue de sa compétence dans la détermination des règles de recouvrement d'une imposition est susceptible de porter atteinte au principe de légalité mais aussi à d'autres droits qui lui sont liés, comme le droit à un recours effectif garanti par l'article 16 de la Déclaration des droits de l'homme et du citoyen de 1789. Toutefois, le Conseil considère que « la méconnaissance par le législateur de sa propre compétence ne peut être invoquée à l'appui d'une question prioritaire de constitutionnalité que dans le cas où est affecté un droit ou une liberté que la Constitution garantit », ce qui n'est pas le cas lorsque seul le principe de légalité est invoqué (Cons. const. 18 juin 2010, décis. n° 2010-5 QPC). 41

En outre, l'image selon laquelle seul le Parlement élabore la loi est trompeuse. La réalité est bien plus subtile. L'administration et en particulier la Direction de la législation fiscale au ministère des Finances joue un rôle fondamental dans 42 l'élaboration des textes. Il y a ici une perméabilité entre le pouvoir exécutif et le pouvoir législatif qui est critiquable au plan des principes, mais qui est en réalité systématique dans tous les domaines où une expertise technique est nécessaire pour légiférer.

43 Enfin, le principe de légalité conduit à ce que les dispositions fiscales soient contenues dans une loi, sans qu'il s'agisse nécessairement d'une loi de finances. En pratique, si l'essentiel des dispositions fiscales est issu des lois de finances, la matière fiscale reste encore éparpillée. Tout nouveau projet contenu dans une loi suppose nécessairement d'organiser son financement et il est fréquent que des dispositions fiscales soient adoptées en dehors des lois de finances.

B. Le principe de la nécessité de l'impôt et le principe de rétroactivité

44 L'article 14 de la Déclaration des droits de l'homme et du citoyen fait référence à la nécessité de la contribution publique. Cette nécessité de l'impôt signifie que l'impôt doit être justifié et que le dispositif fiscal en cause poursuive un but identifié (ex. lutte contre la fraude fiscale). Il s'agit donc de s'intéresser au but poursuivi par le législateur lors de l'instauration de l'impôt en cause et éventuellement de constater que le but ayant été atteint, la mesure fiscale concernée n'a peut-être plus lieu d'être. Les cas d'application du principe de la nécessité de l'impôt sont relativement rares, sans compter que sa proximité avec d'autres principes se manifeste assez souvent dans certaines décisions. Par exemple, le Conseil constitutionnel a considéré lors de l'adoption de la loi de finances pour 2006 que le système de plafonnement des niches fiscales voté par le Parlement était trop complexe et illisible. Faute d'être justifiée par un motif d'intérêt général, le dispositif en cause a été jugé contraire au principe de la nécessité de l'impôt, au principe de clarté et d'intelligibilité de la loi ainsi qu'au principe d'égalité devant l'impôt.

45 Mais ce principe signifie aussi que les atteintes portées aux droits des contribuables ne doivent pas aller au-delà de ce qui est nécessaire. Le principe de nécessité comporte par essence une limite. Le principe de nécessité permet de limiter certaines mesures fiscales et notamment celles qui sont rétroactives.

46 En effet, le droit fiscal subit régulièrement des modifications législatives ayant un effet rétroactif, c'est-à-dire que le nouveau texte en question va s'appliquer à des faits nés antérieurement à son adoption. Encore faut-il distinguer ici deux types de rétroactivité : la rétroactivité de fait (également appelée « petite rétroactivité ») et la rétroactivité de droit.

47 La rétroactivité de fait conduit à appliquer la règle fiscale en vigueur le jour du fait générateur (ex. clôture d'exercice au 31 décembre). Mais si cette règle fiscale a été modifiée au cours de l'exercice écoulé, elle vient remettre en cause les prévisions des contribuables. Cette rétroactivité concerne au premier chef les lois de finances qui sont généralement adoptées quelques jours avant le 31 décembre (qui correspond à la date de clôture des exercices de nombreuses entreprises) ou le 1er janvier (qui correspond au fait générateur de nombreux impôts). De manière plus rare, une telle rétroactivité peut être édictée dans l'intérêt du contribuable.

La rétroactivité de droit conduit à appliquer une règle fiscale à une situation déjà constituée. Concrètement, cette règle n'existait pas le jour du fait générateur de l'impôt. Cette rétroactivité de droit peut prendre la forme de lois interprétatives ou de lois de validation. 48

Les lois interprétatives désignent les textes législatifs adoptés aux fins de préciser le sens donné à une loi antérieure. Même si la loi interprétative vient donner au texte antérieur sa véritable portée et fait corps avec elle, il n'en demeure pas moins que la loi interprétative comme toutes les lois rétroactives est source d'insécurité juridique. 49

Les lois de validation ont quant à elle pour objet de purger un acte susceptible de faire l'objet d'une annulation judiciaire. Elles sont donc nécessairement rétroactives et permettent ainsi de valider des actes irréguliers de l'administration. 50

En raison des difficultés soulevées par les lois rétroactives, plusieurs limites ont été posées par le juge. En premier lieu, les sanctions fiscales sont soumises à un principe de non-rétroactivité, comme les sanctions pénales. En effet, si le principe de non-rétroactivité de la loi a seulement valeur législative (C. civ., art. 2), il a une valeur constitutionnelle en matière pénale, valeur constitutionnelle étendue aux sanctions fiscales. Toutefois, en ce domaine, le Conseil constitutionnel a une conception restreinte des sanctions fiscales. Le juge constitutionnel considère qu'elles se limitent aux mesures ayant un caractère punitif et ne visent pas celles qui viennent réparer un préjudice ou aggraver le montant de l'impôt. En matière fiscale, la frontière est ténue. Les commentaires publiés sous la décision du Conseil constitutionnel n° 2010-84 QPC du 13 janvier 2011 laissent perplexe : « le Conseil constitutionnel a une interprétation stricte de la notion de sanction, en particulier en matière fiscale : le caractère répressif est indispensable et son objet principal doit tendre à empêcher la réitération des agissements qu'elle réprime. Ainsi, toute mesure qui sanctionne le manquement à une obligation ou la violation d'une règle de droit ne revêt pas pour autant le caractère d'une punition ». 51

En deuxième lieu, la rétroactivité de la loi ne doit pas conduire à remettre en cause l'autorité de la chose jugée des décisions de justice. Lorsque les droits du contribuable ont été reconnus par une décision de justice, le cas échéant dans le cadre d'un recours exercé devant une juridiction européenne, le législateur ne peut porter atteinte à l'autorité de la chose jugée (Cons. const. 29 déc. 1986, décis. n° 86-223 DC). 52

En troisième et dernier lieu, en raison du principe même de la hiérarchie des normes, la loi rétroactive reste soumise aux droits protégés par la Convention européenne de sauvegarde des libertés fondamentales et des droits de l'homme et ne peut y porter atteinte que pour un motif impérieux d'intérêt général, entendu de manière stricte. La Cour EDH considère en effet que la rétroactivité de la loi de validation ne peut pas modifier les droits des parties déjà engagées dans un procès, sur le fondement du droit au procès équitable protégé par l'article 6 de la Convention. Sauf motif impérieux d'intérêt général, le pouvoir législatif ne peut ainsi pas s'introduire dans l'administration de la justice (Cour EDH 23 oct. 1997, *National et provincial building society*). Le droit au respect des biens, protégé par l'article 1er du Protocole n° 1 de la Convention constitue aussi un obstacle à la rétroactivité, toutes les fois où celle-ci n'est pas dûment justifiée. Renflouer les caisses de l'État ou alourdir la fiscalité pesant 53 sur les contribuables les plus aisés ne constituent pas des motifs suffisants. La lutte contre la fraude fiscale, à condition que cela soit l'objet avéré du texte ouvre davantage de perspectives pour le législateur.

■ 54 En tout état de cause, ces limites instaurées par le juge apparaissent nécessaires et protectrices des droits des contribuables. Il est à regretter néanmoins qu'elles ne soient pas également érigées contre les mesures provoquant une rétroactivité de fait et non de droit. En la matière, la jurisprudence du Conseil constitutionnel reste timide, comme le montre la décision où le juge décide « qu'il est à tout moment loisible au législateur, statuant dans le domaine de sa compétence, de modifier des textes antérieurs ou d'abroger ceux-ci en leur substituant, le cas échéant, d'autres dispositions ; que, ce faisant, il ne saurait toutefois priver de garanties légales des exigences constitutionnelles ; qu'en particulier, il ne saurait, sans motif d'intérêt général suffisant, ni porter atteinte aux situations légalement acquises ni remettre en cause les effets qui peuvent légitimement être attendus de telles situations » (Cons. const. 22 avr. 2016, décis. n° 2016-538 QPC). Avec des notions aussi difficiles d'appréhension que sont l'intérêt général et les attentes légitimes, le chemin à parcourir reste encore important.

C. Le principe de l'égalité devant l'impôt et devant les charges publiques

■ 55 *Le principe de l'égalité devant l'impôt*[Q] et le principe de l'égalité devant les charges publiques ne doivent pas être confondus. Le principe d'égalité devant l'impôt découle du principe d'égalité des citoyens, consacré par l'article 6 de la Déclaration des droits de l'homme et du citoyen. Le Conseil constitutionnel l'a consacré dans sa célèbre décision du 27 décembre 1973 « Taxation d'office ». En substance, il signifie que les contribuables placés dans une situation semblable doivent être traités fiscalement de manière identique. Si une différence de traitement est constatée, elle ne peut être justifiée qu'en raison d'une différence de situation ou pour des considérations d'intérêt général. Et encore faut-il dans ces deux derniers cas que cette différence de traitement soit en rapport direct avec l'objet de la loi qui l'établit. En droit fiscal, les différences de traitement supposent donc soit des différences de situation, soit des critères objectifs en fonction des buts recherchés. Une disposition législative peut parfaitement instaurer un traitement fiscal différent entre les salariés qui conviennent de mettre fin à leur contrat de travail d'un commun accord avec leur employeur et ceux qui font l'objet d'un licenciement ou entre les agents du secteur public et les salariés du secteur privé (Cons. const. 27 janv. 2023, décis. n° 2022-1033 QPC) : c'est une différence de traitement fondée sur une différence de situation. En revanche, une loi visant à lutter contre la pollution ne peut instaurer des exonérations de taxe au profit d'entreprises ayant une activité polluante : la différence de traitement est contraire à l'objet de la loi. Comme l'a rappelé le Conseil constitutionnel dans une décision du 28 mai 2020, « le principe d'égalité ne s'oppose ni à ce que le législateur règle de façon différente des situations différentes, ni à ce qu'il déroge à l'égalité pour des raisons d'intérêt général, pourvu que, dans l'un et l'autre cas, la différence de traitement qui en résulte soit en rapport direct avec l'objet de la loi qui l'établit » (Cons. const. 28 mai 2020, décis. n° 2020-842 QPC). C'est donc l'objet et le but poursuivi par le législateur qui sont décisifs pour appréhender la cohérence des dispositions législatives et l'atteinte proportionnée au principe d'égalité. Le Conseil constitutionnel veille au respect du principe en s'attardant sur la cohérence de l'avantage accordé avec l'impôt concerné (ex. le Conseil constitutionnel a pu sanctionner des dispositions remettant en cause la progressivité de l'impôt sur le revenu) et sur la proportionnalité de cet avantage (un traitement trop avantageux peut générer une discrimination illégitime). L'interprétation donnée par le Conseil constitutionnel des discriminations à rebours a toutefois largement conduit à freiner la portée du principe d'égalité. En considérant qu'il n'y a pas atteinte au principe d'égalité lorsqu'une situation transfrontalière relevant du champ d'application d'une directive européenne est mieux traitée qu'une situation purement interne, le juge constitutionnel limite considérablement le rayon d'action du principe d'égalité (Cons. const. 3 avr. 2020, n° 2019-832/833 QPC, *Marc S et a.*). Cette solution rendue par le Conseil constitutionnel conduit, d'une part, à maintenir une discrimination à rebours là où le juge européen considère qu'il appartient aux autorités nationales de l'éliminer (CJCE, ord., 19 juin 2008, aff. C-104/08) et, d'autre part, à traiter de manière défavorable les situations purement internes.

Le principe d'égalité devant les charges publiques[Q] s'intéresse aux facultés contributives des contribuables. En effet, selon l'article 13 de la Déclaration des droits de l'homme et du citoyen de 1789 : « pour l'entretien de la force publique, et pour les dépenses d'administration, une contribution commune est indispensable : elle doit être également répartie entre tous les citoyens, en raison de leurs facultés ». Cette exigence n'est pas respectée si l'impôt revêtait un caractère confiscatoire ou faisait peser sur une catégorie de contribuables une charge excessive au regard de leurs facultés contributives. L'atteinte à ce principe est caractérisée lorsque le contribuable est imposé sur des sommes dont il ne dispose pas (Cons. const. 25 juin 2021, n° 2021-921 QPC). Aussi, il appartient au législateur de déterminer les règles selon lesquelles doivent être appréciées les facultés contributives et de veiller à ce que les règles qu'il édicte s'appuient sur des critères objectifs et rationnels en fonction des buts qu'il se propose. Cette appréciation ne doit cependant pas entraîner de rupture caractérisée de l'égalité devant les charges publiques. À l'heure actuelle, le juge constitutionnel a estimé qu'une tranche d'imposition de 45 % dans le cadre de l'impôt sur le revenu ne présente pas un caractère confiscatoire. En revanche, il a décidé qu'un impôt sur la fortune, s'ajoutant à d'autres impositions et sans dispositif de plafonnement, est susceptible de constituer un impôt confiscatoire (Cons. const. 9 août 2012, décis. n° 2012-654 DC). 56

D. Les autres principes et objectifs à valeur constitutionnelle

D'autres principes que ceux précédemment évoqués peuvent constituer le socle de certaines décisions en matière fiscale. Citons le droit à un recours juridictionnel effectif ou encore les principes propres aux sanctions. Une sanction fiscale, entendue de manière stricte, doit répondre aux principes de légalité, proportionnalité, nécessité et individualisation des délits et des peines. 57

Le Conseil constitutionnel a par ailleurs dégagé en 1999 un objectif à valeur constitutionnelle d'accessibilité et d'intelligibilité de la loi. Un tel objectif découle du principe de légalité et vise notamment à ce que le législateur évite les formulations imprécises ou ambiguës. Le Parlement n'exerce pas sa compétence de manière 58 effective lorsque le texte adopté est inapplicable car inintelligible. Toutefois, la complexité d'un texte n'est pas en soi la preuve de son inintelligibilité (Cons. const. 29 déc. 2012, décis. n° 2012-662 DC). Or, elle est monnaie courante en droit fiscal...

§ 2 Les sources législatives et réglementaires

59 L'examen de la loi (A) doit précéder celui des sources réglementaires (B).

A. La loi

60 En vertu de l'article 34 de la Constitution, la loi définit l'assiette (c'est-à-dire la matière imposable), le taux (c'est-à-dire la part de matière imposable prélevée par le Trésor public) et les modalités de recouvrement (c'est-à-dire les modalités de paiement, une fois l'impôt liquidé). Il revient également au législateur de déterminer le fait générateur, c'est-à-dire l'événement ou l'acte juridique qui fait naître l'obligation fiscale. Une loi ne peut donc définir des modalités d'imposition, sans en préciser les règles de recouvrement (Cons. const. 28 mars 2013, décis. n° 2012-298 QPC).

61 La compétence du législateur n'empêche nullement l'administration de publier sa propre interprétation des textes fiscaux. Mais le rôle de la doctrine administrative est cantonné à un rôle d'interprète et non à un rôle de créateur. L'administration ne peut ajouter à la loi une condition non prévue par le législateur ou accorder un régime de faveur, non voulu par celui-ci. Une instruction fiscale qui pose une règle nouvelle en méconnaissance de la compétence du législateur présente un caractère réglementaire et peut faire l'objet d'un recours pour excès de pouvoir, sous réserve de respecter les conditions propres à ce recours et notamment le délai pour agir.

B. Les ordonnances de l'article 38 et les règlements

62 Depuis la Constitution de 1958, le pouvoir réglementaire peut s'exercer de deux manières : à titre autonome ou au titre de l'application des lois. Le pouvoir réglementaire autonome peut être mis en œuvre dans les domaines non expressément réservés au législateur par l'article 34 de la Constitution. Tel est le cas par exemple de la procédure contentieuse et des règles d'organisation de l'administration fiscale.

63 Les collectivités locales disposent également d'un pouvoir réglementaire qui peut avoir des incidences en matière fiscale. Par exemple, le taux des taxes foncières et des taxes d'habitation relève de la compétence des assemblées délibérantes des collectivités concernées (CGI, art. 1636 B *sexies*).

64 En vertu de l'article 38 de la Constitution, le gouvernement peut demander au Parlement l'autorisation de prendre par ordonnances des mesures qui sont normalement du domaine de la loi. Ce texte a souvent été utilisé en droit fiscal, à l'image de l'ordonnance du 30 janvier 2009 fixant le régime fiscal applicable aux personnes physiques qui recourent à la fiducie.

65 Néanmoins, la délimitation de ce qui relève du pouvoir législatif et du pouvoir réglementaire n'est pas toujours très nette. En effet, le Conseil constitutionnel considère que le législateur peut intervenir dans le domaine réglementaire (Cons.

const. 30 juill. 1982, « Blocage des prix et des revenus »). En revanche, le Conseil constitutionnel n'hésite pas à sanctionner l'incompétence négative du législateur, lorsque celui-ci n'exerce pas pleinement sa compétence en se défaussant sur l'administration.

§ 3 La doctrine administrative et les rescrits fiscaux

Phénomène propre au droit fiscal, la doctrine administrative doit être définie (A) avant d'appréhender sa valeur (B) et son éventuelle opposabilité à l'administration (C). Appréhendant des situations de fait, les rescrits fiscaux doivent être étudiés séparément (D). 66

A. La définition de la doctrine administrative

La doctrine administrative désigne l'ensemble des instructions émises par le ministère du Budget (et précisément la direction générale des finances publiques) et réunies au sein du *Bulletin officiel des finances publiques* (base BOFiP-Impôts) disponible sur Internet. Les commentaires ainsi publiés par l'administration se destinent avant tout aux agents de l'administration. Cette publication donne des indications très précises de la manière dont les agents administratifs doivent interpréter la loi et les dispositions réglementaires. Crée en septembre 2012, le BOFiP se substitue aux *bulletins officiels des impôts* (BOI), à la documentation administrative de base (DB), aux décisions de rescrits, aux réponses ministérielles et aux commentaires des décisions de jurisprudence marquantes antérieures. D'une certaine manière, le BOFiP offre une certaine prévisibilité aux contribuables. Toutefois, la base BOFiP va parfois au-delà des prévisions légales ou retient une interprétation qui peut être contraire aux normes juridiques. En outre, une instruction publiée n'est pas toujours une instruction appliquée. Non sans effet de surprise, le contribuable peut être confronté à un changement d'interprétation de la part du service qui sera son interlocuteur. Reste à déterminer ce que vaut cette doctrine et comment protéger le contribuable contre les changements de doctrine. 67

B. La valeur de la doctrine administrative

La doctrine administrative ne constitue pas une norme juridique. Les contribuables ne sont donc pas tenues de s'y conformer. Toutefois, la réalité est plus nuancée. En effet, si le contribuable adopte une interprétation différente de celle de l'administration, il prend le risque de s'exposer à un contrôle fiscal qui pourrait lui-même engendrer un contentieux fiscal. Bien sûr, si la position du contribuable est la plus conforme aux textes, il obtiendra gain de cause devant le juge, soit en soulevant une exception d'illégalité face à la doctrine de l'administration, soit en exerçant un recours pour excès de pouvoir (par exemple, en présence d'une instruction présentant un caractère impératif, c'est-à-dire visant à créer des droits ou des obligations, ou à imposer une interprétation du droit applicable en vue de l'édiction de décisions), s'il est dans le délai de deux mois pour agir. Le Conseil d'État a même admis la recevabilité d'un recours pour excès de pouvoir contre une position émise par l'administration dans une foire aux questions (FAQ) accessible sur un site Internet (CE, 9e et 10e ch., 3 févr. 2023, n° 451052). Ce dernier délai court à compter de la mise 68 en ligne de la doctrine administrative (CE 13 mars 2020, n° 435634). Mais obtenir une décision de justice implique de la réactivité, prend du temps et représente un coût pour le contribuable. Voilà pourquoi certains sont plutôt enclins à suivre la doctrine de l'administration. De fait, celle-ci apparaît contraignante, alors qu'en droit, il n'en est rien.

■ 69 En tout état de cause, le juge veille à ce que l'administration n'outrepasse pas ses pouvoirs. Elle n'est pas en mesure de se substituer au législateur, y compris lorsque la loi a été déclarée non conforme à une norme supérieure. Mieux, si la doctrine de l'administration est favorable au contribuable, mais s'avère illégale, le contribuable est en droit de s'en prévaloir, sous réserve de respecter certaines conditions.

C. La protection du contribuable contre les changements de doctrine

■ 70 Lorsque le contribuable s'est conformé à la doctrine de l'administration, en vigueur à la date d'une opération, la loi a prévu qu'il soit protégé contre un éventuel changement de doctrine. L'objectif est d'éviter que les citoyens soient en situation d'insécurité juridique et soient redressés alors qu'ils se sont conformés à la position de l'administration. L'article L. 80 A alinéa 3 du Livre des procédures fiscales précise ainsi que « lorsque le redevable a appliqué un texte fiscal selon l'interprétation que l'administration avait fait connaître par ses instructions ou circulaires publiées et qu'elle n'avait pas rapportée à la date des opérations en cause, elle ne peut poursuivre aucun rehaussement en soutenant une interprétation différente. Sont également opposables à l'administration, dans les mêmes conditions, les instructions ou circulaires publiées relatives au recouvrement de l'impôt et aux pénalités fiscales ». L'alinéa 3 de l'article L. 80 A concerne donc l'hypothèse où un contribuable a appliqué lui-même la doctrine fiscale et où il subit un rehaussement d'une imposition à la suite d'une prise de position de l'administration qui n'apparaît pas compatible avec sa doctrine antérieure. Le texte est donc un mécanisme d'opposabilité à l'administration de sa propre doctrine.

■ 71 La portée du texte doit être bien comprise : elle peut conduire à appliquer la doctrine de l'administration, appliquée spontanément par le contribuable, même si elle est contraire à la loi. Les effets de l'article L. 80 A sont donc redoutables et bouleversent quelque peu la hiérarchie des normes. Néanmoins, si l'illégalité est tolérée, c'est pour préserver la confiance du contribuable. Toutefois, les conditions à respecter pour bénéficier de ce dispositif restent nombreuses. Il est nécessaire que l'administration ait adopté une prise de position formelle (c'est-à-dire explicite et publique), la conduisant à interpréter une loi, un règlement ou une convention internationale. Seules les règles de fond sont concernées et non les règles de procédure. En outre, le Conseil d'État considère que les contribuables ne peuvent se prévaloir de l'article L. 80 A du Livre des procédures fiscales lorsqu'ils ont mis en place un montage artificiel. L'administration est alors en droit de mettre en œuvre la procédure de répression des abus de droit (CE, ass., 28 oct. 2020, n° 428048).

D. Le rescrit fiscal

Les contribuables peuvent suivre une démarche préventive visant à interroger l'administration fiscale pour connaître sa position avant de réaliser une opération. C'est la technique du rescrit. L'article L. 80 B, al. 1 du Livre des procédures fiscales envisage ainsi l'hypothèse où l'administration s'est prononcée non sur un cas général, mais sur une situation individuelle, à la suite d'une sollicitation formulée par le contribuable. En la matière, il est important de comprendre que l'administration n'est en principe nullement tenue de répondre à la demande du contribuable. À supposer qu'elle formule une réponse, le contribuable est toutefois protégé contre un éventuel changement de position à son égard. L'article L. 80 B du LPF précise ainsi que lorsque l'administration a formellement pris position sur l'appréciation d'une situation de fait au regard d'un texte fiscal, le contribuable de bonne foi peut se prévaloir de cette prise de position, même si elle s'avère illégale. Cette prise de position peut également être invoquée par tous les contribuables qui se trouveraient dans la même situation. 72

En dehors du rescrit individuel qui présente un caractère spontané, le Livre des procédures fiscales prévoit de nombreuses hypothèses de rescrits spécifiques qui permettent aux contribuables de connaître la position des services fiscaux sur son éligibilité à tel ou tel régime (ex. crédit impôt-recherche) ou sur la valeur d'une opération (ex. donation portant sur une entreprise individuelle), voire si les éléments de fait relèvent d'une clause anti-abus. Dans le cadre de ces rescrits encadrés par la loi, la protection accordée au contribuable est plus importante encore. En effet, même si l'administration garde le silence à la suite de la demande formulée par le contribuable, celui-ci est protégé (LPF, art. L. 80 B, 2). 73

§ 4 La jurisprudence

La jurisprudence en matière fiscale a pour fonction première d'interpréter les textes (A). En pratique, elle est allée bien au-delà et dispose en réalité d'un véritable pouvoir créateur (B). 74

A. L'interprétation des textes

La jurisprudence est soumise aux normes constitutionnelles, européennes, internationales et internes. Sa mission première est de donner une interprétation des textes applicables à l'occasion des litiges fiscaux et non de créer des règles du droit. 75

Ce premier objectif n'est pas malheureusement rempli lorsqu'en raison du dualisme juridictionnel propre à la matière fiscale, l'interprétation retenue par la Cour de cassation (par exemple, en matière de droits d'enregistrement) ne coïncide pas avec celle retenue par le Conseil d'État (sur les aspects d'un même problème relevant de sa compétence). 76

En tout état de cause, le rôle du juge est central : le juge est le mieux à même d'apprécier la responsabilité de l'État (c'est l'une des compétences du juge administratif) et d'apprécier la conformité des actes émis par l'administration aux différentes normes juridiques. 77

B. Les créations du juge

78 Il serait irréaliste de ne pas tenir compte du pouvoir créateur du juge. En matière fiscale, les créations jurisprudentielles sont majeures et utiles.

79 Majeures, car elles concernent des notions fondamentales. Tel est le cas de l'abus de droit dont la définition fixée dans un arrêt fondamental du Conseil d'État a ensuite été reprise par le législateur à l'article L. 64 du Livre des procédures fiscales. Tel est également le cas dans le cadre de la fiscalité des entreprises et en particulier la théorie de l'acte anormal de gestion. Cette dernière théorie, issue de la jurisprudence administrative, autorise l'administration à remettre en cause les effets fiscaux des actes de gestion réalisés par une entreprise qui apparaissent comme étant contraire à son intérêt (ex. dépenses surévaluées, avantages accordés à un tiers sans contreparties). L'administration dispose ici d'un outil redoutable lui permettant de corriger le résultat fiscal des entreprises sans avoir à prouver le caractère frauduleux ou la nullité d'une opération et indépendamment des qualifications juridiques en cause.

80 Utiles, les créations du juge viennent parfois pallier les silences assourdissants des dispositions législatives (la notion de revenu ne donne pas lieu à une définition légale !) ou leur contenu ambigu voire incompréhensible.

section 3

Les sources internationales et européennes

81 Les sources internationales et européennes sont incontournables en droit fiscal. Elles ont conduit à de nombreuses réformes et le législateur ne peut plus en faire abstraction lorsqu'il édicte de nouvelles mesures. La supériorité des traités sur les normes internes prévue par l'article 55 de la Constitution, tout comme la primauté de l'Union européenne, renforcée par l'obligation constitutionnelle de transposition des directives décuple les effets des normes supérieures sur le droit interne et ont considérablement amoindri les prérogatives des autorités nationales, souvent au profit du contribuable. Abordons successivement la Convention européenne des droits de l'homme (§1), le droit de l'Union européenne (§2) et les conventions fiscales internationales (§3)

§ 1 La Convention européenne des droits de l'homme

82 La Convention européenne de sauvegarde des libertés fondamentales et des droits de l'homme (Conv. EDH), adoptée en 1950 et ratifiée en France en 1973 est fréquemment invoquée dans le cadre des contentieux fiscaux. Deux séries de dispositions sont ici concernées : les droits procéduraux garantis par l'article 6§1 de la Convention (droit au procès équitable) et les droits substantiels (B) visés par plusieurs dispositions de celle-ci. L'impact de la Convention en matière fiscale reste néanmoins assez limité, notamment en matière de procédure, le droit français comportant déjà de nombreuses garanties pour le contribuable.

A. Les droits procéduraux

L'article 6§1 de la Conv. EDH garantit le droit au procès équitable. En vertu de ce texte, « toute personne a droit à ce que sa cause soit entendue équitablement, publiquement et dans un délai raisonnable par un tribunal indépendant et impartial, établi par la loi, qui décidera, soit des contestations sur ses droits et obligations de caractère civil, soit du bien fondé de toute accusation en matière pénale dirigée contre elle ». Toutefois, la portée de ce principe est restreinte. La Cour européenne des droits de l'homme considère que l'article 6§1 est inapplicable à la matière fiscale (CEDH 12 juillet 2001, *Ferrazzini*) dès lors que celle-ci relève des prérogatives des puissances publiques et échappe aux droits et obligations de caractère civil (en dépit de son effet patrimonial). Par conséquent, l'article 6-1 ne concerne ni les procédures d'établissement de l'impôt, ni les procédures de recouvrement, ni les procédures préalables, ni les procédures juridictionnelles. Par exception, les sanctions fiscales relèvent de la matière pénale et donc de l'article 6§1 (CEDH, 24 février 1994, *Bendenoun*). Encore faut-il savoir ce que cela recouvre. La sanction fiscale est celle qui constitue une véritable punition (amendes ; pénalités ; majorations automatiques) et n'inclut pas par exemple l'intérêt de retard, appliqué au contribuable qui ne règle pas sa dette fiscale, à l'échéance. En application de la jurisprudence européenne (CEDH 8 juin 1976, n° 5100/71, *Engel*), trois critères permettent de considérer qu'un texte érige une sanction fiscale relevant de la matière pénale au sens de l'article 6 : la qualification en droit interne de l'infraction ; la nature de l'infraction et le but de la sanction ; la sévérité de la sanction. 83

La Cour EDH a toutefois mis en œuvre l'article 6§1 dans le cadre des perquisitions fiscales de l'article L. 16 B du LPF (CEDH 21 févr. 2008, *Ravon*) : l'impossibilité pour les contribuables ayant fait l'objet d'une saisie et d'une visite domiciliaire de contester celles-ci est une violation de leur droit de disposer d'un recours effectif. La procédure en cause était fiscale, mais comme elle porte atteinte à un droit de nature civile (protection du domicile et de la vie privée), la Cour considère que l'on est en présence de droits et obligations à caractère civil. La loi du 4 août 2008 a modifié l'article L. 16 B du LPF en permettant aux personnes visitées d'exercer une voie de recours. 84

B. Les droits substantiels

Certains droits substantiels garantis par la Conv. EDH sont susceptibles d'être heurtés par les pouvoirs de l'administration fiscale. Les procédures de contrôle, de vérification et de redressement sont exercées dans des conditions qui peuvent entrer en conflit avec le droit au respect de la vie privée et familiale, le droit de ne pas s'auto-incriminer ou le droit au secret des correspondances. Le contentieux est ici abondant. Le juge administratif rend souvent des décisions de rejet, sauf en cas d'atteinte au droit au respect des biens ou au principe de non-discrimination. 85

En ce qui concerne le droit au respect des biens, garanti par l'article 1er du premier protocole additionnel à la Conv. EDH et qui s'étend aux biens de toute nature, y compris à l'espérance légitime, le législateur ne peut y porter atteinte, dans le cadre d'une loi de validation, sans poursuivre un motif impérieux d'intérêt général (CEDH 28 oct. 1999, *Zielinski*). De même, une taxe indûment perçue doit donner lieu à un remboursement dont l'obtention ne doit pas être suspendue à des conditions excessives ou trop restrictives (CEDH 16 avr. 2002, *Dangeville*). 86

87 En ce qui concerne le principe de non-discrimination, garanti par l'article 14 de la Convention, son domaine recoupe assez largement le principe d'égalité devant la loi. Toutefois, le principe de non-discrimination ne concerne que les libertés garanties par la Convention, ce qui réduit le champ potentiel du texte en matière fiscale. Il doit donc être invoqué concomitamment avec un autre droit fondamental et notamment le droit au respect des biens. Le Conseil d'État l'a déjà utilisé comme fondement en rappelant qu'une distinction entre des personnes placées dans une situation analogue est discriminatoire, si elle n'est pas assortie de justifications objectives et raisonnables, c'est-à-dire si elle ne poursuit pas un objectif d'utilité publique, ou si elle n'est pas fondée sur des critères rationnels en rapport avec les buts de la loi (CE 23 déc. 2010, n° 321068, *Crédit agricole mutuel de Centre Ouest*).

§ 2 Le droit de l'Union européenne

88 Le droit de l'Union européenne a une influence grandissante en matière fiscale, grâce notamment à l'action de la Cour de justice de l'Union européenne et à l'adoption de mesures récentes. Le poids du droit européen peut se mesurer à l'aune des interdictions fiscales découlant du traité (A), de la protection des libertés fondamentales (B), aux quelques mesures d'harmonisation des législations (C) et aux différentes actions de lutte contre la fraude et l'évasion fiscale (D).

A. Les interdictions fiscales découlant du traité

89 Les dispositions du traité sur le fonctionnement de l'Union européenne ayant trait au droit fiscal sont très limitées, les États membres ayant exprimé le souhait, sauf exceptions, de conserver leur totale souveraineté sur les questions fiscales (TFUE, art. 113 et 115). Le traité n'est toutefois pas complètement silencieux à ce sujet. Les États membres sont ainsi soumis à l'interdiction d'édicter des taxes d'effet équivalent à des droits de douane et cela afin de préserver les échanges économiques au sein du marché unique. Afin de renforcer la portée de cette interdiction, la Cour de justice de l'Union européenne décide que toute taxe, quelles que soient son appellation et ses modalités d'application, qui, frappant spécifiquement un produit importé d'un pays membre à l'exclusion du produit national similaire, a pour résultat, en altérant son prix, d'avoir ainsi sur la libre circulation des produits, la même incidence qu'un droit de douane et, à ce titre, est interdite. Ainsi, l'« octroi de mer » (perçu sur tous les produits entrant sur les territoires des DOM-TOM y compris lorsqu'ils proviennent de la métropole) est une taxe d'effet équivalent à des droits de douane et à ce titre, elle a donc été jugée non conforme au droit de l'Union européenne.

90 Le traité sur le fonctionnement de l'Union européenne vise à limiter les intrusions de l'État sur le libre fonctionnement du marché. Aussi, en vue d'assurer une concurrence saine et effective entre les entreprises, le traité pose le principe d'une interdiction des mesures fiscales discriminatoires (TFUE, art. 110) et des aides d'État aux entreprises (TFUE, art. 107), sauf exemptions. S'agissant des mesures discriminatoires, lorsqu'une norme nationale servant de base légale à un impôt est jugée non conforme au droit de l'Union européenne, le contribuable non-résident concerné est en droit d'obtenir la restitution du prélèvement injustifié. La restitution se fera à hauteur de l'excès d'impôt supporté, en prenant en compte la charge fiscale qui aurait dû être

supportée si un traitement équivalent à celui prévu pour les résidents avait été appliqué (CE 6 avr. 2007, n° 235069, *Sté Denkavit Internationaal BV et Sté Denkavit France*; CE 14 oct. 2020, n° 421524, *Sté AVM International Holding*; CE 6 déc. 2021, n° 433301, *National Pension Service (NPS)*). Une aide d'État est caractérisée lorsque la mesure nationale en cause remplit quatre critères : la mesure en cause doit procurer un avantage ; la mesure doit être financée au moyen de ressources de l'État ; la mesure doit affecter les échanges intracommunautaires ; la mesure doit être sélective, c'est-à-dire ne profiter qu'à certaines entreprises. Lorsqu'une aide est jugée non conforme au droit de l'Union européenne, l'État concerné doit mettre en œuvre une procédure de restitution des aides indûment versées.

En matière fiscale, les aides d'État peuvent prendre des formes variables, comme un rescrit individuel (également appelé « *ruling* » dans certains États) ou une mesure législative ou réglementaire. Une mesure nationale soumettant des entreprises se trouvant dans une situation identique à des régimes différents est constitutive d'une aide d'État (CJUE, gde ch., 21 déc. 2016, *World Duty Free SA, Banco Santander et Santusa Holding SL*). L'aide peut même être caractérisée en présence d'une taxe prélevée sur les consommateurs et servant à financer les activités de certaines entreprises. Toutefois, la circonstance qu'une aide d'État soit illégale n'implique pas le remboursement de l'impôt qui sert à financer cette aide, en l'absence de lien d'affectation contraignant entre l'aide et l'impôt (CE, avis, 22 juill. 2015, n° 388853). 91

B. La protection des libertés fondamentales

Si le traité sur le fonctionnement de l'Union européenne comporte peu de dispositions propres au droit fiscal, la protection des libertés fondamentales garanties par le Traité a des répercussions importantes en ce domaine. La CJUE veille à ce que les entraves à la libre circulation des marchandises, des personnes et des capitaux (art. 63 TFUE dont la portée dépasse les seuls États membres, mais inclut également les échanges avec les États tiers) ainsi qu'à la liberté d'établissement (TFUE, art. 49) soient extrêmement limitées pour ne pas gêner le fonctionnement du marché unique. Une atteinte aux libertés de circulation n'est pas envisageable que sous réserve de respecter deux conditions. D'une part, l'entrave doit être justifiée par une raison d'intérêt général (ex. efficacité des contrôles fiscaux ; lutte contre la fraude et l'évasion fiscale). D'autre part, la mesure retenue doit permettre d'atteindre l'objectif poursuivi, sans constituer une mesure disproportionnée. Ainsi pour lutter contre la fraude et l'évasion fiscales, les États ne sont pas en mesure d'ériger des présomptions irréfragables, contre lesquels les contribuables de bonne foi et poursuivant de véritables objectifs économiques seraient impuissants (CJUE 21 janv. 2010, *SGI*). 92

Régulièrement, le juge européen est amené à apprécier si une mesure fiscale nationale ne constitue pas une entrave excessive aux libertés protégées par le traité. C'est ainsi que la CJUE a estimé que l'interdiction de déduire les pertes subies par des filiales étrangères ne peut être absolue. Au sein d'un groupe de sociétés, si une filiale ne peut déduire les pertes qu'elle a subies dans son État de résidence ou si elle a épuisé cette possibilité, la législation nationale ne peut s'opposer à la remontée des pertes au niveau de la société-mère (CJCE 13. déc. 2005, *Marks & Spencer*). De même, l'imposition immédiate des plus-values latentes en cas de changement de résidence 93 fiscale a été jugée contraire à la liberté d'établissement car fondée sur une présomption irréfragable de fraude ou d'évasion fiscale (CJCE 11 mars 2004, *Lasteyrie du Saillant*).

C. L'harmonisation des législations fiscales

94 L'harmonisation des législations fiscales est encore assez limitée. Elle est certes à un stade très avancé en matière de TVA. Et il n'est d'ailleurs pas étonnant que c'est à propos de la TVA que la CJUE a été amenée à consacrer un principe européen de légalité de l'impôt : les États membres ne peuvent adopter des mesures nationales qui sont contraires aux dispositions du droit primaire ou du droit dérivé et qui sont susceptibles de porter atteinte aux libertés de circulation (CJUE, 2e ch., 8 mai 2019, aff. C-566/17). Mais pour les autres impôts, l'apport du droit européen d'origine non jurisprudentielle est assez limité. On peut relever néanmoins la directive mère-filiale de 1990 qui concerne le traitement des dividendes à l'intérieur des groupes de sociétés, la directive relative aux fusions de 2009 ou encore la directive relative au paiement d'intérêts et de redevances entre sociétés de 2003. Ces textes voient leur portée se limiter aux situations transfrontalières et ne se substituent pas aux droits nationaux. Une nouvelle étape vient d'être franchie avec l'adoption de la Directive du 22 décembre 2022 qui vise à instaurer une imposition minimum mondiale aux groupes de société d'une certaine taille, le texte prévoyant sa mise en œuvre tant pour ceux qui détiennent des entités à l'étranger que pour ceux qui comportent uniquement des entités relevant du même État.

95 Toutefois, Dans la célèbre affaire *Leur-Bloem*, la Cour s'est ainsi reconnue « compétente, au titre de l'article 177 du traité CE, pour interpréter le droit communautaire lorsque celui-ci ne régit pas directement la situation en cause, mais que le législateur national a décidé, lors de la transposition en droit national des dispositions d'une directive, d'appliquer le même traitement aux situations purement internes et à celles régies par la directive, en sorte qu'il a aligné sa législation interne sur le droit communautaire » (CJCE 17 juill. 1997, aff. 28/95).

96 Néanmoins, le Conseil d'État n'a pas donné toute sa portée à la jurisprudence de la CJUE. Sa position est, en réalité, plus restrictive. Pour que la loi soit interprétée conformément à la directive, le Conseil d'État exige le respect de trois conditions (CE 30 janv. 2013, n° 346683, *Sté Ambulances de France*) :

- la loi nationale en cause doit être un acte de transposition de la directive ;
- la loi n'a pas eu pour objectif de traiter différemment les situations purement internes et les opérations transfrontalières ;
- l'interprétation de la loi est nécessaire et sa lettre n'est pas contraire à la directive.

En d'autres termes et au regard de ces conditions, il apparaît clairement que si le législateur a décidé de déroger à la directive pour les situations purement internes, le juge est dans l'incapacité de neutraliser la loi au nom des objectifs poursuivis par la directive. En revanche, lorsque les situations purement internes sont traitées de la même façon que les situations comportant un élément d'extranéité, dans le cadre d'un texte n'opérant pas transposition du droit européen, le juge dispose d'une marge de liberté. Il peut décider d'interpréter le droit national à la lumière du droit européen, en se référant aux objectifs poursuivis par le législateur (CE 17 juin 2011, n° 324392, *SARL Méditerranée automobiles* et n° 314667, *Sté Finaparco*).

D. La lutte contre la fraude et l'évasion fiscale

À la suite des travaux menés au niveau de l'Organisation pour la coopération et le développement économique (OCDE), l'Union européenne s'est dotée de plusieurs mesures visant à lutter contre la fraude et l'évasion fiscale. Il est possible de mentionner ici : 97

- la directive 2010/24/UE du Conseil du 16 mars 2010 concernant l'assistance mutuelle en matière de recouvrement des créances relatives aux taxes, impôts, droits et autres mesures qui organise entre les administrations des différents États membres une procédure d'assistance au recouvrement de tous les impôts et autres majorations ;

- la directive 2011/16/UE du Conseil du 15 février 2011 relative à la coopération administrative dans le domaine fiscal qui organise l'échange d'informations entre les administrations fiscales et non fiscales des différents États membres ;

- la directive 2016/1164 du Conseil du 12 juill. 2016 établissant des règles pour lutter contre les pratiques d'évasion fiscale qui ont une incidence directe sur le fonctionnement du marché intérieur, dite directive ATAD, qui prévoit une limitation des charges financières déductibles et une clause anti-abus générale en matière d'impôt sur les sociétés ;

- la directive n° 2017/952 du Conseil du 29 mai 2017, dite directive ATAD 2 qui appréhende les dispositifs hybrides et détermine le traitement fiscal des sommes faisant l'objet d'une double déduction, d'une déduction sans imposition corrélative ou d'une double non-imposition ;

- la directive 2018/822 du Conseil du 25 mai 2018 modifiant la directive 2011/16/UE en ce qui concerne l'échange automatique et obligatoire d'informations dans le domaine fiscal en rapport avec les dispositifs transfrontières devant faire l'objet d'une déclaration, dite directive DAC 6 : le texte soumet les contribuables et leurs intermédiaires à une obligation déclarative, visant les dispositifs dits transfrontières. Cette obligation qui doit être exécutée de manière spontanée a une nature procédurale et formelle dont le respect et la mise en œuvre ne permettent aucunement de considérer que le dispositif déclaré est nécessairement conforme aux règles anti-abus et plus généralement aux règles de fond du droit fiscal français. De même et à l'inverse, un dispositif déclaré ne constitue pas nécessairement un dispositif dommageable (v. ss 1499).

§ 3 Les conventions fiscales internationales et les travaux de l'OCDE

La plupart des conventions fiscales internationales prennent la forme de conventions bilatérales visant à déterminer le pouvoir d'imposition des États contractants. Leur finalité est d'éviter les doubles impositions, mais également l'absence d'imposition d'un revenu, d'un capital ou d'une activité présentant un élément transfrontalier. Il faut aborder ici leur contenu (A), relativement standardisé et leur portée (B). 98

A. Le contenu des conventions fiscales internationales

99 Les conventions fiscales internationales prennent appui sur un modèle élaboré par l'Organisation pour la coopération et le développement économique (OCDE) et régulièrement mis à jour. Bien que ce modèle et les commentaires l'accompagnant ne constituent pas une norme contraignante, ils sont largement utilisés et constituent un outil de référence. Le Conseil d'État n'hésite pas à prendre appui sur les recommandations de l'OCDE dans ses décisions (CE, plén. fisc., 11 déc. 2020, n° 420174, *Conversant International Ltd*; CE, 8e et 3e ch., 4 oct. 2021, n° 443133 et 443130, *SAS SKF Holding et SAS RKS*). En 2017, l'OCDE a franchi un nouveau cap en adoptant un instrument multilatéral qui, une fois ratifié par les États, a vocation à modifier les conventions fiscales bilatérales. La France a ratifié l'instrument multilatéral le 5 juin 2018. Toutefois, pour que cet instrument se substitue aux accords bilatéraux, encore faut-il que les deux parties à la Convention aient ratifié l'instrument et que ni l'une, ni l'autre n'ait formulé de réserves bloquant la mise en œuvre de telles ou telles dispositions ou n'ait fait le choix d'options respectives incompatibles entre elles. Bref, les conventions bilatérales sont toujours en vigueur et il faut vérifier au cas par cas si l'instrument multilatéral trouve à s'appliquer.

100 Les conventions fiscales internationales ont pour premier objectif de traiter le problème des doubles impositions. Celles-ci sont de deux types : les doubles impositions juridiques et les doubles impositions économiques. La double imposition juridique est celle qui résulte du fait pour une même personne d'être imposée au titre d'un même revenu ou d'une même fortune par plus d'un État. Une telle situation peut se présenter lorsqu'une même personne est considérée par les deux États comme résidente de chacun d'eux ou lorsqu'une même personne est résidente d'un État et perçoit des revenus provenant d'un autre État. La double imposition économique est définie comme la situation dans laquelle deux personnes différentes sont imposables au titre d'un même revenu ou d'une même fortune. Cette situation est plus délicate à appréhender que la précédente, car elle met en jeu deux contribuables différents, l'exemple classique de double imposition économique étant celui des dividendes.

101 Il existe essentiellement deux méthodes d'élimination des doubles impositions : la méthode d'exonération et la méthode de l'imputation (déduction). L'exonération totale consiste pour l'un des États concernés à s'abstenir de prélever tout impôt. Il peut s'agir par exemple d'une exonération totale dans l'État de la source du revenu ou dans l'État de la résidence du contribuable. Par exemple, en matière d'impôt sur les sociétés, les bénéfices réalisés à partir d'un établissement stable situé à l'étranger ne donnent pas lieu à un impôt en France, même si cet établissement appartient à une société française. La méthode de l'imputation consiste quant à elle à autoriser les deux États à percevoir un impôt sur les revenus considérés, mais en permettant au contribuable de l'État de résidence de déduire de l'impôt dû dans cet État un crédit d'impôt représentatif de l'impôt payé dans l'État de la source. L'impôt payé par le pays A est ainsi imputé sur l'impôt payé par le pays B.

102 Au-delà de la double imposition, les conventions fiscales internationales comportent également des dispositions anti-abus et des clauses visant à assurer une égalité de traitement entre les ressortissants de chacun des États parties à la convention.

B. La portée des conventions fiscales internationales

En vertu de l'article 55 de la Constitution, une convention bilatérale conclue en vue d'éviter les doubles impositions peut conduire à écarter, sur tel ou tel point, la loi fiscale nationale. De même, il est possible de former un recours pour excès de pouvoir contre une instruction administrative reprenant les termes d'un texte législatif contraire à une convention internationale (CE 18 déc. 2002, *Duvignères*). 103

Toutefois, une convention internationale ne peut pas, par elle-même, directement servir de base légale à une décision relative à l'imposition. Dans l'arrêt *Schneider Electric*, le Conseil d'État a en effet posé un principe de subsidiarité des conventions fiscales internationales (CE, ass., 28 juin 2002, n° 232276). Concrètement, cela signifie qu'il incombe au juge de l'impôt, lorsqu'il est saisi d'une contestation relative à une telle convention, de se placer d'abord au regard de la loi fiscale nationale pour rechercher si, à ce titre, l'imposition contestée a été valablement établie et, dans l'affirmative, sur le fondement de quelle qualification. Il doit ensuite, le cas échéant, en rapprochant cette qualification des stipulations de la convention, déterminer si cette convention fait ou non obstacle à l'application de la loi fiscale. En d'autres termes, si l'imposition établie n'est pas conforme au regard du droit interne, il n'y a pas lieu d'appliquer la convention internationale. Celle-ci n'a vocation à intervenir que si l'imposition est valable au regard du droit interne et si le contribuable présente la qualité de résident au sens de la convention (CE 2 févr. 2022, n° 443018). Au demeurant, sa mise en œuvre ne conduira pas toujours à améliorer la situation du contribuable. Elle peut même conduire à l'aggraver, lorsque, par exemple, une convention internationale attribue un crédit d'impôt au contribuable : si celui-ci déclare un résultat déficitaire en France, il sera dans l'impossibilité de bénéficier de son crédit d'impôt, la France ne prévoyant pas de rembourser au contribuable, l'impôt payé à l'étranger (CE, 8e ch., 13 déc. 2019, n° 430523). 104

Compléments pédagogiques

Mémo

L'impôt se définit comme une prestation pécuniaire, requise des particuliers par voie d'autorité, à titre définitif et sans contrepartie, en vue de la couverture des charges publiques. Il se distingue des taxes, des redevances, des contributions et des cotisations sociales.

Les impôts peuvent être regroupés selon plusieurs classifications. Les impôts réels se distinguent des impôts personnels : les premiers sont dus en raison de l'exercice d'une activité ou de la perception d'un revenu, les seconds sont attachés à la personne. Les impôts distingués selon qu'il frappe le capital, le revenu ou la dépense permettent d'appréhender les richesses sous toutes ses formes. Les impôts peuvent être encore distingués selon leur mode de calcul (progressif ou proportionnel). La classification juridique des impôts directs et indirects permet enfin de distinguer les impositions qui frappent ou non le contribuable lui-même.

Les sources internes du droit fiscal sont au nombre de quatre : la Constitution entendue au sens large ; la loi et les sources réglementaires ; la doctrine administrative ; la jurisprudence.

La jurisprudence du Conseil constitutionnel a favorisé l'émergence de principes fondamentaux en matière fiscale, notamment le principe d'égalité devant la loi et le principe d'égalité devant les charges publiques.

Bien qu'elle ne soit pas créatrice de normes, la doctrine administrative joue un rôle essentiel en droit fiscal. Elle peut donner lieu à l'exercice d'un recours pour excès de pouvoir lorsque l'interprétation retenue par l'administration n'est pas conforme à la loi. Elle est opposable à l'administration lorsque celle-ci modifie sa position au détriment des contribuables qui se sont conformés à l'interprétation initiale.

Les sources européennes et internationales jouent un rôle croissant en matière fiscale. Si la Convention européenne des droits de l'homme a une influence qui reste limitée, le droit de l'Union européenne, notamment par l'intermédiaire de plusieurs directives et surtout via la jurisprudence de la CJUE a considérablement modifié le droit fiscal. Les États ne peuvent en principe établir de mesures fiscales contraires aux libertés garanties par le traité ou créant une discrimination.

Les conventions fiscales internationales ont un impact plus important encore sur les contribuables puisque leurs stipulations visent à supprimer les doubles impositions. Leur contenu a aussi connu récemment d'importants bouleversements qui conduisent à ce que la lutte contre l'évasion fiscale internationale figure désormais au cœur même des conventions.

Quid

■ Cotisation sociale n° 21

Somme versée aux institutions de protection sociales, publiques ou privées, en exécution d'obligations légales ou conventionnelles, par le cotisant ou son employeur, pour financer des prestations éventuelles ou futures.

■ Impôt n° 3

Une prestation pécuniaire, requise des particuliers par voie d'autorité, à titre définitif et sans contrepartie, en vue de la couverture des charges publiques.

■ Principe d'égalité devant les charges publiques n° 56

Principe selon lequel le poids de l'impôt doit être également réparti entre les contribuables en fonction de leurs facultés contributives.

■ Principe d'égalité devant l'impôt n° 55

Principe selon lequel les contribuables placés dans une situation identique doivent être soumis au même régime fiscal.

■ Redevance n° 17

Sommes versées par les usagers en vue de couvrir les charges d'un service public déterminé ou les frais d'établissement ou d'entretien d'un ouvrage public qui trouvent leur contrepartie directe dans des prestations fournies par le service ou dans l'utilisation de l'ouvrage.

■ Taxe n° 20

Somme exigée en contrepartie des prestations offertes par un service public ou de la possibilité d'utiliser un ouvrage public.

Documents

Cons. const. 7 janv. 1988, décis. n° 87-232 DC

[…] Si le principe d'égalité interdit qu'à des situations semblables soient appliquées des règles différentes, il ne fait nullement obstacle à ce que, en fonction des objectifs poursuivis, à des situations différentes soient appliquées des règles différentes. […]

Cons. const. 29 déc. 2012, décis. n° 2012-662 DC

[…] Pour l'entretien de la force publique, et pour les dépenses d'administration, une contribution commune est indispensable : elle doit être également répartie entre tous les citoyens, en raison de leurs facultés (…) ; que cette exigence ne serait pas respectée si l'impôt revêtait un caractère confiscatoire ou faisait peser sur une catégorie de contribuables une charge excessive au regard de leurs facultés contributives ; qu'en vertu de l'article 34 de la Constitution, il appartient au législateur de déterminer, dans le respect des principes constitutionnels et compte tenu des caractéristiques de chaque impôt, les règles selon lesquelles doivent être appréciées les facultés contributives ; qu'en particulier, pour assurer le respect du principe d'égalité, il doit fonder son appréciation sur des critères objectifs et rationnels en fonction des buts qu'il se propose ; que cette appréciation ne doit cependant pas entraîner de rupture caractérisée de l'égalité devant les charges publiques ; [...]

CE, ass., 28 oct. 2020, *Charbit*, n° 428048

[...] L'administration peut mettre en œuvre la procédure de répression des abus de droit et faire échec au mécanisme de garantie de l'article L.80A du LPF si elle démontre, par des éléments objectifs, que la situation à raison de laquelle le contribuable entre dans les prévisions de la loi, dans l'interprétation qu'en donne le ministre par voie d'instruction ou de circulaire, procède d'un montage artificiel, dénué de toute substance et élaboré sans autre finalité que d'éluder ou d'atténuer l'impôt. [...]

CE 14 oct. 2020, *Sté AVM International Holding*, n° 421524

[...] S'il appartient aux autorités administratives nationales, sous le contrôle du juge, d'exercer les pouvoirs qui leur sont conférés par la loi en donnant à celle-ci, dans tous les cas où elle se trouve dans le champ d'application d'une règle du droit de l'Union européenne, une interprétation qui, dans la mesure où son texte le permet, soit conforme au droit de l'Union, de donner instruction à leurs services de n'en point faire application, les ministres ne peuvent en revanche trouver dans une telle incompatibilité un fondement juridique les habilitant à édicter des dispositions de caractère réglementaire qui se substitueraient à ces dispositions législatives. [...]

Biblio

1) Ouvrages

- B. Castagnède, *Précis de fiscalité internationale*, 6e éd., PUF, 2020, p. 331 s.
- J. Lamarque, O. Négrin et L. Ayrault, *Droit fiscal général*, 4e éd., LexisNexis, coll. « Manuel », 2016, n° 9 s.
- B. Lignereux, *Précis de droit constitutionnel fiscal*, LexisNexis, coll. « Précis Fiscal », 2020.
- A. Maitrot de la Motte, *Droit fiscal de l'Union européenne*, Bruylant/Larcier, 2022.

2) Doctrine

- S. Austry et D. Gutmann, « Le Conseil d'État précise la portée de la jurisprudence Leur-Bloem », *FR Lefebvre* 10/2013, inf. n° 14, p. 32.
- C. Silberztein, B. Granel et J.-B.Tristram, « La convention multilatérale de l'OCDE : vous ne lirez plus les conventions fiscales comme avant ! », *Dr. fisc.* 2017. 475.

3) Jurisprudence

Le principe d'égalité devant la loi

- Cons. const. 7 janv. 1988, décis. n° 87-232 DC.
- Cons. const. 28 mai 2020, décis. n° 2020-842 QPC.

Le principe d'égalité devant les charges publiques

- Cons. const. 29 déc. 2012, décis. n° 2012-662 DC ; L. Philip et L Favoreu, « Respect du droit à l'égalité. Taxation à 75 %. Égalité devant les charges publiques », in *Les grandes décisions du Conseil constitutionnel*, Dalloz, 2013, p. 534-543.

- Cons. const., 19 sept. 2014, décis. n° 2014-417 QPC, *Sté Red Bull on Premise*; *Dr. fisc.* 2014, act. 489.

La doctrine administrative

- CE, ass., 28 oct. 2020, n° 428048, *Charbit*, concl. M.-G. Merloz; *Dr. fisc.* 2020, comm. 444 note F. Deboissy.

Le droit de l'Union européenne

- CJCE 17 juill. 1997, aff. 28/95, Plén., *A. Leur-Bloem. Rec. CJCE* I. 4161, concl. F. G. Jacobs; *Dr. fisc.* 1997, n° 38, comm. 979.
- CE 17 juin 2011, n° 324392, *SARL Méditerranée automobiles* et n° 314667, *Sté Finaparco* : *Dr. fisc.* 2011, n° 37, comm. 502, concl. P. Collin, note P.-F. Racine.
- CE 30 janv. 2013, n° 346683, *Sté Ambulances de France*; *Dr. fisc.* 2013, n° 10, comm. 185, concl. C. Legras; *RJF* 4/2013, n° 392, chron. É. Bokdam-Tognetti, p. 331.
- CE 14 oct. 2020, n° 421524, *Sté AVM International Holding*; *Dr. sociétés* févr. 2021, comm. 31, note J.-L. Pierre.
- CEDH 28 oct. 1999, *Zielinski*.
- CEDH 21 févr. 2008, *Ravon*.

Quiz

1) Sujets corrigés

A) Test de connaissances

1. L'impôt est une prestation pécuniaire, requise des particuliers par voie d'autorité, à titre définitif et permettant à ceux-ci d'exiger une contrepartie :

a. Vrai ?

b. Faux ?

2. Contrairement à l'impôt, les cotisations sociales donnent droit aux cotisants a droit à une prestation.

a. Vrai ?

b. Faux ?

3. La théorie de l'acte anormal de gestion est une création de la jurisprudence administrative.

a. Vrai ?

b. Faux ?

4. Un contribuable peut présenter une question prioritaire de constitutionnalité pour invoquer l'incompétence négative du législateur.

a. Vrai ?

b. Faux ?

5. Le principe d'égalité s'oppose à ce que le législateur règle de façon différente des situations différentes.

a. Vrai ?

b. Faux ?

6. L'article 6§1 de la Convention européenne de sauvegarde des droits de l'homme est applicable à la matière fiscale.

a. Vrai ?

b. Faux ?

7. Le rescrit permet au contribuable d'interroger l'administration fiscale sur les conséquences fiscales d'une opération projetée.

a. Vrai ?

b. Faux ?

8. La jurisprudence de la Cour de justice de l'Union européenne ne joue aucun rôle en matière fiscale car le droit fiscal relève de la souveraineté des États membres

a. Vrai ?

b. Faux ?

9. En principe, les lois fiscales ne peuvent pas être rétroactives.

a. Vrai ?

b. Faux ?

10. Une convention fiscale internationale peut constituer le fondement d'une imposition, indépendamment des dispositions législatives nationales.

a. Vrai ?

b. Faux ?

Voir le corrigé en fin de rubrique.

B) Dissertation

Énoncé

La rétroactivité en matière fiscale.

Voir le corrigé en fin de rubrique.

2) Corrigés

Test de connaissances

1. Faux ; **2.** Vrai ; **3.** Vrai ; **4.** Faux ; **5.** Faux ; **6.** Faux ; **7.** Vrai ; **8.** Faux ; **9.** Vrai ; **10.** Faux.

Dissertation

La rétroactivité, dérivée du latin *retroagere*, est en un sens ce qui nous ramène en arrière pour exercer une action sur le passé. On entend par rétroactivité un acte accompli ou un fait survenu à une certaine date et qui produit des effets à partir d'une date antérieure. En d'autres termes, les effets produits sont pris en compte à une date à laquelle ils n'avaient encore eu lieu.

La notion de rétroactivité ainsi définie apparaît comme une notion générale, dans la mesure où elle est susceptible de concerner toutes les sources du droit. Mais parce que la rétroactivité peut porter atteinte à la sécurité juridique et aux droits fondamentaux, les conventions internationales, les lois, les règlements sont soumis à un principe de non-rétroactivité. Le Code civil l'énonce d'ailleurs dès son article 2 : « La loi ne dispose que pour l'avenir ; elle n'a point d'effet rétroactif ».

Toutefois, le principe de non-rétroactivité a valeur constitutionnelle seulement en matière répressive. Les sanctions fiscales ayant un caractère punitif sont donc soumises à un principe de non-rétroactivité, comme les sanctions pénales. En outre, la rétroactivité de la loi ne doit pas conduire à remettre en cause l'autorité de la chose jugée des décisions de justice. En dehors de ces derniers cas, une loi adoptée en matière fiscale peut donc parfaitement avoir un effet rétroactif et déroger ainsi à l'article 2 du Code civil. La rétroactivité donne lieu néanmoins à un contrôle du juge constitutionnel qui vise à en limiter l'utilisation et à préserver les droits fondamentaux des citoyens et en particulier des contribuables.

Il est donc nécessaire d'appréhender les manifestations de la rétroactivité (I) avant d'en mesurer les limites (II).

I. Les manifestations de la rétroactivité

Les manifestations de la rétroactivité peuvent être diverses : il est nécessaire de distinguer la fausse rétroactivité (A) de l'authentique rétroactivité (B).

A. La fausse rétroactivité

La loi ou le texte qui s'applique aussitôt dans le présent n'aura pas un effet rétroactif, mais un effet immédiat. Cependant, la distinction entre l'application rétroactive et l'application immédiate n'est pas toujours aisée. On parle d'ailleurs parfois, pour désigner des hypothèses d'application immédiate, de petite rétroactivité ou de rétroactivité économique.

Ce phénomène a essentiellement été identifié en droit fiscal, à l'égard des lois de finances. Adoptées avant le 31 décembre de chaque année civile, ces lois déterminent notamment l'assiette de l'impôt calculé à partir des revenus de l'année écoulée. L'assiette définie par la loi porte donc sur des faits passés (la perception des revenus au cours de l'année), mais n'a pas d'effet rétroactif à proprement parler, comme l'a reconnu le Conseil constitutionnel dans une décision du 29 décembre 2012, dès lors qu'elles sont antérieures au fait générateur de l'impôt.

Il n'en demeure pas moins qu'elles engendrent un effet de surprise pour les contribuables équivalent à celui supporté en cas de rétroactivité authentique ou avérée.

B. L'authentique rétroactivité

La véritable rétroactivité (également appelée rétroactivité de droit) conduit à appliquer une règle fiscale à une situation déjà constituée. Autrement dit, il s'agit d'appliquer une règle qui n'existait pas au jour du fait générateur de l'impôt. Cette rétroactivité peut prendre principalement deux formes : les lois interprétatives ou les lois de validation.

Les lois interprétatives désignent les textes législatifs dans le but de préciser le sens donné à une loi antérieure. La loi interprétative fait corps avec la loi qu'elle interprète et entre en vigueur à la même date que celle-ci.

Les lois de validation ont pour objet de valider un acte susceptible de faire l'objet d'une annulation judiciaire. En matière fiscale, le législateur valide ainsi des actes irréguliers de l'administration afin d'éviter des recours contentieux coûteux pour les finances publiques.

II. Les limites à la rétroactivité

Les lois rétroactives sont source d'insécurité juridique. Même si le Conseil constitutionnel a refusé de lui reconnaître une valeur constitutionnelle, sa jurisprudence montre qu'il veille à préserver la prévisibilité du droit et que le législateur est tenu de poursuivre un strict motif d'intérêt général lorsqu'il entend remettre en cause celle-ci.

A. La prévisibilité du droit protégée

Selon une jurisprudence constante du Conseil constitutionnel, s'il est « à tout moment loisible au législateur, statuant dans le domaine de sa compétence, de modifier des textes antérieurs ou d'abroger ceux-ci en leur substituant, le cas échéant, d'autres dispositions » il ne saurait alors porter « aux situations légalement acquises une atteinte qui ne soit justifiée par un motif d'intérêt général suffisant ». Cette exigence posée par le Conseil constitutionnel a une portée générale : celui-ci l'applique à la fois aux dispositions rétroactives stricto sensu, mais aussi aux dispositions entrant en vigueur avant le fait générateur de l'impôt (Cons. const. 19 déc. 2013, décis. n° 2013-682 DC). La fausse rétroactivité voit ici son régime être aligné sur celui de la rétroactivité au sens strict du terme et cela afin de protéger la prévisibilité du droit. Des revenus ayant subi des prélèvements à la source, ayant un caractère libératoire, ne peuvent se voir appliquer une nouvelle imposition : les contribuables concernés étaient légitimement en droit de considérer que leurs revenus étaient libérés de toute charge fiscale (Cons. const. 5 déc. 2014, décis. n° 2014-435 QPC, *M. Verny*).

B. La nécessité d'un motif impérieux d'intérêt général

Lorsque le législateur entend adopter des dispositions rétroactives, il ne peut le faire pour n'importe quel motif. Il est tenu de démontrer que celles-ci poursuivent un motif d'intérêt général qui se doit d'être impérieux. Inspirée de la jurisprudence de la Cour européenne des droits de l'homme (CEDH 28 oct. 1999, *Zielinski*), l'appréciation de ce motif d'intérêt général est centrale. S'il est suffisamment consistant, la rétroactivité est permise. Si, à l'inverse, il paraît insuffisant, la rétroactivité est écartée. C'est là mettre un contrôle de proportionnalité visant à vérifier l'adéquation des mesures prises avec le but poursuivi. En la matière, la jurisprudence du Conseil constitutionnel s'est durcie : l'État ne peut se contenter d'invoquer un motif financier (préserver les recettes du Trésor Public). Les autorités publiques doivent poursuivre d'autres objectifs que celui-ci, comme par exemple, la lutte contre la fraude fiscale (CEDH, gde ch., 3 nov. 2022, n° 49812/09, *Vegotex International SA*).

chapitre 1

Les règles de base de l'impôt sur le revenu

Plan analytique

§ 2 Les modalités de calcul

A. Méthodologie

B. Le système du quotient

Compléments pédagogiques

Les règles de base de l'impôt sur le revenu

L'impôt sur le revenu des personnes physiques se caractérise par son approche catégorielle des revenus imposables. En effet, la loi prévoit huit catégories distinctes pour appréhender l'ensemble des revenus susceptibles d'être perçus par une personne physique (CGI, art. 1 A). Toutefois, indépendamment de la catégorie des différents revenus, un certain nombre de règles sont communes à l'ensemble des contribuables relevant de l'impôt sur le revenu. L'étude de celui-ci doit donc commencer par ce socle de règles de base qui concernent principalement le domicile fiscal (section 1), la détermination du revenu net global (section 2), la détermination du foyer fiscal et du quotient familial (section 3) et les règles de calcul de l'impôt sur le revenu (section 4). 105

section 1

Le domicile fiscal

Les personnes dont le *domicile fiscal*[Q] est situé en France (métropole ou DOM) sont passibles de l'impôt sur le revenu en France, en raison de l'intégralité de leurs revenus de toute origine (CGI, art. 4 A). Les personnes domiciliées fiscalement en France sont donc soumises à une obligation fiscale illimitée et cela quelle que soit leur nationalité. En effet, au regard du droit interne, ni la nationalité, ni même la domiciliation au sens du Code civil, ne constitue un critère à prendre en compte pour déterminer le domicile fiscal d'une personne physique. Un français peut parfaitement avoir son domicile fiscal à l'étranger et un étranger avoir son domicile fiscal en France. 106

Le droit de l'Union européenne ne comporte pas de dispositions relatives au domicile fiscal des personnes physiques. Par conséquent, chaque État membre peut ériger les règles en la matière, sous réserve toutefois des mesures qui porteraient atteinte de manière injustifiée aux libertés fondamentales garanties par le traité et notamment la libre circulation des personnes (v. ss 92). 107

En revanche, les conventions fiscales internationales ont un rôle à jouer en matière de domiciliation. En effet, si un contribuable est domicilié fiscalement dans deux États, en application de la législation au sein de chacun d'entre eux, des dispositions conventionnelles vont venir régler le problème de la double imposition résultat de la double domiciliation. Aussi, en présence d'une convention fiscale, un contribuable ne peut être résident que d'un seul État : le conflit de résidence est toujours résolu. 108

109 Toutefois, la mise en œuvre d'une convention fiscale ne peut être effectuée qu'une fois qu'il est établi que le contribuable est bien domicilié fiscalement en France et à l'étranger (sur le principe de subsidiarité, v. ss 103). Voilà pourquoi il faut connaître les critères du domicile fiscal prévus par le Code général des impôts (§1), avant de s'intéresser aux effets de la domiciliation (§2).

§ 1 Les critères du domicile fiscal

110 Pour déterminer si une personne a son domicile fiscal en France, l'article 4 B du Code général des impôts pose des critères alternatifs (A). Leur mise en œuvre implique toutefois de respecter une démarche chronologique (B).

A. L'énoncé des critères

111 En vertu de l'article 4 B du Code général des impôts, une personne est considérée comme ayant son domicile fiscal en France lorsqu'elle répond à l'un des critères alternatifs suivants :

- elle a en France son foyer (1) ou le lieu de son séjour principal (2) ;
- elle exerce en France une activité professionnelle principale (3) ;
- elle a en France le centre de ses intérêts économiques (4).

Il suffit de remplir au moins un critère pour être domicilié fiscal de France et donc être soumis à une obligation fiscale illimitée, c'est-à-dire à un impôt frappant l'ensemble des revenus, tant de source française que de source étrangère.

1. *Le critère tiré du foyer*

112 Sont considérées comme ayant leur domicile fiscal en France, les personnes qui ont en France leur foyer ou leur lieu de séjour principal. L'article 4 B, a du Code général des impôts s'appuie sur un double critère personnel : foyer ou lieu de séjour principal. Le critère tiré du lieu de séjour principal apparaît toutefois comme étant subsidiaire par rapport au critère du foyer fiscal : ce n'est que si le critère du foyer fiscal n'est pas rempli que le critère du lieu de séjour peut trouver à s'appliquer (CE 3 nov. 1995, *Larcher*).

113 D'une manière générale, le foyer s'entend du lieu où la personne ou sa famille (concubin ou conjoint, enfants) habite normalement, c'est-à-dire du lieu de la résidence habituelle, à condition que cette résidence en France ait un caractère permanent. Cette résidence demeure le foyer du contribuable même s'il est amené, en raison des nécessités de sa profession, à séjourner ailleurs temporairement, dès lors que, normalement, la famille continue d'habiter la résidence et que tous ses membres s'y retrouvent. Comme le décide le Conseil d'État, le foyer s'entend du lieu où le contribuable habite normalement et a le centre de ses intérêts familiaux, sans qu'il soit tenu compte des séjours effectués temporairement à l'étranger en raison des nécessités de la profession ou de circonstances exceptionnelles, y compris si le contribuable est un célibataire, sans charge de famille. Pour ce dernier, le foyer s'entend du lieu où il habite normalement et a le centre de sa vie personnelle. Ainsi, le juge administratif considère qu'un contribuable célibataire, ne supportant plus aucune charge de famille, mais domicilié en France, y déclarant ses revenus et ayant ouvert des comptes bancaires en France dispose d'un foyer en France. Peu importe

que le contribuable séjourne en France moins de 183 jours par an en raison de ses activités professionnelles. La même solution a été retenue pour le célibataire, divorcé et ayant des charges de famille.

2. *Le lieu de séjour principal*

Le lieu du séjour principal du contribuable ne peut déterminer son domicile fiscal que dans l'hypothèse où celui-ci ne dispose pas de foyer. En règle générale, sont considérés comme ayant le lieu de leur séjour principal en France les contribuables qui y séjournent pendant plus de six mois par an. Ce séjour doit être effectif et réel ; le contribuable doit être personnellement et physiquement présent en France. La condition des six mois n'est cependant pas absolue puisque le contribuable peut être regardé comme ayant le lieu de son séjour principal en France lorsque, au cours d'une année donnée, il y a séjourné plus longtemps que dans tout autre pays. Il faut donc mettre en œuvre une approche comparative sur une base géographique et temporelle. 114 ■

3. *L'activité professionnelle*

L'activité professionnelle exercée à titre principal s'apprécie au regard du temps effectif consacré à cette activité. Si le contribuable exerce son activité professionnelle principale en France, en y consacrant l'essentiel de son temps, il sera réputé avoir son domicile fiscal en France. Si le critère du temps passé n'est pas pertinent, ce qui peut être le cas pour un contribuable exerçant à mi-temps une activité en France et une autre activité à l'étranger, l'activité professionnelle à titre principal s'apprécie au regard des revenus. L'activité principale est alors celle qui procure la majeure partie des revenus du contribuable. 115 ■

La loi de finances pour 2020 a posé une présomption simple de domicile en France pour les dirigeants de sociétés dont le siège social est en France et dont le chiffre d'affaires est supérieur à 250 millions d'euros. Sont concernés : le président du conseil d'administration lorsqu'il assume la direction générale de la société, le directeur général, les directeurs généraux délégués, le président et les membres du directoire, les gérants et tous les autres dirigeants ayant des fonctions analogues. 116 ■

4. *Le centre des intérêts économiques*

La notion de « centre des intérêts économiques » s'apprécie au regard des revenus du contribuable, mais pas seulement de ceux issus de son activité professionnelle (c'est le troisième critère). Le centre des intérêts économiques s'intéresse à l'ensemble des revenus et donc également aux placements effectués par le contribuable. Celui-ci a le centre de ses intérêts économiques en France à partir du moment où ses revenus proviennent en majorité de sources situées en France (titres, immeubles, etc.). La présence de comptes bancaires en France est un indice utilisé pour détecter le centre des intérêts économiques. Le critère des revenus est toutefois primordial : le simple fait de détenir des biens dans un État ne peut suffire en soi à considérer que le contribuable est résident dans cet État. 117 ■

Le centre des intérêts économiques peut aussi être déterminé, de façon subsidiaire, par comparaison des patrimoines en France et à l'étranger, dès lors que ces patrimoines produisent des revenus (CE 7 oct. 2020, n° 426214). Le centre des intérêts 118 ■

économiques est alors le lieu où le contribuable a effectué ses principaux investissements, où il possède le siège de ses affaires et où il administre ses biens. C'est donc le patrimoine productif de revenus qu'il faut prendre en compte, ce qui peut conduire à comparer les différents patrimoines détenus dans plusieurs États différents.

B. La mise en œuvre des critères

119 L'appréciation des critères alternatifs de l'article 4 B se fait selon un ordre hiérarchique. Le critère tiré du foyer en France prime tous les autres critères. Le lieu du séjour principal, le lieu de l'activité professionnelle et le centre des intérêts économiques apparaissent comme étant subsidiaires.

120 Dans ses commentaires publiés au *BOFiP*, l'administration apporte des précisions relatives à l'appréciation, s'agissant des mandataires sociaux, de deux des critères de domiciliation fiscale en France prévus par l'article 4 B du Code général des impôts. Ainsi, l'exercice d'une activité professionnelle à titre principal en France (CGI, art. 4 B, 1, b) résulte, pour les salariés, de l'exercice effectif et régulier de leur activité professionnelle en France. Pour les mandataires sociaux d'une société dont le siège social ou le siège de direction effective est situé en France, ce critère implique l'exercice en France du mandat social. En ce qui concerne le centre des intérêts économiques (CGI, art. 4 B, 1, c), pour les titulaires de mandats sociaux au sein de plusieurs sociétés dont les sièges sociaux ou de direction effective respectifs sont situés dans différents pays, l'administration indique qu'elle recherchera le centre des intérêts économiques, selon les circonstances propres à chaque espèce, en tenant compte des liens entre les mandats sociaux exercés.

§ 2 Les effets de la domiciliation fiscale

121 Conformément aux dispositions de l'article 4 A du Code général des impôts, les personnes qui ont en France leur domicile fiscal sont passibles de l'impôt sur le revenu en raison de l'ensemble de leurs revenus. Les personnes physiques domiciliées en France sont donc soumises à un principe d'universalité. Lorsque l'État de la source du revenu a également le droit de prélever une retenue à la source, comme c'est souvent le cas en matière de dividendes, d'intérêts ou encore de revenus fonciers, la double imposition qui en résulte (impôt en France qui constitue l'État de résidence et retenue à la source effectuée par l'État étranger) est généralement traitée par la convention fiscale liant les deux États. Dans ce cas, deux méthodes sont envisageables : la méthode de l'exemption (la convention accorde le pouvoir d'imposer à un seul État) ; la méthode de l'imputation (la retenue à la source engendre un crédit d'impôt imputable sur l'impôt à payer dans l'État de résidence).

122 En revanche, les personnes dont le domicile fiscal est situé hors de France sont passibles de cet impôt en raison de leurs seuls revenus de source française. Leurs revenus de source française doivent être déterminés selon les mêmes règles que celles applicables aux personnes qui ont leur domicile fiscal en France. Toutefois, aucune des charges déductibles du revenu global en application des dispositions du Code général des impôts ne peut être déduite (CGI, art. 164 A).

Ainsi, l'impôt dû au titre des revenus de source française ne peut être inférieur à un taux de 20 % pour la fraction du revenu net imposable qui est inférieure ou égale à la limite supérieure de la deuxième tranche du barème de l'impôt sur le revenu (soit 27.478 € pour les revenus de 2022) et un taux de 30 % à la fraction supérieure à cette limite. Toutefois, lorsque le contribuable justifie que le taux de l'impôt français sur l'ensemble de ses revenus de source française ou étrangère serait inférieur à ces minima, en application du barème, ce taux est applicable à ses revenus de source française (CGI, art. 197 A). 123 ■

Tableau des effets de la domiciliation fiscale

Domicile fiscal	France	Étranger
Revenus de source étrangère	Imposition à l'impôt sur le revenu	Non imposable en France
Revenus de source française	Imposition à l'impôt sur le revenu	Imposition à l'impôt sur le revenu

§ 3 L'incidence des conventions fiscales internationales

En présence d'une convention internationale, si l'examen des deux législations nationales conduit à reconnaître à un même contribuable la qualité de résident dans les deux États, il faut alors appliquer les critères conventionnels de résidence fiscale. Dans un grand nombre de conventions fiscales, est réputé être résident fiscal d'un État contractant, le contribuable qui, ayant dans les deux pays un foyer d'habitation, y dispose du centre de ses intérêts vitaux. Celui-ci se définit comme le lieu où se trouvent ses liens personnels et professionnels les plus étroits. Le centre des intérêts vitaux ne correspond pas aux critères de l'article 4 B, bien qu'il en reprenne une partie. Ainsi, un contribuable qui perçoit d'une société holding belge des revenus correspondant à l'activité économique de conseil qu'il exerce au sein de sociétés françaises entretient des liens économiques plus étroits avec la France même s'il ne perçoit ni revenu ni dividende de ces sociétés (CE 26 sept. 2012, *M. et Mme Tedesco*). 124 ■

S'il n'est pas possible de déterminer l'État contractant où une personne a le centre de ses intérêts vitaux ou si la personne ne dispose d'un foyer d'habitation permanent dans aucun des États contractants, elle est considérée comme résident de l'État contractant où elle séjourne de façon habituelle. Le séjour habituel au sens des dispositions conventionnelles ne se confond pas avec le lieu de séjour principal visé par l'article 4 B du CGI. En effet, le séjour habituel dans un État s'apprécie au regard de la fréquence, de la durée et de la régularité des séjours dans cet État qui font partie du rythme de vie normal de la personne et ont un caractère plus que transitoire, sans qu'il y ait lieu de rechercher si la durée totale des séjours qu'elle y a effectués excède la moitié de l'année. 125 ■

Enfin, si cette personne séjourne de façon habituelle dans chacun des États contractants ou si elle ne séjourne de façon habituelle dans aucun d'eux, elle est considérée 126 ■

comme résident de l'État contractant dont elle possède la nationalité. Le critère de la nationalité a donc un rôle à jouer en application des conventions internationales, même s'il constitue le critère résiduel.

section 2

Le transfert du domicile fiscal

127 Le transfert du domicile fiscal peut se faire dans les deux sens : un contribuable peut décider de quitter la France (§1) ou de s'y installer (§2).

§ 1 Le transfert du domicile fiscal hors de France

128 Le transfert du domicile fiscal hors de France est perçu avec méfiance par le législateur, bien qu'il ne constitue pas en soi un comportement frauduleux ou une évasion fiscale (CE 12 juill. 2013, n° 359994). C'est toutefois un phénomène susceptible d'engendrer une perte importante de recettes fiscales, notamment parce que certains contribuables peuvent être tentés de s'expatrier dans un pays à la fiscalité avantageuse avant de céder leurs actifs. L'État essaye donc de le contenir, même si ses marges de manœuvre sont limitées, dès lors que les citoyens sont libres de s'établir dans l'État qu'ils souhaitent. À ce titre, en cas de transfert du domicile fiscal, le contribuable n'est plus passible de l'impôt sur le revenu postérieurement à ce transfert mais, conformément à l'article 167 du Code général des impôts, il reste imposé sur :

- les revenus dont l'intéressé a disposé jusqu'à la date de son départ ;
- les bénéfices industriels et commerciaux et les bénéfices agricoles taxables selon le régime du bénéfice réel, qu'il a réalisés depuis la fin du dernier exercice taxé ;
- les revenus qu'il a acquis sans en avoir la disposition antérieurement à son départ ;
- les revenus dont l'imposition a été différée (ex. indemnités de départ à la retraite).

L'imposition de ces revenus se fait d'après les règles applicables pour l'année de l'imposition.

129 En outre, après avoir été réécrit en raison d'une incompatibilité avec le droit de l'Union européenne (CJCE, 5e ch., 11 mars 2004, aff. C-9/02, *Lasteyrie du Saillant*), l'article 167 *bis* du Code général des impôts prévoit un dispositif visant à imposer à l'impôt sur le revenu et aux prélèvements sociaux certaines plus-values latentes sur droits sociaux, sous une condition tenant à l'importance des participations détenues (c'est le dispositif dit de l'« *exit tax* »). L'impôt vient ici frapper ce qui ne constitue qu'une plus-value latente qui est égale à la différence entre la valeur des titres à la date du transfert et leur prix ou valeur d'acquisition. En somme, le contribuable est taxé alors même qu'il n'a pas vendu ses titres, au moment où il décide de changer de

résidence fiscale et cela afin de lutter contre le phénomène de l'expatriation avant cession. Parce que cela conduit à imposer le contribuable alors même qu'il ne perçoit pas de liquidités, la loi a prévu plusieurs atténuations.

Le contribuable peut ainsi bénéficier d'un sursis de paiement de droit ou sur option, selon l'État dans lequel il transfère son domicile fiscal. Ce sursis de paiement prendra fin lors de la cession, du rachat, du remboursement, de l'annulation et, dans certains cas, lors de la donation des titres concernés. De même, l'imposition frappant les plus-values latentes lors du transfert du domicile fiscal donne lieu à une restitution ou à un dégrèvement en cas de retour en France, de donation des titres, de décès du contribuable et, pour le seul impôt sur le revenu (et non pour les prélèvements sociaux ; CE, 8e et 3e ch., 10 déc. 2021, n° 457349), à l'expiration d'un délai de huit ans suivant le transfert. Enfin, l'impôt frappant la plus-value latente est diminué en fonction de la plus ou moins-value effectivement réalisée après le transfert de domicile fiscal hors de France. Afin d'éviter les doubles impositions, l'impôt éventuellement acquitté hors de France (notamment en cas de cession) est imputable sur l'impôt dû en France au titre de la plus-value latente dans la limite de ce dernier et à proportion de la part d'assiette taxée par la France. 130 ■

§ 2 Le transfert du domicile fiscal en France

Le transfert du domicile fiscal en France est à l'inverse vu favorablement par le législateur. C'est un signe d'attractivité de notre pays et l'État ne lésine pas sur les dispositifs permettant d'accueillir dans les meilleures conditions fiscales, toutes les personnes qui viennent en France pour y exercer leur profession ou faire valoir leurs compétences. Le Brexit est d'ailleurs un formidable exemple de la lutte que certains pays mènent pour attirer les cadres du secteur bancaire et financier sur leur territoire. 131 ■

Prévu par l'article 155 B du Code général des impôts, le régime dit des « impatriés » consiste à accorder une exonération des suppléments de rémunération accordés aux salariés venant de l'étranger et cela pour une durée maximale de huit ans. Précisément, les personnes dites « impatriées » sont exonérées d'impôt sur les suppléments de rémunération liés à leur installation en France et imposable sur une assiette réduite sur certains de leurs « revenus passifs » de source étrangère (dividendes, intérêts, etc.).

Le régime des impatriés concerne les personnes qui n'ont pas été fiscalement domiciliées en France, soit au regard du droit interne, soit au regard des conventions fiscales, au cours des cinq années civiles précédant celle de leur prise de fonctions en France. Celui qui s'est expatrié il y a moins de cinq ne peut être un « impatrié ». 132 ■

Outre les salariés, les personnes éligibles à ce régime de faveur sont l'ensemble des dirigeants qui, mentionnés à l'article 80 *ter*, b-1°, 2° et 3° du CGI, leur sont fiscalement assimilés. Il s'agit, notamment, en ce qui concerne les SARL, des gérants minoritaires ou égalitaires. Au-delà de cette première condition liée aux fonctions exercées, la loi impose que les personnes souhaitant bénéficier de ce régime soient appelées par une entreprise étrangère auprès d'une entreprise établie en France ou recrutées directement à l'étranger par une entreprise établie en France. Le régime fiscal des 133 ■

« impatriés » a donc vocation à accorder un régime de faveur aux salariés ou aux mandataires sociaux qui sont recrutés pour travailler en France. Il ne concerne toutefois pas la mobilité intragroupe : le salarié qui passe d'une entreprise établie à l'étranger pour intégrer une entreprise française ne peut se prévaloir de ce régime lorsque les deux entreprises relèvent du même groupe (CE 22 déc. 2020, n° 427536).

■ 134 Toutefois, comme le précise la doctrine administrative, il est nécessaire que le salarié (ou le dirigeant) soit en mesure d'apporter la justification que, lorsqu'il a été recruté, son domicile réel était toujours fixé à l'étranger et qu'il ne l'avait pas déjà transféré en France.

section 3

La détermination du revenu net global

■ 135 Dans le cadre de l'impôt sur le revenu, la détermination du revenu net global, sur lequel l'impôt va être calculé, implique de déterminer quels sont les revenus imposables, ce qui implique d'en connaître les caractéristiques (§1). En outre, la loi admet que les contribuables puissent réduire leur revenu net global en imputant un certain nombre de charges supportées (§2) ou les déficits constatés dans certaines catégories de revenus (§3).

§ 1 Les caractéristiques du revenu imposable

■ 136 La loi ne donne pas de définition générale du revenu en droit fiscal. C'est dans le cadre de chaque « catégorie » que les revenus (ou bénéfices) soumis à l'impôt sont définis. La loi appréhende huit revenus catégoriels :

Tableau des huit revenus catégoriels

Revenus d'activité	Revenus patrimoniaux
- Traitements et salaires (TS) - Bénéfices industriels et commerciaux (BIC) - Bénéfices non commerciaux (BNC) - Bénéfices agricoles (BA) - Rémunérations de certains dirigeants de sociétés (DIR)	- Revenus fonciers (RF) - Revenus des capitaux mobiliers (RCM) - Plus-values des particuliers (PV)

■ 137 Historiquement, les premiers textes de 1914 et 1917 à l'origine de l'impôt sur le revenu s'appuyaient sur une conception civiliste de la notion de revenu, en assimilant celui-ci à un fruit et non à un produit. Le fruit est ce qu'une chose peut rapporter périodiquement sans altération de sa substance (par exemple le loyer tiré de la location d'un immeuble) ; quant au produit il provient non pas d'une chose mais du travail de l'homme. Cette conception restrictive du revenu imposable conduisait à ne pas prendre en compte certaines formes d'enrichissement du contribuable, notamment celles tirées de gains exceptionnels (c'est-à-dire inhabituels, telle qu'une prime) ou altérant une source de revenu (par exemple la plus-value tirée de la vente d'un immeuble qui était mis en location).

Aujourd'hui, l'impôt sur le revenu vient frapper l'enrichissement du contribuable dans sa quasi-intégralité, même s'il résulte d'un évènement exceptionnel ou non voulu. L'enrichissement ne se confond pas ici avec les flux monétaires : le contribuable peut être taxé, sans avoir perçu de liquidités, même si la loi prévoit parfois des mécanismes correcteurs. 138 ■

En revanche, ne sont pas soumises à l'impôt sur le revenu toutes les sommes qui apparaissent comme étant de pures libéralités. Les libéralités dites pures exigent la réunion d'une double condition : 139 ■

- une condition objective d'abord, la somme versée ne doit comporter aucune contrepartie pour le donateur, ni pour le passé, ni pour l'avenir ;
- une condition subjective ensuite, le donateur doit poursuivre une intention libérale.

Si celui qui verse le revenu exécute une obligation juridique, il n'est pas réputé avoir une intention libérale. N'est donc pas une libéralité le versement effectué en vertu d'un jugement, d'un contrat ou d'une obligation légale (ex. pension alimentaire). 140 ■

En outre, les articles 12, 13 et 156 du CGI permettent de dégager les caractères généraux du revenu imposable : c'est un revenu global, un revenu net, un revenu annuel et un revenu disponible. 141 ■

Un revenu global. La totalité des revenus et gains de toute sorte, quelle que soit leur provenance, c'est-à-dire qu'ils aient leur source en France ou hors de France est soumise à l'impôt. Ce principe comporte toutefois des exceptions, qui résultent soit d'exonérations, soit de régimes spéciaux. 142 ■

Un revenu net. Les revenus bruts doivent être diminués des « dépenses effectuées en vue de l'acquisition ou de la conservation du revenu » (CGI, art. 13, 1) ; ces dépenses s'entendent essentiellement de celles qui grèvent spécialement chacune des catégories de revenus (bénéfices industriels et commerciaux, revenus fonciers, etc.). Il est tenu compte de ces dépenses pour la détermination du revenu net de la catégorie considérée et suivant les règles qui lui sont propres (v. schéma ci-après). Lorsque les charges déductibles excèdent le revenu correspondant, un déficit apparaît. Dans ce dernier cas, l'imputation de ce déficit sur les autres revenus est possible, sauf exceptions. 143 ■

Un revenu annuel. Le contribuable est imposé chaque année au titre de l'année précédente, d'après les revenus qu'il a réalisés au cours de cette dernière année. En principe, c'est le revenu de l'année civile qui est imposable. Toutefois, lorsqu'un industriel ou commerçant (ou encore un exploitant agricole placé sous le régime du réel) arrête ses exercices comptables à une date autre que le 31 décembre, l'intéressé doit inclure dans le revenu imposable d'une année déterminée les bénéfices de l'exercice clos au cours de ladite année. Un commerçant qui dresse chaque année 144 ■

son bilan le 30 avril est imposable en 2023 au titre de 2022 d'après le total des bénéfices commerciaux de l'exercice 1er mai 2021-30 avril 2022 et de ses autres revenus (mobiliers, fonciers, etc.) de l'année civile 2022.

■ 145 *Un revenu disponible*. L'impôt porte sur les revenus dont le contribuable a eu la disposition au cours de l'année d'imposition, quel que soit l'usage qu'il en fait et même s'il choisit de ne pas les percevoir effectivement ou d'en différer l'encaissement. Un revenu acquis au contribuable mais non encore disponible n'est en principe pas imposable. Tel est le cas par exemple pour des salaires ou des loyers d'immeubles non payés à la date d'échéance. Par exception, les entreprises qui déterminent leur résultat imposable à partir d'une comptabilité d'engagement sont imposables sur les produits provenant de créances acquises, même si le paiement du prix n'est pas encore intervenu (v. ss 445).

■ 146 De même, une somme payée par chèque est ainsi réputée disponible dès la date de remise du chèque lorsque celle-ci est effectuée directement au bénéficiaire, même si l'intéressé ne le porte pas immédiatement au crédit de son compte bancaire. Il en va également ainsi des revenus portés au crédit d'un compte courant et, lorsqu'elles sont dues à un dirigeant, les sommes inscrites à un compte de charges à payer sont imposables, sauf si le bénéficiaire peut établir que des faits entièrement indépendants de sa volonté font obstacle au retrait ou au prélèvement des sommes correspondantes. De tels faits, notamment la situation de trésorerie de l'entreprise, n'exonèrent toutefois pas l'associé de l'impôt sur les sommes inscrites à son compte courant et dont il a fait abandon à la société. Abandonner est un acte de disposition : le revenu abandonné est donc un revenu disponible (CE 31 juill. 2009, n° 301191, *M. Salas*), même si cela est contestable.

§ 2 Les charges déductibles du revenu global

■ 147 La loi permet la déduction de certaines charges sous la forme d'une imputation directe sur le revenu global. Ces charges se distinguent des charges qui sont déductibles au niveau de chaque catégorie de revenus et de celles qui sont prises en compte, non pour la détermination du revenu imposable, mais au stade ultérieur du calcul de l'impôt sous la forme de réductions ou de crédits d'impôt. L'imputation s'opère sur le revenu brut global, qui correspond au total des revenus nets catégoriels, éventuellement diminués des déficits déductibles ou reportables. On obtient ainsi le revenu net global.

■ 148 Parmi ces charges, figurent par exemple les pensions alimentaires (CGI, art. 80 *septies*). Elles sont déductibles du revenu global, selon des règles qui conduisent à distinguer les pensions versées à des ascendants ou descendants et celles versées en cas de divorce ou de séparation.

■ 149 Ainsi, s'agissant des pensions alimentaires versées à des enfants majeurs, il n'y a pas lieu de distinguer selon que l'enfant majeur est âgé de plus ou de moins de 25 ans, étudiant ou non, invalide ou non. La déduction est limitée à 6.368 € par enfant et sur justificatifs (revenus 2022). La pension alimentaire déduite reste imposable au nom du bénéficiaire (excepté sous certaines conditions pour les enfants majeurs infirmes).

Lorsque l'enfant est domicilié chez le contribuable, la somme forfaitaire de 3.786 euros par enfant au titre du logement et de la nourriture peut être déduite et cela sans justificatifs.

Les pensions alimentaires versées à d'autres personnes (enfants mineurs, parents, ex-conjoint) sont déductibles sans plafonds. Toutefois, en ce qui concerne les pensions versées aux enfants mineurs, seules qui sont versées aux enfants dont le contribuable n'a pas la garde sont déductibles. La pension déduite est alors imposable au nom du parent qui la perçoit. En revanche, il n'est pas possible de déduire une pension alimentaire pour un enfant en résidence alternée ou à charge partagée lorsque l'enfant est pris en compte dans la détermination du quotient familial (Cons. const. 14 mai 2021, décis. n° 2021-907 QCP). De même, les aides versées à des personnes autres que les parents, grands-parents, enfants, petits-enfants ou les ex-conjoints ne sont pas déductibles. 150 ■

Outre les pensions alimentaires, l'article 156, II du CGI prévoit que la prestation compensatoire payée en numéraire est déductible du revenu global de son débiteur, lorsque les versements sont effectués sur une période supérieure à douze mois à compter de la date à laquelle le jugement de divorce est passé en force de chose jugée. Seuls les paiements fixés par le jugement sont ici visés, le contribuable n'ayant pas la possibilité de déterminer lui-même la périodicité de ces versements (CE 14 oct. 2020, n° 421028). 151 ■

Il faut encore mentionner les cotisations versées dans le cadre d'un plan épargne retraite facultative ainsi que la fraction de la CSG payée sur certains revenus patrimoniaux et déductible du revenu imposable l'année suivante (v. ss 313). 152 ■

Concernant la contribution aux charges du mariage pour les époux faisant l'objet d'une imposition distincte, et à la suite d'une modification opérée par la loi de finances pour 2021, l'article 156 du CGI ne soumet plus la déductibilité du revenu imposable de l'époux qui la verse à la condition que son versement résulte d'une décision de justice. 153 ■

D'une manière générale, la liste des charges pouvant être déduites du revenu global étant limitative, le contribuable ne peut déduire de son revenu global une charge non admise en déduction au niveau de son revenu catégoriel. Ainsi, les sommes versées par l'associé d'une société civile immobilière à un organisme bancaire en remboursement d'une dette contractée par la société ne constituent pas des dépenses effectuées en vue de l'acquisition ou de la conservation du revenu au sens du 1 de l'article 13 du CGI, qui feraient naître un déficit déductible du revenu global, mais une perte en capital, dont aucune disposition de la loi fiscale n'autorise la déduction. 154 ■

§ 3 Les déficits imputables sur le revenu global

L'imputation des déficits sur le revenu global permet, en principe, une compensation d'ensemble des résultats bénéficiaires ou déficitaires obtenus par le contribuable dans les huit catégories de revenus ainsi que, s'il y a lieu, l'imputation des déficits non encore déduits des six années antérieures. 155 ■

156 Selon l'article 156, I du CGI, le déficit constaté pour une année dans une catégorie de revenus est imputé, à due concurrence, sur le revenu global de la même année. Si ce revenu global n'est pas suffisant pour que l'imputation puisse être intégralement opérée, l'excédent du déficit est reporté successivement sur le revenu global des années suivantes, jusqu'à la sixième année inclusivement.

157 Soit un contribuable qui, au cours de l'exercice 2022, a subi dans l'entreprise commerciale qu'il exploite personnellement un déficit de 10.000 € et qui a disposé par ailleurs en 2022 de revenus d'autres catégories (revenus fonciers, revenus mobiliers, salaires, etc.) s'élevant au total à 50.000 €.

158 Compte tenu de l'imputation de son déficit, il n'est imposable, au titre de 2022 (imposition établie en 2023), que sur la base de : 50.000 € - 10.000 € = 40.000 €.

159 Supposons maintenant que, le déficit commercial étant toujours de 10.000 €, les autres revenus réalisés en 2022 par le contribuable n'aient été au total que de 5.000 €, au lieu de 50.000 €. Après compensation, il reste donc pour 2022 un reliquat déficitaire de 5.000 € (10.000 € - 5.000 €). Dans cette hypothèse, l'intéressé n'est pas imposable au titre de 2022. Quant à l'excédent du déficit, il sera reporté sur le revenu global de 2023 ; si celui-ci est lui-même insuffisant pour absorber le reliquat déficitaire de 5.000 €, l'excédent sera reporté sur le revenu global de 2024 et ainsi de suite jusqu'en 2028 inclusivement ; mais le report ne pourra plus, en tout état de cause, se faire sur le revenu de 2029, le délai de six ans étant alors expiré.

160 Lorsqu'on est en présence de déficits successifs (non encore atteints par le délai de six ans), le report se fait en commençant par les déficits les plus anciens.

161 Mais ce principe d'imputation comporte plusieurs exceptions qui résultent des règles particulières prévues à l'égard de certains déficits (CGI, art. 156, I) et qui visent à empêcher l'imputation des déficits patrimoniaux ou ne provenant pas d'une activité professionnelle. Tel est le cas dans les situations suivantes :

- Déficits fonciers *:* par exception à la règle générale, les déficits fonciers ne peuvent être imputés que sur les revenus fonciers des années suivantes. Toutefois, l'imputation sur le revenu global est possible pour les déficits résultant de certaines dépenses et dans la limite de 10.700 € (v. ss 223) ; cette dernière limite est temporairement rehaussée, sans pouvoir excéder 21.400 euros par an, à raison des dépenses de travaux de rénovation énergétique (payées entre le 1er janvier 2023 et le 31 décembre 2025) ;

- Déficits agricoles : lorsque le total des autres revenus nets des membres du foyer fiscal excède 113.544 €, les déficits agricoles ne sont pas déductibles du revenu global, mais seulement des bénéfices agricoles des six années suivantes. Ce plafond est modifié tous les ans (CGI, art. 156) ;

- Déficits des activités non commerciales *:* les déficits provenant d'une activité non commerciale au sens de l'article 92 du CGI, autres que ceux qui proviennent de l'exercice d'une profession libérale ou des charges et offices, ne sont pas déductibles du revenu global du contribuable. Ces déficits peuvent seulement être imputés sur les bénéfices tirés d'activités semblables, durant la même année ou les six années suivantes. Toutefois, les déficits tirés de l'activité non commerciale de sous-location d'immeubles nus, quand bien même elle est exercée à titre professionnel, ne sont pas au nombre des déficits catégoriels pouvant être imputés sur le revenu global en application de l'article 156 du CGI ;

- Déficits d'activités commerciales à caractère non professionnel : selon l'article 156, I-1° *bis* du CGI, les déficits provenant, directement ou indirectement, d'activités non professionnelles relevant du régime des BIC ne sont pas déductibles du revenu global du contribuable (v. ss 380). Ils peuvent seulement être imputés sur les bénéfices tirés d'activités semblables durant la même année ou les six années suivantes ;

- Déficits constatés dans la catégorie des revenus des capitaux mobiliers : ces déficits peuvent cependant être imputés sur les revenus de même nature des six années suivantes ;

- Moins-values mobilières et immobilières : elles ne sont pas déductibles du revenu global. La moins-value immobilière n'est ni imputable sur une plus-value de même nature, ni imputable sur les autres revenus. La moins-value mobilière est imputable sur les plus-values réalisées au cours de la même année et dix années suivantes, mais elle ne l'est pas sur le revenu global.

Schéma de la détermination du revenu net global

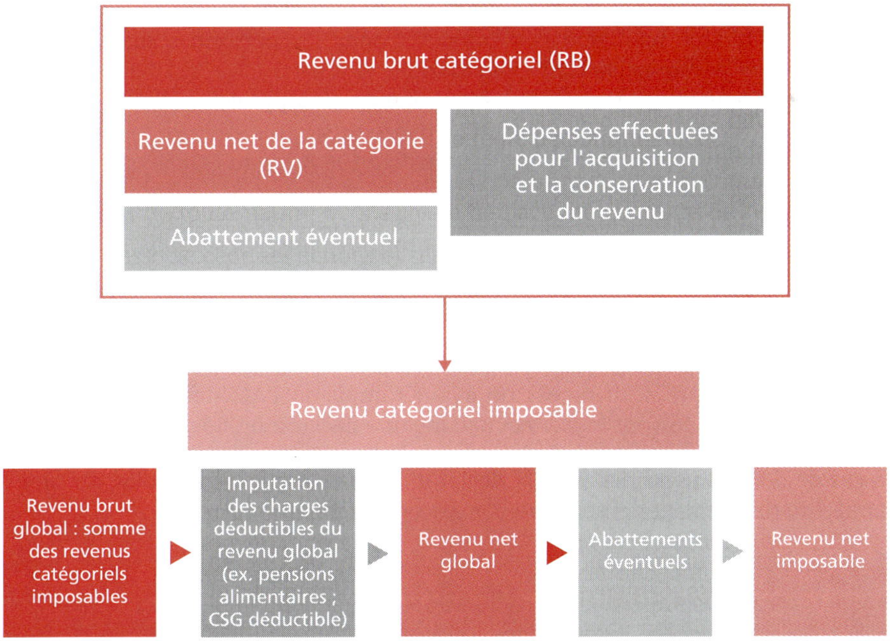

Revenu net de la catégorie = Revenu brut catégoriel – Dépenses effectuées pour l'acquisition et la conservation du revenu – Abattement éventuel, soit RN=RB – Dépenses – Abattement éventuel

section 4

La déclaration des revenus et le prélèvement à la source

162 Les revenus perçus par le contribuable soumis à l'impôt doivent donner lieu à déclaration (§1) et cela en dépit de la mise en place du prélèvement à la source (§2).

§ 1 La déclaration des revenus

163 En vertu du 1 de l'article 170 du CGI, toute personne imposable à l'impôt sur le revenu doit souscrire une déclaration d'ensemble de ses revenus. Conformément à l'article 175 du CGI, le contribuable doit faire parvenir cette déclaration d'ensemble à l'administration au plus tard le 2e jour ouvré suivant le 1er avril de chaque année pour les revenus de l'année précédente.

164 Toutefois, en raison de la généralisation de la déclaration pré-remplie, un report de la date limite de dépôt des déclarations des revenus est accordé chaque année.

Cette obligation concerne les éléments que possèdent :

- le contribuable lui-même (les conjoints pour les personnes mariées ou les partenaires liés par un pacte civil de solidarité) ;
- les enfants à charge dont l'imposition séparée n'est pas demandée ;
- les enfants rattachés au foyer fiscal (CGI, art. 6, 3) ;
- et les personnes à charge au sens de l'article 196 A *bis* du CGI.

165 Pour les revenus perçus l'année de leur mariage ou l'année de la conclusion de leur PACS, les personnes mariées ou liées par un PACS peuvent réaliser une déclaration commune. Ils ont toutefois la possibilité d'opter pour l'imposition distincte de leurs revenus. Ils forment alors dans ce dernier cas deux foyers fiscaux distincts et doivent par conséquent souscrire deux déclarations de revenus.

166 Les personnes séparées, divorcées ou ayant rompu un PACS forment deux foyers fiscaux distincts et doivent souscrire chacune une déclaration de revenus.

167 En cas de décès du contribuable, la déclaration des revenus imposables, au titre de l'année du décès, doit être souscrite par ses ayants-droits.

§ 2 Le prélèvement à la source

168 Depuis le 1er janvier 2019, un prélèvement afférent à l'impôt sur le revenu, appelé « *prélèvement à la source*Q » a lieu au moment de la perception des revenus. Il s'agit d'une nouvelle modalité de recouvrement de l'impôt qui présente la particularité de conduire au paiement de celui-ci avant même de procéder à la déclaration des revenus. Ce prélèvement, qui ne modifie pas les règles de calcul de l'impôt sur le revenu et qui ne supprime pas les obligations déclaratives améliore la trésorerie des

contribuables et de l'État : il anéantit le décalage d'une année existant entre la perception des revenus et le paiement de l'impôt sur le revenu correspondant qui existait dans l'ancien système.

Aux termes de l'article 204 A du Code général des impôts, de l'article 204 B du CGI et de l'article 204 C du CGI, le prélèvement à la source prend la forme d'une retenue à la source ou d'un acompte, selon la nature des revenus, leur origine et la domiciliation fiscale du contribuable qui les perçoit. 169 ■

Le prélèvement à la source est calculé par l'administration fiscale en appliquant un taux propre à chaque contribuable ou un taux par défaut, à une assiette constituée des revenus imposables à l'impôt sur le revenu et entrant dans le champ d'application du prélèvement à la source. Parmi eux, figurent notamment les traitements et salaires. Le taux d'imposition auquel est soumis le contribuable est calculé sur les revenus bruts, c'est-à-dire avant abattements, réductions ou crédits d'impôt. En d'autres termes, si les revenus du contribuable sont stables et qu'il a droit à l'un de ces dispositifs, les retenues à la source seront supérieures à l'impôt total dû et calculé à la suite de sa déclaration. Il bénéficiera néanmoins d'une restitution l'année de la déclaration des revenus. 170 ■

Le prélèvement peut toutefois être modifié à l'initiative du contribuable pour tenir compte des changements de situation de famille ou des variations des revenus. Depuis le 1er janvier 2023, la modulation à la baisse est possible si le contribuable estime que son prélèvement doit être inférieur de plus de 5 % à celui résultant du maintien du taux précédent et non modulé. 171 ■

Lorsque le prélèvement à la source prend la forme d'une retenue à la source, les débiteurs du revenu, c'est-à-dire le plus souvent l'employeur sont tenus d'effectuer ce prélèvement au moment du versement du revenu.

Lorsque le prélèvement à la source prend la forme d'un acompte, ce qui est le cas pour les bénéfices industriels et commerciaux, les bénéfices non commerciaux et les bénéfices non agricoles, celui-ci est acquitté auprès de l'administration fiscale par le contribuable. 172 ■

section 5

Le calcul de l'impôt

Le calcul de l'impôt implique non seulement de connaître le montant des revenus imposables, mais également d'analyser la situation familiale du contribuable. La détermination du foyer fiscal et du quotient familial (§1) a effectivement un impact sur les modalités de calcul (§2). 173 ■

§ 1 La détermination du foyer fiscal et du quotient familial

Le calcul de l'impôt sur le revenu tient compte de la situation familiale du contribuable ainsi que du nombre de personnes à charge. Une personne célibataire et sans 174 ■

enfant à charge constitue un foyer à elle seule. Le système du quotient familial consiste justement à déterminer un nombre de parts pour chaque foyer fiscal, en tenant compte de la situation familiale. Ce nombre de parts sera d'autant plus élevé que le nombre de personnes ou d'enfants à charge sera important. Ce nombre de parts va jouer un rôle crucial au moment du calcul de l'impôt car son effet est d'atténuer la progressivité de l'impôt.

■ 175 Les enfants mineurs sont par principe rattachés au foyer fiscal de leurs parents. Sur option, ils peuvent en être exclus et être taxés séparément. Selon l'article 6, 3 du CGI, les enfants célibataires âgés de plus de 18 ans au 1er janvier de l'année d'imposition sont, en principe, imposables sous leur propre responsabilité. La loi leur offre cependant la possibilité de renoncer à être imposés personnellement et de demander à être rattachés au foyer fiscal de leurs parents. Ces derniers bénéficient alors d'une majoration de quotient familial. Le rattachement des enfants majeurs se fait sans condition jusqu'à l'âge de 21 ans. Au-delà de 21 ans et jusqu'à 25 ans, le rattachement est permis pour les enfants poursuivant leurs études.

■ 176 Le 2° du II de l'article 156 du CGI permet de déduire du revenu global les pensions alimentaires versées à des enfants de 18 ans et plus. Il n'y a pas lieu de distinguer suivant que l'enfant majeur est âgé de plus ou moins de 25 ans, célibataire ou marié, étudiant ou non, invalide ou non. La pension déductible est toutefois soumise à limitation (6.042 € pour les revenus 2021 ; v. ss 148). Il est précisé que la déduction de la pension ne peut se cumuler avec le rattachement au foyer fiscal (les parents rattachant à leur foyer fiscal un enfant majeur bénéficient d'un abattement supplémentaire sur le revenu imposable d'un montant de 6.042 € pour les revenus 2021). Les intéressés doivent donc choisir entre ces avantages. Cette règle du non-cumul s'apprécie par année et par enfant. Conformément aux dispositions de l'article 80 *septies* du CGI, les pensions alimentaires versées à un enfant majeur sont soumises à l'impôt sur le revenu à hauteur des limites admises pour leur déduction. Aussi, si un enfant majeur perçoit une pension alimentaire d'un montant supérieur au plafond limite (6.042 € pour les revenus 2021), la fraction dépassant celui-ci ne sera pas imposable.

■ 177 La détermination du nombre de parts obéit aux règles ci-dessous (CGI, art. 197).

Nombre de parts de quotient familial
***pour un couple* soumis à déclaration commune**

Personne à charge (enfant)	Nombre de parts
0	2
1	2,5
2	3
3	4
4	5
Par enfant supplémentaire	1

Nombre de parts de quotient familial *pour une personne* non soumise à déclaration commune

Situation familiale	1 personne à charge	2 personnes à charge	3 personnes à charge
Célibataire, divorcé, ne vivant pas en concubinage	2 parts	2,5 parts	3,5 parts
Célibataire, divorcé, vivant en concubinage	1,5 parts	2 parts	3 parts
Veuf ou veuve	2,5 parts	3 parts	4 parts

§ 2 Les modalités de calcul

Le calcul de l'impôt implique de suivre une méthodologie précise (A). La mise en œuvre de celle-ci peut conduire à un impôt très lourd pour les revenus exceptionnels. Ceux-ci peuvent donc bénéficier du système du quotient (B). 178 ■

A. Méthodologie

Une fois que le nombre de parts est connu, la méthode de calcul de l'impôt est la suivante : 179 ■

1. Quotient familial = Revenu net imposable/Nombre de parts
2. Calcul de l'impôt pour une part sur la base du barème (v. ci-dessous)
3. Impôt brut : Impôt × Nombre de parts

R= revenu net imposable

N=nombre de parts de quotient familial

Le calcul peut également s'appuyer sur la formule de calcul simplifiée.

Barème de l'impôt sur le revenu (revenus 2022)

Revenu imposable par part (soit R/N)	Taux d'imposition	Formule de calcul rapide
Jusqu'à 10.777€	0	
entre 10.777 et 27.478 €	11 %	(R × 0,11) – (1.185,47 × N)
entre 27.478 et 78.570 €	30 %	(R × 0,30) – (6.406,29 × N)
entre 78.570 et 168.994 €	41 %	(R × 0,41) – (15.048,99 × N)
à partir de 168.994 €	45 %	(R × 0,45) – (21.808,75 × N)

NB : Ce tableau de calcul rapide ne tient pas compte des effets du quotient familial.

Plus les revenus sont élevés, plus le mécanisme du quotient familial est intéressant, puisqu'il atténue le poids de l'impôt. Pour un revenu global net imposable de 117.000 €, un contribuable célibataire sans charge de famille paiera un impôt sur le revenu de 32.921 €, tandis qu'un couple marié avec deux enfants verra son obligation fiscale se limiter à 18.931 €, soit une différence de près de 14.000 euros.

Exemple

a) Contribuable célibataire

- Calcul selon les tranches du barème

1. Revenu net imposable :

117.000/1 = 117.000

2. Calcul de l'impôt pour une part sur la base du barème :

10.777 × 0 = 0

(27.478 − 10.777) × 11 % = 1.837

(78.570 − 27.478) × 30 % = 15.328

(117.000 − 78.570) × 41 % = 15.756

Impôt pour une part = 1.837 + 15.328 + 15.756 = 32.921

3. Calcul de l'impôt brut =

32.921 × 1 = 32.921

- Calcul selon la formule simplifiée

(117.000 × 0,41) − (15.048,99 × 1) = 32.921

b) Couple marié avec deux enfants, soit 3 parts

- Calcul selon les tranches du barème

1. Revenu net imposable :

117.000/3 = 39.000

2. Calcul de l'impôt pour une part sur la base du barème :

10.777 × 0 = 0

(27.478 − 10.777) × 11 % = 1.837

(39.000 − 27.478) × 30 % = 3.457

Impôt pour une part = 1.837 + 3.457= 5.294

3. Calcul de l'impôt brut

5.294× 3 = **15.882** (hors plafonnement des effets du quotient familial)

Sur la correction des effets du quotient familial, v. tableau suivant.

- Calcul selon la formule simplifiée

Le rapport R/N indique que le couple se situe dans la tranche à 30 %

(117.000 × 0,3) − (6.406,29 × 3) = **15.882 (hors plafonnement des effets du quotient familial)**

Sur la correction des effets du quotient familial, v. tableau suivant.

La correction des effets du quotient familial conduit à une imposition totale de 18.931 €.

180 Le barème de l'impôt ne s'applique toutefois pas à tous les revenus déclarés. Certains revenus donnent lieu à une taxation séparée. C'est le cas des plus-values immobilières, des revenus patrimoniaux soumis au prélèvement forfaitaire unique ou encore des plus-values professionnelles à long terme.

Une distinction doit donc être faite entre les revenus soumis au barème et les revenus soumis à une taxation séparée, sur la base d'un taux proportionnel.

Le traitement fiscal des revenus déclarés

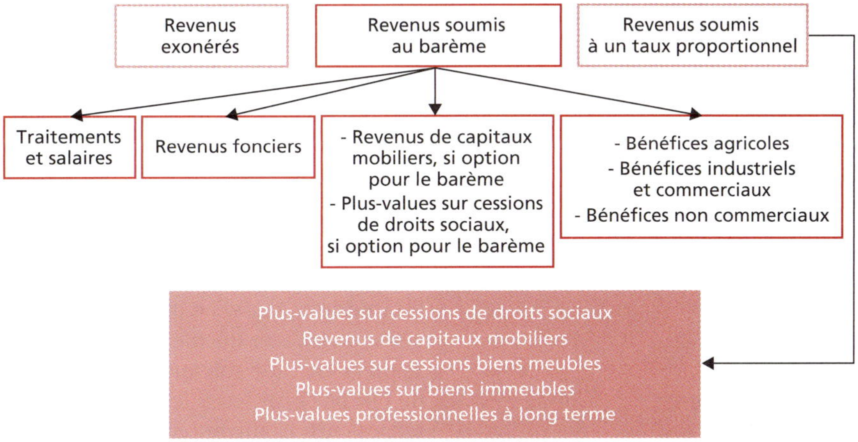

Une fois le barème appliqué, on obtient un impôt brut. Celui-ci fait l'objet d'un 181 ■
certain nombre de corrections qui conduisent éventuellement à prendre en compte les paramètres suivants : plafonnement des effets du quotient familial ; *décote*[Q] ; réduction d'impôt ; crédits d'impôts ; plafonnement de certains avantages fiscaux.

Tableau des corrections de l'impôt brut possibles

Plafonnement des effets du quotient familial	En application de l'article 197-I. 2 du CGI, l'avantage fiscal résultant de l'application du quotient familial est limité pour chacune des demi-parts s'ajoutant au nombre de parts de base (soit deux parts pour un couple ou une part pour une personne vivant seule) Ce plafond de l'avantage fiscal procuré par chaque demi-part s'élève à 1.678 €. Concrètement, cela signifie que la différence entre le montant de l'impôt calculé sans demi-part supplémentaire (en un mot, sans les enfants) et l'impôt avec une ou plusieurs demi-parts supplémentaires (en un mot, avec les enfants) ne peut excéder 1.678 € par demi-part supplémentaire (soit 1.678 € pour les deux premiers enfants). *Exemple (repris de l'exemple ci-dessus, v. ss 179) :* un couple marié avec deux enfants perçoit un revenu de 117.000 €. Sans enfants, leur impôt est de 22.287 €. Avec enfants, leur impôt théorique est de 15.882 €.

	La différence entre les deux (soit 6.405) est supérieure au plafond (soit 1.678 × 2 = 3.356). Il faut donc augmenter l'impôt du montant suivant : 6.405–3.356 = 3.049. Leur impôt sera donc de 18.931 € et non de 15.882 €.
Décote	Elle correspond à une diminution de l'impôt prévue pour les ménages les plus modestes. Lorsque l'impôt dû par un couple marié est inférieur à 3.045 € (ou 1.841€ pour un célibataire), une décote est applicable selon la formule suivante : 1.378 - 45,25 % de l'impôt brut. Pour les célibataires, la formule est la suivante = 833 - 45,25 % de l'impôt brut.
Réductions et crédit d'impôt	La réalisation de dépenses ou d'investissements peut, dans certains cas limitativement prévus par la loi, ouvrir droit à réduction d'impôt ou à crédit d'impôt. Les dépenses susceptibles d'ouvrir droit à une réduction ou à un crédit d'impôt ne doivent pas avoir été retenues pour la détermination des revenus nets catégoriels. En règle générale, les réductions et crédits d'impôt sont égaux au produit de la dépense engagée prise en compte dans la limite d'un plafond fixé par la loi, par un taux lui-même fixé par la loi. Par exception, le montant de l'avantage peut être fixé de manière forfaitaire (par exemple la réduction d'impôt pour frais de scolarisation des enfants à charge), voire calculé selon des règles autonomes lorsqu'il ne correspond pas à des dépenses. Les dépenses sont en principe prises en compte pour l'imposition des revenus de l'année au cours de laquelle elles ont été payées. Toutefois, certaines dépenses peuvent, lorsqu'elles excèdent le plafond prévu par le texte, être reportées sur les années suivantes. Tel est le cas, notamment, pour les dons et les souscriptions au capital des petites et moyennes entreprises (PME).

	D'autres dépenses peuvent être étalées sur plusieurs années comme, par exemple, certains investissements locatifs (loueurs en meublé non professionnels, etc.). Les réductions d'impôt s'imputent sur l'impôt sur le revenu calculé par application du barème progressif et non sur l'impôt sur le revenu obtenu par application d'un taux proportionnel (plus-values professionnelles à long terme par exemple). Toutes les réductions d'impôt sont effectuées après application de la décote, le cas échéant, et avant imputation, s'il y a lieu, des crédits d'impôt et des prélèvements ou retenues non libératoires. Contrairement aux crédits d'impôt, les réductions d'impôt ne donnent pas lieu à restitution.
Plafonnement des avantages fiscaux	L'article 200-0 A du Code général des impôts instaure un mécanisme de plafonnement global de certains avantages fiscaux à l'impôt sur le revenu dont bénéficie un contribuable au titre d'une même année d'imposition. L'avantage en impôt procuré à un foyer fiscal, quelle que soit sa composition, au titre d'une même année est ainsi limité à 10.000 €, majoré pour certains d'entre eux, à 18.000 €.

Exemple chiffré – Les charges déductibles du revenu global (revenus 2022)

Données :

- Couple marié avec deux enfants ;
- Un des membres du foyer fiscal assume une pension alimentaire d'un montant annuel de 3.000 € au profit d'un enfant mineur issu d'un précédent mariage et dont il n'a pas la garde ;
- Les salaires respectifs du couple sont d'un montant net imposable annuel de 20.000 et 28.000 €.

Revenu brut : 48.000

Nombre de personnes à charge : 2

Nombre de parts : 3

Revenu net catégoriel* : 43.200

Revenu brut global : 43.200

*Charges déductibles** : 3.000*
Revenu net imposable : 40.200
Impôt brut : 866
*Décote*** : 866*
Impôt sur le revenu net : 0
* Les salaires donnent lieu à un abattement de 10 % plafonné à 13.522 € par membre du foyer, sauf option pour les frais réels.
** Les pensions alimentaires font partie des charges déductibles du revenu global.

***** Lorsque l'impôt dû par un couple marié est inférieur à 3.045 € (ou 1.841€ pour un célibataire), une décote est applicable selon la formule suivante : 1.378 - 45,25 % de l'impôt brut. Exemple chiffré – Les réductions d'impôt (revenus 2022)**

Données :
- Couple marié avec deux enfants ;
- Les salaires respectifs du couple sont d'un montant net imposable annuel de 70.000 et 58.000 € ;
- Le couple a réalisé une plus-value immobilière d'un montant de 35.000 € (sans abattement pour durée de détention) ;
- Le couple a fait un don à une œuvre d'intérêt général d'un montant de 500 € ;
- Les enfants sont scolarisés : l'un des enfants est au lycée ; l'autre est au collège.

Revenu brut : 128.000
Nombre de personnes à charge : 2
Nombre de parts : 3
Revenu net catégoriel* : 115.200
Revenu brut global : 150.200
Revenu net imposable : 115.200
Impôt brut : 18.391
*Réduction d'impôt pour enfants poursuivants leurs études*** : 214*
*Réduction d'impôt pour don à une œuvre d'intérêt général**** : 330*
Impôt net : 17.847
Impôt sur plus-value immobilière (19 %)** : 6.650
Prélèvements sociaux sur plus-value immobilière (17,2 %) : 6.020
Imposition totale : 30.517
* Les salaires donnent lieu à un abattement de 10 % plafonné à 13.522 € par membre du foyer, sauf option pour les frais réels.
** Les plus-values immobilières donnent lieu au paiement de l'impôt au moment de la cession du bien et non au moment de la déclaration de revenus.
*** Le montant de la réduction d'impôt est de 61 € pour un enfant inscrit au collège et de 153 € pour un enfant inscrit au lycée.
**** Les dons effectués par les particuliers au profit des œuvres d'intérêt général donnent lieu à une réduction d'impôt égale à hauteur de 66 % du don, dans la limite de 20 % du revenu imposable.

Exemple chiffré – Le plafonnement des avantages fiscaux

Données :
- Couple marié sans enfants ;
- Les salaires respectifs du couple sont d'un montant net imposable annuel de 65.000 et 40.000 € ;
- Le couple a employé pour la deuxième année consécutive une personne à domicile en versant une rémunération de 15.000 € ;
- Le couple a investi 25.000 € dans une PME en janvier 2022.

Revenu brut : 105.000
Nombre de personnes à charge : 0
Nombre de parts : 2
Revenu net catégoriel * :94.500
Revenu net imposable : 94.500
Impôt brut : 15.537
*Réduction d'impôt pour investissement dans une PME** : 6.250*
*Plafonnement des avantages fiscaux (réductions + crédits) : 10.000*****
Impôt avant crédits d'impôts : 11.537
*Crédit d'impôt pour la personne employée à domicile*** : 6.000*
Impôt net : 5.537

* Les salaires donnent lieu à un abattement de 10 % plafonné à 13.522 € par membre du foyer, sauf option pour les frais réels.

** L'investissement dans une PME donne lieu à une réduction d'impôt qui est en principe égal à 18 % des versements effectués chaque année, retenus dans la limite de 50.000 € pour une personne célibataire, veuve ou divorcée ou 100.000 € pour les personnes mariées ou pacsées soumises à une imposition commune. Ce taux est temporairement majoré à 25 % pour tous les investissements réalisés jusqu'au 31 décembre 2022.

*** L'emploi d'une personne à domicile ouvre droit à un crédit d'impôt de 50 %. Le plafond de dépenses retenues est porté de 12.000 € à 15.000 € (majoré de 1.500 € par personne à charge, sans excéder le total de 18.000 € après majorations) pour la première année au cours de laquelle le contribuable emploie un salarié à domicile.

**** 10.000 et non 12.250

B. Le système du quotient

L'article 12 du Code général des impôts prévoit que l'impôt sur le revenu est dû chaque année à raison des bénéfices ou revenus que le contribuable réalise ou dont il dispose au cours de la même année. Si le contribuable perçoit des revenus exceptionnels en raison de leur montant ou s'il perçoit des revenus qui auraient dû lui être versés antérieurement, il peut supporter une imposition dans les tranches les plus élevées du barème. 182

Pour lisser les conséquences fiscales d'une telle perception de revenus, l'article 163-0 A du CGI prévoit un système particulier d'imposition, le système du *quotient*[Q] qui 183 concerne tant les revenus exceptionnels que les revenus différés. Les uns comme les autres s'entendent d'un revenu net après imputation du déficit constaté dans la même catégorie de revenus, du déficit global ou du revenu net global négatif. Aussi, si un contribuable perçoit un revenu différé de 150.000 euros au titre de l'année 2022 et qu'au cours de la même année, son revenu global net est négatif (par l'effet d'une moins-value par exemple), le système du quotient s'appliquera au revenu différé diminué du déficit constaté, la loi de finances pour 2022 ayant renversé une jurisprudence en sens contraire du Conseil d'État (CE 28 sept. 2016, n° 384465).

■ 184 S'agissant des revenus exceptionnels, le mécanisme du quotient vise les revenus qui, par leur nature, ne sont pas susceptibles d'être renouvelés annuellement, ce qui est le cas par exemple d'une plus-value sur titres puisque les titres sont définitivement cédés et n'engendreront plus de revenus (CE 28 nov. 2020, n° 427778). Un tel revenu est toutefois dit exceptionnel que si son montant dépasse la moyenne des revenus nets du contribuable perçus au titre des trois dernières années.

■ 185 Si, par exemple, une personne dont les revenus imposables de trois années (2019, 2020 et 2021) se sont élevés respectivement à 46.000 €, 51.000 € et 53.000 € (soit une moyenne de 50.000 €) réalise en 2022 un revenu exceptionnel, l'application du système du quotient ne sera possible que si ce revenu dépasse 50.000 €.

■ 186 La mise en œuvre de ce système conduit à distinguer, dans le revenu net global imposable, les parts qui correspondent respectivement au revenu exceptionnel et au revenu « ordinaire » (c'est-à-dire au revenu courant).

■ 187 Le calcul de l'impôt résultant de l'application du *barème progressif*[Q] s'effectue ensuite, pour l'année au cours de laquelle a été réalisé le revenu exceptionnel, en réalisant, dans l'ordre, les opérations suivantes :

1. On calcule d'abord l'impôt résultant de l'application du barème progressif au seul revenu « ordinaire » (après imputation du déficit imputable sur le revenu global, le cas échéant).

2. On effectue le même calcul sur le revenu « ordinaire » majoré du quotient.

Le quotient est obtenu en divisant le montant des revenus exceptionnels (diminué du déficit catégoriel de même catégorie ou du solde de déficit global non absorbé par le revenu ordinaire, le cas échéant) par un coefficient de quatre.

3. La différence entre le résultat 1 et le résultat 2 est multiplié par le nombre de parts (N).

4. Le résultat 3 est ajouté au résultat 1 pour déterminer le montant de l'impôt.

■ 188 Pour les revenus différés, le mécanisme est le même. La seule différence est que le coefficient diviseur n'est pas nécessairement un coefficient de quatre. Le coefficient est ici égal au nombre d'années civiles correspondant aux échéances normales de versement augmenté de un. Ainsi, si un contribuable salarié perçoit en 2021 des arriérés de salaires relatifs aux mois de janvier, février et mars 2019, son coefficient sera de 2 (une année civile + 1).

Exemple

Un contribuable marié, sans enfant à charge (quotient familial : 2), a perçu de son employeur en 2022 un salaire « ordinaire » de 50.000 €, plus une prime de résultat de 20.000 € qui constitue un revenu exceptionnel. Il n'a aucun autre revenu.

Si l'intéressé a demandé l'application du quotient pour la prime de résultat, les calculs seront les suivants :

Salaire brut total : 50.000 € (salaire ordinaire) + 20.000 € (prime de résultat) = 70.000 €.

Salaire net imposable (après application de la déduction forfaitaire de 10 %) : 63.000 €, qui se décompose comme suit :

- salaire ordinaire : 45.000 €.
- prime de résultat : 18.000 €.

Impôt calculé sur le revenu net global : 6.087 €.

Impôt brut calculé sur le seul salaire (45.000 €) : 2.579 €

Décote : 211 €

Impôt avant crédit d'impôt : 2.368 €

Impôt calculé sur le salaire (50.000 €) majoré du quart de la prime de résultat (5.000 €) : 3.074 €.

Différence salaire majoré du quart de la prime/salaire seul : 706 €.

Impôt afférent à la prime de résultat : 706 € × 4 = 2.824 €.

Montant total de l'impôt brut dû au titre de 2020 : 2.579 € + 2.824 € = 5.403 €.

1

Compléments pédagogiques

Mémo

Pour déterminer si une personne a son domicile fiscal en France, l'article 4 B du Code général des impôts pose quatre critères alternatifs : le foyer familial ; le lieu du séjour principal ; l'activité professionnelle principale ; le centre des intérêts économiques.

Les personnes qui ont en France leur domicile fiscal sont passibles de l'impôt sur le revenu en raison de l'ensemble de leurs revenus. En revanche, les personnes dont le domicile fiscal est situé hors de France sont passibles de cet impôt en raison de leurs seuls revenus de source française.

En cas de transfert du domicile fiscal hors de France, le contribuable n'est plus passible de l'impôt sur le revenu postérieurement à ce transfert, mais l'article 167 *bis* du Code général des impôts prévoit une imposition des plus-values latentes sur droits sociaux afin d'éviter l'expatriation à des fins d'optimisation fiscale (dispositif dit de l'« *exit tax* »).

En cas de transfert du domicile fiscal en France, la loi prévoit un régime de faveur visant à atténuer les conséquences fiscales susceptibles d'être subis par les personnes s'installant sur le territoire français (régime des impatriés).

Les articles 12, 13 et 156 du CGI permettent de dégager les caractères généraux du revenu imposable : c'est un revenu global, un revenu net, un revenu annuel et un revenu disponible.

Le revenu imposable est le résultat de l'ensemble des revenus catégoriels (huit catégories au total). Le déficit constaté dans l'une des catégories est en principe imputable sur les autres, sauf exceptions.

La loi permet la déduction de certaines charges sous la forme d'une imputation directe sur le revenu global (ex. pensions alimentaires). Ces charges se distinguent des charges déductibles au niveau de chaque catégorie de revenus et de celles qui sont prises en compte, non pour la détermination du revenu imposable, mais au stade ultérieur du calcul de l'impôt sous la forme de réductions ou de crédits d'impôt.

Le système du quotient familial consiste justement à déterminer un nombre de parts pour chaque foyer fiscal, en tenant compte de la situation familiale.

La méthode de calcul de l'impôt est la suivante :

1. Quotient familial = Revenu net imposable/Nombre de parts

2. Calcul de l'impôt pour une part sur la base du barème

3. Impôt brut : Impôt × Nombre de parts

Pour atténuer la progressivité de l'impôt, la loi prévoit des modalités particulières d'imposition pour les revenus exceptionnels et différés (système du quotient).

Quid

■ Barème progressif n° 187

Prévu par l'article 197 du Code général des impôts, c'est une technique de calcul de l'impôt sur le revenu consistant à appliquer des pourcentages d'imposition différents selon plusieurs tranches de revenus (le taux d'imposition augmente avec celles-ci).

■ Décote n° 181

Mécanisme de réduction du montant de l'impôt sur le revenu prévu par l'article 197 du CGI et réservé aux foyers les plus modestes.

■ Domicile fiscal n° 106

Défini à l'article 4 B du Code général des impôts, le domicile fiscal se définit comme le lieu où le contribuable a fixé sa résidence et sur la base duquel ses obligations fiscales vont être déterminées.

■ Prélèvement à la source n° 168

C'est la technique de recouvrement utilisé dans le cadre de l'impôt sur le revenu et qui consiste à prélever l'impôt au moment où les revenus sont versés au contribuable.

■ Quotient n° 183

C'est un dispositif visant à limiter les effets du barème progressif lorsque le contribuable perçoit un revenu exceptionnel ou différé, en calculant l'impôt sur une part seulement de ces revenus.

Documents

CJCE, 11 mars 2004, *Lasteyrie du Saillant*, aff. C-9/02

[...] même si l'article 167 *bis* du CGI n'interdit pas à un contribuable français d'exercer son droit d'établissement, cette disposition est néanmoins de nature à restreindre l'exercice de ce droit en ayant, à tout le moins, un effet dissuasif à l'égard des contribuables qui souhaitent s'installer dans un autre État membre. [...]

[...] l'article 167 *bis* du CGI ne saurait, sans excéder largement ce qui est nécessaire pour atteindre l'objectif qu'il poursuit, présumer l'intention de contourner la loi fiscale française de tout contribuable qui transfère son domicile hors de France. [...]

CE 27 janv. 2010, *M. Tounsi*, n° 319897

[...] Le foyer s'entend du lieu où le contribuable habite normalement et a le centre de ses intérêts familiaux, sans qu'il soit tenu compte des séjours effectués temporairement ailleurs en raison des nécessités de la profession ou de circonstances exceptionnelles. [...]

CE 17 déc. 2010, *M. Léostic*, n° 306174

[...] Le foyer d'un contribuable célibataire sans charge de famille s'entend du lieu où il habite normalement et a le centre de sa vie personnelle. [...]

Biblio

1) Ouvrages

- B. Gouthière, *Les impôts dans les affaires internationales*, 16e éd., Éd. Francis Lefebvre, 2022, n° 40000 s.
- A. Périn-Dureau, *Précis de droit fiscal international et de l'Union européenne*, LexisNexis, 2022, n° 61 s.

2) Doctrine

- F. Dieu, « Des nouvelles du domicile fiscal – À propos de quelques décisions récentes du Conseil d'État relatives aux notions de foyer et de centre des intérêts économiques », *Dr. fisc.* 2010, n° 23, étude 358.
- P.-J. Douvier et J. Benamran, « Domicile fiscal et résidence fiscale des personnes physiques », *BF Lefebvre* 6/2018 et 7/2018.
- E. Ginter, « Domicile fiscal des personnes physiques : où en est-on ? », *BF Lefebvre* 2/2011.

3) Jurisprudence

- CE 27 janv. 2010, n° 319897, *M. Tounsi*; *Dr. fisc.* 2010, ét. 358.
- CE 17 déc. 2010, n° 306174, *M. Léostic*; *Dr. fisc.* 2011, comm. 353, concl. S.-J. Lieber, note F. Dieu.
- CE 31 mars 2014, n° 357019, *M. Noah*; *Dr. fisc.* 2014, comm. 341, concl. N. Escaut : appréciation du foyer fiscal d'une personne divorcée, sans charge de famille.
- CE 16 juill. 2020, n° 436570, *Dr. fisc.* 2020, n° 45, comm. 433, concl. K. Ciavaldini : la notion de séjour habituel au sens des conventions internationales s'apprécie par la fréquence, la durée et la régularité des séjours.

Quiz

1) Sujets corrigés

A) Test de connaissances

1. La détermination du domicile fiscal en France implique la réunion de quatre critères cumulatifs.

a. Vrai.

b. Faux.

2. Un contribuable célibataire ne peut avoir de foyer fiscal en France.

a. Vrai.

b. Faux.

3. Les critères de résidence fiscale prévus par les conventions fiscales internationales s'appliquent si un contribuable est domicilié dans deux États distincts en vertu des droits nationaux.

a. Vrai.

b. Faux.

4. Les déficits agricoles sont librement imputables sur le revenu global.

a. Vrai.

b. Faux.

5. Le mécanisme du quotient familial donne lieu à un plafonnement.

a. Vrai.

b. Faux.

6. Les enfants majeurs ne peuvent pas être rattachés au foyer fiscal de leurs parents.

a. Vrai.

b. Faux.

7. Les pensions alimentaires versées par un contribuable sont déductibles de ses traitements et salaires.

a. Vrai.

b. Faux.

8. Un contribuable peut cumuler les réductions et crédits d'impôt.

a. Vrai.

b. Faux.

9. Le barème de l'impôt sur le revenu comporte cinq tranches de revenus.

a. Vrai.

b. Faux.

10. Un revenu exceptionnel est un revenu exonéré d'impôt.

a. Vrai.

b. Faux.

Voir le corrigé en fin de rubrique.

B) Commentaire d'arrêt

CE 27 janvier 2010, n° 294784, *M. Caporal* (*Dr. fisc.* 2010, n° 23, comm. 364, note Th. Lamulle)

Considérant qu'il ressort des pièces du dossier soumis aux juges du fond que M. Caporal et Mme Boutrolle, son épouse, ont fait l'objet d'un examen contradictoire de leur situation fiscale personnelle portant sur les années 1994 à 1996 ; qu'à l'issue de ce contrôle, M. Caporal, dont l'Administration a estimé qu'il avait son domicile fiscal en France alors que, pensant l'avoir en Grèce, il n'avait pas souscrit la déclaration des revenus de 1994, et son épouse, ont été assujettis, par la voie de la taxation d'office, en application des dispositions du 1° de l'article L. 66 du Livre des procédures fiscales et de l'article L. 67 du même livre, à des cotisations supplémentaires à l'impôt sur le revenu à raison de disponibilités et, en application des dispositions de l'article 1649 quater A du Code général des impôts, de sommes transférées de l'étranger, apparaissant sur leurs comptes bancaires ; qu'au titre de l'année 1995 et 1996, ces contribuables ont été assujettis, par la voie de la taxation d'office, en application des dispositions des articles L. 16 et L. 69 du Livre des procédures fiscales, à des cotisations supplémentaires d'impôt sur le revenu à raison de revenus d'origine indéterminée et de revenus de capitaux mobiliers, ainsi qu'à des cotisations supplémentaires de contribution sociale généralisée et de contribution pour le remboursement de la dette sociale, au titre des deux mêmes années ; que M. Caporal se pourvoit en cassation contre l'arrêt en date du 30 mars 2006 par lequel la cour administrative d'appel de Versailles a rejeté sa requête tendant à l'annulation du jugement en date du 7 juillet 2003 du tribunal administratif de Versailles en tant qu'il n'a fait que partiellement droit à sa demande tendant à la décharge des cotisations supplémentaires d'impôt sur le revenu auxquelles il a été assujetti pour les années 1994 à 1996 ainsi qu'à la décharge des cotisations supplémentaires de contribution sociale généralisée et de contribution pour le remboursement de la dette sociale au titre des années 1995 et 1996 ;

Sans qu'il soit besoin d'examiner les autres moyens du pourvoi ;

Considérant qu'aux termes de l'article 4 A du Code général des impôts : « Les personnes qui ont en France leur domicile fiscal sont passibles de l'impôt sur le revenu en raison de l'ensemble de leurs revenus ; (...) » ; qu'aux termes de l'article 4 B du même code : « Sont considérées comme ayant leur domicile fiscal en France au sens de l'article 4 A : a) Les personnes qui ont en France leur foyer ou le lieu de leur séjour principal ; b) Celles qui exercent en France une activité professionnelle, salariée ou non, à moins qu'elles ne justifient que cette activité y est exercée à titre accessoire ; c) Celles qui ont en France le centre de leurs intérêts économiques. (...) » ;

Considérant que pour juger que M. Caporal avait le centre de ses intérêts économiques et, par suite, son domicile fiscal en France, la cour administrative d'appel de Versailles s'est fondée sur la circonstance qu'il possédait en France un patrimoine ; qu'en se bornant à cette constatation, sans rechercher si ce patrimoine était productif de revenus, alors que l'intéressé faisait valoir qu'il percevait d'importants revenus de son activité professionnelle d'armateur en Grèce, la cour a commis une erreur de droit ; que, dès lors, son arrêt doit, pour ce motif, être annulé ;

Considérant qu'il y a lieu, dans les circonstances de l'espèce, en application de l'article L. 821-2 du Code de justice administrative, de régler l'affaire au fond ;

Considérant, en premier lieu, que l'Administration ne produit aucun élément permettant de regarder le patrimoine de M. Caporal, constitué de biens immobiliers et d'avoirs en compte courant dans des sociétés de golf, comme productif de revenus en France, alors qu'il n'est pas contesté que celui-ci dispose d'importants revenus professionnels en Grèce pour les années en cause ; que, par suite, M. Caporal ne saurait être regardé comme ayant en France le centre de ses intérêts économiques ;

Considérant, en second lieu, que, pour l'application des dispositions du paragraphe a du 1 de l'article 4 B du Code général des impôts précité, le foyer s'entend du lieu où le contribuable habite normalement et a le centre de ses intérêts familiaux, sans qu'il soit tenu compte des séjours effectués temporairement ailleurs en raison des nécessités de la profession ou de circonstances exceptionnelles, et que le lieu du séjour principal du contribuable ne peut déterminer son domicile fiscal que dans l'hypothèse où celui-ci ne dispose pas de foyer ;

Considérant que l'Administration soutient que l'épouse et les enfants de M. Caporal résidaient en France, que le contribuable disposait d'une adresse en région parisienne ainsi que de deux autres résidences situées à Paris et en Normandie ; qu'elle en déduit que soit il avait son foyer en France soit à défaut il y avait le lieu de son séjour principal ; qu'à supposer même que le contribuable puisse être regardé comme ayant conservé le centre de ses intérêts familiaux en France dès lors qu'il était seulement séparé de fait de son épouse alors qu'il fait valoir que celle-ci résidait dans le sud de la France où elle vivait en concubinage notoire ainsi qu'en font foi plusieurs attestations, établies pour l'une d'entre elles par le maire de la commune de sa résidence, et que ses enfants sont majeurs, il

résulte de l'instruction que, pour établir que M. Caporal habitait normalement en France ou, au cas où il serait regardé comme n'ayant pas son foyer en France, y avait le lieu de son séjour principal, l'Administration s'est fondée à titre principal pour déterminer la durée de ses séjours en France sur les dates de ses voyages en avion entre Athènes et Paris et sur celles des opérations bancaires effectuées sur ses comptes domiciliés en France ; qu'il résulte de l'instruction que l'Administration n'a pas informé M. Caporal, avant la mise en recouvrement des impositions en litige, de ce qu'elle avait, afin d'établir la durée de ses séjours en France, recueilli, dans l'exercice de son droit de communication, des renseignements auprès de la compagnie Air France et de plusieurs établissements bancaires ;
Considérant qu'il incombe à l'Administration, lorsqu'elle envisage de modifier les bases d'imposition d'un contribuable, d'informer celui-ci de l'origine et de la teneur des renseignements qu'elle a pu obtenir auprès de tiers dans le cadre de l'exercice de son droit de communication, afin qu'il soit mis à même de demander, avant la mise en recouvrement des impositions, que les pièces concernées soient mises à sa disposition ; que, dès lors, le requérant fait valoir à bon droit que la procédure d'imposition est entachée d'irrégularité ;
Considérant que M. Caporal est, par suite, fondé à soutenir que c'est à tort que, par l'article 4 du jugement attaqué, le tribunal administratif de Versailles a rejeté le surplus de ses conclusions tendant à la décharge des cotisations supplémentaires d'impôt sur le revenu, de contribution sociale généralisée et de contribution au remboursement de la dette sociale mises à sa charge au titre des années 1994, 1995 et 1996 ; [...]

Voir le corrigé en fin de rubrique.

2) Corrigés

Test de connaissances

1. Faux ; **2.** Faux ; **3.** Vrai ; **4.** Faux ; **5.** Vrai ; **6.** Faux ; **7.** Faux ; **8.** Vrai ; **9.** Vrai ; **10.** Faux.

Commentaire d'arrêt

Travaillant en Grèce, M. Caporal a considéré qu'il était résident fiscal de ce pays et a omis de déclarer en France ses revenus pour les années 1994, 1995 et 1996.

L'administration a estimé de son côté que le contribuable avait soit son foyer en France soit à défaut son lieu de séjour principal. En effet, M. Caporal disposait d'une adresse en région parisienne ainsi que de deux autres résidences situées à Paris. En outre, l'administration a également relevé que l'épouse et les enfants de M. Caporal résidaient en France.

Il a alors fait l'objet d'un examen contradictoire de situation fiscale personnelle pour ces trois années.

Pour l'année 1994, faute de déclaration souscrite dans les trente jours de la mise en demeure, M. Caporal a fait l'objet d'une taxation d'office (LPF, art. L. 66 et L. 67). Pour les années 1995 et 1996, les redressements ont été notifiés selon la procédure contradictoire.

Contestant l'analyse de l'administration, M. Caporal a introduit un recours devant le tribunal administratif de Versailles.

Dans un arrêt en date du 30 mars 2006, la cour administrative d'appel de Versailles rejette sa requête tendant à l'annulation du jugement en date du 7 juillet 2003 du tribunal administratif de Versailles qui n'a fait que partiellement droit à sa demande tendant à la décharge des cotisations supplémentaires d'impôt sur le revenu auxquelles il a été assujetti pour les années 1994 à 1996.

La cour administrative d'appel décide que le requérant avait en France le centre de ses intérêts économiques en relevant que M. Caporal avait un patrimoine en France.

M. Caporal se pourvoit en cassation contre l'arrêt de la cour administrative d'appel de Versailles.

La question posée au Conseil d'État porte sur le point de savoir si la détention d'un patrimoine non productif de revenus en France est suffisant pour y situer le centre des intérêts économiques au sens de l'article 4 B du CGI.

Le Conseil d'État annule l'arrêt attaquée en lui reprochant de ne pas avoir recherché si le patrimoine de M. Caporal situé en France était productif de revenus. Au regard des circonstances de l'affaire, le Conseil d'État décide de résoudre le litige et reproche à l'administration d'avoir fixé le domicile fiscal du contribuable en France en s'appuyant des éléments non communiqués à l'intéressé.

La décision du 27 janvier 2010 est donc l'occasion pour le Conseil d'État de rappeler les conditions de mise en œuvre de l'article 4 B du CGI. Aussi, faut-il envisager d'abord la domiciliation fondée sur le centre des intérêts économiques (I), puis la domiciliation fondée sur le foyer ou le lieu de séjour principal (II).

I. La domiciliation fiscale fondée sur le centre des intérêts économiques

L'article 4 B du CGI pose des critères alternatifs (A). Parmi ceux-ci, le centre des intérêts économiques répond à une définition spécifique : il implique de démontrer l'existence d'un patrimoine produisant des revenus. L'origine et l'importance de ceux-ci vont donc être déterminantes pour la localisation du centre des intérêts économiques (B).

A. Un critère alternatif

Dans sa décision du 27 janvier 2010, le Conseil d'État rappelle le contenu de l'article 4 B du CGI. Ce texte, issu de la loi n° 76-1234 du 29 décembre 1976 précise les critères de domiciliation en France. Ainsi, sont considérées comme ayant leur domicile fiscal en France : – les personnes qui ont en France leur foyer ou le lieu de leur séjour principal ; – celles qui exercent en France une activité professionnelle, salariée ou non, à moins qu'elles ne justifient que cette activité y est exercée à titre accessoire ; – celles qui ont en France le centre de leurs intérêts économiques.

Ces critères sont alternatifs : il suffit que le contribuable réponde à l'un de ces critères pour être considéré comme domicilié fiscalement en France sauf si des conventions fiscales bilatérales trouvent à s'appliquer.

En l'espèce, la cour administrative d'appel s'appuie sur le centre des intérêts économiques, tandis que l'administration fiscale avait considéré que M. Caporal avait en France son foyer ou le lieu de son séjour principal. Ces divergences montrent que l'article 4 B du CGI n'est pas toujours facile à mettre en œuvre.

Toujours est-il que le caractère alternatif de ces critères permet de domicilier en France un grand nombre de situations. Par exemple, un contribuable qui a son foyer en France est réputé y être domicilié, même s'il a le centre de ses intérêts économiques à l'étranger.

B. Un critère fondé sur l'origine et l'importance des revenus

Dans la décision du 27 janvier 2010, le Conseil d'État reproche à la cour administrative d'appel de ne pas avoir recherché si le patrimoine de M. Caporal « *était productif de revenus, alors que l'intéressé faisait valoir qu'il percevait d'importants revenus de son activité professionnelle d'armateur en Grèce* ». Autrement dit, la détermination du centre des intérêts économiques implique donc de comparer les revenus perçus respectivement en France et à l'étranger. Un contribuable sera réputé disposer du centre de ses intérêts économiques en France s'il y perçoit la majeure partie des revenus tirés de son patrimoine. Il s'agit donc ici d'une approche comparative géographique et financière.

Cette approche se distingue de celle retenue pour apprécier le critère du lieu de l'exercice de l'activité professionnelle (deuxième critère de domiciliation fiscale visé à l'article 4 B du CGI). Dans ce dernier cas, l'importance des revenus n'est pas prise en compte. Ce qui importe est le lieu de l'activité principale et le temps consacré à l'activité.

La décision du Conseil d'État du 27 janvier 2010 rejoint la position de la Cour de cassation. Ainsi, la Cour de cassation s'est prononcée également sur la notion de domicile fiscal où elle a considéré que le contribuable qui disposait en France d'un patrimoine de onze immeubles loués et d'un portefeuille de valeurs mobilières et pour qui les revenus bruts perçus en France étaient d'un montant nettement supérieur à ses revenus résultant de ses activités professionnelles hors de France avait le centre de ses intérêts économiques en France (Com. 30 mai 2000). La Cour de cassation opère donc comme le Conseil d'État une comparaison des revenus. De même, un contribuable qui vivait sur l'île de Grenade et qui disposait et gérait un important patrimoine en France a été considéré comme ayant son domicile fiscal en France. En effet, ce patrimoine générait des revenus substantiels (Com. 3 mars 2009).

La décision du Conseil d'État du 27 janvier 2010 laisse néanmoins une question en suspens. On peut se demander si cette décision exclut désormais la prise en compte du patrimoine non productif de revenus pour l'appréciation du centre des intérêts économiques. En effet, lorsqu'un contribuable dispose d'un patrimoine réparti dans deux ou plusieurs pays au sein desquels certains éléments produisent des revenus et d'autres non, il semble évident de tenir compte uniquement de ceux qui en produisent. En revanche, si le patrimoine ne produit pas de revenus substantiels, quel que soit sa localisation ou si le patrimoine produit des revenus équivalents quel que soit le pays concerné, il pourrait paraître utile de prendre en compte le patrimoine non productif de revenus pour déterminer le centre des intérêts principaux.

II. La domiciliation fiscale fondée sur le foyer et le lieu du séjour principal

Écartant la solution retenue par la cour d'appel concernant le centre des intérêts économiques, le Conseil d'État prend le soin de résoudre le litige. Sur ce point, il rappelle que le foyer familial du contribuable doit être pris en compte à titre principal ; ce n'est qu'à défaut que l'on tiendra compte de son lieu de séjour (A). Néanmoins, ce n'est pas sur la mise en œuvre de ces critères que le Conseil d'État sanctionne l'administration. Il reproche à celle-ci les conditions dans lesquelles les éléments de preuve ont été rapportés (B).

A. Un critère exclusif : le foyer ou le lieu du séjour principal en l'absence de foyer

En l'espèce, le Conseil d'État relève que l'administration a pu déduire des éléments de fait que M. Caporal avait soit son foyer en France « *soit à défaut il y avait le lieu de son séjour principal* ».

Il est vrai que les deux « sous-critères » de l'article 4 B, 1, a (foyer/lieu du séjour principal) sont exclusifs et non alternatifs, le lieu de séjour principal du contribuable n'est le critère de son domicile fiscal que dans l'hypothèse où il ne dispose pas de foyer. Autrement dit, le lieu du séjour principal est un critère subsidiaire alors que l'existence d'un foyer familial est un critère prioritaire.

Selon le Conseil d'État, (CE 3 nov. 1995, *Larcher*), le foyer au sens de l'article 4 B du CGI est considéré comme le lieu où le contribuable habite normalement et a le centre de ses intérêts familiaux, sans qu'il soit tenu compte des séjours effectués temporairement ailleurs en raison des nécessités de la profession ou de circonstances exceptionnelles.

En l'espèce, il n'était pas évident que M. Caporal détenait en France le centre de ses intérêts familiaux. En effet, comme le relève le Conseil d'État, le requérant était séparé de fait de son épouse tandis que celle-ci résidait dans le sud de la France où elle vivait en concubinage notoire. En outre, leurs enfants sont majeurs.

De surcroît, dans une décision ultérieure à celle commentée, le Conseil d'État a considéré que le critère de « centre des intérêts familiaux » ne s'applique pas au contribuable célibataire qui vit seul. Dans ce cas, on applique la notion de « centre de la vie personnelle » (CE 17 mars 2010, *Blanc*).

Si le critère du foyer ne trouve pas à s'appliquer, le lieu de séjour principal prend le relais. Selon l'administration, le lieu de séjour principal en France résulte d'une présence en France pendant au moins 183 jours au cours d'une année. Les conditions du séjour importent peu. La jurisprudence a affiné ce critère de sorte que la condition des six mois est appréciée de manière souple. Ainsi, le contribuable peut être regardé comme ayant le lieu de son séjour principal en France lorsque, au cours d'une année donnée, il y a séjourné plus longtemps que dans le ou les autres pays où il s'est rendu.

B. La preuve du foyer ou du lieu de séjour principal

Dans la décision du 27 janvier 2010, le Conseil d'État ne tranche pas la question de savoir si le foyer ou le lieu de séjour principal de M. Caporal était bien en France. En effet, le Conseil d'État reproche à l'administration les conditions dans lesquelles elle a réalisé son instruction. En effet, en l'espèce, l'administration a obtenu des renseignements auprès de la compagnie Air France et de plusieurs établissements bancaires. Il est ainsi probable que des chèques aient été tirés en France, ce qui a permis de localiser le contribuable. Néanmoins, l'administration n'a pas communiqué à M. Caporal les renseignements ainsi obtenus.

Or, selon le Conseil d'État, il « *incombe à l'Administration, lorsqu'elle envisage de modifier les bases d'imposition d'un contribuable, d'informer celui-ci de l'origine et de la teneur des renseignements qu'elle a pu obtenir auprès de tiers dans le cadre de l'exercice de son droit de communication, afin qu'il soit à même de demander, avant la mise en recouvrement des impositions, que les pièces concernées soient mises à sa disposition* ».

L'administration doit donc informer le contribuable du contenu et de l'origine des résultats recueillis lorsqu'elle s'apprête à procéder à un redressement. Cette obligation issue de la jurisprudence administrative ne concernait initialement que la procédure contradictoire. Aujourd'hui, les procédures d'imposition d'office sont également concernées et l'article L. 76 B du LPF a consacré la jurisprudence.

La finalité de cette obligation est évidente : il s'agit d'assurer le respect des droits de la défense.

chapitre 2

La fiscalité des revenus salariés et patrimoniaux

Plan analytique

section 1

Les traitements et salaires

§ 1 Le champ d'application

§ 2 La détermination du revenu net

section 2

Les revenus fonciers

§ 1 Le champ d'application

A. Les revenus imposables au titre des revenus fonciers

B. Les revenus imposables au titre d'autres catégories

§ 2 Les modalités d'imposition

A. La détermination du revenu brut

B. Les charges foncières

§ 3 Les revenus fonciers perçus dans le cadre d'une société civile immobilière

§ 4 La cession d'usufruit temporaire

section 3

Les plus-values immobilières

§ 1 Le champ d'application

A. Les personnes imposables

B. Les biens et les opérations imposables

§ 2 Les modalités d'imposition

A. Les cas d'exonération et les abattements

B. Le calcul de la plus-value et de l'impôt

section 4

Les revenus de capitaux mobiliers

§ 1 Le champ d'application

2

La fiscalité des revenus salariés et patrimoniaux

L'étude au sein du même chapitre des revenus salariés et de revenus patrimoniaux peut surprendre dès lors que les uns proviennent d'une activité professionnelle (salariée) tandis que les autres sont liés à la détention et à la gestion d'un patrimoine. En réalité, leur appréhension commune dans les lignes qui suivent se justifie pour deux raisons. D'une part, d'un point de vue pratique, une grande majorité de contribuables déclarent des traitements et salaires, auxquels s'ajoutent parfois une ou plusieurs catégories de revenus patrimoniaux. Il y a même une corrélation entre les deux : le déroulement d'une carrière professionnelle s'accompagne en principe d'une hausse des revenus professionnels perçus qui elle-même favorise la constitution d'un patrimoine. D'autre part, d'un point de vue plus juridique, dans un certain nombre d'hypothèses, la frontière entre ce qui relève du revenu salarial et du revenu patrimonial est assez ténue. Les dirigeants d'entreprise sont ici particulièrement concernés. Les jetons de présence versés aux administrateurs de société anonyme relèvent des revenus de capitaux mobiliers par détermination de la loi, alors qu'on pourrait y voir la rémunération d'une activité professionnelle. La rétrocession d'une partie d'une plus-value de cession réalisée par un actionnaire au profit d'un dirigeant est constitutive d'un salaire (CE, 3ᵉ et 8ᵉ ch., 15 févr. 2019, n° 408867), là où on aurait pu l'assimiler à un revenu patrimonial. Bref, l'étanchéité des catégories est sujette à caution dans certains cas. Voyons d'abord ce que la loi qualifie de traitements et salaires (section 1), avant de s'intéresser aux revenus fonciers (section 2), aux plus-values immobilières (section 3), aux revenus de capitaux mobiliers (section 4), aux plus-values sur cessions de biens meubles (section 5) et aux rémunérations perçues par les dirigeants d'entreprise (section 6). 189

section 1

Les traitements et salaires

L'étude des traitements et salaires implique de délimiter leur champ d'application (§1) avant d'aborder les modalités de calcul du revenu net dans cette catégorie (§2). 190

§ 1 Le champ d'application

Les traitements, salaires, pensions et rentes viagères constituent l'une des catégories de revenus passibles de l'impôt sur le revenu. Cette catégorie n'est pas homogène ; elle se compose de deux groupes de revenus de nature différente : - les traitements et salaires, d'une part ; - les pensions et rentes viagères, d'autre part. 191

192 En premier lieu, entrent dans la catégorie des traitements et salaires les rémunérations perçues à raison d'une activité salariée. D'une manière générale, possèdent la qualité de salarié les personnes qui sont liées à un employeur par un contrat de travail ou encore qui sont tenues, vis-à-vis de ceux qui utilisent leurs services, par des liens de subordination ou d'étroite dépendance (statut professionnel, discipline, échelles de traitement, etc.), ainsi que les titulaires d'un statut particulier leur conférant cette qualité. Le régime des traitements et salaires s'étend aux primes versées par l'employeur principal ou par les organismes bénéficiant d'une mise à disposition d'un salarié. Ainsi, la prime versée par la Fédération française de football à un joueur de l'équipe de France mis à disposition par son club doit être soumise à l'impôt sur le revenu de la catégorie des traitements et salaires (CE 19 déc. 2018, n° 413033), même si Fédération n'a pas la qualité d'employeur.

193 Sont également imposées dans la catégorie des traitements et salaires, toutes les activités prévues à l'article 80 du Code général des impôts : travailleurs à domiciles ; journalistes ; assistantes maternelles ; sportifs professionnels ; etc.

194 Les rémunérations imposables sont aussi bien les sommes fixes que les commissions sur les ventes ou les participations aux bénéfices et les primes, gratifications, avantages en nature ou indemnités diverses qui peuvent s'y ajouter : primes de travail posté, de travail de nuit, indemnités de congés payés (y compris celles versées par les caisses de congés payés), d'ancienneté, etc.

195 Les avantages en nature constituent également un élément de la rémunération et sont imposables à ce titre.

196 En vertu de l'article 80 *duodecies* du Code général des impôts, toute indemnité versée à un salarié à l'occasion de la rupture de son contrat de travail ou à un dirigeant salarié à l'occasion de la cessation de son mandat social constitue également une rémunération imposable. Ce principe d'imposition est toutefois tempéré par certaines mesures d'exonération prévues en faveur des indemnités suivantes : indemnités de licenciement ; indemnités de cessation forcée des fonctions versées aux mandataires sociaux et aux dirigeants ; indemnités de départ à la retraite ou en préretraite ; indemnités versées dans le cadre d'un plan de sauvegarde de l'emploi ; indemnités de départ volontaire versées dans le cadre de la gestion prévisionnelle des emplois ; indemnités de rupture conventionnelle du contrat de travail.

197 En second lieu, et en vertu de l'article 79 du Code général des impôts, les pensions et rentes viagères participent tout comme les traitements, salaires, indemnités, émoluments à la formation du revenu global servant de base à l'impôt sur le revenu. Les pensions et les rentes viagères se définissent comme les allocations périodiques versées à leur bénéficiaire en vertu d'un statut prévu par la loi ou en application d'un contrat, étant relevé que le paiement est souvent garanti aux bénéficiaires leur vie durant. Sont visées ici les pensions d'invalidité, les pensions de retraite, les pensions alimentaires ou encore les rentes viagères constituées à titre gratuit (C. civ., art. 1969) ou à titre onéreux (C. civ., art. 1968).

198 Les rentes viagères constituées à titre onéreux résultent d'un contrat par lequel le crédirentier a volontairement accepté de se dessaisir d'un élément de son patrimoine, bien mobilier (somme d'argent par exemple) ou immobilier, en contrepartie

de versements en espèces échelonnés dans le temps (arrérages). En la matière, le législateur exonère d'impôt la quote-part des arrérages qui est censée correspondre au remboursement partiel du capital initial. Voilà pourquoi l'article 158, 6 du Code général des impôts prévoit que les rentes viagères constituées à titre onéreux ne sont considérées comme un revenu, pour l'application de l'impôt sur le revenu dû par le crédirentier, que pour une fraction de leur montant. Cette fraction, déterminée d'après l'âge du crédirentier lors de l'entrée en jouissance de la rente, est fixée à :

- 70 % si l'intéressé est âgé de moins de 50 ans ;
- 50 % s'il est âgé de 50 à 59 ans inclus ;
- 40 % s'il est âgé de 60 à 69 ans inclus ;
- 30 % s'il est âgé de plus de 69 ans.

§ 2 La détermination du revenu net

Conformément aux dispositions de l'article 13 du Code général des impôts, les contribuables percevant des traitements et salaires sont en droit de déduire leurs frais professionnels. 199 ■

Sur ce point, une alternative se présente à eux. Ils peuvent soit décider de bénéficier d'une déduction forfaitaire de 10 %, soit déduire leurs frais réels (frais vestimentaires, frais de transport, frais de bureau, frais de mobilier et de matériel). La première méthode a l'avantage de la simplicité : la déduction de 10 % s'applique pour chaque membre du foyer fiscal qui déclare des salaires, sans avoir de justificatifs à produire. En outre, tous les remboursements de frais professionnels dont le salarié a pu bénéficier sont exonérés d'impôt. La loi prévoit néanmoins un plancher (pour les salaires et assimilés les plus faibles) et un plafond (pour les salaires et assimilés les plus élevés). Pour les revenus 2022 et pour chaque membre du foyer, le plafond est de 13.522 € et le plancher de 472 €. 200 ■

La seconde méthode implique une gestion rigoureuse. Le salarié peut la choisir lorsqu'il estime que ces frais réels sont supérieurs à la déduction forfaitaire. Elle implique pour lui de réintégrer dans son revenu imposable toutes les allocations et remboursements de frais d'emplois accordés par son employeur (sauf exceptions, telle que l'exonération de la contribution de l'employeur aux titres-restaurant ou aux frais de transport). Il peut néanmoins déduire tous les frais inhérents à ses fonctions ou à son emploi, ce qui exclut bien sûr les dépenses d'ordre privé. Le contribuable doit être en mesure de produire tous les justificatifs nécessaires en cas de contrôle : il ne peut donc se contenter d'une évaluation approximative. 201 ■

L'imputation des frais réels peut conduire théoriquement à un déficit, lorsqu'ils sont supérieurs aux revenus perçus. Ce déficit est imputable sur le revenu global, dès lors qu'aucune restriction n'est ici prévue par la loi. 202 ■

Pour les pensions et les rentes viagères, les possibilités de déduction sont plus réduites. Certes, en vertu des deuxième et troisième alinéas du a du 5 de l'article 158 du CGI, les pensions et retraites font l'objet d'un abattement de 10 % qui comporte un minimum (412 €) et un plafond (4.123 €), tout comme les traitements et salaires quoique dans une proportion moindre. En revanche, l'abattement de 10 % n'est pas applicable aux rentes viagères constituées à titre onéreux qui ne sont imposables que 203 ■

pour la fraction de leur montant variable selon l'âge du crédirentier au moment de l'entrée en jouissance de la rente. En outre, dès lors que les contribuables concernés n'exercent pas d'activité professionnelle, ils sont dans l'incapacité de déduire des frais professionnels.

section 2

Les revenus fonciers

204 L'analyse du traitement fiscal des revenus fonciers implique de s'intéresser au champ d'application (§1) des articles 14 et suivants du Code général des impôts ainsi qu'aux modalités d'imposition prévues par ceux-ci (§2). Le régime des revenus fonciers concerne aussi les sociétés civiles immobilières largement utilisées en pratique et qui ne relèvent pas de l'impôt sur les sociétés, mais de l'article 8 du Code général des impôts (§3).

§ 1 Le champ d'application

205 Le champ d'application du régime des revenus fonciers nécessite de distinguer les revenus imposables dans cette catégorie (A) de ceux qui relèvent d'autres catégories, alors même qu'ils sont parfois issus d'une activité de location immobilière (B).

A. Les revenus imposables au titre des revenus fonciers

206 En principe, sont considérés comme des *revenus fonciers*[Q] pour l'établissement de l'impôt sur le revenu, les revenus des propriétés bâties et non bâties de toute nature lorsqu'ils ne sont pas compris dans les bénéfices d'une entreprise industrielle ou commerciale, d'une exploitation agricole ou d'une profession non commerciale (CGI, art. 14). Sont donc visés les loyers perçus dans le cadre de baux immobiliers à raison d'immeubles détenus dans le patrimoine privé du contribuable (sur les immeubles inscrits dans le patrimoine professionnel et sans lien avec l'activité, v. ss 429).

207 Les personnes domiciliées fiscalement en France sont imposables en principe sur l'ensemble de leurs revenus locatifs, qu'il s'agisse de revenus provenant d'immeubles situés en France ou à l'étranger.

208 Toutefois, de nombreuses conventions internationales réservent le droit d'imposer les revenus locatifs à l'État sur le territoire duquel se trouve l'immeuble. Les personnes domiciliées hors de France ne sont quant à elles soumises à l'impôt français que pour les revenus de leurs immeubles situés en France.

B. Les revenus imposables au titre d'autres catégories

209 Certains revenus locatifs ne sont pas imposés au titre des revenus fonciers alors même qu'ils sont perçus par une personne physique ou morale relevant de l'impôt sur le revenu.

Tel est le cas des revenus des immeubles d'habitation loués meublés et des immeubles industriels et commerciaux munis du mobilier ou du matériel nécessaire à leur exploitation qui relèvent tous deux, non des revenus fonciers, mais des bénéfices industriels et commerciaux par détermination de la loi (CGI, art. 35). 210

C'est également le régime des bénéfices industriels et commerciaux qui s'appliquent si les revenus proviennent de la location de boxes ou d'emplacement pour le stockage de marchandises, accompagnée de prestations de services. 211

De même, les profits tirés de la location nus, ayant pour effet de faire participer le bailleur à la gestion ou aux résultats de l'entreprise commerciale exploitée par le preneur, sont rangés dans la catégorie des bénéfices industriels et commerciaux (pour un exemple, v. CE 11 déc. 2009, *SCI Aristide Briand*). 212

Les profits réalisés par des personnes qui sous-louent à des tiers des immeubles dont elles sont locataires n'entrent pas dans la catégorie des revenus fonciers. Ces derniers concernent les revenus tirés de la propriété d'un immeuble (CGI, art. 29). Ils relèvent, d'une manière générale, de celle des bénéfices non commerciaux. Toutefois, si la sous-location est consentie en meublé, les loyers ont le caractère de revenus commerciaux. 213

§ 2 Les modalités d'imposition

Les revenus fonciers relèvent du barème de l'impôt sur le revenu et non du prélèvement forfaitaire unique. Les modalités d'imposition des revenus fonciers supposent donc de déterminer le revenu brut (A) auquel sont retranchées les charges foncières énumérées par la loi (B). 214

A. La détermination du revenu brut

Le revenu foncier imposable à l'impôt sur le revenu peut être déterminé soit selon le régime réel d'imposition, soit, pour les titulaires de revenus fonciers ne dépassant pas un certain montant, selon le régime simplifié d'imposition (« micro-foncier » ; CGI, art. 32). Selon le régime du micro-foncier, les contribuables dont le revenu foncier brut annuel ne dépasse pas 15.000 € voient leur revenu imposable calculer de manière simplifiée. En effet, le revenu imposable est ici égal au montant des loyers déclarés par le contribuable, diminué d'un abattement forfaitaire de 30 %. 215

Pour les contribuables qui n'entrent pas dans le champ d'application du régime micro-foncier ou qui décident d'opter pour l'application du régime réel d'imposition, le revenu foncier imposable à l'impôt sur le revenu est égal, chaque année, à la différence entre le montant des recettes encaissées et le total des frais et des charges acquittés. 216

Le revenu brut comprend notamment : - les loyers et fermages en principal ; - les revenus accessoires ; - les dépenses incombant au bailleur mises à la charge des locataires ; - certaines recettes exceptionnelles ; - la valeur des avantages en nature stipulés au bail ; etc. 217

218 Le droit fiscal conduit à assimiler à des revenus fonciers des revenus n'ayant pas la forme de loyers y compris en l'absence de loyers. Ainsi, la construction réalisée par le locataire et laissée au bénéfice du propriétaire au terme du bail constitue un revenu foncier en nature. De la même façon, le propriétaire qui met à disposition son immeuble gratuitement est réputé bénéficier des loyers qu'il aurait pu réclamer. En revanche, lorsqu'un propriétaire se réserve la jouissance d'un logement, le revenu en nature correspondant n'est pas imposable (CGI, art. 15, II).

219 Les recettes à retenir pour déterminer le revenu foncier sont celles qui ont été effectivement encaissées au cours de l'année de l'imposition, quelle que soit la période à laquelle elles se rapportent.

B. Les charges foncières

1. *Le régime général de déduction des charges foncières*

220 Selon l'article 31 du CGI, les frais et charges à déduire des recettes déterminées comprennent : - les dépenses de réparation ou d'entretien ; - les dépenses d'amélioration ; - les dépenses acquittées pour le compte des locataires et restant définitivement à la charge des propriétaires ; - les provisions pour charges de copropriété ; - les indemnités d'éviction et frais de relogement ; - les frais de gestion ; - les primes d'assurances ; - certaines impositions ; - les intérêts des dettes, etc.

221 L'avantage en nature que se procure le propriétaire d'un logement qu'il occupe lui-même ne donne pas lieu à taxation. Corrélativement, et par dérogation aux dispositions de l'article 156 du même code, les charges afférentes à ce logement ne viennent pas en déduction pour la détermination du revenu net global imposable du propriétaire. L'interposition d'une société civile à la seule fin de pouvoir déduire les charges financières est constitutive d'un abus de droit, comme le Conseil d'État a pu le décider à plusieurs reprises (CE, 9e et 10e ch., 8 févr. 2019, n° 407641).

222 Par dépenses d'entretien et de réparation, il faut entendre, d'une manière générale, tous les travaux ayant pour objet de maintenir ou de remettre l'immeuble en bon état et d'en permettre un usage normal sans en modifier la consistance, l'agencement ou l'équipement initial. Exemples : remise en état du gros œuvre (toitures, façades, etc.), du mur de clôture, des canalisations, de l'installation électrique, du chauffage central (remplacement de la chaudière, de canalisations, d'éléments de radiateur, etc.). Les dépenses d'amélioration visent les dépenses qui ont pour objet d'apporter à un immeuble un équipement ou un élément de confort nouveau ou mieux adapté aux conditions modernes de vie, sans modifier cependant la structure de cet immeuble. En revanche, doivent être regardés comme des travaux de reconstruction ceux qui comportent la création de nouveaux locaux d'habitation, ou qui ont pour effet d'apporter une modification importante au gros œuvre, ainsi que les travaux d'aménagement interne qui, par leur importance, équivalent à des travaux de reconstruction, et, comme des travaux d'agrandissement, ceux qui ont pour effet d'accroître le volume ou la surface habitable des locaux existants (CE, 3e et 8e ch., 28 sept. 2021, n° 439145).

Les déficits fonciers résultant de dépenses (déductibles des revenus fonciers) autres que les intérêts d'emprunt s'imputent sur le revenu global dans la limite annuelle de 10.700 €. La fraction du déficit supérieure à cette limite ainsi que celle correspondant aux intérêts d'emprunt ne sont imputables que sur les revenus fonciers des dix années suivantes (LF 2023). 223 ■

En ce qui concerne les intérêts, seuls résultant d'emprunts contractés pour l'acquisition de biens ou droits immobiliers destinés à procurer des revenus fonciers sont déductibles du revenu brut foncier. Il en va également ainsi des intérêts des emprunts souscrits par un associé pour acquérir les parts d'une *société de personnes*[Q] dont les résultats sont imposables dans la catégorie des revenus fonciers. Il en est de même pour le remboursement des parts d'un associé par une telle société lorsqu'il est établi que l'emprunt est nécessaire pour la conservation du revenu foncier de celle-ci (CE, 3e et 8e ch., 9 juin 2020, n° 426339). De même, des dispositions statutaires peuvent prévoir que la totalité des déficits fonciers est imputable uniquement et temporairement par une partie des associés d'une société de personnes, dès lors qu'elles ne constituent pas une clause léonine, au sens du droit des sociétés (CE 18 oct. 2022, n° 462497). 224 ■

Lorsque le revenu global du contribuable est insuffisant pour absorber le déficit foncier imputable (limité à 10.700 €), l'excédent du déficit est imputable dans les conditions de droit commun sur les revenus globaux des six années suivantes. 225 ■

Lorsqu'un propriétaire impute un déficit foncier sur son revenu global, l'immeuble doit être affecté à la location jusqu'au 31 décembre de la troisième année qui suit l'imputation sur le revenu global. Lorsque cette condition n'a pas été respectée, l'imputation du déficit foncier sur le revenu global est remise en cause. 226 ■

Le revenu global et les revenus fonciers des trois années qui précèdent l'année de cessation de la location sont ainsi reconstitués selon les modalités applicables en cas de non-imputation d'un déficit sur le revenu global. 227 ■

Le (ou les) déficit(s) indûment imputé(s) sur le revenu global peu(ven)t être uniquement imputé(s) sur les revenus fonciers des dix années suivantes dans les conditions de droit commun. Ainsi, les déficits fonciers qui restaient à imputer après la cessation de la location pourront s'imputer pendant dix ans sur les revenus fonciers provenant d'autres biens locatifs. À défaut de tels biens productifs de revenus fonciers, ces déficits seront perdus. 228 ■

2. *La déduction des charges financières en présence d'un démembrement de propriété*

Juridiquement, en cas de démembrement de la propriété d'un immeuble, l'usufruitier jouit en principe des revenus et est tenu aux réparations d'entretien. 229 ■

Quant aux grosses réparations (gros murs, voûtes, poutres, couvertures entières, etc.), elles incombent au nu-propriétaire, l'usufruitier étant toutefois tenu de les effectuer si elles sont dues à un défaut d'entretien depuis l'ouverture de l'usufruit (C. civ., art. 605). 230 ■

231 Fiscalement, lorsque l'immeuble est donné en location, les loyers sont imposables entre les mains de l'usufruitier. Les charges sont quant à elles déductibles des revenus de celui qui en a supporté la charge. Ainsi, bien que n'ayant pas de revenus à déclarer à raison de l'immeuble dont la propriété est démembrée, le nu-propriétaire est néanmoins autorisé à déduire des revenus fonciers provenant de ses autres propriétés les charges qu'il a effectivement supportées. À défaut de tels revenus ou si ceux-ci sont insuffisants, un déficit foncier est constaté.

232 Lorsque l'immeuble n'est pas donné en location (immeuble occupé par l'usufruitier), l'usufruitier n'est pas imposable au titre des revenus fonciers. Corrélativement, aucune déduction ne peut être pratiquée à ce titre, ni par l'usufruitier, ni par le nu-propriétaire.

Imputation des déficits fonciers
Exemple chiffré

Un contribuable est propriétaire d'un immeuble qu'il loue nu. Cette location lui procure les revenus et les charges suivantes pour l'année 2022 :
Revenu brut (loyers) : 6.000 €
Charges foncières (réparation, entretien et assurance) :- 30.000 €
Intérêts d'emprunt :- 8.000 €
Déficit :- 32.000 €
Le revenu brut est réputé compenser d'abord les intérêts d'emprunt.
Le déficit provient donc à hauteur de 2.000 € des intérêts d'emprunt et à hauteur de 30.000 € des autres charges.
- Si le revenu global (provenant des autres catégories de revenus) est supérieur ou égal à 10.700 € (par exemple 25.000), le déficit provenant de dépenses autres que les intérêts d'emprunt (soit 30.000 €) est imputable sur le revenu global à hauteur de 10.700 € ; l'excédent, soit 19.300 €, s'ajoute aux 2.000 € (fraction relative aux intérêts d'emprunt) imputables sur les revenus fonciers des dix années suivantes (soit jusqu'en 2032).
- Si le revenu global (provenant des autres catégories de revenus) est inférieur à 10.700 € (par exemple 8.000 €), le déficit qui n'a pu être imputé est alors imputable à hauteur de 2.700 € sur le revenu global des six années suivantes (soit jusqu'en 2028), le reliquat de 21.300 € demeurant imputable sur les revenus fonciers des dix années suivantes.
- Si, en 2023, le contribuable cesse de louer son bien, le déficit imputé sur son revenu global sera remis en cause. Si son revenu global est supérieur ou égal à 10.700 € en 2022, son impôt sera calculé sur 25.000 € et non sur 25.000 – 10.700 €. En outre, son déficit foncier reportable sera égal à 32.000 et non à 21.300 €

§ 3 Les revenus fonciers perçus dans le cadre d'une société civile immobilière

En principe, la société civile immobilière est une société translucide : ses résultats fiscaux donnent lieu à une imposition entre les mains de ses associés (CGI, art. 8.). v. ss 604. 233 ■

Les loyers perçus par une société civile immobilière tirés de la location des immeubles dont elle est propriétaire ou pour lesquels elle est titulaire d'un usufruit sont répartis entre les associés à hauteur de leur quote-part de capital. Le résultat de la société se fait sur la base des loyers encaissés, mais également sous déduction des charges de la propriété mentionnées à l'article 31 du CGI. En cas de location nue d'immeubles d'habitation, les loyers relèvent de l'impôt sur le revenu dans la catégorie des revenus fonciers et non du régime des bénéfices industriels et commerciaux. La spécificité des sociétés relevant de l'article 8 du CGI réside dans le fait que les revenus seront taxés entre les mains des associés, même si aucune distribution n'est faite à leur profit. Or, dans une SCI, il est fréquent que la société s'endette pour faire l'acquisition de l'immeuble qu'elle gère. Dès lors, les liquidités engendrées par la location serviront le plus souvent à rembourser les échéances du prêt et ne donneront pas lieu à une distribution au profit des associés. Ceux-ci devront donc faire un effort de trésorerie toutes les fois où les charges déductibles du loyer ne seront pas suffisantes pour amoindrir le revenu imposable, étant relevé que seuls les intérêts sont déductibles et non le remboursement du capital. 234 ■

L'option pour l'impôt sur les sociétés permet justement d'imposer les bénéfices non plus entre les mains de ses associés mais immédiatement au niveau de la SCI (v. ss 668). L'impôt sur les sociétés est également applicable aux sociétés civiles exerçant une activité commerciale, ce qui est le cas en présence d'une activité de location meublée (v. ss 680). L'option pour l'impôt sur les sociétés en cours de vie sociale présente l'inconvénient d'être générateur d'impôt. L'article 202 *ter* du CGI prévoit une imposition immédiate des bénéfices en cours et des plus-values en cas d'option pour l'impôt sur les sociétés. Il n'en va autrement en l'absence de création d'une personne morale nouvelle qu'à la double condition qu'aucune modification ne soit apportée aux écritures comptables et que l'imposition desdits bénéfices, plus-values et profits demeure possible sous le nouveau régime fiscal applicable à la société. Or, ce mécanisme d'atténuation conditionnelle ne peut trouver à s'appliquer lorsqu'une société à objet patrimonial cesse d'être soumise au régime des sociétés de personnes pour se voir appliquer l'impôt sur les sociétés. 235 ■

Toujours est-il que dans le cadre de l'impôt sur les sociétés, le résultat imposable est plus faible, car l'inscription de l'immeuble au bilan de la société permet de constater des amortissements et des éventuelles dépréciations. En outre, la société pourra déduire de son résultat les charges relatives à l'immeuble, tels que les frais d'entretien et de réparation, les intérêts d'emprunt (sans les limites applicables aux revenus fonciers) ou encore les droits et frais d'acquisition.

En revanche, l'option pour l'impôt sur les sociétés conduit à ce que la cession éventuelle du bien immobilier dans le futur ne relève plus du régime des plus-values immobilières, propre aux contribuables relevant de l'impôt sur le revenu (v. ss 251). 236 ■

Or, celui-ci est bien plus avantageux qu'une cession d'immeuble relevant de l'impôt sur les sociétés. Voilà pourquoi la pratique s'appuie fréquemment sur un ou plusieurs schémas combinant l'impôt sur le revenu et l'impôt sur les sociétés.

L'intérêt d'un usufruit temporaire portant sur un immeuble au profit d'une société relevant de l'impôt sur les sociétés

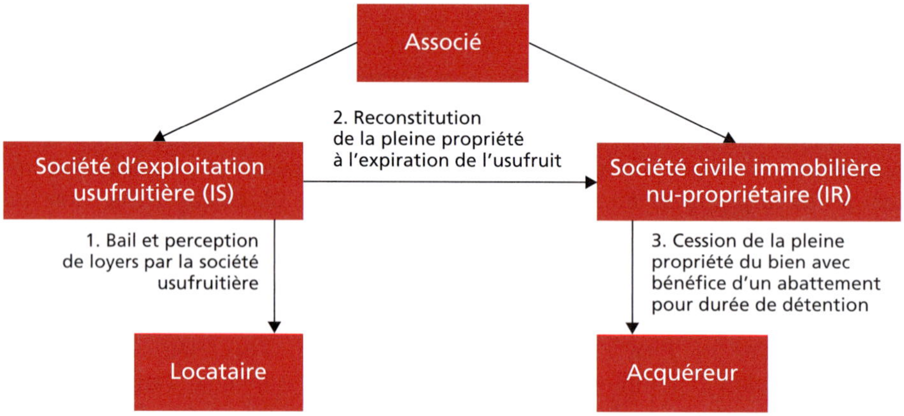

§ 4 La cession d'usufruit temporaire

237 Afin de lutter contre certaines stratégies fiscales fondées sur les démembrements de propriété, la loi de finances rectificative pour 2012 a instauré un régime fiscal particulièrement contraignant pour la pratique. En l'occurrence, selon les dispositions de l'article 13, 5 du CGI, par dérogation aux dispositions relatives à l'imposition des plus-values, le produit résultant de la première cession à titre onéreux d'un usufruit temporaire est imposable au nom du cédant dans la catégorie de revenus à laquelle se rattache, au jour de la cession, le revenu procuré ou susceptible d'être procuré par le bien ou le droit sur lequel porte l'usufruit temporaire cédé. En d'autres termes, la première cession d'un usufruit temporaire portant sur un immeuble ne relève pas des plus-values immobilières (v. ss 241) mais des revenus fonciers (v. ss 204).

238 Le champ d'application de ce texte est particulièrement large. Il concerne tant les cédants personnes physiques qui agissent dans leur patrimoine privé que ceux agissant dans le cadre de leur patrimoine professionnel. Il vise également les sociétés relevant de l'article 8 du CGI. En revanche, ces dispositions ne s'appliquent pas lorsque le cédant est une personne morale soumise à l'impôt sur les sociétés. L'article 13, 5 du CGI concerne seulement les usufruits à durée fixe et non les usufruits viagers. Toutefois, le Conseil d'État a décidé que les dispositions de l'article 13, 5 du CGI visent également la première cession à titre onéreux d'un usufruit préconstitué, dans le cas où le cessionnaire bénéficie du droit d'usufruit pour une période qui n'est pas exclusivement déterminée par la durée de vie humaine. Par conséquent, l'apport par un contribuable à une société pour une durée contractuellement fixée à trente ans de l'usufruit de parts sociales dont il était titulaire à titre viager a la nature d'une cession d'usufruit temporaire (CE 31 mars 2022, n° 458518).

Il s'applique tant à la cession consentie au profit d'une personne physique qu'au profit d'une personne morale. L'expression cession à titre onéreux englobe les ventes, apports, échanges et non les mutations à titre gratuit. Ce texte trouve également à s'appliquer en cas d'usufruit temporaire portant sur des titres : le produit de cette cession est imposable dans la catégorie des revenus de capitaux mobiliers (v. ss 257). 239 ■

L'effet produit par ce texte est assez radical. Le revenu imposable est égal au prix de cession (ou la valeur vénale si elle est supérieure) minoré des charges admises en déduction conformément aux règles applicables à chaque revenu catégoriel. Ainsi, s'agissant de la première cession d'usufruit temporaire d'un immeuble, seuls les déficits fonciers viendront en diminution du prix de cession (et non le prix d'acquisition comme cela est normalement le cas lorsqu'il s'agit de calculer une plus-value). Ce prix éventuellement diminué des charges admises en déduction est enfin soumis au barème progressif de l'impôt sur le revenu. 240 ■

section 3

Les plus-values immobilières

L'analyse du traitement fiscal des plus-values immobilières implique de s'intéresser au champ d'application (§1) des articles 150 U et suivants du Code général des impôts ainsi qu'aux modalités d'imposition prévues par ceux-ci (§2). 241 ■

§ 1 Le champ d'application

Le champ d'application des plus-values immobilières est fixé par les articles 150 U et suivants du Code général des impôts. Sa délimitation implique de distinguer les personnes imposables (A) et les biens imposables (B). 242 ■

A. Les personnes imposables

Le champ d'application des plus-values immobilières concerne les personnes physiques qui gèrent leur patrimoine privé. Sont ainsi visées toutes les personnes physiques quel que soit leur domicile ou leur nationalité sous réserve qu'il n'opère pas une cession sur un immeuble ayant la nature d'un actif professionnel et dès lors que l'immeuble est situé en France. L'immeuble peut être bâti ou non bâti. En revanche, le régime des plus-values immobilières ne s'applique pas aux profits tirés d'une activité présumée professionnelle par la loi et imposables au titre des bénéfices industriels et commerciaux. Tel est le cas des personnes présumées agir en qualité de marchands de biens ou de lotisseurs (CGI, art. 35). 243 ■

Le champ d'application inclut également certains associés de sociétés translucides relevant de l'article 8 du CGI. Sont ici visés les personnes physiques qui détiennent des droits sociaux dans des sociétés civiles ayant leur siège social en France et dont l'actif brut est composé à plus de 50 % d'immeubles non affectés à l'activité professionnelle de la société. En d'autres termes, les cessions de droits sociaux sont 244 ■

assimilées à des cessions d'immeubles (CGI, art. 150 UB) sous réserve que la société dont les titres sont cédés présente un objet patrimonial et un actif brut majoritairement composé d'immeubles. L'article 150 UB du CGI précise que sont considérées comme sociétés à prépondérance immobilière les sociétés dont l'actif est, à la clôture des trois exercices qui précèdent la cession, constitué pour plus de 50 % de sa valeur réelle par des immeubles ou des droits portant sur des immeubles, non affectés par ces sociétés à leur propre exploitation industrielle, commerciale, agricole ou à l'exercice d'une profession non commerciale. Si la société dont les droits sociaux sont cédés n'a pas encore clos son troisième exercice, la composition de l'actif est appréciée à la clôture du ou des seuls exercices clos ou, à défaut, à la date de la cession. Lorsque les immeubles sont détenus par une personne morale soumise à l'impôt sur les sociétés, la cession des titres de cette société ne relève pas du régime des plus-values immobilières, mais du régime des plus-values sur valeurs mobilières (v. ss 282).

B. Les biens et les opérations imposables

245 Tous les immeubles, qu'ils soient bâtis ou non bâtis, constituent des biens imposables. La loi ne prend pas en compte l'origine de propriété du bien cédé (acquisition à titre onéreux ou à titre gratuit) ou la localisation des biens qui peuvent être situés en France ou hors de France, sous réserve des conventions internationales.

246 Le régime des plus-values immobilières concerne toutes les mutations à titre onéreux d'immeubles ou de droits portant sur des immeubles. Cela inclut donc les ventes, amiables ou forcées, les échanges, les apports en société, les expropriations, les partages ou encore les dissolutions de sociétés de personnes.

Sauf dispositions légales contraires, la date à retenir pour le transfert de propriété, constitutif du fait générateur de la plus-value, est déterminée par application des règles du droit civil. Le principe est donc que le transfert de propriété se réalise lorsque les deux parties ont exprimé leur consentement sur la chose et sur le prix. Dans l'hypothèse où les parties ont conclu une promesse synallagmatique sans condition suspensive, le transfert de propriété est réputé avoir lieu à compter de la signature de la promesse. Les stipulations d'un acte authentique ultérieur sont dans un tel cas insusceptibles de remettre en cause la date du transfert de propriété. Si une condition suspensive a été stipulée par les parties, le transfert de propriété est retardé à la date de l'acte authentique (CE, 9e et 10e ch., 29 déc. 2020, no 428306).

§ 2 Les modalités d'imposition

247 Le régime des plus-values immobilières prévoit plusieurs cas d'exonération (A) avant d'envisager les modalités de calcul de l'impôt pour les opérations ne bénéficiant pas d'une exonération (B).

A. Les cas d'exonération et les abattements

248 La plus-value réalisée lors de la cession d'une résidence principale est exonérée (CGI, art. 150 U, II, 1°), quel que soit le type de logement (maison individuelle ou appartement). Cette exonération s'applique également à la vente des parts d'une

SCI propriétaire de l'immeuble constituant la résidence principale du cédant. Seule l'habitation principale occupée par le contribuable propriétaire peut bénéficier de cette exonération. C'est une question de fait sur laquelle l'appréciation de l'administration fiscale est souvent stricte, notamment lorsque le contribuable occupe plusieurs logements dans l'année, pour des raisons personnelles ou professionnelles. Les factures d'électricité et d'eau, l'adresse mentionnée au titre de la déclaration des revenus et pour le paiement des impôts locaux ou encore l'adresse communiquée aux différents prestataires de service (téléphonie, banque, etc.) sont autant d'indices permettant de confirmer ou d'infirmer l'existence d'une résidence habituelle et effective. L'exonération n'est pas liée aux motifs de la cession : la nature de l'habitation, l'importance du prix de cession ou de la plus-value et l'affectation que l'acquéreur envisage de donner à l'immeuble, même s'il est destiné à être démoli en vue de l'édification de nouvelles constructions sont indifférents.

Une exonération de la plus-value est également prévue pour les retraités (CGI, art. 150 U, III) exonérés d'impôt sur le revenu (ou dispensés de son paiement, en vertu des articles 1417 et 1657 du CGI) ainsi que pour les expropriations (CGI, art. 150 U, II, 4°). Il en est de même de la cession d'une résidence secondaire en vue de l'acquisition d'une résidence principale, sous réserve de respecter certaines conditions (CGI, art. 150 U, II, 1°*bis*) ou encore des cessions en pleine propriété pour un prix ne dépassant pas 15.000 € (CGI, art. 150 U, II, 6°). 249 ■

En dehors des différents cas d'exonération, la plus-value immobilière brute donne lieu à un abattement pour durée de détention à partir de la 6e année. L'abattement conduit ainsi à une exonération totale après 22 ans de détention pour l'impôt et 30 ans de détention pour les prélèvements sociaux. En cas d'acquisition de la nue-propriété d'un bien dont on cède la pleine-propriété après la reconstitution de celle-ci, la durée de détention démarre lors de l'acquisition de la nue-propriété. 250 ■

Les abattements pour durée détention

Durée de détention	Taux d'abattement applicable chaque année de détention Assiette pour l'impôt sur le revenu	Taux d'abattement applicable chaque année de détention Assiette pour les prélèvements sociaux
Moins de 6 ans	0 %	0 %
De la 6e à la 21e année	6 %	1,65 %
22e année révolue	4 %	1,60 %
Au-delà de la 22e année	Exonération	9 %
Au-delà de la 30e année	Exonération	Exonération

B. Le calcul de la plus-value et de l'impôt

251 Conformément à l'article 150 V du Code général des impôts, la plus ou moins-value brute est égale à la différence entre le prix de cession et le prix d'acquisition par le cédant.

252 Le prix de cession à retenir est le prix réel tel qu'il est stipulé dans l'acte de cession du bien immobilier. Il est majoré de certaines charges et indemnités et réduit du montant de la taxe sur la valeur ajoutée acquittée et des frais, définis par l'article 41 *duovicies* H de l'annexe III au CGI, supportés par le vendeur à l'occasion de la cession.

253 Le prix d'acquisition à retenir est le prix effectivement acquitté par le cédant, tel qu'il a été stipulé dans l'acte (CGI, art. 150 VB). En cas d'acquisition à titre gratuit, le prix d'acquisition s'entend de la valeur vénale au jour du transfert diminuée, le cas échéant, de l'abattement prévu à l'article 764 *bis* du CGI. À cela s'ajoute les frais réellement supportés par le donataire ou l'héritier (ex. droits de mutation à titre gratuit).

254 Les frais afférents à l'acquisition à titre onéreux qui viennent en majoration du prix d'acquisition sont définis par décret (CGI, art. 150 VB, II-3° et CGI, ann. III, art. 41 *duovicies* I, 2°). Ils sont retenus soit pour leur montant réel sur justification, soit forfaitairement. Dans ce dernier cas, ils sont fixés à 7,5 % du prix d'acquisition.

255 Enfin, l'article 150 VB, II-4° du CGI prévoit que « lorsque le contribuable, qui cède un bien plus de cinq ans après son acquisition, n'est pas en état d'apporter la justification » des dépenses de travaux, celles-ci sont retenues pour une valeur forfaitaire de 15 %. Autrement dit, sauf justificatifs, le prix d'acquisition est majoré forfaitement de 15 %, ce qui permet de diminuer d'autant le montant de la plus-value imposable. Le bénéfice de ce forfait trouve à s'appliquer, y compris si aucuns travaux n'ont été réalisés.

256 L'imposition de la plus-value se fait au taux de 19 % pour l'impôt sur le revenu et de 17,2 % pour les prélèvements sociaux. Les plus-values immobilières supérieures à 50.000 € sont en outre soumises à une taxe complémentaire (art. 1609 *nonies* G). Cette taxe spéciale de 2 à 6 % de la plus-value imposable fait l'objet d'une déclaration spécifique annexée à la déclaration de plus-value immobilière des particuliers (CGI, art. 150 VG, I). Sous réserve des conventions internationales, les plus-values immobilières réalisées par des non-résidents supportent un prélèvement spécifique de 19 % ou 26,5 % selon les cas (CGI, art. 244 *bis* A).

Exemple

Une SCI relevant de l'article 8 du CGI projette de faire l'acquisition d'un immeuble d'une valeur de 200.000 euros et de le céder 300.000 euros, dix ans plus tard. Quelles sont les conséquences fiscales selon que l'investissement initial se fait sur la base d'un capital social de 10.000 euros (complété par un apport en compte courant d'associé de 190.000 euros) ou de 200.000 euros ?
(voir tableau ci-desous)

Le choix du montant du capital social d'une SCI et ses répercussions sur le calcul des plus-values immobilières

	Capital – 10.000	Capital – 200.000
Valeur de l'immeuble (acquisition)	200.000	200.000
Compte courant	190.000	0
Valeur de l'immeuble (cession)	300.000	300.000
Prix de cession des parts	110.000	300.000
Prix d'achat	10.000	200.000
Frais d'acquisition (7,5 %)	750	15.000
Plus-value	99.250	85.000
Abattement pour durée de détention (10 ans)	30 % (impôt) ; 8,25 % (PS)	30 % (impôt) ; 8,25 % (PS)
Plus-value imposable	69.475 / 91.062	59.500 / 77.988
Montant de l'impôt / Prélèvements sociaux	13.200 / 15.662	11.305 / 13.414
Montant encaissé (Prix de cession + compte courant – impôt – prélèvements sociaux)	271.138	275.281

section 4

Les revenus de capitaux mobiliers

L'analyse du traitement fiscal des revenus de capitaux mobiliers implique de s'intéresser au champ d'application (§1) des articles 108 et suivants du Code général des impôts ainsi qu'aux modalités d'imposition prévues par ceux-ci (§2). 257 ■

§ 1 Le champ d'application

La catégorie des revenus de capitaux mobiliers regroupe des éléments hétérogènes. Certains résultent d'une décision, d'un contrat ou d'un titre dont les modalités juridiques et économiques ne soulèvent pas de difficultés au regard de leur validité. Mais le réalisme du droit fiscal conduit à appréhender dans cette catégorie un certain nombre de situations présentant soit une irrégularité, soit un déséquilibre. Ce qui amène à distinguer les produits réguliers (A), des distributions irrégulières (B). 258 ■

A. Les produits réguliers

259 Il faut distinguer tout d'abord les produits des placements à revenu fixe et ceux des placements à revenu variable. La première catégorie recouvre les intérêts perçus par le contribuable ayant consenti un prêt à une personne physique ou morale. Ce type de placement peut prendre plusieurs formes : obligations ; titres d'emprunt négociables, bons du Trésor, créances, avance en compte courant. Quel que soit l'instrument, le contribuable est ici un créancier. La seconde catégorie concerne essentiellement les *dividendes*[Q] distribués par les sociétés dont le contribuable est actionnaire ou associé et dont le montant varie en fonction des résultats de l'entreprise. Le régime des revenus des capitaux mobiliers concerne également la rémunération versée aux administrateurs de sociétés.

B. Les distributions irrégulières

260 Le champ d'application des revenus de capitaux mobiliers inclut également les distributions irrégulières de bénéfices qui sont souvent dissimulées dans une opération qui en apparence ne soulève pas de contestation. Les apparences sont trompeuses et le droit fiscal est quant à lui réaliste. Une distribution est ainsi considérée comme irrégulière lorsqu'elle conduit à un transfert de sommes prélevées sur les bénéfices ou les produits générés par l'activité de l'entreprise, sans qu'une décision de l'organe compétent (assemblée générale des actionnaires) n'ait été prise. Il s'agit également d'appréhender ici des gains réels ne correspondant pas à des produits engendrés par un titre ou une créance, mais également des gains présumés ou dissimulés sous le couvert d'une autre opération. Tel est le cas par exemple d'une vente consentie par l'entreprise au profit de l'un de ses associés ou dirigeants à un prix sous-évalué. En faisant l'acquisition pour un prix de 50 d'un bien ayant une valeur réelle de 100, l'acquéreur s'est ici enrichi de 50, ce qui constitue un revenu imposable pour lui.

261 Plusieurs textes du Code général des impôts peuvent servir de fondement à un redressement pour une distribution dite irrégulière. En premier lieu, l'article 109, 1, 1° du CGI appréhende les prélèvements opérés sur les bénéfices sociaux qui conduisent à un véritable désinvestissement pour l'entreprise. Ainsi la prise en charge par une société des dépenses de vacances d'un dirigeant et de sa famille constitue une distribution irrégulière de revenus qui donnera lieu à un redressement de l'entreprise elle-même et corrélativement à la constatation d'un revenu imposable pour son dirigeant et son foyer fiscal. La mise en œuvre de ce texte implique néanmoins la réunion de deux conditions : - la société est bénéficiaire (soit en raison de son résultat, soit à la suite du redressement opéré par l'administration) ; - l'opération a conduit à un véritable désinvestissement, c'est-à-dire un décaissement (ce qui s'oppose au désinvestissement provenant d'un simple jeu d'écritures comptables). Lorsque l'administration établit qu'une personne est seule maître de l'affaire, elle est regardée comme apportant la preuve que cette personne est bénéficiaire de cette distribution (CE 14 oct. 2015, n° 364797). En deuxième lieu, l'article 109, 1, 2° du CGI vise les sommes mises à la disposition d'un associé et non prélevées sur les bénéfices. Son champ d'application se distingue du précédent dès lors que les opérations visées sont nécessairement celles réalisées avec un associé (et non un tiers) et qu'elle n'implique pas que la société soit bénéficiaire. Le texte est ici

indifférent au résultat déclaré par la société. En troisième lieu, l'article 111, a du CGI vise les sommes mises à la disposition d'un associé dans le cadre d'un prêt ou d'une avance et n'ayant pas donné lieu à un remboursement. Il se situe dans le prolongement de l'article 109, 1, 2° en établissant une présomption qui peut être renversée par le contribuable. L'avance consentie à un associé (ou via une personne morale établie en France ou à l'étranger) revient à lui faire profiter des liquidités de l'entreprise (CE 26 janv. 2011, *Trompier*). Si ce dernier les rembourse, il n'y a pas d'enrichissement et donc pas de distribution irrégulière. En l'absence de remboursement au contraire, il y a bien un revenu distribué irrégulièrement et taxable dans la catégorie des revenus de capitaux mobiliers. En troisième et dernier lieu, l'article 111, c vise les distributions dites occultes. Ce sont celles qui en principe sont réalisées au profit d'une personne dont l'identité n'est pas connue (songeons ici aux pots-de-vin versés pour obtenir un contrat). Mais, progressivement, la jurisprudence s'est éloignée de cette conception restrictive des distributions occultes. L'article 111, c) sert aussi de fondement aux redressements réalisés à l'occasion d'opérations réalisées par l'entreprise dans une intention purement libérale. Lorsqu'un contrat conclu par l'entreprise avec un tiers comporte un écart significatif entre le prix convenu et la valeur réelle de la prestation et révèle l'intention d'accorder à ce tiers une libéralité, le juge considère que cette opération dissimule sa véritable finalité et constitue une distribution occulte au sens de ce texte. Tel est le cas en présence d'une acquisition pour un prix majoré : le cédant bénéficie d'une libéralité taxable sur le fondement de l'article 111, c) du CGI (CE 28 févr. 2001, *Thérond*). En tout état de cause, l'administration peut demander à la personne morale de lui révéler l'identité des bénéficiaires des distributions (CGI, art. 117) sauf si elle s'appuie sur la notion de maître de l'affaire (CE, ass. plén., 22 févr. 2017).

Art. 109, 1, 1° du Code général des impôts

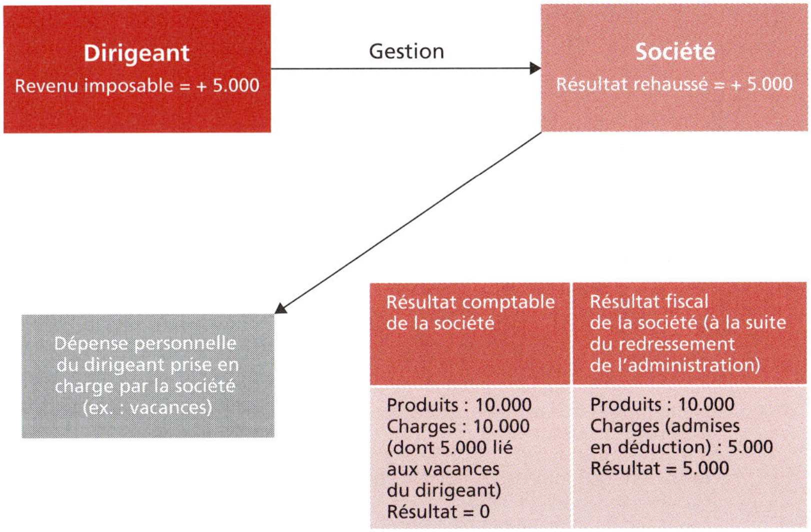

Art. 109, 1, 1°, CGI : les bénéfices ni distribués régulièrement, ni incorporés aux réserves, ni incorporés au capital sont réputés être distribués. Deux conditions : un désinvestissement (un décaissement) et un résultat bénéficiaire (y compris à la suite d'un redressement fiscal).

Art. 109, 1, 2° du Code général des impôts

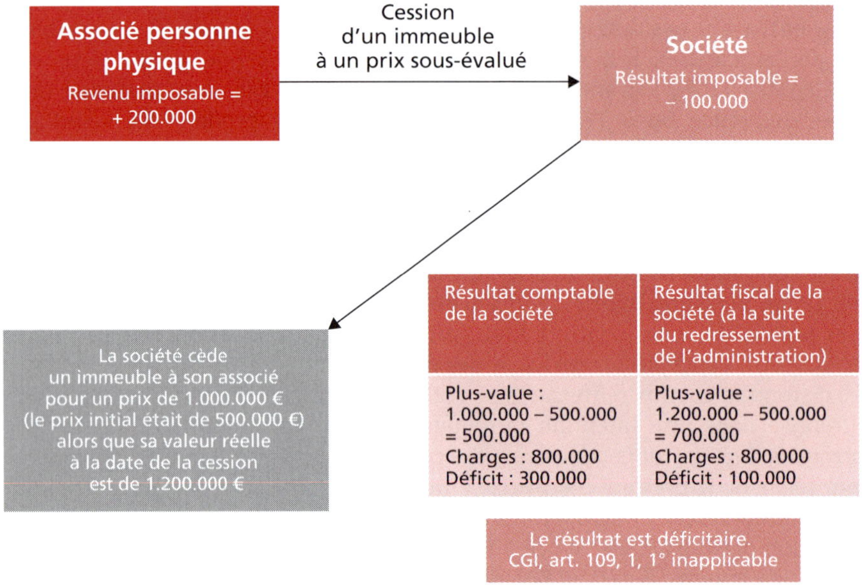

Art. 109, 1, 2°, CGI : les sommes ou valeurs mises à la disposition des associés, actionnaires ou porteurs de parts et non prélevées sur les bénéfices sont réputés être distribuées.
Deux conditions : une opération réalisée au profit d'un associé (peu importe que le résultat soit bénéficiaire ou non) et les sommes en cause ont effectivement été appréhendées par lui (la charge de la preuve pèse sur l'administration sauf dans l'hypothèse prévue par l'article 111, a) du CGI).

Art. 111, a, du Code général des impôts

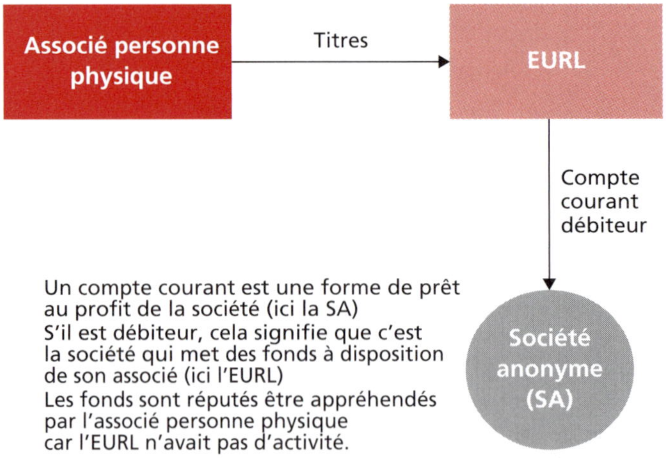

Exemple tiré de l'arrêt CE 26 janv. 2011, *Trompier*

Art. 111, a, CGI : les sommes mises à la disposition des associés directement ou par personnes ou sociétés interposées à titre d'avances, de prêts ou d'acomptes sont réputées être distribuées. Deux conditions : une avance (ex. prêt sans remboursement) et une opération au profit de l'associé (y compris en présence d'une société interposée).

Art. 111, a, du Code général des impôts

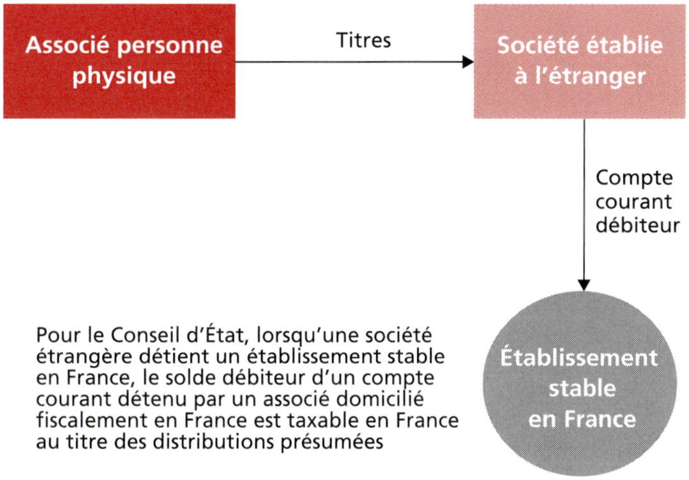

Exemple tiré de l'arrêt CE 24 nov. 2010, *Séguin*

Art. 111, a, CGI : les sommes mises à la disposition des associés directement ou par personnes ou sociétés interposées à titre d'avances, de prêts ou d'acomptes sont réputées être distribuées. Deux conditions : une avance (ex. prêt sans remboursement) et une opération au profit de l'associé (y compris en présence d'une société interposée).

Art. 111, c, du Code général des impôts

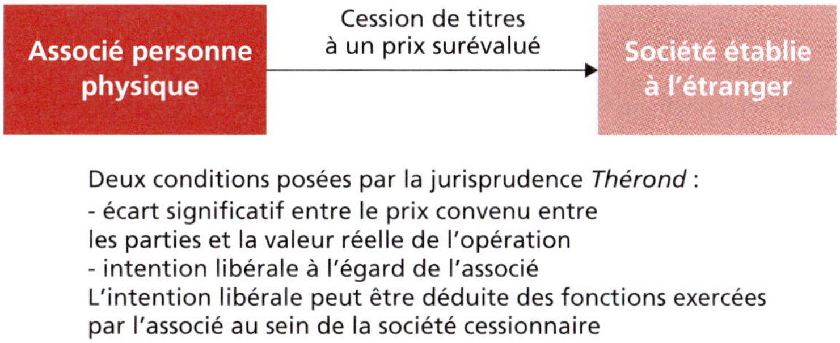

Exemple tiré de l'arrêt CE 28 févr. 2001, *Thérond*

Art. 111, c, CGI : les rémunérations et avantages occultes constituent également des distributions irrégulières. Occultes, soit parce que le bénéficiaire de l'opération n'est pas connu ; soit parce que la véritable nature de l'opération est dissimulée (par ex., donation déguisée en vente).

La cession à prix minoré d'un actif immobilisé et les distributions irrégulières

La valorisation des opérations (vente, apport, échange, etc.) sur actifs immobilisés est au centre d'enjeux fiscaux importants. En effet, lorsqu'une entreprise cède une immobilisation pour un prix minoré par rapport à la valeur vénale du bien, l'administration fiscale aura tôt fait de réagir. Une telle opération déséquilibrée est en effet susceptible d'entraîner plusieurs conséquences fiscales. La cession à un prix minoré est susceptible d'entraîner la constatation d'un acte anormal de gestion pour le cédant (v. ss 1446) et donc le rehaussement de son bénéfice imposable. Pour le cessionnaire d'une telle opération de cession à prix minoré, les conséquences sont aussi redoutables. Dans l'arrêt *Raffypack* rendu en 2005, le Conseil d'État a décidé que lorsque « le prix de l'acquisition d'une immobilisation a été volontairement minoré par les parties pour dissimuler une libéralité faite par le vendeur à l'acquéreur, l'administration est fondée à corriger la valeur d'origine de l'immobilisation, comptabilisée par l'entreprise acquéreuse pour son prix d'acquisition, pour y substituer sa valeur vénale, augmentant ainsi son actif net dans la mesure de l'acquisition faite à titre gratuit, laquelle, au demeurant, correspond, si le vendeur est une entreprise passible de l'impôt sur les sociétés, à un revenu distribué imposable entre les mains de l'acquéreur en vertu du c) de l'article 111 du code général des impôts » (CE 5 janv. 2005, *Sté Raffypack*, n° 254556). Prolongeant la jurisprudence *Raffypack* rendue en matière de vente de matériels entre sociétés liées, le Conseil d'État a également décidé dans sa décision *Cérès* que l'apport en société à une valeur minoré est constitutif d'une libéralité au profit de la société bénéficiaire de l'apport, justifiant un rehaussement de son résultat imposable sur le fondement de l'article 38, 2 du CGI, lorsque l'intention de l'apporteur est de consentir une libéralité à la société (CE, plén., 9 mai 2018, *Sté Cérès*, n° 387071). En revanche, l'apport effectué pour une valeur délibérément majorée par rapport à la valeur vénale ne constitue pas, en toutes circonstances, une libéralité taxable entre les mains de l'apporteur sur le fondement de l'article 111, c du CGI (CE 20 oct. 2021, n° 445685).

§ 2 Les modalités d'imposition

262 Les modalités d'imposition varient selon la nature du revenu (A), mais également si la distribution de bénéfices présente un caractère irrégulier (B)

A. Les dividendes et les intérêts

263 L'instauration du prélèvement forfaitaire unique (PFU) a modifié les modalités d'imposition des revenus dits mobiliers. *Dividendes*[Q], *intérêts*[Q] et *plus-values*[Q] réalisées sur des cessions de valeurs mobilières sont potentiellement taxées à un taux de 12,8 % au titre de l'impôt sur le revenu et de 17,2 % au titre des prélèvements sociaux, soit une imposition globale de 30 %. L'objectif de lisibilité et de simplification de la règle fiscale est louable. Mais il n'est pas certain qu'il ait été atteint dans la mesure où chaque type de revenus obéit toujours à des spécificités. En outre, le législateur a maintenu la possibilité d'opter pour l'application du barème progressif de l'impôt sur

le revenu, laissant ainsi au contribuable le choix d'écarter le PFU. Un tel choix ne peut néanmoins pas être effectué pour chaque type de revenu. L'option est nécessairement globale (v. toutefois s'agissant des actifs numériques, v. ss 274).

Désormais depuis la loi de finances pour 2018, et en ce qui concerne les dividendes, le contribuable personne physique dispose d'une option. Ainsi, il peut décider d'opter pour le barème progressif de l'impôt sur le revenu (option valant globalement pour l'ensemble des revenus éligibles au PFU), ce qui lui permettra de bénéficier d'un abattement de 40 % pour les distributions régulières (CGI, art. 158, 3, 2°). L'option pour le barème permet également de bénéficier de la déductibilité partielle de la CSG sur le revenu global (à hauteur de 6,8 %). L'option pour le barème s'accompagne également d'une soumission aux prélèvements sociaux au taux de 17,2 % (sans abattement). À défaut d'option pour le barème, c'est le PFU qui trouve à s'appliquer sur le montant brut distribué, sans application d'un abattement. 264 ■

Dans les deux cas, les modalités d'imposition conduisent à appliquer à la source, soit l'année du versement du revenu, un prélèvement forfaitaire non libératoire de 12,8 % qui sera imputé sur l'impôt calculé l'année suivante (CGI, art. 117 *quater*). Si le montant du prélèvement forfaitaire non libératoire versé en N excède le montant de l'impôt dû en N+1, l'excédent est restitué. Les prélèvements sociaux de 17,2 % sont également versés lors de l'encaissement des revenus.

Toutefois, les personnes physiques appartenant à un foyer fiscal dont le revenu fiscal de référence de l'avant-dernière année est inférieur à 50.000 € pour les contribuables célibataires, divorcés ou veufs et à 75.000 € pour les contribuables soumis à une imposition commune peuvent demander à être dispensées de ce prélèvement dans les conditions prévues à l'article 242 *quater*.

Tableau récapitulatif – Le régime d'imposition des dividendes

Prélèvement forfaitaire unique (régime par défaut)	En cas d'option pour le barème progressif (option globale pour tous les revenus éligibles)
Impôt calculé au taux de 12,8 % sur le dividende brut (sans application d'un abattement)	Impôt calculé sur la base du barème progressif de l'impôt sur le revenu (après application d'un abattement de 40 %)
Prélèvements sociaux calculés au taux de 17,2 % sur le dividende brut (sans application d'un abattement)	Prélèvements sociaux calculés au taux de 17,2 % sur le dividende brut (sans application d'un abattement)

Exemple – Le régime d'imposition des dividendes

Soit un contribuable célibataire, sans enfant et sans personne à charge, qui perçoit 200.000 euros de dividendes	
Prélèvement forfaitaire unique (régime par défaut)	**En cas d'option pour le barème progressif (option globale pour tous les revenus éligibles)**
Impôt calculé au taux de 12,8 % sur le dividende brut (sans application d'un abattement) : 200.000 x 12,8 % = 25.600	Impôt calculé sur la base du barème progressif de l'impôt sur le revenu (après application d'un abattement de 40 %) = 34.151 (v. ss 179)
Prélèvements sociaux calculés au taux de 17,2 % sur le dividende brut (sans application d'un abattement) = 200 000 17,2 % = 34.400	Prélèvements sociaux calculés au taux de 17,2 % sur le dividende brut (sans application d'un abattement) = 200 000 17,2 % = 34.400

265 En ce qui concerne les produits de placement à revenu fixe perçus par les personnes physiques, ils sont également soumis au PFU ou sur option globale au barème progressif de l'impôt sur le revenu. Comme pour les dividendes, l'imposition est effectuée en deux temps : - l'année de leur versement, les revenus donnent lieu à un prélèvement forfaitaire non libératoire perçu à titre d'acompte (12,8 %) auquel s'ajoutent les prélèvements sociaux (17,2 %) ; - l'année suivante, ils sont soumis à l'impôt sur le revenu sous déduction de l'impôt prélevé à la source.

B. Les distributions irrégulières

266 Les distributions irrégulières ne profitent pas du même régime que les bénéfices. Elles ne donnent pas droit à l'abattement de 40 % prévu pour les dividendes en cas d'option pour le barème progressif de l'impôt.

267 En outre, elles peuvent donner lieu à une majoration de 25 %. Un bénéfice de 100 irrégulièrement distribué sera imposé comme s'il s'agissait d'un bénéfice de 125, en cas de distribution occulte (CGI, art. 158, 7, 2°).

268 Enfin, en cas de distributions occultes, une amende égale à 100 % du montant de l'avantage consenti par la société est applicable si celle-ci n'indique pas l'identité du bénéficiaire (CGI, art. 117 et 1759).

section **5**

Les plus-values sur cession de biens meubles corporels et incorporels

Le régime des plus-values sur cessions de biens meubles corporels et incorporels concerne pour l'essentiel trois hypothèses : les cessions de biens meubles (§1) ; les cessions d'actifs numériques (§2) ; les cessions de valeurs mobilières et droits sociaux (§3). 269 ■

§ 1 Les plus-values sur cession de biens meubles

Les plus-values de cession de biens meubles ou de droits relatifs à ces biens, réalisées par les particuliers dans le cadre de la gestion de leur patrimoine privé sont soumises à l'impôt sur le revenu selon un régime très proche de celui prévu pour l'imposition des plus-values immobilières (v. ss 241). Les plus-values ainsi réalisées sont imposées au taux proportionnel de 19 %, prévu au premier alinéa de l'article 200 B du CGI, auquel il convient d'ajouter les prélèvements sociaux (17,2 %). La déclaration et le paiement s'effectuent spontanément par le contribuable au service des impôts de son domicile dans le délai d'un mois à compter de la cession. 270 ■

En pratique, ce régime d'imposition est rarement mis en œuvre. En effet, son champ d'application se restreint aux opérations réalisées sur des actifs figurant dans le patrimoine privé du contribuable et ne concerne donc pas les opérations portant sur des biens meubles figurant à l'actif d'une entreprise exerçant une activité économique. Dans ce dernier cas, c'est le régime des plus-values professionnelles qui trouve à s'appliquer (sous réserve que les meubles en cause relèvent de l'actif immobilisé ; v. ss 555). En outre, dans la catégorie des biens meubles, les valeurs mobilières et les droits sociaux sont les actifs qui sont le plus susceptibles d'engendrer des plus-values. Or, à leur égard, des règles spécifiques sont prévues notamment par l'article 150 UB du CGI et l'article 150-0 A du CGI (v. ss 282). Enfin les ventes de métaux et objets précieux sont soumises à une taxation forfaitaire (CGI, art. 150 VI). Néanmoins, si le vendeur ou l'exportateur est en mesure d'établir la date et le prix d'acquisition du bien ou de justifier que le bien est détenu depuis plus de vingt-deux ans, il peut opter pour le régime de droit commun d'imposition de la plus-value sur cession de biens meubles (CGI, art. 150 VL). Finalement, les cas les plus fréquents d'application du régime des plus-values mobilières se résument aux navires de plaisance, aux chevaux de course appartenant à des propriétaires qui interviennent dans le cadre de la gestion de leur patrimoine privé et aux vins ou eaux-de-vie reçus en paiement de fermages (loyers) et que le propriétaire revend après vieillissement. 271 ■

Toutefois, même dans ces différents cas, si les ventes en cause sont habituelles et portent sur des montants importants, elles ne relèvent pas du régime des plus-values, mais constituent une activité imposable au titre des bénéfices industriels et commerciaux. 272 ■

273 Dans le cadre du régime des plus-values mobilières, trois exonérations spécifiques sont applicables.

- Les meubles meublants, les appareils ménagers et les automobiles sont expressément exonérés (CGI, art. 150 UA, II-1°). Toutefois, l'exonération ne s'applique pas à ces biens lorsqu'ils constituent des objets d'art, de collection ou d'antiquité pour lesquels l'option prévue à l'article 150 VL du CGI a été exercée.

- Les biens meubles, autres que les métaux précieux mentionnés au 1° du I de l'article 150 VI du CGI, dont le prix de cession est inférieur ou égal à 5.000 € sont également exonérés (CGI, art. 150 UA, II-2°) et cela quelle que soit la nature du bien (le montant de 5.000 € s'apprécie cession par cession).

- Un abattement de 5 % par année de détention au-delà de la deuxième est également prévu ; les plus-values sont donc définitivement exonérées au terme d'un délai de vingt-deux ans (CGI, art.150 VC, I).

§ 2 Les plus-values sur cession d'actifs numériques

274 Face au développement de certaines technologies (ex. Blockchain) qui ont favorisé l'apparition de nouvelles formes d'actifs dématérialisés (jetons, monnaies digitales), le législateur n'a pas mis longtemps à réagir, notamment en raison du risque d'évasion fiscale qu'ils représentent. Les textes appréhendent désormais les actifs numériques, dans leur ensemble, dont la définition légale est fixée par l'article L. 54-10-1 du Code monétaire et financier, issu de la loi du 22 mai 2019 dite loi « PACTE » et à laquelle renvoie l'article 150-0 VH *bis* du Code général des impôts, créé dans sa version initiale par la loi de finances pour 2019. Ces actifs sont ainsi regroupés en deux catégories : les jetons, d'une part ; les crypto-monnaies, d'autre part. Si les jetons (également appelés « tokens » peuvent prendre des formes variables (en étant équivalent à une action ou à une obligation) et conférer des droits très divers (droit à une certaine prestation, droit d'utilisation d'une image numérique, droit de participation à une plateforme) qu'il n'est pas possible de réunir dans une définition générique, les crypto-monnaies sont quant à elles définies comme « toute représentation numérique d'une valeur qui n'est pas émise ou garantie par une banque centrale ou par une autorité publique, qui n'est pas nécessairement attachée à une monnaie ayant cours légal et ne possède pas le statut juridique d'une monnaie, mais qui est accepté comme moyen d'échange ». Les crypto-monnaies présentent ainsi la particularité d'être de nouveaux instruments d'échange, utilisés dans des transactions internes ou internationales, sans être reconnus par l'État et sans constituer une monnaie, au sens juridique du terme. La reconnaissance du Bitcoin par l'État du Salvador montre toutefois la fragilité d'une telle règle : il suffit qu'un État s'éloigne de la conception classique de la monnaie pour modifier la qualification juridique applicable.

275 Sur le plan fiscal, les plus-values réalisées sur les actifs numériques donnent lieu à un régime particulier, étant précisé que les jetons doivent être analysés au cas par cas. Précisément, les jetons présentant les mêmes caractéristiques qu'une valeur mobilière ou un instrument financier suivront le même régime fiscal que ceux-ci. Un jeton donnant droit à un dividende et à un droit de vote suit donc le même régime que les actions ; l'éventuelle plus-value relève donc du régime des plus-values sur cessions de droits sociaux et valeurs mobilières (v. ss 282). Pour les jetons non assimilables à une autre catégorie d'actifs et pour les crypto-monnaies ou monnaies digitales, c'est le

régime de l'article 150-0 VH *bis* qui trouve à s'appliquer, ce qui inclut les NFT (« *non fungible tokens* », y compris lorsqu'ils portent sur une œuvre d'art, physique ou numérique, le jeton n'étant pas assimilable à l'œuvre elle-même).

En vertu de ce texte, les opérations imposables sont toutes les cessions à titre onéreux d'actifs numériques ou de droits s'y rapportant en contrepartie : 276 ■
- de monnaie ayant cours légal ;
- de l'échange d'un bien autre qu'un actif numérique ;
- de l'échange avec soulte d'un actif numérique ;
- d'un service.

En d'autres termes, celui qui cède des actifs numériques contre de la monnaie ayant cours légal ou un bien ou un service ou encore contre un autre actif numérique mais avec le versement d'une soulte est imposable sur la plus-value ainsi engendrée. Ce régime concerne toutefois et exclusivement les personnes physiques qui réalisent des opérations à titre occasionnel dans le cadre de la gestion de leur patrimoine privé. En effet, les contribuables qui achètent et revendent des actifs numériques à titre habituel relèvent des bénéfices industriels et commerciaux (v. ss 369). À compter du 1er janvier 2023, c'est le régime des bénéfices non commerciaux qui trouvera à s'appliquer, la loi de finances pour 2022 ayant décidé d'assimiler aux BNC les personnes exerçant une activité de *trading* sur actifs numériques, en s'appuyant sur des moyens équivalents à ceux d'un professionnel. En outre, c'est ce même régime des bénéfices non commerciaux qui s'applique lorsque les gains réalisés par le contribuable ne constituent pas un gain en capital résultant d'une opération de placement, mais sont la contrepartie de la participation du contribuable à la création ou au fonctionnement d'un système d'unité de compte virtuelle (activité dite de « minage »). 277 ■

De ce champ d'application, il faut également comprendre que les opérations d'échanges sans soulte entre actifs numériques ou droits s'y rapportant bénéficient d'un sursis d'imposition. Ces opérations ne constituent donc pas un fait générateur d'imposition. Toutefois, en raison de la reconnaissance du Bitcoin par l'État du Salvador, l'échange d'un actif numérique contre du Bitcoin est un fait générateur de plus-value, sous réserve du maintien des relations diplomatiques avec cet État. 278 ■

Les cessions d'actifs numériques bénéficient d'une exonération dont la portée pratique reste limitée. En effet, les cessions d'actifs numériques dont la somme des prix n'excède pas 305 € au cours d'une année d'imposition, sont exonérées. Ce seuil de 305 € s'apprécie en tenant compte de l'ensemble des cessions imposables, quelles qu'en soient les contreparties (monnaie, bien, service) réalisées par le foyer fiscal imposable au cours d'une même année d'imposition. Cette mesure dispense les contribuables du calcul des plus ou moins-values constatées lors des cessions, mais les oblige à déclarer les prix de cession. 279 ■

Lorsque la plus-value est imposable, la loi retient des modalités de calcul particulières qui tiennent compte de la plus-value latente. Précisément, l'article 150 VH *bis*, III, A du CGI prévoit que la plus-value imposable est déterminée par la différence entre le prix de cession et une quote-part du prix d'acquisition, elle-même déterminée sur la base d'une quote-part de la plus-value latente. Un tel mode de calcul conduit à fondre les unités dans un ensemble plus global (v. exemple ci-dessous). 280 ■

281 Les plus-values entrant dans le champ d'application de l'article 150 VH *bis* du CGI sont soumises à l'impôt sur le revenu au taux forfaitaire de 12,8 % (CGI, art. 200 C) ainsi qu'aux prélèvements sociaux sur les revenus du patrimoine au taux global de 17,2 %, soit un taux global de 30 %. À l'origine, l'option pour le barème progressif de l'impôt sur le revenu n'était pas prévue par la loi, contrairement aux cessions de droits sociaux et valeurs mobilières. Tel est désormais le cas depuis une modification introduite par la loi de finances pour 2022. L'option pour le barème progressif est toutefois distincte de celle exercée pour les autres revenus du capital.

Exemple récapitulatif

- Acquisition de deux unités de bitcoins le 1er janvier N pour un montant de 7.000 €
- Acquisition de deux unités d'ethereums le 1er janvier N pour un montant de 240 €
- Valeur du portefeuille le 1er janvier N+2 : 58.200 € (56.000 € pour les bitcoins ; 2.200 € pour les ethereums)
- Quote-part de prix d'acquisition des bitcoins au 1er janvier N+2 : 7.000 × (56.000 / 58.200) = 6.735

Cession de la totalité des bitcoins le 1er janvier N+2
- Plus-value économique : 56.000 – 7.000 = 49.000 €
- Plus-value fiscale : 56.000 – 6.735 = 49.265 €
- Impôt sur le revenu (12,8 %) : 6.306
- Prélèvements sociaux (17,2 %) : 8.474

§ 3 Les plus-values sur cession de valeurs mobilières et de droits sociaux

282 L'analyse du traitement fiscal des plus-values sur cession de valeurs mobilières et de droits sociaux implique de s'intéresser au champ d'application (A) des articles 150-0 A et suivants du Code général des impôts ainsi qu'aux modalités d'imposition prévues par ceux-ci (B). En ce domaine, la loi a également prévu des dispositifs de différé d'imposition très importants d'un point de vue pratique, notamment en cas d'apports de titres à une société (C).

A. Le champ d'application

283 L'étude du régime des plus-values sur cession de valeurs et de droits sociaux implique de distinguer les personnes (1), les biens (2) et les opérations imposables (3).

1. *Les personnes imposables*

284 Les plus-values réalisées par un particulier à l'occasion de la cession de droits sociaux dans le cadre de la gestion de son patrimoine privé sont soumises au régime des plus-values mobilières privées prévu aux articles 150-0 A à 150-0 E du Code général des

impôts. La délimitation du champ d'application personnel est primordiale car elle conduit à écarter la mise en œuvre de ce régime à des opérations qui peuvent apparaître à première vue équivalentes. En réalité, il n'en est rien dès lors que le cadre dans lequel une personne cède des droits sociaux joue un rôle clé pour la détermination du régime fiscal pertinent. En l'occurrence, les plus-values de cession de titres réalisées par un associé exerçant son activité professionnelle dans une société non soumise à l'impôt sur les sociétés relèvent du régime des plus-values professionnelles (v. ss 555). Tandis que la cession par une personne physique de droits sociaux détenus dans une société soumise à l'impôt sur les sociétés relève du régime des plus-values privées, la cession par cette même personne de droits sociaux détenus dans une société relevant de l'impôt sur le revenu (translucide) donne lieu à l'application du régime des plus-values professionnelles, si l'associé cédant exerce sa profession au sein de la structure sociétaire cédée. Autant dans le cadre d'une société opaque, l'exercice ou non d'une profession par l'associé ne change rien à l'analyse, autant celle-ci modifie le régime fiscal en présence d'une société dites de personnes.

Par ailleurs, les plus-values réalisées dans le cadre de l'exercice d'une activité s'apparentant à celle d'un professionnel exerçant un métier équivalent à celui d'un gestionnaire de titres ou d'une banque relèvent des bénéfices non commerciaux et non du régime des plus-values privées. Cette situation recouvre en fait deux hypothèses différentes, toutes les deux exceptionnelles. La première concerne les cessions de titres non cotés qui proviennent d'une véritable activité lucrative (CGI, art. 92, 1). La seconde hypothèse vise les opérations de bourse effectuées dans des conditions analogues à celles des professionnels de la bourse (CGI, art. 92, 2-1°). 285 ■

Tableau récapitulatif – Le régime fiscal des plus-values sur cessions de droits sociaux réalisées par des personnes physiques

Qualité de l'associé	Personne physique exerçant sa profession au sein de la société	Personne physique n'exerçant pas sa profession au sein de la société	Personne physique exerçant ou n'exerçant pas sa profession au sein de la société	Personne se comportant comme un professionnel du secteur bancaire et financier
Situation fiscale de la société dont les titres sont cédés	Translucide (CGI, art. 8)	Translucide (CGI, art. 8)	Impôt sur les sociétés	Translucide/ Impôt sur les sociétés
Régime d'imposition de la plus-value	Plus-value professionnelle (CGI, art. 151 *nonies*)	Plus-value privée (CGI, art. 150-0 A)	Plus-value privée (CGI, art. 150-0 A)	Bénéfices non commerciaux (CGI, art. 92)

2. Les biens imposables

286 Les biens imposables au titre du régime des plus-values privées sont d'une grande diversité. Dans le cadre des plus-values sur cessions de valeurs mobilières et droits sociaux, toutes les formes de titres sont concernées : actions, obligations, droits sociaux, parts de SICAV... Autrement dit, les actions et les parts de sociétés cotées ou non cotées quels que soient le régime fiscal de la société et l'importance de la participation du cédant (exception faite des titres de certaines sociétés immobilières) sont taxables. Le champ d'application de ce régime ne se limite pas aux titres détenus en pleine propriété. Les droits d'usufruit et de nue-propriété portant sur les valeurs mobilières ou des droits sociaux sont également imposables.

287 En revanche, certains dispositifs de faveur permettent d'éviter l'impôt sur la plus-value. Il en est ainsi des plus-values sur titres réalisées dans le cadre d'un plan d'épargne en actions (PEA), qui bénéficient d'une exonération d'impôt sur le revenu en vertu du 5° *bis* de l'article 157 du CGI, sous réserve de respecter un certain nombre de conditions. En particulier, l'exonération n'est acquise que si aucun retrait n'est intervenu sur le plan pendant un délai de cinq ans à compter du premier versement. Les versements sur un PEA sont nécessairement effectués en numéraire et ne doivent pas dépasser le plafond de 150.000 €.

3. Les opérations imposables

288 Le régime des plus-values sur cessions de valeurs mobilières et droits sociaux concerne les opérations de cessions à titre onéreux. Cela vise ainsi les ventes, les rachats par les sociétés de leurs propres titres, les partages de titres indivis (dans la limite des soultes), les apports en société, les échanges de titres ou encore les prêts de titres s'ils se traduisent par un transfert de propriété. Cette délimitation ne doit pas être confondue avec le champ d'application des plus-values professionnelles (v. ss 555) qui vise les opérations de cession (et donc pas seulement celles qui sont à titre onéreux).

289 Au demeurant, en écartant de son champ d'application les opérations réalisées à titre gratuit, l'article 150-0 A du CGI donne un moyen remarquable d'échapper à l'impôt sur la plus-value : opérer une transmission à titre gratuit. La donation portant sur des valeurs mobilières ou des droits sociaux permet en effet de purger la plus-value latente. Elle donnera lieu à une autre imposition, en l'occurrence les droits d'enregistrement, mais elle purgera définitivement la plus-value du donateur. En droit fiscal, il faut choisir : réaliser un gain et en supporter les conséquences (l'impôt sur la plus-value) ou y renoncer en donnant (et échapper à l'impôt sur la plus-value).

B. Les modalités d'imposition

290 Les modalités d'imposition des plus-values sur droits sociaux et valeurs mobilières obéissent à des règles particulières qui affectent à la fois la détermination du prix de cession, mais également du prix d'acquisition des titres, la plus-value résultant de la différence entre ces deux termes (1). C'est sur la base de celle-ci que l'impôt sera calculé (2).

1. La détermination de la plus-value imposable

Les plus-values (ou moins-values) sont calculées par différence entre le prix de cession et le prix d'acquisition (CGI, art. 150-0 D). La prise en compte des moins-values est possible sous certaines conditions. Les plus-values subsistant après l'imputation des moins-values sont ensuite éventuellement réduites d'un abattement pour durée de détention. 291 ■

a. Le prix de cession

Le prix de cession correspond au prix effectif convenu entre les parties. Il inclut toutes les charges et indemnités stipulées au profit du cédant ou d'un tiers, à quelque titre que ce soit, en rémunération de l'opération (par exemple, prise en charge par l'acheteur d'une dette du cédant). 292 ■

Ce prix de cession doit être diminué du montant des frais acquittés par le cédant. Il peut s'agir, pour les titres non cotés en bourse, des commissions d'intermédiaires et honoraires d'experts chargés de l'évaluation des titres. 293 ■

Le fait générateur de l'impôt est le transfert de propriété des titres. Ce transfert résulte de l'accord sur la chose et le prix des parties à la convention de cession. 294 ■

Sont donc sans influence les modalités de paiement du prix et notamment l'octroi d'un crédit-vendeur. En effet, en présence d'un crédit-vendeur, dès la cession, l'intégralité de la plus-value réalisée est imposée, et cela alors même que les vendeurs n'auraient pas perçu la totalité du prix de vente. Le Conseil constitutionnel considère que l'imposition de l'intégralité de la plus-value en présence d'un différé de paiement d'une partie du prix de cession n'est pas contraire au principe d'égalité devant les charges publiques (Cons. const. 14 janv. 2022, n° 2021-962). De même, l'octroi par le cédant de garanties du passif ou le blocage temporaire d'une partie du prix de vente sur un compte pour garantir l'exécution éventuelle de la clause de garantie du passif (séquestre) sont sans effet sur le montant de la plus-value à déclarer et donc l'impôt à payer. Le contribuable peut toutefois obtenir un étalement du paiement de l'impôt, sous conditions (CGI, art. 1 681 F) 295 ■

b. Le prix d'acquisition

Le prix d'acquisition s'entend du prix pour lequel les titres ont été acquis ou souscrit par le cédant. Il doit être majoré des frais d'acquisition personnellement acquittés par le redevable de l'impôt en sa qualité de cédant (ex. commissions d'intermédiaires, honoraires de courtage ou d'expert, des droits d'enregistrement et frais d'acte). 296 ■

En outre, en cas de cession d'un ou plusieurs titres appartenant à une série de titres de même nature acquis pour des prix différents, le prix d'acquisition à retenir est le coût moyen pondéré d'acquisition de ces titres (CGI, art. 150-0 D, 3). 297 ■

Ce n'est donc pas la méthode FIFO qui s'applique mais celle du coût moyen pondéré (sauf si les titres font l'objet d'une identification au moyen d'inscriptions distinctes sur les registres de la société, à chaque date d'acquisition). 298 ■

Concrètement, cela veut dire que le calcul du prix d'acquisition repose sur une moyenne. 299 ■

Exemple récapitulatif

- acquisition en 2013 de 100 actions au prix unitaire de 10 € ;
- acquisition en 2020 de 200 actions au prix unitaire de 55 € ;
- vente en 2020 de 250 actions au prix unitaire de 65 € ;
- vente en 2022 de 50 actions au prix unitaire de 85 €.

Pour la détermination de la plus-value nette, la valeur moyenne pondérée d'acquisition des titres cédés est de :
[(100 × 10 €) + (200 × 55 €)]/300 = 40 €.
Le montant du gain net en 2020 est donc de :
(250 × 65 €) − (250 × 40 €) = 6.250 €.
Le montant du gain net en 2022 est donc de :
(50 × 85 €) − (50 × 40 €) = 2.250 €.
À titre de comparaison, la méthode FIFO aurait conduit aux résultats suivants :

- Montant du gain net en 2020 : (250 × 65 €) − [(100 × 10 €) + (150 × 55 €)] = 7.000 €.
- Montant du gain net en 2022 : (50 × 85 €) − [50 × 55 €)] = 1.500 €.

c. L'imputation des moins-values

300 Les moins-values subies au cours d'une année sont imputables exclusivement sur les plus-values de même nature imposables au titre de la même année (CGI, art. 150-0 D, 11). En cas de solde négatif (moins-value annuelle globale), l'excédent de moins-values non imputé est reporté et est imputable sur les plus-values des dix années suivantes. En cas de solde positif (plus-value annuelle globale) et en présence de moins-values reportées imputables, le solde est réduit, dans la limite de son montant, de ces moins-values, les plus anciennes s'imputant prioritairement. Contrairement aux plus-values, les moins-values ne peuvent être diminuées d'un abattement pour durée de détention.

d. L'application éventuelle des abattements pour durée de détention

301 La plus ou moins-value bénéficie, pour les titres acquis avant le 1er janvier 2018, d'un abattement général pour durée de détention ou d'un abattement majoré spécifique, sous réserve de respecter de nombreuses conditions.

302 L'abattement général est égal : - 50 % du montant des gains nets ou des distributions lorsque les titres ou droits sont détenus depuis au moins deux ans et moins de huit ans à la date de la cession ou de la distribution ; - 65 % de leur montant lorsque les titres ou droits sont détenus depuis au moins huit ans.

303 La durée de détention est décomptée à partir de la date de souscription ou d'acquisition des titres ou droits et prend fin à la date du transfert de propriété. En présence de titres fongibles acquis à des dates différentes, la détermination du point de départ de l'abattement se fait selon la méthode de FIFO ici (premier entré, premier sorti) et cela en application de l'article 150-0 D du CGI. Toutefois, en cas d'augmentation de capital par incorporation de réserves, sous la forme d'une émission d'actions nouvelles attribuées gratuitement aux associés, la date à prendre en considération est celle des titres initialement acquis, dès lors qu'une telle opération n'a pas d'effet sur la valeur du patrimoine du contribuable.

L'abattement s'applique aux gains nets de cession (CGI, art. 150-0 D, 1 al. 2). Il concerne uniquement l'impôt sur le revenu. Les prélèvements sociaux restent donc calculés sur le montant total de la plus-value. 304 ■

L'abattement majoré concerne les cessions de titres de PME souscrits ou acquis dans les dix ans de sa création. Sa mise en œuvre implique de respecter de nombreuses conditions appréciées au niveau de la société dont les titres sont cédés : 305 ■

- L'entreprise dont les titres sont cédés doit être une PME au sens communautaire à la date de clôture du dernier exercice précédant la date de souscription ou d'acquisition de ces droits. On rappelle que les PME au sens communautaire sont celles qui emploient moins de 250 personnes et qui soit réalisent un chiffre d'affaires n'excédant pas 50 millions d'euros, soit ont un bilan annuel n'excédant pas 43 millions d'euros ;
- elle doit être une PME créée depuis moins de dix ans et ne pas être issue d'une concentration, d'une restructuration, d'une extension ou d'une reprise d'activités préexistantes, cette condition s'appréciant à la date de souscription ou d'acquisition des droits cédés ;
- cette PME ne doit accorder aux souscripteurs que les seuls droits résultant de leur qualité d'associé ou d'actionnaire, à l'exclusion de tout autre avantage ou de garantie en capital ;
- cette PME doit être passible de l'impôt sur les bénéfices ou d'un impôt équivalent ;
- cette PME doit avoir son siège dans un État de l'Espace économique européen ;
- cette PME doit exercer une activité commerciale au sens de l'article 34 ou 35 du CGI, industrielle, artisanale libérale ou agricole. Les activités de gestion de son propre patrimoine mobilier ou immobilier sont donc exclues.

Les quatre dernières conditions s'apprécient de manière continue depuis la date de la création de la société.

Toutes autres conditions étant par ailleurs satisfaites, l'abattement est ouvert à tout contribuable, qu'il soit dirigeant, salarié ou simple associé de la société et quel que soit le pourcentage de sa participation. 306 ■

Sous réserve de respecter cette condition, l'abattement majoré est pratiqué sur le montant net de la plus-value (soit après imputation des moins-values éventuelles). Il est égal à (CGI, art. 150-0 D, 1 *quater* A) : 307 ■

- 50 % lorsque les actions, parts ou droits sont détenus depuis au moins un an et moins de quatre ans à la date de la cession ;
- 65 % lorsque les actions, parts ou droits sont détenus depuis au moins quatre ans et moins de huit ans à la date de la cession ;
- 85 % lorsque les actions, parts, droits ou titres sont détenus depuis au moins huit ans à la date de la cession.

La loi prévoit également l'application d'un abattement fixe de 500.000 € pour le dirigeant partant à la retraite et cédant ses titres à cette occasion (CGI, art. 150-0 D *ter*), non cumulable avec les abattements pour durée de détention. 308 ■

En cas d'option pour le PFU, le contribuable ne bénéficie pas de ce système d'abattement sauf exception (abattement fixe de 500.000 € pour les plus-values de cession de 309 ■

titres réalisées par les dirigeants partant à la retraite). L'abattement fixe est donc applicable quelles que soient les modalités d'imposition des plus-values (PFU ou barème progressif).

2. *Le calcul de l'impôt et des prélèvements sociaux*

310 Abordons successivement les modalités de calcul de l'impôt sur le revenu (a) et des prélèvements sociaux (b).

a. L'impôt sur le revenu

311 Depuis la loi de finances pour 2018, les plus-values réalisées à compter du 1er janvier 2018 sont soumises au prélèvement forfaitaire unique (PFU ; également appelé « flat tax »). Cette taxation forfaitaire à l'impôt sur le revenu au taux unique de 12,8 % (auquel s'ajoutent les prélèvements sociaux de 17,2 %) est applicable de plein droit.

312 Toutefois, sur option, le contribuable peut opter pour le barème progressif de l'impôt sur le revenu. L'option est globale et porte sur l'ensemble des revenus, gains nets, profits et créances entrant dans le champ d'application du PFU. L'application du barème progressif se cumule avec les prélèvements sociaux.

Tableau récapitulatif

	Titres cédés avant le 1er janvier 2018	Titres acquis avant le 1er janvier 2018 et cédés après cette date	Titres acquis après le 1er janvier 2018
Réduction de l'assiette	1. Imputation des moins-values éventuelles 2. Abattements proportionnels ou majorés pour durée de détention	1. Imputation des moins-values éventuelles 2. Abattements proportionnels pour durée de détention en cas d'option pour le barème ou abattement fixe pour un dirigeant partant à la retraite	1. Imputation des moins-values éventuelles 2. Abattement fixe pour les dirigeants partant à la retraite si respect des conditions
Modalités d'imposition	Barème de l'impôt sur le revenu + prélèvements sociaux de 15,5 %	Prélèvement forfaitaire unique de 30 % (abattements proportionnels inapplicables) ou option pour le barème de l'impôt sur le revenu (+ 17,2 % de prélèvements sociaux)	Prélèvement forfaitaire unique de 30 % ou option pour le barème de l'impôt sur le revenu (+ 17,2 % de prélèvements sociaux)

b. Les prélèvements sociaux et le plafonnement de la CSG déductible

Les prélèvements sociaux au titre des revenus du patrimoine s'élèvent à 17,2 % du montant brut de la plus-value. Ce taux se décompose de la manière suivante : 313 ■

- prélèvement de solidarité : 7,5 %
- CSG/CRDS : 9,7 %

L'article 154 *quinquies* du CGI prévoit que la CSG sur les revenus du patrimoine imposés à l'impôt sur le revenu selon le barème progressif est déductible pour la détermination de l'assiette de l'impôt sur le revenu. 314 ■

En application de l'article 154 *quinquies*, II du CGI, la fraction déductible de la CSG sur certains revenus du capital est admise en déduction du revenu imposable de l'année de son paiement. 315 ■

Toutefois, pour les plus-values bénéficiant d'abattements pour durée de détention, la CSG est déductible à hauteur du rapport entre le montant du revenu soumis à l'impôt sur le revenu et du montant du revenu soumis à la CSG (CGI, art. 154 *quinquies*, II). 316 ■

La CSG étant calculée sur la plus-value brute (hors abattement) et l'impôt étant calculé sur la plus-value après abattement, cela revient à plafonner la déductibilité de la CSG à proportion du montant de la plus-value soumis à l'impôt. Une plus-value bénéficiant d'un abattement de 85 % donnera donc lieu à une CSG déductible à hauteur de 15 % du montant total de la CSG. 317 ■

Le montant de CSG admis en déduction qui figure sur l'avis d'imposition tient, en principe, automatiquement compte de cette règle de plafonnement.

Exemple

Un associé cède ses actions et réalise à cette occasion une plus-value de 800.000 €, éligible à un abattement de 85 %.

La plus-value imposable au titre de l'impôt sur le revenu s'élève à 120.000 €.

L'abattement précité n'est pas déduit de l'assiette de la CSG (C. sécu. soc., art. L 136-6, I). Le montant de la plus-value soumise à la CSG s'élève donc à 800.000 €.

Montant de la CSG : 800.000 € × 9,2 % = 73.600 €.

Fraction de la CSG théoriquement déductible : 800.000 € × 6,8 % = 54.400 €.

Limitation de la CSG déductible : montant du revenu soumis à l'impôt sur le revenu/montant de ce même revenu soumis à la CSG = 120.000/800.000 = 0,15.

CSG déductible : 54.400 € × 0,15 = 8.160 €.

C. Les différés d'imposition et les stratégies d'optimisation

318 Le champ d'application des plus-values privées sur droits sociaux inclut l'ensemble des opérations de cession à titre onéreux. Parmi celles-ci, figurent des opérations qui n'engendrent pas de liquidités pour celui qui les réalise. C'est le cas notamment de l'apport (sans soulte), de l'échange de droits sociaux ou encore de la fusion (l'associé de la société absorbée obtient des titres de la société absorbante en échange de ceux détenus dans le capital de l'absorbée). Taxer le contribuable lorsqu'il réalise ce type d'opérations revient à taxer quelqu'un qui n'a pas nécessairement les liquidités nécessaires pour payer l'impôt. Maintenir la taxation dans cette hypothèse pourrait être un frein considérable à ce type d'opérations. Pour éviter que la règle fiscale ne décourage les opérateurs économiques, le législateur a mis en place plusieurs mécanismes de différés d'imposition. Il ne s'agit pas d'exonérer d'impôt les contribuables concernés ; il s'agit de leur accorder un répit. L'impôt n'est pas supprimé ; il est différé dans le temps. En la matière, deux mécanismes ont notamment été instaurés par la loi : le sursis d'imposition de l'article 150-0 B du CGI (1) d'une part, et, le report d'imposition de l'article 150-0 B *ter* d'autre part (2). Leur mise en œuvre en pratique est souvent liée à des opérations d'apport-cession qui constituent des stratégies d'optimisation qui ne sont pas sans risque (3).

1. *Le sursis d'imposition de l'article 150-0 B du CGI*

319 Dans le cadre du régime de l'article 150-0 B du CGI, la loi prévoit la mise en sursis de la plus-value réalisée, à l'occasion d'un apport de titres au profit d'une société non contrôlée par l'apporteur et relevant de l'impôt sur les sociétés ainsi qu'à l'occasion des opérations d'échanges de titres (notamment en cas de fusion). On neutralise ainsi le fait générateur de la plus-value (l'apport ou l'échange). Concrètement, cela signifie que la plus-value n'est pas calculée au moment de l'apport (ou de l'échange) et qu'elle n'est pas déclarée non plus (corrélativement la moins-value d'échange n'est pas imputable). Toutefois, elle donnera lieu à un impôt si les titres reçus en échange sont cédés. En effet, lors de la cession ultérieure des titres reçus en échange, le gain net sera calculé à partir du prix ou de la valeur d'acquisition des titres remis à l'échange.

320 Le bénéfice du sursis d'imposition reste soumis à une absence de liquidités. Précisément, si l'apport se réalise avec soulte (ex. versement d'une somme d'argent et attribution de titres de la société bénéficiaire de l'apport), l'article 150-0 B du CGI limite l'application du sursis d'imposition aux opérations pour lesquelles le montant de la soulte reçue par le contribuable n'excède pas 10 % de la valeur nominale des titres reçus. Lorsque la soulte reçue par le contribuable excède 10 % de la valeur nominale des titres reçus, la totalité de la plus-value réalisée à l'occasion de l'opération d'échange concernée est imposable immédiatement.

Schéma – Le sursis d'imposition de l'article 150-0 B du Code général des impôts

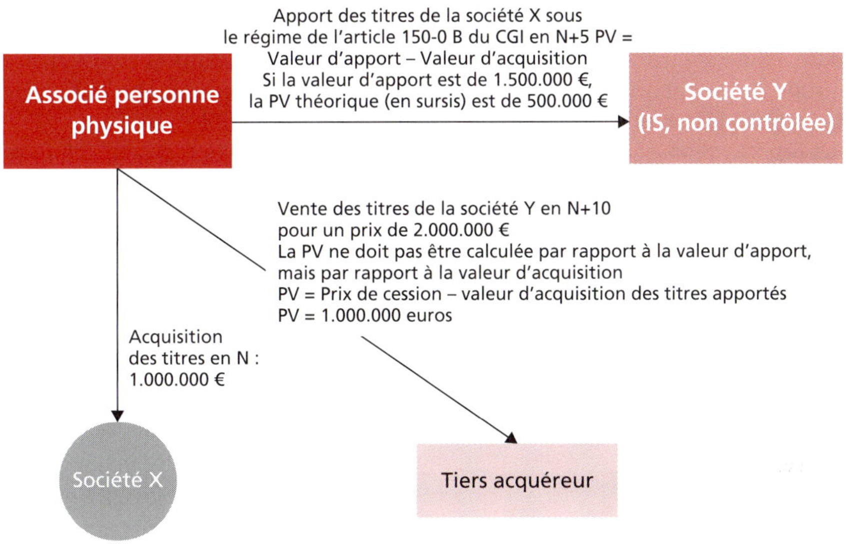

2. *Le report d'imposition de l'article 150-0 B ter du CGI*

Contrairement au sursis d'imposition, le report d'imposition implique de calculer la plus-value au moment de l'opération d'apport. La plus-value est ainsi figée. Mais le report d'imposition reste un différé d'imposition. Cette plus-value figée n'est pas taxée immédiatement. Elle le sera lorsqu'un des évènements prévus par la loi et mettant fin au report se réalise. 321

Le mécanisme du report d'imposition s'applique de plein droit lorsque les conditions suivantes sont réunies : 322

- l'apporteur est une personne physique domiciliée fiscalement en France agissant dans le cadre de la gestion de son patrimoine privé ;
- l'apport est effectué à une société de capitaux ou assimilée soumise à l'impôt sur les sociétés ou à un impôt équivalent et établie en France ou dans un autre État membre de l'Union européenne (UE) ou dans un État ou territoire ayant conclu avec la France une convention d'assistance administrative en vue de lutter contre la fraude et l'évasion fiscales ;
- les titres apportés sont des valeurs mobilières, des droits sociaux, des titres ou droits s'y rapportant tels que définis à l'article 150-0 A du CGI ;
- les titres reçus en rémunération de l'apport sont, d'une part, des valeurs mobilières ou des droits sociaux représentatifs d'une quotité du capital de la société bénéficiaire de l'apport ou des valeurs mobilières donnant droit à l'attribution de titres représentant une quotité du capital de cette même société (obligations convertibles, échangeables ou remboursables en actions) et, d'autre part, émis à l'occasion de l'opération d'apport ;
- la société bénéficiaire de l'apport est contrôlée par le contribuable ;
- le montant de la soulte reçue, le cas échéant, n'excède pas 10 % de la valeur nominale des titres reçus à l'échange.

L'article 150-0 B *ter*, I, 2° du CGI prévoit qu'il est mis fin au report d'imposition à l'occasion « de la cession à titre onéreux, du rachat, du remboursement ou de l'annulation des titres apportés, si cet événement intervient dans un délai, décompté de date à date, de trois ans à compter de l'apport des titres ». Autrement dit, la loi ne supprime pas le report de manière systématique, mais seulement en cas de cession dans un délai inférieur à trois ans, sauf réinvestissement éligible.

Le report prend également fin en cas de cession des titres reçus en échange ou jusqu'au transfert de domicile fiscal, qui sont les deux autres cas de perte du report, mais ces derniers ne sont pas encadrés par un délai légal. Lorsque la cession de ces titres dégage une moins-value, celle-ci peut s'imputer sur la plus-value dont le report expire lors de la survenance de cet événement, puisqu'elles sont réalisées par le même contribuable.

Le report d'imposition de l'article 150-0 B *ter* du Code général des impôts

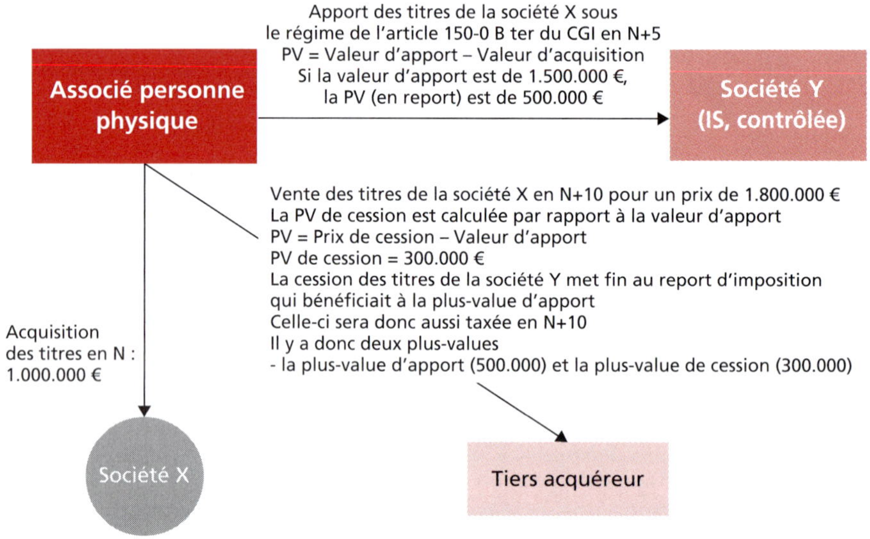

323 En application des dispositions de l'article 150-0 A du CGI, la donation a un effet de purge de la plus-value : elle permet donc d'échapper à l'impôt sur la plus-value à hauteur de la prise de valeur des titres depuis l'apport. Mais qu'en est-il de la plus-value en report (qui concerne la période antérieure à l'apport) ? En application de l'article 150-0 B *ter*, II du CGI, la donation conduit au transfert sur la tête du donataire de la plus-value en report, à proposition des titres transmis, lorsque le donataire contrôle la société émettrice. Cette notion de contrôle est appréhendée largement car elle conduit à prendre en compte des titres des membres de la même famille (conjoints, ascendants/descendants, frères et sœurs).

Donation sur titres et plus-value en report d'imposition

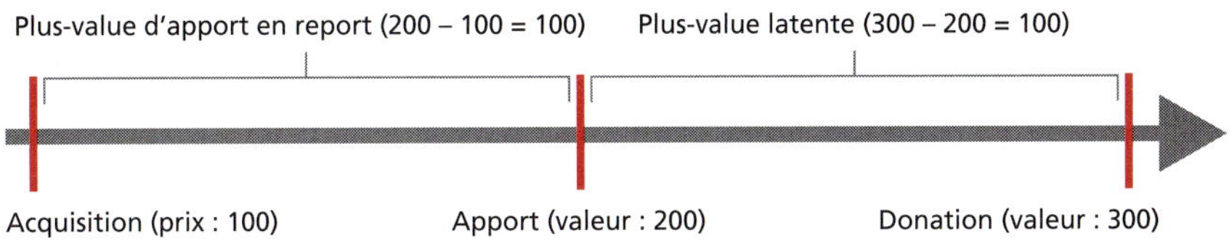

La donation conduit à une exonération définitive de la plus-value latente et de la plus-value en report pour le seul donateur (et non pour le donataire qui se voit transférer la charge de la plus-value en report à charge pour lui de conserver les titres pendant cinq ans).

3. *L'affaiblissement de la distinction entre le report et le sursis d'imposition*

324 ■ Théoriquement, le report d'imposition de l'article 150-0 B *ter* du CGI ne recoupe pas le régime du sursis d'imposition de l'article 150-0 B du CGI, dès lors que leurs champs d'application ne sont pas comparables. Les deux régimes coexistent donc en droit interne, l'article 150-0 B du CGI ayant vocation à appréhender toutes les opérations non visées par le premier et notamment celles résultant d'un apport à une société non contrôlée ou encore les opérations entraînant un échange de titres, par exemple dans le cadre d'une fusion.

325 ■ En outre, contrairement au sursis d'imposition, le report d'imposition implique de calculer la plus-value au moment de l'opération d'apport, sans qu'elle soit taxée immédiatement. Elle le sera lorsqu'un des évènements prévus par la loi et mettant fin au report se réalisera. Le fait que la plus-value soit liquidée à la date de l'apport n'est pas anodin : celle-ci sera soumise aux règles d'assiette en vigueur à la date de l'apport, mais subira les règles d'imposition, notamment de taux, en vigueur à la date de la cession, comme le juge de manière constante le Conseil d'État (CE 10 avr. 2002, n° 226886). C'est là une différence notable, au plan théorique, entre un report de paiement de l'impôt qui constitue une modalité de recouvrement (la plus-value est déclarée et l'impôt est calculé au moment de l'apport, mais le paiement de l'impôt est reporté dans le temps) et un report d'imposition (la plus-value est déclarée, mais l'impôt est calculé au moment de la cession). Incontestablement, le report d'imposition comporte une part de spéculation, l'instabilité législative en matière fiscale étant la règle.

326 ■ Interrogée sur la conformité du dispositif français au regard de la directive Fusions, la CJUE n'opère pas un choix entre les deux systèmes. Mais elle a rendu une décision qui neutralise la distinction entre le sursis et le report en considérant que « le report du fait générateur de l'imposition de la plus-value afférente aux titres échangés implique nécessairement que l'imposition de cette plus-value suive les règles fiscales et le taux en vigueur à la date où intervient ce fait générateur, en l'occurrence à la date de la cession ultérieure des titres reçus en échange. Il s'ensuit que, si à cette date la législation fiscale concernée prévoit un régime d'abattement pour la durée de détention des titres, la plus-value placée en report d'imposition doit également bénéficier d'un tel régime d'abattement, dans les mêmes conditions que celles que

se serait vu appliquer la plus-value qui aurait été réalisée lors de la cession des titres existant avant l'opération d'échange, si cette dernière n'avait pas eu lieu » (CJUE 18 sept. 2019, aff. C-662/18, AQ et C-672/18, DN). En d'autres termes, le report d'imposition doit suivre les mêmes règles d'assiette et d'imposition que le sursis d'imposition. Dans cette perspective, est-il encore possible de cerner la distinction entre le report et le sursis d'imposition, dès lors que certaines plus-values en report vont suivre le même régime que celui des plus-values en sursis (à l'exception des obligations déclaratives) ? En l'état actuel du droit positif, la distinction n'a encore un sens que sous l'angle du droit interne. En revanche, pour toutes les opérations entrant dans le champ d'application de la directive Fusions, c'est le régime du sursis ou un équivalent à celui-ci qui doit trouver à s'appliquer, sans que cela constitue une discrimination à rebours (Cons. const. 3 avr. 2020, décis. n° 2019-832/833 QPC, *Marc S. et a*).

4. *Les stratégies d'optimisation face au risque de l'abus de droit*

■ 327 La technique de l'*apport-cession*[Q] est couramment utilisée pour réduire la charge fiscale qui résulterait d'une cession directe, mais également pour réorganiser la structure patrimoniale du chef d'entreprise, grâce à l'interposition d'une société holding.

■ 328 Il ne s'agit pas ici de bénéficier d'une exonération d'impôt sur la plus-value d'apport, mais plutôt de différer la charge fiscale (grâce au mécanisme du sursis d'imposition ou du report), tout en créant une société disposant des liquidités.

■ 329 Dans ce type de montage, la société intermédiaire devient propriétaire des biens apportés avant de les céder et d'encaisser le produit de la cession. Présumant que les liquidités tirées de la cession profitent indirectement à l'apporteur, la loi (dans le cadre du régime du report) comme la jurisprudence (dans le cadre du sursis) impose néanmoins qu'une partie du prix soit réinvestie dans une activité économique. L'évolution des règles et de la jurisprudence relative aux opérations d'apport-cession montre nettement que c'est l'appréhension indirecte des liquidités, via une société holding interposée, qui est au cœur de la problématique de l'abus de droit et que le seul moyen d'échapper à celui-ci est de procéder à un réinvestissement des liquidités engendrées par la cession, sous réserve qu'elles soient utilisées dans le cadre d'une activité économique. Pour le Conseil d'État, lorsque les titres d'une société sont apportés par un contribuable à plusieurs entreprises qu'il contrôle, le but de chaque opération d'apport doit être apprécié distinctement (CE 5 nov. 2021, n° 437996).

■ 330 L'article 150-0 B *ter* fixe ainsi le seuil de réinvestissement à 60 % du produit de la cession. Dans le cadre du régime du sursis d'imposition, même si aucun texte ne précise l'étendue du réinvestissement, la jurisprudence exige de manière constante que celui-ci se fasse à bref délai et porte sur une véritable activité économique. Un arrêt du 10 juillet 2019 montre que le Conseil d'État adopte une lecture compréhensive du réinvestissement en matière de sursis d'imposition. La juridiction administrative considère que le prêt et plus généralement le financement par la dette peut parfaitement constituer un réinvestissement éligible, dans le cadre de l'article 150-0 B du CGI. En effet, selon le Conseil d'État, « un prêt peut, au regard notamment de la qualité de l'emprunteur, de son objet et de ses modalités, s'analyser comme un investissement à caractère économique » (CE 10 juill.

2019, n° 411474). Une telle interprétation ne peut être étendue à l'article 150-0 B *ter* du CGI qui énumère les supports de réinvestissement éligibles. Ce dernier texte vise notamment le financement de moyens permanents d'exploitation affectés à l'activité commerciale de l'entreprise commerciale, l'acquisition d'une fraction du capital d'une ou de plusieurs sociétés exerçant une activité opérationnelle ou encore la souscription en numéraire au capital initial ou à l'augmentation de capital d'une ou de plusieurs sociétés holding détenant des participations dans des sociétés opérationnelles. Aussi un apport en compte courant réalisé par la société ayant cédé les titres apportés dans un délai de trois ans pour, par exemple, désintéresser un créancier financier ne paraît-il pas constituer un réinvestissement économique éligible.

Le raisonnement qui sous-tend cette solution consiste à considérer que l'associé de la société ayant perçu les liquidités provenant de la cession des titres apportés appréhende celles-ci ou du moins est en mesure de les appréhender comme si la cession était intervenue directement. À défaut de réinvestissement, l'administration fiscale est en droit de considérer que l'interposition de la personne morale (bénéficiaire de l'apport) poursuit un but exclusivement fiscal et que le montage est constitutif d'un abus de droit. 331 ■

Schéma général des opérations d'apport-cession

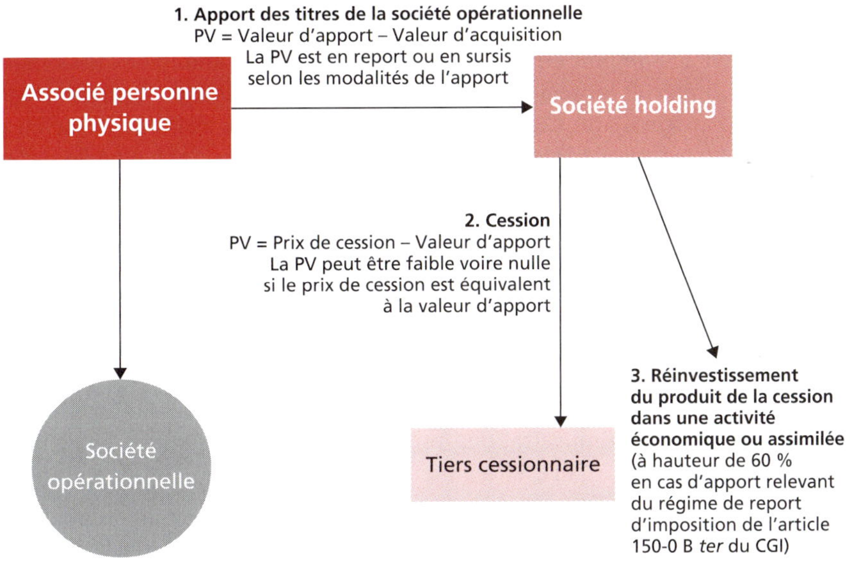

section 6

La rémunération des dirigeants de société

La rémunération des dirigeants de société peut prendre des formes variables. Elle peut être directement versée en considération des fonctions exercées au sein de la société (§1). Dans ce cas, plusieurs régimes fiscaux peuvent être concernés selon les 332 ■

fonctions exercées et le type de formes sociales. Mais la rémunération des dirigeants peut s'appuyer sur d'autres outils, notamment ceux qui permettent d'être intéressés aux résultats de la société, comme n'importe quel associé en capital (§2).

§ 1 Les rémunérations directes

333 Les rémunérations versées aux dirigeants en raison des fonctions exercées au sein d'une société ne suivent pas le même selon que celle-ci relève (A) ou non (B) de l'impôt sur les sociétés.

A. Les dirigeants de sociétés soumises à l'impôt sur les sociétés

334 Le traitement fiscal de la rémunération des dirigeants de sociétés soumises à l'impôt sur les sociétés implique d'opérer plusieurs distinctions qui consistent à s'intéresser à la forme sociale, mais également à la nature des fonctions exercées au sein de celle-ci. Le régime est ainsi différent selon que la société en cause est une société à responsabilité limitée, une société anonyme ou une société en commandite. Les sociétés par actions simplifiées voient leur régime être aligné sur celui des sociétés anonymes. Les sociétés à responsabilité limitée et les sociétés en commandite donnent lieu à un régime spécifique prévu à l'article 62 du CGI, également applicable aux associés de sociétés de personnes. Ce texte assimile ainsi la rémunération des gérants de ce type de société à des salaires. Fort logiquement, il prévoit qu'au sein de cette catégorie de revenus, les contribuables sont en droit de déduire des frais professionnels de manière forfaitaire (CGI, art. 83 ; 472 euros au minimum et 13.522 euros au maximum).

335 En outre, au sein d'une même forme sociale, tous les organes de direction et d'administration ne sont pas traités de manière identique au plan fiscal. Au sein des sociétés anonymes par exemple, le traitement fiscal n'est pas le même selon que la rémunération concerne le président-directeur général, le directeur général, le président du conseil d'administration, les membres du directoire et les directeurs généraux délégués, d'une part, et les membres du conseil d'administration et du conseil de surveillance, d'autre part.

336 Dans les sociétés d'exercice d'une profession libérale réglementée, des solutions particulières trouvent également à s'appliquer. L'administration fiscale a récemment publié des commentaires (BOI-RSA-GER-10-30, 5 janv. 2023) où elle entend se conformer à la jurisprudence du Conseil d'État (CE 16 oct. 2013, n° 339822, et CE 8 déc. 2017, n° 409429). Pour ce type de structures, les rémunérations des associés (dirigeants ou non) de SELAFA (Société d'exercice libéral à forme anonyme), SELAS (société d'exercice libéral par actions simplifiées), SELARL (société d'exercice libéral à responsabilité limitée) et de SELCA (société d'exercice libéral en commandite par actions), allouées à raison de l'exercice de leur activité libérale dans ces mêmes sociétés sont en principe imposables dans la catégorie des bénéfices non commerciaux, conformément au 1 de l'article 92 du CGI.

En revanche, lorsqu'il est établi qu'un lien de subordination existe entre l'associé et la SEL (société d'exercice libérale) au titre de l'exercice de cette activité, ces rémunérations sont imposées dans la catégorie des traitements et salaires, ce qui sera rarement le cas.

Pour les gérants majoritaires de SELARL et les gérants de SELCA, ces règles s'appliquent aux rémunérations qui leur sont allouées à raison de l'exercice d'une activité libérale, lorsqu'elles peuvent être distinguées des rémunérations qu'ils perçoivent au titre de leurs fonctions de gérant. Dans le cas contraire, c'est-à-dire lorsqu'il n'y a pas de rémunération distincte des fonctions de dirigeant et de tout autre fonction techniques, l'imposition se fait dans les conditions prévues à l'article 62 du CGI.

Régime fiscal des dirigeants de sociétés

Forme sociale	Fonction	Régime fiscal
Société anonyme	- Président-directeur général - Président du conseil d'administration - Directeur général et directeur général-délégué	Traitements et salaires (CGI, art. 80 *ter*)
Société anonyme	- Membres du conseil d'administration - Membres du conseil de surveillance	Revenus de capitaux mobiliers (art. 117 *bis*, sans abattement)
Société par actions simplifiée	- Président - Directeur général	Traitements et salaires (CGI, art. 80 *ter*)
Société à responsabilité limitée	- Gérant minoritaire	Traitements et salaires (CGI, art. 80 *ter*)
Société à responsabilité limitée	- Gérant majoritaire	Régime des salariés (CGI, art. 62)
Société en commandite par actions	- Gérant associé	Régime des salariés (CGI, art. 62)
Société en commandite par actions	- Gérant non associé	Traitements et salaires (CGI, art. 80 *ter*)
Sociétés d'exercice libéral à forme anonyme	- Président-directeur général	Traitements et salaires (CGI, art. 80 *ter*)
Sociétés d'exercice libéral à responsabilité limité	- Gérant majoritaire	Régime des salariés (CGI, art. 62)
Sociétés d'exercice libéral par actions simplifiée	- Président	Traitements et salaires (CGI, art. 80 *ter*)
	- Gérant	Régime des salariés (CGI, art. 62)

Sociétés d'exercice libéral en commandite par actions		
Sociétés de personnes ayant opté pour l'impôt sur les sociétés	- Gérant	Régime des salariés (CGI, art. 62)

B. Les dirigeants de sociétés non soumises à l'impôt sur les sociétés

■ 337 Les dirigeants de sociétés non soumises à l'impôt sur les sociétés voient leur rémunération être traitée différemment selon qu'ils disposent ou non de la qualité d'associé de cette structure.

■ 338 En tant qu'associé, la rémunération perçue n'est pas déductible du résultat imposable de la société et n'est pas taxée séparément de la quote-part de bénéfices revenant à l'associé. Autrement dit, dès lors qu'un bénéfice est réalisé par la société, la quote-part de résultat revenant à l'associé dirigeant est taxée entre ses mains, dans la catégorie de revenus (BIC, BNC, BA) correspondant à l'activité de l'entreprise (v. ss 627).

■ 339 En tant que simple dirigeant non associé, la rémunération perçue relève en revanche du régime des traitements et salaires.

§ 2 Les outils d'intéressement

■ 340 Afin de faire converger les intérêts économiques des dirigeants et des investisseurs financiers, la pratique s'appuie sur plusieurs outils d'intéressement. En substance, il s'agit d'inciter les dirigeants à accroître la valeur de l'entreprise leur donnant le droit d'accéder au capital de celle-ci à des conditions avantageuses. Trois outils peuvent ici être évoqués : les stock-options (A) ; les attributions gratuites d'actions (B) ; les bons de souscription de parts de créateurs d'entreprises (C). Des combinaisons de plusieurs outils sont également envisageables, comme le montre la pratique des management package (D).

A. Les stock-options

■ 341 Le mécanisme des stock-options consiste à attribuer un droit préférentiel à tout ou partie des salariés et/ou à certains dirigeants de la société. Ce droit préférentiel consiste en la faculté de souscrire à une augmentation de capital ou d'acheter des actions de la société à un prix déterminé à l'avance et qui potentiellement sera moins élevé que la valeur réelle de l'action. En somme, le bénéficiaire de stock-options dispose d'une option lui permettant d'acheter des titres à une valeur inférieure à leur valeur réelle. Au moment où les options sont attribuées, cette valeur réelle est future et donc inconnue. L'option peut donc parfaitement ne pas être levée. Mais l'intérêt du dirigeant ou du salarié bénéficiaire est bien de tout faire pour accroître la valeur de l'action.

La levée de l'option entraîne par définition un coût pour celui qui en bénéficie. Il s'agit bien pour lui d'acquérir X titres pour tel prix fixé à l'avance. Son gain résultera donc de la cession ultérieure des titres acquis. Toutefois, une subtilité doit être perçue : si le dirigeant peut faire l'acquisition de titres pour un prix unitaire de 40 € alors que la valeur réelle est de 60 €, au moment même de l'acquisition, il réalise déjà un gain. À ce premier gain lié à l'acquisition, s'en ajoute un second au moment de la cession. 342 ■

Voilà pourquoi le gain financier réalisé par le bénéficiaire de l'option se décompose en deux éléments tous deux imposables au titre de l'année de la cession : 343 ■

- l'avantage tiré de la levée de l'option (également appelé plus-value d'acquisition), égal à la différence entre la valeur réelle de l'action à la date de levée de l'option et le prix de souscription ou d'achat de l'action ;
- la plus-value de cession, égale à la différence entre le prix effectif de cession de l'action et la valeur réelle de l'action à la date de levée de l'option.

Dans l'exemple précédent, si le dirigeant revend les titres pour un prix unitaire de 100 €, ces gains se répartissent ainsi : 344 ■

- Plus-value d'acquisition : 60 – 40 = 20
- Plus-value de cession : 100 – 60 = 40

Pour les options sur titres attribuées à compter du 28 septembre 2012, le régime fiscal est différent pour les deux catégories de gain. L'avantage tiré de la levée de l'option relève des traitements et salaires et supporte également la CSG et la CRDS (taux global de 9,7 % applicable aux revenus d'activité). La plus-value de cession relève du régime des plus-values privées sur cessions de valeurs mobilières et droits sociaux (v. ss 282). 345 ■

B. Les attributions gratuites d'actions

La loi « Macron » d'août 2015 a supprimé l'alignement des régimes qui existait auparavant entre les stock-options et les attributions gratuites d'actions, pour améliorer l'attractivité de celles-ci. Au plan juridique, toutes les sociétés par actions, cotées ou non, peuvent attribuer des titres à leurs salariés et/ou leurs dirigeants. L'attribution ne doit pas conduire à ce qu'un salarié ou un dirigeant dépasse le seuil de 10 % du capital (les titres détenus en nue-propriété sont pris en compte à l'inverse des options non encore levées). Les titres attribués peuvent être de nature diverse : actions ordinaires ; actions de préférence ; actions nouvelles ; actions existantes. Enfin de manière évidente, les titres sont attribués sans contrepartie financière (le bénéficiaire n'a pas à payer le prix d'une option). Techniquement, l'attribution gratuite d'actions doit donc être précédée d'une augmentation de capital ou d'une opération de rachat de titres par la société. 346 ■

L'assemblée générale qui vote le programme d'attributions gratuites d'actions peut prévoir une période d'acquisition (au cours de laquelle les salariés et dirigeants concernés devront respecter les conditions d'attribution, comme par exemple, 347 ■

atteindre un indice de performance ou un seuil de chiffre d'affaires) et une période de conservation (une fois attribuées, les actions doivent être conservées pendant un délai fixé par l'assemblée). La durée de la période d'acquisition ne peut être inférieure à un an. L'obligation de conservation peut être supprimée si la période d'acquisition atteint le seuil de deux ans. Le respect de cette période minimale de deux ans est la condition *sine qua non* pour bénéficier d'un régime fiscal et social avantageux. Pendant la période d'acquisition, l'attributaire n'est pas encore actionnaire (simple droit de créance). Pendant la période de conservation, l'attributaire est actionnaire mais les titres sont incessibles (ni cession, ni démembrement, ni location).

■ 348 Pour l'attributaire, et comme pour les stock-options, il y a deux gains à distinguer : le gain d'acquisition ; la plus-value de cession. Le gain d'acquisition correspond à l'avantage tiré de l'attribution gratuite, soit la valeur des actions au moment de l'attribution. La plus-value de cession correspond à la différence entre la valeur de cession et la valeur des titres au jour de leur attribution définitive.

■ 349 Les deux gains sont appréhendés différemment sur le plan fiscal alors que la taxation intervient au même moment, soit au jour de la cession (CGI, art. 80 *quaterdecies*). Depuis le 1er janvier 2018, le gain d'acquisition, imposable au barème de l'impôt sur le revenu, est réduit d'un abattement de 50 % dans une limite annuelle de 300.000 €. Le cas échéant, il pourra être réduit de l'abattement fixe de 500.000 € pour les dirigeants partant à la retraite (CGI, art. 150-0 D *ter*) et, pour le surplus éventuel, de l'abattement de 50 %. L'abattement fixe s'appliquera toutefois en priorité sur la plus-value de cession puis, pour le surplus éventuel, sur le gain d'acquisition. Le gain d'acquisition inférieur à 300.000 € est soumis aux prélèvements sociaux sur les revenus patrimoniaux (17,2 %). En revanche, le gain d'acquisition supérieur à 300.000 € est soumis aux prélèvements sociaux sur les revenus d'activité (9,7 %) car il est assimilé à un salaire. Le gain de cession est soumis au PFU de 30 % (dont 12,8 % d'IR et 17,2 % de PS), sauf option pour le barème de l'IR (et application des abattements pour durée de détention) pour les titres acquis avant 2018.

Tableau récapitulatif - Les modalités d'imposition et les prélèvements sociaux

Impôt sur le revenu	Abattement de 50 % pour le gain d'acquisition Barème progressif pour le gain d'acquisition après abattement (CGI, art. 80 *quaterdecies*) Prélèvement forfaitaire unique 12,8 % (sans abattement) ou barème progressif pour le gain de cession (avec application des abattements pour durée de détention le cas échéant, v. ss 250)
Prélèvements sociaux	17,2 % pour le gain de cession Si le gain d'acquisition est inférieur à 300.000, 17,2 % (revenus du patrimoine)

	Si le gain d'acquisition est supérieur à 300.000, 9,7 % (revenus d'activités) +10 % (contributions sociales salariales)
Cotisation patronale (déductible de l'impôt sur les sociétés)	20 %

C. Les bons de souscription de parts de créateurs d'entreprises (BSPCE)

Comme les stock-options, les BSPCE permettent à leurs bénéficiaires de souscrire une part du capital de leur entreprise à un prix fixé à l'avance et dans l'espoir de réaliser un gain financier au moment de la revente des titres acquis (art. 163 *bis* G, CGI). Ce gain se décompose également en deux parties qui sont imposées au moment de la cession des titres souscrits en exercice des bons : 350 ■

Le gain net réalisé lors de la cession des actions souscrites en exercice des BSPCE, égal à la différence entre le prix de cession des titres net de frais et taxes acquittés par le cédant et leur prix d'acquisition, est imposable selon le régime des plus-values de cession de valeurs mobilières ou de droits sociaux.

Ce renvoi au régime des plus-values de cession d'actions ne conduit toutefois pas à appliquer l'intégralité de ce régime fiscal.

La cession des actions souscrites en exercice des BSPCE présente en effet plusieurs spécificités : 351 ■

- le prix d'acquisition à retenir pour le calcul de la plus-value est celui payé lors de l'exercice du bon et qui résulte de la décision d'assemblée générale des actionnaires ayant attribué les bons ; le prix d'acquisition ne peut donc être celui résultant du calcul du coût moyen pondéré, en présence d'actions de même nature, acquises à des dates différentes (CGI, art. 163 *bis* G, III) ;

- les actions souscrites en exercice des BSPCE ne sont pas éligibles aux abattements pour durée de détention ;

- lorsqu'elle est exercée, l'option pour le barème progressif de l'IR est certes globale, mais elle porte seulement sur l'ensemble des revenus, gains nets, profits et créances qui entrent dans le champ d'application du PFU. Celui-ci est déterminé par l'article 200 A du CGI et il ne vise que les revenus de capitaux mobiliers et non les BSPCE qui sont assimilés à des revenus salariés.

Aussi, l'option pour le barème progressif pour les plus-values sur actions ordinaires ne remet pas en cause la taxation forfaitaire à 19 % pour les BSPCE. En outre, les gains nets réalisés lors de la cession de titres acquis en exercice de BSPCE sont soumis aux prélèvements sociaux dus au titre des revenus du patrimoine. Mais parce qu'ils sont soumis à un taux forfaitaire, la CSG n'est pas déductible. 352 ■

Tableau récapitulatif - Les modalités d'imposition et les prélèvements sociaux

		Date d'attribution des BPSCE	
		BPSCE attribués jusqu'au 31 déc. 2017	BPSCE attribués à compter du 1er janvier 2018
Montant de l'impôt	Activité exercée par le salarié dans la société > trois ans à la date de cession	Impôt au taux forfaitaire de 19 %	Impôt au taux forfaitaire de 12,8 %
	Activité exercée par le salarié dans la société < trois ans à la date de cession	Impôt au taux forfaitaire de 30 %	Impôt au taux forfaitaire de 30 %
Montant des prélèvements sociaux		17,2 %	17,2 %

D. Les management packages

353 La plupart des opérations d'acquisition d'entreprises se réalisent par la constitution d'une société dite holding qui le plus souvent contracte une dette pour faire l'acquisition d'une société cible, notamment dans le cadre d'opérations de « *leverage buy out* » (LBO). Ces opérations conduisent souvent à proposer aux dirigeants de la société cible une ou plusieurs modalités d'accès au capital de la société holding dans des conditions préférentielles (ce que la pratique appelle les « *management package* »).

354 Les outils utilisés peuvent être variables. Attribution gratuite d'actions, bons de souscription d'actions (qui moyennant l'acquisition du bon donne accès au capital de la société à un tarif privilégié), promesses de cessions d'actions, la pratique peut s'appuyer des mécanismes distincts. Toutefois, au plan fiscal, la jurisprudence administrative est venue apporter des précisions qui ne sont pas anodines sur les montages contractuels mis en place. À l'origine, le juge ne requalifiait le gain réalisé par le dirigeant en salaire, que lorsque les conditions d'attribution étaient telles qu'en réalité il n'encourait aucun risque ou du moins un risque très limité. Le gain pouvait ainsi être requalifié par l'administration fiscale en salaire, toutes les fois où les dirigeants et salariés attributaires du mécanisme d'intéressement n'étaient pas dans la position d'un véritable investisseur supportant un aléa économique, mais plutôt dans celle d'un « salarié » récompensé pour son activité professionnelle au sein de la société (CE 22 sept. 2014, *M. Gaillochet*). La jurisprudence s'est éloignée de cette conception, depuis les arrêts rendus par le Conseil d'État le 13 juillet 2021. Désormais, le juge administratif décide que « lorsqu'un contribuable lève une option d'achat d'actions qui lui a été consentie en dehors des prévisions (...) du code de commerce, la différence entre la valeur réelle de ces actions à la date de levée de cette option et leur prix d'achat majoré, le cas échéant, du montant acquitté pour

acquérir cette option (...), constitue un gain, réalisé par lui dès la levée de cette option qui, lorsqu'il trouve essentiellement sa source dans l'exercice par l'intéressé de fonctions de dirigeant ou de salarié, est un avantage en argent, au sens de l'article 82 du code général des impôts, imposable dans la catégorie des traitements et salaires en application des articles 79 et 82 du code général des impôts ». Il en va de même en cas d'exercice d'un bon de souscription d'action. En outre, « lorsque l'action est cédée dans des délais tels que sa valeur réelle n'a pas évolué depuis la levée de l'option, l'administration est fondée à imposer l'intégralité de l'écart entre le prix de cession et le prix d'achat majoré précité dans la catégorie des traitements et salaires » (CE, plén. fisc., 13 juill. 2021, n° 428506, *Quinette*, n° 435452, *Sztabholz* et n° 437498, *Rousselet*). C'est là appliquer le régime des traitements et salaires à toutes les étapes du mécanisme conventionnel d'intéressement : l'attribution d'une option, la levée de celle-ci et la cession des titres acquis sont appréhendées comme des revenus salariaux. De la même façon, le partage de plus-value prévu dans une convention de management package ne constitue pas un gain net retiré de la cession à titre onéreux de valeurs mobilières, dès lors qu'il ne vient pas rémunérer le risque encouru par un investisseur.

2

Compléments pédagogiques

Mémo

Les salaires, traitements, pensions et rentes viagères constituent l'une des catégories de revenus relevant de l'impôt sur le revenu. Les rémunérations imposables sont aussi bien les sommes fixes que les commissions sur les ventes ou les participations aux bénéfices et les primes, gratifications, avantages en nature ou indemnités diverses qui peuvent s'y ajouter. Les contribuables percevant des traitements et salaires sont en droit de déduire de leur revenu imposable leurs frais professionnels, évalués forfaitairement ou sur une base réelle.

Les personnes domiciliées fiscalement en France sont également imposables en principe sur l'ensemble de leurs revenus locatifs, qu'il s'agisse de revenus provenant d'immeubles situés en France ou à l'étranger, y compris ceux perçus par l'intermédiaire d'une société civile immobilière translucide (sauf si celle-ci exerce une activité commerciale).

Le revenu imposable est égal à la différence entre le revenu brut (total des loyers encaissés ou réputés disponibles) et le total des charges admises en déduction par la loi.

Les déficits fonciers résultant de dépenses (déductibles des revenus fonciers) autres que les intérêts d'emprunt s'imputent sur le revenu global dans la limite annuelle de 10.700 €. La fraction du déficit supérieure à cette limite ainsi que celle correspondant aux intérêts d'emprunt ne sont imputables que sur les revenus fonciers des dix années suivantes.

Le régime des plus-values immobilières concerne les personnes physiques qui gèrent leur patrimoine privé et réalisent à cette occasion une opération de cession portant sur un bien immobilier. Il concerne aussi les associés personnes physiques de sociétés translucides relevant de l'article 8 CGI et dont l'actif prépondérant est composé d'immeubles. Le régime des plus-values immobilières concerne toutes les mutations à titre onéreux portant sur des immeubles, qu'ils soient bâtis ou non bâtis. La plus-value immobilière brute donne lieu à un abattement pour durée de détention à partir de la 6e année. L'abattement conduit ainsi à une exonération totale après 22 ans de détention pour l'impôt et 30 ans de détention pour les prélèvements sociaux. Elle est imposée au taux proportionnel de 19 % auquel s'ajoutent les prélèvements sociaux de 17,2 %.

Les revenus de capitaux mobiliers regroupent les produits des placements à revenu fixe (ex. intérêts) et ceux des placements à revenu variable (ex. dividendes). Le champ d'application inclut également les distributions irrégulières de bénéfices (compte courant d'associé débiteur ; acquisition d'actifs à prix surévalué, etc.). Une distribution est considérée comme irrégulière lorsqu'elle conduit à un transfert de sommes prélevées sur les bénéfices, sans qu'une décision de l'organe compétent (assemblée générale des actionnaires) n'ait été prise. Il s'agit d'appréhender ici des gains réels ne correspondant pas à des produits engendrés par un titre ou une créance, mais également des gains présumés ou dissimulés sous le couvert d'une autre opération. Les dividendes comme les intérêts sont soumis au prélèvement forfaitaire unique (12,8 % d'impôt et 17,2 % de prélèvements sociaux) ou sur option globale au barème progressif de l'impôt sur le revenu (avec abattement de 40 % pour les dividendes). Les distributions irrégulières donnent lieu à une majoration de 25 % et même à une amende de 100 % en cas de distribution dite occulte.

Les plus-values réalisées par un particulier à l'occasion de la cession à titre onéreux de droits sociaux dans le cadre de la gestion de son patrimoine privé sont soumises au régime des plus-values mobilières privées prévu aux articles 150-0 A à 150-0 E du CGI. Les plus-values (ou moins-values) sont calculées par différence entre le prix de cession et le prix d'acquisition (CGI, art. 150-0 D). La prise en compte des moins-values est possible sous certaines conditions. Les plus-values subsistant après l'imputation des moins-values sont ensuite éventuellement réduites d'un abattement pour durée de détention, pour les titres acquis avant le 1er janvier 2018 et en cas d'option pour le barème de l'impôt sur le revenu.

Sauf option pour le barème, les plus-values réalisées à compter du 1er janvier 2018 sont soumises au prélèvement forfaitaire unique (12,8 % d'impôt et 17,2 % de prélèvements sociaux).

Les plus-values sur cessions de titres peuvent bénéficier d'un différé d'imposition (sursis ou report selon les cas) en cas d'apport de titres à une société.

Quid

■ Apport-cession n° 327

C'est l'opération qui consiste à apporter un bien à une société avant que celle-ci ne le cède et qui n'engendre pas de plus-value si la cession se fait au même prix que la valeur d'apport.

■ Dividende nos 259, 263

C'est le revenu aléatoire car dépendant des résultats de la société détenue perçu par le propriétaire ou l'usufruitier de titres ayant la nature d'actions.

■ Intérêt n° 263

C'est le revenu fixe perçu par celui qui dispose de la qualité de créancier d'une obligation de nature monétaire.

■ Revenu foncier n° 206

C'est le revenu perçu par le propriétaire d'un immeuble en raison d'une location de celui-ci soit directement, soit par l'intermédiaire d'une société relevant de l'article 8 du Code général des impôts (société de personnes).

■ Société de personnes n° 224

Ce sont les sociétés qui relèvent de l'article 8 du Code général des impôts et qui présentent un caractère translucide (elle détermine leur résultat imposable mais l'impôt est supporté par les associés).

Biblio

1) Revenus fonciers

- CE 8 févr. 2019, n° 407641, *Dr. fisc.* 23 mai 2019, comm. 272, concl. M.-G. Merloz, note P.-Y. Di Malta : les charges afférentes aux logements dont le contribuable se réserve la jouissance ne peuvent pas venir en déduction pour la détermination du revenu net global imposable du propriétaire, y compris lorsque le bien est détenu par une société interposée.

- CE 9 juin 2020, n° 426339, *Dr. fisc.* 24 sept. 2020, comm. 380 concl. L. Cytermann : une société peut déduire les intérêts d'un emprunt contracté pour financer le rachat des parts d'un de ses associés, ordonné par décision de justice, dès lors que l'inexécution d'une telle décision expose la société et les associés restants au risque, de la vente de l'actif social.

2) Plus-values immobilières

- J. Schmidt et E. Kornprobst, *Fiscalité immobilière*, 14e éd., LexisNexis, 2020, spéc. n° 945 s.

3) Revenus de capitaux mobiliers

- M. Cozian, L'imposition des rémunérations inscrites au compte courant des dirigeants, in *Les grands principes de la fiscalité des entreprises*, LexisNexis, rééd. 2015, p. 323.

4)Cession d'usufruit temporaire

- CE, 8e et 3e ch., 31 mars 2022, n° 458518, concl. K. Ciavaldini ; *Dr. fisc.* 2022, comm. 264 : l'article 13, 5 du CGI tend « à s'appliquer tant à la cession à titre onéreux, par le propriétaire d'un bien ou droit, d'un usufruit portant sur celui-ci qu'à la première cession à titre onéreux, par son titulaire, d'un usufruit préconstitué, dans le cas où le cessionnaire bénéficie du droit d'usufruit pour une période qui n'est pas exclusivement déterminée par la durée de la vie humaine ».

5) Plus-values sur actifs numériques

- T. Guillebon, « Plus-values de cession d'actifs numériques réalisées par les particuliers », *J.-Cl. Fisc. Impôts directs Traité*, Fasc. 845, spéc. n° 67 s.

- V. Varnerot, « La qualification du NFT : enjeux pour l'imposition des plus-values des particuliers », *Dr. fisc.* 2022, 306

- R. Vabres, « Les NFT : quelle réglementation fiscale ? », *RD bancaire et financier* juill. 2022, dossier 35.

6) Plus-values privées sur droits sociaux

- CE 27 juill. 2012, n° 327295, *Dr. fisc.* 2012, n° 46, comm. 522, concl. É. Crépey, note D. Barsus et J. Béguier ; *Dr. sociétés* 2012. comm. 193, note J.-L. Pierre.

- O. Fouquet, « Apport-cession de titres et abus de droit : la continuité », *Dr. fisc.* 2012, n° 20, act. 216.

- CE 10 juill. 2019, n° 411474, *Dr. fisc.* 12 sept. 2019, comm. 362, concl. É. Bokdam-Tognetti, note O. Fouquet : dans le cadre de l'article 150-0 B *ter* du Code général des impôts, l'acquisition par la société de biens appartenant au contribuable ne peut être regardée comme un réinvestissement à caractère économique dès lors qu'elle permet à celui-ci d'appréhender tout ou partie du produit de cession des titres ayant fait l'objet de l'opération d'apport.

- R. Vabres, « Report d'imposition et sursis d'imposition : peut-on encore les distinguer ? », *Revue Ingénierie patrimoniale* 2-2021, avr. 2021, p. 24.
- R. Vabres, « Report d'imposition de l'article 150-0 B *ter* du CGI et abus de droit », *Revue Ingénierie patrimoniale* 2-2021, avr. 2021, p. 33.

7) Management package

- CE 26 sept. 2014, n° 365573, *Gaillochet*, *Dr. fisc.* 2014, n° 47, comm. 636, concl. E. Cortot-Boucher, note J. Turot.
- CE 15 févr. 2019, n° 408867, *Lefèvre*, concl. E. Cortot-Boucher.
- CE, plén. fisc., 13 juill. 2021, n° 428506, *Quinette*, n° 435452, *Sztabholz* et n° 437498, *Rousselet*
- D. Gutmann, « Brèves remarques sur l'ambiguïté fiscale du salariat », *Dr. fisc.* 2016, n° 9, 187.
- J. Jeausserand et T. Audouard, « L'actualité jurisprudentielle des *management packages* (2020) », *Dr. fisc.* 2020, n° 25, n° 276.

Quiz

1) Sujet corrigé

Cas pratique

Énoncé n° 1

Par donation en date du 6 mars 1997, Madame Marguerite Tiret a reçu la nue-propriété d'une parcelle (n° A1310) située sur la commune de Saint Priest ; sa mère, en qualité de donatrice à l'acte, s'en réservant l'usufruit et assumant la charge des droits de mutation à titre gratuit.

Cette parcelle, ainsi que la maison d'habitation édifiée sur celle-ci, ont été évaluées globalement pour à la somme de 590.366 francs, soit 90.000 €, lors de la donation. À la suite du décès de sa mère en août 2002, Madame Marguerite Tiret est devenue pleinement propriétaire de ces différents biens.

Plusieurs projets de lotissement portant sur cette parcelle sont aujourd'hui en cours de réalisation ou prévus.

Pour la mise en œuvre de ceux-ci, plusieurs opérations préalables ont été effectuées :

- acquisition d'une parcelle attenante (n° A1311) pour un prix de 70.000 €, hors frais d'acte (6.000 €), par acte notarié daté du 23 septembre 2019 ;

- travaux de viabilisation (A1310 ; A1311) pour un montant total de 116.070 € réparti équitablement entre les deux parcelles.

Les travaux de viabilisation étant sur le point de se terminer, la question posée porte sur le régime fiscal applicable à la cession future des deux parcelles. Le prix envisagé est de 600.000 € pour la parcelle A1310 et 300.000 € pour la parcelle A1311. Le régime des plus-values immobilières des particuliers trouve-t-il ou non à s'appliquer ? Si oui, quel sera le montant de la plus-value et de l'impôt (prendre pour hypothèse que la cession des parcelles interviendra le 1er janvier 2023) ?

Voir le corrigé en fin de rubrique.

Énoncé n° 2

Sans enfants à charge, les époux Bertrand ont perçu lors de l'année 2022, les revenus suivants :

- salaires (avant abattement de 10 %) : 128.000 €
- dividendes d'actions non inscrites sur un plan d'épargne en actions (PEA) : 50.000 €
- dividendes d'actions inscrites sur un plan d'épargne en actions (PEA) : 15.000 €
- intérêts de compte courant d'associé : 25.000 €
- intérêts de livret A : 172 €

Sachant que pour l'impôt sur le revenu de l'année 2022, leur tranche marginale d'imposition est de 45 %, avant prélèvements à la source, quelles sont les modalités d'imposition des différents revenus (hors salaires) ?

Voir le corrigé en fin de rubrique.

Énoncé n° 3

Veuf, âgé de 70 ans, M. Raymond est un paisible retraité qui gère habilement son patrimoine personnel. Il perçoit une pension de retraite de 70.000 € par an. Il détient des titres dans plusieurs sociétés (hors PEA) et pour deux d'entre elles, il vous expose la situation suivante. Il a cédé le 20 janvier 2022 des actions d'une société X (soumise à l'impôt sur les sociétés) acquise le 5 septembre 2016 et a réalisé à cette occasion une plus-value de 40.000 €. Par ailleurs, il a cédé le 29 mars 2022 des actions d'une autre société Y (soumise également à l'impôt sur les sociétés) acquises le 15 mars 2008 et a constaté à cette occasion une moins-value de 10.000 €. Sur la base de ces éléments, il vous interroge sur les conséquences fiscales et le montant des prélèvements sociaux, sachant que les sociétés concernées ne sont pas éligibles à l'abattement renforcé et que sa tranche marginale d'imposition est de 30 %.

Voir le corrigé en fin de rubrique.

2) Corrigé

Cas pratique n° 1

La cession projetée des lots détenus par Madame Tiret est susceptible d'engendrer une plus-value.

Pour en connaître les modalités d'imposition, il convient de déterminer, en premier lieu, la catégorie de revenus à laquelle cette plus-value doit être rattachée.

I. Rappel du champ d'application du régime des plus-values immobilières

En particulier se pose la question de savoir, si la plus-value projetée entre ou non dans le champ d'application de l'article 150 U du Code général des impôts relatif aux plus-values des particuliers.

Selon les dispositions prévues par ce texte :

« les plus-values réalisées par les personnes physiques (...), lors de la cession à titre onéreux de biens immobiliers bâtis ou non bâtis ou de droits relatifs à ces biens, sont passibles de l'impôt sur le revenu dans les conditions prévues aux articles 150 V à 150 VH » qui prévoient notamment un dispositif d'abattement pour durée de détention et un taux d'imposition spécifique de 19 % (hors prélèvements sociaux).

Ce même article 150 U du CGI ajoute que :

« ces dispositions s'appliquent, sous réserve de celles prévues au 3° du I de l'article 35, aux plus-values réalisées lors de la cession d'un terrain divisé en lots destinés à être construits ».

Précisément, l'article 35, I, du même code indique :

« Présentent (...) le caractère de bénéfices industriels et commerciaux, pour l'application de l'impôt sur le revenu, les bénéfices réalisés par les personnes physiques désignées ci-après :

1° Personnes qui, habituellement, achètent en leur nom, en vue de les revendre, des immeubles (...)

1° *bis* Personnes qui, à titre habituel, achètent des biens immeubles, en vue d'édifier un ou plusieurs bâtiments et de les vendre, en bloc ou par locaux ;

2° Personnes se livrant à des opérations d'intermédiaire pour l'achat, la souscription ou la vente des biens visés au 1° ;

3° Personnes qui procèdent à la cession d'un terrain divisé en lots destinés à être construits lorsque le terrain a été acquis à cet effet ; (...) »

En d'autres termes, le régime des plus-values immobilières s'applique aux plus-values réalisées par les particuliers dans le cadre de la gestion de leur patrimoine privé.

En revanche, il ne s'applique pas aux profits tirés d'une activité présumée professionnelle par la loi et imposables au titre des bénéfices industriels et commerciaux. Tel est le cas des personnes présumées agir en qualité de marchands de biens ou de lotisseurs.

II. Le régime des lotisseurs

Les profits réalisés par les lotisseurs ne sont pas concernés par le régime d'imposition des plus-values immobilières des particuliers et relèvent du régime des bénéfices industriels et commerciaux, conformément aux dispositions de l'article 35 du CGI.

Précisément, selon la doctrine administrative,

« Le 3° du I de l'article 35 du CGI soumet expressément à l'impôt sur le revenu, dans la catégorie des bénéfices industriels et commerciaux, les bénéfices réalisés par des personnes qui procèdent à la cession d'un terrain divisé en lots destinés à être construits lorsque le terrain a été acquis à cet effet.

L'intention de revendre après lotissement — intention spéculative — s'apprécie au moment de l'achat du terrain sans qu'il y ait lieu de prendre en compte les circonstances de l'aliénation des lots : aliénation forcée, expropriation, difficultés de trésorerie, etc. » (BOI-BIC-CHAMP-20-30-20, 12 sept. 2012, spéc. n° 30).

L'intention de revendre, au moment de l'acquisition du bien concerné constitue donc le critère essentiel pour déterminer à quelle catégorie de revenus appartient le gain réalisé lors de la revente, étant relevé que pour l'application du régime des bénéfices industriels et commerciaux, il n'est pas nécessaire que l'activité de lotisseur soit exercée à titre professionnel ni même à titre principal.

Sur ce point, la jurisprudence administrative invite à distinguer parcelle par parcelle l'intention du contribuable.

En effet, le Conseil d'État considère qu'un particulier peut bénéficier du régime des plus-values immobilières sur une parcelle acquise dans un cadre familial et conservée pendant plusieurs années, avant qu'elle ne soit cédée avec d'autres parcelles dans le cadre d'un projet de lotissement.

Ainsi, il a été jugé que le profit tiré de la cession par lots d'une parcelle de terrain acquise depuis 44 ans sans intention de la revendre et qui est comprise dans un terrain plus vaste dont le reste des parcelles le composant a été acquis dans une intention spéculative, et qui est loti dans son ensemble, n'est pas imposable dans la catégorie des bénéfices industriels et commerciaux (CE 16 mai 1990, n° 69018).

Un arrêt du Conseil d'État en date du 2 juin 2006 le décide nettement :

« Mais considérant que, contrairement à ce que soutient l'administration, il ne s'ensuit pas que l'intention spéculative de la société, à laquelle les dispositions précitées de l'article 35, I-1° subordonnent également l'application du régime des marchands de biens, doive être présumée ; qu'une telle intention doit être recherchée à la date d'acquisition par la société des immeubles ultérieurement revendus et non à la date de leur cession » (CE 2 juin 2006, n° 266507)

Une réponse ministérielle exprime également cette exigence :

« Lorsque plusieurs terrains sont cédés simultanément, il y a lieu, en principe, d'apprécier l'intention spéculative au moment de l'achat de chacun des terrains » (Rép. Le Fur, *JO* AN 21 déc. 2004, p. 10240, n° 44652).

Aussi, au cas présent, pour chacune des parcelles, il convient donc de se placer à la date de l'acquisition pour apprécier l'intention de leur propriétaire et non à la date de la revente.

En fonction de cette intention, le gain réalisé sur le bien concerné entrera dans la catégorie des plus-values des particuliers ou dans celles des bénéfices industriels et commerciaux.

III. La ventilation des plus-values réalisées sur les différentes parcelles

En l'espèce, l'intention spéculative n'est pas apparue immédiatement et en l'occurrence, elle ne peut être décelée lors de la donation opérée en 1998 et la succession constatée en 2002.

Les biens en cause sont restés dans le patrimoine familial ; le démembrement opéré par donation a conduit à ce que Madame Tiret bénéficie seulement de la nue-propriété pendant plusieurs années.

De manière difficilement contestable, l'intention spéculative n'est apparue qu'en septembre 2019 lors de l'acquisition de la parcelle n° A1311 qui était un préalable indispensable à l'opération de lotissement. Ce n'est qu'à compter de cette date que l'opération de lotissement a pu prendre tout son sens.

La cession à venir de la parcelle n° A1310 relève du régime des plus-values des particuliers.

La cession à venir de la parcelle n° A1311 relève du régime des bénéfices industriels et commerciaux.

IV. Le régime fiscal de la parcelle n°A1310

La plus-value immobilière résulte de la différence entre le prix de cession et le prix de revient de chacune des parcelles, diminuée d'un abattement pour durée de détention.

Le résultat est taxé au taux de 19 % auquel s'ajoutent les prélèvements sociaux (17,2 %), soit une imposition globale au taux 36,2 %.

Pour opérer ce calcul, les éléments suivants devront être pris en compte :

* Le prix de revient devra s'appuyer sur une évaluation de la valeur vénale des biens au moment de la donation [En cas d'acquisition à titre gratuit, le prix d'acquisition s'entend de la valeur retenue pour la détermination des droits de mutation à titre gratuit (CGI, art. 150 VB). Toutefois, Lorsque l'acte ne mentionne aucun prix d'acquisition ou à défaut de valeur retenue pour la détermination des droits de mutation à titre gratuit, le prix d'acquisition s'entend de la valeur vénale à la date d'entrée dans le patrimoine du cédant d'après une déclaration détaillée et estimative des parties (BOI-RFPI-PVI-20-10-20-10, spéc. n° 30] ou de leur date d'entrée dans le patrimoine de Madame Tiret.

Sur ce point, l'extinction de l'usufruit conduit, en principe à un coût d'acquisition nul, mais la doctrine administrative admet que l'usufruit soit évalué à sa valeur vénale au moment du démembrement, soit, en l'espèce, à la date de la donation (BOI-RFPI-PVI-20-10-20-10, spéc. n° 350) ; ce qui revient donc à fixer la valeur vénale de la parcelle à la date de la donation.

* Le prix de revient est augmenté des frais d'acquisition évalués pour leur montant réel en cas d'acquisition à titre gratuit (le montant forfaitaire de 7,5 % concerne les acquisitions à titre onéreux). En l'espèce, aucuns frais n'ont été supportés par Madame Tiret au jour de la donation.

***** Le prix de revient peut être augmenté de tous les travaux de viabilisation effectués jusqu'alors sur les parcelles concernées, le 4° du II de l'article 150 VB du CGI, autorisant la prise en compte des dépenses de construction, de reconstruction, d'agrandissement, ou d'amélioration réalisées sur un immeuble [La prise en compte de ces travaux peut être faite soit, sous certaines conditions, pour leur montant réel ; - soit forfaitairement, pour un montant de 15 % du prix d'acquisition, à la condition que le contribuable cède l'immeuble plus de cinq ans après son acquisition. Aux termes de l'article 150 VB, II-5° du CGI, les frais de voirie, réseaux et distribution exposés sur des terrains à bâtir viennent en majoration du prix d'acquisition pour le calcul de la plus-value imposable, qu'ils soient ou non imposés par les collectivités territoriales ou leurs groupements (BOI-RFPI-PVI-20-10-20-20, spéc. n° 410). Les frais d'aménagement et de viabilisation d'un terrain, supportés par un contribuable dans le cadre d'une opération de lotissement, peuvent donc être retenus pour le calcul de la plus-value imposable (BOI-RFPI-PVI-20-10-20-20, spéc. n° 410)] ; à défaut le forfait de 15 % s'applique. En l'espèce, l'évaluation au coût réel est plus intéressante (116.070 : 2 = 58.035 ; les travaux sont divisés par deux en raison de leur répartition équitable entre les deux parcelles)

* Pour la détermination de l'abattement pour durée de détention et s'agissant de la cession d'un bien après la réunion de la pleine propriété, la durée de détention doit être décomptée, à partir de la première des deux acquisitions à titre gratuit, soit à compter de la date de donation (BOI-RFPI-PVI-20-20, spéc. n° 40), pour la parcelle n°A1310 et en fonction de l'entrée dans le patrimoine des parts indivises sur la parcelle n°A1309 ;

En l'espèce, sur la parcelle n°A1310, Madame Tiret peut arguer d'une durée de détention de 24 ans (à compter du 6 mars 2022) et ainsi bénéficier d'un abattement à 100 %.

* Pour la détermination du montant imposable aux prélèvements sociaux des plus-values immobilières, l'abattement pour durée de détention est de :

- 1,65 % pour chaque année de détention au-delà de la cinquième et jusqu'à la vingt-et-unième ;

- 1,60 % pour la vingt-deuxième année de détention ;

- 9 % pour chaque année au-delà de la vingt-deuxième

Au cas présent, Madame Tiret bénéficiera d'un abattement de 46 % sur la plus-value en cas de cession avant le 6 mars 2023.

Tableau

Prix de cession	600.000
Prix d'acquisition (hors frais et travaux)	90.000
Travaux (valeur réelle)	58.035
Prix d'acquisition total	148.035
Plus-value brute	451.965

Tableau

	Impôt sur le revenu	Prélèvements sociaux
Taux d'abattement lié à la détention du bien	100 %	46 %
Montant de la réduction d'assiette imposable	451.965	207.904
Plus-value taxable	0	244.061
Taux de l'impôt	19 %	17,2 %
Montant de l'impôt	0 €	41.978 €

Cas pratique n° 2

Pour résoudre ce cas pratique, il faut d'abord déterminer quels sont les revenus qui vont être imposés et ensuite préciser les modalités d'imposition.

I. Sur le champ d'application des revenus de capitaux mobiliers

Aux termes de l'article 117 *quater* du CGI, les personnes physiques fiscalement domiciliés en France et bénéficiant de revenus distribués mentionnés aux articles 108 à 117 *bis* et 120) 123 *bis* sont soumises à un prélèvement forfaitaire non libératoire de 12,8 %.

Cette imposition concerne les dividendes d'actions non inscrites sur un PEA et les intérêts de compte courant.

En revanche, les dividendes d'actions inscrites sur un PEA bénéficient d'une exonération. En effet, Le 5° *bis* de l'article 157 du CGI prévoit que les produits et plus-values que procurent les placements effectués dans le cadre d'un PEA sont exonérés d'impôt sur le revenu. Cette exonération n'est normalement acquise si aucun retrait n'est intervenu sur le plan pendant un délai de cinq ans à compter du premier versement.

Il en est de même des intérêts du livret A, l'exonération étant prévue par le 7 de l'article 157 du CGI.

II. Sur les modalités d'imposition

En 2022, l'année de versement des revenus, les prélèvements sociaux et le prélèvement forfaitaire non libératoire de l'impôt sur le revenu vont trouver à s'appliquer.

Prélèvements sociaux

Dividendes	50.000
Intérêts	25.000
Total	75.000
CSG à 9,2 %	6.900
CRDS à 0,5 %	375
Prélèvement de solidarité à 7,5 %	5.625
Montant total des prélèvements sociaux	12.900, soit 17,2 % dont 5.100 de CSG déductible

Prélèvement forfaitaire non libératoire de l'IR

Dividendes	50.000
Intérêts	25.000
Total	75.000
PFNL à 12,8 %	9.600

En 2023, l'année d'imposition définitive, le contribuable dispose d'un choix entre le prélèvement forfaitaire unique et le barème progressif de l'impôt sur le revenu.

Prélèvement forfaitaire unique

Dividendes*	50.000
Intérêts	25.000
Total	75.000
PFU à 12,8 %	9.600
PFNL déjà payé	- 9.600
Reste à payer	0
Salaires (avant abattement de 10 %)	128.000
Salaires (après abattement de 10 %)	115.200
IR brut (quotient familial de 2 parts) (barème : v. ss 179)	21.747
Impôt global	9.600 + 21.747 = 31.347

*En cas d'option pour le PFU, les dividendes ne bénéficient pas de l'abattement de 40 % (CGI, art. 158, 3-2° à 4°).

Barème progressif

Dividendes après abattement de 40 %	30.000
Intérêts	25.000
Salaires (avant abattement de 10 %)	128.000
Salaires (après abattement de 10 %)	115.200
Revenu brut global	170.200
CSG déductible (6,8 % payée en 2022)	5.100
Revenu net imposable	165.100
IR brut (quotient familial de 2 parts) (barème : v. ss 179)	39.684
Reste à payer	30.084
Impôt global	9.600 + 30.084 = 39.684

*En cas d'option pour le barème les dividendes et intérêts participent du revenu brut global au même titre que les salaires.

L'option pour le PFU est plus intéressante pour le contribuable car son imposition globale sera plus faible qu'en cas d'option pour le barème.

On remarquera que l'alignement du taux du PFNL sur celui du PFU (12,8 %) revient en pratique à s'acquitter de l'imposition à la source, sauf en cas d'option pour le barème progressif.

Cas pratique n° 3

Aux termes de l'article 150-0 D, 1 *ter* du CGI et pour les titres acquis avant le 1er janvier 2018, les contribuables relevant du régime des plus-values des particuliers sur droits sociaux disposent d'une option : - soumettre la plus-value au barème de l'impôt sur le revenu en bénéficiant d'un abattement pour durée de détention ; - soumettre la plus-value au PFU (sans abattement pour durée de détention, sauf exception).

I. En cas d'option pour le barème de l'impôt sur le revenu

L'abattement pratiqué sur le montant net de la plus-value est égal à :

- 50 % du montant des gains nets ou des distributions lorsque les actions, parts, droits ou titres sont détenus depuis au moins deux ans et moins de huit ans à la date de la cession ou de la distribution ;

- 65 % du montant des gains nets ou des distributions lorsque les actions, parts, droits ou titres sont détenus depuis au moins huit ans à la date de la cession ou de la distribution

Les gains nets sont calculés après imputation par le contribuable sur les plus-values réalisées, avant tout abattement, des moins-values de même nature subies au cours de la même année ou reportées, pour le montant et sur les plus-values de son choix. L'abattement pour durée de détention s'applique au solde ainsi obtenu, en fonction de la durée de détention des titres dont la cession a fait apparaître les plus-values subsistant après imputation des moins-values (CE 12 nov. 2015, n° 390265).

Le contribuable a cédé le 20 janvier 2022 des actions d'une société acquise le 5 septembre 2016 et a réalisé à cette occasion une plus-value de 40.000 €. Par ailleurs, il a cédé le 29 mars 2022 des actions d'une société acquises le 15 mars 2008 et a constaté à cette occasion une moins-value de 10.000 €. Le solde constaté après imputation de la moins-value sur la plus-value s'élève à 30.000 € (40.000 - 10.000).

La durée de détention des actions dont la cession a fait apparaître la plus-value subsistant après imputation de la moins-value est d'au moins deux ans et de moins de 8 ans. Le montant de l'abattement pour durée de détention de droit commun est égal à 50 % du montant de la plus-value, soit un montant d'abattement de 15.000 €.

Le montant de la plus-value imposable au barème de l'impôt sur le revenu, après prise en compte de cet abattement, est donc de 15.000 €.

Celle-ci conduira le contribuable à franchir une tranche dans le barème de l'impôt et son taux marginal d'imposition (TMI) va passer à 41 %.

L'assiette des prélèvements sociaux est constituée par le solde positif avant application de l'abattement pour durée de détention, soit 30.000 €.

Tableau 1 – Calcul de l'impôt sans plus-value (revenus 2022)

Pensions de retraite (avant abattement)	70.000
Pensions de retraite (après abattement plafonné à 4.123 €)	65.877
Revenu net imposable	65.877
Impôt sur le revenu (barème : v. ss 179)	13.357

Tableau 2 – Calcul de l'impôt avec plus-value (revenus 2022)

Pensions de retraite (avant abattement)	70.000
Pensions de retraite (après abattement plafonné à 4.123 €)	65.877
Plus-value imposable	15.000
Revenu net imposable	80.877
Impôt sur le revenu (barèmev. ss 179)	18.111
Prélèvements sociaux	5.160
Imposition totale	23.271

Les prélèvements sociaux dus s'élèvent donc à 30.000 x 17,2 %, soit 5.160 € (dont 6,8 % de CSG déductible en 2023 soit 2 040 € ; l'économie d'impôt engendrée par cette déductibilité compte tenu du TMI sera de 836 € l'année suivante).

II. En cas d'option pour le prélèvement forfaitaire unique

Au cas présent, l'option pour le PFU est plus intéressante :

Prélèvements sociaux :

L'assiette des prélèvements sociaux est le montant net de la plus-value, sans qu'il soit possible de réduire celle-ci au titre des abattements pour durée de détention.

30.000 x 12,2 % = 5.160 € (la CSG n'est toutefois pas déductible ici)

Impôt sur le revenu :

30.000 x 12,8 % = 3.840

Imposition globale de la plus-value (IR + PS) au titre du PFU : 3.840 + 5.160 = 9.000

chapitre 3

Les autres prélèvements

Plan analytique

section 1

Les prélèvements sociaux

- § 1 Les contributions sociales sur les revenus d'activité et de remplacement
- § 2 Les contributions sociales sur les revenus du patrimoine et de placement

section 2

La contribution exceptionnelle sur les hauts revenus

Les autres prélèvements

En dehors de l'impôt sur le revenu, d'autres prélèvements peuvent trouver à s'appliquer tant sur les revenus d'activité que sur les revenus patrimoniaux. Il faut aborder ici les prélèvements sociaux (section 1) et la contribution exceptionnelle sur les hauts revenus (section 2). 355

section 1

Les prélèvements sociaux

Les prélèvements sociaux représentent une part importante de la taxation subie par les contribuables sur leurs revenus d'activité et sur les revenus patrimoniaux. Ces prélèvements s'ajoutent à l'impôt sur le revenu et représentent désormais un poids plus lourd que celui-ci, notamment parce que de nombreux dispositifs d'abattements et de réductions d'impôts ne s'appliquent pas en matière de prélèvements sociaux et que le taux de la CSG n'a pas cessé d'augmenter au fil des réformes. Ces derniers ont leurs propres règles d'assiette, ce qui ne simplifie pas l'analyse et limite aussi considérablement les possibilités d'optimisation. Le champ d'application des prélèvements sociaux est particulièrement large. Il concerne tant les revenus d'activité et de remplacement (§1) que les revenus patrimoniaux (§2). 356

§ 1 Les contributions sociales sur les revenus d'activité et de remplacement

Les prélèvements sociaux frappent tous les revenus d'activité : salaires, revenus professionnels non-salariés (bénéfices industriels et commerciaux, bénéfices non commerciaux, bénéfices agricoles). Mais les contributions sociales sont aussi perçues sur les revenus de remplacement, c'est-à-dire les pensions de retraite, d'invalidité, les allocations de chômage et de préretraite, les indemnités de maladie ou maternité. Toutefois, le revenu de solidarité active (RSA) ainsi que le minimum vieillesse, les allocations-logement ou encore les bourses d'étudiants n'y sont pas soumis. Les retraités percevant des pensions de montant limité peuvent également bénéficier de taux réduits de CSG. 357

Le taux de la *contribution sociale généralisée (CSG)*[Q] varie suivant le type de revenus. S'agissant des salariés, le taux est de 9,2 % auquel s'ajoute la *contribution au remboursement de la dette sociale (CRDS)*[Q] de 0,5 %. Ce taux frappe le salaire brut avant diminution des cotisations sociales. Toutefois, un abattement de 1,75 % est 358 appliqué au montant des salaires (et des allocations de chômage), pour leur fraction n'excédant pas 4 fois le plafond annuel de la sécurité sociale. Par conséquent, la CSG et la CRDS sont calculées sur 98,25 % des revenus bruts afin de tenir compte des frais professionnels. Pour les autres revenus, la CSG et la CRDS s'appliquent sur la totalité du revenu.

359 La CSG et la CRDS sur les revenus d'activité et de remplacement donnent lieu aux mêmes modalités de recouvrement que les cotisations de sécurité sociale. Ces prélèvements sociaux sont payés directement à l'URSSAF par l'employeur ou par l'exploitant individuel sur la base des déclarations destinés aux organismes sociaux (en cas de bénéfices commerciaux, agricoles ou non commerciaux). Une partie seulement de la CSG est déductible du revenu soumis à l'impôt sur le revenu, ce qui revient à payer un impôt sur un autre impôt !

Tableau récapitulatif des taux de CSG applicable et des taux de CSG déductible

Nature des revenus	Taux de CSG applicable	Taux de CSG déductible
Traitements, salaires	9,2 %	6,8 %
Allocation de chômage	6,2 %	3,8 %
Pensions de retraite ou d'invalidité	8,3 % (si taux plein)	5,9 %
Revenus d'activités non salariées	9,2 %	6,8 %

§ 2 Les contributions sociales sur les revenus du patrimoine et de placement

360 Les revenus du patrimoine sont également soumis aux contributions sociales. Sont concernés :

- les revenus fonciers ;
- les rentes viagères à titre onéreux ;
- les revenus de capitaux mobiliers ;
- les plus-values mobilières et immobilières ;
- les revenus qui sont imposés à l'impôt sur le revenu dans la catégorie des BIC, BNC et des BA qui ne sont pas assujettis au titre des revenus d'activité (revenus des locations meublées non professionnelles par exemple) ;
- les produits de placement soumis à prélèvement libératoire (bons du Trésor, obligations, etc.) ;
- les revenus, produits et gains exonérés d'impôt sur le revenu ou soumis à des règles particulières d'imposition (plans et comptes d'épargne logement, assurance-vie, PEA, etc.).

La charge fiscale est loin d'être anodine. Les revenus du patrimoine et de placements sont en effet soumis aux prélèvements et aux taux suivants : 361 ■

- CSG : 9,2 % ;
- CRDS : 0,5 % ;
- *prélèvement de solidarité*[Q] : 7,5 % ;

Soit un total de 17,2 %.

La CSG est toutefois déductible à hauteur de 6,8 % lorsque le revenu en cause est soumis au barème progressif de l'impôt sur le revenu. La CSG n'est donc pas déductible lorsque le revenu imposable est soumis à un taux d'imposition proportionnel, comme c'est le cas pour les plus-values immobilières ou encore pour les plus-values sur cession de valeurs mobilières et droits sociaux en cas d'option pour le prélèvement forfaitaire unique. 362 ■

section 2

La contribution exceptionnelle sur les hauts revenus

Pour les contribuables les plus aisés, l'imposition des revenus ne se limite pas à l'impôt sur le revenu et aux prélèvements sociaux. Elle comprend également la *contribution exceptionnelle sur les hauts revenus (CEHR)*[Q] (CGI, art. 223 *sexies*), instaurée par la loi de finances pour 2012 et qui a vocation à s'appliquer tant que les déficits des administrations publiques n'ont pas été effacés. Cet impôt frappe les contribuables dont le revenu fiscal de référence excède la limite de 250.000 € pour les contribuables célibataires (ou veuf, vivant séparé ou encore divorcés) ou de 500.000 € pour les contribuables soumis à une imposition commune (mariés ou pacsés). Le revenu fiscal de référence s'entend ici au sens de l'article 1447, IV du CGI. Selon ce texte, il s'entend du montant net des revenus et plus-values retenus pour l'établissement de l'impôt sur le revenu, majoré de certaines charges déductibles du revenu imposable constituant des dépenses d'ordre personnel, de certains revenus et profits exonérés d'impôt sur le revenu ou faisant l'objet d'un report ou d'un sursis d'imposition, de certains abattements appliqués pour la détermination du revenu catégoriel et des revenus et profits soumis aux prélèvements ou versements libératoires. Le revenu fiscal de référence est utilisé pour conditionner les bénéfices de dispositifs fiscaux dérogatoires du droit commun et de certaines politiques en faveur des populations les plus fragiles (inactifs, personnes âgées ou invalides). Il combine les différentes catégories de revenus (revenu d'activité, de capital et de patrimoine), mais il réintègre aussi certains revenus exonérés ou bénéficiant d'une réduction d'impôt. 363 ■

Établie par foyer fiscal, la contribution exceptionnelle sur les hauts revenus ne se limite pas aux personnes domiciliées en France. Elle concerne aussi les personnes ayant leur domicile fiscal à l'étranger et qui perçoivent des revenus de sources françaises (sous réserve que leur revenu fiscal de référence dépasse l'un des seuils précédemment mentionnés). 364 ■

365 Afin d'atténuer la charge d'imposition, un mécanisme de quotient est prévu pour les contribuables bénéficiant de revenus considérés comme exceptionnels en raison de leur montant. La mise en œuvre du quotient est subordonnée à la réunion de trois conditions cumulatives :

- le contribuable doit avoir bénéficié, au titre de chacune des deux années précédant celle de l'imposition, d'un revenu fiscal de référence inférieur ou égal au seuil d'imposition à la contribution (250.000 € pour les contribuables célibataires, veufs, séparés ou divorcés ; 500.000 € pour les conjoints ou partenaires de PACS soumis à imposition commune) ;
- le revenu fiscal de référence de l'année d'imposition doit être supérieur ou égal à une fois et demie la moyenne des revenus fiscaux de référence des deux années précédant celle de l'imposition ;
- le contribuable doit avoir été passible de l'impôt sur le revenu au titre des deux années précédant celle de l'imposition pour plus de la moitié de ses revenus de source française ou étrangère de même nature que ceux entrant dans la composition du revenu fiscal de référence.

Contribution exceptionnelle sur les hauts revenus : taux applicable selon la situation de famille

Fraction du revenu fiscal de référence	Taux applicable pour une personne seule	Taux applicable pour un couple soumis à une imposition commune
Inférieure ou égale à 250.000 €	0 %	0 %
Comprise entre 250.001 € et 500.000 €	3 %	0 %
Comprise entre 500.001 € et 1.000.000 €	4 %	3 %
Supérieure à 1.000.000	4 %	4 %

Exemple : un célibataire disposant d'un revenu fiscal de référence de 800.000 € doit payer une contribution exceptionnelle de [(500.000 € - 250.000 €) x 3 %] + [(800.000 € - 500.000 €) x 4 %] = 19.500 €.

Mémo

S'ajoutant à l'impôt sur le revenu, les prélèvements sociaux frappent tous les revenus d'activité : salaires, revenus professionnels non-salariés (BIC, BNC, BA). Ils concernent aussi les revenus de remplacement, c'est-à-dire les pensions de retraite, d'invalidité, les allocations de chômage et de préretraite, les indemnités de maladie ou maternité. Ils s'appliquent aussi aux revenus du patrimoine.

Pour les revenus d'activité, sauf exceptions, le taux de la CSG est en principe de 9,2 % auquel s'ajoute la CRDS au taux de 0,5 %. La CSG est toutefois déductible du revenu imposable à hauteur de 6,8 %.

Pour les revenus patrimoniaux, le taux de la CSG est également de 9,2 %. La CSG est aussi déductible à hauteur de 6,8 %, mais seulement lorsque le revenu en cause est soumis au barème progressif de l'impôt sur le revenu. La CSG n'est donc pas déductible lorsque le revenu imposable est soumis à un taux d'imposition proportionnel, comme c'est le cas pour les plus-values immobilières ou encore pour les plus-values sur cession de valeurs mobilières et droits sociaux en cas d'application du prélèvement forfaitaire unique. Pour les revenus patrimoniaux, un prélèvement de solidarité de 7,5 % s'ajoute à la CSG et à la CRDS, portant l'imposition totale à 17,2 %.

Pour les contribuables dont revenu fiscal de référence excède la limite de 250.000 € (pour les contribuables célibataires) ou de 500.000 € (pour les contribuables soumis à une imposition commune), l'imposition des revenus ne se limite pas à l'impôt sur le revenu et aux prélèvements sociaux. Elle comprend également la contribution dite exceptionnelle sur les hauts revenus (CGI, art. 223 *sexies*). Elle se calcule selon un barème progressif comportant quatre tanches allant de 0 % à 4 %.

Quid

■ Contribution exceptionnelle sur les hauts revenus (CEHR) n° 363

Instaurée par la loi de finances pour 2012, elle vise à accroître la charge fiscale des revenus les plus élevés dans l'objectif de réduire les déficits publics.

■ Contribution sociale généralisée (CSG) n° 358

Instaurée par la loi de finances pour 1991, c'est un prélèvement social ayant les caractéristiques d'un impôt et qui frappent les revenus d'activité, de remplacement et les revenus patrimoniaux.

■ Contribution au remboursement de la dette sociale (CRDS) n° 358

Instaurée par l'ordonnance n° 96-50 du 24 janvier 1996, la CRDS est calculée et recouvrée comme la CSG, mais elle n'est pas déductible de l'impôt sur le revenu.

■ Prélèvement de solidarité n° 361

Prévu à l'article 235 *ter* du Code général des impôts, son taux était initialement fixé à 2 % ; désormais et depuis la loi de finances pour 2019, son taux est de 7,5 % et les recettes engendrées sont affectées au budget de l'État.

Quiz

1) Sujet corrigé

Test de connaissances

1. Les prélèvements sociaux (CSG, CRDS, prélèvement de solidarité) sont des cotisations sociales et non des impositions.

a. Vrai.

b. Faux.

2. Les prélèvements sociaux (CSG, CRDS, prélèvement de solidarité) sont recouvrés comme les cotisations sociales.

a. Vrai.

b. Faux.

3. Les prélèvements sociaux (CSG, CRDS, prélèvement de solidarité) représentent une taxation globale de 17,2 % pour les revenus du patrimoine.

a. Vrai.

b. Faux.

4. La CSG due au titre des salaires est prélevée directement par l'employeur.

a. Vrai.

b. Faux.

5. La CSG due au titre des salaires est intégralement déductible.

a. Vrai.

b. Faux.

6. La CSG due au titre des revenus du patrimoine est déductible à hauteur de 6,8 %

a. Vrai.

b. Faux.

7. La CRDS est déductible dans les mêmes conditions que la CSG.

a. Vrai.

b. Faux.

8. La contribution exceptionnelle sur les hauts revenus est un impôt sur le capital.

a. Vrai.

b. Faux.

9. La contribution exceptionnelle sur les hauts revenus prend la forme d'un taux unique de 3 %

a. Vrai.

b. Faux.

10. La contribution exceptionnelle sur les hauts revenus frappe le revenu fiscal de référence du contribuable.

a. Vrai.

b. Faux.

Voir le corrigé en fin de rubrique.

2) Corrigé ;

Test de connaissances

1. Faux ; **2.** Vrai ; **3.** Vrai ; **4.** Vrai ; **5.** Faux ; **6.** Vrai ; **7.** Faux ; **8.** Faux ; **9.** Faux ; **10.** Vrai.

chapitre

4

L'imposition des bénéfices des entreprises individuelles

Plan analytique

section 1

Le champ d'application des bénéfices industriels et commerciaux (BIC)

§ 1 Les activités relevant des bénéfices industriels et commerciaux

- A. Les activités imposables par nature
- B. Les activités assimilées
- C. Les activités accessoires

§ 2 La distinction des bénéfices industriels et commerciaux professionnels et des bénéfices industriels et commerciaux non professionnels

- A. Les critères de distinction
- B. Les enjeux de la distinction

§ 3 Le cas particulier de la location meublée

section 2

Les bénéfices non commerciaux

§ 1 Le champ d'application

§ 2 Les modalités d'imposition

section 3

Les bénéfices agricoles

§ 1 Le champ d'application

§ 2 Les modalités d'imposition

section 4

L'option des entreprises individuelles pour l'impôt sur les sociétés

Compléments pédagogiques

4

L'imposition des bénéfices des entreprises individuelles

En principe, le résultat de l'entreprise individuelle est soumis, au niveau de l'exploitant, à l'impôt sur le revenu. Cette prise en compte du résultat de l'entreprise individuelle ne conduit pas à faire de celle-ci un sujet de droit. L'entreprise individuelle n'a pas la personnalité morale, ni en droit commercial, ni en droit fiscal. Cependant, le réalisme du droit fiscal conduit à tenir compte de l'existence d'un patrimoine professionnel de la personne physique qui va supporter une fiscalité particulière. Par exception, sur option et depuis la loi de finances pour 2022, une entreprise individuelle peut décider de relever de l'impôt sur les sociétés. C'est une abstraction supplémentaire propre à la matière fiscale : dénuée de la personnalité morale, l'entreprise individuelle peut être soumise au même régime que les sociétés. Toutefois, il faut relativiser la portée d'un tel choix, de nombreuses règles relatives à l'impôt sur les sociétés sont issues de celles établies en matière de bénéfices industriels et commerciaux. 366

Dans le cadre de l'impôt sur le revenu, les entreprises individuelles exerçant une activité commerciale ou assimilée ainsi que les associés personnes physiques d'une société dite de personnes exerçant une activité commerciale voient leurs bénéfices être imposés dans la catégorie des bénéfices industriels et commerciaux (BIC). 367

Il s'agit d'étudier ici de manière approfondie le régime de l'entreprise dont le résultat relève de cette catégorie. Les régimes fiscaux des autres activités professionnelles, qu'il s'agisse des bénéfices agricoles ou des bénéfices non commerciaux, de même que le régime fiscal d'imposition des bénéfices des sociétés opaques (sociétés soumises à l'IS), s'inspirent des règles des bénéfices industriels et commerciaux (v. ss 420). Le champ d'application de ceux-ci doit donc être abordé en premier lieu (section 1), avant de voir le régime des bénéfices non commerciaux (section 2) et des bénéfices agricoles (section 3) en deuxième et troisième lieu. Enfin, au regard de l'option offerte aux entrepreneurs individuels, il paraît nécessaire d'aborder les effets potentiels d'une option à l'impôt sur les sociétés (section 4). 368

section 1

Le champ d'application des bénéfices industriels et commerciaux (BIC)

L'analyse du champ d'application des *bénéfices industriels et commerciaux (BIC)*[Q] implique de délimiter précisément les activités relevant de cette catégorie (§1). Mais la spécificité des règles en la matière implique également de se demander si cette 369 activité est exercée à titre professionnel ou non. Un contribuable peut donc relever de la catégorie des bénéfices industriels et commerciaux, sans avoir pour autant la qualité de professionnel (§2).

§ 1 Les activités relevant des bénéfices industriels et commerciaux

370 Les activités relevant des bénéfices industriels et commerciaux sont classées dans trois catégories différentes : les activités imposables par nature (A), les activités par détermination de la loi (B) et les activités accessoires (C).

A. Les activités imposables par nature

371 Le domaine des bénéfices industriels et commerciaux est déterminé à l'article 34 du Code général des impôts. C'est ainsi que toute personne réalisant des actes de commerce à titre de profession habituelle est soumise au régime des bénéfices industriels et commerciaux. Ce régime fiscal s'étend également aux activités artisanales. L'artisan est donc assimilé à un commerçant au plan fiscal, alors qu'une telle assimilation n'existe pas en droit commercial, l'artisanat étant considéré comme une activité civile par nature.

372 En outre, les activités imposables par nature incluent non seulement les activités visées par l'article L. 110-1 du Code de commerce, mais également toutes les activités accomplies habituellement, par des personnes relevant de l'impôt sur le revenu, pour leur propre compte et dans un but lucratif, y compris si elles s'avèrent illégales. Acheter et revendre des voitures volées à titre individuel est potentiellement une activité commerciale imposable... sous réserve d'être connu des services de police et des services fiscaux !

373 En appréhendant tous les revenus tirés d'une activité commerciale ou assimilée, l'article 34 du Code général des impôts peut être le fondement utilisé pour taxer les revenus tirés de l'économie collaborative (ex. revente d'objets en tout genre sur des sites de ventes en ligne). Dès lors que l'activité est exercée de manière habituelle, le particulier est soumis à l'impôt sur le revenu et doit en principe s'affilier au régime social des indépendants (RSI) en tant que commerçant, le cas échéant en tant que micro-entrepreneur. Toutefois, le partage de frais résultant d'une co-consommation (c'est-à-dire d'une prestation de service dont bénéficie également le particulier qui la propose ; ex. Blablacar) est en revanche exonéré. En effet, le 1 de l'article 13 du Code général des impôts précise que le bénéfice ou revenu imposable est constitué par l'excédent des produits (y compris les avantages en nature) sur les dépenses effectuées en vue de l'acquisition et la conservation du revenu. En d'autres termes, celui qui bénéficie d'un remboursement de frais ne perçoit pas un revenu imposable, faute d'excédent.

374 Enfin, l'activité commerciale nécessite une prestation fournie à un tiers : lorsque le propriétaire d'un immeuble se facture à lui-même en tant que travailleur indépendant le temps qu'il a lui-même passé à effectuer des travaux d'amélioration de cet

immeuble (activités artisanales), les sommes ainsi facturées ne peuvent être qualifiées comme provenant de l'exercice d'une activité lucrative ni, par suite, comme un bénéfice industriel et commercial.

B. Les activités assimilées

L'article 35 du Code général des impôts assimile certaines activités à des activités commerciales. Autrement dit, le législateur attrait dans le champ d'application des bénéfices industriels et commerciaux des activités qui ne seraient pas imposables par nature. 375 ■

Sont ici concernées : - les activités des professionnels de l'immobilier (ex. promoteurs ou marchands de biens) ; - les activités de location portant sur des établissements équipés (ex. location portant sur une usine, un hôtel ou une clinique à condition de disposer du matériel et du mobilier nécessaire à leur exploitation) ; - les activités de location-gérance de fonds de commerce ; - la location meublée d'immeubles d'habitation. 376 ■

À l'inverse, la location d'un immeuble nu par un particulier relève du régime des revenus fonciers.

C. Les activités accessoires

Aux termes de l'article 155 du Code général des impôts, les revenus tirés d'activités accessoires peuvent relever de la catégorie des bénéfices industriels et commerciaux si trois conditions sont remplies : 377 ■

- l'activité commerciale a un caractère prépondérant ;
- il existe un lien suffisant entre l'activité commerciale et l'activité non commerciale ;
- l'activité non commerciale relève des bénéfices agricoles ou des bénéfices non commerciaux.

Il résulte de ce texte que l'entreprise qui réalise une double activité pour laquelle l'activité commerciale présente un caractère prépondérant est à même de déclarer au titre des bénéfices industriels et commerciaux, à la fois les bénéfices tirés de son activité commerciale et les bénéfices tirés de l'activité non commerciale présentant un lien suffisant avec la première. 378 ■

Les activités non commerciales présentant un caractère accessoire peuvent être de deux types. Il peut s'agir soit de bénéfices agricoles qui appréhendent les revenus que l'exploitation des biens ruraux procure soit aux fermiers, métayers, colons paritaires, soit aux propriétaires exploitant eux-mêmes (faire-valoir direct ; v. ss 406) ; soit de bénéfices non commerciaux (BNC) qui concernent les bénéfices des professions libérales proprement dites, les produits des charges et offices ainsi que les profits ne relevant d'aucune autre catégorie (v. ss 392). 379 ■

§ 2 La distinction des bénéfices industriels et commerciaux professionnels et des bénéfices industriels et commerciaux non professionnels

380 La distinction des bénéfices industriels et commerciaux professionnels et des bénéfices industriels et commerciaux non professionnels est fondamentale : elle a des répercussions directes sur la détermination du revenu global imposable et donc sur le montant de l'impôt. Il faut donc connaître les critères de cette distinction (A) avant d'en connaître les effets (B).

A. Les critères de distinction

381 L'exercice d'une activité industrielle et commerciale peut être à titre professionnel ou non professionnel. La notion d'exercice d'une activité à titre professionnel suppose la participation personnelle, directe et continue de l'un des membres du foyer fiscal à l'accomplissement des actes nécessaires à cette activité (CGI, art. 156, I, 1 *bis*). Les actes nécessaires à l'activité industrielle et commerciale s'entendent de ceux réalisés dans le cadre des fonctions que nécessite la gestion opérationnelle d'une entreprise. Il peut s'agir de l'achat des matières premières et marchandises, la conception et la production des produits ou services, la prospection des clients, l'animation des forces de vente, la négociation des contrats commerciaux, l'embauche des salariés et, plus généralement, la gestion du personnel, la gestion financière de l'entreprise (gestion de trésorerie, relations avec les établissements financiers), sa gestion comptable et administrative (tenue de la comptabilité, établissement des déclarations fiscales, règlement des factures et salaires, gestion des créances clients), etc. Il faut noter ici que la qualification de BIC professionnels n'est pas liée à celle de plus-values professionnelles. Les articles 39 *duodecies* et 156 du CGI s'ignorent quelque peu… aussi, les textes n'imposent pas que le régime des plus-values professionnelles s'applique seulement aux BIC professionnels. L'article 39 *duodecies* fait seulement référence à une cession d'un actif immobilisé (v. ss 558). Il faut donc avoir un bilan, mais pas nécessairement une participation personnelle, directe et continue à l'activité. Une inscription à l'actif suffit donc. À l'inverse, si un bien n'est pas inscrit au bilan, mais qu'il est utilisé dans le cadre d'une activité professionnelle, c'est le régime des plus-values privées qui s'applique. L'exploitant prend alors une décision de gestion qui lui est opposable.

B. Les enjeux de la distinction

382 Les déficits des activités exercées à titre professionnel sont soumis aux dispositions du I de l'article 156 du Code général des impôts. Précisément, ils sont imputables sur le revenu global du foyer fiscal sans limitation.

383 En revanche, en application du 1° *bis* du I de l'article 156 du CGI, les déficits des activités industrielles et commerciales exercées à titre non professionnel sont imputables seulement sur les bénéfices réalisés dans le cadre de cette même activité ou des autres activités exercées à titre non professionnel au cours de la même année ou des six années suivantes.

Exemple

M. Lataverne, marié sous le régime de la communauté légale, sans enfant, vous expose la situation professionnelle de son foyer fiscal :
- M. Lataverne exploite personnellement une entreprise individuelle de fabrication et vente de produits médicinaux. Au titre de l'exercice N, il a réalisé un déficit de 26.000 €.
- Il est également propriétaire d'un fonds de commerce, qu'il exploite par l'intermédiaire d'un locataire-gérant. Au titre de l'exercice N, ce fonds de commerce a réalisé un déficit de 10.000 € et M. Lataverne a perçu des redevances d'un montant de 10.000 €.
- Mme Lataverne est avocate en régime libéral et a perçu un revenu net imposable de 56.000 € au cours de l'année N (régime de la déclaration contrôlée).

Quel est le revenu global imposable du foyer fiscal ?

M. Lataverne va déclarer au titre des BIC professionnels un déficit de – 26 000 € et au titre des BIC non professionnels, un revenu 10.000 € (le déficit réalisé par le locataire-gérant n'a pas d'incidence sur le propriétaire du fonds). Dès lors que le fonds de commerce est exploité par un locataire-gérant, M. Lataverne ne peut être assimilé à un professionnel au titre de cette activité commerciale, faute d'une participation directe, personnelle et continue.

Les déficits des activités exercées à titre professionnel sont soumis aux dispositions du I de l'article 156 du CGI. Ils sont imputables sur le revenu global sans limitation. En revanche, en application du 1° *bis* du I de l'article 156 du CGI, les déficits des activités industrielles et commerciales exercées à titre non professionnel sont imputables seulement sur les bénéfices réalisés dans le cadre de cette même activité ou des autres activités exercées à titre non professionnel au cours de la même année ou des six années suivantes.

Mme Lataverne relève du régime des BNC professionnels au titre de son activité d'avocate. Elle va donc déclarer un revenu de 56.000 €.

Le revenu global du foyer fiscal est donc de 40 000 (56 000 + 10.000 – 26 000).

§ 3 Le cas particulier de la location meublée

En vertu de l'article 14 du Code général des impôts, sont en principe imposés dans la catégorie des revenus fonciers les revenus de toute nature que le propriétaire ou l'usufruitier tire de la location de propriétés bâties ou non bâties appartenant à son patrimoine privé. Toutefois, les revenus tirés de la location de certains immeubles donnent lieu à une imposition au titre des bénéfices industriels et commerciaux (BIC) et non au titre des revenus fonciers. 384 ■

Parmi ces hypothèses, l'article 35, I, 5° *bis* du CGI dispose, depuis la loi de finances rectificative pour 2016, que relèvent des BIC les revenus des « personnes qui donnent en location directe ou indirecte des locaux d'habitation meublés ». Peu importe ici que la location revête un caractère habituel ou occasionnel, c'est la nature même de l'activité qui justifie l'application de cette solution. 385 ■

386 Le droit fiscal distingue par conséquent la location nue, dont les revenus sont taxés dans la catégorie des revenus fonciers relevant du régime de la fiscalité des ménages, et la location meublée, dont les revenus sont taxés dans la catégorie des BIC relevant du régime de la fiscalité des entreprises.

387 Les loueurs en meublé, qu'ils exercent ou non l'activité à titre professionnel, sont soumis à ces règles, étant relevé toutefois que les amortissements donnent lieu à quelques spécificités. La déduction des amortissements de biens donnés en location meublée est soumise aux limites fixées par l'article 39 C du CGI. Les biens donnés en location, ou mis à disposition sous toute autre forme, doivent être amortis sur leur durée normale d'utilisation et non en fonction de la durée de la location (ou de mise à disposition). En outre, en cas de location meublée d'un bien par une personne physique, le montant de l'amortissement de l'ensemble des biens (immeuble et meubles le garnissant) est admis en déduction du résultat imposable, au titre d'un même exercice, dans la limite du montant du loyer acquis, diminué du montant des autres charges afférentes à ces biens.

388 L'appréhension des loyers au sein de la catégorie des BIC ne fait pas du loueur en meublé un professionnel *ipso facto*. Pour être qualifié de loueur en meublé professionnel, il est nécessaire de répondre à des conditions spécifiques.

389 En l'occurrence, l'article 155 du CGI, depuis la loi de finances pour 2020, prévoit que la qualité de loueur en meublé professionnel suppose la réunion de deux conditions cumulatives, distinctes des BIC professionnels, au sens du droit commun. D'une part, le foyer fiscal doit retirer de l'activité de location meublée un montant de recettes supérieur à 23.000 € par an ; d'autre part, ce montant doit être supérieur à celui des revenus professionnels du foyer soumis à l'impôt sur le revenu. Le dépassement du seuil de recettes de 23.000 € s'apprécie en prenant en compte le montant brut des loyers courus de l'ensemble des membres du foyer fiscal, et cela sans retrancher les charges subies.

Au regard de l'impôt sur le revenu, le statut de loueur en meublé professionnel est donc indifférent à la situation éventuellement déficitaire de l'activité. Cette dernière ne remet pas en cause le statut de loueur en meublé professionnel, y compris s'il perçoit d'autres revenus professionnels, sous réserve que les loyers bruts atteignent le seuil de 23.000 € et soient d'un montant supérieur à celui des éventuels autres revenus professionnels.

390 Les loueurs en meublé professionnels sont soumis au régime des plus-values professionnelles sur la cession des locaux mis en location, dès lors que l'actif loué est une immobilisation. Du fait de l'exercice à titre professionnel de leur activité, les loueurs en meublé peuvent également bénéficier de différents régimes de faveur applicables aux plus-values dans le cadre de la fiscalité des entreprises.

section 2

Les bénéfices non commerciaux

L'étude des *bénéfices non commerciaux (BNC)*[Q] implique de délimiter leur champ 391 ■
d'application (§1) avant d'aborder les modalités d'imposition (§2).

§ 1 Le champ d'application

Les bénéfices non commerciaux (BNC) peuvent être rangés en trois groupes : 392 ■

- les bénéfices des professions libérales proprement dites ;
- les produits des charges et offices ;
- les profits ne relevant d'aucune autre catégorie.

Les professions libérales sont celles où l'activité intellectuelle joue le rôle principal et 393 ■
qui consistent en la pratique personnelle d'une science ou d'un art que l'intéressé exerce en toute indépendance. Exemples : médecins, chirurgiens, chirurgiens-dentistes, sages-femmes, pédicures, masseurs-kinésithérapeutes, vétérinaires, avocats, experts-comptables, etc.

La jurisprudence et l'administration s'accordent pour considérer que l'activité exer- 394 ■
cée revêt un caractère commercial sur le plan fiscal lorsque l'importance de la main-d'œuvre employée, les moyens matériels utilisés et les capitaux investis est telle que l'activité procède plus d'une spéculation sur ces différents éléments que de l'exercice d'un art ou d'une science.

L'article 92 du CGI assimile à des bénéfices non commerciaux les profits provenant de 395 ■
« toutes occupations, exploitations lucratives et sources de profits ne se rattachant pas à une autre catégorie de bénéfices ou de revenus ». Cette règle conduit à taxer dans la catégorie des BNC, les revenus de professions ou activités très diverses (agents commerciaux, gérants libres de succursales, prêtres catholiques, guérisseurs, cartomanciennes, gourous, etc.).

Le Code général des impôts range expressément certains profits dans la catégorie des 396 ■
bénéfices non commerciaux, tout en prévoyant des modalités spécifiques d'imposition pour certains d'entre eux. Il en est ainsi : des droits d'auteur perçus par les écrivains et compositeurs ou par leurs héritiers ou légataires (CGI, art. 92, 2-2°) ; des produits de la propriété industrielle (brevets, procédés, marques, etc.) perçus par les inventeurs (CGI, art. 92, 2-3°) ; des opérations de bourse effectuées dans des conditions caractérisant l'exercice d'une activité professionnelle (CGI, art. 92, 2-1°) ; des sommes et indemnités perçues par les juges et arbitres sportifs (CGI, art. 92, 2-6°). En outre, à compter du 1er janvier 2023, les produits des opérations d'achat, de vente et d'échange d'actifs numériques effectuées dans des conditions analogues à celles qui caractérisent une activité exercée par une personne se livrant à titre professionnel à ce type d'opérations relèveront également des bénéfices non commerciaux (CGI, art. 92, 2-1° *bis*). Les contours des bénéfices non commerciaux ne s'arrêtent pas là. Par exemple, les sommes perçues en contrepartie de l'autorisation donnée d'utiliser un

nom patronymique, qui ne peuvent être imposées dans la catégorie des bénéfices industriels ou commerciaux puisqu'il ne s'agit pas de la cession d'une marque commerciale ou d'un nom commercial, sont par soustraction imposées dans la catégorie des bénéfices non commerciaux (CE 17 oct. 2008, *M. et Mme Albert*).

■ 397 Enfin, selon l'article 92, 1 du CGI selon lesquelles « sont considérés comme provenant de l'exercice d'une profession non commerciale ou comme revenus assimilés aux bénéfices non commerciaux, les bénéfices (...) de toutes occupations, exploitations lucratives et sources de profit ne se rattachant pas à une autre catégorie de bénéfices ou de revenus ». Ces dispositions instituent ainsi une espèce de catégorie résiduelle d'imposition à laquelle il convient de rattacher les profits qui, d'une part, excédant la gestion d'un patrimoine privé, ont un caractère professionnel, mais qui, d'autre part, ne peuvent pour autant être rattachés à une catégorie d'imposition précise de revenus professionnels.

■ 398 Un arrêt récent du Conseil d'État montre parfaitement l'articulation des différentes catégories de revenus, mais aussi les angles morts de l'impôt sur le revenu. Dans cette affaire, une personne trouve un ticket gagnant au loto et parvient à le céder à son propriétaire. Un tel ticket ne peut donner lieu au versement du gain qu'au profit de celui qui l'a validé : celui qui trouve un tel trésor ne peut en profiter, sauf à retrouver le véritable propriétaire. Précisément, le juge décide dans cette affaire que l'indemnité perçue par un contribuable en échange de la remise matérielle du reçu gagnant au joueur ayant validé le ticket, qui l'avait égaré, ne constitue pas la contrepartie de la cession dudit ticket, ou d'un droit relatif à celui-ci, pour en déduire que cette somme ne pouvait être regardée comme une plus-value de cession taxable sur le fondement de l'article 150 UA du CGI. La simple détention d'un ticket gagnant au loto ne confère aucun droit à son porteur lorsque celui-ci n'a pas la qualité de joueur effectif. Faute de céder un droit, la plus-value n'est pas taxable. En outre, cette somme ne peut davantage être imposée dans la catégorie des bénéfices non commerciaux, dès lors que le profit en cause est purement accidentel et par nature insusceptible de se renouveler (CE 27 mai 2020, n° 434067).

■ 399 Par ailleurs, à l'image de ce qui est prévu en matière de bénéfices industriels et commerciaux et conformément aux dispositions de l'article 155, I du Code général des impôts, lorsqu'un professionnel libéral réalise des opérations commerciales ou agricoles à titre accessoire, entrant normalement dans la catégorie des bénéfices industriels et commerciaux ou des bénéfices agricoles, il est tenu compte de ces résultats pour la détermination de ses bénéfices non commerciaux, si ces opérations sont une simple extension de son activité libérale prépondérante.

§ 2 Les modalités d'imposition

■ 400 Comme en matière de bénéfices industriels et commerciaux, l'imposition des bénéfices non commerciaux implique de délimiter les actifs et les passifs liés à l'activité. Les biens qui relèvent par nature de l'activité doivent ainsi être inscrits sur le registre des immobilisations. En ce domaine, le principe de la liberté d'affectation comptable est quelque peu aménagé. Si, en matière de bénéfices industriels et commerciaux, les entrepreneurs peuvent maintenir dans leur patrimoine privé un bien utilisé pour leur activité professionnelle ou au contraire, comprendre dans leur patrimoine professionnel un bien provenant de patrimoine privé et qui n'est pas utilisé pour l'activité professionnelle, il n'en est pas de même en matière de bénéfices non commerciaux. Pour ces derniers, un actif qui n'est pas utile pour l'activité professionnelle ne peut pas être inclus dans le patrimoine professionnel (CE 28 nov. 1990, n° 55861, *Korber*). Concrètement, un médecin doit affecter à son activité les biens qui relèvent par nature de celle-ci (ex. matériel professionnel) et peut inscrire à son actif les biens seulement utiles à l'exercice de sa profession (ex. immeuble), ce qui implique une appréciation au cas par cas. À titre d'exemple, le médecin qui détient des parts de la société exploitant la clinique dans lequel il exerce sa profession n'est tenu d'inscrire celle-ci à son actif professionnel que si cette détention est imposée par les règles appliquées par la clinique (statuts ou règlement intérieur) et constitue une condition nécessaire à l'exercice de sa profession au sein de celle-ci.

Les contribuables exerçant une activité relevant des bénéfices non commerciaux relèvent d'une comptabilité de caisse (sauf option pour la comptabilité d'engagement). Aussi, les recettes professionnelles à prendre en compte s'entendent des sommes effectivement encaissées, ou mises à la disposition du contribuable, au cours de l'année d'imposition. Les recettes comprennent non seulement les sommes perçues en rémunération des services rendus (honoraires, commissions, vacations, etc.), mais aussi les remboursements de frais ainsi que des profits divers. 401 ■

Les dépenses professionnelles déductibles sont celles qui ont été effectivement payées au cours de l'année d'imposition. Pour être admises en déduction du bénéfice, les dépenses doivent être nécessaires à l'exercice de la profession ou, de façon plus générale, par l'acquisition du revenu. Ni les dépenses de caractère personnel (exemples : loyers d'appartements privés, dépenses de maison, amendes pénales), ni les dépenses qui résultent d'opérations étrangères à l'exercice normal de l'activité ne peuvent être admises en déduction. 402 ■

En outre, le patrimoine des contribuables soumis au régime de la déclaration contrôlée comprend trois sortes de biens : les biens affectés par nature à l'exercice de la profession ; les biens utilisés pour l'exercice de la profession sans y être affectés par nature (immeubles, installations et agencements non spécifiques, véhicules, droit au bail, etc.) ; les biens non utilisés pour les besoins de l'activité. Seules les deux premières catégories de biens doivent dans le premier cas ou peuvent dans le second cas figurait sur le registre des immobilisations. 403 ■

Comme pour les entreprises relevant du régime des bénéfices industriels et commerciaux (v. ss 549), les activités relevant des bénéfices non commerciaux peuvent bénéficier du régime des micro-entreprises. Ainsi, pour les entreprises dont les recettes ne dépassent pas 77.700 €, les frais déductibles sont fixés forfaitairement à 34 %. Les entreprises éligibles peuvent toutefois opter pour le régime de la déclaration contrôlée qui leur permet de déduire l'intégralité de leurs frais réels, sous réserve d'obligations comptables plus importantes. 404 ■

section 3

Les bénéfices agricoles

405 L'étude des *bénéfices agricoles (BA)*[Q] implique de délimiter leur champ d'application (§1) avant d'aborder les modalités d'imposition (§2).

§ 1 Le champ d'application

406 Aux termes de l'article 63 du Code général des impôts, sont considérés comme bénéfices agricoles, pour l'application de l'impôt sur le revenu, les revenus que l'exploitation des biens ruraux procure soit aux fermiers, métayers, colons paritaires, soit aux propriétaires exploitant eux-mêmes (faire-valoir direct).

407 Si l'exploitation est assurée par un fermier (dans le cadre d'un bail à fermage), seul ce dernier a la qualité d'agriculteur, le propriétaire étant de son côté imposé dans la catégorie des revenus fonciers à raison des fermages qu'il perçoit.

408 Si l'exploitation est assurée par un métayer, le bailleur et le métayer sont personnellement imposés pour la part de revenu imposable revenant à chacun d'eux proportionnellement à leur participation dans les bénéfices ou dans les produits.

409 D'une manière générale, les bénéfices de l'exploitation agricole comprennent les profits résultant pour l'exploitant de la vente (ou de la consommation) des produits de tous terrains propres à la culture et des produits de l'élevage. C'est ainsi que toute personne qui obtient des produits au cours ou à la fin d'un cycle de production végétal ou animal exerce en principe une activité de nature agricole.

410 Les recettes à retenir s'entendent des sommes encaissées au cours de l'année civile dans le cadre de l'exploitation, augmentées de la valeur des produits prélevés dans l'exploitation et alloués soit au personnel salarié, soit au propriétaire du fonds en paiement du fermage.

§ 2 Les modalités d'imposition

411 Le Code général des impôts pose le principe de l'inscription obligatoire à l'actif du bilan des immeubles bâtis ou non bâtis appartenant à l'exploitant et affectés à l'exploitation. Il autorise toutefois les exploitants à conserver les terres dans leur patrimoine privé, sur option expresse de leur part.

412 Les autres biens peuvent, au choix de l'exploitant, être inscrits ou non à l'actif. Ceux qui sont affectés par nature à l'exercice de la profession font toutefois nécessairement partie de l'actif professionnel, qu'ils soient, ou non, inscrits au bilan : tel est le cas, par exemple, du fonds agricole créé par l'exploitant tel qu'il est défini à l'article L. 311-3

du Code rural. Ce fonds est composé des éléments mobiliers corporels et incorporels qui peuvent faire l'objet d'une cession et qui sont nécessaires à l'exploitation agricole.

Comme en matière de bénéfices industriels et commerciaux, il existe trois modes d'imposition des bénéfices agricoles : le régime micro, le bénéfice du réel simplifié et le régime du bénéfice réel normal. Leur champ d'application dépend normalement du montant des recettes de l'exploitation, mais les contribuables peuvent renoncer au régime dont ils relèvent de plein droit et opter pour un régime réel. 413 ■

Le régime micro s'applique de plein droit aux exploitants dont la moyenne des recettes des deux années précédentes n'excède pas 91.900 €, lorsqu'ils ne sont pas expressément exclus de ce régime et n'optent pas pour le régime réel. 414 ■

Le régime simplifié s'applique de plein droit, sauf option pour le régime réel normal, lorsque la moyenne des recettes des deux années précédentes est supérieure à 91.900 € et n'excède pas 391.000 €. 415 ■

Au-dessus de 391.000 € de recettes moyennes, le régime réel normal est obligatoirement applicable à compter du premier exercice suivant la période triennale de référence. 416 ■

L'adhésion à un centre de gestion agréé permet d'éviter une majoration de 25 % du revenu imposable. 417 ■

Lorsque les opérations de l'exercice font ressortir un résultat fiscal déficitaire, deux situations peuvent se présenter : 418 ■

- si les revenus nets d'autres sources perçus par l'exploitant n'excèdent pas une limite 119.675 € pour l'imposition des revenus de 2022, le déficit agricole est imputable sur le revenu global dans les conditions de droit commun ;
- si la limite de 119.675 € est dépassée, le déficit peut seulement être déduit des bénéfices agricoles des six années suivantes.

section 4

L'option des entreprises individuelles pour l'impôt sur les sociétés

L'article 1655 *sexies* du CGI permet aux entrepreneurs individuels, ayant une activité relevant des bénéfices industriels et commerciaux, des bénéfices non commerciaux ou des bénéfices agricoles d'opter pour leur assimilation fiscale à une entreprise unipersonnelle à responsabilité limitée (EURL) ou à une entreprise agricole à responsabilité limitée (EARL), le cas échéant. D'un point de vue fiscal, l'entrepreneur tient donc lieu d'associé unique, sans avoir créé un être possédant la personnalité morale. Cette option en faveur de l'impôt sur les sociétés ne concerne que les entrepreneurs relevant d'un régime réel d'imposition et non ceux du régime des micro-entreprises 419 ■

(micro-BIC, micro-BNC et micro-BA), et elle est révocable les cinq premières années, avant de devenir définitive. La révocation peut notamment avoir du sens pour un entrepreneur dont l'activité se révélerait déficitaire. En effet, revenir à l'impôt sur le revenu permet d'imputer les déficits subis sur le revenu global du foyer fiscal et sortir d'un report des déficits sur les seuls résultats de l'activité.

Dans le cadre de l'impôt sur les sociétés, la rémunération du dirigeant est déductible du résultat imposable, tandis que les prélèvements de l'exploitant individuel ne le sont pas dans le cadre de l'impôt sur le revenu (CGI, art. 38). Ce qui laisse augurer un résultat moins élevé, lorsque l'entreprise relève de l'impôt sur les sociétés et donc un avantage supplémentaire, outre le taux d'imposition, pour ce dernier régime fiscal. Néanmoins, dans cette configuration, les rémunérations versées à l'exploitant individuel sont taxables au titre des traitements et salaires. En effet, l'exploitant individuel est assimilé à un gérant majoritaire de SARL pour lequel les rémunérations relèvent de l'article 62 du CGI, qui lui-même renvoie au régime des traitements et salaires. Aussi, le gain lié à un taux d'imposition moindre des bénéfices tirés de l'activité sera quelque peu amoindri, en cas de rémunération versée au titre des fonctions de gestion et de direction.

En outre, si l'exploitant opte pour l'impôt sur les sociétés, il subira également une imposition sur les sommes qui lui seront distribuées, au titre des distributions de bénéfices. En d'autres termes, à l'impôt sur les sociétés frappant les bénéfices de son activité, s'ajoutera une taxation sur les distributions réalisées à son profit. Une telle distribution relève en effet du régime des capitaux mobiliers (tout comme les dividendes au sens strict du terme dans les structures sociétaires), soit une imposition au prélèvement forfaitaire unique (également appelé « *flat tax* », soit 12,8 % d'impôt sur le revenu et 17,2 % de prélèvements sociaux), sauf option pour le barème progressif (laquelle donne droit à un abattement de 40 %).

4

Compléments pédagogiques

Mémo

Le domaine des bénéfices industriels et commerciaux est déterminé à l'article 34 du Code général des impôts. C'est ainsi que toute personne réalisant des actes de commerce à titre de profession habituelle est soumise au régime des bénéfices industriels et commerciaux. Ce régime fiscal s'étend également aux activités artisanales.

L'article 35 du Code général des impôts assimile certaines activités à des activités commerciales. Autrement dit, le législateur attrait dans le champ d'application des bénéfices industriels et commerciaux des activités qui ne seraient pas imposables par nature.

L'article 155 du Code général des impôts étend le régime des bénéfices industriels et commerciaux aux activités accessoires.

Les déficits des activités exercées à titre professionnel sont soumis aux dispositions du I de l'article 156 du CGI. Précisément, ils sont imputables sur le revenu global du foyer fiscal sans limitation.

En revanche, en application du 1° *bis* du I de l'article 156 du CGI, les déficits des activités industrielles et commerciales exercées à titre non professionnel sont imputables seulement sur les bénéfices réalisés dans le cadre de cette même activité ou des autres activités exercées à titre non professionnel au cours de la même année ou des six années suivantes.

Les bénéfices non commerciaux peuvent être rangés en trois groupes :

- les bénéfices des professions libérales proprement dites ;
- les produits des charges et offices ;
- les profits ne relevant d'aucune autre catégorie.

Les contribuables exerçant une activité relevant des bénéfices non commerciaux relèvent d'une comptabilité de caisse (sauf option pour la comptabilité d'engagement). Aussi, les recettes professionnelles à prendre en compte s'entendent des sommes effectivement encaissées, ou mises à la disposition du contribuable, au cours de l'année d'imposition. Les dépenses professionnelles déductibles sont celles qui ont été effectivement payées au cours de l'année d'imposition.

Sont considérés comme bénéfices agricoles, pour l'application de l'impôt sur le revenu, les revenus que l'exploitation des biens ruraux procure soit aux fermiers, métayers, colons paritaires, soit aux propriétaires exploitant eux-mêmes (faire-valoir direct). D'une manière générale, les bénéfices de l'exploitation agricole comprennent les profits résultant pour l'exploitant de la vente (ou de la consommation) des produits de tous terrains propres à la culture et des produits de l'élevage. C'est ainsi que toute personne qui obtient des produits au cours ou à la fin d'un cycle de production végétal ou animal exerce en principe une activité de nature agricole.

Comme pour les entreprises relevant du régime des bénéfices industriels et commerciaux, les activités relevant des bénéfices non commerciaux peuvent bénéficier du régime des micro-entreprises. Ainsi, pour les entreprises dont les recettes ne dépassent pas 72 600 €, les frais déductibles sont fixés forfaitairement à 34 %.

Comme en matière de bénéfices industriels et commerciaux, il existe trois modes d'imposition des bénéfices agricoles : le régime micro (recettes inférieures à 85 800 €), le bénéfice du réel simplifié et le régime du bénéfice réel normal. Leur champ d'application dépend normalement du montant des recettes de l'exploitation, mais les contribuables peuvent renoncer au régime dont ils relèvent de plein droit et opter pour un régime réel.

Quid

■ Bénéfices industriels et commerciaux (BIC) **n° 369**

Catégorie de revenus soumise à l'impôt sur le revenu et regroupant les activités commerciales ou assimilées comme telles (CGI, art. 34 et 35).

■ Bénéfices non commerciaux (BNC) **n° 391**

Catégorie de revenus soumise à l'impôt sur le revenu et regroupant les activités non commerciales, les professions libérales ainsi que les activités ne relevant d'aucune autre activité.

■ Bénéfices agricoles (BA) **n° 405**

Catégorie de revenus soumise à l'impôt sur le revenu et regroupant les activités d'exploitation des biens ruraux.

Document

CE 28 déc. 2012, *SCI Le Mas des* Sources, n° 347607

[...] Une société civile donnant à plusieurs reprises en location des locaux garnis de meubles doit être regardée comme exerçant une activité commerciale au sens de l'article 34 du Code général des impôts et, par suite, est passible de l'impôt sur les sociétés, quelle que soit la durée de location. [...]

Biblio

- CE 16 mai 2012, n° 323079, *Dr. fisc.* 2012, comm. 380, note L. Chatain et CE 16 févr. 2014, n° 362368.
- R. Vabres, « Ubérisation de l'économie et droit fiscal », *Dalloz IP/IT* 2017. 375.

Quiz

1) Sujet corrigé

Cas pratique

M. Michel exerce une activité de vente de logiciels informatiques à titre individuel qu'il acquiert auprès d'un grossiste spécialisé. Parallèlement à celle-ci, il développe également une activité de conseil pour la création de sites Internet. Ne disposant d'aucun salarié pour ces deux activités, M. Michel dispose d'un local d'exploitation dont il est locataire au sein duquel il reçoit ses clients et fournit ses différentes prestations.

Au titre de l'exercice 2022, seulement 30 % du bénéfice de Monsieur Michel provenait de son activité de conseil. Au titre de l'exercice 2023, il se pourrait en revanche que ce pourcentage passe à 60 %.

M. Michel souhaite savoir dans quelle catégorie de revenus ses bénéfices seront imposés au titre de chacun des deux exercices. En outre, il se demande si la création d'une société pour exercer ces deux activités changerait quelque chose d'un point de vue fiscal.

Voir le corrigé en fin de rubrique.

2) Corrigé

Cas pratique

M. Michel est un exploitant individuel dont les activités relèvent de l'impôt sur le revenu. Il faut toutefois déterminer de quelles catégories relèvent les revenus engendrés par ces activités.

L'activité de ventes de logiciels informatiques est une activité commerciale dès lors qu'elle consiste à acheter en vue de revendre dans le cadre d'une profession exercée à titre habituel. Les revenus engendrés par cette activité relèvent donc des bénéfices industriels et commerciaux (CGI, art. 34).

L'activité de conseil pour la création de sites Internet est une prestation de services de nature intellectuelle et ne peut donc être considérée comme étant commerciale. Elle relève donc des bénéfices non commerciaux (CGI, art. 92).

Théoriquement, les deux activités relèvent donc de catégories différentes.

Il faut toutefois se demander ici s'il n'est pas possible de regrouper l'intégralité des revenus dans la même catégorie.

En effet, le 1 du I de l'article 155 du CGI trouve à s'appliquer dès lors que les opérations agricoles ou non commerciales effectuées à titre complémentaire ou accessoire peuvent être considérées comme une simple extension de l'activité industrielle ou commerciale. En d'autres termes, cette disposition n'est applicable qu'aux contribuables qui se livrent à des opérations relevant en principe de catégories différentes mais constituant, en fait, l'exploitation d'une seule et même entreprise dans laquelle l'objet industriel et commercial est prédominant.

En l'espèce, pour que le texte trouve à s'appliquer, il est nécessaire que l'activité commerciale soit prépondérante pour que l'activité accessoire soit taxée dans la catégorie des bénéfices industriels et commerciaux. En outre, l'activité non commerciale doit être dans le prolongement de l'activité principale, ce qui semble être le cas en l'espèce dès lors que les deux activités relèvent du secteur informatique et que certains logiciels sont commercialisés en vue de la création de sites internet.

Symétriquement, et en vertu du 2 du I de l'article 155 du CGI, les profits retirés d'une activité commerciale exercée accessoirement à la profession non commerciale sont soumis à l'impôt sur le revenu au titre des bénéfices non commerciaux.

Les revenus relèveront donc de la catégorie des bénéfices industriels et commerciaux si l'activité commerciale est prépondérante et de la catégorie des bénéfices non commerciaux, si c'est l'activité non commerciale qui est prépondérante.

S'agissant de la création d'une société, il faut distinguer deux éléments. D'une part, il faut se demander si la création de cette nouvelle entité engendre ou non en soi des conséquences fiscales. La réponse est positive : l'apport est un fait générateur de plus-value. La loi prévoit toutefois des réponses spécifiques en cas d'apport d'une entreprise individuelle à une société (CGI, art. 151 *octies*, v. ss 599). D'autre part, la fiscalité des activités exercées au sein de la société va dépendre du point de savoir si la nouvelle personne morale sera translucide (dans ce cas on appliquera les règles de l'impôt sur le revenu) ou opaque (dans ce cas on appliquera les règles de l'impôt sur les sociétés). Dans le cadre de l'impôt sur les sociétés, toutes les activités sont appréhendées de la même façon (sans distinction de catégories). Par ailleurs, depuis l'adoption de la loi de finances pour 2022, les entrepreneurs individuels, dénués par nature de structure sociétaire, peuvent relever de l'impôt sur les sociétés (v. ss 419).

chapitre

5

Les produits imposables et les charges déductibles des entreprises commerciales

Plan analytique

section 1

La définition du résultat imposable

section 2

Les règles communes aux produits et aux charges

§ 1 La théorie du bilan et le principe de la liberté d'affectation comptable

§ 2 La neutralisation des effets de la théorie du bilan

A. Les règles

B. L'illustration : les revenus immobiliers et les produits financiers

§ 3 La comptabilisation des opérations

A. Le principe de la comptabilité d'engagement

B. La comptabilisation des ventes et des prestations de services

C. Le passage du résultat comptable au résultat imposable

D. La vérification et la rectification de la comptabilité de l'entreprise

section 3

La délimitation des produits imposables

§ 1 Le chiffre d'affaires réalisé sur les ventes et prestations de services

§ 2 Les stocks et travaux en cours

A. Les stocks

B. Les travaux en cours

§ 3 Les subventions

§ 4 Les indemnités

section 4

La détermination des charges déductibles

A. Les frais généraux

B. Les dépréciations et provisions

C. Les amortissements

section 5

La détermination du résultat imposable

§ 1 La prise en compte de l'exercice comptable

§ 2 Les méthodes d'évaluation du résultat

§ 3 L'adhésion à un centre de gestion agréé

Compléments pédagogiques

Les produits imposables et les charges déductibles des entreprises commerciales

Le résultat imposable des entreprises commerciales résulte de la différence entre les produits imposables et les charges admises en déduction (section 1). Certaines règles sont communes aux produits comme aux charges (section 2). En revanche, les uns comme les autres obéissent aussi à des règles qui leur sont propres. Il faut donc les aborder séparément, tant pour les produits (section 3) que pour les charges (section 4). La détermination du résultat imposable est également liée à des règles particulières liées à la tenue d'une comptabilité (section 5). 420

section 1

La définition du résultat imposable

L'article 38, 1 du CGI indique que « le bénéfice imposable est le bénéfice net, déterminé d'après les résultats d'ensemble des opérations de toute nature effectuées par les entreprises, y compris notamment les cessions d'éléments quelconques de l'actif, soit en cours, soit en fin d'exploitation ». La définition est fondamentale car elle met en évidence l'approche extensive des opérations prises en compte : la loi vise les opérations de toute nature qu'il s'agisse de l'activité courante de l'entreprise ou d'une activité plus exceptionnelle (comme par exemple la cession d'un élément de l'actif immobilisé). 421

L'article 38, 2 du CGI définit ensuite le bénéfice net, c'est-à-dire « la différence entre les valeurs de l'actif net à la clôture et à l'ouverture de la période dont les résultats doivent servir de base à l'impôt diminuée des suppléments d'apport et augmentée des prélèvements effectués au cours de cette période par l'exploitant ou par les associés. L'actif net s'entend de l'excédent des valeurs d'actif sur le total formé au passif par les créances des tiers, les amortissements et les provisions justifiés ». Cet alinéa est tout aussi primordial que le précédent. Lorsqu'un exploitant individuel ou un associé fait un nouvel apport, il provoque une variation positive de l'actif net. Toutefois, celle-ci ne sera pas taxée, la loi écartant de la détermination du résultat imposable « les suppléments d'apport ». À l'inverse, tous les prélèvements effectués par l'exploitant individuel ou les distributions opérées au profit des associés entraînent une diminution de l'actif net, mais pas une diminution du résultat imposable (« augmentée des prélèvements »). 422

L'article 38 CGI donne en réalité deux définitions du bénéfice imposable. Dans son premier alinéa, l'article 38 fait référence à l'analyse du compte de résultat de l'entreprise qui relate toutes les opérations réalisées par l'entreprise au cours de 423 l'exercice. Dans le second alinéa, l'article 38 CGI fait référence au bilan et précisément à la différence de valeur existant entre l'ouverture et la clôture de l'exercice. Il s'agit ici d'appliquer la théorie du bilan qui se fonde sur la comparaison de deux exercices successifs.

section 2

Les règles communes aux produits et aux charges

424 Les règles communes aux produits et aux charges résultent pour l'essentiel de la théorie du bilan (§1) et de la neutralisation des effets produits par celle-ci (§2). La comptabilisation des opérations (§3) se réalise également de la même façon que l'entreprise soit créancière (c'est la comptabilisation d'un produit) ou débitrice (c'est la comptabilisation d'une charge).

§ 1 La théorie du bilan et le principe de la liberté d'affectation comptable

425 Le contribuable qui exploite une activité relevant des bénéfices industriels et commerciaux est en principe libre d'inscrire au sein de son patrimoine professionnel les actifs et les dettes de son choix. Dès lors que l'exploitant a décidé d'inscrire un bien (ou une dette) au bilan comptable de son entreprise, il prend une décision de gestion qui lui est opposable. Tous les revenus issus du bien inscrit au bilan vont constituer des revenus à déclarer dans la catégorie des bénéfices industriels et commerciaux. Plus généralement, tous les produits et les charges relatifs au bien considéré seront pris en compte dans le calcul du bénéfice industriel et commercial. L'inscription au bilan permet donc de définir les revenus et les charges provenant du « patrimoine professionnel » de l'exploitant (même s'il n'a qu'un seul patrimoine, au sens juridique).

426 Toutefois, certains éléments indispensables au fonctionnement de l'exploitation de l'entreprise sont considérés comme faisant partie intégrante de l'entreprise, même s'ils ne sont pas inscrits au bilan (ex. fonds de commerce ; droit au bail ; licence de débit de boissons).

427 En outre, la théorie du bilan et le principe de la liberté d'affectation comptable ne trouvent à jouer qu'en présence d'un contribuable qui relève d'un régime réel d'imposition, pour lequel des documents comptables doivent justement être produits. Le micro-entrepreneur n'est donc pas concerné (v. ss 549).

§ 2 La neutralisation des effets de la théorie du bilan

Le principe de la liberté d'affectation peut être une source d'optimisation fiscale : inscrire au bilan de l'entreprise individuelle un bien qui engendre des charges permet de réduire le montant du bénéfice imposable et cela alors même que ce bien n'est pas nécessaire à l'activité concernée. Aussi, pour lutter contre les effets d'aubaine inhérents à la liberté d'affectation comptable, le législateur a fixé des règles visant à les neutraliser (A). Un exemple permettra de mieux cerner leur portée (B). 428 ■

A. Les règles

La neutralisation des effets de la théorie du bilan concerne les entreprises relevant de l'impôt sur le revenu au titre des bénéfices industriels et commerciaux ou des bénéfices agricoles, mais non celles relevant des bénéfices non commerciaux. 429 ■

L'entrepreneur individuel titulaire de bénéfices industriels et commerciaux ou de bénéfices agricoles demeure libre d'inscrire comptablement l'ensemble de ses biens à l'actif de son bilan. Toutefois, les charges qui ne sont pas nécessitées par l'exercice de l'activité à titre professionnel et les produits qui ne proviennent pas de l'exercice de cette activité sont « extournés » pour la détermination du résultat fiscal professionnel. Le terme est un peu barbare, mais il se comprend bien : ce qui n'est pas nécessaire à l'activité doit être écarté du calcul du résultat imposable. Concrètement, cela signifie que les produits et les charges provenant d'un bien non nécessaire à une activité donnent lieu à un traitement extra-comptable (les produits sont déduits extra-comptablement et les charges sont réintégrées extra-comptablement). Ce dernier ne signifie pas que les produits concernés échapperont à l'impôt. Produits et charges sortent de la catégorie des bénéfices industriels et commerciaux pour intégrer la catégorie de revenus correspondant à leur nature. 430 ■

Par exemple, un exploitant qui inscrit à son bilan des actions d'une société cotée acquises dans un but purement patrimonial ne pourra pas imputer sur son résultat professionnel les charges financières afférentes aux emprunts contractés pour leur acquisition. Corrélativement, les dividendes versés aux titulaires de ces actions ne relèvent pas des bénéfices industriels et commerciaux, mais de la catégorie des revenus des capitaux mobiliers. Ils seront donc taxés conformément aux règles applicables à cette catégorie. v. ss 263. 431 ■

La neutralisation des effets de la théorie du bilan n'a pas une portée générale et absolue. Elle ne s'applique pas aux revenus réputés accessoires en raison de leur montant (CGI, art. 155, III). Les produits sont réputés accessoires par rapport à l'activité de l'entreprise et restent donc imposables au titre des bénéfices industriels et commerciaux, sans requalification possible, s'ils n'excèdent pas 5 % de l'ensemble des produits de l'exercice ou 10 % de ces mêmes produits si la condition de 5 % était satisfaite au titre de l'exercice précédent. Lorsque les produits respectent le seuil de tolérance, les charges sont déductibles à hauteur des produits. 432 ■

Cette règle de tolérance de 5 % est toutefois subordonnée à une option expresse du contribuable. À défaut d'option (pour chaque exercice), les produits et charges en cause sont intégralement exclus des bénéfices industriels et commerciaux. 433 ■

B. L'illustration : les revenus immobiliers et les produits financiers

434 Un entrepreneur individuel, imposé au titre des bénéfices industriels et commerciaux (régime réel), exerce une activité de vente de marchandises ainsi qu'une activité agricole exercée à titre professionnel accessoire au sens de l'article 155, I-1 du Code général des impôts.

435 Il acquiert, au titre de l'exercice 2021 un immeuble non équipé qu'il loue à un tiers pour un loyer annuel de 12.000 € et qu'il inscrit à l'actif de son bilan. Le montant total des charges afférentes à cet immeuble (emprunt, impôts, assurance) au titre de l'exercice est de 9.000 €.

436 Au titre de l'exercice 2021, l'entrepreneur vend pour 200.000 € de marchandises (BIC) et réalise un chiffre d'affaires de 20.000 € dans le cadre de son activité agricole.

437 Les produits tirés de l'immeuble représentent 4,76 % de l'ensemble des produits de l'entrepreneur, toutes activités comprises : 12.000 / (220.000 + 20.000 + 12.000) = 4,76 %.

438 Les produits de location de l'immeuble (12.000 €) sont donc pris en compte pour déterminer son résultat professionnel. Les charges afférentes à cet immeuble le sont également à hauteur du montant de ces produits, soit ici dans leur intégralité, 9.000 € (si les charges avaient été d'un montant de 15.000 €, elles n'auraient pu être prises en compte qu'à hauteur des produits, soit 12.000).

439 Au titre de l'exercice suivant (2022), les produits de l'activité de vente s'élèvent seulement à 105.000 € et les produits de l'activité agricole sont de 15.000 €. L'entrepreneur vend une partie de son équipement professionnel dédié à son activité BIC et constate une plus-value de cession de 18.000 €. Les charges afférentes à l'immeuble donné en location sont de 14.000 € au total au titre de l'exercice 2022.

440 Les loyers de location de l'immeuble, restés inchangés, représentent 12.000 / (105.000 + 15.000 + 12.000) = 9,09 % (la plus-value de cession n'est pas prise en compte). Dans la mesure où le seuil de 5 % n'a pas été dépassé lors de l'exercice précédent, ces loyers sont inclus dans le résultat professionnel de l'exercice (ils ne dépassent pas le seuil de 10 % pour l'exercice concerné).

441 Les charges afférentes à cet immeuble le sont également à hauteur du montant de ces produits, soit ici à hauteur de 12.000 €. Le surplus de 2.000 € est « extourné » du bénéfice imposable au titre des BIC et soumis aux règles relatives aux revenus fonciers (puisqu'il s'agit de la location d'un immeuble non équipé).

442 Si, au titre de l'exercice N + 2, les produits non professionnels sont à nouveau supérieurs à 5 %, ils seront intégralement pris en compte au titre des revenus fonciers tout comme les charges correspondantes.

§ 3 La comptabilisation des opérations

Une entreprise est imposée si elle réalise un bénéfice qui elle-même implique que les produits soient supérieurs aux charges. Encore faut-il déterminer les produits et les charges qu'il faut prendre en compte. Doit-on comptabiliser un produit imposable alors même que la prestation ou le bien fourni par l'entreprise n'a pas encore été payé ? 443 ■

Sur ce point, sur le fondement de l'article 38, 2 du Code général des impôts, le Conseil d'État décide de manière constante que le bénéfice net imposable est déterminé, en tenant compte non pas des seules opérations afférentes à la période d'imposition et qui ont fait l'objet d'un règlement au cours de cette période, mais de l'ensemble des produits définitivement acquis et des dépenses engagées ou, en d'autres termes, des créances et des dettes devenues certaines dans leur principe et dans leur montant au cours de la période considérée. C'est là retenir la comptabilité dite d'engagement par opposition à la comptabilité dite d'encaissement. Les entreprises relevant du régime des bénéfices industriels et commerciaux sont soumises à la comptabilité d'engagement, tandis que celles relevant des bénéfices non commerciaux relèvent d'une comptabilité de caisse (sauf exceptions). Il faut donc déterminer ce qu'implique le principe même de la comptabilité d'engagement (A) avant d'en mesurer les effets en matière de comptabilisation des ventes et des prestations de services (B). Une fois la comptabilité correctement établie, il est possible de déterminer le résultat imposable (C). 444 ■

A. Le principe de la comptabilité d'engagement

Une créance ne peut être considérée comme acquise (et donc être prise en compte pour déterminer le bénéfice imposable) que si elle est certaine dans son principe et déterminée dans son montant, même si le prix convenu n'est payable qu'ultérieurement. Une créance peut ainsi être considérée comme acquise indépendamment de la date de son exigibilité ou de son recouvrement. La comptabilité d'engagement est donc indifférente aux dates d'encaissement et de décaissement. 445 ■

Symétriquement, une dette peut être tenue pour certaine dans son principe, lorsque la créance née corrélativement dans le patrimoine de l'autre contractant est acquise à ce dernier ; autrement dit, lorsque les parties au contrat sont d'accord sur la chose (bien ou service) et sur le prix et que cet accord n'est subordonné à aucune condition. La dette peut être tenue pour déterminée, quant à son montant, lorsqu'elle peut être liquidée, c'est-à-dire quand elle est susceptible d'être chiffrée avec précision, compte tenu de l'ensemble des données qui sont connues à la date de l'estimation. Peu importe qu'elle ne soit pas encore exigible. 446 ■

B. La comptabilisation des ventes et des prestations de services

Conformément aux dispositions du 2 *bis* de l'article 38 du Code général des impôts, les produits correspondant à des créances sur la clientèle ou à des versements reçus à l'avance en paiement du prix doivent être rattachés à l'exercice au cours duquel intervient la livraison des biens pour les ventes ou opérations assimilées et, sauf exceptions, l'achèvement des prestations pour les fournitures de services. 447 ■

448 Pour les ventes, l'utilisation du critère de la livraison entraîne un certain nombre de conséquences :

- les acomptes versés avant la livraison ne sont pas pris en compte pour la détermination du résultat ;
- si la vente est assortie d'une condition suspensive, la vente ne sera rattachée qu'à l'exercice au cours duquel la condition se réalise ;
- à l'inverse, si la vente est assortie d'une condition résolutoire, la vente sera immédiatement comptabilisée.

449 Pour les prestations de services, le critère de rattachement est aussi l'exécution de l'obligation principale et précisément, l'achèvement de la prestation. Pour les prestations à exécution instantanée, un tel critère ne soulève pas de difficultés particulières. En revanche, les prestations à exécution successive posent davantage de problème (location, assurance, prêt, etc.) et ont conduit le législateur à prendre en compte l'exécution de la prestation et non son achèvement, pour les prestations continues et discontinues (CGI, art. 38, 2 *bis*).

Tableau - La comptabilisation des ventes et des prestations de services

Opérations	Exercice d'imposition
Fournitures de services (principe)	Achèvement de la prestation
Prestations continues (loyers, intérêts)	Rattachement à l'exercice au fur et à mesure de la prestation
Prestations discontinues	Rattachement à l'exercice de l'exécution de la prestation
Biens ou services en cours à la clôture de l'exercice	Comptabilisation au coût de revient (équilibre produits/charges)

C. Le passage du résultat comptable au résultat imposable

450 Le résultat fiscal est déterminé sur la base des documents comptables. La fiscalité a donc vocation à s'aligner sur la comptabilité, comme le rappelle l'article 38 *quater* de l'annexe III au Code général des impôts. Toutefois, de multiples règles fiscales tendent à corriger le résultat comptable. Un produit que la règle fiscale entend exonérer est un produit qu'il faut retirer du résultat comptable (déduction extra-comptable). À l'inverse, une charge pour laquelle la règle fiscale interdit toute déduction est une charge qu'il faut réintégrer dans le résultat comptable (réintégration extra-comptable).

451 L'ensemble des déductions extra-comptables et des réintégrations extra-comptables est mentionné dans la déclaration n° 2058-A.

D. La vérification et la rectification de la comptabilité de l'entreprise

La vérification de la comptabilité de l'entreprise peut conduire l'administration à opérer des rectifications qui vont le plus souvent consister à rehausser le résultat imposable et donc l'impôt. Toutefois, les prérogatives de l'administration ne sont pas sans limites et celle-ci n'est pas en mesure de remettre en cause toutes les décisions prises par le contribuable. Il est ici nécessaire de distinguer les erreurs comptables et les décisions de gestion (1). En outre, les corrections apportées par les services fiscaux obéissent en principe à des règles de symétrie (2) et à des règles de prescription (3). 452 ■

1. *Les erreurs comptables et les décisions de gestion*

La gestion d'une entreprise n'est pas une science exacte. La maîtrise des règles comptables, sociales, fiscales et juridiques peut constituer quelque chose d'insurmontable pour les chefs d'entreprise. S'ils sont mal conseillés ou s'ils ne disposent pas des ressources nécessaires, pour faire face à leurs obligations, le risque de subir un redressement fiscal est particulièrement élevé. Encore faut-il que l'erreur ne soit pas une manœuvre pour échapper à l'impôt. 453 ■

En la matière, il y a lieu de distinguer les erreurs comptables et les décisions de gestion. Il y a erreur en cas d'irrégularité, inexactitude ou omission qui résulte d'une appréciation purement objective de faits matériels et commise par un contribuable de bonne foi n'ayant pas la volonté d'influer sur la gestion de l'entreprise. À l'inverse, la décision de gestion vise l'hypothèse où en présence de plusieurs solutions comptables (ex. réévaluer ou non un actif), le contribuable a opté pour l'une d'elles. Lorsque le contribuable ne dispose pas d'une faculté de choix, la décision prise ne constitue pas une décision de gestion opposable à l'administration. Cette dernière ne peut remettre en cause en revanche les décisions de gestion prises régulièrement par les entreprises. Elle ne peut que réparer les manquements résultant soit d'erreurs, soit de décisions de gestion irrégulières. 454 ■

Quant aux contribuables, ils ne peuvent se prévaloir que des erreurs qu'ils ont commises de bonne foi à leur détriment ; ils ne sont pas admis à remettre en cause les décisions de gestion qu'ils ont prises et qui leur sont opposables, alors même qu'elles seraient irrégulières. Ils ne peuvent pas non plus obtenir la rectification des erreurs comptables délibérées. 455 ■

En revanche, en analysant les données comptables de l'entreprise, les agents des services fiscaux sont en droit, de relever les erreurs de fait ou de droit qui affectent le bilan de clôture d'une entreprise. La rectification de ces erreurs peut entraîner, soit une augmentation des comptes d'actif (immobilisations, stocks, liquidités, etc.), soit une réduction des comptes de passif (comptes de tiers, etc.) ou des comptes de charges venant en diminution des postes d'actif (provisions et amortissements). En tout état de cause, il en résulte un accroissement de l'actif net et donc un supplément d'impôt. 456 ■

C'est ainsi que l'inscription de titres de placement dans un compte de titres de participation constitue une erreur comptable qui peut être corrigée par l'administration 457 ■

ou le contribuable, sous réserve, dans ce dernier cas, qu'il ne s'agisse pas d'une erreur comptable délibérée, comme l'a rappelé le Conseil d'État (CE 29 mai 2017, *Sté Vivendi*, n° 405083).

2. *La correction symétrique du bilan*

■ 458 Certaines erreurs peuvent être commises au cours d'un exercice et continuer d'affecter les résultats des exercices ultérieurs. Autrement dit, une entreprise qui passe des charges par erreur et qui maintient celle-ci sur plusieurs exercices doit potentiellement voir son résultat être corrigé sur tous les exercices (CGI, art. 38, 4 *bis*).

■ 459 Or, le bénéfice imposable à l'impôt est constitué par la différence entre les valeurs de l'actif net à la clôture et à l'ouverture de l'exercice. Tout rehaussement affectant l'actif net à la clôture a donc pour effet de majorer le bénéfice. Tel sera le cas par exemple lorsque le vérificateur corrige une provision pour risques manifestement excessive. Pour éviter qu'un tel rehaussement ne dégage un bénéfice sans existence réelle sur tous les exercices concernés, la loi oblige l'administration, lorsqu'elle rectifie au bilan de clôture une erreur, génératrice d'une sous-estimation de l'actif net, à rectifier symétriquement le bilan d'ouverture de l'exercice, si la même erreur se retrouve dans ce bilan. Le vérificateur peut ainsi corriger plusieurs bilans en remontant dans le temps.

3. *Le délai de reprise et la règle d'intangibilité du bilan d'ouverture du premier exercice non prescrit*

■ 460 L'administration fiscale peut venir corriger en 2023 le bilan d'une entreprise pour les années 2020, 2021 et 2022. Pour les exercices antérieurs, l'administration n'a pas la possibilité de modifier le résultat fiscal d'une entreprise, sauf exceptions.

■ 461 Cependant, le mécanisme des corrections symétriques connaît une importante limite qui résulte de la règle d'intangibilité du bilan d'ouverture du plus ancien exercice non atteint par la prescription. C'est le Conseil d'État qui a d'abord établi cette règle avant qu'elle ne soit abandonnée par lui pour finalement être reprise par la loi (CGI, art. 38, 4 *bis*). Dans un arrêt du 31 octobre 1973, le juge administratif a suivi le raisonnement suivant : on ne peut revenir sur les écritures relatives à un exercice prescrit ; autrement dit, on ne pourra rectifier le bilan de clôture du premier exercice prescrit (bilan de clôture de l'année N – 4, pour un contrôle intervenant durant l'année N). Mais le bilan d'ouverture du premier exercice non prescrit (bilan d'ouverture de N – 3) est évidemment la reproduction du précédent ; il est donc lui-même intangible. Un butoir est ainsi fixé à la correction symétrique : le bilan d'ouverture du premier exercice non prescrit. En principe, ce bilan exprime une valeur d'actif net qui doit être regardée comme définitive et, s'il comporte des erreurs qui ont entraîné une sous-estimation (ou une surestimation) de l'actif, ces erreurs ne peuvent plus être réparées dans ce bilan. Dès lors, l'administration est en droit de rehausser les insuffisances d'actif net en rectifiant le seul bilan de clôture de l'exercice N – 3.

Exemple

Une entreprise ayant pour activité la vente de marchandises comptabilise par erreur ses recettes au moment de l'encaissement au lieu de se conformer à la règle de rattachement des « créances acquises » (prise en compte à la date de livraison). Elle fait l'objet d'une vérification commencée en 2023 et portant sur les exercices 2019 à 2022. On suppose que la méthode suivie par l'entreprise a entraîné l'omission des créances acquises pour un montant de 15.000 € au bilan de clôture de l'exercice 2019, de 17.000 € en 2020, de 26.000 € en 2021 et de 35.000 € en 2022 (les recettes correspondantes ayant été seulement comptabilisées lors de leur encaissement au début de l'exercice suivant). Pour l'exercice 2022, le vérificateur procédera de ce chef à un rehaussement de 35.000 € (rectification du bilan de clôture) – 26.000 € (correction symétrique du bilan d'ouverture) = 9.000 €. De la même façon, le rehaussement sera de 26.000 € - 17.000 € = 9.000 € pour l'exercice 2021. En ce qui concerne l'exercice 2020 (1er exercice non couvert par la prescription), la même méthode devrait dégager un rehaussement égal à : 17.000 € - 15.000 € = 2.000 € ; mais, en raison de l'intangibilité du bilan d'ouverture de cet exercice, c'est en définitive à 17.000 € que s'élèvera le rehaussement pour 2020 (ce qui aboutit à transférer sur 2020 l'imposition de 15.000 € de recettes réalisées au cours d'une année prescrite).

En application des dispositions de l'article 38, 4 *bis* du CGI, le principe d'intangibilité du bilan d'ouverture du premier exercice non prescrit comporte toutefois des limites. Il ne s'applique pas dans les cas suivants : 462 ■

- lorsque l'entreprise établit que les erreurs ou omissions à l'origine de l'insuffisance d'actif net ont été commises plus de sept ans avant l'ouverture du premier exercice non prescrit, soit dix ans au total, ce qui équivaut à consacrer un droit à l'oubli (sauf erreurs délibérées).
- lorsque l'entreprise a, en période prescrite, pratiqué des amortissements excessifs au regard des usages ou passé en charges des dépenses qui auraient dû venir en augmentation de l'actif immobilisé (CGI, art. 38, 4 *bis*, al. 3).

section 3

La délimitation des produits imposables

Les produits imposables regroupent le chiffre d'affaires réalisé par l'entreprise (§1), mais également les variations positives du stock (§2), les subventions (§3) et les indemnités (§4) 463 ■

§ 1 Le chiffre d'affaires réalisé sur les ventes et prestations de services

464 Le chiffre d'affaires réalisé par les entreprises sur ses ventes et/ou prestations de services constitue le produit imposable par excellence. Comptablement, il participe de la détermination des produits d'exploitation. Le chiffre d'affaires est donc constitué de tous les revenus perçus à l'occasion du cycle d'exploitation, ce qui signifie pour une entreprise commerciale, réaliser deux étapes : acheter et/ou produire d'une part, et vendre d'autre part.

465 Le chiffre d'affaires ne doit pas être confondu avec le bénéfice. Tandis que le premier se détermine en multipliant les quantités vendues (ou les prestations réalisées) au prix unitaire hors taxe facturé au client, le second se détermine par la différence entre l'ensemble des produits et l'ensemble des charges de l'entreprise. En tenant compte de l'ensemble des produits, le bénéfice inclut le chiffre d'affaires, mais il va bien plus loin : il révèle aussi les éventuels autres produits (stocks, produits financiers, produits exceptionnels) ainsi que l'étendue des charges. On l'aura compris, une entreprise peut parfaitement avoir un chiffre d'affaires élevé (elle réalise beaucoup de ventes), mais un bénéfice faible (elle enregistre beaucoup de charges).

466 Ces différents paramètres sont variables d'une entreprise à l'autre et d'un secteur économique à l'autre.

467 En outre, il faut également percevoir que la comptabilité d'engagement vue précédemment vient nuancer l'analyse : le chiffre d'affaires comptabilisé n'est pas le chiffre d'affaires encaissé. Les produits imposables sont uniquement les créances acquises. Aussi, une entreprise qui a livré des marchandises à l'un de ses clients est réputée comptablement avoir réalisé un chiffre d'affaires, même si le prix n'a pas été payé à la clôture de l'exercice.

468 Au demeurant, les produits imposables ne se limitent nullement au chiffre d'affaires réalisé. Il inclut également d'autres écritures comptables.

§ 2 Les stocks et travaux en cours

469 La détermination du bénéfice imposable ne se limite pas aux ventes réalisées par l'entreprise. Elle tient compte également des variations de son stock (A), lorsqu'elle en a un, ainsi que des productions et des travaux en cours (B) à la clôture de l'exercice.

A. Les stocks

470 Aux termes de l'article 38 *ter* de l'annexe III au Code général des impôts, « le stock est constitué par l'ensemble des marchandises, des matières premières, des matières et fournitures consommables, des productions en cours, des produits intermédiaires, des produits finis, des produits résiduels et des emballages non destinés à être

récupérés, qui sont la propriété de l'entreprise à la date de l'inventaire et dont la vente en l'état ou au terme d'un processus de production à venir ou en cours permet la réalisation d'un bénéfice d'exploitation ».

D'une manière générale, un stock implique la réunion de deux conditions : 471 ■
- les biens en cause doivent être en principe la propriété de l'entreprise (la clause de réserve de propriété prévue au bénéfice du vendeur n'empêche toutefois pas l'acquéreur de comptabiliser le bien) ;
- les biens en cause sont destinés à être revendus en l'état ou après exécution d'opérations de fabrication ou de transformation et dont la vente permet la réalisation d'un bénéfice d'exploitation.

Pour déterminer le bénéfice imposable, l'entreprise doit déterminer la variation de son stock entre l'ouverture et la clôture de l'exercice. Si le stock a augmenté au cours de l'exercice, cette variation positive constitue un produit imposable et pour cause, il s'agit d'une richesse pour l'entreprise, même si elle n'a pas encore été vendue. 472 ■

Au regard des dispositions du Code de commerce, toute entreprise commerciale doit réaliser un inventaire (C. com., art. L. 123-12) qui doit permettre de déterminer la variation du stock sur l'exercice écoulé. À la clôture de chaque exercice, les stocks doivent être évalués à leur coût de revient ou au cours du jour à la date de l'inventaire (c'est-à-dire le prix de marché auquel les stocks pourraient être vendus), si ce dernier est inférieur au coût de revient (CGI, art. 38, 3). 473 ■

Le coût de revient s'entend du prix d'achat minoré des remises, rabais commerciaux et escomptes de règlement obtenus et majoré des frais de transport, de manutention et autres coûts directement engagés pour l'acquisition des biens et des coûts d'emprunt (ann. III CGI, art. 38 *nonies*). 474 ■

Lorsque les éléments stockés n'ont pas été évalués au même coût, l'entreprise peut évaluer le stock selon deux méthodes différentes : la méthode du coût unitaire moyen pondéré ou la méthode du premier entré, premier sorti. 475 ■

Évaluation des stocks
Exemple chiffré

Si l'entreprise ne parvient pas à identifier les différents éléments de son stock et à déterminer son coût de revient, elle peut appliquer une méthode forfaitaire d'évaluation.

Deux évaluations sont ici possibles : soit on calcule un prix de revient unitaire moyen en fonction de la rotation des stocks, soit on tient compte du prix d'achat des derniers stocks entrés dans l'entreprise.

Exemple : L'inventaire de l'entreprise A révèle un stock de 1.200 unités. La durée de rotation des stocks est de 4 mois. Les achats réalisés ces quatre derniers mois sont les suivants : d'abord, 1.000 unités pour 100.000 € et ensuite, à une seconde date, 2.000 unités pour 500.000 €.

Si on applique la méthode du prix de revient pondéré, il faut d'abord calculer le prix de revient unitaire : (100.000 + 500.000) / 3.000 = 200. Puis, on détermine la valeur du stock restant : 200 × 1.200 : 240.000.

Si on applique la méthode « premier entré, premier sorti » (méthode PEPS), on va prendre en compte le prix de revient unitaire des dernières acquisitions (puisque les 1.000 premières unités sont réputées être sorties), c'est-à-dire 500.000 / 2.000 = 250. Ce prix de revient unitaire sera multiplié au stock restant : 250 × 1.200 = 300.000.

La seconde méthode conduit ici à une valorisation plus importante du stock que la première méthode et paraît moins intéressante pour l'entreprise (qui a plutôt intérêt à minorer son résultat).

B. Les travaux en cours

476 Lorsqu'à la clôture de l'exercice, certaines opérations sont en cours (ex. livraison partielle de marchandises ou encore travaux non finalisés), l'entreprise est tenue de les comptabiliser. Leur inscription à l'actif du bilan a pour objet de « compenser » la prise en compte au titre des charges d'exploitation des dépenses correspondantes. À défaut, l'entreprise se trouverait en mesure de déduire des charges (par exemple les salaires des personnes ayant participé à l'opération en cours) sans comptabiliser de produits (les travaux sont inachevés). L'inscription des travaux en cours à l'actif du bilan permet, dès lors qu'aucun profit n'est encore réalisé, de neutraliser les travaux en cours sur les résultats de l'exercice : en comptabilisant un produit d'un même montant qu'une charge, il n'y a ni bénéfice, ni déficit.

477 Fort logiquement, les travaux en cours (ou les prestations de services en cours) doivent être évalués à leur coût de revient (CGI, art. 38-3).

§ 3 Les subventions

478 En principe, toutes les subventions reçues par l'entreprise sont imposables puisqu'elles entraînent une augmentation de l'actif net. Peu importe qui est l'auteur de la subvention (État, collectivités territoriales, organismes publics, etc.).

479 En application de l'article 38-1 du Code général des impôts (CGI), les subventions sont normalement rattachées aux résultats imposables de l'exercice au cours duquel elles sont acquises.

480 Mais des régimes spéciaux sont prévus pour certaines d'entre elles, notamment le dispositif d'imposition étalée des subventions d'équipement régi par l'article 42 *septies* du Code général des impôts.

Les subventions d'équipement
Régime d'imposition de l'article 42 *septies* du CGI
Exemple chiffré

Une entreprise dont l'exercice coïncide avec l'année civile a perçu en janvier N une subvention d'équipement de 35.000 €. Cette subvention lui a été attribuée par l'État en septembre N-1. La décision d'octroi précise la nature exacte et le prix de revient de l'immobilisation subventionnée, qui a été acquise pour 150.000 € HT le 1er octobre N-1 et mise en service le même jour. Ce bien est amortissable sur 5 ans selon le mode linéaire.

Tableau – Régime d'imposition des subventions d'équipement

Année	Amortissements pratiqués	Fractions de la subvention à rapporter aux résultats
N-1	150.000 € × 20 % x 3/12 = 7.500 €	35.000 € × 7.500/150.000 = 1.750 €
N	150.000 € × 20 % = 30.000 €	35.000 € × 30.000/150.000 = 7.000 €
N+1	150.000 € × 20 % = 30.000 €	35.000 € × 30.000/150.000 = 7.000 €
N+2	150.000 € × 20 % = 30.000 €	35.000 € × 30.000/150.000 = 7.000 €
N+3	150.000 € × 20 % = 30.000 €	35.000 € × 30.000/150.000 = 7.000 €
N+4	150.000 € × 20 % x 9/12 = 22.500 €	35.000 € × 22.500/150.000 = 5.250 €

§ 4 Les indemnités

Toutes les indemnités, de quelque nature qu'elles soient, constituent par principe un profit imposable puisqu'elles entraînent une augmentation de l'actif net. Il en est ainsi par exemple des dommages et intérêts octroyés à un commerçant en raison du préjudice subi ; de l'indemnité versée par une compagnie d'assurances en raison du sinistre subi ; de l'indemnité d'éviction versée par le bailleur dans le cadre d'un bail commercial. 481 ■

En revanche, l'indemnité va subir un régime fiscal différent, selon qu'elle compense la disparition d'un stock (imposable comme produit d'exploitation), la survenance d'une charge d'exploitation (imposable comme produit d'exploitation), d'une part ou selon qu'elle compense la disparition d'un élément de l'actif immobilisé (imposable comme une plus-value), d'autre part. Sur ce dernier point et à titre d'exemple, l'indemnité d'éviction versée par le bailleur au profit de son locataire en raison de la résiliation du bail commercial compense la disparition du droit au bail, qui représente un actif immobilisé. Par conséquent, cette indemnité d'éviction est soumise au régime des plus-values professionnelles. Il en est de même pour les autres formes de bail et notamment les baux ruraux (CE, 10e et 9e ss-sect., 19 déc. 2008, n° 296312, *Mme Bettinger*). 482 ■

section 4

La détermination des charges déductibles

483 L'article 39, 1 du Code général des impôts précise que le bénéfice net imposable est déterminé sous déduction de toutes charges. Celles-ci peuvent être regroupées en trois catégories : les frais généraux (A), les provisions et dépréciations (B) et les amortissements (C). Ces trois catégories sont très hétérogènes : seuls les frais généraux conduisent à un décaissement. Les provisions, dépréciations et amortissements sont quant à eux des écritures comptables visant à appréhender les effets du temps ou leur anticipation.

A. Les frais généraux

484 Les *frais généraux*[Q] présentent la particularité de provoquer un décaissement pour l'entreprise. Ils impactent donc sa trésorerie. Mais il faut les distinguer d'autres opérations, notamment visant à faire l'acquisition d'une immobilisation (1). Cette première distinction est fondamentale car seuls les frais généraux constituent des charges déductibles du résultat imposable, bien que cette déductibilité nécessite de respecter plusieurs conditions (2), dont le respect est soumis à un contrôle strict de l'administration fiscale (3).

1. *La distinction immobilisation/frais généraux*

485 Ne constituent pas des charges immédiatement déductibles, mais des *immobilisations*[Q], les dépenses qui se traduisent par l'entrée d'un nouvel élément dans l'actif de l'entreprise, destiné à être utilisé durablement comme moyen d'exploitation.

486 À l'inverse, les frais généraux (un salaire, un loyer, une cotisation d'assurance, etc.) entraînent une sortie de fonds sans contrepartie à l'actif, entraînant une diminution de l'actif net de l'entreprise.

487 Sont considérés comme des immobilisations, les actifs qui réunissent quatre conditions : être identifiable ; avoir une valeur économique positive (liée aux avantages économiques futurs attendus par l'entreprise) ; être contrôlée par l'entreprise ; pouvoir être évalué avec une fiabilité suffisante (PCG, art. 211-1).

488 L'identification des immobilisations ne pose guère de difficultés pour certains biens : terrains, constructions, matériel, machines industrielles. La tâche est plus complexe pour un certain nombre de situations. Tel est notamment le cas pour les travaux réalisés sur ces mêmes immobilisations : font-ils corps avec celles-ci et doivent en suivre le régime, ou faut-il y voir des éléments indépendants. La jurisprudence apporte ici une réponse nuancée, un peu délicate à mettre en œuvre en pratique. C'est ainsi que « ne constituent des charges déductibles des résultats en vue de la détermination du bénéfice imposable ni les dépenses qui ont, en fait, pour résultat l'entrée d'un nouvel élément dans l'actif immobilisé d'une entreprise, ni les dépenses qui entraînent normalement une augmentation de la valeur pour laquelle un élément immobilisé figure à son bilan, ni les dépenses qui ont pour effet de

prolonger d'une manière notable la durée probable d'utilisation d'un élément de l'actif immobilisé ; que la durée probable d'utilisation d'un tel élément s'apprécie à la date de son acquisition ou de sa création » (CE 23 déc. 2011, n° 327077, *Sté Secre Asteel Electronics*). En revanche, peuvent être compris dans les frais généraux et constituer des charges d'un exercice déterminé « les dépenses qui n'ont d'autre objet que de maintenir les différents éléments de l'actif immobilisé de l'entreprise en un état tel que leur utilisation puisse être poursuivie conformément à leur objet jusqu'à la fin de la période correspondant à leur durée probable d'utilisation » (même arrêt).

Lorsqu'une dépense d'investissement doit être immobilisée, les éléments entrant dans la composition du prix de revient des immobilisations sont les suivants : prix d'achat ; frais accessoires (ex. frais de livraison) ; frais d'acquisition (ex. droits de mutation ; honoraires des intermédiaires). 489 ■

La distinction entre les frais généraux et les immobilisations ne se limite pas aux biens corporels. Elle concerne aussi les biens incorporels, mais aussi les droits détenus en vertu d'un contrat. Par exemple, l'indemnité versée à un bailleur par un locataire pour acquérir des droits supplémentaires au droit au bail (à l'image d'un droit de préférence accordé au preneur en cas de cession de l'immeuble) constitue le prix de revient d'un élément incorporel de l'actif immobilisé et ne peut être admise en déduction du résultat imposable (CE, 3e et 8e ch., 27 janv. 2017, n° 391817), étant entendu qu'il ne faut pas confondre ici les conditions pour qu'un actif incorporel constitue une immobilisation et les conditions pour qu'une immobilisation soit amortissable. 490 ■

L'arrêt du Conseil d'État du 21 août 1996, *Sife*, constitue l'arrêt de référence en la matière, puisque le juge administratif a dégagé trois conditions pour qu'un actif incorporel puisse constituer une immobilisation : 491 ■

- l'actif en cause doit constituer une source régulière de profits pour l'entreprise, sans qu'une exclusivité soit nécessaire ;
- l'actif doit être doté d'une pérennité suffisante ;
- l'actif doit pouvoir faire l'objet d'une cession.

La jurisprudence ultérieure a montré que ces trois critères trouvent essentiellement à s'appliquer dans le cadre des contrats de concession de droits de propriété industrielle (CE 16 oct. 2009, *Sté Pfizer*, n° 308494 ; CE 15 juin 2016, n° 375446, *SARL D Distribution*). Les redevances versées pour la concession de droits de la propriété industrielle (licences de brevets, de marques ou de procédés de fabrication) doivent ainsi être immobilisées lorsque le contrat de concession présente cumulativement les trois caractéristiques suivantes : exclusivité, pérennité suffisante et cessibilité des droits concédés. Il en est de même pour les noms de domaine sur Internet (CE 7 déc. 2016, n° 369814, *Sté Ebay France*) 492 ■

Pour les autres actifs incorporels, la jurisprudence n'exige pas toujours le cumul de ces trois critères. Par exemple, un engagement de non-concurrence ne constitue un élément incorporel de l'actif immobilisé que si, eu égard à son ampleur, à sa durée et au degré de protection qu'il implique, il a pour effet d'accroître la valeur de l'actif incorporel de l'entreprise, notamment par le gain de parts de marché. 493 ■

494 En matière de contrats de distribution, lesquels comportent souvent une clause de non-cessibilité, la jurisprudence admet que les droits attachés à ce type de convention puissent également être assimilés à des éléments de l'actif incorporel s'ils représentent une source régulière de profits et si l'entreprise peut, dès l'origine, escompter la poursuite des relations contractuelles pendant une assez longue période.

495 L'immobilisation du contrat a des conséquences au moment de sa formation et de son exécution : les redevances payées par le titulaire du droit incorporel doivent être immobilisées. Mais l'immobilisation produit également des effets au moment de sa résiliation : l'indemnité de rupture versée au titulaire du droit incorporel vient remplacer un élément de l'actif immobilisé (v. ss 481) et doit donc être soumise au régime des plus-values professionnelles (v. ss 555).

2. *Les conditions de déductibilité des frais généraux*

496 En raison de la liberté de gestion qui gouverne le fonctionnement des entreprises, celles-ci fixent en principe librement les dépenses qu'elles engagent pour leur fonctionnement. Ces dépenses constituent normalement des charges déductibles pour la détermination du résultat fiscal dès lors qu'elles satisfont aux conditions générales de déduction prévues par les dispositions au 1 de l'article 39 du Code général des impôts et ne sont pas exclues par une disposition particulière.

497 Les frais généraux sont des charges immédiatement déductibles du résultat de l'entreprise s'ils remplissent trois conditions :

- les frais généraux doivent se traduire par une diminution de l'actif net de l'entreprise ;
- les frais généraux doivent être régulièrement comptabilisés en tant que tels et appuyés de pièces justificatives suffisantes ;
- les frais généraux doivent être exposés dans l'intérêt de l'exploitation, autrement dit se rattacher à une gestion normale.

498 Les charges sont déductibles des produits de l'exercice au cours duquel elles ont été engagées ; l'entreprise n'est pas en droit de passer des charges d'un exercice à un autre, en raison du principe de l'indépendance des exercices.

499 Les frais et charges ne sont déductibles que s'ils correspondent à des paiements réels, comptabilisés et appuyés de justifications suffisantes (CGI, art. 54). Les charges déductibles fiscalement sont donc en principe les charges enregistrées comptablement. Faute de pièce justificative, une charge n'est pas déductible, de sorte que l'administration est en droit de réintégrer d'office le montant des frais en cause dans le bénéfice imposable.

500 Lorsqu'une entreprise justifie d'une charge comptabilisée par une facture, il incombe à l'administration d'établir que la marchandise ou la prestation de services facturée n'a pas été réellement livrée ou exécutée.

En la matière, c'est la jurisprudence administrative qui a précisé la dialectique de la preuve.

Le Conseil d'État a ainsi jugé que lorsqu'une entreprise a déduit en charges une dépense réellement supportée, conformément à une facture régulière relative à un achat de prestations ou de biens dont la déductibilité par nature n'est pas contestée par l'administration, celle-ci peut demander à l'entreprise qu'elle lui fournisse tous éléments d'information en sa possession susceptibles de justifier la réalité et la valeur des prestations ou biens ainsi acquis.

La seule circonstance que l'entreprise ne répond pas suffisamment à ces demandes d'explication ne saurait suffire à fonder la réintégration de la dépense litigieuse, l'administration devant alors fournir devant le juge tous éléments de nature à étayer sa contestation du caractère déductible de la dépense. Le juge de l'impôt doit apprécier la valeur des explications qui lui sont respectivement fournies par le contribuable et par l'administration (CE 21 mai 2007, n° 284719, *Sté Sylvain Joyeux*).

3. *Le contrôle des frais déductibles*

Les frais généraux donnent lieu à un contrôle strict de l'administration fiscale. Celle-ci **501 ■** dispose de plusieurs fondements pour remettre en cause la déductibilité des charges.

En premier lieu, la loi prévoit elle-même l'interdiction de déduire les dépenses dites **502 ■** somptuaires (CGI, art. 39, 4) ainsi que les pénalités et sanctions liées à la violation d'une obligation légale (CGI, art. 39, 2). Par dépenses somptuaires, il faut entendre les dépenses et charges de toute nature ayant trait à l'exercice de la chasse ainsi qu'à l'exercice non professionnel de la pêche ainsi que les charges à l'exception de celles ayant un caractère social (propriété affectée à une colonie de vacances par exemple), résultant de l'achat, de la location ou de toute autre opération faite en vue d'obtenir la disposition de résidences de plaisance ou d'agrément ainsi que de l'entretien de ces résidences. Dans le cadre d'une société soumise à l'impôt sur les sociétés, toute réintégration de charges somptuaires conduit à considérer qu'une distribution de revenus s'est opérée au profit des associés (v. ss 266 ; CGI, art. 111, e)).

En deuxième lieu, sur le fondement de la théorie jurisprudentielle de l'acte anormal **503 ■** de gestion, l'administration peut remettre en cause tous les actes de gestion adoptés par l'entreprise qui conduisent à l'appauvrir à des fins étrangères à son intérêt. C'est ainsi que les dépenses personnelles (loyers, impôts et frais en tout genre) de l'exploitant individuel (ou profitant à l'un de ses proches) doivent être considérées comme étrangères à la gestion normale de l'entreprise et, par suite, ne sont pas déductibles.

Enfin et en troisième lieu, certains frais énumérés au 5 de l'article 39 du Code général **504 ■** des impôts doivent donner lieu à des justifications de nature particulière. Les entreprises concernées doivent fournir, à l'appui de la déclaration de leurs résultats, le relevé détaillé des catégories suivantes de frais généraux lorsque ces frais excèdent les limites fixées par l'article 4 J de l'annexe IV au Code Général des impôts :

- rémunérations directes et indirectes, y compris les remboursements de frais, versées aux personnes les mieux rémunérées ;
- frais de voyage et de déplacement exposés par ces mêmes personnes ;
- dépenses et charges afférentes aux véhicules et autres biens dont elles peuvent disposer en dehors des locaux professionnels ;
- dépenses et charges de toute nature afférentes aux immeubles qui ne sont pas affectés à l'exploitation ;
- cadeaux de toute nature, à l'exception des objets de faible valeur spécialement conçus pour la publicité ;
- frais de réception, y compris les frais de restaurant et de spectacles.

B. Les dépréciations et provisions

505 Pour appréhender le régime fiscal des dépréciations et provisions (3), il est nécessaire de s'attarder sur leur définition (1) et leurs conditions de déductibilité (2)

1. *Définition et typologie*

506 Sur le plan comptable, une distinction est à faire entre les dépréciations (qui conduisent à constater comptablement la perte de valeur des éléments d'actif) et les provisions (qui conduisent à anticiper comptablement des charges ou pertes potentielles).

507 Les dépréciations peuvent concerner des immobilisations amortissables ou non amortissables, comme par exemple le fonds de commerce. La provision pour dépréciation se distingue de l'amortissement. Elle tend à couvrir une dépréciation probable, généralement occasionnelle mais non irréversible, tandis que l'amortissement d'un actif correspond à la constatation comptable d'une perte de valeur, présumé irréversible, en fonction de son utilisation.

508 Les provisions pour risques et charges impliquent de démontrer que l'entreprise est liée par une obligation (ex. engagement de versement d'une prime de fin d'année aux salariés). Cette catégorie vise donc à anticiper des dépenses qui seront supportées dans le futur, mais que des évènements actuels et en cours à la clôture de l'exercice rendent probables.

509 Les provisions pour perte impliquent de démontrer que les recettes engendrées seront inférieures au coût supporté lors d'une opération (ex. indemnité d'assurance inférieure à la perte enregistrée).

510 Sur le plan fiscal, le terme générique de *provision*[Q] est toujours employé par les textes, les dépréciations étant appréhendées sous le nom de provisions pour dépréciation et sont assimilées à des provisions pour pertes.

511 Lorsqu'une provision est constatée sur le plan comptable, elle doit nécessairement être prise en compte sur le plan fiscal, sauf exception prévue par la loi. Le Conseil d'État considère ici que sauf exceptions, le droit fiscal et le droit comptable doivent converger (CE 23 déc. 2013, n° 346018, *SAS Foncière du Rond-Point*).

2. *Conditions de déductibilité des provisions*

512 Une provision est une déduction opérée sur les résultats d'un exercice en vue de faire face ultérieurement à une perte ou à une charge dont l'objet est nettement précisé. La réalisation, incertaine de cette perte ou de cette charge, est rendue probable en raison d'événements survenus au cours de l'exercice et qui existent toujours à sa clôture.

513 De cette définition, il résulte que quatre conditions doivent être respectées pour qu'une provision soit déductible :

- La provision doit permettre de faire face à une perte ou à une charge elle-même déductible (critère de l'objet de la provision). La provision pour faire face à une dépense d'équipement ou pour financer une immobilisation n'est donc pas déductible.

- La perte ou la charge en cause doit être nettement précisée. Ainsi, une entreprise ne peut pas passer une provision en vue du versement de primes futures qu'elle devra verser à ses salariés, si elle n'est pas tenue par un quelconque engagement à ce sujet. Le juge administratif admet toutefois que des méthodes statistiques soient utilisées pour leur évaluation.

- La perte ou la charge en cause doit être probable et non simplement éventuelle. Une entreprise ne peut pas passer une provision visant à prévenir les effets d'un hypothétique ouragan... La provision n'est pas déductible si elle est fondée sur un risque seulement éventuel (par exemple, un client menace d'engager une procédure contre l'entreprise, mais il n'a pas encore réalisé un quelconque acte de procédure).

- La perte ou la charge en cause doit résulter d'événements survenus pendant l'exercice et en cours à sa clôture. Une entreprise peut passer une provision pour créance douteuse dès lors que son débiteur rencontre des difficultés économiques ayant conduit à l'ouverture d'une procédure collective.

3. *Le sort des provisions*

Le sort des provisions est différent selon qu'il s'agisse de provisions régulièrement constituées (a) ou de provisions irrégulières dès l'origine ou maintenues en dépit du fait qu'elles soient devenues sans objet (b). 514 ■

a. Les provisions régulièrement constituées

La déduction d'une provision ne présente qu'un caractère provisoire. Son sort final dépend de la réalisation de la perte ou de la charge qu'elle est destinée à couvrir. À cet égard, trois hypothèses sont à envisager : 515 ■

- la perte ou la charge se réalise (la provision doit alors être reprise) ;
- la perte ou la charge ne se réalise pas (la provision devient sans objet et doit être rapportée aux résultats de l'exercice au cours duquel elle est devenue sans objet) ;
- la provision reçoit, en tout ou partie, une affectation non conforme à sa destination (la provision doit être réintégrée dans les bénéfices de l'exercice au cours duquel elle a reçu une affectation non conforme à sa destination).

b. Les provisions irrégulières dès l'origine et les provisions sans objet maintenues au bilan

Sont considérées comme telles les provisions qui ne remplissent pas, au moment de leur constitution, l'une des conditions de forme ou de fond requises ainsi que celles qui deviennent sans objet, mais qui sont maintenues néanmoins au bilan. Elles doivent être rapportées au résultat de l'exercice au cours duquel elles ont été constituées irrégulièrement ou au cours duquel elles sont devenues sans objet, sauf si ces exercices sont prescrits. Dans ce dernier cas, la provision peut être rapportée aux résultats imposables de l'exercice le plus ancien non prescrit. L'administration est privée d'exercer son contrôle si l'erreur remonte à plus de 10 ans. 516 ■

Le sort des provisions
Exemple chiffré 1

Lorsque la perte ou la charge en prévision de laquelle une provision a été constituée se réalise effectivement, la déduction de cette perte ou de cette charge est compensée, à due concurrence, par la reprise de la provision, c'est-à-dire sa réintégration au résultat. Par conséquent, lorsque la

perte ou la charge provisionnée se réalise, on pratique une double écriture sur le plan comptable : constatation de la charge ou de la perte ; constatation d'un produit du fait de la reprise de la provision.
Si la provision a été calculée de façon exacte, les deux opérations se contrebalancent dans le compte de résultat.

Le sort des provisions - Exemple 1

Exercice N Une charge de 200 est provisionnée (impôts à payer en N+1, mais le fait générateur est en N)	Exercice N+1 La charge est effectivement supportée
Déduction du résultat imposable : - 200	Déduction de la charge : - 200 Reprise de la provision : + 200 Solde : 0

Le sort des provisions
Exemple chiffré 2

Si la provision est inférieure à la charge ou à la perte réelle, la différence diminue d'autant le résultat de l'exercice. Si la provision est supérieure, la reprise entraîne une augmentation de résultat.
Quelle que soit l'hypothèse, résultat comptable et résultat fiscal coïncident si du moins la provision était fiscalement déductible. Dans le cas contraire, la reprise de la provision non déductible fait l'objet d'une déduction extra-comptable sur l'état 2058-A.
Une provision est considérée comme devenue sans objet lorsque la perte ou la charge en vue de laquelle elle avait été constituée ne se réalise pas (par exemple : encaissement d'une créance qui avait fait l'objet d'une provision pour créance douteuse).

Le sort des provisions - Exemple 2

Exercice N Provision pour créance douteuse de 200	Exercice N+1 La créance est effectivement réglée : + 200
Solde : - 200	Reprise de la provision : + 200 Solde : + 400

C. Les amortissements

Aux termes de l'article 39 du Code général des impôts, « 1. Le bénéfice net est établi sous déduction de toutes charges, celles-ci comprenant (...) notamment : (...) 2° (...) les amortissements réellement effectués par l'entreprise, dans la limite de ceux qui sont généralement admis d'après les usages de chaque nature d'industrie, de commerce ou d'exploitation et compte tenu des dispositions de l'article 39 A, sous réserve des dispositions de l'article 39 B ». L'amortissement est une technique comptable consistant à répartir la valeur brute d'un élément d'actif immobilisé sur sa durée d'utilisation prévue par l'entreprise, elle-même déterminée sur la base d'un critère liée à l'usure physique (ex. matériel industriel), l'obsolescence technique (ex. logiciel) ou la durée de validité juridique de l'actif (ex. marque, brevet). En somme, l'entreprise diminue tous les ans son résultat d'un certain montant afin de pouvoir dégager quelques excédents qui pourront être utilisés pour le remplacement futur des biens amortis. Il s'agit, au même titre que les provisions, d'une charge sans décaissement. Ici encore, la fiscalité peut prendre ses distances avec la comptabilité. Voilà pourquoi il faut étudier les conditions de l'amortissement (1), ses modalités de calcul (2), avant d'aborder les différents modes d'amortissement (3). 517 ■

1. *Les conditions de l'amortissement*

Pour être valable, l'*amortissement*[Q] doit nécessairement porter sur un bien amortissable (a) et respecter la règle de l'amortissement minimal obligatoire lors de son inscription (b). 518 ■

a. Le bien amortissable

Tous les biens ne sont pas amortissables. Peuvent être amorties les immobilisations inscrites à l'actif et dont l'utilité pour l'entreprise est limitée dans le temps. Il résulte de cette condition que ne peuvent donner lieu à amortissement : - les biens qui ne sont pas la propriété de l'entreprise (ex. biens pris en location) ; - les biens qui ne font pas partie de l'actif immobilisé (exemples : immeubles composant le stock immobilier d'un marchand de biens, matériels compris dans le stock d'un fabricant) ; - les immobilisations qui ne se déprécient pas de manière irréversible du fait de l'usage et du temps (ex. fonds de commerce, terrains, titres de participation). Pour ce type de biens, l'article 38 *sexies* de l'annexe III au Code général des impôts autorise la constitution de provisions dans les conditions prévues au 5° du 1 de l'article 39 du CGI, mais écarte l'amortissement. 519 ■

S'agissant des fonds de commerce, l'articulation des règles comptables et fiscales n'est pas simple. Modifié par la loi de finances pour 2022, l'article 39, 1, 2° al. 2 du CGI prévoit en effet que ne sont pas admis en déduction les amortissements des fonds commerciaux. Néanmoins et par dérogation, sont admis en déduction les amortissements constatés dans la comptabilité des entreprises au titre des fonds commerciaux lorsqu'ils sont acquis à compter du 1er janvier 2022 et jusqu'au 31 décembre 2023. La notion de fonds commercial ne recouvre pas celle de fonds de commerce. Selon les termes de l'article 212-3, 2 du Plan comptable général : « sont comptabilisés dans le poste fonds commercial les éléments incorporels du fonds de commerce acquis qui :
— ne font pas l'objet d'une évaluation et d'une comptabilisation séparées au bilan, et
— concourent au maintien et au développement du potentiel d'activité de l'entité ».
Le fonds commercial recouvre donc pour l'essentiel la clientèle, l'enseigne, ou encore le nom commercial...Le fonds commercial présente donc un caractère résiduel en

regroupant tous les actifs qui ne sont pas inscrits sur une autre ligne du bilan comptable. Lorsque l'amortissement est possible, sa durée est calquée sur la durée d'utilisation du fonds commercial ou sur 10 ans, si elle ne peut être déterminée. L'amortissement n'est donc possible que pour les entreprises qui justifient d'une limite prévisible à l'exploitation du fonds. Seuls les fonds acquis entre le 1er janvier 2022 et le 31 décembre 2025 sont concernés par cette mesure fiscale temporaire. Lorsque celle-ci aura expiré ou faute d'en respecter les conditions, le retour à la règle fiscale de droit commun est de mise : le fonds commercial ne peut donner lieu à un amortissement, la fiscalité étant en principe déconnectée de la comptabilité (CE, avis, 8 sept. 2021, n° 453348), y compris si la dépréciation est irréversible.

Lorsque la propriété d'un bien donne lieu à un démembrement, la valeur de la nue-propriété est inscrite à l'actif du bilan du nu-propriétaire en tant qu'immobilisation corporelle. Mais il ne faut pas confondre ici l'amortissement du bien lui-même (cela relève du nu-propriétaire) du droit que constitue l'usufruit. Aussi, dès lors que l'usufruit viager est limité dans le temps, qu'en tant que droit réel, il est cessible et que ses effets bénéfiques diminuent chaque année, cette dépréciation peut justifier un amortissement par l'entreprise titulaire du droit d'usufruit.

b. L'inscription de l'amortissement

■ 520 Le bien dont l'entreprise souhaite amortir le coût doit être inscrit au bilan de l'entreprise. L'exploitant ne peut pas amortir un bien situé dans son patrimoine personnel.

■ 521 En comptabilité, l'amortissement apparaît à la fois au niveau du bilan, mais également au niveau du compte de résultat. Dans le bilan, l'amortissement sera situé du côté de l'actif et il viendra en diminution de la valeur de l'immobilisation. Dans le compte de résultat, l'amortissement sera comptabilisé au niveau des charges.

2. *Le calcul de l'amortissement*

■ 522 Pour le calcul de l'amortissement et quel que soit le mode utilisé, deux données sont fondamentales :

- la base d'amortissement ;
- la durée d'amortissement.

■ 523 Sur le premier élément, les amortissements sont calculés sur la base du prix d'achat ou du prix de revient de l'élément d'actif défini. Le prix de revient inclut les frais accessoires (transport, installation ou encore montage). En cas d'acquisition à titre gratuit, la valeur à retenir est la valeur vénale du bien.

■ 524 Sur le second élément, et au plan comptable, la durée d'amortissement d'un actif est fixée d'après sa durée réelle d'utilisation attendue par l'entreprise. La comptabilité se montre ici particulièrement rigoureuse car elle distingue l'amortissement de la structure du bien et celui propre à ses composants. La valeur d'un bien est ainsi répartie en plusieurs éléments qui chacun donne lieu à une ligne d'amortissement. La fiscalité se montre plus compréhensive : l'administration fiscale admet que les entreprises se réfèrent aux usages professionnels pour l'amortissement de la structure et à la durée réelle d'utilisation des composants. La solution est globalement favorable aux entreprises, dès lors que les usages prévoient souvent des durées plus courtes que l'utilisation réelle (si la durée d'amortissement est réduite, l'entreprise peut passer des annuités importantes plus vite et donc réduire son résultat plus rapidement). Le décalage entre la comptabilité et la fiscalité conduit la constatation d'un amortissement dérogatoire (c'est la différence entre l'annuité d'amortissement au plan comptable et l'amortissement admis en déduction fiscalement).

À titre indicatif, les taux d'amortissement les plus couramment admis en pratique sont les suivants. 525 ■

Tableau - Taux d'amortissement

Nature du bien amorti	Durée de l'amortissement	Taux d'amortissement linéaire
Bâtiments commerciaux	20 à 50 ans	2 à 5 %
Bureaux	25 ans	4 %
Bâtiments industriels	20 ans	5 %
Matériel industriel	5 à 10 ans	10 à 20 %
Mobilier	10 ans	10 %
Voitures de tourisme	5 ans	20 %
Ordinateurs	3 ans	33,33 %

3. *Le mode de l'amortissement*

Il existe deux modes d'amortissement : l'amortissement linéaire (a) et l'amortissement dégressif (b). 526 ■

a. Amortissement linéaire

Le système d'amortissement linéaire dégage une annuité constante tout au long de la période d'amortissement (la première et la dernière annuité peuvent néanmoins faire l'objet d'une réduction *prorata temporis*). Cette annuité est calculée en appliquant au prix de revient des éléments à amortir le taux approprié. L'amortissement d'un bien a pour point de départ la date de début de consommation des avantages économiques qui lui sont attachés. Il s'agit en principe de sa mise en service. En cas de cession en cours d'exercice, la dernière annuité est également calculée *prorata temporis*. 527 ■

Exemple

Une entreprise dont l'exercice comptable coïncide avec l'année civile acquiert le 15 février 2022, au prix de 150.000 € HT (tous frais compris), un matériel dont la durée normale d'utilisation est de 5 ans, qu'elle met en service le 1er mars 2022.
En raison de cette durée d'utilisation, le taux d'amortissement linéaire est de 20 %.
L'annuité normale d'amortissement s'élève donc à 30.000 € (150.000/5).
Les annuités d'amortissement seront les suivantes :
- annuité 2022 réduite *prorata temporis* : 30.000 × 300/360 = 25.000 ;
- annuités 2023 à 2026 : 30.000 ;
- annuité 2027 : 30.000 × 60/360 = 5.000.

b. Amortissement dégressif

528 Le système d'amortissement dégressif consiste, comme son nom l'indique, à pratiquer des annuités d'amortissement d'importance décroissante. C'est un système d'exception admis par le droit fiscal, par dérogation aux règles comptables. C'est une option pour l'entreprise.

529 Les biens pouvant faire l'objet d'un amortissement dégressif sont énumérés à l'article 22 de l'annexe II au CGI. Le système de l'amortissement dégressif est caractérisé par l'application d'un « taux constant » d'abord à la valeur d'origine, puis, à partir du deuxième exercice, à la valeur résiduelle comptable de l'élément à amortir.

530 Le taux constant est égal au taux d'amortissement linéaire Pour les biens acquis à compter du 1er janvier 2010, ils sont respectivement fixés à 1,25 (lorsque la durée normale d'utilisation est de trois ou quatre ans), 1,75 (lorsque la durée normale d'utilisation est de cinq ou six ans) et 2,25 (plus de six ans)

531 Ce système ne s'applique donc qu'aux biens ayant une durée d'utilisation supérieure à 3 ans. Les biens acquis doivent être neufs, ce qui exclut donc l'amortissement dégressif des biens d'occasion.

532 Le calcul des annuités se fait ici en mois complet (c'est-à-dire en douzièmes), sachant que le point de départ de l'amortissement est, sur le plan fiscal, la date d'acquisition et non la date de mise en service.

533 Afin d'obtenir une valeur nette comptable nulle, l'entreprise dispose d'une option pour finaliser son plan d'amortissement (v. exemple ci-dessous). En cas de cession avant la fin de l'amortissement, on ne tient pas compte du mois de cession.

Exemple

Soit un matériel acquis et mise en service le 1er novembre N pour un prix de 10.000 € HT, par une entreprise dont l'exercice coïncide avec l'année civile. Le bien est amortissable selon le mode dégressif, sa durée d'utilisation est de dix ans et le coefficient de 2,25.

La première annuité, réduite *prorata temporis*, est calculée de la manière suivante :

10.000 × 22,5 % × 2/12 = 375

Valeur nette comptable = 10 000 – 375 = 9.625

Le montant de la deuxième annuité sera égal à :

9.625 × 22,5 % = 2.166

Ce calcul peut se répéter à l'infini dès lors que la valeur nette comptable tend vers zéro, sans jamais être égal à zéro. Aussi, la dernière annuité est nécessairement égale à la valeur nette comptable. Dans notre exemple, la dernière annuité pratiquée en N+9 (l'annuité N+10, réduite *prorata temporis* étant supprimée) sera égale à 1.253.

Exercices comptables Montant de l'annuité

N 10.000 × 22,5 % × 2/12 = 375

N+1 9.625 × 22,5 % = 2.166

N+2 7.459 × 22,5 % = 1.678

N+3 5.781 × 22,5 % = 1.301

N+4 4.480 × 22,5 % = 1.008
N+5 3.472 × 22,5 % = 781
N+6 2.691 × 22,5 % = 605
N+7 2.086 × 22,5 % = 469
N+8 1.617 × 22,5 % = 364
N+9 1.253

À compter de l'exercice N+6, l'entreprise dispose d'une option : elle pourra pratiquer une annuité égale au quotient de la valeur nette comptable à l'ouverture de l'exercice N+6 par le nombre – ici égal à 4 – des années d'amortissement dégressif susceptibles d'être pratiquées, c'est-à-dire 2.691 / 4 = 672,75.

Le tableau suivant illustre l'analyse qui précède et fait apparaître les annuités d'amortissement dégressif susceptibles d'être pratiquées, si l'entreprise décide de faire valoir cette option.

Exercices comptables Montant de l'annuité

N 10.000 × 22,5 % × 2/12 = 375
N+1 9.625 × 22,5 % = 2.166
N+2 7.459 × 22,5 % = 1.678
N+3 5.781 × 22,5 % = 1.301
N+4 4.480 × 22,5 % = 1.008
N+5 3.472 × 22,5 % = 781
N+6 2.691 / 4 = 673
N+7 2.629 / 4 = 673
N+8 2.629 / 4 = 673
N+9 2.629 / 4 = 672
Total 10.000

Le choix en faveur de l'amortissement dégressif conduit à une déconnexion entre la comptabilité (qui retient le mode linéaire) et la fiscalité. Pour réunir à nouveau les deux disciplines, l'entreprise va devoir indiquer le montant de ses amortissements dérogatoires. Concrètement, cela signifie que l'entreprise devra constater une provision lorsque l'annuité d'amortissement dégressif est supérieure à l'annuité d'amortissement linéaire et une reprise de provision dans le cas contraire. 534

Reprenons l'exemple ci-dessus.

Tableau - Plan d'amortissement

Exercice comptable	Amortissement linéaire	Amortissement dégressif	Provision	Reprise de provision
N	167	375	208	
N+1	1.000	2.166	1.166	
N+2	1.000	1.678	678	
N+3	1.000	1.301	301	
N+4	1.000	1.008	8	
N+5	1.000	781		219
N+6	1.000	673		327

N+7	1.000	673		327
N+8	1.000	673		327
N+9	1.000	672		328
N+10	833			833
Total	**10.000**	**10.000**	**2.361**	**2.361**

4. *Les amortissements différés*

535 Selon l'article 39B du Code général des impôts, à la clôture de chaque exercice, la somme des amortissements effectivement pratiqués depuis l'acquisition ou la création d'un élément donné ne peut être inférieure au montant cumulé des amortissements calculés suivant le mode linéaire et répartis sur la durée normale d'utilisation. Il existe donc un amortissement minimal obligatoire.

536 À défaut de se conformer à cette obligation, l'entreprise perd définitivement le droit de déduire la fraction des amortissements qui a été ainsi différée. La sanction est donc la perte du droit aux amortissements irrégulièrement différés.

537 En revanche, sous réserve de respecter la règle de l'amortissement minimal obligatoire, l'entreprise peut décider de différer une annuité d'amortissement. Elle peut être incitée à le faire au cours des exercices déficitaires ; cela lui permettrait de réduire ses charges et donc son déficit. L'amortissement régulièrement différé peut être imputé sur les bénéfices futurs sans limite de temps, mais toujours dans le respect de l'amortissement minimal obligatoire.

5. *Les régimes dérogatoires*

538 La loi fait obstacle à la déduction de certains amortissements. Il s'agit notamment de ceux liés à l'acquisition de biens somptuaires ou encore des biens donnés en location aux dirigeants ou aux salariés. Il en est de même des véhicules de tourisme pour lesquels le législateur a prévu un mécanisme de plafonnement.

539 L'article 39-4 du Code général des impôts dispose ainsi que les entreprises qui possèdent à leur actif des véhicules de tourisme au sens de l'article 1010 du même code dont le prix d'acquisition est supérieur à 18.300 € doivent réintégrer dans leur résultat fiscal la fraction de l'amortissement desdites voitures afférente à la partie du prix d'acquisition excédant cette limite. Le plafond peut être plus élevé ou plus faible en fonction du taux d'émission de CO_2 du véhicule : les véhicules les moins polluants peuvent être amortis dans des proportions plus importantes.

Exemple

Une entreprise individuelle Palmer exerce une activité de fabrication et de commercialisation de chaussures. Son exercice comptable coïncide avec l'année civile. Elle a acquis un véhicule de tourisme le 1er janvier 2022, non polluant (taux d'émission de dioxyde de carbone : 120 g/km), afin de permettre au chef d'entreprise de se déplacer pour ses rendez-vous clients. La valeur d'acquisition de ce véhicule s'élève à 35.000 € HT. L'entreprise a choisi de l'amortir de façon linéaire, en totalité, sur 5 ans (durée de l'amortissement fiscal identique).

Taux d'amortissement linéaire : 20 %

Annuité comptable

2022 : 35.000 × 20 % = 7.000

2023 : 35.000 × 20 % = 7.000 (...)

Annuité déductible fiscalement

2022 : 18.300 × 20 % = 3.660

2023 : 18.300 × 20 % = 3.660 (...)

Amortissements à réintégrer

2022 : 7.000 – 3.360 = 3.340

2023 : 7.000 – 3.360 = 3.340 (...)

Les véhicules utilitaires ne sont pas soumis au régime des véhicules de tourismes et peuvent être amortis de manière linéaire sans plafond. En revanche, seuls les matériels utilisés à des opérations industrielles de transport peuvent bénéficier d'un amortissement dégressif. 540

section 5

La détermination du résultat imposable

La détermination du résultat imposable s'appuie sur la comparaison entre les produits et les charges. Mais encore faut-il préciser quel est l'exercice comptable qui est concerné (§1). En outre, pour certaines entreprises, la détermination du résultat imposable peut s'appuyer sur une méthode simplifiée (§2). L'adhésion à un centre de gestion agréé a également un impact sur le montant du résultat imposable (§3). 541

§ 1 La prise en compte de l'exercice comptable

En vertu du principe de l'annualité de l'impôt, les contribuables font l'objet chaque année d'une imposition établie au titre de l'année précédente. Lorsque l'exercice comptable coïncide avec l'année civile, l'imposition porte sur les bénéfices réalisés au cours de l'année au titre de laquelle cette imposition est établie. Le contribuable est par exemple imposé en 2023, au titre de 2022, d'après les bénéfices réalisés au cours de l'année 2022. Lorsque l'exercice comptable ne coïncide pas avec l'année civile, on retient les résultats de l'exercice clos au cours de l'année. Par exemple, si le bilan est arrêté au 30 septembre de chaque année, le contribuable est imposé en 2023, au titre de 2022, d'après les résultats de l'exercice 1er octobre 2021-30 septembre 2022. 542

Cette règle d'annualité rend les exercices indépendants : l'entreprise a l'obligation d'imputer sur le bon exercice les produits et les charges, c'est-à-dire qu'il convient 543 d'imputer à chaque exercice les produits et les charges qui lui sont propres afin de dégager le résultat qui trouve son origine dans l'exercice. Ainsi, le contribuable ne peut pas retarder l'imposition d'un gain dont le fait générateur est survenu. Il ne peut pas non plus avancer la date d'une charge pour déduire celle-ci plutôt que prévu. Les produits et les charges ne peuvent être rattachés qu'aux résultats de la période d'imposition à laquelle ils se rapportent. Les événements survenus postérieurement à la clôture de l'exercice n'ont pas d'impact sur les résultats de celui-ci.

544 La rétroactivité juridique des actes ou conventions, comme le jeu d'une clause résolution ou l'annulation judiciaire d'un contrat, est susceptible d'affecter les résultats de l'exercice au cours duquel ils ont été conclus, mais ses conséquences ne peuvent remonter à une date antérieure à l'ouverture dudit exercice. Ainsi, en cas d'annulation ou de résolution de la vente d'un élément d'actif immobilisé, postérieurement à l'exercice de sa cession, l'article 39 *duodecies* 9 du Code général des impôts prévoit que l'entreprise cédante doit inscrire « à son bilan cet élément ainsi que les amortissements et provisions de toute nature y afférents tels qu'ils figuraient dans ses comptes annuels à la date de la cession ». Elle doit également constater un résultat inverse de celui pris en compte lors de la cession : en cas de plus-value lors de la cession, elle doit constater une moins-value.

545 Le droit qui appartient à l'administration de réparer les omissions, insuffisances ou erreurs commises dans l'établissement de l'impôt ne peut être exercé que pendant un certain délai, appelé délai de reprise ou de prescription, à l'expiration duquel l'administration ne peut plus établir d'imposition. Le délai de reprise est en règle générale de trois ans et il expire, en principe, à la fin de la troisième année suivant celle au titre de laquelle l'imposition est due. Par exemple, pour les revenus de l'année 2022 imposables au titre de cette même année (revenus déclarés en 2023), le délai de reprise expirera le 31 décembre 2025.

546 Autrement dit encore, l'administration fiscale peut venir corriger en 2023, le bilan d'une entreprise pour les années 2020, 2021 et 2022. Pour les exercices antérieurs, l'administration n'a pas la possibilité de modifier le résultat fiscal d'une entreprise.

547 Cependant, les conséquences des erreurs remontant à des exercices prescrits peuvent continuer d'affecter les résultats des exercices ultérieurs non couverts par la prescription. Tel est le cas lorsque des déficits remontant à des exercices prescrits sont imputés sur des bénéfices dégagés à la clôture d'exercice non prescrits. Un déficit remontant à l'exercice 2003, couvert par la prescription, peut ainsi être imputé sur les résultats bénéficiaires d'un exercice ultérieur non couvert par la prescription. Dans ce cas, l'administration peut vérifier la régularité du déficit remontant à un exercice prescrit et interdire, le cas échéant, son imputation sur les résultats d'un exercice non prescrit.

548 La question se pose de la même façon pour les provisions irrégulières. Le bénéfice imposable à l'impôt sur le revenu est constitué par la différence entre les valeurs de l'actif net à la clôture et à l'ouverture de l'exercice. Tout rehaussement affectant l'actif net à la clôture a donc pour effet de majorer le bénéfice. Tel sera le cas lorsque le vérificateur corrige une provision pour risques manifestement excessive. Pour éviter qu'un tel rehaussement ne dégage un bénéfice sans existence réelle, la jurisprudence oblige l'administration, lorsqu'elle rectifie au bilan de clôture une erreur, génératrice d'une sous-estimation de l'actif net, à rectifier symétriquement le bilan d'ouverture de l'exercice, si la même erreur se retrouve dans ce bilan. La correction symétrique concerne donc les erreurs qui se sont répétées dans le temps. Le vérificateur peut ainsi corriger plusieurs bilans en remontant dans le temps.

§ 2 Les méthodes d'évaluation du résultat

Le régime d'imposition de l'entreprise repose sur trois systèmes qui tiennent compte du chiffre d'affaires : 549 ■

- le régime des micro-entreprises : les entreprises dont le chiffre d'affaires annuel en 2023 n'excède pas un montant fixé à 188.700 € HT pour les entreprises de ventes de marchandises (et certaines activités de location, à l'exception en principe des locations meublées), ou un montant de 77.700 € HT pour les autres entreprises sont respectivement imposées sur une base forfaitaire fixée à 29 % ou 50 % du montant de leurs recettes ;
- le régime du réel simplifié concerne les entreprises dont le chiffre d'affaires dépasse ces seuils sans excéder 840.000 € pour les activités de vente et 254.000 € pour les activités de prestations de services (une tolérance administrative existe toutefois pour des dépassements légers) ;
- le régime du réel normal : il s'applique pour les entreprises qui dépassent ces deux derniers seuils, sauf exceptions.

Synthèse des régimes « micro » des travailleurs indépendants

Activités	Catégorie de revenu	Fondement législatif *(article du CGI)*	Plafond normal de CA HT *(en euros)*	Abattement forfaitaire
Commerce et hébergement	BIC	50-0	188.700 €	71 %
Prestations de service et locations meublées	BIC	50-0	77.700 €	50 %
Activités agricoles	BA	64 *bis* et 69	91.900 €	87 %
Activités non commerciales	BNC	102 *ter*	77.700 €	34 %

Source : commission des finances

Quel est l'intérêt de distinguer ces trois catégories ? Le régime des micro-entreprises consiste à déclarer le montant des recettes et à déduire un certain pourcentage qui est réputé correspondre aux charges supportées par l'entreprise. Ce pourcentage est de 71 % pour les activités de vente et de 50 % pour les entreprises de prestations de services. Il suffit pour l'entrepreneur de déclarer le montant de ses recettes et l'administration procède au calcul de l'abattement. La micro-entreprise peut également opter pour un prélèvement forfaitaire libératoire si son revenu fiscal de référence ne dépasse pas un certain seuil. 550 ■

551 Les obligations du contribuable bénéficiant du régime de la micro-entreprise sont allégées. Il doit tenir un livre journal des recettes ainsi qu'un registre d'achats.

552 Les obligations pesant sur l'entreprise sont plus importantes pour celles relevant du régime réel simplifié : l'entreprise doit déposer un bilan simplifié, un compte simplifié de résultat, un tableau des immobilisations et un relevé des provisions.

553 Logiquement, les obligations pour les entreprises relevant du régime du réel normal sont encore plus lourdes : la comptabilité doit être complète et régulière.

§ 3 L'adhésion à un centre de gestion agréé

554 Les centres de gestion agréés sont des associations habilitées par l'administration chargées de vérifier la cohérence des déclarations des entreprises individuelles. Ils sont censés fournir une aide à la gestion de l'entreprise et réduire le risque de contrôle fiscal. L'assistance qui est fournie à l'entrepreneur lui permet d'améliorer la qualité de sa comptabilité et donc le respect de ses obligations fiscales. L'adhésion à un centre de gestion agréé procure deux avantages fiscaux : une réduction d'impôt liée aux frais d'adhésion et de tenue de la comptabilité dans la limite d'un certain montant ; une réduction de l'assiette imposable. En ce qui concerne celle-ci, jusqu'en 2005, l'adhésion à un centre de gestion agréé permettait d'obtenir une réduction de 20 % de la recette imposable. Depuis 2006, cet abattement a disparu, car les tranches de l'impôt sur le revenu ont été réduites, tenant compte de fait de cet abattement. En revanche, les non adhérents à un centre de gestion agréé voient leur bénéfice imposable majoré de 25 %, à l'exception des entreprises relevant du régime des micro-entreprises.

Compléments pédagogiques

Mémo

La détermination des produits imposables et des charges déductibles s'effectue sur la base des documents comptables de l'entreprise. Le droit fiscal prend toutefois parfois ses distances avec la comptabilité et impose certains retraitements extra-comptables.

Dès lors que l'exploitant a décidé d'inscrire un bien au bilan de son entreprise, il prend une décision de gestion qui lui est opposable. Tous les revenus issus du bien inscrit au bilan vont constituer des bénéfices industriels et commerciaux. Plus généralement, tous les produits et les charges relatifs au bien considéré seront pris en compte dans le calcul du bénéfice industriel et commercial, sauf lorsque la loi impose la neutralisation des effets de la théorie du bilan.

Les entreprises relevant du régime des bénéfices industriels et commerciaux sont soumises à la comptabilité d'engagement. Par conséquent, une créance ne peut être considérée comme acquise (et donc être prise en compte pour déterminer le bénéfice imposable) que si elle est certaine dans son principe et déterminée dans son montant, même si le prix convenu n'est payable qu'ultérieurement. La comptabilité d'engagement est indifférente aux dates d'encaissement et de décaissement.

Les ventes de marchandises doivent être comptabilisées à la date de la livraison, tant pour l'acquéreur que pour le vendeur. Les prestations de services doivent être comptabilisées à la date de leur achèvement au fur et à mesure de leur exécution en cas d'exécution échelonnée dans le temps.

Les produits imposables regroupent les produits d'exploitation de l'entreprise (chiffre d'affaires), mais également les variations de stocks, les subventions et les indemnités.

Les charges déductibles regroupent les frais généraux, les provisions et les amortissements. Les frais généraux se distinguent des immobilisations : les immobilisations sont des dépenses conduisant à l'inscription d'un bien ou d'un droit à l'actif de l'entreprise, tandis que les frais généraux sont des décaissements sans inscription à l'actif (salaires, loyers, cotisations d'assurance, etc.). Certaines immobilisations sont amortissables, y compris les droits incorporels issus d'un contrat, tandis que d'autres ne le sont pas (ex. fonds de commerce, terrains).

Les frais généraux doivent se traduire par une diminution de l'actif net de l'entreprise, être régulièrement comptabilisés en tant que tels et appuyés de pièces justificatives suffisantes et être exposés dans l'intérêt de l'exploitation, autrement dit se rattacher à une gestion normale. Les frais généraux donnent lieu à un contrôle strict de l'administration fiscale. Celle-ci dispose de plusieurs fondements pour remettre en cause la déductibilité des charges.

Les provisions anticipent le temps : elles permettent de constater une charge ou une perte qui se réalisera dans le futur. Les amortissements constatent les effets du temps :

ils conduisent à constater la perte de valeur d'un actif en raison de son utilisation par l'entreprise. Provisions et amortissements sont des constatations comptables et non des décaissements réels. Ils n'en constituent pas moins des charges venant en diminution du résultat imposable de l'entreprise.

Quid

■ Amortissement n° 518

C'est une technique d'évaluation de la valeur d'un actif postérieurement à son entrée dans le bilan d'une entreprise qui conduit à constater une diminution de cette valeur en fonction de sa durée d'utilisation (PCG, art. 214-1).

■ Frais généraux n° 484

Ils constituent l'essentiel des dépenses professionnelles annuelles des contribuables exerçant une activité économique et n'engendrent pas de contreparties inscrites à l'actif de l'entreprise.

■ Immobilisation n° 485

C'est un élément identifiable du patrimoine ayant une valeur économique positive pour l'entreprise et qui sert l'activité de façon durable et ne se consomme pas par le premier usage (PCG, art. 211-1).

■ Provision n° 510

C'est une technique comptable consistant à anticiper l'exécution future d'une obligation pesant sur l'entreprise et qui conduira probablement à une charge ou à une perte (PCG, art. 321-5).

Document

CE 8 juill. 1998, *M. Meissonnier*, n° 164657

[...] Un contribuable qui conserve un immeuble dans son patrimoine privé et s'abstient, en conséquence, de l'inscrire à l'actif de son entreprise, tout en l'affectant à l'exploitation de cette dernière, est en droit de comprendre dans les charges de celle-ci des sommes correspondant au loyer normal de cet immeuble. [...]

CE 13 mars 2020, *Sté Groupe Courtois Automobiles*, n° 421024

[...] Une provision faisant l'objet d'un emploi non conforme à sa destination ou devenue sans objet au cours d'un exercice doit être réintégrée au bilan de clôture de ce même exercice ou, si cet exercice est prescrit, dans les bilans des exercices non prescrits à l'exception du bilan d'ouverture du premier de ces exercices. Toutefois, lorsque cette provision ne satisfaisait pas, dès l'origine, aux conditions de déductibilité, cette erreur initiale, pour autant qu'elle ne revête pas, pour le contribuable, un caractère délibéré, doit être corrigée dans le bilan de clôture de l'exercice au cours duquel elle a été irrégulièrement constituée ou, si cet exercice est prescrit, dans les bilans des exercices non prescrits à l'exception du bilan d'ouverture du premier de ces exercices, rendant ainsi sans objet sa reprise ultérieure pour emploi non conforme ou perte d'objet. [...]

Biblio

1) Théorie du bilan

- M. Cozian, « La méthode de la comptabilité d'engagement ou la théorie des créances acquises », in *Les grands principes de la fiscalité des entreprises*, LexisNexis, rééd. 2015, p. 141
- M. Cozian, « Le principe de liberté d'affectation comptable dans le cadre des bénéfices industriels et commerciaux », *Dr. fisc.* 2002, n° 6, p. 294.
- Y. Sérandour, « Quelques réflexions autour de la suppression des effets de la théorie du bilan », *Dr. fisc.* 2012, 303.
- CE 8 juill. 1998, n° 164657, *M. Meissonnier* ; *Dr. fisc.* 1998, comm. 896.

2) Charges déductibles et immobilisations

- M. Cozian et J.-L. Rossignol, « Les immobilisations incorporelles à la lumière de la jurisprudence *SA Sife* : arrêt de principe ou arrêt d'espèce ? », *Dr. fisc.* 2007, n° 42, ét. 914.
- A. de Bissy, *Comptabilité et fiscalité*, 2e éd., LexisNexis, 2016, n° 378 s.
- J. Jeausserand, « Jurisprudence *Sife* : vingt ans après », *Dr. fisc.* 2015, n° 23, étude 390.

3) Provisions

- CE 13 mars 2020, n° 421024, *Sté Groupe Courtois Automobiles*, concl. É. Bokdam-Tognetti, *Dr. fisc.* 2020, comm. 307, note R. Torlet et M. Fredy.

4) Amortissements

- CE 24 avr. 2019, n° 419913 et 419912, concl. A. Iljic, *Dr. fisc.* 2019, comm. 427, note A. de Bissy : la valeur de l'usufruit viager est dégressive avec le temps et cette dépréciation peut justifier un amortissement.

Quiz

1) Sujet corrigé

A) Cas pratique

Depuis 2000, Madame Tavernier gère une entreprise individuelle spécialisée dans la fabrication et la commercialisation de meubles, canapés et matelas. Membre d'une association de gestion agréée, elle est mariée sous le régime de la séparation de biens et son époux est chargée du marketing au sein de l'entreprise. Le chiffre d'affaires HT pour l'exercice N devrait s'élever à 850.000 € (l'exercice comptable coïncide avec l'année civile).

Pour l'exercice N, précisez les conséquences fiscales pour l'entreprise Tavernier de chacune des opérations suivantes :

a) L'un des partenaires commerciaux a rompu le contrat de vente le liant à l'entreprise Tavernier, ne lui a pas livré les marchandises prévues et lui a versé une indemnité de rupture de 20.000 €.

b) L'entreprise a conclu un contrat de distribution exclusive avec un fabricant renommé de matelas haut de gamme. Pour pouvoir distribuer ces produits, le contrat prévoit notamment que l'entreprise Tavernier doit verser des redevances d'un montant de 85.000 € par an au fabricant. Sa durée est de deux ans, renouvelable tacitement. Ce partenariat avec le fabricant de matelas dure néanmoins depuis plusieurs années.

c) Le 1er mars de l'exercice N, l'entreprise Tavernier a conclu un bail commercial pour lequel elle doit verser un loyer annuel de 25.000 € auxquels s'ajoute un droit d'entrée de 10.000 €. Ce droit d'entrée a été exigé par le propriétaire en raison des travaux de rénovation qu'il a effectués dans le local avant l'entrée dans les lieux.

d) L'entreprise Tavernier a inscrit à son actif un immeuble qu'elle n'utilise pas dans le cadre de son activité. Il s'agit d'un appartement non meublé loué à un étudiant qui verse un loyer de 500 € par mois.

e) Mme Tavernier rencontre actuellement des difficultés avec deux clients. Le premier d'entre eux fait actuellement l'objet d'une procédure de surendettement et n'est pas en mesure de régler la facture de 5.000 € que Mme Tavernier lui a adressée pour l'achat d'un ensemble canapé/fauteuils. Le second est un client mécontent qui dénigre les produits de Mme Tavernier sur les réseaux sociaux. Est-ce que Mme Tavernier peut anticiper la perte qu'elle est susceptible d'enregistrer sur sa facture impayée ? Est-ce que Mme Tavernier peut anticiper les frais de justice qu'elle va devoir supporter si elle décide d'agir en justice contre le client la dénigrant ?

Voir le corrigé en fin de rubrique.

B) Commentaire d'arrêt

Conseil d'État 30 déc. 2009, n° 305449, *SA Beauté Créateurs*

Considérant qu'il ressort des pièces du dossier soumis aux juges du fond qu'à la suite d'une vérification de comptabilité portant sur les exercices clos en 1992, 1993 et 1994, la SA BEAUTE CREATEURS (SBC), filiale de la société L'Oréal qui exerce depuis 1986 une activité de vente par correspondance de produits cosmétiques, s'est vu notifier divers redressements en matière d'impôt sur les sociétés ; que le vérificateur a notamment remis en cause la déduction de frais de dépôt, d'acquisition et de surveillance de marques, au motif qu'il s'agissait de dépenses à immobiliser, ainsi que la déduction de redevances versées en rémunération de l'utilisation d'autres marques, au motif que les droits concédés avaient le caractère d'éléments incorporels de l'actif immobilisé ; que la SBC se pourvoit en cassation contre l'arrêt du 5 mars 2007 par lequel la cour administrative d'appel de Paris, confirmant le jugement du tribunal administratif de Paris du 17 décembre 2003, a rejeté sa requête tendant à la décharge des suppléments d'impôt sur les sociétés qui lui ont été assignés au titre des exercices clos en 1992 et 1993 en conséquence de ces redressements ;

Sur la régularité de l'arrêt attaqué :

Considérant que la SBC n'est pas fondée à soutenir qu'en jugeant que le tribunal administratif n'était pas tenu de répondre au moyen tiré de ce que l'administration fiscale avait rectifié l'actif net des exercices en litige sans corriger parallèlement le passif correspondant, la cour aurait elle-même omis de se prononcer sur ce moyen, dès lors que le moyen relatif à la rectification des écritures de bilan de la société n'était soulevé devant elle qu'à l'appui de la contestation de la régularité du jugement ;

Sur le bien-fondé de l'arrêt attaqué :

En ce qui concerne la régularité de la procédure d'imposition :

Considérant que c'est, sans commettre d'erreur de droit, et par une appréciation souveraine qui n'est arguée d'aucune dénaturation, que la cour a jugé que la notification de redressements était suffisamment motivée ;

En ce qui concerne le bien-fondé des redressements :

Sur la contestation du principe de l'immobilisation des marques :

Considérant qu'en jugeant que la société requérante ne pouvait utilement faire valoir, pour contester l'application de la loi fiscale dont découlent les redressements en litige, que l'application du principe d'activation des charges conduisait à des résultats incohérents et incompatibles avec le principe de l'annualité de l'impôt, la cour n'a pas commis d'erreur de droit et a implicitement mais nécessairement écarté le moyen de la société relatif au principe de l'annualité de l'impôt ;

Sur l'immobilisation des frais de procédure et de surveillance :

Considérant qu'aux termes du 2 de l'article 38 du code général des impôts, applicable en matière d'impôt sur les sociétés en vertu de l'article 209 du même code : Le bénéfice net est constitué par la différence entre les valeurs de l'actif net à la clôture et à l'ouverture de la période dont les résultats doivent servir de base à l'impôt (...) L'actif net s'entend de l'excédent des valeurs d'actif sur le total formé au passif par les créances des tiers, les amortissements et les provisions justifiés ; qu'aux termes de l'article 38 *quinquies* de l'annexe III au même code dans sa rédaction applicable aux années d'imposition en litige : Les immobilisations sont inscrites au bilan pour leur valeur d'origine. / Cette valeur d'origine s'entend : (...) / Pour les immobilisations créées par l'entreprise, du coût d'acquisition des matières et fournitures consommées, augmenté de toutes les charges directes ou indirectes de production à l'exclusion des frais financiers ;

Considérant que l'enregistrement d'une marque, qui confère à son titulaire un droit de propriété sur cette marque pour les biens ou services qu'il a désignés, produit, en principe, ses effets pendant une période de dix ans renouvelable, à compter de la date du dépôt de la demande ; que les droits attachés à cette propriété, qui sont ainsi dotés d'une pérennité suffisante, constituent, à l'avantage de l'entreprise qui les détient et peut les céder ou les concéder en tout ou partie à des tiers, une source régulière de profits de nature à les faire regarder comme un élément incorporel de son actif immobilisé ; que les dépenses qui s'intègrent à la valeur comptable d'un tel élément sont celles qui grèvent le prix de revient pour lequel celui-ci doit être inscrit à l'actif du bilan, conformément aux dispositions précitées de l'article 38 *quinquies* de l'annexe III au code général des impôts ;

Considérant que les frais exposés postérieurement au dépôt ou à l'acquisition d'une marque, à seule fin de maintenir la valeur de celle-ci, sans prolonger la durée des droits concédés ou en accroître la valeur, notamment par l'acquisition d'une clientèle ou la restriction de la concurrence commerciale, ne sauraient être regardés comme des éléments du prix de revient pour lequel cette marque doit être inscrite à l'actif du bilan et sont donc déductibles des résultats de l'exercice au cours duquel ils ont été exposés ; que, par suite, en jugeant que constituaient des frais d'acquisition de marques devant être immobilisés, non seulement les frais et redevances engagés pour l'acquisition des droits mais également les frais accessoires directement exposés pour la seule conservation de ces droits, la cour a commis une erreur de droit ;

Sur l'immobilisation des droits concédés à la SBC :

Sans qu'il soit besoin d'examiner les autres moyens relatifs à ce chef de redressement ;

Considérant que doivent suivre le régime fiscal des éléments incorporels de l'actif immobilisé de l'entreprise, les droits constituant une source régulière de profits, dotés d'une pérennité suffisante et susceptibles de faire l'objet d'une cession ou d'une concession ; qu'en déduisant de la seule durée des cinq contrats de concession de licence conclus par la société L'Oréal avec diverses sociétés et personnes physiques afin que sa filiale commercialise ses produits sous les marques constituées par leurs noms, que les droits qui en résultaient étaient dotés d'une pérennité suffisante sans examiner les modalités de leur renouvellement, de leur résiliation ou de leur dénonciation, la cour a commis une erreur de droit ;

Considérant qu'il résulte de tout ce qui précède que la SBC est fondée à demander l'annulation de l'arrêt du 5 mars 2007 en tant qu'il a statué sur les chefs de redressements correspondant à la réintégration, dans les résultats des exercices clos en 1992 et 1993, des frais de procédure et de surveillance ainsi que des redevances versées au titre des droits qui lui étaient concédés ;

Sur les conclusions présentées par la SBC au titre de l'article L. 761-1 du code de justice administrative :

Considérant qu'il y a lieu, dans les circonstances de l'espèce, de mettre à la charge de l'État, sur le fondement des dispositions de l'article L. 761-1 du code de justice administrative, une somme de 3 000 € au titre des frais exposés par la société requérante et non compris dans les dépens ;

Voir le corrigé en fin de rubrique.

2) Corrigés

Cas pratique

a) Conformément à l'article 38 du Code général des impôts, les indemnités perçues par une entreprise en réparation d'un préjudice constituent des produits imposables dès lors qu'elles ont pour objet de compenser des charges ou des pertes déductibles par nature, des pertes de recettes taxables, la perte ou la dépréciation d'éléments d'actif.

En l'espèce, l'indemnité reçue pour rupture de contrat constitue un produit exceptionnel imposable. Elle est imposable selon le régime de droit commun ou, éventuellement, selon le régime des plus-values d'actif si le contrat constitue un élément incorporel de l'actif immobilisé. S'agissant d'un contrat de vente et non d'un contrat permettant l'exploitation d'un droit incorporel, c'est un produit d'exploitation imposable selon les conditions de droit commun. Si le résultat de l'entreprise est bénéficiaire, c'est le barème de l'impôt sur le revenu qui trouvera à s'appliquer.

b) Les droits attachés à certains contrats (de distribution, de fourniture, etc.) peuvent être assimilés à des éléments de l'actif incorporel s'ils représentent une source régulière de profits, sont dotés d'une pérennité suffisante et sont cessibles (CE 21 août 1996, *Sté Sife* ; CE 16 oct. 2009, *Sté Pfizer*).

En l'espèce, le contrat de distribution est conclu pour une période de deux ans et il est renouvelable par tacite reconduction. La condition de pérennité n'est pas remplie car le contrat peut être interrompu tous les deux ans, sans préavis. Les redevances constituent donc des charges déductibles.

c) Constituent un droit d'entrée, ou pas-de-porte, les sommes versées au bailleur par le preneur entrant dans les locaux en vue d'obtenir la jouissance d'un immeuble et de bénéficier des garanties légales qui y sont attachées. Pour qualifier les versements de droits d'entrée comme une charge ou comme un coût de revient d'un élément de l'actif immobilisé, il convient de se fonder essentiellement sur le caractère normal ou anormal du loyer, apprécié par rapport à la valeur locative de l'immeuble.

En l'espèce, soit le loyer fixé est inférieur aux prix pratiqués, auquel cas le droit d'entrée constitue un supplément de loyer et donc une charge déductible ; soit le loyer fixé correspond au marché locatif, auquel cas le droit d'entrée versé correspond au coût de revient d'un actif immobilisé. Cette dernière hypothèse paraît la plus probable dès lors le droit d'entrée tient compte des travaux effectués. La somme de 10.000 € doit donc être immobilisée.

d) Les exploitants disposent d'une liberté d'inscription de leurs biens à l'actif de leur bilan. Le critère de l'inscription ou non au bilan n'a cependant pas une valeur absolue.

Si les produits et charges qui se rattachent aux biens figurant au bilan de l'exploitant et utilisés pour les besoins de l'exploitation sont pris en compte pour la détermination du revenu professionnel imposable, les effets de l'inscription de biens sans lien avec l'exercice de l'activité professionnelle sont neutralisés (CGI, art. 155, II). Les produits et les charges afférents à ces biens sont exclus de la détermination du résultat professionnel imposable.

En l'espèce, l'immeuble n'est pas utilisé pour les besoins de l'exploitation. Les loyers doivent théoriquement être « extournés ». Par exception, les résultats des activités non professionnelles, c'est-à-dire ceux ne pouvant être considérés comme relevant de l'activité exercée à titre professionnel, restent tout de même pris en compte dans le bénéfice professionnel lorsque les produits y afférents ont un caractère marginal.

Le caractère marginal est établi lorsque les produits afférents à un bien non utilisé pour l'activité professionnelle n'excèdent pas 5 % de l'ensemble des produits de l'exercice, ou 10 % de ces produits si la condition de 5 % était satisfaite au titre de l'exercice précédent.

Au regard du chiffre d'affaires prévisionnel, il est fort probable que les loyers constituent des produits ayant un caractère marginal. Cette règle de tolérance de 5 % est toutefois subordonnée à une option expresse du contribuable. Ils peuvent donc être comptabilisés au titre des bénéfices industriels et commerciaux, sous réserve que cette option soit exercée.

e) Une provision est déductible du résultat fiscal (CGI, art. 39, 1, 5°) si les pertes ou charges en prévision desquelles les provisions sont constituées : - sont déductibles par nature ; - sont nettement précisées ; - sont probables et non simplement éventuelles ; - et résultent d'événements survenus pendant l'exercice et en cours à sa clôture.

En l'espèce, la facture impayée peut faire l'objet d'une provision car la procédure de surendettement rend probable la défaillance du débiteur (provision pour créance douteuse). C'est seulement à l'issue de la procédure de surendettement que l'entreprise aura la certitude d'être payée ou de ne pas être payée. À la clôture de cette procédure, une reprise de la provision devra être opérée.

Concernant le dénigrement opéré par le client sur les réseaux sociaux, l'action en justice n'est qu'éventuelle. C'est seulement à compter de son exercice que la provision sera possible.

Commentaire d'arrêt

Comme toutes les immobilisations, les immobilisations incorporelles sont des droits destinés à servir de façon durable à l'activité de l'entreprise. Néanmoins, la spécificité des immobilisations incorporelles a soulevé de nombreuses difficultés pratiques, de sorte que c'est la jurisprudence qui est venue préciser les critères des immobilisations incorporelles. La décision rendue par le Conseil d'État le 30 décembre 2009 s'inscrit dans cette construction jurisprudentielle.

La SA Beauté Créateurs, filiale de la société L'Oréal, exerce une activité de vente par correspondance de produits cosmétiques. Elle fait l'objet d'une vérification de comptabilité portant sur les exercices 1992 et 1993, qui conduit à plusieurs redressements en matière d'impôt sur les sociétés.

Le vérificateur a remis en cause la déduction de frais de dépôt, d'acquisition et de surveillance de marques, en considérant qu'il s'agissait de dépenses à immobiliser. Il a par ailleurs contesté la déduction de redevances versées en rémunération de l'utilisation d'autres marques, au motif que les droits concédés avaient le caractère d'éléments incorporels de l'actif immobilisé.

Par arrêt du 5 mars 2007, la cour administrative d'appel de Paris, confirmant le jugement du tribunal administratif de Paris du 17 décembre 2003, rejette la requête visant à obtenir la décharge des suppléments d'impôt sur les sociétés qui lui ont été assignés au titre des exercices clos en 1992 et 1993. La cour administrative d'appel considère que les frais d'acquisition de marque, comme les frais postérieurs liés au dépôt de celle-ci auraient dû être immobilisés.

La société Beauté Créateurs se pourvoit en cassation contre l'arrêt de la cour administrative d'appel de Paris.

Le Conseil d'État était invité à répondre à la question suivante : à quelles conditions les dépenses liées à l'acquisition et à la défense d'une marque et les redevances versées en contrepartie des concessions de droits incorporels peuvent-elles faire l'objet d'une immobilisation ?

En ce qui concerne les frais d'acquisition d'une marque, le Conseil d'État relève que l'enregistrement d'une marque confère à son titulaire un droit de propriété. Les droits attachés à cette propriété, dotés d'une pérennité suffisante, constituent « *une source régulière de profits de nature à les faire regarder comme un élément incorporel de son actif immobilisé* ».

En revanche, « *les frais exposés postérieurement au dépôt ou à l'acquisition d'une marque, à seule fin de maintenir la valeur de celle-ci, sans prolonger la durée des droits concédés ou en accroître la valeur* » ne sont pas des éléments du prix de revient de la marque, de sorte qu'ils constituent des charges d'exploitation déductibles. Sur ce point, le Conseil d'État considère que la cour d'appel a commis une erreur de droit.

Il sanctionne également la cour d'appel en ce qui concerne l'immobilisation des droits concédés à la société Beauté Créateurs. En effet, la cour d'appel a considéré que la durée des contrats en cause mettait en évidence la pérennité des droits accordés, alors qu'elle aurait également dû « *examiner les modalités de leur renouvellement, de leur résiliation ou de leur dénonciation* ».

La structure de l'arrêt invite à envisager d'abord l'immobilisation des frais liés à la propriété d'une marque (I) et à traiter ensuite la question de l'immobilisation des droits faisant l'objet d'une concession (II).

I. L'immobilisation des frais liés à la propriété d'une marque

Dans sa décision du 30 décembre 2009, le Conseil d'État confirme une solution classique : les frais d'acquisition d'une marque sont immobilisables (A). En revanche, il traite une question nouvelle : les frais postérieurs à cette acquisition sans incidence sur la valeur ou la durée du droit incorporel ne peuvent être immobilisés (B).

A. L'immobilisation des frais d'acquisition admise

Dans sa décision du 30 décembre 2009, le Conseil d'État considère que les droits du titulaire d'une marque « qui sont ainsi dotés d'une pérennité suffisante, constituent, à l'avantage de l'entreprise qui les détient et peut les céder ou les concéder en tout ou partie à des tiers, une source régulière de profits de nature à les faire regarder comme un élément incorporel de son actif immobilisé ». Le juge administratif en déduit que « les dépenses qui s'intègrent à la valeur comptable d'un tel élément sont celles qui grèvent le prix de revient pour lequel celui-ci doit être inscrit à l'actif du bilan ».

Même si le Conseil d'État ne reprend pas ici le considérant de principe de l'arrêt « Sife » du 21 août 1996, il reste qu'il fait clairement écho à cette décision, puisque l'on retrouve les trois critères de l'immobilisation incorporelle.

En outre, la décision du 30 décembre 2009 confirme que l'acquisition d'une marque doit être considérée comme l'acquisition d'un élément de l'actif immobilisé. Auparavant, le Conseil d'État avait déjà pu considérer que les frais afférents aux demandes d'enregistrement de marques déposées grèvent le prix de revient de la marque. Dès lors, ils s'intègrent à la valeur comptable pour laquelle cette marque doit être inscrite à l'actif du bilan. (CE 31 janv. 1997, « Saint-Gobain »).

Par conséquent, la décision du 30 décembre 2009 n'innove pas en ce qui concerne les dépenses liées à l'acquisition d'une marque. En revanche, elle tranche une question inédite en ce qui concerne les frais postérieurs au dépôt de la marque.

B. L'immobilisation des frais postérieurs écartée

Dans sa décision du 30 décembre 2009, le Conseil d'État considère que « les frais exposés postérieurement au dépôt ou à l'acquisition d'une marque, à seule fin de maintenir la valeur de celle-ci, sans prolonger la durée des droits concédés ou en accroître la valeur, notamment par l'acquisition d'une clientèle ou la restriction de la concurrence commerciale, ne sauraient être regardés comme des éléments du prix de revient pour lequel cette marque doit être inscrite à l'actif du bilan et sont donc déductibles des résultats de l'exercice au cours duquel ils ont été exposés ». En l'espèce, les frais concernés ont été engagés postérieurement à l'enregistrement de celle-ci et n'avaient que pour seule vocation que de défendre et protéger la marque.

La solution retenue par le Conseil d'État s'explique aisément. Pour qu'une dépense soit inscrite à l'actif immobilisé du bilan de l'entreprise, il ne suffit pas qu'elles viennent accroître la valeur vénale de l'actif. Il faut que cette dépense grève le prix de revient de l'actif concerné (CE 17 févr. 1992, « Sté Carrefour »). Cela est le cas de toutes les dépenses réalisées lors de l'enregistrement d'une marque, cela n'est plus forcément le cas des frais postérieurs qui visent seulement à préserver la marque.

En l'espèce, le Conseil d'État applique aux frais postérieurs à l'enregistrement d'une marque des critères déjà mis en œuvre à propos d'autres actifs incorporels. En effet, la décision du 30 décembre 2009 fait référence à l'impact des dépenses sur la durée des droits concédés ou sur l'acquisition éventuelle d'une clientèle. Or, le Conseil d'État a pu considérer par le passé qu'un engagement de non-concurrence ne constituait un élément incorporel de l'actif immobilisé que si, eu égard à son ampleur, à sa durée et au degré de protection qu'il impliquait, il avait pour effet d'accroître la valeur de l'actif incorporel de l'entreprise, notamment par le gain de parts de marché (CE 3 nov. 2003, « SA Trinôme »). Précisément, en l'espèce, faute d'une augmentation de valeur de l'actif concerné, les frais liés à la défense de la marque ne sont pas immobilisables et constituent des charges déductibles du résultat imposable. Il en est de même des droits concédés à la société Beauté Créateurs.

II. L'immobilisation des contrats de concession de licence

En abordant la question de l'immobilisation des droits concédés à la société Beauté Créateurs, le Conseil d'État rappelle les critères de la jurisprudence « Sife » (A) et précise la mise en œuvre de l'un d'entre eux, celui tiré de la pérennité des droits accordés (B).

A. Les critères de la jurisprudence « Sife » confortés

Concernant les droits concédés à la société Beauté Créateurs, le Conseil d'État considère que le régime fiscal des éléments incorporels de l'actif immobilisé de l'entreprise s'applique aux « *droits constituant une source régulière de profits, dotés d'une pérennité suffisante et susceptibles de faire l'objet d'une cession ou d'une concession* ». Ce considérant reprend la jurisprudence antérieure, en particulier la jurisprudence « Sife ».

En effet, la décision du Conseil d'État du 21 août 1996 « Sife » constitue l'arrêt de référence en la matière, puisque le juge administratif a dégagé trois caractéristiques des immobilisations incorporelles.

En premier lieu, ces immobilisations doivent constituer une source régulière de profits pour l'entreprise, sans qu'une exclusivité soit nécessaire.

En deuxième lieu, elles doivent être dotées d'une pérennité suffisante.

En troisième lieu, elles doivent être susceptibles de faire l'objet d'une cession. Sur ce dernier point, la jurisprudence ultérieure est venue nuancer le critère de la cessibilité : certains droits ou accords incessibles ont été assimilés à une immobilisation incorporelle, à l'image des autorisations administratives, des engagements de non-concurrence (CE 20 févr. 2002, « Sté La Chemise Lacoste ») ou des marques viticoles (CE 28 déc. 2007, « SA Domaine Clarence Dillon »).

Malgré ces arrêts d'espèce, la jurisprudence « Sife » reste intacte, comme le montre la décision du 30 décembre 2009. Les critères posés sont cumulatifs, de sorte que le non-respect de l'un d'entre eux empêche toute immobilisation. En l'espèce, c'est le critère tiré de la pérennité des droits concédés qui fait défaut et le Conseil d'État est amené à en préciser la mise en œuvre.

B. La mise en œuvre du critère de la pérennité précisée

Dans sa décision du 30 décembre 2009, le Conseil d'État reproche à la cour d'appel d'avoir limité son analyse à la durée du contrat. En effet, le critère tiré de la pérennité des droits incorporels doit s'apprécier au regard de l'ensemble du contenu contractuel et pas seulement au regard de la durée de la convention.

Ainsi, « en déduisant de la seule durée des cinq contrats de concession de licence conclus par la société L'Oréal avec diverses sociétés et personnes physiques afin que sa filiale commercialise ses produits sous les marques constituées par leurs noms, que les droits qui en résultaient étaient dotés d'une pérennité suffisante sans examiner les modalités de leur renouvellement, de leur résiliation ou de leur dénonciation », la cour d'appel n'a pas suffisamment caractérisé le critère de la pérennité des droits incorporels.

En effet, les juges du fond doivent également apprécier toutes les clauses qui pourraient avoir un impact sur la durée du contrat. Toutes les stipulations relatives au renouvellement, à la résiliation ou la dénonciation du contrat sont susceptibles de modifier sa pérennité, voire d'introduire une certaine précarité. Le Conseil d'État s'attache donc à l'ensemble contractuel et pas seulement à la durée de la convention. Un contrat à durée indéterminée peut s'avérer précaire s'il peut être résilié facilement.

Cette décision doit être rapprochée d'une décision où le Conseil d'État avait également mis en évidence l'importance du contenu du contrat. En effet, dans l'arrêt du 16 octobre 2009 « Sté Pfizer », la Haute juridiction avait relevé que « *le contrat passé entre la société Searle de France et la société Laboratoires Searle, bien que conclu pour une durée indéterminée, était résiliable à tout moment sans indemnité avec un préavis de soixante jours seulement ; qu'ainsi les droits d'exploitation détenus par la société Laboratoires Searle ne pouvaient être regardés comme dotés d'une pérennité suffisante, quelles que fussent par ailleurs les relations capitalistiques ou fonctionnelles existant entre les parties et l'ancienneté du contrat à la date de l'exercice vérifié* ». Le Conseil d'État privilégie donc le contenu du contrat, sans prendre en compte la date d'ancienneté de celui-ci, ni le fait que les parties en cause appartiennent au même groupe de sociétés.

chapitre

6

Les plus-values et les moins-values professionnelles

Plan analytique

section 1

Le champ d'application du régime des plus-values et des moins-values professionnelles

§ 1 Les biens imposables

§ 2 Les opérations imposables

section 2

Le régime d'imposition des plus-values et des moins-values professionnelles

§ 1 Le régime général

- **A.** La détermination de la plus-value imposable
- **B.** Les modalités d'imposition

§ 2 Les régimes spécifiques

- **A.** Les titres
- **B.** Les biens migrants
- **C.** La réévaluation des actifs

§ 3 Les régimes d'exonération et de différé d'imposition

- **A.** L'exonération des plus-values en fonction des recettes (CGI, art. 151 *septies*)
- **B.** L'exonération des plus-values en raison du montant de l'opération (CGI, art. 238 *quindecies*)
- **C.** L'exonération prévue pour les exploitants individuels partant à la retraite (CGI, art. 151 *septies* A)
- **D.** La mise en société de l'entreprise individuelle (CGI, art. 151 *octies*)

Compléments pédagogiques

Les plus-values et les moins-values professionnelles

L'article 38-1° du Code général des impôts, qui donne la définition du résultat imposable, fait référence à la cession d'éléments quelconque de l'actif, soit en cours, soit en fin d'exploitation. C'est là appréhender des opérations distinctes de celles résultant de l'activité courante et appréhender ce qui est qualifié sur le plan comptable de produits exceptionnels. Ainsi, si la valeur de sortie du bien immobilisé est supérieure à sa valeur résiduelle (son prix d'acquisition ou sa valeur nette comptable si le bien est amortissable), il en résulte une augmentation de l'actif net, qui est constitutive d'un produit imposable. Inversement, si la valeur de sortie est inférieure à la valeur nette comptable du bien figurant au bilan, une perte apparaît. Dans le premier cas, on est en présence d'une *plus-value*[Q], dans le second cas, d'une moins-value. 555

L'imposition des plus-values est justifiée lorsqu'on prend en compte la question de l'amortissement. En effet, la plus-value réalisée sur un élément amortissable révèle l'excès d'amortissement : le prix de cession est supérieur à la valeur résiduelle, ce qui montre que l'amortissement antérieur retenu ne correspondait pas à l'usure normale de la chose ou à sa perte de valeur présumée comptablement. Or, l'amortissement vient en déduction du bénéfice imposable et a conféré un avantage fiscal à l'entreprise. Le régime des plus-values tient compte de cette réalité : l'imposition des plus-values va venir compenser cette diminution injustifiée du bénéfice imposable. Abordons successivement les opérations relevant du régime des plus-values et des moins-values professionnelles (section 1) et le régime d'imposition qui en découle (section 2). 556

section 1

Le champ d'application du régime des plus-values et des moins-values professionnelles

Pour délimiter le champ d'application du régime des plus-values et des moins-values professionnelles, il est nécessaire d'appréhender les biens imposables (§1) et les opérations imposables (§2). 557

§ 1 Les biens imposables

Les plus-values et les moins-values professionnelles ne concernent que les immobilisations de l'entreprise. La cession d'un élément du stock conduira à une imposition au 558 niveau du bénéfice d'exploitation. Il faut donc se référer à la définition de l'immobilisation (v. ss 485), y compris les immobilisations incorporelles, pour savoir si tel bien est soumis ou non au régime des plus-values et des moins-values professionnelles.

559 L'application du régime des plus-values professionnelles dépend également de l'activité de l'entreprise. Ainsi, par exemple, un marchand de biens immobiliers qui cède un immeuble devrait voir le produit de sa cession soumis au régime des produits et des charges ordinaires. Néanmoins, s'il cède un bien immobilier dans lequel l'entreprise exerçait son activité principale, la cession réalisée sera soumise au régime des plus-values et des moins-values professionnelles (CE 26 mars 2003). Les immobilisations sont tous les biens inscrits au bilan de l'entreprise ainsi que les biens non-inscrits que la loi répute être une immobilisation (ex. fonds de commerce). Un bien peut très bien être inscrit dans le patrimoine privé de l'entrepreneur, puis faire l'objet d'une inscription dans le patrimoine de l'entreprise. Dans un tel cas de figure, la cession du bien pourra conduire à appliquer deux régimes de plus-values : plus-value privée et plus-value professionnelle.

§ 2 Les opérations imposables

560 Même si l'article 39 *duodecies* du CGI fait référence à la cession d'un élément d'actif immobilisé, le terme cession ne doit pas être entendu dans un sens restrictif. Il ne s'agit pas seulement de la vente d'un bien immobilisé. Bien au contraire, le fait générateur du régime des plus-values et moins-values professionnelles est la sortie du bien du patrimoine de l'entreprise (vente, échange, donation, partage, apport, expropriation, retrait, etc.). La plus-value ne donne lieu à taxation que si la sortie du bien a été constatée. À défaut, la plus-value n'est que latente et ne doit pas être prise en compte.

Tableau - Les opérations imposables

Fait générateur	Date	Valeur de sortie de l'actif
Vente	Transfert de propriété	Prix de vente
Destruction/mise au rebut	Date déclarée	Nulle
Apport en société	Date de l'apport	Valeur d'apport
Donation	Transfert de propriété	Valeur vénale
Expropriation/éviction	Date du jugement d'expropriation	Montant de l'indemnité
Sinistre	Date de comptabilisation	Montant de l'indemnité d'assurance

section 2

Le régime d'imposition des plus-values et des moins-values professionnelles

Le régime d'imposition des plus-values et moins-values professionnelles repose sur des règles générales (§1), mais également plusieurs règles spécifiques (§2) 561 ■

§ 1 Le régime général

Avant de pouvoir calculer l'impôt (A) il faut au préalable déterminer la plus-value imposable (B). 562 ■

A. La détermination de la plus-value imposable

Le calcul d'une plus-value ou d'une moins-value est effectué à partir de la différence entre deux termes : la valeur de cession du bien et la *valeur nette comptable*[Q]. La valeur nette comptable correspond en principe à la valeur pour laquelle le bien a été inscrit au bilan. Cependant, si la cession porte sur un bien amorti, il faudra déduire de la valeur de cession les amortissements déjà réalisés. Si un bien est acquis pour 100.000 € et que les amortissements s'élèvent à 40.000 €, la valeur nette comptable sera de 60.000 €. Par conséquent, il y aura une plus-value si le prix de cession est supérieur à 60.000 €. La valeur nette comptable peut être égale à zéro, lorsque le bien n'a pas fait l'objet d'une acquisition antérieure, mais résulte d'une création de l'entreprise. Tel est le cas par exemple de la clientèle qui peut être constituée par l'entreprise elle-même. C'est toujours la valeur comptable nette qui doit être retenue pour le calcul de la plus ou moins-value, même dans l'hypothèse où une provision pour dépréciation aurait été constituée concernant l'immobilisation cédée. 563 ■

Formules de calcul des plus-values professionnelles

Biens non amortissables :
PV = PC – PA
Biens amortissables :
VNC = PA – Amortissements
PV = PC – VNC

Bien non amortissable (ex. fonds de commerce)

Prix d'acquisition (PA)	100.000
Prix de cession (PC)	200.000
Plus-value (PV)	100.000

Bien amortissable (ex. immeuble)

Prix d'acquisition (PA)	100.000
Amortissements	40.000
Valeur nette comptable	60.000
Prix de cession (PC)	200.000
Plus-value (PV)	140.000

■ 564 Lorsque la cession du bien fait l'objet d'une contrepartie, la valeur de celle-ci permettra de déterminer l'existence ou non d'une plus-value. Toutefois, dans certains cas, il n'y aura pas de contrepartie. Par exemple, si le bien fait l'objet d'une donation, l'entreprise donatrice ne recevra aucun prix. Dans ce cas, le bien est réputé être cédé à sa valeur vénale, c'est-à-dire à sa valeur actuelle sur le marché. Si le prix de cession apparaît anormalement bas pour l'administration, celle-ci pourra contester la déclaration effectuée par le contribuable sur le fondement de la théorie de l'acte anormal de gestion (v. ss 1446). L'administration reprochera ici à l'exploitant d'avoir renoncé à un profit. Doivent être déduits de la valeur de la contrepartie, tous les frais liés à la cession. Tel sera le cas par exemple, des honoraires versés à un intermédiaire chargé de trouver un acquéreur pour le bien. En revanche, tous les frais ne doivent pas être déduits du prix de cession. Les frais d'expertise pour déterminer la valeur du bien ne sont pas inhérents à la cession et n'ont pas à être déduits du prix de cession.

■ 565 Pour chaque catégorie de plus-value (court terme et long terme, v. ss 577), l'entreprise va faire la somme des plus-values et des moins-values réalisées pour tous les biens cédés au cours du même exercice. Pour chaque catégorie de plus-values, doit donc être dégagée une plus-value ou une moins-value nette.

B. Les modalités d'imposition

■ 566 L'article 39 *duodecies* du Code général des impôts distingue les plus-values et moins-values à court terme (1) des plus-values et moins-values à long terme (2). Les premières sont considérées, sur le plan fiscal, comme des produits et des charges ordinaires. Les secondes s'apparentent à des produits et des charges exceptionnelles. Pour les distinguer, il faut prendre en compte deux critères : - la durée de détention du bien ; - le caractère amortissable ou non du bien en cause.

1. Les plus-values et moins-values à court terme

La plus-value (ou la moins-value) est à court terme lorsqu'un bien non amortissable est cédé alors qu'il était détenu par l'entreprise depuis moins de deux ans. La durée de détention du bien doit être déterminée à partir de la date d'inscription du bien au bilan de l'entreprise. Logiquement, la plus-value (ou la moins-value) est à long terme, lorsque le bien a été détenu depuis plus de deux ans. De la même façon, la plus-value (ou la moins-value) est à court terme lorsqu'un bien amortissable est cédé, alors qu'il était détenu par l'entreprise depuis moins de deux ans. 567 ■

Si la catégorie des plus-values à court terme dégage une plus-value nette, celle-ci sera ajoutée au résultat imposable. Elle viendra donc s'ajouter au bénéfice de l'entreprise et sera donc imposée au taux ordinaire de l'impôt sur le revenu. 568 ■

Toutefois, cette catégorie de plus-value bénéficie d'un régime particulier. En effet, elle peut faire l'objet d'un étalement par fractions égales sur trois ans, à savoir sur l'année de sa réalisation et les deux années suivantes. Dans certains cas, la durée d'étalement sera plus longue, par exemple lorsque la plus-value sera liée au versement d'une indemnité d'assurance pour garantir un bien amortissable. Le bénéfice de l'étalement est perdu en cas de cession de l'entreprise ou en cas de cessation d'activité, sauf si l'entreprise fait l'objet d'un apport en société. 569 ■

Lorsque la catégorie des plus-values à court terme fait apparaître une moins-value nette, celle-ci viendra s'imputer sur le résultat de l'entreprise. Autrement dit, elle viendra réduire le bénéfice imposable de l'entreprise, s'apparentant ainsi à une charge ordinaire. 570 ■

2. Les plus-values et moins-values à long terme

Pour les biens non amortissables, les plus-values (ou les moins-values) sont à long terme lorsque le bien était détenu depuis plus de deux ans. 571 ■

Pour les biens amortissables, les plus-values sont à long terme lorsque le bien est détenu depuis plus de deux ans, mais aussi lorsque le bien était détenu depuis moins de deux ans, mais seulement pour la partie de la plus-value qui dépasse le montant des amortissements. Le mode de calcul prévoit donc ici une spécificité. En effet, la plus-value sera à court terme pour un montant ne dépassant pas celui des amortissements réalisés. Toute plus-value au-delà des amortissements sera réputée à long terme. 572 ■

Les biens amortissables présentent une autre spécificité. Lorsque le bien est cédé après une détention de plus de deux ans et qu'il engendre une moins-value, celle-ci est à court terme afin de permettre de déduire une charge supplémentaire, non prise en compte dans le cadre de l'amortissement du bien. 573 ■

Exemple

Une entreprise dispose d'un bien amortissable d'une valeur d'acquisition de 150.000 €. Ce bien a fait l'objet d'un amortissement d'une valeur de 65.000 €. Ce bien a donc une valeur nette comptable de 85.000 €. Si ce bien est vendu alors que l'entreprise le détient depuis plus de deux ans, la plus-value sera à court terme si elle ne dépasse pas 65.000 €. Elle sera à long terme pour la partie dépassant 65.000. Ainsi, si le bien est vendu 180.000 €, la plus-value totale sera de 95.000 € (180.000 – 85.000) ; soit 65.000 à court terme et 30.000 à long terme.

574 Pour la catégorie des plus-values à long terme, si la compensation entre les différentes cessions réalisées fait apparaître une plus-value nette, son montant sera imposé à un taux réduit de 12,8 %, auquel viendront s'ajouter les contributions sociales (CSG, CRDS et prélèvement social) d'un montant de 17,2 %. Au final, la plus-value sera taxée à hauteur de 30 %.

575 La plus-value à long terme fait donc l'objet d'une imposition séparée du résultat global. Néanmoins, la plus-value peut être compensée par des moins-values à long terme subies au cours des dix derniers exercices ou avec le déficit de l'année en cours ou des années antérieures. L'imputation des déficits antérieurs peut se révéler avantageuse, si le déficit vient à périmer, autrement dit si l'entreprise perd la possibilité de l'imputer en raison de sa non-utilisation dans un certain délai.

576 Si la compensation réalisée au sein de la catégorie des plus-values à long terme, fait apparaître une moins-value nette, cette dernière pourra être déduite des plus-values à long terme qui seront réalisées au cours des dix exercices suivants. En revanche, elle n'est pas déductible des résultats imposables au taux normal. Elle constitue donc une réserve destinée à effacer, à due concurrence, les plus-values de même nature.

577 Enfin, un abattement spécial est prévu pour les plus-values à long terme réalisées sur les immeubles professionnels (à l'exception des terrains à bâtir). L'abattement, qui ne s'applique que sur les plus-values à long terme, s'élève à 10 % par année de détention au-delà de la cinquième. Ainsi, l'exonération est acquise au bout de quinze ans (CGI, art. 151 *septies* B).

Tableau récapitulatif – Les différentes catégories de plus-values et moins-values

Nature du bien cédé	IMMOBILISATIONS INSCRITES AU BILAN			
	Depuis moins de deux ans		Depuis plus de deux ans	
	Plus-value	Moins-value	Plus-value	Moins-value
Bien amortissable	Court terme	Court terme	Court terme à hauteur des amortissements ; Long terme au-delà	Court terme
Bien non amortissable	Court terme	Court terme	Long terme	Long terme

Tableau récapitulatif – Le traitement fiscal des plus-values et moins-values

	Plus-value	Moins-value
Court terme	Imposée comme un bénéfice (barème de l'impôt sur le revenu)	Déductible comme une charge d'exploitation (sans plafond)
Long terme	Imposée séparément au taux de 12,8 % (impôt sur le revenu) et 17,2 % (prélèvements sociaux)	Déductible uniquement des plus-values à long terme de l'exercice et des dix exercices suivants

§ 2 Les régimes spécifiques

Les titres (A), les biens migrants (B) et les réévaluations d'actifs (C) donnent lieu à des règles spécifiques. 578 ■

A. Les titres

Une entreprise peut détenir deux types de titres dans son portefeuille. La première catégorie de titres regroupe ceux qui sont acquis par une entreprise pour détenir le contrôle d'une société ou du moins qui présente une véritable utilité stratégique pour l'entreprise. On parle ici de titres de participation, même si l'expression est quelque peu trompeuse. Il ne s'agit pas tant de participer à une société que de véritablement contrôler celle-ci ou du moins d'en influencer le fonctionnement. En pratique, il est peu fréquent qu'un entrepreneur individuel exerçant une activité commerciale inscrive au bilan de son entreprise des titres de participation (à l'inverse des activités relevant des bénéfices non commerciaux, à l'image des médecins qui peuvent être amenés à inscrire dans leur patrimoine professionnel les droits sociaux dans le capital de la clinique au sein de laquelle ils exercent leur activité). Leur régime sera donc envisagé lorsqu'on abordera l'imposition des sociétés (v. ss 716). 579 ■

En revanche, une entreprise individuelle détient plus fréquemment des titres de placement, qui constituent ici la seconde catégorie de titres susceptibles d'être détenus. Ces titres de placement regroupent les actions, les obligations et toutes les formes de titres qui leur sont liées, détenus par une entreprise pour valoriser son patrimoine. Ce sont les titres dont une entreprise a fait l'acquisition pour les revendre ultérieurement en vue de réaliser une plus-value. La finalité est ici spéculative. 580 ■

Ces titres peuvent donc être inscrits au bilan de l'entreprise et non dans le patrimoine privé de l'exploitant de l'entreprise individuelle. Lorsque c'est le cas, les titres de placement doivent être évalués à la clôture de chaque exercice. Si les titres sont cotés en Bourse, on tient compte du cours moyen du dernier mois de l'exercice. Si les titres sont non cotés, on tient compte de leur valeur probable de négociation. 581 ■

582 Cette évaluation de la valeur des titres à chaque exercice est comparée à la valeur d'acquisition. Si cette comparaison fait apparaître une plus-value latente, celle-ci n'est pas comptabilisée en application du principe comptable de prudence : on ne comptabilise que les gains effectivement réalisés.

583 À l'inverse, la moins-value latente fait l'objet d'une provision pour dépréciation qui, contrairement au droit commun n'est pas déductible du résultat imposable. Elle peut seulement être imputée sur les plus-values à long terme réalisées au cours du même exercice ou des dix exercices suivants. Cette provision constitue une moins-value à long terme qui se transformera en plus-value à long terme si l'évolution de la valeur des titres est favorable. La reprise de la provision débouchera logiquement sur la constatation d'une plus-value à long terme.

584 Si les titres sont cédés, le régime des plus-values et moins-values va s'appliquer à certaines conditions. Les cessions de titres du portefeuille des entreprises soumises à l'impôt sur le revenu relèvent du régime des plus-values ou moins-values d'actif à court ou à long terme lorsque les titres cédés peuvent être considérés comme faisant partie de l'actif immobilisé (quel que soit leur classement comptable). Selon l'administration, font partie de l'actif immobilisé : d'une part, les titres qui doivent être détenues depuis au moins deux ans ; d'autre part, si les titres ne sont pas détenus depuis au moins deux ans, le régime des plus-values et des moins-values va quand même s'appliquer lorsque le portefeuille comprend des titres de même nature détenus de plus de deux ans.

585 Si tous les titres appartenant à une même catégorie ont été acquis moins de deux ans avant la cession, le résultat provenant de leur cession est traité comme un simple bénéfice (ou perte) d'exploitation.

586 Lorsque le portefeuille comporte des titres de même nature mais acquis à des dates différentes, la cession est réputée s'opérer d'abord sur les titres les plus anciens. Autrement dit, on applique le système premier entré, premier sorti (*first in, first out*). Cette règle s'applique alors même que les titres cédés sont numérotés et que leur date réelle d'acquisition peut ainsi être établie (CE 8 juin 2016).

Exemple

En janvier 2021, une entreprise fait l'acquisition de 400 actions d'une société cotée en bourse pour un prix unitaire de 95 €. Ces 400 titres viennent s'ajouter aux 100 actions déjà achetées en janvier 2017 pour un prix unitaire de 82 €. En décembre 2021, date de clôture de l'exercice, le cours moyen de l'action est de 75 €. En février 2022, l'entreprise cède 270 actions au prix unitaire de 98 €. Le cours moyen en décembre 2021 est de 78 €.

Solution :

Évaluation des titres à la clôture de l'exercice 2021 : 37.500 (500 × 75). Or, l'acquisition s'est faite pour un prix total de 46.200 € (38.000 en 2021 et 8.200 en 2017). Par conséquent, une provision pour dépréciation est nécessaire : 8.700 (46.200 – 37.500).

Calcul de la plus-value en 2022 : la cession est réputée être d'abord réalisée sur les titres qui sont entrés en premier dans le patrimoine de l'entreprise. Par conséquent, les 100 titres achetés en 2017 à 82 € ont été vendus à 98 €, soit une plus-value de 16 € par titres, soit 1.600 € au total. Il s'agit ici d'une plus-value à long terme puisque les titres sont détenus depuis plus de deux ans.

Mais l'entreprise a vendu également 170 titres supplémentaires à 98 € l'unité. Ces titres sont ici ceux qui ont été acquis en 2021, autrement dit la plus-value est ici de 3 € par unité (le prix d'acquisition était de 95 €), soit une plus-value totale de 510 €. La plus-value est ici à court terme.
L'entreprise conserve encore 230 actions dont le cours à la clôture de l'exercice est de 78 €, soit un total 17.940 €. Ces 230 actions ont été achetées pour une valeur de 95 € et ont donc une valeur d'acquisition de 21.850 €. La moins-value latente est ici de 3.910 €. Cette somme est inférieure à la provision constituée en 2021, autrement dit il y a un excédent de provision qui s'élève à 4.790 €. Cet excédent de provision devra être ajouté aux plus-values à long terme constatées en 2022 (c'est-à-dire 1.600 €).

B. Les biens migrants

L'exploitant individuel dispose au regard du droit fiscal d'un patrimoine professionnel et d'un patrimoine privé. Un bien, meuble ou immeuble, peut parfaitement figurer pendant un temps dans un patrimoine avant de basculer vers l'autre. Cette migration n'est pas sans conséquence au moment de la cession du bien. La cession d'un bien figurant au patrimoine privé relève du régime des plus-values privées et non des plus-values professionnelles. La cession d'un bien figurant au patrimoine professionnel relève du régime des plus-values professionnelles. Lorsqu'un élément figurant dans le patrimoine privé, a successivement été inscrit à l'actif d'une entreprise puis a fait l'objet d'une cession à un tiers, il y a lieu de déterminer deux plus-values distinctes, soumises à des régimes fiscaux différents : 587 ■

- la première correspond à la plus-value acquise par ce bien durant la ou les périodes de détention dans le patrimoine privé du contribuable. Cette plus-value est imposable selon le régime des plus-values des particuliers et bénéficie, le cas échéant, des exonérations propres à ce régime ;
- la seconde correspond à la plus-value acquise par le bien depuis la date d'inscription au bilan (ou au tableau des immobilisations) jusqu'à la date de la cession. Cette plus-value est soumise aux dispositions relatives aux plus-values professionnelles.

Il y a également deux plus-values lorsque le bien a été inscrit au bilan de l'entreprise avant d'en être retiré pour figurer au patrimoine privé, puis être cédé à un tiers. Le retrait est un fait générateur de plus-value professionnelle. La cession à un tiers donnera lieu à un régime de plus-value privée, en fonction de la nature du bien. 588 ■

C. La réévaluation des actifs

Les entreprises soumises à l'obligation de tenir une comptabilité commerciale peuvent procéder à une réévaluation de leurs immobilisations corporelles et financières et cela afin de renforcer leurs capitaux propres. L'article L. 123-18, alinéa 4, du Code de commerce prévoit en effet que « s'il est procédé à une réévaluation de l'ensemble des immobilisations corporelles et financières, l'écart de réévaluation entre la valeur actuelle et la valeur nette comptable ne peut être utilisé à compenser les pertes ; il est inscrit distinctement au passif du bilan ». 589 ■

590 Toutefois, sur le plan fiscal, la correction des valeurs d'actif a pour effet d'entraîner une variation positive de l'actif net entre l'ouverture et la clôture de l'exercice et corrélativement un bénéfice imposable en application de l'article 38, 2, du Code général des impôts. C'est précisément ce bénéfice imposable « auto-engendré » que la loi de finances pour 2021 neutralise. L'article 238 *bis* JB du Code général des impôts ouvre ainsi une option en faveur des entreprises relevant de l'impôt sur le revenu comme de l'impôt sur les sociétés. Le texte prévoit que « l'entreprise qui procède à une réévaluation d'ensemble des immobilisations corporelles et financières dans les conditions prévues à l'article L. 123-18 du Code de commerce peut ne pas prendre en compte l'écart de réévaluation qu'elle constate pour la détermination du résultat imposable de l'exercice au titre duquel elle procède à cette réévaluation ». Le choix laissé à la discrétion des entreprises est néanmoins soumis à ce qu'elles prennent l'engagement « 1° De calculer la plus-value ou la moins-value réalisée ultérieurement lors de la cession des immobilisations non amortissables d'après leur valeur non réévaluée » et « 2° De réintégrer l'écart de réévaluation afférent aux immobilisations amortissables dans ses bénéfices imposables ». Dans ce dernier cas, « la réintégration de l'écart de réévaluation est effectuée par parts égales sur une période de quinze ans pour les constructions ainsi que pour les plantations et les agencements et aménagements des terrains amortissables sur une période au moins égale à cette durée, et par parts égales sur une durée de cinq ans pour les autres immobilisations ».

591 Applicable aux opérations de réévaluation constatées au terme d'un exercice clos à compter du 31 décembre 2020 jusqu'au 31 décembre 2022, la mesure proposée s'inspire très largement des dispositifs existants en matière d'apports ou de fusions, assimilés à des opérations intercalaires sur le plan fiscal (v. ss 1013). Les immobilisations amortissables donnent ainsi lieu à une réintégration par fraction de la plus-value, elle-même « compensée » par des amortissements calculés sur les bases réévaluées. Les immobilisations non amortissables bénéficient, quant à elle, d'un sursis d'imposition. La réintégration de la plus-value ou le sursis d'imposition envisagés prennent fin en cas de cession des immobilisations concernées. Le produit de la cession doit permettre de régler l'impôt, le dispositif n'ayant pas vocation à permettre aux entreprises d'engendrer des liquidités sans conséquences fiscales.

§ 3 Les régimes d'exonération et de différé d'imposition

592 Le régime des plus-values professionnelles donne lieu à plusieurs dispositifs d'exonération et de différé d'imposition. Il faut distinguer ici l'exonération des plus-values en fonction des recettes (A), l'exonération des plus-values en raison du montant de l'opération (B), l'exonération en raison du départ à la retraite du cédant (C) et la mise en société de l'entreprise individuelle (D).

A. L'exonération des plus-values en fonction des recettes (CGI, art. 151 *septies*)

593 Les plus-values réalisées en cours ou en fin d'exploitation par les contribuables dont les recettes n'excèdent pas certains seuils sont exonérées en tout ou partie, tant de l'impôt sur le revenu que des prélèvements sociaux, à condition que l'activité ait été exercée à titre professionnel pendant au moins cinq ans. Le texte concerne aussi les

contribuables qui exercent leur activité professionnelle dans une société soumise au régime des sociétés de personnes (v. ss 604 s.). Dans ce dernier cas, le délai de cinq ans prévu à l'article 151 *septies* du CGI est décompté à partir du début de l'exercice de l'activité professionnelle dans la société ou le groupement soumis à l'impôt sur le revenu. L'exonération est totale lorsque les recettes annuelles sont inférieures ou égales à 250.000 € s'il s'agit d'entreprises dont le commerce principal est de vendre des marchandises, objets, fournitures et denrées à emporter ou à consommer sur place ou de fournir le logement (à l'exclusion de la location directe ou indirecte de locaux d'habitation meublés ou destinés à être loués meublés) ou s'il s'agit d'entreprises exerçant une activité agricole. Ce seuil passe à 90.000 € s'il s'agit d'autres entreprises ou de titulaires de bénéfices non commerciaux.

Exemple

Pour une entreprise exerçant une activité dans le domaine de la vente de marchandises et dont le chiffre d'affaires est de 310.000 €, l'exonération applicable est de (350.000 - 310.000) / 100.000 = 40 %, soit une plus-value exonérée à 40 % et taxée à 60 %.

Si la plus-value réalisée est de 50.000 €, la plus-value imposable sera de 50.000 × 60 % = 30.000 €

Cette plus-value imposable suit le régime des plus-values professionnelles.

L'exonération prévue à l'article 151 *septies* du CGI s'applique aux plus-values nettes 594 ■
déterminées après compensation avec les moins-values de même nature. Cette règle s'applique quelle que soit la nature de l'activité exercée (industrielle, commerciale, artisanale, libérale ou agricole). Le régime prévu à l'article 151 *septies* du CGI n'est pas cumulable avec l'application du dispositif d'exonération prévu à l'article 238 *quindecies* du CGI (exonération en cas de transmission d'une entreprise individuelle, d'une branche complète d'activité ou d'éléments assimilés dont la valeur n'excède pas certains montants) ou des dispositifs de report d'imposition prévus aux articles 41 du CGI (transmission à titre gratuit d'une entreprise individuelle), 93 *quater* I *ter* du CGI (apports de brevets ou assimilés à une société par une personne physique), 151 *octies* (apport d'une entreprise individuelle ou d'une branche complète d'activité à une société), 151 *octies* A du CGI (restructurations de sociétés civiles professionnelles) et 151 *octies* B du CGI (apports de titres).

B. L'exonération des plus-values en raison du montant de l'opération (CGI, art. 238 *quindecies*)

Les plus-values réalisées à l'occasion de la transmission d'une entreprise individuelle 595 ■
ou d'une branche complète d'activité peuvent être exonérées totalement ou partiellement, selon la valeur des éléments transmis, à condition que l'activité ait été exercée pendant au moins cinq ans. Le bénéfice de cette exonération est subordonné à l'exercice d'une option et porte à la fois sur l'impôt sur le revenu et les prélèvements sociaux.

596 L'étendue de l'exonération dépend de la valeur des éléments transmis. Elle est totale si cette valeur est inférieure à 500.000 €, partielle si elle est comprise entre 500.000 € et 1.000.000 €.

597 L'exonération ne s'applique pas si le cédant possède à la date de la cession le contrôle de l'entreprise cessionnaire du fait de la participation qu'il y détient ou des fonctions qu'il y exerce. Toutefois, la transmission d'une activité qui fait l'objet d'un contrat de location-gérance ou d'un contrat comparable peut bénéficier du régime d'exonération, sous réserve que l'activité soit exercée depuis au moins cinq ans au moment de la mise en location. La transmission peut être réalisée au profit du locataire ou d'un tiers.

Exemple

Une activité commerciale est transmise pour un montant de 700.000 € et conduit le cédant à réaliser une plus-value totale de 200.000 €. La plus-value exonérée est égale à :
200.000 (1.000.000-700.000) / 500.000 = 120.000
Cette plus-value imposable suit le régime des plus-values professionnelles.

C. L'exonération prévue pour les exploitants individuels partant à la retraite (CGI, art. 151 *septies* A)

598 La cession de l'entreprise individuelle (ou de l'intégralité des droits ou parts détenus par un associé d'une société de personnes soumise à l'impôt sur le revenu dans laquelle il exerce son activité professionnelle) peut bénéficier de l'exonération prévue à l'article 151 *septies* A du Code général des impôts.

L'exonération concerne seulement l'impôt sur le revenu (et non les prélèvements sociaux) et porte sur les plus-values, à court ou à long terme, résultant de la cession des éléments de l'actif immobilisé, à l'exception des plus-values portant sur des éléments immobiliers. Ces derniers peuvent toutefois bénéficier l'abattement prévu par l'article 151 *septies* B du même code.

Le cédant doit cesser toute fonction dans l'entreprise individuelle cédée (ou dans la société ou le groupement dont les droits ou parts sont cédés) et faire valoir ses droits à la retraite soit dans l'année suivant la cession, soit dans l'année précédant celle-ci.

D. La mise en société de l'entreprise individuelle (CGI, art. 151 *octies*)

599 Les exploitants qui procèdent à l'apport en société de leur entreprise individuelle peuvent se placer sous un régime optionnel permettant d'éviter l'imposition immédiate des plus-values d'apport et des profits sur stocks consécutifs à la cessation de l'activité individuelle.

L'option pour le régime spécial permet à l'apporteur de bénéficier d'un report d'imposition pour les plus-values constatées sur les immobilisations non amortissables et d'une exonération pour les plus-values sur immobilisations amortissables et les profits sur stocks, la charge fiscale correspondante étant transférée à la société bénéficiaire de l'apport. 600 ■

L'imposition des plus-values, à court terme ou à long terme, sur éléments non amortissables est reportée jusqu'à la cession (vente, apport en société, échange, etc.) des droits sociaux reçus en rémunération de l'apport, le rachat de ces droits par la société ou la cession par la société des biens concernés. Dans ces trois hypothèses, les plus-values en report d'imposition deviennent imposables (partiellement en cas de rachat partiel des droits) au nom de l'apporteur au titre de l'année au cours de laquelle l'événement intervient et d'après les barèmes et taux en vigueur à cette date. 601 ■

Les plus-values sur éléments amortissables ne sont pas imposées au nom de l'apporteur. Elles sont réintégrées dans les bénéfices de la société bénéficiaire de l'apport imposables au taux de droit commun, suivant le même mécanisme, et avec les mêmes possibilités d'échelonnement, qu'en matière de fusions de sociétés. En contrepartie, la société est autorisée à calculer les amortissements (suivant le dégressif, le cas échéant) et les plus-values postérieures d'après les nouvelles valeurs retenues lors de l'apport, les biens étant réputés acquis depuis leur entrée dans le patrimoine de l'entreprise apporteuse. 602 ■

L'apporteur est toutefois autorisé à opter pour l'imposition au taux réduit des plus-values à long terme de la plus-value nette à long terme globale afférente aux biens amortissables ; cette plus-value peut, le cas échéant, être utilisée à compenser les déficits d'exploitation du dernier exercice d'activité ou les déficits antérieurs restant à reporter. 603 ■

6

Compléments pédagogiques

Mémo

Le régime des plus-values et moins-values professionnelles ne concerne que les immobilisations de l'entreprise. La cession d'un élément du stock conduira à une imposition au niveau du bénéfice d'exploitation.

Même si l'article 39 *duodecies* du CGI fait référence à la cession d'un élément d'actif immobilisé, le terme cession ne doit pas être entendu dans un sens trop restreint. Il ne s'agit pas seulement de la vente d'un bien immobilisé. Bien au contraire, le fait générateur du régime des plus-values et moins-values professionnelles est la sortie du bien du patrimoine de l'entreprise (vente, échange, donation, partage, apport, expropriation, etc.).

Le calcul d'une plus-value ou d'une moins-value est effectué à partir de la différence entre deux termes : la valeur de cession du bien et la valeur nette comptable.

Pour distinguer les deux catégories de plus-values et moins-values, il faut prendre en compte deux critères : - la durée de détention du bien ; - le caractère amortissable ou non du bien en cause.

Pour chaque catégorie de plus-value (court terme et long terme), l'entreprise va faire la somme des plus-values et des moins-values réalisées pour tous les biens cédés. Pour chaque catégorie de plus-values, doit donc être dégagée une plus-value ou une moins-value nette.

Si la catégorie des plus-values à court terme dégagé une plus-value nette, celle-ci sera ajoutée au résultat imposable. Lorsque la catégorie des plus-values à court terme fait apparaître une moins-value nette, celle-ci viendra s'imputer sur le résultat de l'entreprise. Autrement dit, elle viendra réduire le bénéfice imposable de l'entreprise, s'apparentant ainsi à une charge ordinaire.

Pour la catégorie des plus-values à long terme, si la compensation entre les différentes cessions réalisées fait apparaître une plus-value nette, son montant sera imposé à un taux réduit de 12,8 %. À cet impôt s'ajoutent les contributions sociales (CSG, CRDS et prélèvement social) d'un montant total de 17,2 %.

La loi prévoit plusieurs régimes d'exonération des plus-values professionnelles ainsi qu'un report d'imposition en cas d'apport de l'entreprise individuelle en société.

Quid

■ Plus-value n° 555

C'est le gain réalisé par l'entreprise à l'occasion de la cession d'un élément de son actif immobilisé et déterminé par la comparaison entre le prix de cession et la valeur nette comptable (ou valeur d'acquisition, en l'absence d'amortissement).

■ Valeur nette comptable n° 563

C'est la valeur d'acquisition du bien diminué des amortissements pratiqués

Document

CE 12 oct. 2018, n° 401292

[…] Les plus-values exonérées d'impôt sur le revenu sur le fondement de l'article 151 *septies* A du CGI sont expressément soumises à la contribution sociale généralisée. Il en va de même lorsque ces plus-values avaient été placées en report en application des dispositions de l'article 151 *octies* du même code, dès lors que ces dernières dispositions n'ont pas pour effet de différer le paiement d'une imposition qui aurait été établie au titre de l'année de réalisation de la plus-value, mais seulement de permettre, par dérogation à la règle suivant laquelle le fait générateur de l'imposition d'une plus-value est constitué au cours de l'année de sa réalisation, de la rattacher à l'année au cours de laquelle intervient l'événement qui met fin au report d'imposition. […]

Biblio

- CE 12 oct. 2018, n° 401292, *Dr. fisc.* 2019, n° 6, comm. 143, concl. M.-A. Nicolazo de Barmon, note S. Daragon.

Quiz

1) Sujet corrigé

Cas pratique

Monsieur Prieur est un entrepreneur individuel qui exerce une activité de loueur en meublé professionnel de chambres médicalisées. Il exploite, à ce titre, un EHPAD dénommé « Les Mimosas » qui comporte 18 chambres médicalisées acquises en 2002 au prix de 600.000 € et générant des loyers mensuels d'un montant de 85.000 €. Si la valeur nette comptable de ces chambres est 300.000 €, leur valeur vénale est aujourd'hui estimée à 1.300.000 €.

L'activité de M. Prieur est florissante. Son résultat est en progression, grâce notamment au remboursement des emprunts contractés lors de l'acquisition des chambres médicalisées et à la réduction des charges financières. M. Prieur envisage d'apporter l'établissement « Les Mimosas » à une EURL nouvellement constituée, non soumise à l'IS, relevant d'un régime réel d'imposition. Il s'interroge néanmoins sur les conséquences fiscales engendrées par cet apport, au regard de la fiscalité des plus-values et sur la possibilité ou non de bénéficier d'un régime d'exonération.

Voir le corrigé en fin de rubrique.

2) Corrigé

Cas pratique

I. La détermination de la plus-value imposable

L'opération d'apport projetée est assimilée, au plan fiscal, à une cession et constitue, à ce titre, un évènement générateur de plus-values imposables (CGI, art. 39 *duodecies*).

Dans le cas présent, en tenant compte d'une valeur dite « vénale » de l'immeuble au jour de l'apport de l'ordre de 1.200.000 € et d'une valeur nette comptable, au jour de l'opération, de 200.000 €, la plus-value serait la suivante :

Tableau

Valeur vénale	1.300.000
VNC	300.000
Plus-value	1.000.000
dont PV à Court terme	300.000
dont PV long terme	700.000

Schématiquement, la plus-value à court terme correspond au montant des amortissements constatés depuis l'origine.

Elle vient s'ajouter au résultat de droit commun pour être taxée aux cotisations RSI et à l'impôt sur le revenu, au barème progressif.

La plus-value à long terme correspond à l'excédent de plus-value par rapport aux amortissements constatés.

Elle est taxable à l'impôt sur le revenu au taux de 12,8 % et aux contributions sociales sur les revenus du patrimoine actuellement au taux de 17,2 %.

Il est toutefois possible d'échapper à la taxation de ces plus-values

II. Le mécanisme de report d'imposition prévue par l'article 151 *octies* du CGI

En premier lieu, le législateur a instauré, à l'article 151 *octies* du Code général des impôts, un régime de report d'imposition afin de tenir compte de l'absence de flux financiers générés par les opérations d'apport d'entreprise individuelle.

Ce régime spécial s'applique sur option aux personnes physiques qui font apport d'une entreprise individuelle ou d'une branche complète d'activité à une société.

Ce régime permet à l'apporteur de bénéficier :

- d'un report d'imposition des plus-values à court ou à long terme constatées sur les éléments non amortissables, l'imposition de ces plus-values étant reportée soit jusqu'à la cession des droits sociaux reçus en rémunération de l'apport, soit jusqu'à la cession, par la société, des biens qui lui ont été apportés ;

- d'une exonération des plus-values sur éléments amortissables, à charge toutefois, pour la société bénéficiaire de l'apport, de réintégrer, dans ses bénéfices imposables au taux de droit commun, sur une période maximale de 15 ans pour les immeubles, les plus-values ainsi exonérées, étant précisé que la société bénéficiaire est alors autorisée à calculer les amortissements et les plus-values ultérieures d'après les nouvelles valeurs retenues lors de l'apport.

Sous réserve de vérifier que les chambres de l'EHPAD « Les Mimosas » apportées constituent bien une branche complète d'activité, l'opération pourrait bénéficier des dispositions de l'article 151 *octies* du Code général des Impôts, de telle sorte que :

- Monsieur Prieur serait exonéré de la taxation des plus-values à court terme et à long terme ;

- L'EURL devra déterminer ses résultats ultérieurs en réintégrant, chaque année, dans son résultat taxable, 1/15e du montant de ses plus-values, soit 300.000/15 = 20.000 €, mais pourra, en contrepartie, amortir l'immeuble sur une valeur réévaluée, soit 1.300.000 € hors terrain.

III. Le cumul des articles 151 *octies* et 151 *septies* B du CGI

L'apporteur qui revendique le bénéfice de l'article 151 *octies* du CGI a toutefois la possibilité, s'il le souhaite, d'opter pour l'imposition immédiate, à son nom, de la plus-value nette à long terme afférant aux éléments amortissables, s'il y a intérêt.

Cela permet alors à la société bénéficiaire de l'apport de ne pas avoir à réintégrer dans ses résultats imposables taxables au taux de droit commun, ladite plus-value.

Or, l'article 151 *septies* B du Code général des impôts prévoit un mécanisme spécial d'exonération de certaines plus-values immobilières réalisées par des entreprises individuelles.

En effet, en application de ce texte, les entreprises relevant de l'impôt sur le revenu peuvent appliquer aux plus-values immobilières à long terme, un abattement de 10 % par année de détention échue au titre de l'exercice de réalisation de la plus-value au-delà de la cinquième, étant précisé que pour le calcul du délai de détention, seules sont prises en considération les années durant lesquelles le bien a été effectivement affecté à l'exploitation.

D'une part, le régime de l'article 151 *septies* B du Code général des impôts est susceptible de s'appliquer aux biens immobiliers affectés par les loueurs en meublé professionnels à leur exploitation.

D'autre part, l'administration admet expressément que les dispositions de l'article 151 *septies* B du Code général des impôts se cumulent avec le régime de l'article 151 *octies*.

Ainsi, la plus-value nette à long terme ci-avant calculée pourrait être totalement exonérée, les chambres étant détenues et exploitées depuis plus de 15 ans.

Au total et sous réserve de vérifier que les éléments apportés sont bien constitutifs d'une branche complète d'activité au sens de l'article 151 *octies* du Code général des impôts, l'opération projetée pourrait se voir appliquer concurremment les dispositions de l'article 151 *octies* et 151 *septies* B du Code général des impôts.

De cette manière :

- Monsieur Prieur serait exonéré de toute taxation sur la plus-value à court terme constatée à l'occasion de l'opération d'apport, laquelle devra faire l'objet d'une réintégration par 1/15e par l'EURL dans ses résultats annuels, soit une réintégration d'un montant annuel de 20.000 € ;

- Monsieur Prieur pourrait opter pour l'imposition immédiate de la plus-value nette à long terme, mais bénéficiera, sur les plus-values immobilières, d'une exonération totale pour durée de détention, dès lors que les chambres apportées sont sa propriété depuis plus de 15 ans, cette exonération s'entendant d'une exonération d'impôt sur le revenu et de contributions sociales (l'article L. 136-6 du Code de la sécurité sociale prévoyant l'assiette des prélèvements sociaux identique à celle de l'impôt sur le revenu, sauf exceptions inapplicables en l'espèce).

chapitre 7

L'imposition des sociétés de personnes

Plan analytique

section 1

Les groupements relevant du régime des sociétés de personnes

§ 1 Le régime applicable par défaut

§ 2 Le régime applicable sur option

A. Le régime des SARL de famille

B. L'option offerte aux sociétés de capitaux respectant les conditions de l'article 239 *bis* AB du CGI

C. Les effets de l'option

section 2

L'imposition des résultats des sociétés de personnes

§ 1 La détermination du régime fiscal et du résultat imposable

A. Les critères de détermination du régime fiscal applicable au résultat

B. Le résultat de la société et la quote-part de résultat de la société revenant aux associés

§ 2 L'imposition du résultat

A. Les associés personnes physiques

B. Les associés personnes morales

C. Les associés résidant à l'étranger

section 3

Le traitement fiscal des titres de sociétés de personnes

§ 1 La qualification des titres

§ 2 La cession des titres

A. Le prix de revient fiscal

B. Les modalités d'imposition

Compléments pédagogiques

L'imposition des sociétés de personnes

Le droit fiscal opère une distinction entre les sociétés de personnes (également appelées *sociétés translucides*[Q]) et les sociétés de capitaux (également appelées *sociétés opaques*[Q]) qui ne correspond pas en tout point aux classifications habituelles du droit des sociétés. Cette distinction entraîne des effets radicaux sur leur régime fiscal respectif. Tandis que les sociétés opaques bénéficient d'une totale autonomie juridique et fiscale et sont soumises à l'impôt sur les sociétés, les sociétés de personnes voient leur régime fiscal dépendre de la situation de leur associé, au moins en ce qui concerne le droit fiscal interne. En droit fiscal, comme en amour, il est possible que deux êtres distincts ne forment qu'un : la société de personnes détermine son propre résultat, mais c'est l'associé qui en supporte la charge fiscale. Ainsi, si cet associé relève de l'impôt sur le revenu, la quote-part de bénéfice lui revenant sera soumise à cet impôt. Il en est de même s'agissant d'un associé personne morale soumise à l'impôt sur les sociétés. 604

La difficulté en la matière tient pour beaucoup au fait que les sociétés de personnes sont d'une grande diversité. Certaines exercent une activité économique à laquelle participent un ou plusieurs associés. D'autres ont un objet purement patrimonial et souvent un actionnariat familial, comme par exemple, les sociétés civiles gérant un patrimoine immobilier. D'autres encore ont un associé non résident et au regard du droit fiscal international, il ne fait pas de doute que la société de personnes dispose d'une pleine et entière personnalité fiscale. Bien sûr, cette diversité se retrouve aussi pour les sociétés opaques. Mais à la différence de celles-ci, dans le cadre des sociétés de personnes, et particulièrement celles où les associés relèvent de l'impôt sur le revenu, cela signifie autant de régimes fiscaux différents. 605

En outre, dans la mesure où les associés des sociétés de personnes supportent l'impôt dès que la société a réalisé un bénéfice, l'intérêt d'un tel régime peut sembler troublant. De surcroît, être soumis au barème progressif de l'impôt sur le revenu plutôt qu'à l'impôt sur les sociétés peut paraître sous-optimal, dès lors que la tranche marginale du premier atteint les 45 %. En réalité, les choses sont plus complexes. En effet, dans les sociétés opaques, la réalisation de bénéfices et leur distribution engendreront une double imposition économique (sur la société et sur l'associé) qui peut s'avérer moins intéressante qu'une imposition unique au barème de l'impôt sur le revenu, lorsque l'associé est une personne physique. Par ailleurs, en cas de déficit, le régime des sociétés de personnes permet une imputation de celui-ci sur le résultat de l'associé (sous conditions), ce qui montre à nouveau leur caractère translucide, imputation qui n'est pas possible dans les sociétés opaques (le déficit réalisé par la société n'est pas imputable sur le résultat de son associé, hors intégration fiscale). Le régime des sociétés de personnes conserve donc un intérêt évident dans un certain nombre d'hypothèses. Son étude implique de délimiter les groupements à qui il 606 s'adresse (section 1), puis de s'intéresser au régime d'imposition du résultat (section 2) et au traitement fiscal des parts détenus par les associés des sociétés de personnes (section 3).

section 1

Les groupements relevant du régime des sociétés de personnes

607 Le régime des sociétés de personnes s'applique par défaut à un certain nombre de groupements (§1). Il est également accessible sur option (§2).

§ 1 Le régime applicable par défaut

608 Le régime de l'article 8 du Code général des impôts concerne, de manière non exhaustive, lorsqu'ils n'ont pas opté pour l'impôt sur les sociétés, les groupements suivants :

- les sociétés en nom collectif (SNC) ;
- les sociétés civiles mentionnées au 1° de l'article 8 du CGI ;
- les sociétés en commandite simple pour la part de bénéfices revenant aux commandités (SCS) ;
- les sociétés en participation à raison des droits des associés indéfiniment responsables et dont les noms et adresses ont été communiqués à l'administration ;
- les sociétés créées de fait ;
- les entreprises unipersonnelles à responsabilité limitée lorsque l'associé unique est une personne physique (EURL) ;
- les exploitations agricoles à responsabilité limitée (EARL) constituées d'un associé unique ou de plusieurs sans qu'un lien de parenté puisse être exigé ;
- les sociétés à responsabilité limitée (SARL) et des sociétés en commandite simple (SCS) de caractère familial ayant opté pour le régime fiscal des sociétés de personnes en application du décret n° 55-594 du 20 mai 1955 et, pour les seules SARL de familles, en vertu de l'article 239 *bis* AA du CGI (CGI, art. 8, 3°) ;
- les sociétés anonymes (SA), les sociétés par actions simplifiées (SAS) et les sociétés à responsabilité limitée (SARL) qui ont opté pour le régime fiscal des sociétés de personnes dans les conditions prévues par l'article 239 *bis* AB du CGI (CGI, art. 8, 6°) ;
- les sociétés civiles ayant pour objet la construction d'immeubles en vue de la vente (CGI, art. 239 *ter*) ;
- les groupements d'intérêt économique [GIE] (CGI, art. 239 *quater*) ;
- les sociétés civiles de moyens (CGI, art. 239 *quater* A) ;
- les groupements d'intérêt public (CGI, art. 239 *quater* B) ;
- les groupements européens d'intérêt économique (CGI, art. 239 *quater* C) ;
- les copropriétés de navires (CGI, art. 8 *quater*) ;
- les copropriétés de cheval de course ou d'étalon (CGI, art. 8 *quinquies*) ;
- les indivisions.

En revanche, le régime des sociétés de personnes ne s'applique pas aux sociétés, groupements et collectivités visées à l'article 206 du CGI, c'est-à-dire : 609 ■

- quel que soit leur objet, les sociétés anonymes, les sociétés en commandite par actions et les sociétés à responsabilité limitée n'ayant pas opté pour le régime fiscal des sociétés de personnes dans les conditions prévues à l'article 239 *bis* AA du CGI et à l'article 239 *bis* AB du CGI ou à celles prévues par le décret n° 55-594 du 20 mai 1955 ;
- à toutes les autres personnes morales se livrant à une exploitation ou à des opérations à caractère lucratif (CGI, art. 206, 1 ; v. ss 675).

§ 2 Le régime applicable sur option

Le régime des sociétés de personnes est applicable sur option à deux catégories de sociétés : les SARL de famille (A) ; les sociétés de capitaux visées par la loi (B). 610 ■

A. Le régime des SARL de famille

Pour favoriser le développement des PME qui lors de leur lancement présente souvent un caractère déficitaire, le législateur a prévu un régime fiscal mieux adapté à leur structure. C'est ainsi que les entreprises familiales exploitées sous la forme de sociétés à responsabilité limitée sont autorisées à sortir du champ d'application de l'impôt sur les sociétés au moyen d'une option pour le régime des sociétés de personnes (art. 239 *bis* AA, CGI) Les modalités d'application de ce dispositif sont définies aux articles 46 *terdecies* A et suivants de l'annexe III au CGI. 611 ■

Ainsi, les SARL exerçant une activité industrielle, commerciale, artisanale ou agricole et formées uniquement entre personnes parentes en ligne directe ou entre frères et sœurs, ainsi que les conjoints et les partenaires liés par un pacte civil de solidarité, peuvent opter pour le régime fiscal des sociétés de personnes mentionné à l'article 8 du CGI. L'option ne peut être exercée qu'avec l'accord de tous les associés. Elle cesse de produire ses effets dès que des personnes autres que celles prévues dans le présent article deviennent associées. 612 ■

B. L'option offerte aux sociétés de capitaux respectant les conditions de l'article 239 *bis* AB du CGI

L'article 239 *bis* AB du Code général des impôts permet aux sociétés anonymes, aux sociétés par actions simplifiées et aux sociétés à responsabilité limitée d'opter pour le régime fiscal des sociétés de personnes prévu à l'article 8 du CGI. 613 ■

Ce régime vise les sociétés de petite taille et de création récente. L'option pour le régime fiscal des sociétés de personnes est valable pour une période de cinq exercices. Il permet ainsi aux associés d'imputer immédiatement les déficits dégagés lors de la phase de démarrage de la société selon les règles propres au régime fiscal des sociétés de personnes, sans attendre que cette dernière devienne bénéficiaire. 614 ■

615 Tout comme le régime des SARL de famille, l'option en faveur de ce régime n'a pas d'impact sur les caractéristiques juridiques de la société. Les associés conservent donc une responsabilité limitée au montant de leurs apports.

616 Cette option en faveur du régime de l'article 8 du CGI est néanmoins soumise aux conditions suivantes :

- la société doit nécessairement revêtir la forme d'une société anonyme (SA), d'une société par actions simplifiées (SAS) ou d'une société à responsabilité limitée (SARL). Cette liste est limitative de sorte que les sociétés constituées sous une autre forme juridique, telles que les sociétés en commandite, ne sont pas éligibles à ce régime optionnel. En revanche, les sociétés d'exercice libéral prenant la forme de sociétés d'exercice libéral à responsabilité limitée (SELARL), de sociétés d'exercice libéral à forme anonyme (SELAFA) et de société d'exercice libéral par actions simplifiées (SELAS) peuvent en bénéficier ;
- la société ne doit pas être cotée sur un marché d'instruments financiers ;
- le capital et les droits de vote de la société doivent être détenus à la fois à hauteur de 50 % au moins par des personnes physiques et de 34 % au moins par un ou plusieurs associés exerçant la fonction de dirigeant au sein de la société ainsi que par leur foyer fiscal ;
- la société doit enfin respecter un critère de taille, exprimé sous une double limite en termes d'effectif (cinquante salariés) et en termes de bilan ou de chiffre d'affaires (dix millions d'euros) ;
- la société doit avoir moins de cinq ans à la date d'effet de l'option.

617 Conformément au I de l'article 46 *terdecies* DA de l'annexe III au CGI, l'option s'effectue selon le modèle établi par l'administration : ce modèle figure au BOI-LETTRE-000079. Elle est révocable au titre de chaque exercice et cela sans avoir à justifier d'un quelconque motif.

C. Les effets de l'option

618 Si la société exerce l'option après avoir été effectivement soumise à l'impôt sur les sociétés, l'option implique un changement de régime fiscal, qui entraîne les conséquences de la cessation d'entreprise conformément au deuxième alinéa de l'article 221 du CGI. Ainsi, les résultats d'exploitation non encore taxés, les bénéfices en sursis d'imposition et les plus-values latentes incluses dans l'actif social font l'objet d'une imposition immédiate. La société doit en informer le service des impôts des entreprises dont elle dépend, dans les soixante jours du changement de régime fiscal, et produire la déclaration des revenus imposables. Le changement de régime fiscal, qui résulte de l'option prévue par l'article 239 *bis* AB du CGI, entraîne par ailleurs la perte du droit au report des déficits subis antérieurement ainsi que des moins-values à long terme encore reportables et non encore imputées. S'ils ne peuvent s'imputer sur les bénéfices et plus-values de même nature imposables au titre de l'exercice de changement de régime fiscal, ces déficits tombent donc en non-valeur. De surcroît, les dispositions de l'article 111 *bis* du CGI, qui prévoient que lorsqu'une personne morale soumise à l'impôt sur les sociétés cesse d'y être assujettie, ses bénéfices et réserves, capitalisés ou non, sont réputés distribués aux associés en proportion de leurs droits, sont applicables. Il en résulte que l'imposition frappant les revenus distribués est applicable à ces sommes du seul fait du changement de régime fiscal, même si elles ne sont pas effectivement versées aux associés.

Cela étant, en l'absence de création d'une personne morale nouvelle, lorsqu'une société cesse totalement ou partiellement d'être soumise à l'impôt sur les sociétés dans les conditions de droit commun, elle peut bénéficier de l'atténuation prévue à l'article 221 *bis* du CGI si les deux conditions cumulatives suivantes sont satisfaites : 619 ■

- la société ne doit pas modifier ses écritures comptables ;
- l'imposition de ses revenus, profits latents et plus-values latentes demeure possible sous le nouveau régime fiscal.

Cette atténuation consiste à ce que les bénéfices en sursis d'imposition, les plus-values latentes incluses dans l'actif social et les profits non encore imposés sur les stocks ne font pas l'objet d'une imposition immédiate.

Toute sortie du régime fiscal des sociétés de personnes, qu'elle soit volontaire (par renonciation au régime ou en raison du non-respect de l'une des conditions) ou obligatoire (au terme du délai de cinq ans pour les sociétés de capitaux visées à l'article 239 *bis* AB du CGI), est définitive. Il n'est plus possible d'opter à nouveau pour le régime des sociétés de personnes. La société est alors placée à nouveau dans le champ d'application de l'impôt sur les sociétés en vertu de l'article 206 du CGI à compter du premier jour de l'exercice suivant les cinq exercices couverts par l'option, ou au premier jour de l'exercice au cours duquel une des conditions du régime n'est plus respectée ou au titre duquel la société renonce. 620 ■

En outre, la sortie du régime des sociétés de personnes entraîne un changement de régime fiscal, qui emporte cessation d'entreprise au sens de l'article 202 *ter* du CGI. Ainsi, les associés de la société sont immédiatement imposés, à hauteur de leurs droits, sur les bénéfices d'exploitation non encore taxés, les bénéfices en sursis d'imposition ainsi que sur les plus-values latentes incluses dans l'actif social. 621 ■

Toutefois, en l'absence de création d'une personne morale nouvelle, lorsqu'une société cesse totalement ou partiellement d'être soumise à l'impôt sur le revenu, elle peut bénéficier de l'atténuation prévue à l'article 202 *ter* du CGI si elle respecte les deux conditions cumulatives suivantes : 622 ■

- la société ne doit pas modifier ses écritures comptables ;
- l'imposition de ses revenus, profits latents et plus-values latentes demeure possible sous le nouveau régime.

Si ces conditions sont respectées, les bénéfices en sursis d'imposition, les plus-values latentes incluses dans l'actif social, et les profits non encore imposés sur les stocks ne font pas l'objet d'une imposition immédiate. 623 ■

Enfin, la nature de l'activité exercée peut avoir une incidence lors de la sortie du régime. En effet, une société ayant une activité relevant des bénéfices non commerciaux relève de la comptabilité d'encaissement. En sortant du régime des sociétés de personnes pour intégrer le régime de l'impôt sur les sociétés, elle fait évoluer son régime comptable et sera désormais soumise à la comptabilité d'engagement. Aussi, il convient d'inclure dans les bénéfices immédiatement taxables à la date de la cessation d'entreprise (liée au changement de régime fiscal), les créances acquises et les dettes certaines en application de l'article 202 du CGI. Toutefois, pour la société exerçant une activité libérale qui change de régime fiscal et devient imposable à 624 ■

l'impôt sur les sociétés, le paiement de l'impôt correspondant aux créances acquises peut être fractionné sur trois ans ou cinq ans, sous certaines conditions, en application de l'article 1663 *bis* du CGI.

Tableau récapitulatif – Les groupements soumis au régime des sociétés de personnes

Groupements soumis au régime fiscal des sociétés de personnes	Sociétés soumises sur option au régime fiscal des sociétés de personnes
- Sociétés civiles (SC) - Sociétés en nom collectif (SNC) - Sociétés en commandite simple (SCS) - Sociétés en participation - Sociétés de fait - EURL (entreprises unipersonnelles à responsabilité limitée) - Groupements d'intérêt économique (GIE)	- SARL de famille (art. 239 *bis* AA) - SA/SARL/SAS respectant les conditions de l'article 239 *bis* AB)

section 2

L'imposition des résultats des sociétés de personnes

625 L'imposition des résultats des sociétés de personnes implique de suivre un raisonnement en plusieurs étapes. Il faut d'abord déterminer le régime fiscal applicable en s'appuyant sur la situation de l'associé et calculer le résultat imposable (§1). Il convient suite de calculer l'impôt (§2).

§ 1 La détermination du régime fiscal et du résultat imposable

626 La détermination du régime fiscal applicable au résultat de la société de personnes implique de connaître le statut fiscal de l'associé et éventuellement l'activité exercée par la société qui sont deux critères incontournables (A). Une fois le régime fiscal connu, il faut déterminer la quote-part de résultat qui revient à l'associé (B).

A. Les critères de détermination du régime fiscal applicable au résultat

La détermination du résultat fiscal des sociétés de personnes implique de prendre en compte soit la situation fiscale de l'associé, soit la nature de l'activité de la société. Sur ce point, l'article 238 K *bis*, I du CGI précise que lorsqu'une société soumise à l'impôt sur les sociétés ou une entreprise relevant du régime des bénéfices industriels et commerciaux détient des droits dans le capital d'une société relevant de l'article 8 du CGI, la part de bénéfice correspondant à ces droits est déterminée selon les règles applicables au bénéfice réalisé par la personne ou l'entreprise qui détient ces droits. Dans tous les autres cas, la part de bénéfice ainsi que les profits résultant de la cession des droits sociaux sont déterminés et imposés en tenant compte de la nature de l'activité et du montant des recettes de la société de personnes (CGI, art. 238 K *bis*, II) 627 ■

Tableau récapitulatif – La détermination du régime fiscal applicable aux associés des sociétés de personnes

Situation fiscale de l'associé	Activité de la société	Régime d'imposition du résultat de la société
Impôt sur les sociétés	Toutes (commerciale, industrielle, etc.)	Impôt sur les sociétés
Bénéfices industriels et commerciaux	Toutes (commerciale, industrielle, etc.)	Bénéfices industriels et commerciaux
Bénéfices agricoles	Toutes (commerciale, industrielle, etc.)	Bénéfices agricoles
Aucune activité professionnelle	Toutes (commerciale, industrielle, etc.)	En fonction de l'activité de la société (BIC, BA, RF, etc.)

Lorsqu'une société de personnes ou un groupement assimilé exerce, d'une part, une activité professionnelle imposable au titre des bénéfices industriels et commerciaux (BIC) ou des bénéfices agricoles (BA) et, d'autre part, une activité patrimoniale (générant des revenus d'actifs immobilisés non affectés à l'exploitation professionnelle BIC ou BA), deux secteurs distincts doivent être déterminés : 628 ■

- l'un afférent à l'activité professionnelle imposable dans la catégorie des BIC, des BA et des bénéfices non commerciaux (BNC) et regroupant les actifs, les produits et les charges ayant trait à cette activité ;

- et l'autre afférent à l'activité non professionnelle. Le résultat de cette dernière relève, selon la nature du bien, soit du régime des revenus fonciers et des plus ou moins-values immobilières, soit du régime des revenus de capitaux mobiliers et des plus ou moins-values mobilières.

B. Le résultat de la société et la quote-part de résultat de la société revenant aux associés

629 Il importe de bien différencier le résultat déclaré par la société (1) de la quote-part revenant à l'associé (2).

1. *Le résultat de la société et les retraitements à opérer*

630 En vertu du premier alinéa de l'article 60 du Code général des impôts, le bénéfice des sociétés de personnes est déterminé dans les mêmes conditions que celles prévues pour les exploitants individuels (v. ss 420 pour les BIC). Une société de personnes exerçant une activité commerciale voit donc son résultat être déterminé selon le régime des bénéfices industriels et commerciaux et non le régime de l'impôt sur les sociétés.

631 Il en résulte que les rémunérations prélevées par les associés des sociétés de personnes doivent être comprises dans les bénéfices de l'entreprise, conformément à l'article 38 du Code général des impôts. Cela inclut tous les appointements et avantages de toute nature perçus à titre personnel et qui ne peuvent être admis dans les frais généraux de la société.

632 De même, les intérêts servis aux associés, à raison des sommes laissées ou mises à la disposition de la société peuvent, en principe, figurer parmi les charges déductibles des bénéfices sociaux, puisqu'en présence de deux personnes juridiques distinctes, il est possible que l'une prête de l'argent à l'autre. Toutefois, la déduction de ces intérêts n'est admise que sous la condition et dans la limite prévue par le 3° du 1 de l'article 39 du CGI et l'article 212 du CGI.

633 L'article 39, 1, 3 du CGI soumet en effet la déductibilité des intérêts versés à des associés de sociétés translucides à deux conditions : le capital doit être entièrement libéré (la condition est logique : on veut éviter que la société paie des intérêts sur des sommes dont elle peut disposer aisément en raison des promesses d'apport faites par les associés) ; le taux maximum des intérêts déductibles est plafonné (il ne peut dépasser le taux effectif moyen pratiqué par les établissements de crédit pour des prêts à taux variable accordés aux entreprises pour une durée supérieure à deux ans ; cette moyenne annuelle est déterminée à partir des moyennes trimestrielles publiées au *JO*). En d'autres termes, les intérêts excédant le plafond sont non déductibles et doivent être réintégrés dans le résultat fiscal de la société.

2. *La détermination de la quote-part*

634 L'associé est réputé appréhender sa *quote-part*[Q] de bénéfice ou de perte, même si le résultat n'est pas distribué. À la clôture de l'exercice, l'associé se voit attribuer fiscalement une quote-part du résultat, peu importe qu'aucune distribution n'ait eu lieu. De cette façon, si le bénéfice est distribué au cours d'un exercice ultérieur, il ne fera pas l'objet d'une imposition, puisque celle-ci sera déjà intervenue lors de la constatation du bénéfice.

635 Cette quote-part de bénéfices est déterminée sur la base du pourcentage détenu dans le capital de la société. Un associé qui détient 40 % du capital d'une société relevant de l'article 8 est réputé appréhendé 40 % de son bénéfice. Sa quote-part de résultat sera donc de 40 %, indépendamment du montant éventuellement ou non distribué.

Les associés peuvent parfaitement convenir d'un acte ou d'une convention ayant pour effet de conférer aux associés des droits différents dans les bénéfices sociaux. Cet acte ou cette convention sera opposable à l'administration fiscale, sous réserve d'être conclu antérieurement à la clôture de l'exercice. 636 ■

L'article 8 du CGI institue un partage de l'imposition entre l'usufruitier et le nu-propriétaire. L'usufruitier est imposable pour la quote-part dans les bénéfices sociaux correspondant à ses droits. Corrélativement, le nu-propriétaire n'est pas soumis à l'impôt sur le revenu à raison du résultat imposé au nom de l'usufruitier. Ainsi, l'usufruitier est, en pratique, imposable à hauteur des bénéfices courants de l'exploitation et le nu-propriétaire à hauteur des profits exceptionnels. Celui-ci peut également prendre en compte la quote-part des déficits de la société correspondant à ses droits. 637 ■

Toutefois, l'usufruitier et le nu-propriétaire de droits sociaux démembrés peuvent décider d'une répartition conventionnelle des résultats sociaux opposable à l'administration fiscale à condition qu'elle ait été conclue ou insérée dans les statuts avant la clôture de l'exercice aux termes d'un acte régulièrement enregistré, ayant date certaine. 638 ■

La prise en compte des déficits fiscaux réalisés par la société revient néanmoins de droit au nu-propriétaire dès lors qu'en tant qu'associé, il doit répondre des dettes sociales. 639 ■

§ 2 L'imposition du résultat

L'imposition du résultat entre les mains de l'associé va dépendre du régime fiscal préalablement déterminé. Des spécificités peuvent naître selon que l'associé est une personne physique (A), une personne morale (B) ou une personne résident à l'étranger (C). 640 ■

A. Les associés personnes physiques

Le résultat fiscal de l'entreprise, diminué des sommes attribuées aux associés à titre personnel (appointements, charges sociales, intérêts des comptes courants d'associés, etc.), constitue le résultat à répartir. Ce résultat à répartir est imposé chez l'associé à hauteur de ses droits (pourcentage de parts dans la société ou convention entre les associés). On ajoute au résultat à répartir revenant à l'associé les sommes dont il a bénéficié personnellement (appointements, charges sociales, intérêts des comptes courants d'associés, etc.). Le total forme le revenu brut de l'associé. 641 ■

On déduit de ce revenu, le cas échéant, les charges personnelles, à condition que ces frais : - incombent personnellement à cet associé ; - correspondent à une charge normalement déductible dans une entreprise individuelle ; - n'aient pas déjà été déduits pour la détermination du résultat imposable de la société. 642 ■

Exemple

Une SNC comporte trois associés (A/B/C). A détient 45 % du capital social et perçoit une rémunération de 30.000 € en raison de son statut de gérant statutaire. Cette rémunération a donné lieu au paiement par celui-ci de charges sociales pour un montant de 6.000 €. B détient 35 % du capital social. C détient 20 % du capital social. La société a dégagé un bénéfice net comptable de 120.000 €.
La rémunération du gérant n'est pas déductible fiscalement. Après retraitement, le résultat fiscal est donc 150.000 €.

Tableau

	Associé gérant A	Associé B	Associé C
Sommes perçues personnellement	30.000		
Affectation du résultat de la société au prorata des droits détenus dans le capital social	54.000 = 120.000 × 45 %	42.000 = 120.000 × 35 %	24.000 = 120.000 × 20 %
Cotisations sociales personnelles	- 6.000		
Quote-part du résultat imposable au nom de chaque associé	78.000	42.000	24.000

B. Les associés personnes morales

643 La part des résultats qui revient à un associé personne morale soumis à l'impôt sur les sociétés est déterminée et intégrée dans ses comptes sociaux et sera imposée selon les modalités et les taux propres de l'impôt sur les sociétés, quelle que soit l'activité dont proviennent ces bénéfices (CGI, art. 238 *bis* K). Si une société de personnes réalise un résultat déficitaire, ce déficit est imputable sur le résultat de l'associé relevant de l'impôt sur les sociétés, sans limitation.

644 La part des résultats qui revient à un associé personne morale relevant de l'impôt sur le revenu est déterminée (c'est l'hypothèse où une société de personnes est détenue par une autre société de personnes) et intégrée dans ses comptes sociaux et sera imposée selon les modalités et les taux propres de l'impôt sur le revenu, pour sa catégorie d'imposition (BIC, BNC ou BA).

C. Les associés résidant à l'étranger

Le droit fiscal français présente une véritable spécificité quant à l'appréhension des sociétés de personnes. En effet, si les sociétés relevant de l'article 8 ne sont pas imposables en leur nom au titre des bénéfices qu'elles réalisent, il n'en demeure pas moins qu'elles disposent d'une personnalité fiscale, notamment sous l'angle de la fiscalité internationale. Le fait que l'impôt ne soit pas effectivement payé par la société, mais par chacun des associés est sans influence sur cette personnalité car il ne s'agit que d'une modalité de recouvrement de l'impôt. 645 ■

En particulier, le caractère imposable de leur activité s'apprécie à leur niveau et non au niveau de leurs associés. Aussi, dès lors que la société de personnes ou une entité assimilée exerce une activité lucrative, ses associés sont imposables sur leur quote-part, même s'ils n'exercent pas eux-mêmes une activité imposable. 646 ■

La personnalité fiscale des sociétés de personnes française a pour effet que lorsque l'activité est réalisée en France, les bénéfices en découlant sont imposables en France, entre les mains des associés ou membres, y compris de ceux qui résident hors de France, sauf stipulations contraires d'une convention fiscale et quand bien même ces associés n'auraient pas d'établissement en France. 647 ■

Le Conseil d'État a ainsi décidé à propos d'un groupement d'intérêt économique établi en France et détenu à 30 % par une société canadienne que « les groupements d'intérêt économique (GIE), qui, en vertu de l'ordonnance du 23 septembre 1967, ont une personnalité distincte de celle de leurs membres, exercent, conformément à leur objet et dans les limites fixées par leurs statuts, une activité qui leur est propre ; que, dans la mesure où les actes correspondant à cette activité sont effectués en France, les bénéfices en découlant sont imposables en France entre les mains des membres du groupement, à proportion, pour chacun, des droits qu'il détient dans ce dernier, y compris de ceux qui résident hors de France, sauf stipulation contraire d'une convention internationale relative aux doubles impositions » (CE 4 avr. 1997, *Sté Kingroup*, n° 144211). 648 ■

De même, dans l'arrêt *Quality Invest*, le juge administratif décide « qu'en l'absence dans la convention applicable au litige de stipulations relatives aux revenus réalisés ou perçus par une société relevant du régime des sociétés de personnes, prévu notamment par les dispositions de l'article 8 du code général des impôts, il lui appartient de faire application de la convention à cette société qui, eu égard à son régime rappelé ci-dessus, est susceptible d'être regardée comme résidente de France et de vérifier qu'aucune de ses stipulations ne s'oppose à l'imposition en France de ces revenus » (CE 11 juill. 2011, *Quality Invest*, n° 317024). 649 ■

Dans cette même décision, le Conseil d'État considère qu'il appartient au juge « de vérifier qu'aucune stipulation de la convention ne s'oppose à ce que l'impôt dû en France à raison de ces revenus soit réclamé aux associés ; qu'en l'absence d'une telle stipulation, l'associé non résident de cette société ne peut se prévaloir ni des stipulations de la convention relatives aux divers revenus qu'elle mentionne ni de celles de l'article précisant le régime d'imposition des autres revenus dès lors que 650 ■

l'ensemble de ces stipulations ne sont applicables qu'aux revenus réalisés en propre par la société et non à ceux sur lesquels l'associé non résident est imposé au prorata de sa participation au capital de cette société ».

■ 651 En d'autres termes, l'autonomie juridique et fiscale des sociétés de personnes françaises a cette conséquence logique qu'elles constituent des résidents, au sens des conventions fiscales internationales, de sorte que celles-ci s'appliquent à eux, indépendamment de la résidence de leurs associés. Ce n'est que si une convention fiscale internationale attribue le droit d'imposer à un autre État, que l'associé de la société de personnes ayant une activité en France échappera à l'imposition.

section 3

Le traitement fiscal des titres de sociétés de personnes

■ 652 Le traitement fiscal des titres de sociétés de personnes dépend en premier lieu de la qualification dont ils relèvent qui elle-même est lié à l'activité exercée par la société et l'associé concerné (§1). La cession des titres donne lieu également à un traitement fiscal particulier, en raison d'une jurisprudence tenant compte de la réalité économique et de la spécificité de ces groupements (§2).

§ 1 La qualification des titres

■ 653 Il faut distinguer ici selon que la société exerce une activité économique ou se limite à gérer un patrimoine (immeubles, titres pour l'essentiel). Si la société exerce une activité économique et si l'associé y exerce sa profession, les titres constituent un actif professionnel ; à défaut de l'un de ces deux éléments, les titres constituent un élément du patrimoine privé de l'associé.

■ 654 En effet, selon l'article 151 *nonies* du Code général des impôts, les titres sociaux détenus par un associé personne physique qui exerce son activité professionnelle dans une société translucide sont considérées comme des éléments d'actif affectés à l'exercice de la profession. Il s'ensuit que les associés des sociétés de personnes peuvent imputer sur la part des bénéfices sociaux imposables à leur nom les dépenses exposées pour l'acquisition de leurs droits sociaux et notamment les frais et intérêts des emprunts contractés à cet effet. Corrélativement, ils sont imposables selon les règles prévues pour les plus-values professionnelles (v. ss 561) sur le gain réalisé à l'occasion de la cession des parts qu'ils détiennent, mais, en revanche, les dispositions de l'article 150-0 A du CGI cessent de leur être applicables.

■ 655 À l'inverse, lorsque l'associé d'une société de personne voit celle-ci opter pour l'impôt sur les sociétés, il est confronté à un transfert des titres sociaux de son patrimoine professionnel à son patrimoine privé. Il en résulte alors l'apparition d'une plus-value ou d'une moins-value professionnelle imposable, selon les modalités de l'article 151 *nonies* III. Ce dernier texte prévoit que l'imposition de la plus-value constatée est reportée à la date de cession, de rachat ou d'annulation des parts ou actions de l'associé. Autrement dit, le changement de régime fiscal entraîne la constatation d'une plus-value qui est calculée et figée à la date du changement, mais qui ne sera imposée que lors de la cession, du rachat ou de l'annulation des parts. Ces dernières opérations entraînent en principe des liquidités au profit de l'associé au moment de leur réalisation, ce qui lui permettra de régler l'impôt sur la plus-value en report. Ce report est maintenu en cas de transmission, à titre gratuit, des parts ou actions de l'associé à une personne physique si celle-ci prend l'engagement de déclarer en son nom cette plus-value lors de la cession, du rachat ou de l'annulation de ces parts ou actions.

§ 2 La cession des titres

La cession des titres relevant du régime des sociétés de personnes peut engendrer une plus-value taxable. La détermination de celle-ci implique toutefois d'opérer un retraitement sur le prix de revient des titres, à la suite d'une jurisprudence fondamentale du Conseil d'État (A). Ce correctif apporté au prix de revient trouve à s'appliquer quel que soit le régime fiscal de la plus-value (B). 656 ■

A. Le prix de revient fiscal

Le Conseil d'État a défini de manière prétorienne le calcul de la plus-value liée à la cession de parts de sociétés de personnes (CE 16 févr. 2000, *Quémener*, n° 133296). Cette règle jurisprudentielle est apparue nécessaire pour éviter que les contribuables subissent un effet paradoxal du régime des sociétés de personnes. En l'occurrence, si une société de personnes réalise des bénéfices et qu'elle ne procède pas ou peu à une distribution, il est fort probable que les réserves accumulées vont venir accroître le prix de cession des titres et donc la plus-value imposable. Or, l'associé concerné a déjà payé un impôt sur les bénéfices réalisés : est-il acceptable qu'il subisse à nouveau l'impôt au moment de la cession en raison de la mise en réserve ? Il en est de même en cas de déficits : s'ils ont donné lieu à une imputation sur le revenu ou le résultat de l'associé, est-il cohérent qu'il soit en mesure de déduire une moins-value en cas de cession ? C'est ce risque de double imposition ou double déduction que le Conseil d'État a souhaité traiter dans l'arrêt *Quémener* et toutes les décisions qui ont suivi. 657 ■

Ainsi, pour calculer la plus-value imposable, le prix de revient des parts qui doit être retenu est leur valeur d'acquisition, majorée, d'une part, de la quote-part de bénéfices qui a été ajoutée aux résultats imposés de l'associé antérieurement à la cession et des pertes comblées par l'associé, et minorée d'autre part, des déficits que l'associé a déduits, à l'exclusion de ceux qui trouvent leur origine dans une disposition par laquelle le législateur a entendu conférer aux contribuables un avantage fiscal définitif, et, des bénéfices de sociétés exploitées en France par la société et ayant donné lieu à répartition au profit de l'associé. 658 ■

Prix de revient fiscal

Prix de revient fiscal = VA + BI + PC – DD – BD où :

VA = valeur d'acquisition des titres ;

BI = bénéfices sociaux imposés entre les mains de l'associé ;
PC = pertes comblées par l'associé ;
DD = déficits déduits (sauf avantage fiscal particulier) ;
BD = bénéfices distribués.

Exemple

Une société A, soumise à l'impôt sur les sociétés, acquiert le 1er janvier de l'année n, la totalité des titres d'une société B (translucide fiscalement) à leur valeur nominale. Le capital de cette société est constitué de 100 titres d'une valeur nominale unitaire de 1.000 €, soit un total 100.000 €.
La SCI B réalise au titre de l'exercice n un bénéfice fiscal de 10.000 € et un bénéfice fiscal de 20.000 € au titre de l'exercice n+1.
La société A cède, au cours de l'année n+2, l'intégralité des titres de la société B pour 130.000 €.

Détermination des plus-values réalisées par la société A

Prix d'achat des titres de la société B	100.000
Bénéfices imposés au niveau de la société A	30.000
Prix de revient fiscal des titres de la société B (en application de la jurisprudence *Quémener*)	130.000
Prix de cession des titres de la société B	130.000
Plus-value de cession réalisée par la société A	0*

* Sans les correctifs apportés par la jurisprudence du Conseil d'État, une plus-value de 30.000 € aurait dû être constatée.

659 Cette règle prétorienne a une portée générale. Elle s'applique quels que soient la qualité des associés cédants (entreprises ou personnes physiques), la nature de l'activité sociale (professionnelle ou patrimoniale) et, par suite, le régime applicable (régime des plus et moins-values professionnelles ou régime des plus et moins-values des particuliers).

660 Le Conseil d'État a étendu le mécanisme correcteur mis au point pour les plus-values professionnelles aux plus-values immobilières réalisées par les particuliers lors de la cession de parts de sociétés à prépondérance immobilière (CE 9 mars 2005, *Baradé*, no 248825) ; puis aux plus-values de cession de parts de sociétés de personnes réalisées par les associés simples apporteurs de capitaux dans le cadre de la gestion de leur patrimoine privé (CE 25 nov. 2009, *Pélisson*, no 310746). De manière logique, le mécanisme correcteur ne trouve à s'appliquer que si les déficits de la société ont

effectivement donné lieu à une déduction au niveau de l'associé : il n'existe pas un risque de double déduction, s'il n'y a pas eu une première déduction desdits déficits (CE 15 déc. 2010, n° 297513).

Le problème se pose néanmoins avec une acuité particulière lors des opérations de dissolution-confusion. En effet, la dissolution de la société confondue peut conduire à un boni de confusion qui se détermine en comparant la valeur des titres annulés et la valeur réelle des actifs de la société dissoute. En d'autres termes, l'associé est potentiellement taxé sur le gain qu'il réalise en recevant des actifs ayant une valeur supérieure au prix d'acquisition des titres annulés. Or, si la société confondue a elle-même été taxée sur son bénéfice ou sur la réévaluation des actifs avant dissolution, il peut y avoir une double imposition au niveau de l'associé. Cette double imposition est toutefois inexistante si l'associé a acquis les titres pour une valeur qui tient compte de la valeur réelle des actifs de la société. Les praticiens tenaient pour acquis que la jurisprudence *Quémener* trouvait à s'appliquer à toutes les opérations de dissolution-confusion, comme l'administration l'admettait elle-même dans sa doctrine. Le Conseil d'État a jeté le trouble sur cette solution. 661 ■

En effet, après avoir exigé que la preuve d'une double imposition ou d'une double déduction effective soit rapportée pour que le mécanisme de correction du prix de revient trouve à s'appliquer (CE 6 juill. 2016, *Lupa*), le Conseil d'État a abandonné une telle exigence. Dans un arrêt de plénière fiscale du 24 avril 2019, le juge a considéré que le mécanisme de neutralisation des doubles impositions trouve à s'appliquer en cas de dissolution sans liquidation avec confusion de patrimoine prévue à l'article 1844-5 du Code civil, entraînant le retrait de l'actif du bilan d'une société des parts d'une société de personnes alors même que la preuve d'une double imposition effective n'était pas rapportée (CE 24 avr. 2019, *FRA SCI*, n° 412503). 662 ■

B. Les modalités d'imposition

Les plus-values de cession de titres réalisées par un associé exerçant son activité professionnelle dans la société non soumise à l'IS dont les titres sont cédés : ces plus-values relèvent du régime des plus-values professionnelles (v. ss 561). 663 ■

Les plus-values de cession de titres réalisées par un associé n'exerçant pas son activité professionnelle dans la société non soumise à l'IS dont les titres sont cédés : ces plus-values relèvent du régime des plus-values privées (v. ss 282). 664 ■

Les plus-values de cession de titres de certaines sociétés immobilières réalisées par un particulier, qui relèvent du régime des plus-values immobilières privées (sont concernés les titres de sociétés transparentes et les titres de sociétés à prépondérance immobilière non soumises à l'IS) (v. ss 241). 665 ■

Compléments pédagogiques

Mémo

Le régime des sociétés de personnes concerne les groupements visés à l'article 8 du Code général des impôts. Parmi eux, figurent les sociétés en nom collectif, les sociétés civiles, les sociétés en commandite simple pour la part de bénéfices revenant aux commandités ou encore les sociétés en participation. Certaines sociétés de capitaux peuvent également opter pour le régime des sociétés de personnes.

Ainsi, les SARL exerçant une activité industrielle, commerciale, artisanale ou agricole et formées uniquement entre personnes parentes en ligne directe ou entre frères et sœurs, ainsi que les conjoints et les partenaires liés par un pacte civil de solidarité, peuvent opter pour le régime fiscal des sociétés de personnes mentionné à l'article 8 du CGI (CGI, art. 239 *bis* AA). De même, l'article 239 *bis* AB du Code général des impôts permet aux sociétés anonymes, aux sociétés par actions simplifiées et aux sociétés à responsabilité limitée d'opter pour le régime fiscal des sociétés de personnes prévu à l'article 8 du CGI.

En droit fiscal interne, les sociétés de personnes voient leur régime fiscal dépendre de la situation de leur associé et connaissent une autonomie fiscale limitée : le résultat imposable est déterminé à leur niveau, mais l'impôt est prélevé entre les mains des associés. L'article 238 *bis* K du CGI détermine les hypothèses où c'est la situation de l'associé qui doit être pris en compte pour fixer le régime fiscal des bénéfices réalisés par la société. En droit fiscal international, les sociétés de personnes disposent d'une autonomie fiscale : dès qu'elle réalise un résultat imposable en France, l'impôt français est dû par les associés, y compris lorsque ceux-ci ne résident pas en France.

Quel que soit le régime fiscal applicable, l'associé est réputé appréhender sa quote-part de bénéfice ou de perte, même si le résultat de la société n'est pas distribué. Il importe de bien différencier le résultat déclaré par la société qui peut nécessiter certains traitements de la quote-part revenant à chaque associé (qui ne doit pas inclure les rémunérations qui profitent à certains et pas à d'autres).

En application de la jurisprudence *Quémener*, pour calculer la plus-value imposable sur les cessions de parts de sociétés de personnes et éviter les doubles déductions ou doubles impositions, le prix de revient des parts doit être retraité. Cela signifie qu'il faut notamment prendre en compte les bénéfices déjà imposés et les déficits déjà déduits.

Quid

■ Quote-part n° 634

La part de résultat attribuée à l'associé, au sens fiscal et cela indépendamment de toute distribution décidée par la société.

■ Sociétés translucides n° 604

Désigne les sociétés qui déterminent leur résultat sans en supporter la charge fiscale qui en découle, celle-ci étant assumée par les associés de cette société.

■ Sociétés opaques n° 604

Désigne les sociétés soumises à l'impôt sur les sociétés.

Biblio

- M. Cozian, « Un sac d'embrouilles : le régime fiscal des sociétés de personnes relevant de l'impôt sur le revenu », *Rev. sociétés* 1980. 217.
- P. Derouin, « La transparence fiscale des sociétés de personnes ou la fin programmée du sac d'embrouilles », in *Écrits de fiscalité des entreprises, Études à la mémoire du professeur Maurice Cozian*, (*Mél. Cozian*), Litec, 2009, p. 355 à 374.
- Ph. Emiel et A. Bréchet, « Plus-values de cession de parts de SCI : pour une partition sur la correction du prix de revient des parts », *La revue fiscale du patrimoine* sept. 2020, n° 9, dossier 5.
- O. Négrin, « Le particularisme fiscal des sociétés de personnes », *Dr. fisc.* 2015. 385.
- CE 11 juill. 2011, *Quality Invest*, n° 317024 ; *Dr. fisc.* 2011, n° 36, comm. 496, concl. L. Olléon, note Ph. Derouin ; *RJF* 10/2011, n° 1063, chron. C. Raquin, p. 907 ; *BJS* 12/2011, n° 502, note P. Serlooten.

Quiz

1) Sujet corrigé

A) Cas pratique

1. La société en nom collectif (SNC) Le Marret réalise depuis 2008 une activité de fabrication et de vente de produits alimentaires régionaux. Elle est soumise au régime réel d'imposition. Entièrement libéré, le capital de cette SNC est réparti de la manière suivante :

M. Temple est le gérant de cette SNC : il détient 60 % des parts.

M. Turbigo détient 30 % des parts.

Mme Rambuteau détient 10 % des parts.

L'exercice comptable de la SNC coïncide avec l'année civile et son capital est entièrement libéré. Au titre du dernier exercice clos, la SNC Le Marret a réalisé un bénéfice comptable de 118.000 €. Elle a enregistré les opérations suivantes :

a) Les 3 associés ont apporté chacun une somme de 20.000 € en compte courant, rémunérée à 10 %.

(NB : Prendre pour hypothèse que le taux moyen des prêts à taux variable s'élève à 1,75 %).

b) M. Temple a reçu une rémunération au titre de ses fonctions de gérant de 30.000 € et 6.000 € au titre des avantages particuliers consentis aux fondateurs de la société. M. Turbigo a reçu, de son côté, la somme de 4.000 € au titre des avantages particuliers consentis aux fondateurs de la société.

2. M. Renard détient 60 % des parts de la SNC Rex, soumise à l'impôt sur le revenu et dont l'exercice comptable coïncide avec l'année civile. Ces parts constituent un actif nécessaire à l'exercice de son activité professionnelle. M. Renard participe, en effet, activement au développement commercial de la SNC. Il vous informe toutefois qu'il souhaite changer d'activité et qu'il va céder les parts de la SNC à un tiers, le 1er décembre 2023, pour un montant de 500.000 €. Il vous précise qu'il les a acquises le 1er janvier 2021 pour 300.000 €. À la clôture de l'exercice 2021, la SNC a dégagé un résultat excédentaire de 25.000 €.

En revanche, la société a connu des difficultés en 2022. Aussi, M. Renard vous explique qu'il a effectué, en 2022, un complément d'apport, à hauteur de 90.000 € pour combler partiellement les pertes enregistrées par la SNC. À l'issue de cet apport, sa quote-part dans le capital de la SNC est restée inchangée. Enfin, il a imputé, à hauteur de sa quote-part, une partie du déficit de 100.000 € réalisé par la SNC au titre de l'exercice 2022.

En admettant qu'au titre de l'exercice 2023, le bénéfice réalisé par la société sera d'un montant de 40.000 €, il souhaite connaître le traitement fiscal applicable à la cession des parts de la SNC qu'il détient, si celle-ci a lieu le 1er décembre 2023.

Voir le corrigé en fin de rubrique.

2) Corrigés

Cas pratique

1. Les trois associés de la SNC Le Marret vont subir une taxation sur la base de la quote-part de résultat. Pour déterminer celle-ci, il est nécessaire de déterminer dans un premier temps le résultat fiscal de la société. Toutefois, pour éviter d'attribuer aux associés, une quote-part de résultat incluant des éléments distribués à d'autres, le résultat fiscal de l'entreprise doit être diminué des sommes attribuées aux associés à titre personnel (appointements, charges sociales, intérêts des comptes courants d'associés, etc.). C'est donc ce résultat fiscal corrigé qui constitue le résultat à répartir. Ce résultat à répartir est imposé chez l'associé à hauteur de ses droits (pourcentage de parts dans la société ou convention entre les associés). On ajoute ensuite au résultat à répartir revenant à l'associé les sommes dont il a bénéficié personnellement (appointements, charges sociales, intérêts des comptes courants d'associés, etc.). Le total forme alors le revenu brut de l'associé. On déduit enfin de ce revenu, le cas échéant, les charges personnelles, à condition que ces frais : - incombent personnellement à cet associé ; - correspondent à une charge normalement déductible dans une entreprise individuelle ; - n'aient pas déjà été déduits pour la détermination du résultat imposable de la société.

a) La détermination du résultat fiscal de la SNC

La SNC relève du régime des bénéfices industriels et commerciaux. Dans le cadre de ce régime, la détermination du résultat fiscal implique d'opérer deux retraitements. En premier lieu, les rémunérations perçues par les associés ne sont pas déductibles (CGI, art. 38, 2).

En outre, l'article 39, 1, 3° du CGI soumet la déductibilité des intérêts versés à des associés de sociétés semi-transparentes à deux conditions : le capital doit être entièrement libéré (la condition est logique : on veut éviter que la société paie des intérêts sur des sommes dont elle peut disposer aisément en raison des promesses d'apport faites par les associés) ; le taux maximum des intérêts déductibles est plafonné (il ne peut dépasser le taux effectif moyen pratiqué par les établissements de crédit pour des prêts à taux variable accordés aux entreprises pour une durée supérieure à deux ans ; cette moyenne annuelle est déterminée à partir des moyennes trimestrielles publiées au *JO*).

En l'espèce, le capital est entièrement libéré, mais le plafond est dépassé. Par conséquent, seule une fraction d'intérêts sera déductible :

Intérêts non déductibles : ((20.000 × 10 %) – (20.000 × 1,75 %)) × 3 = 4.950

En outre, les intérêts non déductibles sont majorés de 25 % lors de l'imposition entre les mains de l'associé car cela constitue une distribution irrégulière (CGI, art. 158, 7, 2°).

Résultat fiscal de la SNC : 118.000 (résultat comptable) + 36.000 (rémunération du gérant) + 4.000 (avantages particuliers) + 4.950 (intérêts non déductibles) = 162.950 €

b) La détermination de la quote-part de résultat et du revenu imposable de chaque associé

Attention : la quote-part se calcule d'abord sur le résultat comptable avant d'ajouter les revenus propres à chacun des associés. Les intérêts non déductibles sont de 1.650 euros par associé, soit 4.950/3.

M. Temple

60 % × 118.000 = 70.800

Avantages : 36.000

Intérêts non déductibles : 1.650

Quote-part de résultat imposable = 108.450

Majoration de 25 % sur intérêts non déductibles : 412

Intérêts déductibles : 350

Revenu global = 109.212

M. Turbigo

30 % × 118.000 = 35.400

Avantages : 4.000

Intérêts non déductibles : 1.650

Quote-part de résultat imposable = 41.050

Majoration de 25 % sur intérêts non déductibles : 412

Intérêts déductibles : 350

Revenu global = 41.812

Mme Rambuteau

10 % × 118.000 = 11.800

Intérêts non déductibles : 1.650

Quote-part de résultat imposable = 13.450

Majoration de 25 % sur intérêts non déductibles : 412

Intérêts déductibles : 350

Revenu global = 14.212

Hors majoration et intérêts déductibles, l'ensemble des revenus imposables est de **162.950** (ce qui correspond au résultat fiscal de la société)

2. M. Renard détient des parts d'une société en nom collectif qui relève par nature du régime des sociétés de personnes (CGI, art. 8). Il envisage de céder ses titres et s'interroge sur les conséquences fiscales liées à cette cession. Pour y répondre, il est nécessaire de déterminer le montant de la plus-value imposable (a) puis le régime fiscal applicable (b).

a) La détermination du prix de revient des parts de la SNC et de la plus-value imposable

Le Conseil d'État a défini de manière prétorienne le calcul de la plus-value professionnelle liée à la cession de parts de sociétés de personnes.

Ainsi, pour calculer ces plus-values, le prix de revient des parts qui doit être retenu est leur valeur d'acquisition, majorée, d'une part, de la quote-part de bénéfices qui a été ajoutée aux résultats imposés de l'associé antérieurement à la cession et des pertes comblées par l'associé, et minorée d'autre part, des déficits que l'associé a déduits, à l'exclusion de ceux qui trouvent leur origine dans une disposition par laquelle le législateur a entendu conférer aux contribuables un avantage fiscal définitif, et, des bénéfices de sociétés exploitées en France par la société et ayant donné lieu à répartition au profit de l'associé.

Prix de revient fiscal = VA + BI + PC – DD – BD

où VA = valeur d'acquisition des titres ; BI = bénéfices sociaux imposés entre les mains de l'associé ; PC = pertes comblées par l'associé ; DD = déficits déduits (sauf avantage fiscal particulier) ; BD = bénéfices distribués

En l'espèce, il est nécessaire de prendre en compte les éléments suivants :

BI (exercice 2021) = 25.000 × 60 % = 15.000

PC (exercice 2022) = 90.000 (sa quote-part est supposée constante)

DD (exercice 2022) = 100.000 × 60 % = 60.000

En revanche, le bénéfice de l'exercice 2023 (40.000) n'est pas à prendre en compte, car la cession aura lieu avant la clôture de l'exercice.

300.000 + 15.000 + 90.000 – 60.000 = 345.000

Le prix de revient fiscal des parts de la SNC est donc de 345.000 €.

PV = 500.000 – 345.000 = 155.000

La plus-value imposable en cas de cession des parts de la SNC sera donc de 345.000 €.

b) La détermination du régime fiscal de la plus-value

M. Renard réalise son activité professionnelle au sein de la SNC. Les parts qu'il détient dans le capital de celle-ci constituent donc un actif professionnel (CGI, art. 151 *nonies*) dont la cession relève du régime des plus-values professionnelles (art. 39 *duodecies*). Les parts de la SNC constituent un actif non amortissable détenu depuis plus de deux ans si la cession intervient en décembre 2023. La taxation se fera à hauteur de 12,8 % pour l'impôt sur le revenu et 17,2 % pour les prélèvements sociaux.

Impôt sur le revenu : 155.000 × 12,8 % = 19.840

Prélèvements sociaux : 155.000 × 17,2 % = 26.660

L'exonération en fonction des recettes de l'article 151 *septies* ne peut s'appliquer car les parts ne sont pas détenues par l'associé depuis au moins 5 ans. Il en est de même pour l'exonération en fonction du montant de l'opération prévue par l'article 238 *quindecies* (ce texte nécessite également la transmission d'une entreprise, ce qui implique la cession de la totalité du capital ; ce qui n'est pas le cas en l'espèce).

chapitre 8

L'imposition des sociétés soumises à l'impôt sur les sociétés

Plan analytique

section 1

Le champ d'application de l'impôt sur les sociétés

§ 1 Les groupements relevant par nature du champ d'application

A. Les sociétés commerciales

B. Les groupements exerçant des activités lucratives

§ 2 Les groupements relevant du champ d'application de l'impôt sur les sociétés sur option

A. Les entreprises et groupements concernés

B. Les modalités de l'option et ses effets

§ 3 Les groupements exclus du champ d'application de l'impôt sur les sociétés

A. Les sociétés civiles de construction-vente

B. Les sociétés civiles de moyens

section 2

La détermination du résultat imposable

§ 1 L'assiette de l'impôt sur les sociétés

A. L'encadrement des charges déductibles

B. L'imposition des plus-values et des moins-values (hors brevets et titres)

C. Les plus-values sur cessions de titres

D. Les produits tirés de la propriété industrielle

section 3

Les taux et le paiement de l'impôt sur les sociétés

§ 1 Les différents taux d'imposition

A. Le taux d'imposition de droit commun

B. Le taux réduit d'imposition pour les PME

§ 2 Le paiement

section 4

Le report des déficits

§ 1 Le report en avant

§ 2 Le report en arrière

section 5

Les contributions complémentaires à l'impôt sur les sociétés

§ 1 La contribution sociale

§ 2 La contribution sur les revenus distribués (supprimée à compter du 1er janvier 2018) et les contributions exceptionnelles à l'impôt sur les sociétés (supprimées pour les exercices clos à compter du 31 décembre 2018).

section 6

L'imposition des sociétés exerçant une activité internationale

§ 1 La territorialité de l'impôt sur les sociétés

A. Les critères relevant du droit interne

B. Le critère conventionnel

C. Les activités numériques

D. L'instauration d'une imposition minimum des groupes de sociétés

§ 2 L'imposition des sociétés étrangères disposantde revenus de source française

A. L'imposition en présence d'un établissement stable en France

B. L'imposition en l'absence d'un établissement stableen France

§ 3 La lutte contre l'évasion fiscale internationale

A. Transferts indirects de bénéfices à l'étranger (CGI, art. 57)

B. Bénéfices provenant de sociétés établies dans un pays à régime fiscal privilégié (CGI, art. 209 B)

C. La limitation de la déductibilité de charges payées dans des États ou territoires à régime fiscal privilégié (CGI, art. 238 A)

D. Rémunérations de prestations de services versées à l'étranger (CGI, art. 155 A)

Compléments pédagogiques

L'imposition des sociétés soumises à l'impôt sur les sociétés

Issu d'une loi datant de 1948 et applicable depuis le 1er janvier 1949, l'impôt sur les sociétés fait partie des impositions qui connaissent une longévité certaine dans notre système juridique. S'il n'a rien d'une taxe éphémère, l'impôt sur les sociétés a néanmoins connu de nombreuses évolutions législatives. Ne serait-ce qu'en ce qui concerne son taux. Celui-ci est un taux proportionnel d'un montant, au moins en ce qui concerne le droit commun, de 25 % depuis le 1er janvier 2022. Tel ne fut pas toujours le cas, le taux de l'impôt sur les sociétés ayant évolué au fil des années entre 24 % pour son niveau le plus bas et 50 % pour son niveau le plus haut. Dans un contexte de concurrence fiscale entre les États, notamment en Europe et d'érosion des bases fiscales internationales, le niveau de l'impôt sur les sociétés devrait se stabiliser d'un État à l'autre, le taux minimal d'imposition de 15 % bénéficiant d'un consensus mondial. 666

Contrairement à l'impôt sur le revenu, l'impôt sur les sociétés présente la particularité de se montrer indifférent à la nature de l'activité exercée et ne repose pas sur une distinction des revenus perçus par la société. Il est vrai que l'article 206 du Code général des impôts englobe dans son champ d'application plusieurs groupements en raison de leur forme sociale et non en raison de leur activité, notamment en ce qui concerne les sociétés commerciales. Mais cette analyse doit être nuancée, dès lors certains groupements, en particulier les collectivités publiques et les organismes sans but lucratif sont taxés à l'impôt sur les sociétés, en raison de la nature lucrative de leur activité. Peu importe ici que l'activité prenne la forme d'une activité commerciale ou non. Dès lors qu'elle vise à réaliser des bénéfices et à les distribuer, ou qu'elle conduit à concurrencer le secteur commercial, ces groupements sont taxés à l'impôt sur les sociétés. 667

L'imposition des sociétés relevant de l'impôt sur les sociétés présente une réelle spécificité par rapport aux sociétés dites « de personnes » relevant de l'impôt sur le revenu. En effet, pour les groupements qui relèvent de l'impôt sur les sociétés, les bénéfices réalisés sont d'abord soumis à celui-ci (soit une taxation de 25 %, en principe, sur un bénéfice de 100). Le solde restant (75 %) peut être mis en réserve ou incorporé au capital, auquel cas, il ne fera pas l'objet d'une taxation ; le solde restant peut également être distribué sous forme de dividendes, lesquels sont imposables au nom de chacun des associés, en fonction de leur situation fiscale. 668

Dans ce dernier cas, il y a alors deux impositions qui se succèdent : au niveau de la société et au niveau de chaque associé. C'est-à-dire que si l'associé est une personne physique, les dividendes seront imposés au titre de l'impôt sur le revenu et plus spécialement dans la catégorie des revenus de capitaux mobiliers (v. ss 257). Si l'associé est une personne morale relevant de l'impôt sur les sociétés, c'est au titre de cet impôt qu'ils seront imposés comme tout bénéfice réalisé par une société (v. néanmoins le régime société mère-fille v. ss 835). 669

670 Toujours est-il que l'étude de l'impôt sur les sociétés doit débuter par une analyse de son champ d'application (section 1). Une fois celui connu, il faut appréhender les modalités de détermination du résultat imposable qui rejoignent partiellement les règles applicables en matière de bénéfices industriels et commerciaux (section 2). Parmi les spécificités propres à l'impôt sur les sociétés, figure notamment la question des déficits : l'opacité de la société conduit à ce qu'elle soit la seule à pouvoir imputer ses déficits sur ses bénéfices selon les modalités de report prévues par la loi (section 3). Pour les entreprises dégageant un bénéfice, une imposition à un taux unique trouve à s'appliquer, sauf exceptions (section 4). À cet impôt, s'ajoutent quelques contributions complémentaires qui alourdissent la charge fiscale des entreprises concernées (section 5). Enfin, tandis que l'impôt sur le revenu repose sur une règle d'universalité, l'impôt sur les sociétés présente des règles spécifiques de territorialité qui concernent au premier chef les sociétés ayant une activité internationale (section 6).

section 1

Le champ d'application de l'impôt sur les sociétés

671 L'étude du champ d'application de l'impôt sur les sociétés implique de définir trois catégories de groupements : les groupements relevant par nature du champ d'application (§1), les groupements relevant du champ d'application de l'impôt sur les sociétés sur option (§2) et les groupements exclus du champ d'application de l'impôt sur les sociétés (§3).

§ 1 Les groupements relevant par nature du champ d'application

672 Conformément à l'article 205 du Code général des impôts, l'impôt sur les sociétés est établi sur l'ensemble des bénéfices ou revenus réalisés par les sociétés et autres personnes morales désignées à l'article 206 de ce même code. Il en résulte que le champ d'application de cet impôt est défini par la désignation de la personne morale qui réalise des bénéfices indépendamment de l'activité exercée. Voilà pourquoi les groupements relevant par nature du champ d'application de l'impôt sur les sociétés regroupent non seulement les sociétés commerciales (A), mais également tous les groupements exerçant des activités lucratives (B).

A. Les sociétés commerciales

673 Le champ d'application de l'impôt sur les sociétés concerne en premier lieu les sociétés commerciales et tous les groupements qui exposent leurs associés à une responsabilité limitée. L'article 206-1 du Code général des impôts précise que sont passibles de l'impôt sur les sociétés, quel que soit leur objet, les sociétés anonymes, les

sociétés en commandite par actions, les sociétés à responsabilité limitée n'ayant pas opté pour le régime fiscal des sociétés de personnes ou encore les sociétés coopératives. Sont également concernées les sociétés d'exercice libéral.

En outre, en application de l'article 8-2° du Code général des impôts, les membres personnes physiques des sociétés en participation sont personnellement soumis à l'impôt sur le revenu pour la part des bénéfices sociaux correspondant aux droits de chacun à condition qu'ils soient indéfiniment responsables et que leurs noms et adresses aient été communiqués à l'administration. Par conséquent, à hauteur de la part des bénéfices revenant aux associés de la société en participation soumis à une responsabilité limitée ou dont l'identité n'est pas connue, l'impôt sur les sociétés trouve à s'appliquer. 674 ■

B. Les groupements exerçant des activités lucratives

D'une façon générale et en vertu des articles 206-1 du Code général des impôts, l'impôt sur les sociétés de droit commun s'applique à l'ensemble des personnes morales de droit privé ou de droit public se livrant à une exploitation ou à des opérations de caractère lucratif. Dans cette perspective, l'article 207-1-6° et 6° *bis* du Code général des impôts indique les établissements publics, les organismes de l'État jouissant de l'autonomie financière, les organismes des départements et communes et toutes autres personnes morales se livrant à une exploitation ou à des opérations de caractère lucratif relèvent de l'impôt sur les sociétés. 675 ■

L'impôt sur les sociétés intègre donc toute forme de groupement réalisant une activité lucrative (qui ne se limite pas à une activité commerciale), y compris ceux relevant d'un droit étranger et qui se livreraient à une activité taxable en France. 676 ■

Parmi les groupements de droit privé susceptibles de relever de l'impôt sur les sociétés, figurent encore les fondations, les fonds de dotation, les associations ou encore les congrégations religieuses. 677 ■

En ce domaine, pour apprécier l'existence d'une activité lucrative, suivant les principes appliqués par l'administration et confortés par la jurisprudence du Conseil d'État (CE 1er oct. 1999, n° 170289, *Association Jeune France*), les services fiscaux utilisent une démarche fondée sur trois questions : 678 ■

- la gestion de l'organisme est-elle désintéressée ou non ?
- si la gestion est désintéressée, l'organisme exerce-t-il son activité en concurrence avec des entreprises du secteur lucratif ?
- si l'organisme exerce une activité concurrente de celle pratiquée par les entreprises du secteur lucratif, son activité est-elle exercée dans des conditions similaires à celles des entreprises du secteur lucratif ?

En outre, indépendamment de ces critères dits « généraux » de lucrativité, l'administration se fonde également sur le critère des relations dites « privilégiées » avec les entreprises du secteur lucratif. Précisément, si l'organisme en cause entretient des relations privilégiées avec des organismes du secteur lucratif qui en retirent un avantage concurrentiel, son activité sera réputée lucrative. Cet organisme perd son caractère non lucratif s'il permet de manière directe aux professionnels de réaliser 679 ■

une économie de dépenses, un surcroît de recettes ou de bénéficier de meilleures conditions de fonctionnement, quand bien même cet organisme ne rechercherait pas de profits pour lui-même.

680 Au-delà des organismes publics, des associations et groupements assimilés, les sociétés civiles sont également passibles de l'impôt sur les sociétés, si elles se livrent à une exploitation ou à des opérations visées aux articles 34 et 35 (CGI, art. 206, 2). Ainsi, une société civile qui exerce une activité de marchand de biens au sens du 1° du I de l'article 35 du CGI relève de l'impôt sur les sociétés. Sont considérées comme ayant une activité de marchand de biens les personnes qui habituellement achètent en leur nom, en vue de les revendre, des immeubles, des fonds de commerce, des actions ou parts de sociétés immobilières ou qui, habituellement, souscrivent, en vue de les revendre, des actions ou parts de ces sociétés. Il en est de même d'une société civile mettant en location meublée pour son propre compte les immeubles qu'elle possède. L'activité de location meublée étant réputée commerciale, la société civile doit être regardée comme exerçant une activité de nature commerciale qui la rend passible de l'impôt sur les sociétés. La mécanique à l'œuvre est ici redoutable. Une société civile qui exerce une activité de location exerce bien une activité civile au sens juridique du terme, y compris en cas de location meublée. Mais la logique est toute autre : l'activité de location meublée est réputée commerciale par les dispositions fiscales. Il n'y a rien d'illégal à ce qu'une société civile exerce une activité de location meublée. Au plan fiscal, cette activité étant réputée commerciale, la société civile relève nécessairement de l'impôt sur les sociétés. De manière concrète, il faut comprendre que si une société civile immobilière, translucide et dont les associés relèvent de l'impôt sur le revenu, décide de meubler l'appartement qu'elle loue... son activité change de nature au plan fiscal et provoque un changement de régime fiscal. Les loyers ne relèveront plus des revenus fonciers, mais de l'impôt sur les sociétés. Au passage, la plus-value latente sur l'immeuble sera taxable en raison de ce changement d'activité, assimilable à une cessation d'activité.

§ 2 Les groupements relevant du champ d'application de l'impôt sur les sociétés sur option

681 L'option pour l'impôt sur les sociétés concerne plusieurs types d'entreprises et groupements (A) et en particulier, les entreprises individuelles, les sociétés de personnes et les sociétés en participation. Elle n'est pas neutre au plan fiscal et entraîne de nombreux effets (B).

A. Les entreprises et groupements concernés

682 L'option pour l'impôt sur les sociétés concerne les entrepreneurs individuels relevant d'un régime réel d'imposition (CGI, art. 1655 *sexies*). Précisément, les entrepreneurs individuels concernés optent pour leur assimilation au régime des EURL. L'option produit les effets d'une cessation d'entreprise pour ceux ayant déjà débuté leur activité avant l'option, mais les régimes d'exonération des plus-values professionnelles doivent trouver à s'appliquer.

L'entrepreneur individuel ayant ainsi opté pour l'impôt sur les sociétés est également soumis aux cotisations sociales sur la fraction des revenus qui excède 10 % du bénéfice net (CSS, art. L. 131-6, III, 3°).

L'option pour l'impôt sur les sociétés concerne également les principales sociétés de personnes (CGI, art. 206, 3 et 239, 1) : - les sociétés en nom collectif ; - les sociétés civiles ;- les sociétés en commandite simple ; - les sociétés en participation ; - les sociétés à responsabilité limitée dont l'associé unique est une personne physique ; - les exploitations agricoles à responsabilité limitée ; - les groupements d'intérêt public mentionnés à l'article 239 *quater* B du CGI ; - les sociétés civiles professionnelles.

B. Les modalités de l'option et ses effets

Les modalités pratiques de l'option pour les entreprises individuelles doivent être précisées par décret. Celles concernant les sociétés de personnes sont prévues à l'article 350 F de l'annexe III au CGI. Lorsqu'elle est exercée, l'option doit être signée dans les conditions prévues par les statuts ou, à défaut, par tous les associés, membres ou participants. 683

L'option entraîne trois séries de conséquences. En premier lieu, elle équivaut à une cessation d'entreprise (CGI, art. 202 *ter*, I), ce qui entraîne l'imposition immédiate des résultats de l'exercice en cours à la date de l'opération, des bénéfices en sursis d'imposition ainsi que des plus-values latentes sur l'actif immobilisé à la date de l'opération et des profits sur la valeur des stocks. Mais, les bénéfices en sursis d'imposition (qui comprennent pour l'essentiel les provisions non encore réintégrées aux résultats et les profits relevant de certains régimes spéciaux d'étalement d'imposition) et les plus-values latentes incluses dans l'actif social ne font pas l'objet d'une imposition immédiate si certaines conditions sont satisfaites (CGI, art. 221 *bis*). En effet, en l'absence de création d'une personne morale nouvelle, les conséquences de la cessation d'entreprise sont écartées si aucune modification n'est apportée aux écritures comptables et si l'imposition des bénéfices, plus-values et profits demeure possible sous le nouveau régime fiscal applicable à la société ou à l'organisme concerné. Cette double condition n'est pas remplie par les sociétés de personnes dont l'activité présente un caractère patrimonial, dès lors que la plus-value ultérieurement réalisée par les associés, personnes physiques, relèvera du régime des plus-values privées (CE 28 juill. 2000, n° 138342). C'est notamment le cas, des sociétés civiles dont l'objet est de détenir et de gérer leurs propres immeubles et droits immobiliers (SCI). 684

En deuxième lieu, les rémunérations allouées aux associés et dirigeants deviennent déductibles (CGI, art. 62 et 211). 685

En troisième lieu, le changement de régime fiscal de la société a des répercussions sur ses associés. Lorsque ceux-ci exercent leur activité professionnelle au sein de la société, l'option pour l'impôt sur les sociétés conduit à un transfert des titres dans leur patrimoine privé. Le passage du patrimoine professionnel au patrimoine privé est un fait générateur de plus-value (v. ss 560). Toutefois, la plus-value fait l'objet d'un report prévu par l'article 151 *nonies* III du Code général des impôts. Les associés professionnels peuvent toutefois opérer une compensation entre la quote-part des plus-values latentes incluses dans l'actif social qui leur revient et une éventuelle 686 moins-value constatée sur les parts transférées dans leur patrimoine privé. En revanche, le changement de régime fiscal n'est pas considéré comme entraînant échange de titres et ne donne donc pas lieu à imposition immédiate des plus-values afférentes aux titres détenus par les associés personnes physiques, apporteurs de capitaux n'exerçant pas d'activité professionnelle au sein de la société. De surcroît, l'option permet aux associés de n'avoir à acquitter l'impôt sur le revenu sur les bénéfices sociaux mis en réserve qu'au moment de la distribution de ces réserves (CGI, art. 162). Toutefois, l'option pour l'impôt sur les sociétés n'engendre pas d'impôt sur les distributions prélevées sur les bénéfices d'exercices clos avant la date à laquelle l'option a pris effet ou sur des réserves constituées au moyen de ces bénéfices, qui ont déjà supporté un impôt au moment de leur réalisation.

■ 687 Depuis la loi de finances pour 2019, toutes les sociétés ayant opté pour l'impôt sur les sociétés peuvent y renoncer jusqu'au cinquième exercice suivant celui au titre duquel l'option a été exercée (CGI, art. 239). Le retour au régime de la société de personnes emporte les conséquences d'une cessation d'entreprise (CGI, art. 221), sauf si l'atténuation est applicable (CGI, art. 221 *bis*). Les associés sont, également, en principe, conformément à l'article 111 *bis* du CGI, imposables à raison de l'intégralité du « boni de liquidation » (sur cette notion, v. ss 988).

§ 3 Les groupements exclus du champ d'application de l'impôt sur les sociétés

■ 688 La liste des groupements exclus du champ d'application de l'impôt sur les sociétés est conséquente. Elle est mentionnée dans le tableau récapitulatif figurant ci-dessous. Deux groupements spécifiques doivent néanmoins être abordés en raison de leur importance en pratique : les sociétés civiles de construction-vente (A) et les sociétés civiles de moyens (B).

A. Les sociétés civiles de construction-vente

■ 689 Conformément aux dispositions de l'article 239 *ter* du Code général des impôts, les sociétés civiles de construction-vente relèvent nécessairement du régime des sociétés de personnes prévu par l'article 8 du même code. L'option pour l'impôt sur les sociétés n'est donc pas possible pour ce type de structures. Dans le cadre de ce régime, la détermination du résultat est réalisée au niveau de la société, mais l'imposition s'effectuera au niveau de l'associé, à hauteur de la quote-part détenue dans le capital de la société. Les associés d'une société civile de construction-vente sont ainsi imposés dans les mêmes conditions que les membres de sociétés en nom collectif ou les commandités de sociétés en commandite.

■ 690 Le texte vise les sociétés qui ont pour objet la construction d'immeubles en vue de la vente, à la condition que ces sociétés ne soient pas constituées sous la forme de sociétés par actions ou à responsabilité limitée et que leurs statuts prévoient la responsabilité indéfinie des associés en ce qui concerne le passif social. La délimitation de cet objet par les statuts est fondamentale pour que le régime de l'article 239 *ter* trouve à s'appliquer. En effet, une société civile dont l'objet social ne comporte pas la construction en vue de la vente ne peut pas bénéficier du régime de

§ 1 L'assiette de l'impôt sur les sociétés

L'assiette de l'impôt sur les sociétés donne lieu à plusieurs corrections. Certaines sont communes avec les bénéfices industriels et commerciaux, relevant de l'impôt sur le revenu. Mais elles seront abordées spécifiquement ici car elles concernent en pratique et dans une plus large mesure les sociétés relevant de l'impôt sur les sociétés. D'autres sont propres à l'impôt sur les sociétés et manifestent la volonté du législateur soit de limiter la déduction de certaines charges pour lutter contre certaines pratiques « optimisantes », soit d'atténuer l'impôt frappant certains produits dans le cadre de régime de faveur. D'une manière générale, l'ensemble de ces mesures sont à apprécier dans un contexte de concurrence fiscale internationale : les régimes trop restrictifs peuvent entraîner une perte d'investissement en France tandis que les régimes de faveur sont censés les favoriser. Quatre dispositifs méritent l'attention : l'encadrement des charges déductibles (A), le traitement des plus-values de droit commun (B), les plus-values sur cessions de titres (C) et les produits tirés de la propriété industrielle (D). 693 ■

A. L'encadrement des charges déductibles

Certaines opérations, liées au financement des entreprises, donnent lieu à un encadrement particulier par le Code général des impôts. En effet, l'endettement des entreprises peut conduire à un excès de charges financières déductibles aux yeux du législateur (1). De même, l'aide accordée par une entreprise est également perçue avec méfiance : l'abandon de créance consenti par un créancier au profit de son débiteur n'est pas nécessairement déductible (2). 694 ■

1. *Les charges financières*

Le financement des entreprises peut prendre des formes variables et en substance les deux principales techniques de financement sont les capitaux propres (apports, réserves, créances incorporées au capital) et les dettes. L'entreprise est libre de choisir l'une ou l'autre de ses techniques. Toutes deux offrent potentiellement un revenu à celui qui finance l'activité : un dividende ou une plus-value pour les opérations en capitaux propres (haut de bilan) ; un intérêt (ou assimilé) pour les opérations de dette. Pour la société qui se finance, les conséquences fiscales ne sont pas les mêmes. Le dividende versé aux associés n'est pas déductible du résultat de la société qui a réalisé des bénéfices. Voilà pourquoi en pratique, les entreprises font aussi largement appel à l'endettement dont les modalités peuvent prendre des formes diverses (prêt, compte courant d'associé, émission obligataire, produits hybrides). Et pour cause, les charges financières qu'il engendre sont, elles, bien déductibles du résultat imposable. La tentation de la dette est d'autant plus grande que la société emprunteuse est établie dans un État où la fiscalité est élevée. 695 ■

Aussi, l'un des objectifs de la législation récente en matière de fiscalité des sociétés a consisté à essayer d'éviter les pratiques d'optimisation fondée sur l'endettement, en cherchant à corriger ce qui paraît comme étant excessif. Il s'agit d'éviter les situations de sous-capitalisation sans porter atteinte trop lourde au principe de non-immixtion dans la gestion des entreprises. 696 ■

a. Les intérêts servis aux associés et entreprises liées

697 La pratique du prêt à la société par les associés par l'intermédiaire des comptes courants est extrêmement répandue. Elle est très intéressante pour la société car elle dispose de fonds sans avoir à payer de droits d'apport, tout en pouvant réduire les intérêts rémunérant ces fonds. Cette technique de financement des sociétés est beaucoup plus souple puisqu'elle évite le formalisme des augmentations de capital. Elle permet aussi une adaptation du montant des sommes empruntées aux besoins financiers de la société, là où un établissement de crédit prêtera en fonction du niveau de risque jugé supportable pour lui.

698 Toutefois, le législateur ne voit pas forcément d'un bon œil les financements accordés par les associés et prenant la forme d'une dette. Il y perçoit une technique d'optimisation fiscale qui fragilise les sociétés emprunteuses. Voilà pourquoi l'article 39, 1-3° du Code général des impôts plafonne les intérêts déductibles en cas d'avances consenties par des associés ou des entreprises liées. Ainsi, la déduction fiscale des intérêts servis aux associés n'est possible que si le capital social de la société emprunteuse a été entièrement libéré. Cette condition vaut pour toutes les sociétés : on ne peut pas prétendre réduire le résultat fiscal de la société grâce à des charges financières si les associés n'ont pas libéré le capital promis. En outre, le taux maximum des intérêts déductibles servis aux associés est plafonné. Le taux plafond est égal à la moyenne annuelle des taux effectifs moyens pratiqués par les établissements de crédit pour des prêts à taux variable aux entreprises, d'une durée initiale supérieure à deux ans. Pour le premier semestre 2022, ce taux de référence est de 1,75 %. Concrètement, si un associé consent une avance de 1.000.000 € à une société dont il détient des titres, à un taux de 3,75 %, les intérêts excédentaires (2 %) ne seront pas déductibles.

699 Parce que le dispositif ainsi retenu est quelque peu rigide et pas toujours adapté à la réalité économique (certaines entreprises emprunteuses présentent un risque élevé de non-remboursement qui impacte d'autant et à la hausse le taux d'intérêt), la loi prévoit une exception au mécanisme du taux plafond (CGI, art. 212, I). Ainsi, les intérêts afférents aux avances consenties par une entreprise liée sont déductibles au-delà du taux plafond mais dans la limite de ceux calculés d'après le taux que l'entreprise emprunteuse aurait pu obtenir d'établissements financiers indépendants dans des conditions analogues. Pour les entreprises, la loi ouvre ici un mécanisme de preuve contraire, lorsque le taux servi aux entreprises liées est supérieur au taux de référence défini au 3° du 1 de l'article 39 du CGI. En la matière, les services fiscaux ont tendance à exiger que la société en cause dispose d'une offre de prêt émise par une banque lors de la mise en place d'un prêt intragroupe pour justifier de la normalité du taux pratiqué. Or, comment rapporter une telle preuve lorsqu'une banque n'entend pas financer l'entreprise en raison du risque encouru ? En la matière, la jurisprudence administrative s'est montrée plus souple que l'administration fiscale. Ainsi, le juge précise que le taux d'intérêt auquel l'entreprise emprunteuse aurait pu s'endetter auprès d'organismes financiers indépendants doit être apprécié au regard, d'une part, des caractéristiques des prêts et, d'autre part, des caractéristiques propres de cette entreprise et non de celles du groupe de sociétés auquel elle appartient (CE 18 mars 2019, *SNC Siblu*, n° 411189). En outre et surtout, l'entreprise peut rapporter la preuve par tous moyens que le taux qu'elle aurait pu obtenir d'établissements financiers indépendants dans des conditions analogues

s'entend. Par conséquent, l'entreprise emprunteuse peut tenir compte du rendement d'emprunts obligataires émanant d'entreprises se trouvant dans des conditions économiques comparables lorsque ces emprunts constituent une alternative réaliste à un prêt intragroupe. Mais le taux du marché obligataire ne saurait être celui que l'entreprise emprunteuse aurait elle-même été susceptible de servir à des souscripteurs si elle avait fait le choix, pour se financer, de procéder à l'émission d'obligations plutôt que de souscrire un prêt, les deux opérations de financement n'étant pas en tout point identiques (CE, avis, 10 juill. 2019, n° 429426).

b. Le plafonnement des charges financières déductibles

Sur la base de recommandations émises par l'OCDE, une directive européenne du 700 ■
12 juillet 2016 (directive ATAD - Anti Tax Avoidance Directive) est venue fixer des règles minimales relatives à la déduction des charges financières en Europe et modifier profondément le droit français qui prévoyait plusieurs mécanismes de limitation des charges financières. Ainsi, transposant les règles européennes, la loi de finances pour 2019 a instauré un nouveau mécanisme de plafonnement de la déductibilité des charges financières nettes pour les exercices ouverts depuis le 1er janvier 2019 (CGI, art. 212 *bis*). Parallèlement, elle supprime trois des anciens régimes, tout en maintenant l'article 39, 1, 3° du CGI précédemment évoqué. Le champ d'application de l'article 212 *bis* concerne les sociétés soumises à l'impôt sur les sociétés et non les entreprises relevant du régime des bénéfices industriels et commerciaux. Il n'en reste pas moins particulièrement vaste et ne se limite pas aux opérations de financement réalisées à l'intérieur d'un groupe ou avec un associé. Les opérations de financement visées doivent être entendues au sens large, sans trop de considérations pour les qualifications juridiques : - prêts ; opérations de couverture réalisées dans le cadre de contrats de *swap* de taux et de devises ; frais de garantie ; escomptes bancaires ou opérations équivalentes (affacturage, cession Dailly, titrisation) ; crédit-bail, location avec option d'achat... Un dispositif analogue est prévu à l'article 223 B *bis* du CGI pour les entreprises membres d'un groupe fiscal intégré (v. ss 870). Les entreprises ne peuvent déduire leurs charges financières nettes que dans une certaine limite déterminée en fonction de : - leur résultat avant impôts, intérêts, dépréciations et amortissements (EBITDA fiscal) ; de leur appartenance ou non à un groupe consolidé (ou de leur qualité d'entreprise autonome) ; de leur éventuelle situation de sous-capitalisation.

Ainsi, en principe, le montant déductible des charges financières nettes, qui rému- 701 ■
nèrent des sommes mises à disposition par des tiers (ex. banque) ou d'autres sociétés du groupe auquel la société appartient, est désormais plafonné à 30 % de l'EBITDA fiscal ou 3 millions d'euros si ce dernier montant est plus élevé. Les charges financières à retenir s'entendent de celles rendues déductibles après application de l'article 212, I du CGI (plafonnement du taux d'intérêt servi aux associés et entreprises liées à un taux de référence). L'expression charges financières nettes s'entend de la différence entre d'une part toutes les sommes versées au titre de la rémunération des avances (et opérations assimilées) réalisées au profit de l'entreprise et d'autre part toutes les sommes perçues par celle-ci en raison des avances (et opérations assimilées) qu'elle aurait pu elle-même consentir. Une entreprise qui perçoit plus de produits financiers que de charges financières échappe donc à ce dispositif.

702 L'EBITDA fiscal est défini à l'article 212 *bis*, II du CGI. Il consiste à partir du résultat fiscal avant imputation des déficits et à le corriger sur la base des éléments listés par le texte.

Formule de l'EBITDA fiscal

EBITDA fiscal =
Résultat fiscal soumis à l'impôt (taux de droit commun ou au taux réduit) *avant application du plafonnement des charges financières nettes et avant imputation des déficits*
+ l'ensemble des charges entrant dans le périmètre des charges financières nettes
+ des dotations aux amortissements admises en déduction (dont les amortissements exceptionnels)
+ dotations aux provisions pour dépréciation admises en déduction
+ gains soumis aux taux mentionnés à l'article 219, I, a et IV du CGI
- produits financiers entrant dans le périmètre des charges financières nettes
- reprises d'amortissement imposables et de la fraction d'amortissement comprise dans les plus ou moins-values d'actif
- reprises de provisions pour dépréciation imposables
- moins-values soumises aux taux mentionnés à l'article 219, I, a et IV du CGI.

703 Une clause de sauvegarde permet à l'entreprise de déduire un montant plus élevé de charges financières. Ainsi, l'entreprise, membre d'un groupe consolidé, peut déduire des charges supplémentaires : 75 % du montant des charges financières nettes non admises en déduction si le ratio entre ses fonds propres et l'ensemble de ses actifs est égal ou supérieur à ce même ratio déterminé au niveau du groupe consolidé auquel elle appartient. Ce complément de déduction est également possible en présence d'une entreprise dite autonome (CGI, art. 212 *bis*, VI *bis*).

Exemple

Une société qui n'est pas membre d'une intégration fiscale mais qui fait partie du périmètre d'intégration globale d'un groupe consolidé présente les caractéristiques suivantes :
Charges financières nettes : 6,5 M€
EBITDA fiscal : 15 M€
Ratio fonds propres/actifs est égal ou supérieur à celui du groupe
Plafond de déduction
15 M€ × 30 % = 4,5 M€.
Clause de sauvegarde
– charges financières nettes non déductibles : 6,5 – 4,5 = 2 M€
– capacité de déduction supplémentaire : 75 % × 2 M€ = 1,5 M€
Au total, la société peut déduire ses charges financières nettes de l'exercice jusqu'à 6 millions € (4,5 + 1,5), soit une réintégration de 500.000 €.

Lorsque le plafond de déduction appliqué au cours d'un exercice est inférieur aux charges financières nettes constatées au titre de ce même exercice, l'entreprise peut reporter sur les exercices futurs les charges financières excédentaires. Cette imputation future n'est toutefois possible que si le plafond des exercices futurs n'est pas atteint. 704 ■

Exemple

Charges financières nettes non admises en déduction (année N)	500.000
Charges financières nettes (année N+1)	4.000.000
Ebitda fiscal (année N+1)	14.000.000
Plafond de déduction de droit commun (30 % EBITDA)	4.200.000
Déduction de charges financières nettes en report	200.000
Excédent de charges financières nettes reportables	300.000

À l'inverse, au cours d'un exercice, une entreprise peut constater des charges financières nettes (à la fois celles constatées au cours de l'exercice et éventuellement celles en report) inférieures au plafond de déduction. Dans ce cas, l'entreprise dégage une capacité de déduction inemployée, utilisable sur les cinq exercices suivants. 705 ■

Exemple

Charges financières nettes (année N)	4.200.000
Ebitda fiscal (année N)	16.000.000
Plafond de déduction de droit commun (30 % EBITDA)	4.800.000
Capacité de déduction inemployée	600.000
Ebitda fiscal (année N+1)	12.000.000
Charges financières nettes (année N+1)	4.300.000
Plafond de déduction de droit commun (30 % EBITDA)	3.600.000
Charges financières à réintégrer (et reportables)	100.000 (4.300.000 – 3.600.000 – 600.000)

Schéma récapitulatif – Méthodologie à suivre

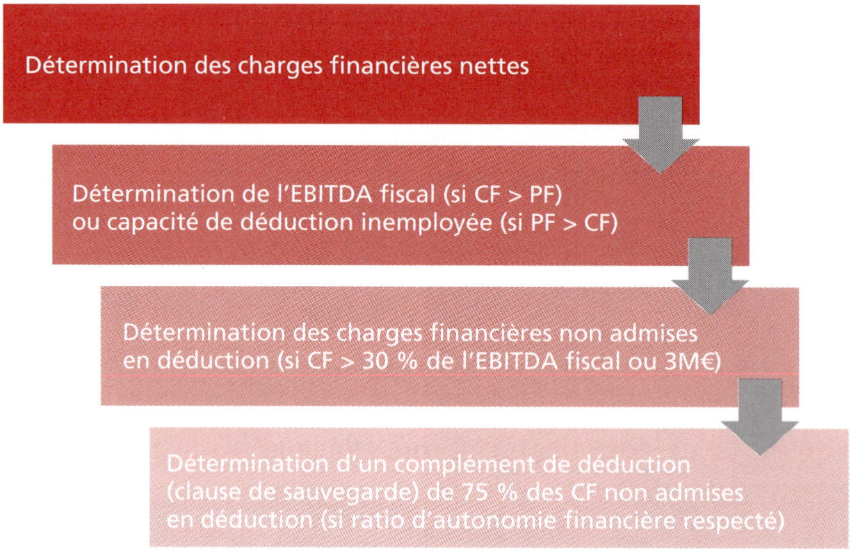

706 En situation de sous-capitalisation, le plafond de déduction des charges financières est plus bas. Une entreprise est présumée sous-capitalisée si son ratio d'endettement, défini comme le montant moyen des sommes laissées ou mises à sa disposition au cours d'un exercice par l'ensemble des entreprises qui lui sont, directement ou indirectement, liées au sens de l'article 39, 12 du CGI, divisé par les fonds propres est supérieur à 1,5. L'entreprise doit alors déterminer la part respective des dettes non liées à la sous-capitalisation, à laquelle s'applique le plafond de droit commun (3 M € ou 30 % de l'Ebitda fiscal) et la part respective des dettes liées à la sous-capitalisation, à laquelle s'applique un second plafond (1 M € ou 10 % de l'Ebitda fiscal). En outre, les charges financières nettes en report ne peuvent jamais être déduites au titre du second plafond du dispositif de sous-capitalisation.

2. *Les abandons de créances*

707 Une entreprise qui vient en aide à une autre est une situation qui peut paraître incongrue dans le domaine des affaires. En réalité, la pratique est monnaie courante : un fournisseur peut parfaitement décider d'abandonner la créance de prix qu'il détient à l'encontre de l'un de ses distributeurs pour lui donner une bouffée d'oxygène d'un point de vue économique et dans l'espoir que leurs relations d'affaires soient maintenues. Il en est de même s'agissant des abandons de loyers consentis pendant la crise sanitaire : c'est aussi l'idée que le propriétaire consent une aide à un locataire dans l'incapacité temporaire d'exercer son activité professionnelle. Mais des intentions aussi légitimes soient-elles ne vont pas toujours de pair avec une règle fiscale clémente. Le législateur aborde avec méfiance les aides entre entreprises car elles peuvent aussi être un outil d'optimisation fiscale. Au demeurant, rien ne justifie que les difficultés rencontrées par une entreprise permettent à une autre d'en tirer un avantage fiscal. Aussi, un abandon de créance (ou une aide accordée sous une autre forme, à l'exception des cessions d'actifs sans contrepartie ou à un prix minoré) ne conduit à constater une charge déductible pour l'entreprise

créancière que dans des cas délimités par la loi. Celle-ci fixe un régime applicable tant en matière de bénéfices industriels et commerciaux qu'en matière d'impôt sur les sociétés.

Deux séries d'obstacles se dressent en la matière. En premier lieu, il convient de se demander si l'aide en cause constitue ou non un acte anormal de gestion (v. ss 1446). Un acte anormal de gestion est un acte qui apparaît comme étant étranger ou contraire aux intérêts de l'entreprise. En d'autres termes, la question à se poser est simple : l'abandon de créance (ou la subvention) est-il ou non justifié par l'intérêt de l'entreprise qui le consent ? La réponse à apporter peut-être délicate à apporter. Cet intérêt peut être juridique (la formation d'un nouveau contrat), économique (le maintien d'un chiffre d'affaires) ou financier (la diminution du passif bénéficiant à l'entreprise débitrice profite à son actionnaire, parallèlement créancier). Toujours est-il que cet intérêt doit être celui du créancier et non du débiteur ou celui du groupe auquel il appartient. La normalité de l'abandon de créance est donc une condition générale et préalable de sa déductibilité. 708 ■

En deuxième lieu, au sein des aides normales, une distinction doit être faite entre les aides à caractère commercial et les aides à caractère financier. La nature commerciale ou financière de l'abandon ne change rien à la non-déductibilité de l'aide anormale. D'une part, les aides à caractère commercial bénéficient d'un régime admettant largement leur déductibilité. Ainsi, les pertes consécutives à des abandons de créances revêtant un caractère commercial sont à comprendre intégralement dans les charges déductibles du résultat imposable de l'entreprise qui les a consentis. L'abandon de créance constitue pour le bénéficiaire de l'aide un profit imposable puisqu'ils se traduisent par une augmentation de l'actif net ; en réalité, cette imposition est généralement théorique puisque ce profit est absorbé par les déficits antérieurs. En outre, l'article 39, 8° du Code général des impôts prévoit que les abandons de créances à caractère commercial sont systématiquement déductibles, y compris lorsqu'ils ne sont pas accomplis dans l'intérêt de l'exploitation, dès lors qu'ils sont consentis ou supportés en faveur d'un débiteur faisant l'objet d'un accord de conciliation, d'un plan de sauvegarde ou d'un plan de redressement. D'autre part et à l'inverse, les aides à caractère financier sont soumises à des règles beaucoup plus contraignantes, depuis la deuxième loi de finances rectificative pour 2012. Dans l'hypothèse d'un abandon de créances à caractère financier, l'article 39, 13, alinéa 1er du Code général des impôts empêche, à titre de principe, la déduction du résultat fiscal. L'alinéa 2 du même texte prévoit néanmoins une exception concernant les « aides consenties en application d'un accord constaté ou homologué dans les conditions prévues à l'article L. 611-8 du Code de commerce » ainsi que les « aides consenties aux entreprises pour lesquelles une procédure de sauvegarde, de redressement judiciaire ou de liquidation judiciaire est ouverte ». Dans ces hypothèses, les aides qui ne revêtent pas un caractère commercial sont déductibles à hauteur de la situation nette négative de l'entreprise qui en bénéficie et, pour le montant excédant cette situation nette négative, à proportion des participations détenues par d'autres personnes que l'entreprise qui consent les aides. L'abandon de créance ou la subvention accordée à une filiale a pour effet d'augmenter la valeur de la participation détenue dans cette filiale, si son actif net n'est pas négatif (CE 16 mars 2001, *SA Rexel*, n° 199580). La société mère qui consent à l'abandon doit donc augmenter la valeur des titres détenus à hauteur du montant dépassant l'actif net de la filiale (apprécié à 709 ■

l'ouverture ou à la clôture de l'exercice par tolérance administrative). Précisément, cette augmentation de valeur est égale au montant de la subvention multiplié par le pourcentage du capital de la filiale détenu par la société mère, en l'absence de toute contribution de même nature consentie par les actionnaires minoritaires.

Exemple

Si une société est détenue à 80 % par une société-mère et que celle-ci lui consent un abandon de créance de 100.000 € alors que sa situation nette négative est de 50.000 €, l'abandon de créance sera déductible à hauteur de 60.000 € (50.000 + 10.000, ce dernier chiffre correspondant à la part des minoritaires dans la situation nette positive, soit 20 % de 50.000).

710 L'augmentation de l'actif généré lors de l'abandon est quelque peu compensée par une diminution du montant de la plus-value en cas de revente (ou par une augmentation de la moins-value si le prix de cession est inférieur au prix de revient).

Exemple

La société A acquiert, en avril de l'année N, 100 % des 2.000 actions de 100 € de la société B au capital social de 200.000 €. La société B subit 300.000 € de pertes à la clôture de l'exercice N. En N+1, elle présente une situation nette négative de 100.000 € et la société mère A consent à sa filiale la société B un abandon de créance à caractère financier de 150.000 €. En mars N+2, les titres sont cédés pour un prix de 25.000 €.
Quel est le prix de revient des titres de la société B et quel est le montant de la plus-value/moins-value ?
Prix d'acquisition : 200.000
Abandon de créance incorporé au prix de revient : 50.000
Prix global d'acquisition : 250.000
Prix de cession : 25.000
Moins-value comptable et fiscale : 225.000 (déductible s'agissant d'une moins-value à court terme)
Si l'entreprise réalise un nouvel apport en N+1 au lieu de réaliser un abandon de créance, le calcul de la plus-value en sera impacté lors de la cession en N+2. En effet, l'article 39 *quaterdecies* 2 *bis* du CGI interdit la déduction de la moins-value à court terme pour sa fraction correspondant à la différence entre la valeur d'inscription en comptabilité des titres B en N+1 (150.000) et leur valeur réelle à la date de leur émission (50.000). Cette somme (100.000) doit donc faire l'objet d'une réintégration extra-comptable. Seule la somme restante (225.000) est déductible
Prix d'acquisition : 200.000
Augmentation de capital en N+1 : 150.000
Prix global d'acquisition : 350.000
Prix de cession : 25.000
Moins-value comptable : 325.000
Moins-value fiscale (déductible) : 225.000

Comment qualifier l'aide en cas de relations commerciales entre une société-mère et sa filiale ? Si l'activité maintenue avec la filiale ne génère qu'un revenu limité pour la société-mère, l'abandon de créances n'a pas un caractère commercial (CE 27 oct. 2010, *Caisse d'Épargne de Lorraine Champagne-Ardenne*, n° 325281). En revanche, si le chiffre d'affaires est supérieur aux dividendes, l'abandon de créances est de nature commerciale (CE 7 févr. 2018, *SARL France frais*, n° 398676, rendu à propos d'une société holding fournissant un service de référencement au bénéfice de sa filiale). 711

B. L'imposition des plus-values et des moins-values (hors brevets et titres)

Le calcul des plus-values et des moins-values réalisées par une société relevant de l'impôt sur les sociétés s'effectue de la même manière que pour une entreprise individuelle. À la valeur de cession (valeur vénale), on soustrait la valeur nette comptable du bien ou la valeur d'acquisition s'il n'est pas amortissable. 712

Concernant les modalités d'imposition, le principe est qu'il n'y a pas lieu de distinguer entre les plus-values à court terme et les plus-values à long terme lorsque l'entreprise est soumise à l'impôt sur les sociétés. Ces dernières sont privées du régime du long terme (CGI, art. 219, I, a *quater*). Les plus-values sont donc soumises à l'impôt sur les sociétés, sans bénéficier de la possibilité d'étalement qui est prévue dans le régime des bénéfices industriels et commerciaux pour les plus-values à court terme et du taux d'imposition séparé prévue pour les plus-values à long terme. 713

En revanche, elles peuvent se trouver imposées au taux réduit de 15 % (v. ss 743) si elles sont comprises dans le bénéfice de 42.500 €. Au-delà de ce montant de bénéfice, elles seront soumises à l'impôt au taux de droit commun, soit 25 %. 714

En outre et surtout, un régime spécifique existe pour les plus-values à long terme réalisées sur les cessions de titres de participation et il est propre aux sociétés relevant de l'impôt sur les sociétés. Les produits de la propriété industrielle obéissent aussi à un régime particulier. 715

C. Les plus-values sur cessions de titres

La plus ou moins-value réalisée en cas de cession de titres du portefeuille est calculée, comme pour toutes les immobilisations, par différence entre le prix de cession et le prix de revient des titres. Dans le cadre de l'impôt sur les sociétés, le traitement fiscal de la plus-value va néanmoins différer selon la nature des titres détenus et leur durée de détention. Pour les entreprises relevant de l'impôt sur le revenu, le régime des plus et moins-values à long terme concerne l'ensemble des titres immobilisés du portefeuille-titres de l'entreprise et cela qu'il s'agisse de titres de placement ou de titres de participation. Pour les entreprises soumises à l'impôt sur les sociétés, ce régime a un domaine résiduel qui se limite aux titres de participation assimilés ainsi qu'aux opérations portant sur des parts de fonds de capital-risque ou de société de capital-risque. Distinguons donc les cessions de titres détenus depuis moins de deux ans (1) et les cessions de titres de participation détenus depuis plus de deux ans (2). 716

1. *Les cessions de titres détenus depuis moins de deux ans*

717 Les plus et moins-values de cession de titres réalisées par les entreprises soumises à l'impôt sur les sociétés sont, sauf exception, exclues du régime du long terme, quelle que soit la durée de détention des biens cédés. Le résultat de cession relève donc du régime des plus ou moins-values à court terme.

718 En d'autres termes : - les plus-values sont comprises dans le résultat ordinaire de l'exercice en cours lors de leur réalisation, qui est taxé au taux de droit commun ou, dans les PME, au taux réduit d'imposition de 15 % dans une limite de bénéfice de 38.120 € ; - les moins-values s'imputent sur le bénéfice d'exploitation ou contribuent à la formation d'un déficit reportable dans les conditions de droit commun.

719 Plusieurs dispositifs anti-abus existent néanmoins pour priver les contribuables de la déductibilité de la moins-value à court terme en cas de cession portant sur des titres.

720 En premier lieu, l'article 219, I, a, *septies* du Code général des impôts appréhende les opérations de cession de titres réalisées à l'intérieur d'un même groupe et souhaite restreindre les stratégies d'optimisation fiscale au sein d'un groupe de sociétés (CE 30 mai 2018, *Sté HighCo*, n° 412964). Ainsi, lorsque la cession des titres moins de deux ans après leur acquisition ou leur souscription est effectuée par une société mère soumise à l'impôt sur les sociétés au profit d'une société liée au sens de l'article 39,12 du CGI, la moins-value réalisée est placée en report d'imposition. Elle n'est donc pas déductible au moment de la cession. Sa déductibilité dépend de la suite des évènements. Si aucun des événements susceptibles de mettre fin au report n'intervient dans le délai de deux ans, décompté à partir du jour où la société cédante a inscrit les titres à son actif, le report d'imposition prend fin à la date d'expiration de ce délai. La moins-value relève alors du régime du long terme. Mais s'il est mis fin au report (par exemple par une nouvelle cession réalisée au profit d'un tiers et non une société liée) avant l'expiration du délai de deux ans, la moins-value en report devient déductible et relève du régime du court terme. Ce régime de neutralité vise les titres ayant subi une dépréciation et faisant l'objet d'un reclassement intragroupe. Il reste toutefois gênant pour les opérations de refinancement des sociétés en difficulté.

Schéma récapitulatif – Les moins-values à court terme dans les cessions intragroupes

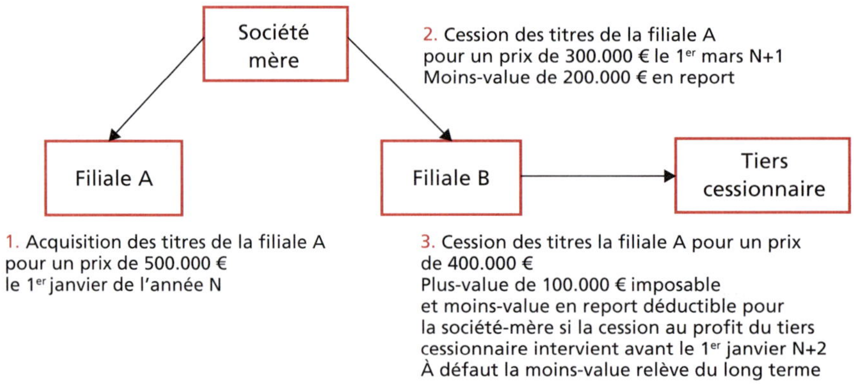

En deuxième lieu, l'article 39 *quaterdecies* du Code général des impôts envisage l'hypothèse d'une recapitalisation de la filiale avant sa cession à court terme. L'hypothèse est celle d'une société qui bénéficie d'un apport pour renforcer ses fonds propres et qui émet des titres au bénéfice de sa société-mère avant que celle-ci ne les cède. Toutefois, le texte ne concerne pas l'hypothèse où l'augmentation de capital a lieu par élévation de la valeur nominale (CE 20 avr. 2021, n° 429467). Si la cession après augmentation de capital intervient dans un délai inférieur à deux ans, le montant déductible de la moins-value doit, s'il y a lieu, être limité à hauteur de la différence entre la valeur d'inscription en comptabilité des titres reçus et leur valeur réelle à la date de leur émission. Ces deux valeurs peuvent être distinctes lorsqu'au moment de l'augmentation de capital, des pertes figuraient encore au bilan de la société émettrice. Pour éviter cette différence de valeur, une réduction de capital motivée par les pertes suivie d'une augmentation de capital (c'est le fameux coup d'accordéon), c'est souvent préférable. 721 ■

En troisième et dernier lieu, l'article 219, I, a, *ter* du Code général des impôts appréhende les montages dits coquillard. Ceux-ci concernent l'hypothèse où un actionnaire fait l'acquisition d'une société cible qui n'exerce plus d'activité économique mais qui dispose encore d'actifs, notamment des liquidités. Le montage qui a longtemps été pratiqué consistait à opérer en plusieurs temps : - une distribution massive de ces liquidités en bénéficiant du régime mère-fille qui prévoit une quasi-exonération des dividendes distribués entre sociétés soumises à l'impôt sur les sociétés (v. ss 835) ; une provision pour dépréciation des titres acquis en raison de la perte de valeur de la société à la suite des distributions opérées (son actif s'est amoindri) ; - une moins-value à court terme déductible à la suite de la cession des titres. Précisément, en vertu des dispositions précitées, l'éventuelle moins-value à court terme réalisée par une société à prépondérance n'est plus déductible à hauteur du montant des produits de ces titres qui a ouvert droit, lors des exercices précédents (dans la limite de cinq exercices), à l'application du régime société mère/fille. Ainsi, si la société cible a distribué 500.000 € de dividendes et que la moins-value à court terme est de 500.000 €, celle-ci ne sera pas déductible. 722 ■

2. *Les cessions de titres de participation détenus depuis plus de deux ans*

Sont susceptibles de bénéficier d'un régime de faveur les plus-values de cession de parts ou d'actions de sociétés qui revêtent le caractère de titre de participation, soit au sens comptable, soit au sens fiscal. La fiscalité et la comptabilité peuvent donc coïncider ou éventuellement donner lieu à une déconnexion. D'un point de vue comptable, sont qualifiés de *titres de participation*[Q], les titres dont la possession durable est estimée utile à l'activité de l'entreprise, notamment en raison de l'impact potentiel de l'investissement sur son activité et sa rentabilité. Le critère de l'utilité signifie que l'acquéreur des titres doit être en mesure d'exercer une influence sur la société dont les titres sont acquis ou d'en exercer le contrôle. Cette influence passe notamment par le fait de disposer de prérogatives juridiques : droit de vote, droit de veto, droit à l'information. L'utilité peut aussi être caractérisée par l'effet bénéfique de cette acquisition pour l'activité de l'acquéreur. En somme, l'utilité équivaut à l'intérêt stratégique pour l'acquéreur (CE 22 juill. 2022, *Areva*, n° 449444). Une participation de 10 % permet de présumer qu'il s'agit véritablement de titres de 723 ■

participation (présomption simple). La réglementation comptable distingue les titres de placement et les titres de participation. Les premiers sont détenus dans l'espoir de réaliser un gain à court terme (revenu ou plus-value) et figure à l'actif circulant ; les seconds sont acquis en vue d'exercer une influence sur la société émettrice ou sont utiles pour l'activité de celui qui les détient et figure à l'actif immobilisé. Influence ou utilité ne signifie pas nécessairement contrôle, mais implique la qualité d'associé (ce qui n'est pas le cas de l'usufruitier). En tout état de cause, il faut parvenir à sonder les intentions de l'acquéreur des titres, ce qui peut impliquer d'analyser le contexte de son acquisition et notamment les engagements figurant dans un pacte d'actionnaires. Lorsque l'actionnaire accepte de participer aux augmentations de capital futures de la société cible et s'engage à ne pas céder à des tiers les titres acquis dans le but de détenir une minorité de blocage, la qualification de titres de participation ne fait pas de doute (CE 20 oct. 2010, *Sté Hyper Primeurs*, n° 314248).

■ 724 D'un point de vue fiscal, les titres de participation doivent être détenus depuis plus de deux ans et présenter les caractéristiques d'un actif immobilisé, même s'il ne figure pas au bilan de l'actionnaire (CE 23 déc. 2016, *Sté Cap Gemini*, n° 375746). Lorsque le régime des sociétés mères s'applique (v. ss 835), ce qui implique une participation de 5 %, les titres sont présumés être des titres de participation. Une participation inférieure à 5 % n'empêche pas l'application du régime si les titres sont utiles à l'entreprise, notamment en lui permettant d'exercer une influence ou un contrôle sur la cible (c'est alors la définition comptable qui s'applique).

■ 725 Il faut bien mesurer les enjeux de ces deux définitions. Lorsque les titres détenus répondent à la définition comptable, ils relèvent nécessairement du régime des plus-values et moins-values à long terme, que ces titres ouvrent droit ou non au régime des sociétés mères. Aussi, l'inscription de ces titres en comptabilité dans un compte de titre de participation « ne matérialise aucune décision de gestion de l'entreprise ». Dès lors « une telle écriture comptable peut, si la qualification de titres de participation retenue s'avère erronée, être corrigée tant à l'initiative de l'administration que, sous réserve que cette erreur ne revête pas un caractère délibéré, de l'entreprise » (CE 29 mai 2017, *Sté Vivendi*, n° 405083). En revanche, lorsque les titres ne relèvent pas de la définition comptable et qu'ils donnent à l'application du régime mère-fille, leur inscription dans un sous-compte en vue de bénéficier du régime du long terme est une décision de gestion opposable à l'entreprise. Il n'est pas possible pour elle de modifier celle-ci, et notamment si la qualification de titres de placement lui avait permis de bénéficier d'un régime fiscal plus favorable (les moins-values constatées sur les titres de placement sont déductibles).

■ 726 L'une des difficultés en pratique résulte également de l'acquisition successive de titres de la même société à des dates différentes. Tandis que l'administration est favorable à une qualification unique, liée à l'intention initiale lors de l'acquisition des premiers titres, le dernier état de la jurisprudence laisse à penser qu'une appréciation au cas par cas est possible (CE 8 nov. 2019, n° 422377).

■ 727 Les plus-values à long terme dégagées lors de la cession de titres de participation sont quasiment exonérées (CGI, art. 219-I-a *quinquies*). Elles donnent néanmoins lieu à la détermination d'une quote-part de frais et charges de 12 % calculée sur le montant brut de la plus-value à long terme. Comme l'a décidé récemment le Conseil d'État dans l'arrêt *Air Liquide*, cette quote-part n'a pas « pour objet de neutraliser de manière forfaitaire la déduction de frais exposés pour l'acquisition ou la conservation d'un revenu afférent à une opération exonérée », mais vise à « soumettre à cet impôt, à un taux réduit, les plus-values de cession de titres de participation », ce qui autorise les sociétés concernées à imputer les crédits d'impôt étranger. (CE 15 nov. 2021, *Air Liquide*, n° 454105). C'est cette quote-part forfaitaire, indifférente aux frais réellement supportés, qui fera l'objet d'une imposition à l'impôt sur les sociétés. Avec un taux de droit commun de 25 %, cela vient à taxer seulement 3 % de la plus-value réalisée. Cette quasi-exonération donne lieu à une contrainte s'agissant des moins-values nettes à long terme : elles ne sont pas déductibles du résultat imposable, tout comme les provisions pour dépréciation constatées sur les titres de participation. Si au cours d'un même exercice, plusieurs cessions de titres de participation sont réalisées, les moins-values à long terme et les plus-values à long terme se compensent. Mais si une moins-value nette à long terme est dégagée de ces différentes opérations de cession, aucune déduction n'est possible, ni même un report sur les plus-values à long terme futures.

D'un point de vue comptable, les frais d'acquisition des titres de participation font obligatoirement l'objet d'un amortissement linéaire sur 5 ans, ce qui affecte bien sûr les modalités de calcul de la plus-value (v. exemple ci-dessous). 728 ■

Dans la catégorie des titres de participation, les sociétés à prépondérance immobilière donnent lieu enfin à un régime spécifique. Les plus-values ou moins-values provenant de la cession de titres de sociétés à prépondérance immobilière non cotées sont exclues du régime des plus-values ou moins-values à long terme en application du a *sexies*-0 *bis* du I de l'article 219 du Code général des impôts. Elles sont prises en compte en totalité dans le résultat imposable dans les conditions et aux taux de droit commun de l'impôt sur les sociétés. Les provisions pour dépréciation afférentes à ces titres sont également exclues du régime du long terme. Toutefois les plus-values sur titres de sociétés à prépondérance immobilière cotées qui répondent à la définition fiscale des titres de participation relèvent du taux réduit d'imposition des plus-values à long terme (CGI, art. 219, I a). Ce taux est fixé à 19 % pour les exercices clos depuis le 1er janvier 2009. 729 ■

Tableau récapitulatif – Les cessions de titres réalisées par une société soumise à l'impôt sur les sociétés

Nature des titres	Résultat de cession	Durée de détention	Régime fiscal
Titres de participation	Plus-value	Court terme	Impôt sur les sociétés (taux de droit commun)
	Plus-value (nette)	Long terme	Exonération à l'exception d'une quote-part de 12 % (taxée à l'impôt sur les sociétés)
	Moins-value	Court terme	Déductible du résultat imposable
	Moins-value (nette)	Long terme	Non déductible

Titres de participation détenus dans une société à prépondérance immobilière non cotée	Plus-value	Court terme/long terme	Impôt sur les sociétés (taux de droit commun)
	Moins-value	Court terme/long terme	Déductible du résultat imposable
Titres de placement	Plus-value	Court terme/long terme	Impôt sur les sociétés
	Moins-value	Court terme/long terme	Déductible du résultat imposable

Cession de titres de participation
Exemple chiffré

La société anonyme X, soumise à l'impôt sur les sociétés (hors champ d'application du taux réduit des PME et avec un chiffre d'affaires de 100 millions d'euros), acquiert des titres de participation le 1er mars 2019 pour la somme de 2.500.000 €, représentant plus de 50 % du capital d'une autre société par actions, également soumise à l'impôt sur les sociétés. Cette acquisition a conduit la société X à supporter des frais de 120.000 € et elle constitue un élément de son actif immobilisé. Les frais d'acquisition des titres étant obligatoirement intégrés au coût de revient, la société va inscrire les titres pour la somme de 2.620.000 €.

L'amortissement des frais va générer une déduction fiscale :

120.000 : 5 = 24.000

À la clôture de chaque exercice, la déduction fiscale sera de 24.000 €.

Pour l'année 2019, la déduction se fera au prorata :

24.000 × 10/12 = 20.000

Si les titres sont revendus le 1er janvier 2023 pour un prix de 3.200.000 €, la plus-value sera de :

3.200.000 – (2.620.000 – 20.000 – 24.000 – 24.000 – 24.000) = 672.000

Les titres sont détenus depuis plus de deux ans. Cette plus-value bénéficiera de l'exonération des cessions de titres de participation à l'exception d'une quote-part de frais et charges de 12 % (sous réserve de respecter les conditions propres à ce régime).

Montant de l'impôt dû au titre de la cession :

672.000 × 12 % × 25 % = 20.160

D. Les produits tirés de la propriété industrielle

730 La fiscalité applicable à la propriété industrielle et d'une manière générale à la recherche et développement donne lieu à une concurrence féroce entre les États. Afin d'atténuer celle-ci et de limiter les pratiques d'optimisation fiscale, l'OCDE a publié un certain nombre de recommandations qui ont été reprises en Europe. L'OCDE a ainsi préconisé de retenir l'approche dite « *nexus*[Q] » qui subordonne le bénéfice d'un régime fiscal préférentiel à la condition que le contribuable ait lui-même engagé les dépenses de recherche et développement de l'actif auquel se

rattachent les revenus éligibles au régime. Le but est d'éviter l'évasion fiscale consistant pour une entreprise à bénéficier d'un régime préférentiel dans un État alors qu'elle n'a pas engagé les dépenses ayant conduit au développement des actifs en question au sein de celui-ci.

En France, conformément à cette approche et depuis la loi de finances pour 2019, les produits nets de la propriété industrielle peuvent, sur option, être taxés au taux réduit de 10 %, auquel s'ajoutent, pour les entreprises relevant de l'impôt sur le revenu, les prélèvements sociaux. Les produits sont uniquement ceux provenant d'actifs immobilisés. En outre, si les produits proviennent d'une cession de brevet, la loi subordonne l'application de ce régime à deux conditions complémentaires : la durée de détention du brevet doit être supérieure ou égale à 2 ans ; il ne doit pas exister de lien de dépendance au sens de l'article 39,12 entre la société cédante et la société cessionnaire. 731 ■

Au titre du premier exercice pour lequel le revenu net est calculé, il faut déduire l'ensemble des dépenses en lien direct avec la création, l'acquisition et le développement de l'actif incorporel, y compris celles réalisées antérieurement au cours des exercices ouverts à compter de la date à laquelle l'option pour le régime spécial est exercée (mécanisme de « recapture » des dépenses). Les années suivantes, le taux réduit d'imposition s'applique sur le revenu net annuel calculé après déduction des dépenses de recherche de l'année se rattachant aux actifs à l'origine de ces mêmes revenus. 732 ■

Selon l'approche « nexus », la proportion du revenu net éligible donnant droit au taux réduit est déterminée en fonction du rapport entre les dépenses éligibles (dépenses de recherche et développement directement liées aux revenus tirés des droits de propriété industrielle et directement exposées par le contribuable ou avec des entreprises non liées) et les dépenses globales (dépenses ci-avant majorées des dépenses de recherche et développement exposées avec des entreprises liées et des dépenses d'acquisition des actifs de propriété industrielle). 733 ■

La loi instaure ainsi un régime de faveur pour les produits tirés de la propriété industrielle en laissant la possibilité pour l'entreprise de choisir les actifs pour lesquels elle entend se prévaloir de ce régime et, d'autre part, la date à laquelle l'option prend effet pour chacun de ces actifs. Les opérations visées sont nombreuses et les gains bénéficiant de ce taux réduit ne se limitent pas aux plus-values : les concessions et sous-concessions qui engendrent des redevances pour les entreprises qui y consentent sont également concernées. Les biens visés par ce dispositif sont les brevets, inventions brevetables, les procédés de fabrication industriels ou encore les logiciels. En sont exclus en revanche, les marques et les savoir-faire. 734 ■

Le calcul de l'impôt conduit à appliquer la méthode « nexus » qui conditionne le bénéfice du régime préférentiel à la condition que le contribuable ait lui-même engagé les dépenses de recherche et développement de l'actif auquel se rattachent les revenus éligibles au régime, et ce afin d'éviter l'évasion fiscale consistant pour une entreprise à bénéficier d'un régime préférentiel alors qu'elle n'a pas engagé les dépenses ayant conduit au développement des actifs en question. 735 ■

La méthode consiste donc à appliquer les étapes suivantes : 736 ■

- Déterminer le produit net de l'actif éligible (produits – charges).
- Calcul le ratio nexus (dépenses éligibles/dépenses totales).
- Appliquer le ratio nexus au produit net afin de déterminer le bénéfice soumis au taux de 10 %.

737 De manière évidente, si aucune dépense éligible n'a été mise en œuvre par l'entreprise imposée en France, le ratio sera égal à zéro et donc l'entreprise ne pourra bénéficier du taux réduit pour les produits engendrés. Ce ratio donne lieu à trois règles particulières : - le numérateur est majoré de 30 % ; le ratio est plafonné à 100 % (cette majoration de 30 % ne peut donc conduire à ce que le montant des dépenses du numérateur excède celui des dépenses du dénominateur) ; ce ratio se calcule sur une base de dépenses cumulées (donc à mettre à jour à chaque exercice)

Exemple

Une société française a engagé des dépenses de R&D qui lui ont permis de déposer un brevet. Au titre de l'exercice N, elle le donne en concession et perçoit des redevances de 200.000 € mais supporte des dépenses de R&D afférents à ce brevet de 40.000 €. Elle a exercé l'option pour le régime dérogatoire au titre de N.

Tableau

1. Détermination du résultat comptable	
Produits	200.000
Charges	40.000
Résultat comptable	160.000
2. Résultat net de concession imposable à 10 %	**160.000**
3. Détermination du résultat fiscal imposable au taux de droit commun	
Résultat comptable	160.000
Déduction extra-comptable	- 160.000
Résultat fiscal imposable au taux de droit commun	0

738 Au titre du premier exercice pour lequel le revenu net est calculé, il faut déduire l'ensemble des dépenses en lien direct avec la création, l'acquisition et le développement de l'actif incorporel, y compris celles réalisées antérieurement au cours des exercices ouverts à compter de la date à laquelle l'option pour le régime spécial est exercée (mécanisme de « recapture » des dépenses).

Les revenus et les charges tirés de la propriété industrielle sont en quelque sorte encapsulés. En effet, si le résultat net est déficitaire, ce déficit est imputable sur le résultat taxé à 10 % au cours des exercices futurs, sans limitation de durée. Il n'est toutefois pas possible de compenser le résultat net bénéficiaire provenant de la gestion d'un actif éligible avec le résultat net déficitaire provenant d'un autre actif pour lequel l'option a été également exercée. Le résultat net bénéficiaire soumis au taux réduit peut aussi, sur décision de gestion de l'entreprise, servir à compenser le déficit fiscal de l'exercice.

Exemple

Une société française a engagé au titre de l'exercice N-1 : 500.000 € de dépenses de R&D qui lui ont permis de déposer un brevet. Elle a exercé l'option pour le régime dérogatoire (nexus) au titre de l'exercice N-1. Au titre de l'exercice N, elle l'a donné en concession, a perçu des redevances de 1.000.000 € et a supporté des dépenses de R&D afférentes à ce brevet de 400.000 €.
Quelles sont les conséquences sur le résultat imposable au taux de droit commun et sur celui imposable au taux de 10 % ?

Régime nexus en N-1, avec imputation des déficits sur le résultat taxable à 10 %

1. Détermination du résultat comptable	N-1	N
Produits		1.000.000
Charges	500.000	400.000
Résultat comptable	- 500.000	600.000
2. Résultat net de concession imposable à 10 %	**- 500.000**	**100.000**
3. Montant de l'impôt (taux de 10 %)	**0**	**10.000**
4. Détermination du résultat fiscal imposable au taux de droit commun		
Résultat comptable	0	600.000
Déduction extra-comptable	0	100.000
Résultat fiscal imposable au taux de droit commun	0	500.000
5. Montant de l'impôt (taux de 25 %)	0	125.000
Imposition globale 10 %/ 25 % en N-1 + N	**135.000**	

Régime nexus en N avec imputation des déficits reportables sur le résultat taxable au taux de droit commun

1. Détermination du résultat comptable	N-1	N
Produits		1.000.000
Charges	500.000	400.000
Résultat comptable	- 500.000	600.000
2. Résultat net de concession imposable à 10 %	**0**	**600.000**
3. Montant de l'impôt (taux de 10 %)	**0**	**60.000**
4. Détermination du résultat fiscal imposable au taux de droit commun		
Résultat comptable	-500.000	600.000
Déduction extra-comptable	0	60.000
Résultat fiscal imposable au taux de droit commun	-500.000	540.000
5. Montant de l'impôt (taux de 25 %)		10.000 (après imputation du déficit N en report
Imposition globale 10 %/ 25 % en N-1 + N	**70.000**	

section 3

Les taux et le paiement de l'impôt sur les sociétés

739 Même si par nature, l'impôt sur les sociétés est censé prendre la forme d'un taux unique frappant un bénéfice unique, l'impôt sur les sociétés donne lieu à l'heure actuelle à plusieurs taux d'imposition (§1). Ses modalités de paiement se distinguent aussi (§2), notamment lorsqu'on les compare à celles applicables à l'impôt sur le revenu.

§ 1 Les différents taux d'imposition

Le taux de l'impôt sur les sociétés n'est pas unique. À l'heure actuelle, l'imposition s'appuie sur un taux d'imposition de droit commun (A) qui cohabite avec un taux réduit applicable aux PME (B). De surcroît, lors du traitement de l'assiette de l'impôt sur les sociétés, des régimes spécifiques donnant lieu à des modalités d'imposition particulière ont été abordés, notamment pour les plus-values sur titres et les produits tirés de la propriété industrielle. 740 ■

A. Le taux d'imposition de droit commun

En France, pendant longtemps, le taux de base de l'impôt sur les sociétés était de 33 1/3 %. Ce taux était l'un des plus élevés en Europe et la différence est frappante avec le taux de 12,5 % en Irlande. Toutefois, il ne faut pas surévaluer l'intérêt d'un comparatif des législations fiscales basées uniquement sur les taux d'imposition. En réalité, d'autres paramètres entrent en ligne de compte dans la compétition fiscale. En effet, des règles d'assiette (déductibilité des charges et exonération ou quasi-exonération de certains produits) peuvent se montrer tout aussi attractive qu'un taux d'imposition très faible. Voilà pourquoi la Commission européenne espère pouvoir fixer des règles d'assiette à l'impôt sur les sociétés qui soient communes aux États de l'Union européenne. 741 ■

Pour réduire l'écart avec les autres États européens, le législateur a entrepris récemment de réduire progressivement le taux d'imposition. Le taux de base est désormais fixé à 25 % et cela depuis le 1er janvier 2022. Pour les exercices du 1er janvier au 31 décembre 2021, le taux normal de l'impôt sur les sociétés est de 26,5 %. Et celui pour les entreprises ayant réalisé un chiffre d'affaires supérieur ou égal à 250 millions € est de 27,5 %. 742 ■

Tableau récapitulatif – Taux d'imposition à l'impôt sur les sociétés (exercice 2023)

Montant du chiffre d'affaires HT	Montant du bénéfice imposable	Entreprise éligible au taux réduit	Entreprise non éligible au taux réduit
CA<10M €	Bénéfice ≤ 42.500 € 42.500 Bénéfice	15 % 25 %	25 %
10M €<CA	0 ≤ Bénéfice	Néant	25 %

B. Le taux réduit d'imposition pour les PME

Outre le taux de droit commun, la loi prévoit également un taux réduit. Pour être éligible au taux réduit, une entreprise doit répondre aux conditions suivantes (CGI, art. 219, I, b) : 743 ■

- le chiffre d'affaires est inférieur à 10.000.000 € ;
- le capital de la société doit être entièrement libéré ;

- le capital de la société doit être détenu au moins à hauteur de 75 % par des personnes physiques (cette condition s'apprécie au niveau de la société-mère en présence d'un groupe fiscalement intégré).

744 Si l'entreprise est éligible au taux réduit, le taux d'imposition est abaissé à 15 % à concurrence de 42.500 € de bénéfice par exercice, à la suite d'une revalorisation opérée par la loi de finances pour 2023. Ce taux d'imposition s'applique également aux plus-values à long terme.

§ 2 Le paiement

745 Comme pour l'impôt sur le revenu, l'impôt sur les sociétés est payé en plusieurs fois. En effet, il donne lieu au versement de quatre acomptes pendant l'exercice. À la différence de l'impôt sur le revenu, l'impôt sur les sociétés doit être calculé par la société elle-même et versé spontanément au comptable de la direction générale des impôts (DGI) du lieu du dépôt de la déclaration de résultats.

746 Ce système de paiement repose sur le versement d'acomptes trimestriels et à la fin de l'exercice, la liquidation de l'impôt réellement dû et le versement du solde correspondant.

747 Concrètement, les acomptes sur l'impôt sur les sociétés sont exigibles le 20 février, le 20 mai, le 20 août et le 20 novembre. La majoration de 10 % n'est en réalité appliquée que si l'impôt n'est toujours pas payé le 15 du mois suivant (les sociétés ont donc jusqu'au 15 mars, 15 juin, 15 septembre et 15 décembre pour payer).

section 4

Le report des déficits

748 Les entreprises soumises à l'impôt sur les sociétés sont opaques : les déficits qu'elles subissent ne peuvent être imputés sur les revenus ou le résultat de leurs associés. Aussi, lorsque leur résultat se révèle déficitaire au cours d'un exercice, elles ont le choix entre deux régimes de report : - un régime de droit commun, dit de report « en avant », qui permet d'imputer les déficits sur les bénéfices des exercices suivants l'exercice déficitaire ; - et un système optionnel de report « en arrière » des déficits (« carry-back ») sur les bénéfices de l'exercice précédent. L'imputation en avant des déficits réduit ou annule le montant de l'impôt sur les sociétés dû au titre des exercices suivants et diminue d'autant le montant de cette contribution. Mais parce qu'il concerne le futur, le gain espéré est aléatoire. À l'inverse, le report en arrière des déficits présente l'avantage de conférer à l'entreprise la certitude de réaliser effectivement une économie d'impôt, car il fait naître une créance sur le Trésor public remboursable au bout de cinq ans si elle n'est pas utilisée dans ce délai pour le paiement de l'impôt sur les sociétés. En outre, le report en arrière améliore les résultats comptables et le bilan de l'entreprise du fait de l'inscription de la créance à l'actif. Pendant la crise sanitaire liée à l'épidémie de la Covid-19, la créance de report en arrière des déficits fait partie des leviers fiscaux

utilisés par l'État pour améliorer la trésorerie des entreprises. Le report en arrière reste toutefois un régime d'exception, nécessitant une option de l'entreprise (§2). Le report en avant (§1) constitue le régime de droit commun.

§ 1 Le report en avant

Le droit au report en avant des déficits subis par les sociétés soumises à l'impôt sur les sociétés est illimité dans le temps. Ainsi, lorsque le résultat d'un exercice est déficitaire, ce déficit est considéré comme une charge de l'exercice suivant et déduit du bénéfice réalisé pendant ledit exercice (CGI, art. 209, I, al. 3). Si ce bénéfice n'est pas suffisant pour que la déduction puisse être intégralement opérée, l'excédent du déficit est reporté sur les exercices suivants sans limitation de durée. Un tel déficit ne peut toutefois s'imputer que sur le bénéfice net de l'exercice sur lequel il est reporté, ce bénéfice ayant préalablement été établi, conformément aux dispositions du 1 de l'article 39, après déduction de toutes charges, dont les amortissements (CE 10 avr. 2015, *SA Fayat*, n° 369667). Les déficits constatés au niveau fiscal ne se confondent avec les pertes au sens comptables. C'est ainsi que les pertes imputées sur le capital (par l'intermédiaire d'un coup d'accordéon) laissent les déficits fiscaux inchangés. 749

Toutefois, en vertu de la règle dite de l'« identité d'entreprise », les déficits ne sont susceptibles d'être reportés, en principe, qu'au sein de l'entreprise qui les a subis. C'est ainsi que le changement de régime fiscal ou le changement d'objet ou d'activité réelle des sociétés, qui emportent cessation d'entreprise, font perdre le droit au report des déficits. La filialisation d'une activité par une société qui cesse d'être une société opérationnelle pour devenir une société holding est un changement d'activité susceptible d'entraîner les déficits en report. 750

Le déficit en report pouvant être déduit du bénéfice de l'exercice est désormais limité par un plafond fixe et un plafond variable. Le plafond fixe s'élève à un montant d'un million d'euros ; le plafond variable est fixé à 50 % de la fraction du bénéfice de l'exercice excédant d'un million d'euros. Concrètement, ce plafond introduit un bénéfice minimal taxable, dès lors que le bénéfice avant report dépasse un million d'euros. C'est là exiger des entreprises une contribution minimum à l'impôt sur les sociétés. 751

Exemple

Déficit de l'exercice N	Résultat de l'exercice N+1	Montant du déficit imputable N+1	Montant du bénéfice N+1 après imputation du déficit	Montant du déficit reportable au-delà de N+1
- 900.000	1.650.000	900.000	750.000	0
- 900.000	700.000	700.000	0	200.000
- 1.600.000	800.000	800.000	800.000	800.000
- 1.800.000	1.200.000	1.100.000	100.000	700.000
- 2.000.000	2.800.000	1.900.000	900.000	100.000

752 En outre, la part du plafond fixe des entreprises en difficulté bénéficiaires d'abandons de créances peut être majorée du montant des abandons de créances qui leur sont consentis. Cette fraction supplémentaire de déficit imputable est reconnue par la loi aux seules entreprises débitrices et non aux entreprises créancières qui renonceraient à leurs droits.

Exemple

Au cours de l'exercice N, une société soumise à l'impôt sur les sociétés constate un déficit reportable en avant de 4.000.000 €.
Au cours de l'exercice N+1, elle fait l'objet d'une procédure de sauvegarde et bénéficie dans le cadre de celle d'un abandon de créance de 500.000 €.
Au cours de ce même exercice, elle déclare un bénéfice égal à 2.000.000 € (abandon de créances compris).
Le déficit de l'exercice N est reportable sur N+1 à la hauteur de :
(1.000.000 € + 500.000 €) + [(2.000.000 - 1 500.000 €) × 50 %] =
1.750.000 € (et non 2.000.000 !)
Le bénéfice taxable au titre de l'exercice clos en N+1 est donc de : 2.000.000 € - 1.750.000 € = 250.000 €

753 Pour les PME soumises au taux réduit (15 %), les règles de plafonnement de l'imputation des déficits s'appliquent avant détermination de la quote-part de bénéfice soumise au taux réduit.

Exemple

Déficit de l'exercice N : 2.000.000 €
Bénéfice de l'exercice N+1 : 1.500.000 €, éligible pour partie au taux réduit de l'impôt sur les sociétés
Déficit reportable en avant sur N+1 est de : 1.000.000 € + (50 % × 500.000 €) = 1.250.000 €
Bénéfice taxable au titre de l'exercice clos en N+1 :
1.500.000 € - 1.250.000 € = 250.000 €
Calcul de l'impôt :
- 42.500 × 15 % = 6.375
- et le solde, soit 207.500 (250.000 – 42.500), imposé au taux de droit commun, soit 207.500 × 25 % = 51.875

754 Enfin, si au cours d'un même exercice la compensation entre plus-values et moins-values de même nature fait apparaître une plus-value nette à long terme, cette dernière peut être utilisée pour compenser le déficit d'exploitation éventuellement subi à la clôture du même exercice. La mesure de plafonnement des déficits imputables ne s'applique pas ici, dès lors qu'elle concerne seulement l'imputation des déficits sur les bénéfices réalisés au cours d'exercices distincts (CGI, art. 39 *quindecies*,

I, 1, al. 3). Lorsque la société constate au titre d'un même exercice à la fois un bénéfice fiscal et une plus-value nette à long terme, la franchise d'un million d'euros ne trouve à s'appliquer qu'une seule fois et selon les modalités choisies par la société concernée.

§ 2 Le report en arrière

Conformément à l'article 220 *quinquies*, le déficit constaté au titre d'un exercice ne peut être reporté en arrière que sur option de l'entreprise. L'option est réalisée au titre de l'exercice au cours duquel le déficit est constaté et dans les mêmes délais que ceux prévus pour le dépôt de la déclaration de résultat (formulaire n° 2065-SD) de cet exercice. 755 ■

Le dispositif du report en arrière permet d'imputer le déficit constaté à la clôture d'un exercice sur les bénéfices de l'exercice précédant l'exercice déficitaire, ce qui fait naître une créance sur le Trésor correspondant à l'excédent d'impôt antérieurement versé. Sous l'empire du droit antérieur, le déficit constaté au titre d'un exercice pouvait être imputé sur les bénéfices des trois exercices précédents, en commençant par le plus ancien. 756 ■

Les limites posées à l'exercice du report en arrière ne concernent pas seulement l'exercice d'imputation. Elles portent également sur le montant du déficit qui peut être reporté. Ainsi, le déficit subi au titre d'un exercice ne peut faire l'objet d'une imputation sur l'exercice précédent que dans la limite du montant le plus faible entre le bénéfice déclaré au titre de l'exercice précédent et un montant d'un million d'euros. Le déficit imputé ne peut donc aller au-delà d'un million d'euros, la loi ne prévoyant pas ici de plafond variable (contrairement au report en avant). 757 ■

Exemple

Soit une société passible de l'IS, créée en 2010, qui clôture son exercice au 31 décembre de chaque année : - dont le bénéfice d'imputation de l'exercice clos en 2021 est de 1.500.000 € ;
- et qui déclare un résultat fiscal déficitaire au 31 décembre 2022 de 3.000.000 €.
Ce résultat fiscal déficitaire ne peut être imputé en arrière que sur le bénéfice 2021.
L'imputation ne pouvant excéder 1.000.000 €, la société ne pourra reporter en arrière que 1.000.000 €. Le reliquat de 2.000.000 € demeura reportable en avant.

La base d'imputation est constituée par le bénéfice soumis au taux plein ou au taux réduit de 15 % pour les PME, diminué des distributions de bénéfices, ainsi que des crédits d'impôt et des réductions d'impôt accordés à l'entreprise (ex. revenus mobiliers de source étrangère ; crédit pour dépenses de recherche ; réduction d'impôt accordée aux dépenses de mécénat). L'imputation ne peut donc se faire que dans la limite de la fraction non distribuée de ces bénéfices. Il s'agit par cette restriction de pénaliser les sociétés qui distribuent des bénéfices au détriment de leur capacité d'autofinancement. 758 ■

Exemple

Une entreprise soumise l'impôt sur les sociétés et éligible au taux réduit réalise en 2022 un bénéfice de 500.000 euros. Au cours de celui-ci, elle supporte donc un IS à 15 % de 5.718 euros (le plafond taxable à 15 % étant de 38.120 euros pour l'exercice 2022) et un IS à 25 % de 115.470 euros, soit une imposition totale de 121.188 euros. Elle subit en 2023 un déficit de 700.000 euros qu'elle décide de reporter en arrière. Quel est son bénéfice d'imputation sachant qu'elle a bénéficié d'une réduction d'impôt au titre du mécénat de 50.000 euros en 2022 ?

Tableau chiffré

Données	Calcul
Réduction d'impôt utilisée pour le paiement de l'impôt à 15 %	50.000 × (5.718 / 121.188) = 2.359
Réduction d'impôt utilisée pour le paiement de l'impôt à 25 %	50.000 × (115.470 / 121.188) = 47.641
Montant du bénéfice taxé à 15 % et ayant donné lieu à un impôt payé par réduction d'impôts	2.359 / 15 % = 15.727
Montant du bénéfice taxé à 25 % et ayant donné lieu à un impôt payé par réduction d'impôts	47.641 / 25 % = 190.564
Bénéfice d'imputation	500.000 − (15.727 + 190.564) = 293.709

759 L'article 46 *quater* 0S, 1° *bis*, de l'annexe III au Code général des impôts prévoit que le report en arrière d'un déficit peut être effectué indifféremment sur le bénéfice passible de l'impôt sur les sociétés au taux normal ou au taux réduit de 15 % prévu en faveur des PME. L'administration admet que le déficit s'impute d'abord, le cas échéant, sur la partie du bénéfice qui a été taxée au taux normal et ensuite sur le bénéfice soumis au taux réduit.

760 La créance sur le Trésor résultant du report en arrière des déficits peut être utilisé pour le règlement de l'impôt sur les bénéfices futurs. Si ces derniers ne sont pas suffisants pour permettre l'utilisation intégrale de la créance, un remboursement est accordé à l'entreprise au terme d'un délai de cinq ans. Par exception, un remboursement anticipé de la créance est prévu pour les entreprises en difficulté. Le remboursement de la créance non utilisée à compter de la date de la demande sous déduction d'un intérêt compensant son caractère anticipé est ainsi accordé aux entreprises faisant l'objet d'une procédure de conciliation, sauvegarde, redressement et liquidation.

761 À défaut d'option en faveur du report en arrière, à la clôture de l'exercice, les déficits qui existent à cette date ne peuvent faire l'objet que d'un report en avant sur des bénéfices ultérieurs. Le déficit qui n'aura pas pu être imputé en arrière peut toujours l'être en avant dans les conditions de droit commun (report illimité dans le temps). Lorsque le résultat d'un exercice donne lieu à un rehaussement de la part de l'administration fiscale, l'entreprise peut opter pour le report en arrière de son déficit sur cet exercice corrigé jusqu'à l'expiration du délai de réclamation (CE, 8e et 3e ch., 16 nov. 2022, n° 462305, SARL Fiorim).

section 5

Les contributions complémentaires à l'impôt sur les sociétés

La charge fiscale pesant sur les bénéfices des sociétés soumises à l'impôt sur les sociétés est loin de se limiter à ce seul impôt. L'État est friand de contributions complémentaires censées apporter un surcroît de recettes fiscales, ce qui est notamment le cas de la contribution sociale (§1). Certaines ont toutefois disparu, à l'image de la contribution sur les revenus distribués (§2). 762

§ 1 La contribution sociale

La contribution sociale est juridiquement distincte de l'impôt sur les sociétés. Elle est due par les personnes morales qui, de plein droit ou sur option, sont assujetties à l'impôt sur les sociétés (CGI, art. 235 *ter* ZC). Elle n'est pas déductible des résultats imposables (CGI, art. 213). 763

Sont toutefois exonérées de la contribution sociale, les PME remplissant les conditions suivantes : - le chiffre d'affaires hors taxes réalisé au cours de l'exercice concerné, doit être inférieur à 7.630.000 € ; - le capital doit être entièrement libéré et détenu, de manière continue pendant toute la durée de l'exercice concerné pour 75 % au moins par des personnes physiques (ou par des sociétés satisfaisant elles-mêmes à l'ensemble de ces conditions). 764

La contribution sociale due au titre d'un exercice est assise sur l'impôt sur les sociétés calculé au taux normal sur le résultat de l'exercice et, le cas échéant, aux taux réduits sur certaines plus-values. L'assiette de la contribution sociale n'est pas le bénéfice réalisé par l'entreprise mais l'impôt sur les sociétés qui est dû par l'entreprise, éventuellement augmenté de l'impôt réduit payé sur les plus-values à long terme. 765

Elle est égale à 3,3 % de l'impôt de référence diminué d'un abattement de 763.000 € par période de douze mois (lorsqu'un exercice ou une période d'imposition est différent de douze mois, l'abattement est ajusté en conséquence). En pratique, la contribution sociale n'est donc due que par les entreprises dont le bénéfice imposable au taux normal est supérieur à 3.052.000 € (lorsqu'elles réalisent un bénéfice entièrement taxable à 25 %). 766

Exemple

Une entreprise qui, au cours d'un exercice clos le 31 décembre 2022, réalise un bénéfice ordinaire de 6.000.000 € et est redevable à ce titre d'un impôt sur les sociétés de :
(6.000.000 × 25 %) = 1.500.000 €
La contribution sociale est de (1.500.000 − 763.000) × 3,3 % = 24.321 €.

§ 2 La contribution sur les revenus distribués (supprimée à compter du 1er janvier 2018) et les contributions exceptionnelles à l'impôt sur les sociétés (supprimées pour les exercices clos à compter du 31 décembre 2018).

767 Il pourrait paraître superflu de revenir sur l'histoire d'un impôt ayant disparu. Mais comme cet épisode est assez emblématique de la manière parfois approximative dont les textes sont rédigés et du coût que cela peut engendrer pour la collectivité, il reste utile d'aborder en quelques mots la contribution sur les revenus distribués aujourd'hui abrogée. Au demeurant, le sort réservé à cette taxe éphémère reflète le rôle crucial joué aujourd'hui par les normes supérieures en matière fiscale. Ainsi, les sociétés passibles de l'impôt sur les sociétés, sur tout ou partie de leur activité, ont été assujetties à une contribution additionnelle à l'impôt sur les sociétés égale à 3 % des distributions qu'elles mettaient en paiement. Autrement dit, les distributions n'étaient pas seulement taxées entre les mains de leurs bénéficiaires. Elles donnaient également lieu à une taxation à la source, à la charge de la société prenant la décision d'opérer une distribution. Cette contribution n'était de surcroît pas déductible du résultat imposable (CGI, art. 213).

768 Pour les distributions mises en paiement avant le 1er janvier 2017, une exonération s'appliquait aux montants distribués entre sociétés d'un groupe fiscalement intégré. Cette disposition a été déclarée inconstitutionnelle avec effet au 1er janvier 2017 (Cons. const. 30 sept. 2016, décis. n° 2016-571 QPC) et jugée contraire à la Convention européenne des droits de l'homme (CE 29 mars 2017, n° 399506). Ces décisions ont alors conduit à élargir le champ d'application de l'exonération accordée aux groupes de sociétés (CGI, art. 235 *ter* ZCA, I, 1°, b), modifié.

769 La contribution a également été jugée contraire à la directive mère-fille, dès lors qu'elle s'applique indifféremment à l'ensemble des montants distribués par une société mère française, y compris ceux provenant de filiales établies dans un autre État de l'Union européenne (CJUE 17 mai 2017, aff. 365/16).

À la suite de la décision de la CJUE, le Conseil d'État a transmis au Conseil constitutionnel une question prioritaire de constitutionnalité portant sur la conformité à la Constitution de l'ensemble de l'assiette de la contribution de 3 % (CE 7 juill. 2017, *Sté SOPARFI*, n° 399757). 770 ■

Dans une décision du 6 octobre 2017, le Conseil constitutionnel a jugé cette contribution inconstitutionnelle dans son ensemble, au motif que l'article 235 *ter* ZCA du Code général des impôts, dans sa rédaction issue de la loi de finances rectificative pour 2015, méconnaissait le principe d'égalité devant la loi et les charges publiques (Cons. const. 6 oct. 2017, n° 2017-660 QPC, *SOPARFI*). Le Conseil d'État a ensuite jugé que cette déclaration d'inconstitutionnalité était valable pour les versions antérieures du texte (CE, 8e et 3e ch., 8 déc. 2017, *Sté SOPARFI*, n° 399757). Cette déclaration d'inconstitutionnalité a pris effet à compter du 8 octobre 2017 et est applicable à toutes les affaires non jugées définitivement à cette date, permettant aux contribuables ayant payé cette contribution d'obtenir un remboursement. Le montant des remboursements à la charge de l'État en raison d'un texte non conforme aux normes supérieures est proche des 10 milliards d'euros (intérêts moratoires compris). 771 ■

La loi de finances pour 2018 a logiquement supprimé cette contribution, pour les distributions dont la mise en paiement intervient à compter du 1er janvier 2018. 772 ■

Pour assumer le coût budgétaire des restitutions, l'article 1er de la première loi de finances rectificative pour 2017 a institué deux contributions exceptionnelles sur l'impôt sur les sociétés, dues par les grandes entreprises. Celles-ci ne trouvent plus à s'appliquer aux exercices clos à compter du 31 décembre 2018. Étaient redevables de la contribution exceptionnelle les personnes morales redevables de l'impôt sur les sociétés qui réalisaient un chiffre d'affaires supérieur à 1 milliard d'euros. Étaient redevables de la contribution additionnelle à la contribution exceptionnelle les personnes morales redevables de l'impôt sur les sociétés qui réalisaient un chiffre d'affaires égal ou supérieur à 3 milliards d'euros. 773 ■

section 6

L'imposition des sociétés exerçant une activité internationale

En matière de fiscalité internationale des sociétés, deux situations pratiques se rencontrent fréquemment et deux systèmes d'imposition sont envisageables. 774 ■

D'un point de vue pratique, une société française peut décider de créer à l'étranger une succursale ou une filiale. La réciproque est vraie aussi : une société étrangère peut décider de créer en France une succursale et une filiale. Dans l'un et l'autre cas, se pose la question de savoir quel État sera compétent pour prélever l'impôt sur les résultats de la filiale ou de la succursale. Le droit des sociétés apporte un début de réponse : l'autonomie juridique de la filiale devrait conduire à attribuer le pouvoir d'imposition à l'État sur le territoire duquel la filiale est établie. À l'inverse, l'absence de personnalité 775 ■

juridique de la succursale devrait conduire à attribuer le pouvoir d'imposition à l'État sur le territoire duquel se trouve la société-mère. En réalité, la règle fiscale est plus complexe et la réponse à la question posée dépend du système d'imposition.

776 Au regard des systèmes d'imposition, deux méthodes sont envisageables : soit on applique la méthode dite de la territorialité, soit on applique la méthode dite de la mondialité. Selon la première méthode, seuls sont imposables les résultats réalisés sur le territoire de l'État concerné. Concrètement, dans l'exemple de la succursale ou de la filiale, cela signifie que l'on va attribuer le pouvoir d'imposition à l'État sur le territoire duquel est située la succursale ou la filiale. Selon la seconde méthode, les entreprises sont imposées sur la totalité de leurs résultats, y compris sur les résultats réalisés à l'étranger. Une telle méthode autorise le plus souvent l'entreprise concernée à déduire de son impôt exigible, l'impôt déjà payé à l'étranger ou lui permet de déduire de son résultat imposable les déficits constatés à l'étranger.

777 La France a fait le choix de la première méthode. Le Code général des impôts consacre en effet un principe de territorialité (§1) qui comporte toutefois certains aménagements. En effet, la France a signé un certain nombre de conventions internationales dont l'objet est d'éviter les doubles impositions. Ces conventions peuvent conduire à aménager quelque peu le principe de territorialité. Au demeurant, le principe de territorialité est largement fragilisé par le développement de l'économie numérique : peut-on encore rattacher une activité à un territoire lorsque celle-ci s'appuie sur des actifs incorporels ou dématérialisés ? L'OCDE s'est saisie des difficultés soulevées par le développement des nouvelles activités. Il appartient encore aux États d'exprimer des volontés convergentes pour que les règles internationales puissent s'appliquer. Toujours est-il que le principe de territorialité est au cœur du système d'imposition des entreprises exerçant une activité en France. C'est encore lui qui justifie l'imposition des revenus de source française des sociétés étrangères (§2). À l'inverse, parce que le principe de territorialité montre ses limites dans la lutte contre l'optimisation fiscale, la France s'est dotée de fondements juridiques lui permettant de taxer certaines opérations internationales, à rebours de certaines règles de principe (§3).

§ 1 La territorialité de l'impôt sur les sociétés

778 Exprimée à l'article 209 du Code général des impôts, la territorialité de l'impôt sur les sociétés peut se résumer ainsi :

- les sociétés étrangères sont, quelle que soit leur nationalité, imposables à l'impôt sur les sociétés français à raison des profits tirés de leurs entreprises exploitées en France ;

- en revanche, les bénéfices réalisés par une société française dans des entreprises exploitées à l'étranger ne sont pas soumis à l'impôt sur les sociétés français, même si la comptabilité de ces exploitations est centralisée en France. Logiquement, une société française n'est pas autorisée, en principe, à retrancher de ses résultats imposables en France les déficits d'une exploitation à l'étranger.

779 Le fait qu'une entreprise exporte un bien ou un service n'est pas suffisant pour localiser le bénéfice tiré de cette opération à l'étranger. Pour qu'une activité soit

considérée comme devant être rattachée à un territoire, il est nécessaire de s'appuyer sur des critères de territorialité. Ceux-ci sont définis par le droit positif interne (A) et trouvent à s'appliquer sous réserve des dispositions prévues par les conventions internationales (B). Les activités numériques ont également conduit l'OCDE à proposer un nouveau cadre (C) qui s'éloignent des règles classiques de territorialité. Le système fiscal international est également bouleversé par l'adoption d'une imposition minimale mondiale qui concerne seulement les groupes de sociétés les plus importants (D).

A. Les critères relevant du droit interne

Faute de précisions légales, c'est l'analyse de la jurisprudence qui fait apparaître trois critères différents et non cumulatifs qui, dans le cas d'une société française, sont susceptibles de caractériser l'exercice d'une activité commerciale habituelle à l'étranger, non imposable en France. Le premier critère est l'existence à l'étranger d'un établissement, c'est-à-dire d'une installation possédant un caractère de permanence et une autonomie propre. L'autonomie de l'établissement peut être caractérisée notamment par un personnel, des services commerciaux, financiers ou techniques propres à celui-ci. Une comptabilité séparée de celle du siège ou la présence d'un centre de décision sont également des éléments de fait décisifs. Le deuxième critère réside dans la présence à l'étranger de représentants n'ayant pas de personnalité professionnelle distincte de celle de l'entreprise et agissant pour son compte et qui apparaissent en fait comme ses préposés. Lorsque les représentants ont une personnalité professionnelle indépendante (commissionnaires, courtiers et d'une manière générale, tous intermédiaires à statut indépendant), l'entreprise qui effectue des opérations par leur entremise dans un pays étranger doit être considérée comme n'exerçant personnellement aucune activité dans ce pays. Elle doit être regardée comme n'exploitant qu'une seule entreprise et elle est par suite imposable dans son propre pays à raison de l'ensemble des bénéfices afférents à cette entreprise. Bien entendu, les commissionnaires, courtiers et représentants indépendants demeurent personnellement imposables à raison des profits qu'ils réalisent dans le cadre de leur activité professionnelle. Le troisième critère est celui de la réalisation à l'étranger d'opérations formant un cycle commercial complet se détachant des autres opérations de l'entreprise. Un cycle complet correspond généralement à une série d'opérations commerciales, industrielles ou artisanales dirigées vers un but déterminé et dont l'ensemble forme un tout cohérent. L'exemple classique est celui des opérations d'achat de marchandises suivies de leur revente. Peuvent également constituer un cycle commercial complet les opérations d'extraction, de transformation, de lotissement de terrain, de prestations de services ou les opérations financières, dès lors qu'elles correspondent à l'exercice habituel d'une activité distincte. 780 ■

Ces différents critères ne sont à retenir que dans l'hypothèse où aucune convention internationale relative aux doubles impositions n'est applicable réciproquement. Les mêmes critères sont utilisés pour déterminer dans quelles hypothèses les entreprises étrangères doivent être imposées en France. 781 ■

B. Le critère conventionnel

782 L'article 209, I du Code général des impôts précise que les bénéfices passibles de l'impôt sur les sociétés sont déterminés en tenant compte, outre des bénéfices réalisés dans les entreprises exploitées en France, de ceux dont l'imposition est attribuée à la France par une convention internationale relative aux doubles impositions. La plupart des conventions signées par la France le sont sur la base du modèle de convention de l'OCDE qui retient comme critère de localisation, la notion d'établissement stable : le droit d'imposer revient donc à l'État où la société dispose d'un *établissement stable*[Q].

783 Le principe de territorialité reconnaît ainsi un droit d'imposer à l'État dans lequel l'entreprise non-résidente détient un établissement stable, entendu au sens d'installation fixe d'affaires à partir de laquelle une activité économique est déployée sur le territoire en cause, ou au sens d'agent dépendant, c'est-à-dire un intermédiaire ayant le pouvoir d'engager l'entreprise étrangère qu'il représente.

784 En d'autres termes, les bénéfices d'un établissement stable sont imposés exclusivement dans l'État où est situé l'établissement. Réciproquement, les bénéfices non rattachés à un établissement stable sont imposés exclusivement dans l'État de résidence de la personne morale. Contrairement au droit interne, la notion d'établissement stable est le seul critère utilisé pour rattacher certaines opérations à la législation fiscale d'un pays. En outre, la définition de l'établissement stable peut varier selon les conventions.

785 D'une manière générale, cette notion repose sur l'idée qu'un lien physique doit exister entre une entreprise étrangère et un territoire pour que ce dernier ait le droit d'imposer une part des profits. Ce lien physique peut être caractérisé sur la base de deux critères alternatifs, fixés par la plupart des conventions internationales :

- l'entreprise étrangère dispose sur le territoire concerné d'une installation fixe d'affaires ;
- l'entreprise s'appuie sur un siège de direction ou sur un agent dépendant disposant du pouvoir de la représenter.

786 La notion d'installation fixe d'affaires implique de réunir les éléments suivants pour être caractérisée, étant observé que l'autonomie de gestion n'est pas un critère indispensable à la qualification d'un établissement stable (CE 18 oct. 2018, *Aravis Business Retreates Limited*, n° 405468) :

- une installation d'affaires, c'est-à-dire d'éléments tels que des locaux, du matériel, de l'outillage, un emplacement dont l'entreprise a la disposition ;
- une installation d'affaires qui doit être fixe, c'est-à-dire établie en un lieu précis avec un certain degré de permanence et non pas de façon purement temporaire ;
- une installation d'affaires qui doit avoir une activité propre, ce qui implique normalement la présence sur place de personnels de l'entreprise.

787 En somme, l'existence d'une installation fixe d'affaires est ainsi établie, lorsqu'une société étrangère utilise les locaux d'une société française, à partir desquels elle développe la plus grande partie de son activité au moyen d'un personnel affecté. Il n'y a alors pas lieu d'examiner la notion d'agent dépendant lorsqu'une telle installation est

caractérisée, et notamment de rechercher si la société française négocie et conclut des contrats au nom de la société étrangère ou si elle dispose d'une indépendance suffisante (CE 12 mars 2010, *Sté Imagin'Action Luxembourg*, n° 307235).

Néanmoins, en règle générale, ne constituent pas un établissement stable, une installation (locaux, entrepôt, etc.) utilisée uniquement pour stocker, exposer ou livrer des marchandises appartenant à l'entreprise. 788 ■

En l'absence d'une véritable installation fixe d'affaires, l'entreprise peut avoir un établissement stable dans l'État où elle est représentée par un agent qui traite des contrats en son nom. 789 ■

Un agent dépendant constitue un établissement stable de l'entreprise étrangère si les conditions suivantes sont réunies :

- l'agent qui représente l'entreprise doit être dans une situation de dépendance : il s'agit d'une personne employée ou non, qui peut être une société ou une personne physique et qui est placée vis-à-vis de l'entreprise dans un état de dépendance juridique et économique ; ma notion d'agent dépendant se définit par opposition, aux plans juridique et économique, aux agents jouissant d'un statut indépendant : par exemple, des commissionnaires ou courtiers, lorsque ces derniers agissent dans le cadre normal de leurs activités.
- l'agent doit être habilité à traiter les contrats de l'entreprise, c'est-à-dire à en négocier tous les éléments. Lorsque cette condition est remplie, les activités de l'agent ne perdent pas le caractère d'établissement stable, même si les contrats sont effectivement signés au siège de l'entreprise ;
- la présence d'un agent (ou de plusieurs agents exerçant en même temps ou successivement) doit présenter une certaine stabilité, une mission temporaire ne générant pas un établissement stable ;
- l'agent doit exercer une activité dans des domaines caractéristiques de l'existence d'un établissement stable, lorsqu'il y a une installation fixe d'affaires. En revanche, il n'y a pas établissement stable lorsque l'agent n'effectue que des opérations non caractéristiques de l'existence d'un établissement stable, comme par exemple, l'achat de marchandises pour l'entreprise.

La notion étant difficile à cerner, elle a donné lieu à une jurisprudence plutôt abondante. Le juge écarte ainsi la qualification d'établissement stable si la société étrangère fait appel à un commissionnaire qui contracte en son nom propre avec les clients. Sauf requalification du contrat, un commissionnaire ne peut donc en principe constituer, du seul fait de ce qu'en exécution de son contrat de commission il vend, tout en signant les contrats en son propre nom, les produits ou services du commettant pour le compte de celui-ci, un établissement stable du commettant (CE 31 mars 2010, *Zimmer*, n° 304715). 790 ■

À l'inverse, la qualification d'établissement stable est retenue lorsqu'une société française négocie directement avec les clients, sans pour autant conclure les contrats au nom de la société étrangère. Dans un arrêt rendu le 11 décembre 2020, le Conseil d'État décide qu'« une société française qui ne conclut pas formellement de contrats au nom d'une société étrangère apparentée mais qui, de manière habituelle, décide de transactions que la société étrangère se borne à entériner et qui, une fois 791 ■

entérinées, engagent cette dernière, caractérise un établissement stable en France de la société étrangère pour l'application des conventions fiscales » (CE, ass. plén., 11 déc. 2020, n° 420174, *Min. c/ Sté Conversant International Limited*).

792 Ces solutions jurisprudentielles ont vocation à perdurer sous l'empire de la Convention multilatérale pour la mise en œuvre des mesures relatives aux conventions fiscales pour prévenir l'érosion de la base d'imposition et le transfert de bénéfices (« Instrument multilatéral »). L'article 12 de cette dernière convention prévoit en effet des dispositions spécifiques contre les mesures visant à éviter le statut d'établissement stable par des accords de commissionnaire et autres stratégies similaires. D'une manière générale, c'est toute la spécificité de la matière fiscale qui surgit ici : les services fiscaux et le juge de l'impôt disposent d'un pouvoir de requalification des actes juridiques. Sur la base d'éléments de fait, il leur est possible de retenir une qualification distincte de celle retenue par le contribuable.

À l'avenir, si les États parviennent à un consensus pour une imposition minimale des groupes internationaux, comme le projette l'OCDE, certaines pratiques jouant sur les qualifications juridiques devraient s'estomper.

C. Les activités numériques

793 Cette notion d'établissement stable, y compris dans sa version élargie à la suite de la modification opérée en 2017 lors de la révision du modèle OCDE, appréhende difficilement les activités numériques et en particulier celles fournies par les plateformes. Celles-ci s'exerçant à distance, sans présence physique ou presque sur les territoires où résident pourtant ses utilisateurs.

794 Une proposition de directive émise par la Commission européenne a justement pour objet d'étendre la notion d'établissement stable, en s'appuyant sur le concept de « présence numérique significative ». Celle-ci s'apprécie sur la base de critères quantitatifs : chiffre d'affaires réalisé sur le territoire donné ; nombre d'utilisateurs de la plateforme ou de l'interface ; nombre de contrats commerciaux conclus avec les clients résidents dans l'État concerné pour la fourniture de services numériques.

795 Pour le moment, cette proposition n'a pas fait l'objet d'un consensus en Europe, certains États y faisant obstacle en raison de leurs règles nationales particulièrement attractives pour les services numériques ou tout simplement en raison de leur faible taux d'imposition des bénéfices (ex. Irlande). Les besoins de financement étant toutefois énormes dans le cadre de la crise sanitaire, il n'est pas à exclure qu'une taxe sur les services numériques voit le jour en Europe, comme le laisse entendre le plan de relance « Next Generation EU » présenté par le Conseil européen en juillet 2020.

796 L'OCDE est également en première ligne pour réagir à la nécessaire adaptation du droit fiscal international. Elle a ainsi formulé dès 2019 des propositions visant à réallouer le droit d'imposer reconnu aux États sur la base de nouvelles règles pour les groupes internationaux à forte composante numérique et pour les entreprises en relation étroite avec les consommateurs. C'est le pilier 1 du Cadre inclusif de l'OCDE et du G20. En substance, le nouveau système proposé conduit à reconnaître le droit d'imposer à l'État où se situent les utilisateurs du service (ou du marché sur lequel l'entreprise intervient).

En d'autres termes, bien qu'une entreprise soit établie dans un État A et ne dispose pas d'un établissement stable dans un État B, elle pourrait être tenue de payer un impôt dans ce dernier État si elle y développe des services numériques à destination d'utilisateurs situés dans l'État B. Il s'agit donc d'attribuer à l'État B une fraction du bénéfice, déclaré dans l'État A et théoriquement imposable au sein de celui-ci. 797 ■

Il ne s'agit donc pas de faire table rase des règles fondées sur l'établissement stable, mais plutôt d'ajuster celles-ci en rééquilibrant le droit d'imposer au profit des États dits de marché. Incontestablement, le projet est ambitieux et implique une étroite collaboration entre les administrations compétentes : faute de disposer d'actifs dans l'État B, celui-ci pourrait rencontrer quelques difficultés à recouvrer l'impôt. Les règles présentent également un haut niveau de technicité qui laisse craindre des difficultés d'interprétation et des contentieux. 798 ■

Encadré – La taxe (provisoire ?) sur les services numériques

La loi n° 2019-759 du 24 juillet 2019 a instauré la taxe sur les services numériques, également appelée taxe « GAFA ». Celle-ci n'appréhende pas l'ensemble des services numériques, mais seulement prenant la forme d'un service d'intermédiation ou de ciblage publicitaire. Les ventes en ligne de biens ou de services (y compris numériques) ne sont donc pas concernées.

L'article 299, II, 1° du CGI appréhende ainsi deux catégories de services taxables. D'une part, est visée la mise à disposition, par voie de communication électronique, d'une interface numérique qui permet aux utilisateurs d'entrer en contact avec d'autres utilisateurs et d'interagir avec eux, notamment en vue de la livraison de biens ou de la fourniture de services directement entre ces utilisateurs. D'autre part, sont concernés les services commercialisés auprès des annonceurs et visant à diffuser sur une interface numérique des messages publicitaires ciblés en fonction de données relatives à l'utilisateur qui la consulte. La taxe est ainsi due en France dès lors que l'utilisateur du service d'intermédiation ou l'utilisateur qui consulte l'interface est localisé en France (CGI, art. 299 *bis*, I). Peu importe le lieu où est établie l'entreprise qui fournit le service ou son client. Elle est toutefois inapplicable aux services fournis intragroupes.

La taxe trouve à s'appliquer dès lors que le montant des sommes encaissées en raison de la fourniture des services taxables excède les deux seuils suivants :

– 750 millions d'euros de chiffres d'affaires réalisés au niveau mondial ;

– 25 millions d'euros au titre des services fournis en France. Les seuils sont élevés et potentiellement seule une trentaine d'entreprises est concernée.

C'est là que se situent toutes les difficultés ou plus précisément la spécificité de cette taxe. Dans la mesure où les services fournis ne sont pas facturés à l'utilisateur français (à l'exception de certaines plateformes), la détermination du chiffre d'affaires réalisé en France et taxable en France est pour le moins délicate.

Les entreprises doivent elles-mêmes déterminer et déclarer le montant de leur chiffre d'affaires réalisé sur la base des connexions réalisées à l'interface par les utilisateurs localisés en France (CGI, art. 300).

La taxe est ainsi indifférente au bénéfice réalisé. Elle se focalise sur les produits de l'entreprise et ne tient pas compte de ses charges. Les géants du numérique se distingueraient ainsi des entreprises opérant dans des secteurs plus classiques. Ils ne paient pas ou très peu d'impôts sur les bénéfices (en raison des failles du système fiscal international), mais supportent en revanche des taxes d'un autre genre, des impôts dits « de consommation ».

Le choix opéré par le législateur n'est pas exempt de critiques : ne s'agit-il pas d'essayer de contourner les règles issues des conventions fiscales internationales ? N'y aurait-il pas une forme de discrimination au détriment des entreprises soumises à cette taxe, lorsqu'on compare leur situation à celle des entreprises établies en France ?
Indépendamment des critiques de nature juridique ainsi formulées, l'instauration d'une taxe fondée sur le chiffre d'affaires conduit à favoriser les petites structures au détriment des grandes et d'une certaine manière à taxer plus lourdement celles qui réalisent une marge moins importante que les autres, à chiffre d'affaires équivalent.
En outre, se pose la question de savoir si cette taxe n'a pas vocation à être répercutée sur les consommateurs, au point finalement d'être assez neutre pour les entreprises concernées.
Les premiers commentaires publiés par l'administration ont donné lieu à une censure partielle du Conseil d'État (CE, 8e et 3e ch., 31 mars 2022, n° 461058, *Sté Amazon Online France*).

D. L'instauration d'une imposition minimum des groupes de sociétés

■ 799 Au regard des derniers travaux de l'OCDE, publiés en octobre 2021 (Cadre inclusif OCDE/G20 sur l'érosion de la base fiscale et les transferts de bénéfices ; pilier 2), les États semblent se contenter d'une imposition forfaitaire, à hauteur de 15 % pour les grandes entreprises, à défaut de pouvoir soumettre à l'impôt sur l'ensemble de leurs activités. C'est un bouleversement important de notre système fiscal qui pourrait ainsi voir le jour.

■ 800 Dans ce contexte, la Commission européenne a présenté en décembre 2021 une proposition de directive visant à garantir une imposition minimale des groupes multinationaux et reprenant dans une large mesure les règles proposées par l'OCDE. La directive sur l'imposition minimale des groupes internationaux a finalement été adoptée le 14 décembre 2022, soit environ un an après et elle est censée être transposée au plus tard le 31 décembre 2023.

Tous les groupes de sociétés ne sont pas concernés. Seuls le sont ceux dont le chiffre d'affaires consolidé est supérieur ou égal à 750 millions d'euros. Si le taux d'imposition effectif applicable aux entités établies dans un État donné est inférieur au minimum de 15 %, alors les règles du pilier 2 sont appliquées et le groupe doit payer un impôt supplémentaire pour arriver à un taux de 15 %. Des règles techniques sont prévues pour déterminer la nature des impositions à prendre en compte, les charges admises en déduction ainsi que la détermination du bénéfice servant de référence. Concrètement, la mise en place de cet impôt supplémentaire implique de vérifier juridiction par juridiction le niveau d'imposition effectif, ce qui incontestablement sera très lourd pour les groupes les plus importants. Fort heureusement, un système d'exclusions et de simplification est prévu dans certains cas.

Au demeurant, la directive européenne n'a pas hésité à s'éloigner des recommandations de l'OCDE sur certains points, notamment en incluant dans son périmètre les groupes purement nationaux. Une égalité de traitement des situations internes et internationales est donc recherchée par le texte.

Cet impôt supplémentaire est connu sous le nom de la « règle d'inclusion du revenu ». En principe, c'est la société mère du groupe qui va être amenée à supporter ce complément d'impôt si le seuil minimal n'est pas atteint dans l'État où est établi l'une de ses filiales. Si, toutefois, la société-mère est établie dans un État qui n'applique pas la règle d'inclusion du revenu, l'État dans lequel est établi une filiale sœur membre d'un groupe international en situation de sous-imposition pourra prélever un impôt additionnel (règle sur les profits insuffisamment imposés).

§ 2 L'imposition des sociétés étrangères disposant de revenus de source française

En application du principe de territorialité, une société étrangère n'est imposable en France que sur ses revenus de source française. Les modalités d'imposition sont toutefois différentes selon qu'on est en présence (A) ou non d'un établissement stable en France (B). 801 ■

A. L'imposition en présence d'un établissement stable en France

En présence d'un établissement stable en France, les règles de détermination du résultat s'appliquent comme si la société étrangère avait son siège social en France. Un tel postulat n'est pas sans poser quelques difficultés pratiques. Lorsque l'établissement stable est une succursale dénuée de la personnalité morale, il n'est pas soumis à l'obligation de tenir une comptabilité. Il n'en demeure pas moins tenu de produire des documents comptables pour déclarer son résultat. En outre, les conventions internationales procèdent par fiction : l'établissement stable est assimilé à une entreprise séparée de la société étrangère, y compris lorsque l'établissement stable ne dispose pas d'une personnalité juridique propre. Un établissement stable est donc en droit de déduire une quote-part des frais généraux supportée par la société-mère et il est tenu de facturer des intérêts en cas d'avance consentie à celle-ci, sous peine de commettre un acte anormal de gestion. 802 ■

En outre et surtout, la seule présence d'un établissement stable en France ne signifie pas que tous les revenus de source française de la société étrangère sont liés à cet établissement. En la matière, c'est le principe du lien effectif qui s'applique dans la majorité des conventions conclues par la France. Seuls doivent être rattachés à l'établissement stable, les revenus effectivement imputables à celui-ci (bénéfices liés à une activité commerciale, intérêts d'une créance, dividendes d'actions...). 803 ■

Le bénéfice réalisé par l'établissement stable en France est imposé comme n'importe quel bénéfice réalisé par une entreprise établie en France et relevant de l'impôt sur les sociétés. À cette imposition, s'ajoute la retenue à la source prévue par l'article 115 *quinquies* du CGI dont le taux est aligné sur l'impôt sur les sociétés. Le texte répute distribués à la société étrangère, tous les bénéfices réalisés en France par l'établissement stable sauf si celui-ci parvient à démontrer que les sommes effectivement distribués sont inférieurs au montant du bénéfice réalisé. Cette retenue à la source a une portée limitée en pratique : elle est neutralisée en présence d'une société établie dans certains États dont ceux de l'Union européenne. Elle est également écartée par certaines conventions internationales. 804 ■

B. L'imposition en l'absence d'un établissement stable en France

805 Une société étrangère ne disposant pas d'un établissement stable en France peut subir un impôt en France, si elle perçoit des revenus de source française (loyers, intérêts, redevances, etc.). La nature de cet impôt varie toutefois en fonction de la nature du revenu.

806 S'agissant des revenus fonciers et des profits immobiliers, c'est bien l'impôt sur les sociétés qui trouve à s'appliquer en raison d'une extension du champ d'application de celui-ci (CGI, art. 209, I sur renvoi vers l'article 164 B du même code). Exploiter un immeuble en France revient à exploiter une activité économique en France, y compris lorsque la société étrangère n'a pas d'établissement stable. Cette spécificité du droit français peut toutefois s'incliner devant une convention fiscale internationale. Si celle-ci assimile les revenus immobiliers à des bénéfices, seul l'État de résidence de la société étrangère est en droit de prélever l'impôt. En revanche, le droit interne et la convention internationale convergent quoique sur des fondements différents, lorsque les revenus immobiliers doivent être imposés en vertu de la convention, dans l'État de situation de l'immeuble.

807 Pour les autres revenus, de nature non immobilière, l'impôt sur les sociétés ne trouve pas à s'appliquer en l'absence d'établissement stable. Seules les retenues à la source spécifiques à chaque catégorie de revenus pourront trouver à s'appliquer, sauf convention internationale contraire.

§ 3 La lutte contre l'évasion fiscale internationale

808 Outre l'acte anormal de gestion et l'abus de droit, la France s'est dotée de plusieurs dispositifs lui permettant de contrôler les opérations internationales et permettant d'appréhender celles dont les modalités laissent à penser qu'elles s'apparentent à de l'évasion fiscale internationale. En la matière, il s'agit pour l'essentiel d'édicter des présomptions que le contribuable aura bien souvent beaucoup de mal à renverser. C'est l'efficacité et l'effectivité de la loi fiscale française qui est en jeu et au nom desquelles, le droit interne va bénéficier d'une portée extraterritoriale. Sont ici concernés les transferts indirects de bénéfices à l'étranger (A), les opérations réalisées avec des entités sous contrôle et établies dans un pays à régime fiscal privilégié (B) ainsi que les prestations de services fournies en France par l'intermédiaire d'une société basée à l'étranger (C).

A. Transferts indirects de bénéfices à l'étranger (CGI, art. 57)

809 L'article 57 du Code général des impôts tend à empêcher certaines pratiques consistant à localiser à l'étranger des bénéfices normalement imposable en France et s'inscrit pleinement dans les recommandations dégagées par l'OCDE et les dispositions des conventions internationales. Aux termes de cet article, « pour l'établissement de l'impôt sur le revenu dû par les entreprises qui sont sous la dépendance ou qui possèdent le contrôle d'entreprises situées hors de France, les bénéfices indirectement transférés à ces dernières, soit par voie de majoration ou de diminution des

prix d'achat ou de vente, soit par tout autre moyen, sont incorporés aux résultats accusés par les comptabilités. Il est procédé de même à l'égard des entreprises qui sont sous la dépendance d'une entreprise ou d'un groupe possédant également le contrôle d'entreprises situées hors de France ».

Le texte vise à empêcher les transferts de bénéfices d'une société française vers une société étrangère, sous forme de prix insuffisants payés par cette société étrangère ou de charges trop élevées acquittées au bénéfice de la même société étrangère. C'est la déclinaison, dans le cadre des relations internationales, de la théorie de l'acte anormal de gestion. Il répond à l'objectif constitutionnel de lutte contre l'évasion fiscale et constitue une restriction justifiée à la liberté d'établissement. 810 ■

L'administration, qui a la charge de la preuve au premier stade de la démonstration, doit montrer qu'il y a un lien de dépendance entre les deux partenaires et une transaction déséquilibrée. La dépendance s'apprécie tant sur le plan juridique (ex. détention de la majorité du capital d'une société étrangère) que sur le plan économique (ex. contrat conférant une exclusivité à l'une des parties). Lorsque les deux conditions sont remplies, le contribuable peut renverser la présomption de transfert de bénéfices en apportant la preuve que l'avantage accordé, résultant du prix jugé anormal par l'administration, est justifié par l'obtention de contreparties favorables à sa propre exploitation (CE 2 mars 2011, *Sté Soutiran et Cie*, n° 342099). 811 ■

Au demeurant, la condition de dépendance ou de contrôle n'est pas exigée lorsque le transfert s'effectue avec des entreprises établies dans un État étranger ou dans un territoire situé hors de France dont le régime fiscal est privilégié au sens de l'article 238 A du CGI. Ici encore, la charge de la preuve pèse sur l'administration. 812 ■

Selon l'article 238 A du Code général des impôts, une personne est considérée comme étant soumise à un État dont le régime fiscal est privilégié si elle n'y est pas imposable ou est assujettie à des impôts sur les bénéfices et les revenus inférieurs de plus de 40 % à ceux dont elle aurait été redevable dans les conditions de droit commun en France. Ainsi, un État est considéré comme un pays à fiscalité privilégiée lorsque le taux d'impôt sur les bénéfices y est inférieur de plus de 40 % à celui qui aurait été applicable en France, soit moins de 15 % sur la base d'un impôt sur les sociétés à 25 % (taux en vigueur pour les exercices 2022). 813 ■

S'agissant du déséquilibre constaté sur les prestations de services, l'administration doit s'appuyer sur une comparaison par rapport à ce que pratiquerait une entreprise indépendante dans une situation de pleine concurrence. 814 ■

En effet, lorsqu'une entreprise réalise des transactions avec des sociétés liées qui sont implantées à l'étranger, les prix pratiqués doivent être conformes à ceux qui seraient facturés entre des entreprises non liées. Il s'agit des prix dits de « pleine concurrence ». 815 ■

En la matière, le Conseil d'État a jugé que la seule circonstance que des prestations d'assistance administrative, juridique, comptable, financière et commerciale donnent lieu à des redevances fixées à 4 % du chiffre d'affaires de la société cliente et soient environ trois fois supérieures aux charges supportées par les prestataires ne constituait pas une preuve de leur caractère excessif par rapport aux contreparties obtenues par la société (CE 3 déc. 2010, n° 310946, *Sté de produits pharmaceutiques* 816 ■

et d'hygiène). L'administration doit donc procéder à une comparaison entre le prix qui a été payé dans le cadre de relations internes au groupe avec le prix qui aurait été payé si les prestations avaient été rendues par une entreprise indépendante.

817 L'article 57 du CGI sanctionne les opérations constitutives d'un transfert indirect de bénéfices au profit des entreprises établies à l'étranger et ne relevant pas de la gestion normale de l'entreprise.

818 Le « transfert » peut être opéré soit par voie de majoration du prix d'achat, soit par minoration du prix de vente, soit par tout autre moyen (versement de redevances excessives ou sans contrepartie, octroi de prêts sans intérêts ou à un taux réduit, abandon de créance, etc.). L'administration est en droit de rapporter aux résultats de l'entreprise française les bénéfices ainsi indirectement transférés. Encore faut-il qu'elle rapporte la preuve de l'avantage accordé en s'appuyant sur des comparables pertinents.

Schéma général – CGI, art. 57

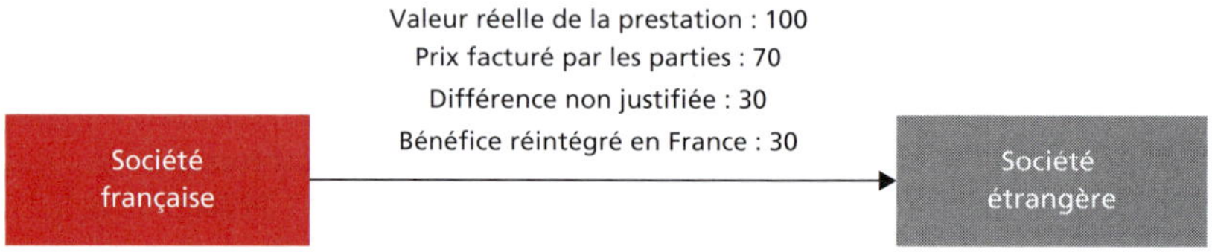

B. Bénéfices provenant de sociétés établies dans un pays à régime fiscal privilégié (CGI, art. 209 B)

819 L'article 209 B du Code général des impôts vise à dissuader les entreprises françaises de localiser leurs bénéfices dans des entités étrangères bénéficiant d'un régime fiscal privilégié, c'est-à-dire installées généralement dans des « paradis fiscaux ». Il déroge aux règles de principe en matière de territorialité de l'impôt sur les sociétés pour se baser sur d'autres critères de rattachement de la matière imposable au droit français et présente un effet dissuasif évident.

820 Ainsi, lorsqu'une personne morale (ou un établissement stable d'une entreprise étrangère) établie en France et passible de l'impôt sur les sociétés exploite une entreprise hors de France ou détient directement ou indirectement plus de 50 % des actions, parts, droits financiers ou droits de vote dans une entité juridique établie ou constituée hors de France et que cette entreprise ou entité juridique est soumise à un régime fiscal privilégié, les résultats bénéficiaires de cette entreprise ou entité juridique sont imposables à l'impôt sur les sociétés en France. En d'autres termes, l'impôt français va trouver à s'appliquer à des bénéfices réalisés à l'étranger lorsque trois conditions sont remplies : - l'entité française est soumise à l'impôt sur les sociétés en France ; l'entreprise française contrôle l'entité étrangère (la loi prévoit une mesure anti-fractionnement pour lutter contre le contournement du seuil de 50 %) ; - et cette dernière est établie dans un pays à fiscalité privilégiée.

821 La règle de l'article 209 B n'a donc pas une portée générale et absolue et n'empêche pas les groupes de sociétés de se développer à l'étranger. Elle concerne uniquement les groupes ayant installé des filiales ou des entités dans un pays caractérisé par un

régime fiscal privilégié, ce qui conduit à présumer que leurs activités poursuivent un objectif fiscal. On objectera que cela pose problème lorsque des investissements effectifs sont réalisés dans le pays concerné : pour attirer les investisseurs étrangers, tous les États se montrent cléments sur la fiscalité. Est-ce nécessairement de l'évasion fiscale que de chercher à profiter des mesures adoptées par certains pays ? Voilà pourquoi le texte ne s'applique pas non plus lorsque les bénéfices ou revenus positifs de la structure étrangère, établie en dehors de l'Union européenne, proviennent d'une activité industrielle ou commerciale effective (clause dite « de sauvegarde »).

Toujours est-il que la notion de régime fiscal privilégié doit s'entendre au sens de l'article 238 A du Code général des impôts. Précisément, les personnes sont regardées comme soumises à un régime fiscal privilégié dans l'État ou le territoire considéré si elles n'y sont pas imposables ou si elles y sont assujetties à des impôts sur les bénéfices ou les revenus dont le montant est inférieur de 40 % ou plus à celui de l'impôt sur les bénéfices ou sur les revenus dont elles auraient été redevables dans les conditions de droit commun en France, si elles y avaient été domiciliées ou établies. Cette règle implique de prendre en compte l'ensemble des impositions subies par le bénéficiaire effectif dans l'État où il réside, y compris les éventuelles retenues à la source subies en raison d'activités situées dans un autre État. Le seul fait que l'impôt sur les sociétés n'existe pas dans l'État concerné ne suffit pas à en faire un pays doté d'un régime fiscal privilégié. Pour le Conseil d'État, l'appréciation du caractère privilégié du régime fiscal applicable doit se faire au regard de l'impôt sur les bénéfices ou les revenus dont la personne aurait été redevable dans les conditions de droit commun en France, lesquelles incluent le régime des sociétés mères défini aux articles 145 et 216 du Code général des impôts (CE 14 févr. 2022, n° 442061 et 442062). 822 ■

Par exception, l'article 209 B n'est pas applicable pour les implantations réalisées dans un État de l'Union européenne, si l'exploitation de l'entreprise ou la détention des titres ne peut être regardée comme constitutive d'un montage artificiel ayant pour but de contourner la législation fiscale française. Au regard de la jurisprudence de la Cour de justice de l'Union européenne, il y a montage artificiel lorsque le but poursuivi est de contourner la législation fiscale française sur la base d'une implantation dénuée de substance ou ne permettant pas d'exercer une activité économique effective. 823 ■

Schéma général – CGI, art. 209 B

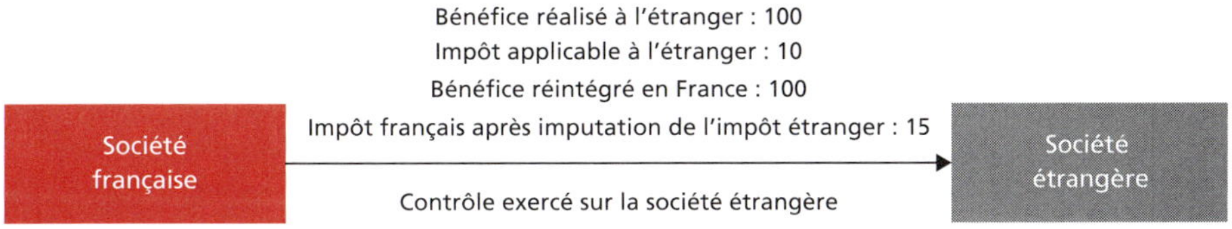

C. La limitation de la déductibilité de charges payées dans des États ou territoires à régime fiscal privilégié (CGI, art. 238 A)

Les dispositifs de lutte contre l'évasion fiscale ne se limitent pas à prendre en considération les bénéfices déclarés par des entités liées aux sociétés françaises. Ils 824 ■

se focalisent aussi sur les charges supportées par celles-ci et qui profitent à des entités établies dans des États où la fiscalité est privilégiée. Intérêts, arrérages et autres produits des obligations, créances, dépôts et cautionnements, redevances de cession ou concession de licences d'exploitation, de brevets, de marques et autres droits analogues ainsi que les rémunérations de services, la liste des charges appréhendées par l'article 238 A du CGI est importante. Son contenu conduit à durcir la charge de la preuve pour le contribuable français, en posant une présomption simple de fictivité ou d'anormalité. À partir du moment où ces rémunérations sont payées ou dues par une personne physique ou morale domiciliée ou établie en France et qu'elles profitent à des personnes physiques ou morales qui sont domiciliées ou établies dans un État étranger et qui bénéficient d'un régime fiscal privilégié, ces charges ne sont admises en déduction pour l'établissement de l'impôt que si le débiteur apporte la preuve que les dépenses correspondent à des opérations réelles et qu'elles ne présentent pas un caractère anormal ou exagéré.

■ 825 La charge de la preuve est plus lourde encore lorsque les rémunérations payées ou dus par la personne domiciliée ou établie en France le sont au profit de personnes qui sont domiciliées ou établies dans un État ou territoire non coopératif au sens de l'article 238-0 A. Dans ce cas, elles ne sont pas admises comme charges déductibles pour l'établissement de l'impôt, sauf si le débiteur doit apporter, outre les éléments précédents, la preuve que les opérations auxquelles correspondent les dépenses ont principalement un objet et un effet autres que de permettre la localisation de ces dépenses dans un État ou territoire non coopératif.

■ 826 D'une manière générale, les sommes non admises en déduction du résultat imposable de l'entreprise française constituent des revenus réputés distribués qui donnent lieu à l'application de la retenue à la source prévue par l'article 119 *bis*, 2 du CGI (v. ss 924).

D. Rémunérations de prestations de services versées à l'étranger (CGI, art. 155 A)

■ 827 L'article 155 A du CGI vise notamment mais non exclusivement les professionnels du sport et du spectacle. Il a pour objet de faire obstacle à des pratiques de détournement de l'impôt français, consistant à verser les rémunérations de prestations de services réalisées en France ou par des personnes domiciliées en France à des sociétés établies à l'étranger. Ce schéma d'évasion fiscale consiste, pour les prestataires de services, à faire en sorte que leurs rémunérations soient versées non pas à eux-mêmes mais à une société étrangère interposée.

■ 828 Selon l'article 155 A du CGI :

« I. Les sommes perçues par une personne domiciliée ou établie hors de France en rémunération de services rendus par une ou plusieurs personnes domiciliées ou établies en France sont imposables au nom de ces dernières :

– soit, lorsque celles-ci contrôlent directement ou indirectement la personne qui perçoit la rémunération des services ;

– soit, lorsqu'elles n'établissent pas que cette personne exerce, de manière prépondérante, une activité industrielle ou commerciale, autre que la prestation de services ;

– soit, en tout état de cause, lorsque la personne qui perçoit la rémunération des services est domiciliée ou établie dans un État étranger ou un territoire situé hors de France où elle est soumise à un régime fiscal privilégié au sens mentionné à l'article 238 A.

II. Les règles prévues au I ci-dessus sont également applicables aux personnes domiciliées hors de France pour les services rendus en France.

III. La personne qui perçoit la rémunération des services est solidairement responsable, à hauteur de cette rémunération, des impositions dues par la personne qui les rend ».

Les dispositions prévues par l'article 155 A du CGI visent à lutter contre l'apparence créée par l'interposition de la société étrangère entre la personne qui rémunère les prestations et le véritable bénéficiaire de la rémunération. La loi établit ainsi une présomption qui déroge à l'article 12 du CGI : la personne qui effectue la prestation de services est réputée avoir perçu elle-même les revenus alors même qu'ils ont été le plus souvent versés ou mis à la disposition de la société établie hors de France et que la personne soumise à la taxation n'a perçu aucune liquidité (ou une faible rémunération). À la lecture de ces dispositions, on comprend que l'article 155 A du CGI ne se limite pas à l'hypothèse d'un prestataire réel domicilié ou établi en France et dont la rémunération est perçue par une personne domiciliée ou établie hors de France. Il comprend également le cas d'un prestataire réel domicilié ou établi hors de France qui fournit des services en France. 829 ■

Toutefois, pour que l'article 155 A du CGI trouve à s'appliquer encore faut-il que les relations en cause entrent dans l'un des trois cas visés par la loi. 830 ■

1er cas d'application de l'article 155 A du CGI : les liens de contrôle entre le prestataire réel et le prestataire apparent. Appréciés concrètement, ces liens de contrôle impliquent une situation de dépendance. Tel est le cas par exemple lorsque le capital du prestataire apparent est majoritairement détenu par le prestataire réel. 831 ■

2e cas d'application de l'article 155 A du CGI : l'identité d'activité du prestataire réel et du prestataire apparent. Sur ce point, la jurisprudence est relativement exigeante quant à la démonstration qui doit être faite par le prestataire réel s'il veut soutenir que l'intervention du prestataire apparent était réelle et que les services qu'il a personnellement rendus l'ont été pour le compte du prestataire apparent. À titre d'exemple, le Conseil d'État a considéré que l'article 155 A du CGI était applicable à des rémunérations versées par une société française à une société suisse, toutes deux contrôlées par un couple de personnes physiques domiciliées en Suisse, au titre de prestations de services techniques et commerciales réalisées par le mari, administrateur unique de la société suisse (CE 12 oct. 2018, n° 414383). En revanche, il a écarté la mise en œuvre de l'article 155 A à propos de redevances versées dans le cadre d'un contrat de concession de marques : le créateur d'une marque qui cède celle-ci a une société étrangère ne peut être considéré comme le prestataire réel soumis à l'impôt en vertu de l'article 155 A du Code général des impôts (CE 8 juin 2020, *Vuarnet*, nos 418962 et 418963 ; CE 5 nov. 2021, n° 433367). 832 ■

3e cas d'application de l'article 155 A du CGI : le bénéficiaire des rémunérations est établi dans un pays à fiscalité privilégiée. L'article 155 A renvoie ici à l'article 238 A du CGI. Lorsque le bénéficiaire des rémunérations est domicilié ou établi dans un 833 ■

pays où il est soumis à un régime fiscal privilégié, l'imposition des sommes versées à ce bénéficiaire s'effectue de plein droit au nom du prestataire réel des services lorsqu'il a son domicile fiscal en France. En d'autres termes, l'article 155 A du CGI s'applique indépendamment de tout lien de contrôle et indépendamment de l'effectivité de l'activité exercée par la société étrangère, lorsqu'elle est établie dans un pays soumis à un régime privilégié.

Schéma général – CGI, art. 155 A

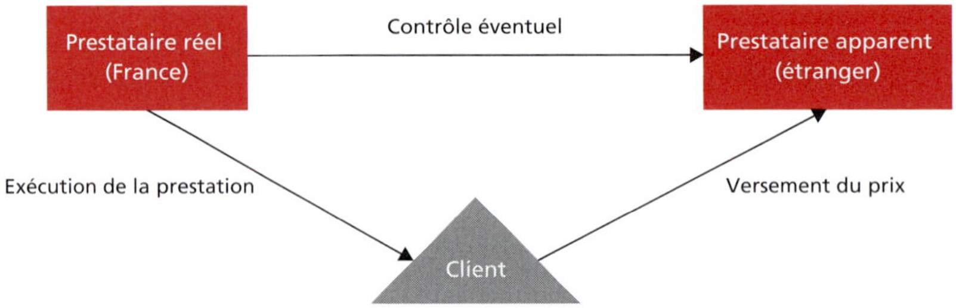

Compléments pédagogiques

Mémo

Le champ d'application de l'impôt sur les sociétés inclut des groupements de nature différente. Les sociétés commerciales sont concernées au premier chef, et notamment les sociétés à responsabilité limitée. Sur option, les sociétés de personnes peuvent également s'y soumettre. Mais la loi ne se limite pas aux structures ayant une forme commerciale. Elle vise également les sociétés civiles ayant une activité commerciale au sens des articles 34 et 35 du Code général des impôts, les associations et structures assimilées ayant une activité lucrative. Il en est de même de groupements de droit public. En revanche, certains groupements sont exclus du champ d'application de l'impôt sur les sociétés, y compris sur option, comme c'est le cas des sociétés civiles de construction-vente.

La détermination du résultat imposable à l'impôt sur les sociétés relève des mêmes règles que celles fixées en matière de bénéfices industriels et commerciaux. Les produits imposables et les charges déductibles s'évaluent dont selon les mêmes principes. Toutefois, la loi a introduit plusieurs dispositions propres à l'impôt sur les sociétés, soit en durcissant les conditions de déductibilité de certaines charges, soit en octroyant des conditions d'imposition plus favorables pour certains produits. Les charges financières sont ainsi soumises à des règles de plafonnement qui limitent la déduction des intérêts payés par les sociétés dans le cadre de leurs opérations de financement par la dette ou assimilées. En principe, les plus-values relèvent du régime du court terme. Les cessions de titres de participation donnent lieu à un régime avantageux lorsqu'elles donnent lieu à une plus-value à long terme. Les produits de la propriété industrielle peuvent également donner lieu à un régime de faveur, sur option.

Le résultat imposable donne lieu à l'application d'un taux d'imposition qui peut être égal à 15 % (pour les PME respectant certaines conditions et dans la limite d'un bénéfice de 38.120 €), 26,5 % (taux de droit commun) ou 25 % (taux de droit commun à compter du 1er janvier 2022). À cela s'ajoute la contribution sociale pour les entreprises qui y sont soumises.7

Le champ d'application territorial de l'impôt sur les sociétés se détermine différemment selon que l'activité en cause donne lieu ou non à la mise en œuvre d'une convention internationale. En dehors de toute convention, la jurisprudence administrative a dégagé trois critères alternatifs permettant de rattacher ou non une activité au territoire français et donc à l'impôt français : le critère de l'établissement, le critère de l'agent dépendant et le critère du cycle commercial complet. En présence d'une convention internationale, le critère est généralement unique. C'est celui de l'établissement stable. L'entreprise qui dispose d'un établissement stable sur un territoire est en principe redevable de l'impôt en vigueur sur ce territoire. L'établissement stable est caractérisé lorsque l'entreprise dispose sur ce territoire d'une installation fixe d'affaires ou d'un agent dépendant qui est à même d'engager l'entreprise étrangère à l'égard de ses clients ou de ses partenaires. Pour le Conseil d'État, ce pouvoir de l'agent dépendant peut être caractérisé, même lorsque les contrats conclus sont formellement signés depuis le siège de l'entreprise étrangère et non par l'agent lui-même.

Dans le cadre de la lutte contre l'évasion fiscale internationale, l'administration fiscale française dispose de plusieurs fondements juridiques pour soumettre à l'impôt en France des bénéfices réalisés à l'étranger, notamment lorsque ces derniers découlent d'opérations sans véritable substance ou sur la base de prestations déséquilibrées.

Quid

■ Établissement stable **n° 782**

Critère utilisé dans les conventions fiscales internationales et permettant de déterminer si une activité économique est exercée sur le territoire d'un État et justifiant l'application de l'impôt sur les bénéfices prévu par ce dernier.

■ Nexus **n° 730**

Désigne le ratio utilisé pour déterminer les produits de la propriété industrielle pouvant être soumis au taux d'imposition de 10 % et il se détermine en s'appuyant sur le rapport entre les dépenses éligibles et les dépenses totales supportées par l'entreprise au titre de ses actifs incorporels.

■ Titres de participation **n°s 692 et 723**

Désigne les titres détenus par l'entreprise à des fins stratégiques et non à des fins spéculatives. Il existe une définition comptable et une définition fiscale des titres de participation qui permettent toutes les deux de bénéficier d'un régime de faveur sur les plus-values à long terme.

Documents

CE 20 juin 2003, *Sté Interhome*, n° 224407

[…] Une société résidente de France contrôlée par une société résidente de Suisse ne peut constituer un établissement stable de cette dernière que si elle ne peut être considérée comme un agent indépendant de la société résidente de Suisse et si elle exerce habituellement en France, en droit ou en fait, des pouvoirs lui permettant d'engager cette société dans une relation commerciale ayant trait aux opérations constituant les activités propres de cette société. […]

CE 31 mars 2010, *Sté Zimmer*, n° 304715

[…] Un commissionnaire ne peut en principe constituer, du seul fait de ce qu'en exécution de son contrat de commission il vend, tout en signant les contrats en son propre nom, les produits ou services du commettant pour le compte de celui-ci, un établissement stable du commettant, sauf s'il ressort soit des termes mêmes du contrat de commission, soit de tout autre élément de l'instruction, qu'en dépit de la qualification de commission donnée par les parties au contrat qui les lie, le commettant est personnellement engagé par les contrats conclus avec des tiers par son commissionnaire qui doit alors, de ce fait, être regardé comme son représentant et constituer un établissement stable.

CE 30 mai 2018, *Sté HighCo*, n° 412964

[...] Il résulte des travaux préparatoires de la loi du 29 décembre 2010 que les dispositions du a *septies* du I de l'article 219 du CGI ont pour objet de faire obstacle à une pratique d'optimisation fiscale consistant à céder à une filiale ou à une société sœur, dans les deux années de leur acquisition, des titres de participation ayant normalement vocation à être détenus sur le long terme, afin de constater des moins-values à court terme déductibles des résultats imposables à l'impôt sur les sociétés. À cette fin, elles soumettent au régime des plus-values et moins-values à long terme l'ensemble des cessions réalisées entre des sociétés liées, y compris celles qui interviennent dans un délai de deux ans après l'acquisition des titres, sous réserve de la survenance des événements mentionnés au a et au b de cet article. En adoptant les dispositions contestées, qui ne peuvent être regardées comme instituant une présomption de fraude ou d'évasion fiscale, le législateur a retenu des critères objectifs et rationnels en fonction du but poursuivi dès lors que la cession, dans les deux ans de leur acquisition, de titres de participation ayant subi une dépréciation était effectivement susceptible de caractériser une pratique d'optimisation fiscale au sein des groupes de sociétés. Par suite, le grief tiré de la méconnaissance du principe d'égalité devant les charges publiques ne présente pas un caractère sérieux. [...]

CE 8 juin 2020, *Vuarnet*, nos 418962 et 418963

[...] 3. Le I de l'article 155 A du Code général des impôts dispose que : "Les sommes perçues par une personne domiciliée ou établie hors de France en rémunération de services rendus par une ou plusieurs personnes domiciliées ou établies en France sont imposables au nom de ces dernières : / - soit, lorsque celles-ci contrôlent directement ou indirectement la personne qui perçoit la rémunération des services ; / - soit, lorsqu'elles n'établissent pas que cette personne exerce, de manière prépondérante, une activité industrielle ou commerciale, autre que la prestation de services ; / - soit, en tout état de cause, lorsque la personne qui perçoit la rémunération des services est domiciliée ou établie dans un État étranger ou un territoire situé hors de France où elle est soumise à un régime fiscal privilégié au sens mentionné à l'article 238 A". Les prestations dont la rémunération est ainsi susceptible d'être imposée entre les mains de la personne qui les a effectuées correspondent à un service rendu pour l'essentiel par elle et pour lequel la facturation par une personne domiciliée ou établie hors de France ne trouve aucune contrepartie réelle dans une intervention propre de cette dernière, permettant de regarder ce service comme ayant été rendu pour son compte.

4. En jugeant que les redevances versées pour l'utilisation des marques et logos exploités par la société D... International BV à la suite de leur cession par M. A... D... à la société Interlicence Distribution Limited, doivent être regardées comme les rémunérations d'une prestation liée au service rendu par M. A... D..., et étaient imposables, en conséquence, à l'impôt sur le revenu, à son nom, en application des dispositions du I de l'article 155 A du code général des impôts, alors que ces redevances ne sont pas la contrepartie d'un service rendu, la cour administrative d'appel de Lyon a commis une erreur de droit. M. D... est dès lors fondé, sans qu'il soit besoin de se prononcer sur les autres moyens de ses pourvois, à demander l'annulation des arrêts qu'il attaque. [...]

CE 11 déc. 2020, *Value click*, n° 420174

[…] 4. Pour avoir un établissement stable en France au sens des stipulations citées ci-dessus, une société résidente d'Irlande doit soit disposer d'une installation fixe d'affaires par laquelle elle exerce tout ou partie de son activité, soit avoir recours à une personne non indépendante exerçant habituellement en France des pouvoirs lui permettant de l'engager dans une relation commerciale ayant trait aux opérations constituant ses activités propres. Doit être regardée comme exerçant de tels pouvoirs, ainsi d'ailleurs qu'il résulte des paragraphes 32.1 et 33 des commentaires au modèle de convention établi par l'Organisation pour la coopération et le développement économique (OCDE) publiés respectivement le 28 janvier 2003 et le 15 juillet 2005, une société française qui, de manière habituelle, même si elle ne conclut pas formellement de contrats au nom de la société irlandaise, décide de transactions que la société irlandaise se borne à entériner et qui, ainsi entérinées, l'engagent.

5. Il ressort des constatations de la cour que, si la société irlandaise fixe le modèle des contrats conclus avec les annonceurs pour leur ouvrir le bénéfice des services dont elle assure l'exploitation ainsi que les conditions tarifaires générales, le choix de conclure un contrat avec un annonceur et l'ensemble des tâches nécessaires à sa conclusion relèvent des salariés de la société française, la société irlandaise se bornant à valider le contrat par une signature qui présente un caractère automatique. Il résulte de ce qui a été dit au point 4 que la cour a commis une erreur de droit et une erreur de qualification juridique en jugeant, au motif que les contrats avec les clients français étaient signés, dans les conditions rappelées ci-dessus, par la société irlandaise, que la société française n'était pas, pour elle, un établissement stable au sens du c) de l'article 2.9 de la convention franco-irlandaise. […]

Biblio

1) Ouvrages et articles

- O. El Arjoun, « Réforme de la fiscalité du numérique : quelques réflexions sur le Pilier un du projet OCDE », *Dr. fisc.* 2021., ét. 177.
- D. Gutmann, « Taxe GAFA : quelques éléments d'analyse », *D.* 2019. 1704.
- Ph. Oudenot, « Le nouveau dispositif de plafonnement de déduction des charges financières », *Dr. fisc.* 2019, ét. 295 ; « Le régime des produits et charges de la propriété industrielle », *Dr. fisc.* 2020, ét. 273.
- B. Zuijdendorp, « Quel avenir pour l'impôt sur les sociétés ? », *Dr. fisc.* 2019, ét. 192.
- R. Vabres, « Plateformes et fiscalité », *in* X. Delpech (dir.), *L'émergence d'un droit des plateformes*, Dalloz, coll. « Thèmes et commentaires », 2021.

2) Jurisprudence

- CE 20 juin 2003, *Sté Interhome*, n° 224407 ; *Dr. fisc.* 2004, comm. 657, note P. Masquart.
- CE 31 mars 2010, *Sté Zimmer*, n° 304715 ; *Dr. fisc.* 2010, comm. 289, concl. J. Burguburu, note É. Rivière, P. Escaut et É. Bonneaud.
- CE 30 mai 2018, *Sté HighCo*, n° 412964 ; *Dr. fisc.* 2018, ét. 426, concl. É. Bokdam-Tognetti, note S. Espasa-Mattei, J.-Ph. Renaudin, N. Dragutini.
- CE 8 juin 2020, *Vuarnet*, n°s 418962 et 418963 ; *Dr. fisc.* 2020, comm. 401, note C. de la Mardière.

- CE 11 déc. 2020, *Value click*, n° 420174, concl. L. Cyterrmann ; *Dr. fisc.* 2021, n° 1-2, act. 1, obs. B. Gouthière ; *Dr. fisc.* 2021, n° 1-2, act. 2, Y. Sérandour.

Quiz

1) Sujet corrigé

Cas pratique

1. La société Seeback, soumise à l'impôt sur les sociétés en France, a dégagé les résultats suivants :

Tableau

Exercice	Résultat fiscal	Dont distributions
N-1	1.300.000	400.000
N	- 2.800.000	
N+1	1.200.000	
N+2	1.300.000	

Déterminez les modalités de report des déficits de l'année N en prenant pour hypothèse que la société relève du taux normal pour l'ensemble de ses bénéfices (25 %) et qu'elle opte pour le report en arrière dans les délais en ce qui concerne le déficit de l'année N.

2. Soumise à l'impôt sur les sociétés et ayant une activité de gestion de portefeuille de titres, la société ADC a acquis des titres de la société LDH qui ne détenait plus aucun actif au moment de cette acquisition, mais disposait d'importantes liquidités. La société ADC a comptabilisé cette acquisition comme titres de portefeuille et non comme titres de participation. La société LDH a procédé à d'importantes distributions de dividendes au profit de la société ADC (2 millions d'euros par an), en 2021 et 2022 dans le cadre du régime mère-fille, distributions qui ont été suivies d'une comptabilisation de provisions pour dépréciation de titres (à hauteur du même montant). Ces opérations ont permis à la société ADC de générer des déficits reportables.

Qu'en pensez-vous ?

3. Une société civile de construction-vente (SCCV), établie en France, est détenue à hauteur de 50 % par une société suisse, soumise à l'impôt sur les sociétés dans cet État.

La société suisse est-elle redevable d'un impôt en France ?

Voir le corrigé en fin de rubrique.

2) Corrigé

Cas pratique

1. En vertu de l'article 220 *quinquies* du Code général des impôts, le déficit constaté au cours d'un exercice peut, sur option, être considéré comme une charge du bénéfice de l'exercice précédent, dans la limite de la fraction non distribué de ce bénéfice. Le déficit susceptible d'être reporté en arrière, ne peut, en tout état de cause, excéder 1.000.000 €. La fraction non distribuée du bénéfice est obtenue en déduisant de ce bénéfice le montant des distributions effectuées par prélèvement sur ce même bénéfice. La fraction du déficit qui n'a pu être imputée sur le bénéfice de l'exercice précédant l'exercice déficitaire continue d'être reportable en avant dans les conditions prévues au I de l'article 209 du Code général des impôts (CGI, art. 46 *quater* 0S, annexe III).

Au cas présent, le report en arrière du déficit de l'année N sur l'exercice N-1 va s'opérer selon les modalités suivantes.

Tableau n° 1

Bénéfice d'imputation	1.300.000 – 400.000 = 900.000
Déficit reportable en arrière	900.000
Créance fiscale à la suite du report en arrière	900.000 × 25 % = 225.000
Déficit reportable en avant	2.800.000 – 900.000 = 1.900.000

Conformément aux dispositions de l'article 209, I du Code général des impôts, le déficit fiscal subi au cours d'un exercice donné constitue une charge de l'exercice suivant et doit être imputé sur le bénéfice de cet exercice. En cas d'insuffisance de ce dernier, l'excédent du déficit peut être reporté sans limitation de durée et dans les mêmes conditions sur les résultats des exercices postérieurs. En revanche, l'imputation de déficits antérieurs sur le bénéfice constaté au titre d'un exercice est limitée à hauteur d'un plafond égal à 1.000.000 € majoré d'un montant de 50 % du bénéfice imposable de l'exercice excédant cette première limite.

En l'espèce, le report en avant des déficits restants, soit 1.900.000 €, va s'effectuer selon les modalités suivantes :

Tableau n° 2

Déficit reportable sur l'exercice N+1	1.000.000 + 50 % × (1.200.000 – 1.000.000) = 1.100.000
Bénéfice imposable en N+1	100.000
Impôt à payer (avant imputation de la créance fiscale)	25.000
Impôt à payer (après imputation de la créance fiscale)	0
Créance fiscale restante	225.000 – 25000 = 200.000

Tableau n° 3

Déficit reportable sur l'exercice N+2	2.800.000 – 900.000 – 1.100.000 = 800.000
Bénéfice imposable en N+2	1.300.000 – 800.000 = 500.000
Impôt à payer (avant imputation de la créance fiscale)	125.000
Impôt à payer (après imputation de la créance fiscale)	0
Créance fiscale restante	200.000 – 125.000 = 100.000
Déficit reportable après imputation sur N+2	0

2. En l'espèce, la société ADC est une société à prépondérance financière dont la particularité réside dans le fait que son actif est essentiellement composé de titres. Cette société a fait l'acquisition d'une société cible dans l'optique d'obtenir des liquidités dans le cadre d'un régime fiscal de faveur (le régime mère-fille) et non en vue de développer une activité économique. À ce titre, la jurisprudence considère que le montage poursuit un but exclusivement fiscal et constitue un but exclusivement fiscal. En effet, le Conseil d'État considère que « contreviennent aux objectifs du régime mère-fille les opérations consistant à acquérir des sociétés ayant cessé leur activité initiale et liquidé leurs actifs dans le but de récupérer les liquidités par le versement d'un dividende exonéré d'impôt sur les sociétés sans prendre aucune mesure de nature à leur permettre de reprendre et développer leur ancienne activité ou d'en trouver une nouvelle », c'est-à-dire sans que l'actionnaire joue son véritable rôle d'actionnaire (CE 7 juill. 2013, *SARL Garnier Choiseul Holding*, n° 352989 ; v. également, CE 23 juin 2014, *Min. c/ Sté Groupement Charbonnier Montdidérien*, n° 360708). À ce titre donc, l'administration fiscale pourrait parfaitement décider de poursuivre la société ADC pour que des sanctions soient prononcées sur le fondement de l'abus de droit.

En outre, indépendamment de cette procédure et depuis la loi de finances rectificative pour 2012, les sociétés à prépondérance financière sont soumises à une restriction relative à la déduction des moins-values de cession et des provisions pour dépréciation de titres. Celle-ci est limitée à hauteur des dividendes reçus au cours de l'exercice en cours et des cinq exercices précédents qui ont bénéficié du régime mère-fille. Autrement dit, les moins-values de cession et les provisions pour dépréciation de titres de sociétés à prépondérance financière ne sont pas déductibles à hauteur des distributions effectuées par ces sociétés qui ont bénéficié de l'exonération prévue par le régime mère-fille au cours de l'exercice de comptabilisation de la provision et des cinq exercices précédents (CGI, art. 219, I-a *ter*). Par symétrie, l'administration admet que les reprises de provisions afférentes à de tels titres ne sont pas imposables à hauteur du montant (représentatif des distributions exonérées au titre du régime mère-fille) qui n'a pas pu être déduit lors de la comptabilisation de la provision (BOI-IS-BASE-50 n° 75).

Au cas présent donc, les provisions pour dépréciation constatées par la société n'étaient pas déductibles. Elle s'expose donc à un redressement qui devrait conduire à réintégrer les provisions déduites et à corriger les résultats déficitaires, privant la société ADH de la possibilité de reporter ceux-ci.

3. Une société civile de construction-vente, établie en France, est détenue à hauteur de 50 % par une société suisse. Conformément aux dispositions de l'article 239 *ter* du Code général des impôts (CGI), cette société française relève nécessairement du régime des sociétés de personnes prévu par l'article 8 du même code.

Dans le cadre de ce régime, la détermination du résultat est réalisée au niveau de la société, mais l'imposition s'effectuera au niveau de l'associé, à hauteur de la quote-part détenue dans le capital de la société. Les associés d'une société civile de construction-vente sont ainsi imposés dans les mêmes conditions que les membres de sociétés en nom collectif ou les commandités de sociétés en commandite.

En présence d'un associé non-résident, se pose néanmoins la question de savoir si l'impôt français est applicable ou non sur cette quote-part.

a) La personnalité fiscale des sociétés de personnes

Le droit fiscal français présente une véritable spécificité quant à l'appréhension des sociétés de personnes. En effet, si les sociétés relevant de l'article 8 ne sont pas imposables en leur nom au titre des bénéfices qu'elles réalisent, il n'en demeure pas moins qu'elles disposent d'une personnalité fiscale. Le fait que l'impôt ne soit pas effectivement payé par la société, mais par chacun des associés est sans influence sur cette personnalité car il ne s'agit que d'une modalité de recouvrement de l'impôt.

En particulier, le caractère imposable de leur activité s'apprécie à leur niveau et non au niveau de leurs associés. Aussi, dès lors que la société de personnes ou une entité assimilée exerce une activité lucrative, ses associés sont imposables sur leur quote-part, même s'ils n'exercent pas eux-mêmes une activité imposable.

La personnalité fiscale des sociétés de personnes française a pour effet que lorsque l'activité est réalisée en France, les bénéfices en découlant sont imposables en France, entre les mains des associés ou membres, y compris de ceux qui résident hors de France, sauf stipulations contraires d'une convention fiscale et quand bien même ces associés n'auraient pas d'établissement en France.

Le Conseil d'État a ainsi décidé à propos d'un groupement d'intérêt économique établi en France et détenu à 30 % par une société canadienne que :

- « les groupements d'intérêt économique (GIE), qui, en vertu de l'ordonnance du 23 septembre 1967, ont une personnalité distincte de celle de leurs membres, exercent, conformément à leur objet et dans les limites fixées par leurs statuts, une activité qui leur est propre ; que, dans la mesure où les actes correspondant à cette activité sont effectués en France, les bénéfices en découlant sont imposables en France entre les mains des membres du groupement, à proportion, pour chacun, des droits qu'il détient dans ce dernier, y compris de ceux qui résident hors de France, sauf stipulation contraire d'une convention internationale relative aux doubles impositions » (CE 4 avr. 1997, *Sté Kingroup*, n° 144211).

De même, dans l'arrêt *Quality Invest*, le juge administratif décide que :

« Considérant que les sociétés régies par l'article 8 du code général des impôts ont une personnalité distincte de celle de leurs membres et exercent une activité qui leur est propre ; que, dès lors que cette activité est exercée en France, les bénéfices réalisés par ces sociétés sont en principe imposables en France entre les mains de leurs membres, y compris de ceux qui résident hors de France, à proportion des droits qu'ils détiennent dans la société ;

Considérant qu'il incombe au juge de l'impôt de rechercher si une convention internationale relative aux doubles impositions fait obstacle à l'imposition en France de revenus qui y sont imposables en application du droit interne ; qu'en l'absence dans la convention applicable au litige de stipulations relatives aux revenus réalisés ou perçus par une société relevant du régime des sociétés de personnes, prévu notamment par les dispositions de l'article 8 du code général des impôts, il lui appartient de faire application de la convention à cette société qui, eu égard à son régime rappelé ci-dessus, est susceptible d'être regardée comme résidente de France et de vérifier qu'aucune de ses stipulations ne s'oppose à l'imposition en France de ces revenus ».

Dans cette même décision, le Conseil d'État considère qu'il appartient au juge « de vérifier qu'aucune stipulation de la convention ne s'oppose à ce que l'impôt dû en France à raison de ces revenus soit réclamé aux associés ; qu'en l'absence d'une telle stipulation, l'associé non résident de cette société ne peut se prévaloir ni des stipulations de la convention relatives aux divers revenus qu'elle mentionne ni de celles de l'article précisant le régime d'imposition des autres revenus dès lors que l'ensemble de ces stipulations ne sont applicables qu'aux revenus réalisés en propre par la société et non à ceux sur lesquels l'associé non résident est imposé au prorata de sa participation au capital de cette société » (CE 11 juill. 2011, *Quality Invest*, n° 317024).

En d'autres termes, l'autonomie juridique et fiscale des sociétés de personnes françaises a cette conséquence logique qu'elles constituent des résidents, au sens des conventions fiscales internationales, de sorte que celles-ci s'appliquent à eux, indépendamment de la résidence de leurs associés.

b) Sur l'application des dispositions de la convention fiscale franco-suisse

Dès lors que la société de personnes est considérée comme un résident fiscal, la convention fiscale applicable est celle conclue entre la France, en tant qu'État de résidence, et l'État de la source des revenus réalisés par la société de personnes (si par exemple la société de personnes exerce une activité à l'étranger).

En revanche, la convention fiscale conclue entre l'État de résidence de la société de personnes et l'État de résidence des associés est sans incidence sur le principe même de l'imposition. Le juge administratif considère en effet qu'il s'agit d'imposer en France un résident fiscal français, de sorte qu'une telle convention ne trouve pas, en principe, à s'appliquer.

Toutefois, l'arrêt *Quality Invest* précité réserve la possibilité de dispositions conventionnelles contraires.

Au cas présent, il faut donc vérifier le contenu de la convention fiscale franco-suisse.

Ainsi, le paragraphe 8 de l'article 7 de ladite convention prévoit que « les revenus provenant de participations à des entreprises constituées sous forme de sociétés simples, de sociétés de fait, de sociétés en nom collectif ou de sociétés en commandite simple, ainsi que les revenus provenant de droits dans les associations en participation ou des sociétés civiles du droit français, si celles-ci sont soumises au régime fiscal des sociétés de personnes, sont imposables dans l'État contractant où les entreprises en question ont un établissement stable ».

En d'autres termes, les dispositions de la convention fiscale franco-suisse conduisent au même résultat que celui issu de la jurisprudence du Conseil d'État dès lors que la société de personnes dispose bien d'un établissement stable en France.

De surcroît, si le résultat bénéficiaire de la société de personnes provient de la réalisation d'une plus-value immobilière ou de dividendes provenant d'une autre société, c'est également la même solution qui trouve à s'appliquer. L'associé non-résident est en effet taxé en raison de sa quote-part de bénéfices et non en raison de la réalisation d'une plus-value ou de la perception d'un dividende.

Il résulte de ce qui précède que la société suisse sera redevable en France de l'impôt sur les sociétés sur sa quote-part provenant du résultat de la société civile française.

chapitre 9

L'imposition des groupes de sociétés

Plan analytique

section **1**

Le régime des sociétés mère-fille

§ 1 Les conditions du régime des sociétés mère-fille

- **A.** Les conditions relatives aux sociétés
- **B.** Les conditions relatives aux titres
- **C.** La lutte contre les montages abusifs

§ 2 Les effets du régime des sociétés mère-fille

- **A.** Les produits exonérés
- **B.** Le montant de l'exonération

section **2**

Le régime de l'intégration fiscale

§ 1 Les conditions du régime de l'intégration fiscale

- **A.** Les conditions communes aux sociétés membres du groupe
- **B.** Les conditions propres à la société mère
- **C.** Les conditions propres aux sociétés filiales

§ 2 Les effets de l'intégration fiscale

- **A.** La détermination du résultat d'ensemble
- **B.** Les aménagements conventionnels

§ 3 La sortie et la cessation du groupe

- **A.** La sortie du groupe
- **B.** La cessation du groupe

§ 4 L'intégration fiscale horizontale

- **A.** Les acteurs et le périmètre du groupe
- **B.** Les retraitements et la détermination du résultat d'ensemble
- **C.** La cessation du groupe

section 3

Les flux internationaux intra-groupes

Compléments pédagogiques

9

L'imposition des groupes de sociétés

Bien que les groupes de sociétés n'aient pas de personnalité juridique, leur existence est néanmoins reconnue par diverses dispositions, en matière fiscale notamment. Le droit fiscal tient en effet compte des groupes de sociétés en les appréhendant d'un point de vue économique ou patrimonial et en tentant d'être relativement neutre. La finalité poursuivie par la loi consiste à éviter la multiplication des impositions qui découlerait d'une approche individuelle des différentes sociétés composant le groupe. C'est la nécessité de favoriser le développement des activités économiques qui justifie une telle approche. Toutefois, les groupes de sociétés sont aussi soumis à un certain nombre de contraintes visant à limiter l'optimisation fiscale. Un durcissement des règles, mais aussi de la jurisprudence est à relever ces dernières années. La fiscalité est moins neutre qu'auparavant et cela tant au regard du régime des sociétés mère-fille (section 1) qu'au regard du régime de l'intégration fiscale (section 2). 834

section 1

Le régime des sociétés mère-fille

Sur le plan juridique, un *groupe*^Q de sociétés est constitué dès lors qu'une société détient une *participation*^Q dans le capital d'une autre société et plus précisément dès lors qu'une société détient la majorité du capital d'une autre (C. com., art. L. 233-1). Un groupe commence donc à deux, sans limite de nombres, avec cette idée que la société mère contrôle sa ou ses filiales. Sur le plan fiscal, la notion de *filiale*^Q est entendue de manière plus souple, l'exigence d'un contrôle n'étant pas systématiquement nécessaire. En outre, comme sur le plan juridique, l'analyse fiscale considère que chaque société du groupe est autonome. Dès lors, si l'on s'en tient à la relation mère-fille, et à supposer que les deux sociétés en cause relèvent de l'impôt sur les sociétés, le groupe ainsi constitué peut subir une cascade d'impositions. 835

En particulier, si la société filiale réalise un bénéfice, elle paiera l'impôt sur les sociétés à due concurrence. Si la société actionnaire est également bénéficiaire, il en sera de même pour elle. Enfin, si un *dividende*^Q est distribué par la société filiale au profit de la société actionnaire, ce dividende supportera également l'impôt, puisqu'il viendra s'ajouter au résultat imposable de celle-ci. Pire, le dividende ne constituant pas une charge déductible pour la société qui le distribue, une « double imposition » va trouver à s'appliquer. Afin d'éviter cette imposition successive, le législateur a mis en place, dès 1917, le régime des sociétés mère-fille qui n'est pas à proprement parler un dispositif fiscal qui tient compte de l'unité du groupe. Il s'agit d'un régime visant à accorder une exonération ciblée qui ne porte que sur le dividende distribué. Afin de favoriser les investissements au sein de l'Union européenne, celui-ci a également donné lieu à 836 l'adoption en 1990 d'une directive (refondue en 2011) qui a vocation à régir les situations comportant un élément d'extranéité, même si la jurisprudence de l'Union européenne a conduit à favoriser le rayonnement de cette directive au-delà de son champ d'application matériel (v. ss 94). Si ce texte vise à éliminer « la double imposition économique » des distributions de bénéfices entre sociétés liées établies dans des États membres différents, elle est régulièrement utilisée en contentieux pour mettre en avant les discriminations à rebours que le droit interne peut engendrer en prévoyant des dispositions plus défavorables pour les situations purement internes.

Schéma – Premières vues sur l'imposition des groupes de sociétés : l'intérêt du régime mère-fille

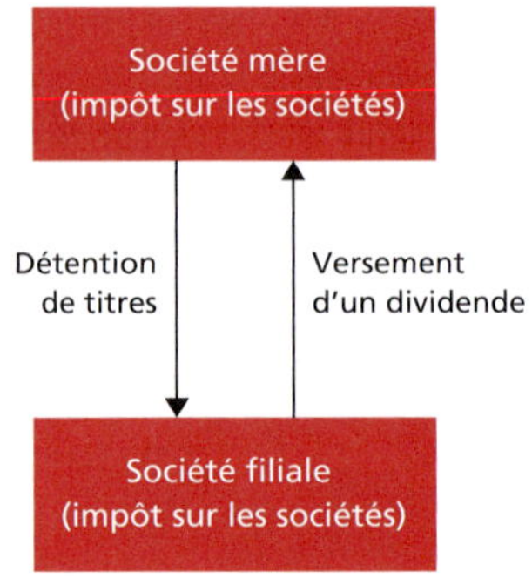

Hypothèse : la société mère a pour seul revenu les dividendes distribués par sa filiale

La charge fiscale en l'absence de régime M/F

Données	Montant
Résultat de la filiale	100.000
Impôt sur les bénéfices de la filiale (IS à 25 %)	25.000
Dividende versé par la filiale	75.000
Résultat de la société mère	75.000
Impôt sur les bénéfices de la société mère (IS à 25 %)	18.750
Imposition totale (hors régime mère-fille)	43.750

837 Dans le cadre du *régime mère-fille*[Q] prévu par les dispositions nationales, le dividende distribué par la filiale ne subit pas d'impôt, à l'exception d'une quote-part pour frais et charges (CGI, art. 216). Le dividende distribué peut provenir des bénéfices de l'exercice ou de la constitution de réserves antérieures. Ce régime trouve également à s'appliquer aux acomptes sur dividendes, y compris s'ils s'avèrent

supérieurs aux résultats de l'exercice (CE 12 avr. 2019, n° 410315, *Sté Compagnie de Saint-Gobain*). Concrètement, cela signifie que le dividende donne lieu à une déduction extra-comptable, à hauteur du montant exonéré. Favorable à la prise de participations par des personnes morales et aux opérations de restructuration du capital, un tel régime est à bien des égards attractif, notamment lorsque l'on compare la stratégie d'investissement fondée sur l'interposition d'une personne morale avec celle où c'est une personne physique qui fait l'acquisition des titres d'une société. Incontestablement percevoir un dividende via une personne morale est fiscalement plus avantageux qu'une perception qui se ferait directement au profit d'une personne physique. En dépit de l'avantage ainsi conféré, le régime mère-fille reste néanmoins un régime optionnel : il appartient donc à la société actionnaire de manifester sa volonté en ce sens, y compris dans le délai de réclamation (CE 20 déc. 2017, *Sté Worms et Cie*, n° 414974). Annuelle, mais ne nécessitant aucune formalité particulière (BOI-IS-BASE-10-10-10-10, 3 juill. 2019, spéc. n° 30), l'option concerne l'ensemble des produits attachés aux titres d'une même filiale et constitue une décision de gestion opposable (CE 16 nov. 2016, *SA Havas*, n° 387576). Le bénéfice du régime mère-fille implique néanmoins de respecter d'autres conditions (§1) plus contraignantes. Leur respect permet de bénéficier d'une exonération quasi-intégrale des produits versés à la société mère (§2).

§ 1 Les conditions du régime des sociétés mère-fille

La mise en œuvre du régime mère-fille implique de respecter deux séries de conditions : des conditions relatives aux sociétés elles-mêmes, d'une part (A) et des conditions relatives aux titres détenus par la société mère, d'autre part (B). De surcroît, l'administration a le pouvoir de s'opposer aux contribuables qui utiliseraient un montage abusif pour bénéficier de l'exonération partielle prévue par la loi (C). 838 ■

A. Les conditions relatives aux sociétés

L'existence du régime des sociétés mère-fille n'a de raison d'être qu'en présence de deux sociétés opaques : la société mère et la société fille doivent donc être soumises à l'impôt sur les sociétés. Il importe de comprendre ici que la société mère n'est pas forcément unique. En droit fiscal des affaires, la relation mère-fille n'a rien d'une filiation ; il s'agit d'une détention capitalistique. Aussi, dans le capital d'une filiale, il peut y avoir une pluralité d'associés personnes morales qui bénéficient du statut de société mère. Ce statut n'implique donc aucune exclusivité. 839 ■

De surcroît, il n'implique pas non plus une condition de taille. Les PME qui relèvent de l'impôt sur les sociétés au taux réduit de 15 % sur une fraction de leur bénéfice peuvent également avoir le statut de société mère. 840 ■

Outre les sociétés commerciales dites de capitaux (sociétés par actions, SARL), le régime des sociétés mère-fille est applicable aux sociétés civiles qui relèvent de l'impôt sur les sociétés, mais également aux entrepreneurs individuels ayant opté pour cet impôt, ainsi qu'à toutes les collectivités privées (association, fondation, coopératives, etc.) ou publiques qui auraient une activité lucrative imposable (v. ss 680). 841 ■

842 À propos des organismes sans but lucratif, l'administration précise que « la détention (...) d'une fraction du capital d'une société égale à 10 % au moins est de nature à caractériser l'exercice d'une activité lucrative qui entraîne l'assujettissement à l'impôt sur les sociétés de l'organisme à raison des dividendes perçus » (BOI-IS-BASE-10-10-10-10, 18 juill. 2013, spéc. n° 120).

843 Il en est de même des sociétés étrangères disposant d'un établissement stable en France, pour les titres inscrits au bilan fiscal de cet établissement soumis à l'impôt sur les sociétés.

844 En revanche, les sociétés de personnes non soumises à l'impôt sur les sociétés sont exclues du régime. Il en est de même dans le cas où un associé d'une société de personnes est lui-même soumis à l'impôt sur les sociétés (CE 24 nov. 2014, *Sté Artémis SA*, n° 363556).

B. Les conditions relatives aux titres

845 Même si la forme de la société filiale est indifférente, les titres éligibles au régime mère-fille doivent respecter trois conditions principales, étant relevé que leur classification comptable et fiscale n'est pas prise en compte. Il importe donc que les titres soient qualifiés de titres de participation ou de titres de placement, au regard de ce régime, contrairement au régime des plus-values nettes à long termes.

846 La première condition concerne la nature du droit réel détenu par la société actionnaire. C'est ainsi que les titres de participation détenus par la société mère doivent lui appartenir en pleine propriété ou en nue-propriété, ce qui démontre que ce régime fiscal accorde une importance particulière à la qualité d'associé et non aux seuls flux financiers. Les titres sur lesquels la société mère dispose seulement d'un usufruit sont exclus du régime, y compris si des droits de vote lui ont été accordés conventionnellement (CE 20 févr. 2012, *Sté civile Participasanh*, n° 321224). Les titres détenus en usufruit sont exclus du régime mère-fille, même si la société détient dans son portefeuille au moins 5 % des titres de la société cible en pleine propriété (CE 23 mars 2012, *Sté Financière Aubert*, n° 335860). Les transferts temporaires de propriété (prêt de titres ; mise en pension ; remise en garantie) font perdre le bénéfice du régime mère-fille (CE 26 sept. 2014, *Sté Artémis Conseil*, n° 363555), sauf exceptions. Parmi celles-ci, la fiducie offre un avantage certain par rapport aux autres techniques, en raison de sa neutralité fiscale (CGI, art. 145, 1, c) et 238 *quater* B), sous réserve néanmoins que les droits de vote restent attachés aux titres transférés et que le constituant conserve l'exercice de ces droits (ou que le fiduciaire exerce ces droits dans le sens déterminé par le constituant).

847 La deuxième condition est relative au seuil de détention. Les titres doivent représenter au moins 5 % du capital de la filiale. Ce seuil est porté à au moins 2,5 % du capital et 5 % des droits de vote de la société émettrice lorsque la société mère est contrôlée par un ou plusieurs organismes à but non lucratif mentionnés à l'article 206, 1 *bis* du CGI. Ce pourcentage de détention capitalistique s'apprécie à la date de mise en paiement des produits de la participation. Il peut donc varier dans l'année sans que soit remise en cause l'application de ce régime. Pour l'appréciation de ce seuil, le Conseil d'État a précisé dans un premier temps qu'il n'est pas nécessaire que des droits de vote soient attachés à chacun des titres détenus par la société mère (CE 12 nov. 2015, *Sté Métro*

Holding, n° 367256), ni que les droits de vote détenus soient strictement proportionnels à la quotité de capital qu'ils représentent. La directive européenne ne prévoyant pas une telle exigence, l'instaurer en France pour les situations internes revient à créer une discrimination à rebours. Entérinant cette solution, deux décisions du Conseil constitutionnel ont ensuite jugé non conformes à la Constitution les dispositions de l'article 145, 6-b *ter* du CGI excluant du régime mère-fille les produits des titres sans droits de vote (Cons. const. 3 févr. 2016, *Metro Holding*, décis. n° 2015-520 QPC ; Cons. const. 8 juin 2016, n° 2016-553 QPC), conduisant à la suppression de cette exigence auparavant légale. Désormais, une société mère peut donc détenir 5 % du capital sans aucun droit de vote et se prévaloir du régime mère-fille.

La troisième et dernière condition est une exigence de durée de conservation des titres. La société mère doit conserver les titres représentant 5 % du capital (et seulement ceux-ci : CE 15 déc. 2014, *SA Technicolor*, n° 380942) pendant au moins deux ans pour bénéficier de l'exonération des dividendes. Il s'agit néanmoins d'une condition résolutoire : la société mère peut bénéficier dès l'année d'acquisition de ses titres de l'exonération de dividendes. Toutefois, le bénéfice de l'exonération n'est pas acquis définitivement les deux premières années de détention. Il peut être remis en cause en cas de non-respect du délai minimal de conservation des titres pendant deux ans. Toutes les opérations translatives de propriété peuvent entraîner la remise en cause de l'exonération des dividendes, si elles interviennent dans un délai de deux ans à compter de l'acquisition ou de la souscription des titres, sauf exceptions (fusion ou apport soumis au régime de faveur ; échanges de titres bénéficiant d'un sursis d'imposition ; fiducie, etc.) 848 ■

C. La lutte contre les montages abusifs

Offrant une quasi-exonération de dividendes, le régime mère-fille a parfois été au cœur de montages où d'autres avantages fiscaux venaient se cumuler avec ceux découlant de ce régime. C'est ainsi que certaines opérations se sont appuyées sur une acquisition au prix fort des titres d'une société détenant des actifs liquides, suivie d'une distribution massive de dividendes, une provision pour dépréciation des titres acquis et d'une moins-value au moment de la revente de ceux-ci. Qualifiés de « coquillards », de tels montages ont été jugés abusifs par le Conseil d'État dès lors qu'ils poursuivent un but exclusivement fiscal et que l'opération en cause va à l'encontre des objectifs poursuivis par le législateur (CE 17 juill. 2013, *Garnier Choiseul Holding*, n° 352989). Si ce dernier a instauré un régime de quasi-exonération des dividendes, c'est pour favoriser l'implication de sociétés mères dans le développement économique de sociétés filles et non pour les inciter à constituer de simples coquilles sans substance économique. 849 ■

Dans le prolongement de cette jurisprudence, la loi a évolué en vue de prévenir les abus. S'agissant des moins-values à court terme réalisées sur des titres détenus par des sociétés à prépondérance financière dans des sociétés ayant fait l'objet de distributions massives de bénéfices, l'article 219, I a *quater* du CGI prive la société cédante de la déductibilité de la moins-value à hauteur du montant des produits des titres qui ont ouvert droit à l'application du régime mère-fille au cours de l'exercice duquel ces moins-values ont été constatées et des cinq exercices précédents. En outre, une clause anti-abus propre au régime mère-fille était prévue par l'article 145, 6, k du CGI, par renvoi à l'article 119 *ter*, 3 du CGI. Désormais, le nouvel article 205 A du CGI, issu de la loi de finances pour 2019, 850 ■

transposant la directive UE/2016/1164 du 12 juillet 2016 (directive « ATAD ») prévoit un dispositif anti-abus, de portée générale, applicable uniquement en matière d'impôt sur les sociétés pour les exercices ouverts à compter du 1er janvier 2019 et qui se substitue à l'ancien article 145, 6, k du CGI. En vertu de ce nouveau texte, pour l'établissement de l'impôt sur les sociétés, l'administration n'est pas tenue de prendre en compte le montage ou la série de montages qui a été « mis en place pour obtenir, à titre d'objectif principal ou au titre d'un des objectifs principaux, un avantage fiscal allant à l'encontre de l'objet ou de la finalité du droit fiscal applicable » et qui « ne sont pas authentiques compte tenu de l'ensemble des faits et circonstances pertinents ».

§ 2 Les effets du régime des sociétés mère-fille

851 Pour mesurer l'étendue des effets du régime mère-fille, il faut déterminer les produits bénéficiant de l'exonération (A) et le montant de celle-ci (B).

A. Les produits exonérés

852 Au niveau des effets, la société mère qui a opté pour ce régime est exonérée d'impôt sur les dividendes qui proviennent de ses filiales françaises et étrangères. Mais l'exonération s'applique également à tous les produits qui trouvent leur origine dans les résultats que dégagent les filiales et dont le versement à la société mère procède des droits attachés aux participations détenues dans lesdites filiales. Les acomptes sur dividendes bénéficient également du régime mère-fille, même s'ils s'avèrent d'un montant supérieur aux bénéfices distribuables (CE 12 avr. 2019, n° 410315, *Sté Compagnie de Saint-Gobain*). Outre les dividendes, le régime mère-fille trouve à s'appliquer aux produits suivants : le boni de liquidation, les distributions de réserves ou de droits sociaux représentatif du capital d'autres personnes morales ; les avances, prêts ou acomptes consentis aux associés, lorsque les sommes correspondantes sont considérées comme des revenus distribués en vertu des dispositions de l'article 111, a du CGI ; - les intérêts excédentaires versés à la société mère et réintégrés dans le bénéfice imposable de la filiale en vertu des dispositions de l'article 39, 1-3° CGI. En revanche, les intérêts qui ne sont pas déductibles pour la détermination du résultat de la société filiale du fait en raison du non-respect de la condition de libération de son capital, prévue au deuxième alinéa de l'article 39, 1-3° du CGI, n'ouvrent pas droit au régime spécial.

853 Les produits perçus par la société mère sont toutefois exclus de l'exonération si les bénéfices distribués sont déductibles des résultats de la filiale distributrice et cela afin d'éviter une déduction-exonération. Cette exclusion frappe ainsi tous les produits admis en déduction de l'assiette taxable de la filiale, indépendamment du traitement fiscal appliqué au résultat sur lequel sont prélevés les versements. Cette règle vise notamment les instruments hybrides, c'est-à-dire les instruments qui sont susceptibles de recevoir deux qualifications juridiques différentes d'un État à l'autre. Tel est notamment le cas des opérations de financement qui sont considérées comme un prêt dans l'État étranger mais comme des capitaux propres en France. Cette mesure concerne aussi les titres considérés comme des capitaux propres dans les deux États (qualification juridique identique) si la législation étrangère autorise la déduction fiscale des dividendes (régime fiscal distinct créant une situation optimisante).

B. Le montant de l'exonération

L'exonération des dividendes n'est pas totale. La société mère doit maintenir dans son résultat fiscal 5 % du montant brut du dividende qu'elle reçoit, crédit d'impôt compris. Ce pourcentage est une quote-part de frais et charges (QFC), frais et charges qui sont liés à la gestion de la participation par la société-mère. La loi fiscale prévoit ainsi que les charges afférentes à la gestion de la participation ne sont pas déductibles pour le calcul du résultat. Si les frais supportés sont moindres ou plus élevés que le forfait de 5 %, la société ne peut pas faire valoir ses frais réels. Comme l'a indiqué le Conseil d'État dans un arrêt du 5 juillet 2022, le caractère forfaitaire de cette quote-part, indifférente au montant réel des frais et charges exposés par la société vise à soumettre à cet impôt une fraction des produits de participations bénéficiant du régime des sociétés mères. L'imputation des crédits d'impôts étrangers sur l'impôt dû en France sur les dividendes est donc possible, même si les modalités d'imputation devront être précisées dans le futur. 854 ■

Exemple

Au cours de l'exercice 2023, une société mère a reçu 150.000 € de produits provenant de ses filiales, selon la répartition suivante :
- dividende de 120.000 € d'une filiale française ;
- dividende net de 30.000 € d'une filiale étrangère (non déduits de son résultat), ouvrant droit, par hypothèse, à un crédit d'impôt de 15 % du montant brut du dividende, soit 30.000 € × 15 % = 4.500 €.

Calcul de la quote-part de frais et charges :

[(120.000) + (30.000 + 4 500)] × 5 % = 7.725 €.

La somme effectivement déductible des résultats de l'exercice au titre des produits de filiales sera donc de : 150.000 – 7.725 = 142.275 €. La société ne sera imposée que sur la somme de 7.725 €.

À la suite d'une décision de la CJUE (CJUE 2 sept. 2015, *Groupe Steria*, aff. C-386/14) ayant censuré le dispositif français qui accordait une neutralisation de la quote-part de 5 % aux seuls groupes soumis au régime de l'intégration fiscale et au détriment des groupes comportant une filiale établie dans un autre État de l'Union européenne, le taux de la QFC a évolué et sa neutralisation a été supprimée. Désormais, la quote-part est désormais fixée à 1 % dans trois hypothèses déterminées par l'article 216 du CGI : - la distribution s'opère entre deux sociétés membres du même groupe fiscalement intégré ; - la distribution est perçue par une société membre d'un groupe fiscalement intégré à raison de la participation qu'elle détient dans une société soumise à un impôt équivalent à l'impôt sur les sociétés dans un État membre de l'Union européenne ou dans un autre État partie à l'accord sur l'Espace économique européen ayant conclu avec la France une convention d'assistance administrative en vue de lutter contre la fraude et l'évasion fiscales qui, si elle était établie en France, remplirait les conditions pour être membre de ce groupe ; - la distribution est perçue par une société non membre d'un groupe à raison d'une participation dans une société soumise à un impôt équivalent à l'impôt sur les sociétés dans un État membre de l'Union européenne ou dans un autre État partie à l'accord sur l'Espace économique européen ayant conclu avec la France une convention d'assistance 855 ■

administrative en vue de lutter contre la fraude et l'évasion fiscales, sous réserve que ces sociétés eussent rempli les conditions pour constituer un groupe, si la seconde société était établie en France. Ce dernier cas ne s'applique pas lorsque la première société n'est pas membre d'un groupe uniquement du fait de l'absence des options et des accords à formuler en application du I et du premier alinéa du III de l'article 223 A et du I de l'article 223 A *bis*. Globalement, la QFC de 1 % peut trouver à s'appliquer dès lors qu'une société bénéficie d'une distribution provenant d'une société appartenant au même groupe fiscalement intégré qu'elle ou provenant d'une société qui pourrait être intégrée avec elle, si celle-ci était établie en France. En revanche, cette quote-part de 1 % ne donne pas lieu à neutralisation lors de la détermination du résultat d'ensemble d'un groupe fiscalement intégré (v. ss 874).

Tableau récapitulatif - Le régime mère-fille (CGI, art. 145 et 216)

Régime fiscal des sociétés	Droits détenus sur les titres	Seuil de détention	Durée de détention	Nature des produits perçus	Effets du régime
Impôt sur les sociétés	Pleine propriété ou nue-propriété	5 % du capital (avec ou sans droits de vote)	2 ans (le régime s'applique dès la première année de détention)	Dividendes et assimilés	Exonération à 95 % (ou 99 % dans certains cas) L'impôt porte sur une quote-part de frais et charges fixe (5 % ou 1 % selon les cas)

Schéma récapitulatif - Les cas d'application de la QFC de 1 % et de 5 % (CGI, art. 145 et 216) en présence d'une société mère, membre d'un groupe fiscalement intégré

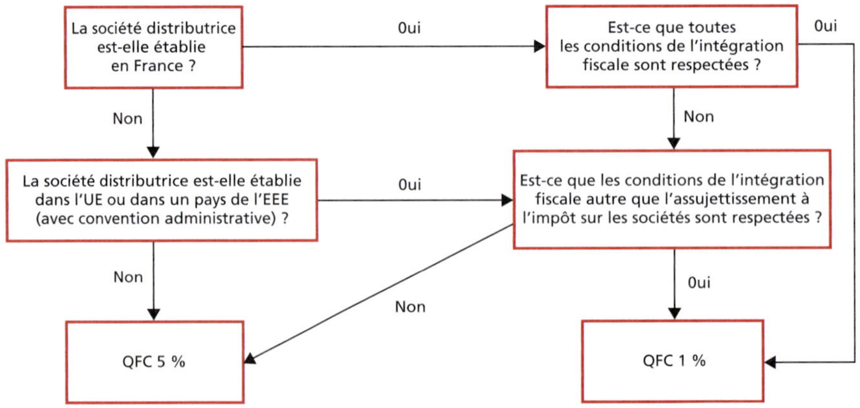

section 2

Le régime de l'intégration fiscale

Issu de la loi de finances pour 1988 pour laquelle le législateur s'est fixé pour objectif d'améliorer la compétitivité des groupes nationaux en leur mettant de bénéficier d'un dispositif fiscal équivalent selon qu'ils constituent des filiales ou des établissements, le régime de l'*intégration fiscale*[Q] présente cette particularité d'appréhender les groupes de société dans leur unité, en dépit de leur absence de personnalité juridique. Ce régime permet, en effet, à une société mère, dite « tête de groupe », de se constituer seule redevable de l'impôt sur les sociétés pour l'ensemble du groupe qu'elle forme, soit avec ses filiales (intégration « verticale »), soit avec ses sociétés sœurs établies en France et détenues par une même entité européenne (intégration dite « horizontale »). 856 ■

Le régime de l'intégration fiscale se caractérise essentiellement par deux mécanismes favorables au fonctionnement des groupes. Ils consistent : - à soumettre à l'impôt sur les sociétés un résultat global, obtenu en faisant la somme algébrique des résultats des sociétés du groupe ; - à neutraliser certaines opérations internes au groupe. 857 ■

Schéma – Premières vues sur l'imposition des groupes de sociétés : l'intérêt du régime de l'intégration fiscale

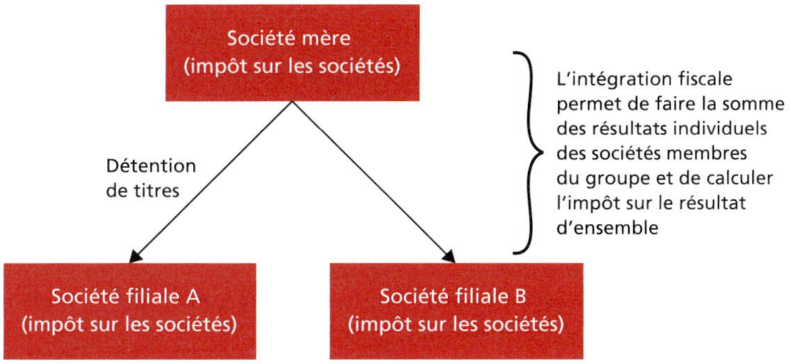

Hypothèse : la société mère a pour seul revenu les dividendes distribués par sa filiale

Le premier est important au regard de l'imputation des déficits. Dès lors que l'on peut faire masse des résultats, les résultats positifs et négatifs des différentes sociétés du groupe peuvent être immédiatement compensés. L'intégration permet ainsi d'éviter que certains résultats ne soient imposés alors qu'il existe des déficits dont l'imputation future, sur une base individuelle, peut être aléatoire (dès lors qu'elle implique la réalisation d'un bénéfice). Le second aspect concerne les relations intragroupes qui donnent lieu dans certains cas à une neutralisation : leur effet potentiel sur le résultat du groupe est alors paralysé. 858 ■

Le régime de l'intégration fiscale ne comporte pas que des avantages. Il implique un formalisme déclaratif assez lourd et entraîne aussi des effets de seuil défavorables.

C'est ainsi que l'abattement de 763.000 € au titre de la contribution sociale de 3,3 %, le dispositif de limitation générale de la déductibilité des intérêts d'emprunt ou encore le report des déficits s'apprécie au niveau du groupe et non individuellement au niveau de chaque société. Avant d'aborder toutefois les différents effets de l'intégration fiscale (§2), il faut en connaître les conditions (§1). La sortie et la cessation du groupe (§3) ainsi que l'intégration fiscale horizontale (§4) appellent des développements distincts.

§ 1 Les conditions du régime de l'intégration fiscale

859 Les conditions du régime de l'intégration fiscale se divisent en plusieurs catégories. Certaines sont communes à toutes les sociétés membres du groupe (A), d'autres sont propres aux sociétés mères (B), d'une part et aux sociétés filiales (C), d'autre part.

A. Les conditions communes aux sociétés membres du groupe

860 Les conditions communes aux sociétés membres du groupe sont au nombre de trois. En premier lieu, toutes les sociétés membres du groupe doivent être soumises à l'impôt sur les sociétés en France. Il en résulte qu'une société mère ne peut imputer les pertes de ses filiales européennes sur le résultat d'ensemble du groupe alors même qu'en application des législations étrangères ces sociétés ne peuvent plus reporter leurs pertes respectives sur leurs propres résultats (CE 15 avr. 2015, *Sté Agapes*, n° 368135 ; comp. CJCE, gde ch., 13 déc. 2005, aff. C-446/03, *Marks & Spencer* et CJUE 19 juin 2019 aff. 607/17, *Skatteverket c/ Memira Holding AB*). Seuls peuvent être membres du groupe les sociétés et établissements dont les résultats sont soumis à l'impôt sur les sociétés en France, ce qui n'est pas incompatible avec les stipulations du TFUE relatives à la liberté d'établissement. Le régime de l'intégration fiscale présente cette particularité d'autoriser un traitement différencié des filiales nationales et des filiales étrangères, dès lors que cette différence de traitement vise bien à préserver l'objectif de consolidation propre au régime de l'intégration fiscale (CJUE 25 févr. 2010, *X Holding BV*, aff. C-337/08 et CJUE 22 févr. 2018, *X BV*, aff. C-398/16). Cette première condition autorise l'intégration fiscale des établissements stables de sociétés étrangères, dès lors qu'ils sont soumis en France à l'impôt sur les sociétés. Ces derniers peuvent également prendre le statut de tête de groupe d'une intégration verticale ou être intégrés en tant que filiales.

861 En deuxième lieu, les exercices comptables de toutes les sociétés membres du groupe doivent coïncider. Ces exercices doivent avoir une durée de douze mois (CGI, art. 223 A, III), sauf exception. Lorsqu'une filiale a une date d'exercice qui ne coïncide pas avec celle de la société mère, elle ne peut être retenue dans le périmètre d'application du régime qu'à compter de l'exercice à l'ouverture duquel elle satisfait à cette condition. Toutefois, la durée des exercices peut, par exception, être inférieure ou supérieure à douze mois une seule fois au cours de la période couverte par une même option, afin de faire coïncider les exercices.

862 En troisième et dernier lieu, à l'intérieur du groupe, les participations peuvent être détenues de manière directe ou indirecte. Les droits détenus indirectement sont ceux qui sont détenus par l'intermédiaire d'une ou plusieurs sociétés. Le pourcentage est

ainsi apprécié en multipliant entre eux les taux de détention successifs dans la chaîne des participations. L'article 46 *quater*-0 ZF de l'annexe III au CGI précise toutefois que la détention à 95 % au moins est assimilée à une détention à 100 %.

Exemple

La société M détient 95 % du capital de la société F1 qui elle-même détient 50 % de la société F2. La société M détient de manière indirecte la société F2 à hauteur de 50 %. F2 ne peut être intégrée (v. ss 866).

Le périmètre de l'intégration fiscale

Si ces conditions sont respectées, des conditions propres à la société-mère et aux 863 ■
filiales doivent être aussi réunies, étant rappelé que l'intégration fiscale est facultative. Les groupes qui souhaitent se placer sous ce régime doivent donc formuler une option en ce sens. La société mère, lors de cette option, délimite le périmètre d'intégration, qui ne peut toutefois englober que des sociétés à l'égard desquelles la condition de taux de participation est remplie et qui arrêtent leur exercice comptable à la même date.

B. Les conditions propres à la société mère

La société mère ne doit pas être elle-même détenue à 95 % au moins par une autre 864 ■
société soumise effectivement à l'impôt sur les sociétés (CGI, art. 223 A). Il n'est, en revanche, pas interdit à la société mère d'être détenue à 95 % au moins par une société étrangère ou par une société relevant de l'article 8 du Code général des impôts. Toutefois, le capital de la mère intégrante peut être détenu à 95 % au moins par une autre personne morale soumise à l'impôt sur les sociétés, sous réserve que ce seuil soit atteint par l'interposition d'une ou plusieurs personnes morales non soumises à l'impôt sur les sociétés.

Exemple

La société A détient 95 % du capital d'une société étrangère (ou d'une société de personnes établie en France) qui elle-même détient 100 % de la société B. Cette dernière peut être la société mère d'un groupe fiscalement intégré.

Les conditions relatives aux sociétés mères

865 En outre, une société peut se constituer mère d'un groupe alors même qu'elle est détenue à 95 % au moins, directement ou indirectement, par une autre personne morale soumise à l'impôt sur les sociétés, à condition que cette détention soit réalisée par l'intermédiaire de personnes morales dont le capital n'est pas détenu, directement ou indirectement, à 95 % au moins par cette autre personne morale.

Exemple

La société C, qui détient l'intégralité du capital de sa filiale D, est détenue par A directement à 90 % et indirectement à 10 % par l'intermédiaire de la société B. Toutes ces sociétés sont soumises à l'impôt sur les sociétés dans les conditions de droit commun. La société C peut constituer son propre groupe fiscal avec sa filiale D.

Les conditions relatives aux sociétés mères

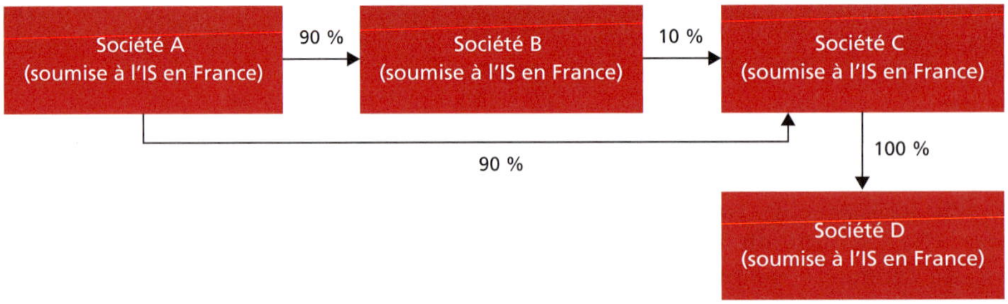

C. Les conditions propres aux sociétés filiales

866 Le capital des filiales doit être détenu à 95 % au moins, directement ou indirectement, par la société mère. La nature de l'activité de la filiale n'a pas d'importance : cela peut être une activité commerciale ou non commerciale ou agricole. La détention de 95 % du capital s'entend de la détention en pleine propriété de 95 % des droits à dividende et de 95 % des droits de vote (ann. III CGI, art. 46 *quater*-0 ZF). Certes, dans un arrêt du 26 janvier 2021, le Conseil d'État a décidé que cette exigence prévue par un texte réglementaire est entachée d'une incompétence de sorte que l'article 46 *quater*-0 ZF de l'annexe III au CGI a été déclaré illégal (CE, 8e et 3e ch., 26 janv. 2021, *Sté Biomnis*, n° 439582). Mais la condition est désormais posée par la loi (CGI, art. 223 A, al. 6). La détention indirecte dont il est tenu compte doit s'effectuer par l'intermédiaire d'une ou plusieurs sociétés elles-mêmes membres du groupe. Le pourcentage est apprécié en multipliant les taux de détention successifs, sachant que la détention à 95 % au moins est assimilée à une détention à 100 % (pour l'appréciation du seuil de

détention des filiales et non pour analyser le capital de la société mère ; ann. III CGI, art. 46 *quater*-0 ZF). Lorsqu'une filiale est détenue par deux ou plusieurs sociétés intermédiaires, ces participations s'additionnent.

L'intégration fiscale – Les conditions relatives aux filiales

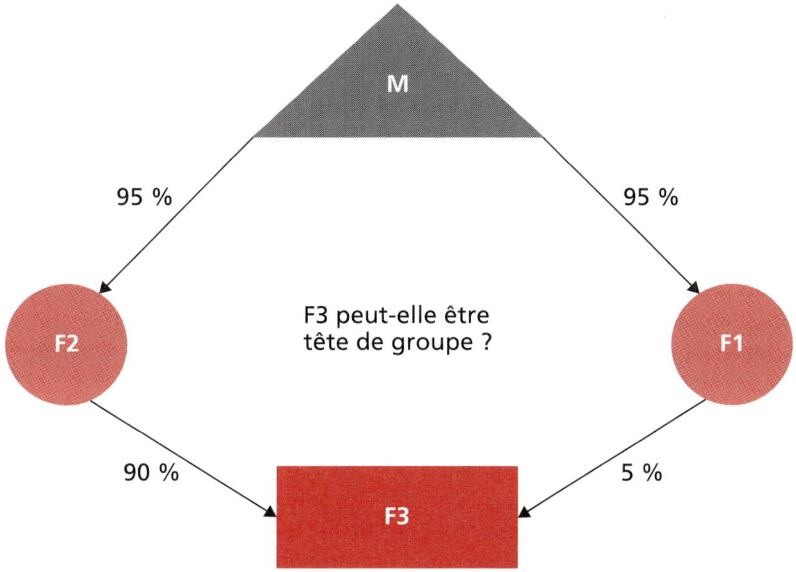

F3 peut être membre du groupe M (dès lors qu'elle est réputée être détenue à 95 % par M) ou constituer son propre groupe (dès lors qu'elle est détenue à 90, 25 % par M).

À la suite d'un arrêt rendu par la CJCE (CJCE 27 nov. 2008, *Sté Papillon*), s'ajoutent à la liste des filiales susceptibles d'être membres d'un groupe, les sociétés françaises détenues à plus de 95 % par la société mère par l'intermédiaire d'une ou plusieurs sociétés étrangères interposées (ou un établissement stable), elles-mêmes détenues à 95 % au moins. 867

S'agissant de la condition de détention des filiales à 95 % au moins, elle doit être remplie de manière continue pendant toute la durée de l'exercice. Une filiale dans laquelle le seuil est franchi en cours d'exercice ne peut ainsi être rattachée au groupe intégré qu'à partir de l'exercice suivant. En revanche, lorsqu'une filiale est cédée le premier jour de l'exercice et que cette cession entraîne sa sortie du groupe, elle peut entrer sans transition dans le périmètre d'intégration de la société cessionnaire, à condition que les dates d'ouverture de ces deux groupes coïncident. 868

§ 2 Les effets de l'intégration fiscale

L'intégration fiscale conduit à la détermination d'un résultat d'ensemble qui donnera lieu au calcul de l'impôt sur les sociétés (A). Bien que le régime de l'intégration fiscale donne lieu à un encadrement assez important, des aménagements conventionnels restent possibles (B). 869

A. La détermination du résultat d'ensemble

870 La détermination du résultat d'ensemble s'opère en deux temps. D'abord, il est nécessaire de prendre en compte les résultats individuels des sociétés membres du groupe (1). Puis des retraitements doivent être apportés, tantôt sur ces mêmes résultats individuels, tantôt sur le résultat d'ensemble lui-même (2). De surcroît, des développements particuliers doivent être consacrés aux charges financières (3) avant de préciser les modalités d'imposition du résultat d'ensemble (4).

1. *La prise en compte des résultats individuels des sociétés membres du groupe*

871 Dans un premier temps, chaque société du groupe (y compris la société mère tête de groupe) détermine son propre résultat fiscal tel qu'il doit être retenu dans le résultat d'ensemble, qu'il s'agisse du résultat « ordinaire » ou des plus-values ou moins-values de cessions d'actifs. Ce résultat est calculé dans les conditions de droit commun, sous réserve de règles particulières relatives aux modalités d'imputation des déficits et des moins-values à long terme qui connaissent un régime particulier (CGI, art. 223 E).

872 Les déficits et moins-values nettes à long terme subis par les sociétés du groupe pendant l'intégration étant pris en compte par la société mère pour la détermination du résultat (ou de la plus-value nette à long terme) d'ensemble, ne peuvent plus être reportés sur leurs propres résultats. Ces déficits concourent en effet à la détermination du résultat d'ensemble, lequel, s'il est déficitaire, ne pourra être imputé que sur les bénéfices d'ensemble réalisés au cours des exercices suivants. Cette règle interdit donc aussi bien le report en avant que le report en arrière des déficits au niveau individuel. De plus, cette appréhension par la mère des déficits constatés par les sociétés du groupe revêt un caractère définitif. En effet, les sociétés qui sortent du groupe ne retrouvent pas la faculté d'imputer sur leurs résultats propres les déficits subis au cours de leur période d'intégration (mais les conventions d'intégration fiscale peuvent prévoir une indemnisation à la sortie de la filiale).

873 La situation est inverse pour les déficits et moins-values à long terme subis par les sociétés du groupe au titre d'exercices antérieurs à leur entrée dans le groupe. Ils ne sont imputables que sur leur bénéfice propre ou les plus-values nettes à long terme, et non sur le résultat d'ensemble. Cette règle s'applique également en cas d'absorption de la société-mère et constitution d'un nouveau groupe avec les filiales transmises par l'absorbée (CE, 9e et 10e ch., 9 déc. 2022, n° 451553 : les déficits des filiales transférés sont donc des déficits pré-intégration, imputables seulement sur leur bénéfices). Toutefois, les déficits fiscaux reportables correspondant aux résultats antérieurs la période d'intégration fiscale ne peuvent s'imputer sur les bénéfices de la société qu'après retraitement des opérations intragroupes et en particulier les subventions et les plus-values intragroupes. Aussi, si une société filiale membre d'un groupe intégré réalise un bénéfice fiscal de 2.000.000 € et que celui-ci inclut une plus-value intragroupe de 1.000.000 €, elle ne pourra imputer ses déficits antérieurs à l'intégration qu'à hauteur de 1.000.000 €. La base d'imputation est donc amoindrie par rapport à une société non-membre d'un groupe fiscalement intégré.

Imputation des déficits en cas d'absorption d'une société mère d'un groupe intégré

Nature du déficit	Transfert à la société mère absorbante	Imputation
Filiales membres de l'ancien groupe et du nouveau groupe	Oui sur agrément (CGI, art. 223 I, al. 5 et 6)	Résultats propres de la société mère et des filiales et non sur le résultat d'ensemble
Société mère de l'ancien groupe	Oui sur agrément (CGI, art. 209) v. ss 1018	Résultat propre de la société mère absorbante (plafond unique : déficits propres + déficits de la société absorbée)

2. *Les retraitements*

La détermination du résultat d'ensemble implique de faire certaines rectifications qui vont conduire à neutraliser certaines opérations intragroupes. Par exemple, une dépréciation pour créance douteuse constatée par une société à l'occasion d'une créance qu'elle détient sur une autre société du groupe doit être rapportée au résultat d'ensemble de l'exercice au titre duquel elle a été constituée (sous réserve d'être déductible sur le résultat individuel de la société qui la constate). Elles ne sont donc pas prises en compte pour la détermination de celui-ci. De même, les plus-values ou moins-values résultant de cessions intragroupe d'immobilisations ou de titres de portefeuille sont neutralisées pour la détermination du résultat d'ensemble (pour les plus-values à court terme) ou pour la détermination de la plus-value nette d'ensemble pour les plus-values à long terme. Si la cession d'immobilisation consentie par une société du groupe au profit d'une autre société du groupe permet de réaliser une plus-value à long terme, cette plus-value est déduite de la plus-value nette d'ensemble. Si, à l'inverse, la cession fait apparaître une moins-value à long-terme, celle-ci est réintégrée dans la plus-value nette à long terme d'ensemble de l'exercice de la cession. 874

Exemple
La neutralisation de la plus-value réalisée sur un bien non amortissable

A, F1, F2 ainsi que B et ses filiales forment un groupe d'intégration depuis le 1er janvier 2019.

Au cours de l'exercice 2018, la société F1 a reçu un fonds de commerce pour 2.000.000 € dans le cadre d'un apport placé en sursis d'imposition (il avait été acquis pour 700.000 € par la société A). Une plus-value de 1.300.000 € est donc en différé d'imposition au moment de la constitution du groupe.

Au cours de l'exercice 2021, la société F1 cède le fonds de commerce à la société F2 pour 2.300.000 €.

Quel est le montant de la plus-value imposable dans le résultat propre de F1 ?

Quelle est la fraction de la plus-value intragroupe qui peut être neutralisée ?

La fraction de la plus-value acquise ou de la moins-value constatée depuis la date d'inscription du bien au bilan de la société du groupe qui a effectué la première cession intragroupe est neutralisée (CGI, art. 223 Q).

Le montant de la plus-value imposable pour la détermination du résultat propre de F1 s'élève à 1.600.000 € (2.300.000-700.000).
La plus-value neutralisée est limitée à 300.000 € (somme correspondant à la plus-value constatée comptablement : 2.300.000 – 2.000.000).
Le résultat d'ensemble comptabilise la plus-value auparavant en sursis (1.300.000).

Exemple
La neutralisation de la plus-value réalisée sur un bien amortissable

La société A et la société B sont membres d'un groupe intégré. Le 1er janvier de l'exercice N, la société A cède à la société B un bâtiment industriel entièrement amorti pour un prix de 1.500.000 €. La société B va l'amortir en linéaire sur 10 ans. En N+2, la société B quitte le groupe (à compter de l'ouverture de cet exercice).
Chez la société cédante, une neutralisation de la plus-value prise en compte dans son résultat propre pour la détermination du résultat d'ensemble doit être mise en œuvre, soit – 1.500.000, pour l'exercice N. Une déneutralisation interviendra lorsque la société B quittera le groupe.
Du côté de la société cessionnaire, les modalités de détermination du résultat individuel de la société cessionnaire ne sont pas affectées du fait de l'acquisition, elle doit amortir les éléments en cause selon les règles de droit commun, c'est-à-dire sur leur durée d'utilisation appréciée à la date d'acquisition. Mais pour la détermination du résultat d'ensemble, les suppléments d'amortissement pratiqués par la société cessionnaire doivent être réintégrés, soit + 150.000 par exercice.
Lors de la sortie du groupe, la plus-value qui doit être déneutralisée est égale à la différence entre la VNC du bien à la sortie et la VNC du bien lors de la cession, diminuée de la différence entre les amortissements pratiqués pendant l'intégration et les suppléments d'amortissement réintégrés dans le résultat d'ensemble (ann. III CGI, art. 46 *quater*-0 ZH), soit 1.500.000+0 – (300.000 + 300.000), soit 900.000).

875 En revanche, les plus-values à long terme sur cessions de titres de participation qui donnent lieu à la taxation d'une quote-part de frais et charge de 12 % font l'objet d'une règle spécifique. Cette quote-part n'est plus neutralisée pour la détermination du résultat d'ensemble des exercices ouverts à compter du 1er janvier 2019.

876 De la même façon, depuis le 1er janvier 2019, l'avantage consenti entre des sociétés du groupe résultant de la livraison de biens, autres que ceux composant l'actif immobilisé, ou de la prestation de services, pour un prix inférieur à leur valeur réelle mais au moins égal à leur prix de revient, n'est pas pris en compte pour la détermination du bénéfice net et ne constitue pas un revenu distribué.

877 En outre, le traitement des dividendes « intragroupes » (hors régime mère-fille) ou de la quote-part de frais et charges (dans le cadre du régime mère-fille) a donné lieu à une évolution notable. Sur ce point, on rappelle que les produits de participation qui bénéficient du régime des sociétés mères et filiales ne donnent lieu qu'à l'imposition d'une quote-part de frais et charges (v. ss 854). Son taux est en principe fixé forfaitairement à 5 %, mais il est ramené à 1 % dans certains cas.

À l'origine, les dividendes non éligibles au régime mère-fille ainsi que la quote-part imposable dans le cadre de ce régime donnaient lieu à une neutralisation. Mais c'était là conférer aux sociétés françaises intégrées un avantage fiscal par rapport aux sociétés établies dans un autre État membre (par définition non intégrées) et porter atteinte à la liberté d'établissement. L'arrêt *Stéria* de la CJUE du 2 septembre 2015 a conduit le législateur à remettre en cause la neutralisation de la quote-part de frais et charges. Désormais donc, lorsque les dividendes sont versés par une filiale, établie en France ou dans un État de l'Union européenne ou de l'Espace économique européen lié à la France par une convention d'assistance administrative, la quote-part est de 1 % et elle n'est pas neutralisée sur le résultat d'ensemble, ce qui conduit à une taxation, contrairement au régime précédent. Le bénéfice de ce régime est toutefois soumis à une double condition : - la société distributrice est soumise à un impôt équivalent à l'impôt sur les sociétés français ; - si la société distributrice avait été établie en France, elle aurait pu être membre du groupe fiscal dont fait partie la société. 878 ■

Ce premier correctif s'est avéré insuffisant pour mettre le droit français en conformité avec les normes supérieures. En effet, les distributions intragroupes, éligibles au régime mère-fille réalisées entre une filiale étrangère et une société mère française non membre d'un groupe intégré restaient soumises à une quote-part de 5 %. Certes, le Conseil constitutionnel a décidé que les groupes de sociétés dont les filiales sont établies dans un État membre et ceux dont les filiales sont établies dans un État tiers ne sont pas placés dans la même situation, ce qui justifie une différence de traitement (Cons. const. 13 avr. 2018, *Sté Life Sciences Holdings France*, n° 2018-699 QPC). Mais la conformité du droit français à la liberté d'établissement était sujette à caution, ce qui a conduit le législateur à corriger le tir lors de l'adoption de la loi de finances pour 2019 et à prévoir également une quote-part de 1 % non neutralisée en cas de distribution éligible au régime mère-fille au profit d'une société non membre d'un groupe intégré, lorsque la non-appartenance à un groupe fiscal ne résulte pas d'un choix délibéré : il n'y a pas lieu d'appliquer le même régime que celui prévu pour les sociétés intégrées, lorsque l'absence d'intégration fiscale est voulue. 879 ■

Lors de l'adoption de la loi de finances pour 2019, le législateur a également aligné les régimes pour les filiales établies dans l'Union européenne (ou dans l'EEE avec convention d'assistance administrative), opérant des distributions au profit de sociétés membres d'un groupe intégré mais non éligible au régime mère-fille : les montants distribués sont retranchés du résultat d'ensemble à hauteur de 99 %. En d'autres termes, en dehors de l'article 145 du Code général des impôts, les dividendes sont neutralisés du résultat d'ensemble à hauteur de 99 % et donnent lieu à une taxation sur les 1 % restants. 880 ■

L'alignement des régimes a été poussé à son paroxysme, puisque le législateur a également prévu que les distributions opérées par des filiales ou dans l'Union européenne (ou dans l'EEE) avec convention d'assistance administrative au profit de sociétés non intégrées et en dehors du régime mère-fille donnent également lieu à une correction à hauteur de 99 %. Mais celle-ci porte sur le résultat individuel et non sur le résultat d'ensemble, inexistant par définition. Cet avantage est toutefois suspendu à ce que les deux sociétés eussent rempli les conditions pour être membre du même groupe, si la filiale ayant opéré la distribution était établie en France. 881 ■

Tableau récapitulatif – Les distributions de filiales intégrées

Distribution éligible au régime mère-fille	Quote-part de résultat taxable	Neutralisation
Oui	1 % (résultat individuel)	Non
Non	100 %	Oui (99 % du montant de la distribution retranché du résultat d'ensemble)

Tableau récapitulatif – Les distributions de filiales non intégrées

Distribution éligible au régime mère-fille	Société bénéficiant de la distribution membre d'un groupe intégré	Société éligible au régime de l'intégration fiscale si filiale établie en France	Quote-part de résultat taxable (résultat individuel)	Neutralisation (résultat d'ensemble)
Oui	Oui	Oui	1 % (résultat individuel)	Non
Oui	Non	Oui	1 % (résultat individuel)	Non
Non	Oui	Oui	100 %	Oui (99 % du montant de la distribution retranché du résultat d'ensemble)

Tableau récapitulatif – La neutralisation des opérations intragroupes

Opérations intragroupe	Neutralisation
Abandons de créance	Non
Cession d'immobilisation	Oui sur le résultat d'ensemble (CGI, art. 223 F)
Cession de titres de participation (quote-part)	Non (CGI, art. 223 F)
Dividende	Non
Provision	Oui sur le résultat d'ensemble (CGI, art. 223 B, al. 3)

3. *Les charges financières liées à l'acquisition d'une société en vue de son intégration*

Ce cas de retraitement (souvent appelé « amendement Charasse ») vise à lutter contre les effets produits par les ventes à soi-même (CGI, art. 223 B). Il s'applique lorsqu'une société du groupe fait l'acquisition auprès d'un actionnaire extérieur qui contrôle le groupe, ou auprès d'une société que cet actionnaire contrôle au sens de l'article L 233-3 du Code de commerce, les titres d'une société qui est ou devient membre du même groupe que l'acquéreur. Ce dispositif s'applique aussi dans le cas où l'actionnaire qui contrôlait la société cédée exerce, de concert avec d'autres actionnaires, le contrôle de la société cessionnaire (CE 6 déc. 2021, n° 439650). Il en est de même lorsque la société rachetée n'entre pas dans le même groupe que la société cessionnaire, en raison de son absorption par celle-ci par exemple. L'idée est d'endetter une société du groupe pour racheter les titres d'une société contrôlée par une société non-membre du groupe mais liée à celui-ci. Aux termes de l'opération, le contrôle sur la cible est toujours assuré par le même actionnaire, même si c'est indirect. Le montant de la réintégration est égal, pour un exercice donné, au produit de ces charges par le rapport suivant : prix d'acquisition des titres / montant moyen des dettes du groupe au cours de l'exercice. La réintégration s'effectue pendant une période qui débute en principe au titre de l'exercice d'acquisition des titres et expire au terme du huitième exercice qui suit celui de l'achat. 882 ■

Exemple – Schéma d'acquisition relevant de l'amendement « Charasse »

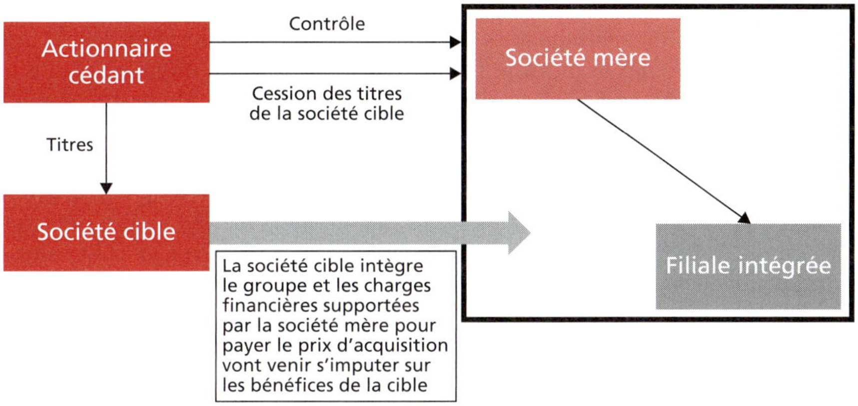

4. *L'imposition du résultat d'ensemble*

La société mère est seule redevable de l'impôt sur les sociétés dû sur le résultat d'ensemble et de la contribution sociale sur cet impôt. 883 ■

Chaque société membre du groupe est tenue solidairement au paiement de l'impôt et, le cas échéant, des intérêts de retard, majorations et amendes fiscales correspondants, dont la société mère est redevable, à hauteur de l'impôt et des pénalités qu'elle devrait acquitter si elle n'était pas membre du groupe. 884 ■

885 Lorsque le résultat d'ensemble est bénéficiaire, il est soumis à l'impôt sur les sociétés au nom de la société tête de groupe. Le taux applicable est le taux de droit commun, sous réserve de l'application du taux de 15 % en faveur de certaines PME.

886 Lorsque le résultat d'ensemble est déficitaire, il constitue une charge des exercices suivants, sauf option pour le report en arrière de ce déficit. Conformément au droit commun, le droit au report en avant du déficit d'ensemble est illimité dans le temps. Mais la société tête de groupe peut opter pour le report en arrière du déficit d'ensemble. Le déficit d'ensemble déclaré au titre d'un exercice peut être imputé sur le bénéfice d'ensemble ou, le cas échéant, sur le bénéfice que la société mère a déclaré au titre de l'exercice précédent, dans les conditions prévues à l'article 220 *quinquies*.

B. Les aménagements conventionnels

887 Le paiement de l'impôt par la société mère pose la question de la répartition de cette charge entre les différentes sociétés du groupe. La loi ne précise pas la manière dont les impôts dus par la société mère au nom du groupe doivent être répartis entre les sociétés. Il revient donc aux sociétés du groupe de décider elles-mêmes de cette répartition en établissant une convention à cet effet (CE 12 mars 2010, *Sté Wolseley Centers France*), sous réserve de respecter l'intérêt social et celui des actionnaires minoritaires.

888 Le régime de groupe se traduira généralement par une économie d'impôts, par rapport au montant qui serait dû au total par les sociétés du groupe en l'absence d'intégration. La question est de savoir à qui, et comment, attribuer cette économie. Plusieurs formules sont envisageables, les unes consistant à conserver le gain d'impôt chez la société mère, les autres à le répartir entre les sociétés du groupe. Plusieurs types de modèles de conventions d'intégration sont utilisés en pratique. Quatre modèles sont envisageables : - c'est la société mère qui bénéficie de l'économie d'impôt ; - l'économie d'impôt engendrée grâce à l'intégration fiscale est réallouée immédiatement aux filiales déficitaires ; l'économie d'impôt engendrée grâce à l'intégration fiscale est en attente et sera réallouée lorsque les filiales déficitaires redeviendront bénéficiaires ; - les sociétés membres bénéficiaires et déficitaires ne supportent aucune charge d'impôt et ne bénéficient d'aucune économie d'impôt.

§ 3 La sortie et la cessation du groupe

889 La sortie du groupe (A), comme sa cessation (B) peuvent survenir en raison d'évènements différents et peuvent entraîner des conséquences variables qu'il faut appréhender séparément.

A. La sortie du groupe

890 Un groupe de sociétés n'est pas figé. N'importe quelle société membre d'un groupe peut être amenée à le quitter. En étant cédée, en fusionnant, en étant liquidée, les hypothèses sont multiples. Toujours est-il que les résultats de la société qui sort cessent d'être pris en compte dans le groupe au titre de l'exercice de sortie (la sortie intervenant toujours au premier jour de l'exercice au cours duquel se produit

l'événement entraînant la sortie). La filiale sortante ne peut pas déduire de ses résultats ultérieurs les déficits et les moins-values à long terme subis pendant l'intégration (sauf procédure collective). Elle peut néanmoins être indemnisée pour le préjudice qu'il subit en raison de cet effet propre à l'intégration fiscale. Cette somme, que la société mère ne saurait légalement déduire de ses résultats pour la détermination de son bénéfice imposable, ne constitue pas une recette entrant elle-même dans la détermination du bénéfice imposable de la filiale (CE 11 déc. 2009, *Sté GE Healthcare Clinical Systems*). La filiale sortante ne peut pas non plus opter pour le report en arrière d'un déficit ultérieur sur un bénéfice qui a été compris dans le résultat d'ensemble (CGI, art. 223 E et 223 C). Les déficits antérieurs à l'intégration et non encore imputés restent en revanche reportables dans les conditions de droit commun (v. ss 748).

La sortie du groupe de la filiale cédante conduit également à mettre fin à certaines neutralisations opérées antérieurement. Tel est le cas des plus-values sur cessions d'immobilisations ou titres de portefeuille qui ont donné lieu à neutralisation : elles seront déneutralisées lors de la sortie du groupe. En revanche, il n'a pas lieu de déneutraliser ce qui n'a pas été neutralisé au moment où l'opération a été réalisée. Ainsi, les abandons de créance intragroupe ou encore les plus-values à long terme sur cessions de titres de participation ne donnent pas lieu à déneutralisation. 891

B. La cessation du groupe

Deux situations emportent cessation du régime de groupe et sortie de toutes les sociétés qui le composent : - la société mère reste seule membre du groupe ; - le groupe ne satisfait plus à l'une ou l'autre des conditions d'application du régime d'intégration fiscale. 892

Lorsqu'elle est effective, la cessation d'un groupe prend effet à l'ouverture de l'exercice au cours duquel survient l'événement qui la provoque. Elle entraîne les mêmes réintégrations qu'en cas de sortie d'une société, mais ces réintégrations concernent la totalité du groupe. 893

§ 4 L'intégration fiscale horizontale

Tirant les conséquences de la jurisprudence européenne (CJUE 12 juin 2014, *SCA Group Holding BV*, aff. 40/13), le législateur autorise la mise en place d'une intégration fiscale horizontale entre sociétés sœurs ou sociétés cousines françaises soumises à l'impôt sur les sociétés et détenues directement, ou indirectement par l'intermédiaire de sociétés étrangères, à 95 % par une même entité mère étrangère. À l'image de ce qui a été vu pour l'intégration verticale, il faut étudier les acteurs et le périmètre de ce groupe horizontal (A), les retraitements et les modalités de détermination du résultat d'ensemble (B) ainsi que les conséquences en cas de sortie du groupe (C). 894

A. Les acteurs et le périmètre du groupe

895 La spécificité de l'intégration fiscale horizontale réside dans la tête du groupe. Celui-ci est en quelque sorte bicéphale. En effet, le groupe va être constitué par deux têtes : - une tête qui ne sera pas intégrée (l'entité mère non résidente) ; - une tête intégrée, la société mère, qui sera située en France.

896 L'entité mère non résidente est une société soumise, de plein droit ou sur option mais sans en être exonérée, à un impôt équivalent à l'impôt sur les sociétés (dans un État de l'UE ou dans un autre État partie à l'accord sur l'EEE ayant conclu avec la France une convention fiscale qui contient une clause d'assistance administrative en vue de lutter contre la fraude et l'évasion fiscales). L'établissement stable d'une société française ne peut pas être une entité mère non résidente.

897 Le capital de l'entité mère non résidente ne doit pas être détenu directement ou indirectement à 95 % au moins par une autre personne morale soumise à l'impôt sur les sociétés en France. En effet, dans ce cas elle remplit les conditions pour être société intermédiaire conformément à la jurisprudence *Papillon* rendue par la CJUE (v. ss 867). La même indépendance capitalistique que celle requise pour la société mère d'un groupe vertical est exigée de l'entité mère non résidente.

L'intégration fiscale horizontale - Exemple 1

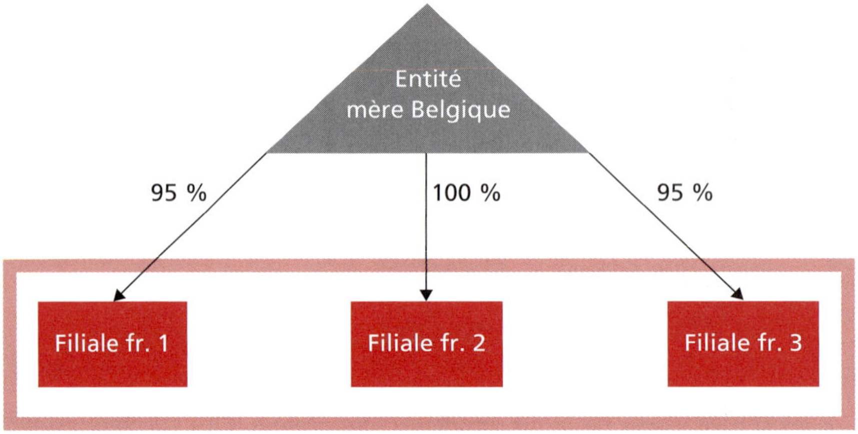

Groupe constituée entre sociétés sœurs

898 Lorsqu'une société remplit concomitamment les conditions pour être société mère d'un groupe horizontal et d'un groupe vertical, elle peut exercer l'une ou l'autre des options, l'une étant exclusive de l'autre.

899 Entre l'entité mère non résidente et les sociétés françaises intégrées, peuvent figurer des sociétés étrangères ou des sociétés intermédiaires ou un établissement stable, eux-mêmes détenus directement ou indirectement à 95 % par l'entité mère non résidente. Comme l'entité mère non résidente, les sociétés étrangères doivent être soumises à un impôt équivalent à l'impôt sur les sociétés dans un État membre de l'Union européenne (ou de l'EEE).

L'intégration fiscale horizontale - Exemple 2

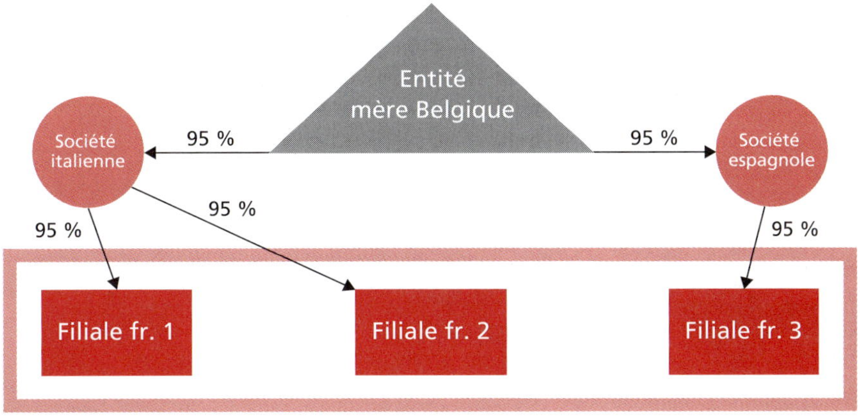

Groupe constitué entre sociétés cousines

Dans la mesure où l'entité mère et les éventuelles sociétés étrangères ne sont pas établies en France, elles ne seront pas intégrables et ne joueront pas le rôle de la société mère au titre du régime de l'intégration fiscale. C'est donc l'une des sociétés sœurs ou cousines qui jouent le rôle de « société mère ». Celle-ci sera donc redevable de l'impôt pour l'ensemble du groupe horizontal sans avoir nécessairement de liens capitalistiques avec certaines sociétés membres du groupe. Pour qu'elle puisse se constituer société mère d'un groupe horizontal, le capital d'une société doit être détenu, de manière continue au cours de l'exercice, à 95 % au moins par une entité mère non résidente, directement ou indirectement par l'intermédiaire de sociétés désignées « sociétés étrangères » au sens du dispositif. Pour apprécier la détention indirecte de la société mère d'un groupe horizontal par l'intermédiaire d'une ou plusieurs sociétés étrangères, lorsqu'une société atteint 95 % au moins du capital d'une autre société, elle est considérée comme détenant la totalité du capital de cette dernière. Le capital de la société mère d'un groupe horizontal ne doit pas être détenu indirectement par l'entité mère non résidente par l'intermédiaire de sociétés ou d'établissements stables qui peuvent eux-mêmes se constituer société mère d'un groupe horizontal (CGI, art. 223 A, I-al. 3). 900 ■

Peuvent être membres du groupe les sociétés soumises à l'impôt sur les sociétés dont le capital est détenu à 95 % au moins de manière continue au cours de l'exercice par l'entité mère non résidente, directement ou indirectement par l'intermédiaire de la société mère, de sociétés étrangères, de sociétés intermédiaires ou de sociétés membres du groupe. Autrement dit, il est possible de réaliser une intégration fiscale horizontale avec plusieurs sociétés sœurs ou cousines, mais également avec des sociétés nièces. 901 ■

L'intégration fiscale horizontale - Exemple 3

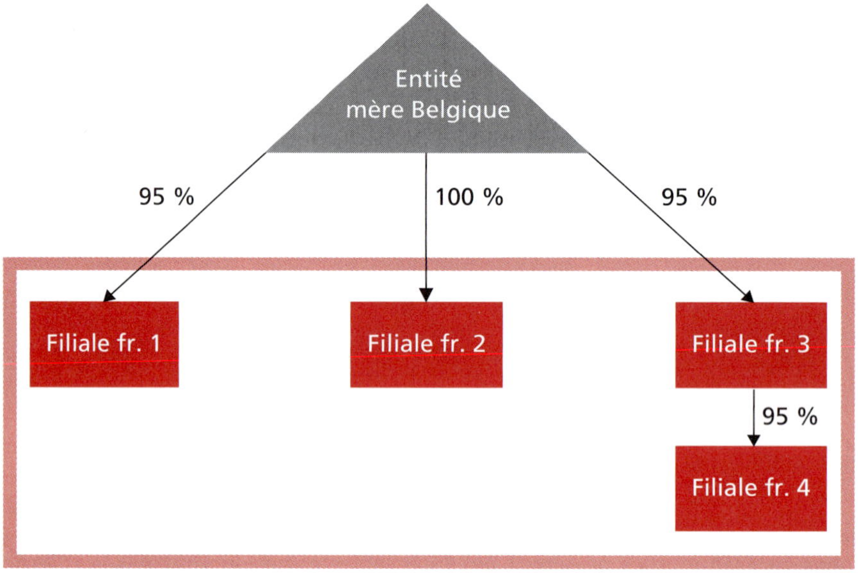

Groupe constituée avec une société mère

902 Comme en matière d'intégration verticale, la loi exige un alignement des exercices comptables. Ici, l'entité mère non résidente, les sociétés étrangères et les sociétés françaises intégrées doivent ouvrir et clore leurs exercices aux mêmes dates.

B. Les retraitements et la détermination du résultat d'ensemble

903 Le résultat d'ensemble est l'addition des résultats individuels des sociétés françaises intégrées de manière horizontale. La société mère, désignée parmi les filiales françaises intégrées, est seule redevable de l'impôt calculé sur le résultat d'ensemble du groupe. Comme en matière d'intégration verticale, l'intégration horizontale donne lieu à des retraitements pour les provisions intragroupes, les dividendes intragroupes et les plus-values intragroupes. Des retraitements sont également prévus en cas d'opérations réalisées entre l'une des sociétés du groupe intégré horizontalement et l'entité mère non résidente ou une société étrangère.

C. La cessation du groupe

904 Comme en matière d'intégration verticale, plusieurs évènements peuvent entraîner la cessation du groupe (ex. réduction à moins de 95 % du taux de détention par la société mère ; modification de la date de clôture de l'exercice ; modification du régime fiscal de la société filiale ; changement affectant la société étrangère) et les conséquences qui lui sont liées.

section 3

Les flux internationaux intra-groupes

À l'intérieur des groupes de sociétés, plusieurs opérations peuvent engendrer des revenus dits « passifs », c'est-à-dire des revenus ayant une nature patrimoniale. À l'échelle internationale, ce type de revenus donne lieu à des dispositions conventionnelles spécifiques qui conduisent à répartir le droit d'imposer entre l'État de la source du revenu et l'État de résidence de celui qui le perçoit. De manière synthétique et du point de vue français, les flux provenant de filiales étrangères de sociétés françaises (§1) et les flux provenant de filiales françaises de sociétés étrangères (§2) constituent les deux branches des flux internationaux intragroupes. 905

§ 1 Les flux provenant de filiales étrangères de sociétés françaises

Les sociétés établies en France et disposant de participations dans le capital de filiales étrangères peuvent être amenées à percevoir plusieurs types de revenus dits passifs qui sont susceptibles de donner lieu à une imposition à la source pour laquelle les conventions fiscales internationales peuvent trouver à s'appliquer. Au premier chef, figurent bien sûr les dividendes. C'est la rémunération par excellence des titres de capital (A). Mais la nature des relations établies entre les sociétés françaises et les filiales étrangères peut se baser sur d'autres opérations. En particulier, toute forme de prêt ou d'avance ou de titres de dettes souscrits au profit de la filiale étrangère conduira celle-ci à verser des intérêts (B). D'autres contrats, particulièrement ceux portant sur l'exploitation d'un actif incorporel, peuvent conduire la société française à percevoir des redevances (C). 906

A. Les dividendes

Les dividendes perçus par les sociétés françaises et provenant de filiales étrangères participent en principe de la détermination du bénéfice imposable de la société qui les perçoit. L'impôt trouve donc théoriquement à s'appliquer lorsque la société française relève de l'impôt sur les sociétés. Toutefois, et le plus souvent, l'État de résidence de la filiale étrangère perçoit une retenue à la source qui vient donc s'ajouter à l'imposition subie par la société actionnaire en France. Voilà pourquoi, la plupart des conventions internationales prévoir un taux réduit de retenue à la source ou une exonération pure et simple de celle-ci. Au surplus, lorsque cette retenue à la source aura été perçue et si la convention internationale prévoit une imputation de celle-ci sur l'impôt dû dans l'État de résidence, elle engendre un crédit d'impôt en France pour la société actionnaire et correspondant à l'impôt étranger perçu dans l'État de la source. L'éventuel excédent de crédit d'impôt par rapport à l'impôt dû n'est toutefois pas restituable au contribuable. En outre, aucune stipulation des conventions internationales ne prévoit qu'une société résidente de France puisse imputer sur l'impôt dû au titre d'un exercice ultérieur le crédit d'impôt 907 conventionnel correspondant à l'impôt acquitté à l'étranger qu'elle ne peut, en raison de sa situation déficitaire, imputer au titre de l'exercice au cours duquel elle perçoit les revenus y ouvrant droit (CE, 8e et 3e ch., 8 mars 2023, n° 456349, *Sté Natixis*).

■ 908 À ces règles de principe, s'ajoutent des régimes particuliers et notamment le régime mère-fille qui fait l'objet d'une directive européenne, transposé en droit interne aux articles 145 et 216 du CGI. Ce régime prévoit une exonération d'impôt sur le dividende distribué à l'exception d'une quote-part de frais et charges de 5 %. Cette quote-part diminue à 1 % lorsque la distribution est réalisée par une société établie dans un État de l'Union européenne (ou de l'Espace économique européen) au profit d'une société française membre d'un groupe fiscalement intégré. Lorsque la société française n'est pas membre d'un groupe intégré, la quote-part est également de 1 % lorsque la filiale européenne aurait pu être intégrée fiscalement si elle avait été établie en France (sauf si la non-intégration de la filiale française est liée à l'absence d'accords ou d'options en faveur du régime de l'intégration fiscale). La directive prévoit en outre une exonération de retenue à la source au profit des bénéfices distribués par une filiale à sa société mère.

■ 909 La mise en œuvre du régime mère-fille appelle trois remarques techniques complémentaires :

– le calcul de la quote-part de frais et charges s'effectue sur le dividende perçu augmenté du crédit d'impôt ;

– aux yeux de l'administration, l'impôt étranger n'est pas déductible du résultat de la société française faute pour elle d'être taxée sur les dividendes reçus ; mais il se pourrait que la jurisprudence *Air Liquide* rendue à propos des cessions de titres de participation change quelque peu les données sur ce point, certaines juridictions du fond ayant d'ores et déjà admis une telle imputation (v. ss 727).

– le régime mère-fille n'est pas applicable si les dividendes ont donné lieu à une déduction dans l'État où est établie la filiale ;

– le bénéfice du régime mère-fille peut être écarté par l'administration fiscale en cas de montage abusif (CGI, art. 205 A).

B. Les intérêts et les redevances

Distinguons les intérêts (1) et les redevances (2).

1. *Les intérêts*

■ 910 Les intérêts désignent les revenus des créances détenues par une société sur ses débiteurs (prêt, compte courant d'associé, obligations). Ces derniers peuvent bien sûr être des tiers (clients, partenaires commerciaux) ou des filiales. La société française en sa qualité de créancière va supporter l'impôt sur les intérêts perçus de ses filiales étrangères comme n'importe quel produit imposable (CGI, art. 120), dès lors que les créances concernées sont inscrites à son bilan.

■ 911 Les intérêts provenant de filiales débitrices établies dans un État ayant conclu une convention fiscale avec la France vont toutefois bénéficier d'un traitement particulier. Les conventions fiscales prévoient fréquemment une exonération de retenue à la source. Aussi, si la société française a supporté un impôt étranger, elle est en droit d'en demander la restitution, mais il constitue alors un complément de revenu taxable en France.

En outre, dans le cadre de l'Union européenne et à l'image des dividendes, une directive spécifique a été adoptée (la directive intérêts-redevance en date du 3 juin 2003). Transposée à l'article 119 *quater* du CGI, elle prévoit en substance que les paiements d'intérêts à l'intérieur des groupes de sociétés sont exonérés de tout impôt dans l'État d'établissement du débiteur, à condition que le bénéficiaire effectif du paiement soit une société ou un établissement stable d'un autre État membre et que cette entité soit soumise à l'impôt sur les sociétés au sein de celui-ci. 912 ■

Les paiements d'intérêts visés sont ceux réalisés entre sociétés associées. Deux sociétés sont considérées comme sociétés associées : lorsque l'une détient une participation directe d'au moins 25 % du capital de l'autre, ou lorsqu'une troisième société détient une participation directe d'au moins 25 % du capital des deux sociétés. 913 ■

Les seuils sont donc distincts que ceux applicables dans le régime mère-fille (v. ss 835), mais la philosophie est la même. 914 ■

2. *Les redevances*

Les redevances visent les paiements de toute nature reçus à titre de rémunération pour l'usage ou la concession de l'usage d'un droit d'auteur sur une œuvre littéraire, artistique ou scientifique, y compris les films cinématographiques et les logiciels informatiques, les brevets, les marques, les dessins ou modèles, etc. 915 ■

En principe, les redevances provenant d'une société étrangère entrent dans la détermination du bénéfice imposable de la société qui les perçoit, comme n'importe quel produit imposable. Elles peuvent néanmoins bénéficier du taux réduit d'imposition, instauré par la loi de finances pour 2019. 916 ■

En outre, les conventions internationales prévoient généralement un aménagement de la retenue à la source appliquée par l'État de résidence de la société versante. Diminution du taux de la retenue à la source, suppression pure et simple ou partage d'imposition entre les deux États concernés, les modalités varient selon les conventions. 917 ■

Pour les sociétés établies dans l'Union européenne, un régime particulier trouve à s'appliquer en vertu de la directive intérêts-redevances précitée. Aux mêmes conditions que celles indiquées pour les intérêts, les redevances intragroupes bénéficient d'une exonération de retenue à la source. 918 ■

§ 2 Les flux provenant de filiales françaises de sociétés étrangères

Pour appréhender les flux provenant de filiales françaises, il importe de différencier les dividendes (A), les intérêts et les redevances (B). 919 ■

A. Les dividendes

920 En matière de dividendes, si la retenue à la source est un principe classique (1), une exonération est toutefois prévue par le régime mère-fille (2).

1. *Le principe de la retenue à la source (CGI, art. 119 bis)*

921 L'article 119 *bis* 2 du CGI prévoit que les distributions réalisées au profit de personnes qui n'ont pas leur domicile fiscal ou leur siège en France supportent une retenue à la source. Le taux de cette retenue est fixé au 1 de l'article 187 du même code. Le taux de droit commun est aligné sur le taux de l'impôt sur les sociétés, soit 25 % pour l'exercice 2022.

922 L'article 119 *quinquies* du CGI, introduit par la LFR 2015, prévoit l'exonération des dividendes distribués à des personnes morales étrangères qui satisfont à certaines conditions.

923 Néanmoins les conventions internationales conclues par la France accordent, en règle générale, une réduction de ce taux ou, dans certains cas, une exonération de ces revenus, sous réserve que le bénéficiaire des dividendes est en mesure de justifier qu'il est un résident de l'autre État contractant.

2. *L'exonération prévue par le régime mère-fille*

924 La retenue à la source prévue au 2 de l'article 119 *bis* du CGI ne trouvent pas à s'appliquer, aux distributions de dividendes relevant du régime des sociétés mères et filiales (« régime mère-fille »). À défaut, une telle retenue à la source conduirait à une différence de traitement non conforme au droit de l'Union européenne (CJCE, 1re ch., 14 déc. 2006, aff. C-170/05, *Denkavit International et Denkavit France*).

925 Bénéficient de ce régime les dividendes distribués par une société française soumise à l'impôt sur les sociétés à une société établie dans l'Union européenne ou un État partie à l'EEE elle-même passible dans son État de résidence de l'impôt sur les bénéfices des sociétés qui y est applicable, sous réserve que cette société européenne détienne directement, depuis au moins deux ans, au moins 10 % de sa filiale française, ou qu'elle prenne l'engagement d'une conservation d'un tel niveau minimum de détention pendant au moins deux ans (art. 119 *ter*, 2, c, al.1, CGI).

926 L'exonération est également applicable aux dividendes perçus en contrepartie d'une participation d'au moins 5 % au sein de la filiale française, en vertu du second alinéa du même c, à la condition que la société mère européenne soit privée de la possibilité d'imputer la retenue à la source dans son État de résidence (tel est notamment le cas si la société est déficitaire sans possibilité de reporter en avant le crédit d'impôt correspondant à la retenue à la source).

927 L'exonération prévue dans le cadre du régime mère-fille n'est toutefois pas applicable aux distributions entrant dans le champ de la clause anti-abus prévue par le même texte et visant à lutter contre les montages dont la finalité principale est fiscale et qui sont dépourvus de substance économique.

B. Les intérêts et les redevances

Distinguons les intérêts (1) et les redevances (2). 928

1. *Les intérêts*

Les intérêts versés par les sociétés françaises à l'étranger échappent le plus souvent à toute retenue à la source et cela à raison de la conjonction de plusieurs éléments. 929

En premier lieu, le législateur a supprimé la mise en œuvre du prélèvement forfaitaire prévu à l'article 125 A III du CGI qui trouvait à s'appliquer aux revenus tirés de certaines créances. Il l'a seulement maintenu pour les intérêts payés hors de France, dans un État ou territoire non coopératif, sauf si le débiteur démontre que les opérations auxquelles correspondent ces revenus et produits ont principalement un objet et un effet autres que de permettre la localisation de ces revenus et produits dans un État ou territoire non coopératif. 930

En deuxième lieu, les conventions internationales prévoient fréquemment une exonération des retenues à la source. Tel est le cas des conventions conclues avec les États-Unis, la Suisse ou encore la Grande-Bretagne. D'autres prévoient un plafonnement de cette retenue à la source, souvent fixé à 10 %. En l'absence de convention, l'imputation de la retenue à la source se fait sur l'assiette de l'impôt français, ce qui atténue de manière partielle la double imposition. 931

En troisième lieu, dans le cadre de la directive intérêts-redevances, l'article 119 *quater* du CGI prévoit une exonération des versements d'intérêts intra-groupes, sous réserve de respecter les conditions rappelées précédemment. La portée du texte est toutefois symbolique, puisque celui-ci prévoit une exonération du prélèvement prévu par l'article 125 A III du CGI qui a précisément donné lieu à une réforme réduisant son champ d'application à une peau de chagrin. 932

2. *Les redevances*

Les redevances versées par une société française à une entité étrangère donnent lieu à l'application d'une retenue à la source en France. Celle-ci est prévue par l'article 182 B du CGI. Elles visent les produits perçus par les inventeurs ou au titre de droits d'auteur ; les sommes payées en rémunération des prestations de toute nature fournies en France ; les sommes correspondant à des prestations sportives fournies ou utilisées en France, ou encore les bénéfices des professions libérales, des charges et des offices dont les titulaires n'ont pas la qualité de commerçant. Le taux de la retenue à la source varie en fonction. Le taux de droit commun est aligné sur le taux normal de l'impôt sur les sociétés (IS), soit 25 % pour ceux ouverts à compter de 2022. Ce taux est ramené à 15 % pour les rémunérations de prestations sportives. Mais il est porté à 75 % si le bénéficiaire des sommes est établi dans un État ou territoire non coopératif. 933

Le mécanisme de la retenue à la source a donné lieu à plusieurs décisions jurisprudentielles jugeant le dispositif français non conforme au droit de l'Union européenne. En particulier, l'impossibilité de pouvoir déduire des frais professionnels du revenu soumis à la retenue à la source (CE 22 nov. 2019, n° 423698, *SAEM de gestion du Port Vauban* et CE 9 sept. 2020, n° 434364, *Sté Damolin Etrechy*) ainsi que 934 l'impossibilité pour une société déficitaire de pouvoir déduire la retenue subie a donné lieu à plusieurs décisions de non-conformité. Fort logiquement, la loi de finances pour 2022 a été amenée à corriger le tir. Les personnes morales et organismes non-résidents établis dans l'UE ou l'Espace économique européen (EEE) percevant des revenus de source française qui entrent dans le champ de l'article 182 B du CGI (ou de l'article 119 *bis*, 2) bénéficient donc désormais d'un abattement forfaitaire de charges de 10 % non plafonné et, appliqué immédiatement lors du prélèvement de la retenue à la source.

935 Si le montant des charges réelles est supérieur aux charges déduites de manière forfaitaire, la société non résidente peut demander la restitution de l'imposition correspondant à cet excédent, sous réserve que les charges en cause seraient déductibles si la société bénéficiaire était établie en France et que la retenue à la source n'est pas imputable dans l'État de résidence.

936 Conformément aux dispositions de l'article 182 B *bis* du CGI, la retenue à la source prévue à l'article 182 B du CGI n'est pas applicable, sous certaines conditions, aux redevances versées entre des sociétés associées ou des établissements stables, tous résidents d'États membres de l'Union européenne. Il s'agit de la transposition en droit interne de la directive 2003/49/CE du Conseil du 3 juin 2003, dite intérêts-redevances.

9

Compléments pédagogiques

Mémo

Le régime société mère-fille est un régime optionnel permettant aux sociétés mères au sein des groupes de sociétés de bénéficier d'une exonération des dividendes (et autres produits assimilés), à l'exception d'une quote-part pour frais et charges.

Prévue par les articles 145 et 216 du Code général des impôts, la mise en œuvre de ce régime, outre la soumission à l'impôt sur les sociétés de la société mère et de sa filiale, est soumise à trois conditions : - les sociétés concernées doivent être soumises à l'impôt sur les sociétés ; - la société actionnaire doit détenir 5 % du capital (avec ou sans droits de votes) de la filiale ; - les titres doivent être détenus en pleine propriété ou en nue-propriété ; - les titres doivent être détenus pendant deux ans minimum, sous peine de remettre en cause le bénéfice de ce régime applicable dès l'acquisition des titres.

Le régime société mère-fille trouve à s'appliquer tant pour les filiales françaises ou étrangères.

L'exonération des produits distribués n'est pas totale. Le régime prévoit l'application de l'impôt sur une quote-part pour frais et charges de 5 %. Cette quote-part passe à 1 % en présence d'un groupe fiscal intégré ou en présence d'une distribution provenant d'une filiale établie dans l'Union européenne ou dans l'Espace économique européen, sous réserve que cette filiale ait pu être du même groupe que la société mère si elle était établie en France.

Le régime de l'intégration fiscale est un régime optionnel permettant aux sociétés mères des groupes de société de déclarer un résultat unique d'ensemble du groupe auquel elles appartiennent. Celui-ci est le fruit de l'addition des résultats individuels de toutes les sociétés membres du groupe. La société mère est ainsi la redevable de l'impôt pour l'ensemble du groupe, les filiales n'étant plus redevables de l'impôt sur les sociétés. L'intégration fiscale peut prendre une forme verticale (sociétés mères/filiales) ou une forme horizontale (sociétés sœurs détenues par une entité étrangère).

Pour constituer un groupe fiscalement intégré, toutes les sociétés le composant doivent être soumises à l'impôt sur les sociétés en France. Les filiales doivent être détenues directement ou indirectement par la société mère à 95 % au moins du capital et des droits de vote. La société mère ne doit pas elle-même être détenue à 95 % par une autre société soumise à l'impôt sur les sociétés, sauf si c'est par l'intermédiaire de sociétés ne relevant pas de l'IS ou de sociétés qui elles-mêmes ne sont pas détenues à 95 %.

Le résultat d'ensemble du groupe donne lieu à des corrections extra-comptables en raison de certaines opérations. En effet, la loi impose de neutraliser certaines opérations intragroupes. Par exemple, si la cession d'immobilisation consentie par une société du groupe au profit d'une autre société du groupe permet de réaliser une plus-value à long terme, cette plus-value est déduite de la plus-value nette d'ensemble. En outre, les dividendes intragroupes ne donnent pas lieu à une correction du résultat d'ensemble, sauf si le régime mère-fille n'est pas applicable (dans ce cas, le dividende est retranché du résultat d'ensemble à hauteur de 99 %).

La loi ne précisant pas la manière dont les impôts dus par la société mère au nom du groupe doivent être répartis entre les sociétés intégrées, il est possible de conclure une convention pour assurer cette répartition.

Les flux internationaux à l'intérieur des groupes de société peuvent prendre des formes variables : dividendes, intérêts, redevances. Il s'agit de revenus dits passifs qui peuvent subir une imposition à la fois dans l'État du débiteur mais également dans l'État de la société bénéficiaire. Fort heureusement, dans le cadre des conventions fiscales internationales, il est fréquent que le taux de la retenue à la source appliqué dans l'État du débiteur soit réduit, voire qu'une exonération de toute retenue soit prévue. De même, dans le cadre de l'Union européenne, la directive mère-fille, comme la directive intérêts-redevances, prévoient des exonérations de retenue à la source pour les flux intragroupes.

Quid

■ Dividende n° 836

Désigne le revenu versé aux associés titulaires de titres de capital émis par une société.

■ Filiale n° 835

Désigne la société dont le capital est détenu partiellement ou totalement par une autre société (un contrôle doit être exercé en droit des sociétés, mais pas nécessairement en droit fiscal).

■ Groupe n° 835

Désigne l'entité économique ne disposant pas de la personnalité morale, mais regroupant deux ou plusieurs sociétés (ou groupements) disposant de la personnalité morale.

■ Intégration fiscale n° 856

Désigne le régime fiscal visant à déterminer un résultat d'ensemble d'un groupe composé de deux ou plusieurs sociétés et donnant lieu à un impôt unique, supporté par la société-mère du groupe ; l'intégration peut prendre une forme verticale (société-mère, filiale, sous-filiale) ou horizontale (sociétés sœurs, cousines et éventuellement nièces).

■ Participation n° 835

Ce sont les titres détenus dans le capital d'une société.

■ Régime mère-fille n° 837

Désigne le régime de quasi-exonération des distributions opérées par une société soumise à l'impôt sur les sociétés au profit d'une autre société soumise à cet impôt.

Document

CE 17 juill. 2013, n° 352989, *Garnier Choiseul holding*

[...] que le législateur, en cherchant à supprimer ou à limiter la succession d'impositions susceptibles de frapper les produits que les sociétés mères perçoivent de leurs participations dans des sociétés filles et ceux qu'elles redistribuent à leurs propres actionnaires, a eu comme objectif de favoriser l'implication de sociétés mères dans le développement économique de sociétés filles pour les besoins de la structuration et du renforcement de l'économie française ; que le fait d'acquérir des sociétés ayant cessé leur activité initiale et liquidé leurs actifs dans le but d'en récupérer les liquidités par le versement de dividendes exonérés d'impôt sur les sociétés en application du régime de faveur des sociétés mères, sans prendre aucune mesure de nature à leur permettre de reprendre et développer leur ancienne activité ou d'en trouver une nouvelle, va à l'encontre de cet objectif. [...]

CJUE 19 juin 2019, aff. 607/17, *Skatteverket c/ Memira Holding AB*

[...] des pertes doivent être regardées comme définitives lorsqu'il n'existe, dans l'État de résidence de la filiale, aucune possibilité de transfert en cas de fusion avec une société tierce. En l'espèce, une société suédoise entendait absorber sa filiale allemande déficitaire, mais le droit allemand n'autorisait aucun transfert de pertes dans cette situation.

La Cour considère qu'une telle circonstance n'est pas de nature à démontrer que les pertes ne pourraient pas être transférées à un tiers dans le cadre d'une cession pour un prix intégrant la valeur de l'avantage fiscal que représenterait la déductibilité des pertes pour le futur. [...]

Biblio

1) Régime mère-fille

A) Ouvrages et articles

- S. Austry et D. Gutmann, « Discrimination par ricochet et principe d'égalité : jusqu'où peut aller la jurisprudence *Metro Holding* ? », *RJF* 4/16, p. 418.
- O. Fouquet, « La discrimination à rebours franco-européenne sanctionnée. À propos de Cons. const. 3 février 2016, *Sté Métro Holding* », *Dr. fisc.* 2016, n° 6, act. 74.
- G. Gest, « Histoire et esprit du régime des sociétés mères », *Dr. fisc.* 2014, n° 41, ét. 565.

B) Jurisprudence

- CE 17 juill. 2013, n° 352989, *Garnier Choiseul holding*; *Dr. fisc.* 2013, n° 41, comm. 477, concl. F. Aladjidi, note F. Deboissy et G. Wicker.

2) Intégration fiscale

Ouvrages et articles

- V. Daumas, « Traitement fiscal des conventions d'intégration », *RJF* 2010, p. 370.
- F. Deboissy, « Acte anormal de gestion et groupe de sociétés : orthodoxie juridique versus réalisme économique », in *Mélanges Cozian*, LexisNexis, 2009, p. 263.
- P. Morgenstern et *alii*, *L'intégration fiscale*, 13e éd., Revue fiduciaire, 2020.

Quiz

1) Sujets corrigés

A) Cas pratique

Énoncé n° 1

Établie en France, la société HeadGroup est la société mère d'un groupe et détenant plusieurs filiales françaises. Soumise à l'impôt sur les sociétés, la société HeadGroup, détient les participations suivantes :

- 95 % du capital et des droits de vote de la société WOControl (SAS), soumise à l'impôt sur les sociétés en France avec laquelle elle forme un groupe fiscalement intégré ; cette participation est détenue en pleine propriété depuis le 1er mars 2021 ;

- 4 % du capital (sans droits de vote) de la société UnderControl (SAS), soumise à l'impôt sur les sociétés en France ; cette participation est détenue en pleine propriété depuis le 1er mars 2012 ;

- 80 % du capital et des droits de vote de la SNC Imagerie Tech qui relève de l'article 8 du CGI ; cette participation est détenue en pleine propriété depuis le 1er septembre 2017 ;

- 50 % du capital et des droits de vote de la société Zone grise (SAS) qui est soumise à l'impôt sur les sociétés en France ; cette participation est détenue en nue-propriété depuis le 1er janvier 2019.

Ces différentes sociétés réalisent d'excellents résultats depuis plusieurs exercices.

Aussi, les distributions suivantes ont été votées au cours de l'exercice 2022, sachant que la répartition s'effectue pour chacune d'elles, proportionnellement au capital détenu par chaque associé :

- une distribution de dividendes d'un montant global de 350.000 € par la société WOControl, ;

- une distribution de réserves d'un montant global de 1.000.000 € par la société UnderControl ;

- une distribution de dividendes d'un montant global de 500.000 € par la société Imagerie Tech ;

- une distribution de dividendes prélevés sur les bénéfices du dernier exercice d'un montant global de 450.000 € par la société Zone grise.

1) Est-ce que la société HeadGroup peut bénéficier du régime mère-fille pour ces différentes distributions ? Précisez les conséquences fiscales pour chacune d'elles, en prenant pour hypothèse que le taux d'imposition est de 25 %.

2) Est-ce que l'acquisition de 2 % supplémentaires au sein du capital de la société UnderControl en 2022 pourrait modifier la réponse à la question précédente ?

3) Si la société HeadGroup décide de mettre les titres de la société WOControl en garantie dans le cadre d'une fiducie-sûreté en 2023, est-ce que le régime fiscal de la distribution en sera modifié ?

4) Est-ce que l'absorption de la société HeadGroup, dans le cadre d'une fusion, par une autre société pourrait conduire à remettre en cause le régime fiscal de ces différentes distributions ?

Voir le corrigé en fin de rubrique.

Énoncé n° 2

Soumise à l'impôt sur les sociétés, la société anonyme (SA) JALLAIN détient des participations dans les sociétés suivantes (en pleine propriété, sauf indication contraire) :

- 95 % du capital et des droits de vote de la société en nom collectif (SNC) MURDET qui n'a pas opté pour l'impôt sur les sociétés ;

- 90 % du capital et des droits de la société par actions simplifiée (SAS) CARAT ;

- 100 % du capital des droits de vote de la SAS TART qui elle-même détient les 10 % restants du capital de la SAS CARAT ;

- 15 % du capital et 10 % des droits de vote de la SA TRAKI.

Toutes ces sociétés ont un exercice comptable qui coïncide avec l'année civile et relèvent de l'impôt sur les sociétés, à l'exception de la SNC MURDET.

La SA JALLAIN a décidé de constituer un groupe fiscalement intégré à compter du 1er janvier 2022, en n'incluant pas la SNC MURDET et la SA TRAKI. Elle en est la société mère, tête de groupe.

1) Pourquoi la SA JALLAIN ne procède-t-elle pas à l'intégration de ces deux dernières sociétés ?

2) Si la société CARAT distribue à sa société mère un dividende d'un montant de 450.000 € quelles en seront les conséquences fiscales ? Si cette somme est réinvestie dans la SA TRAKI, afin de souscrire à une augmentation de capital, quelles seront les conséquences fiscales ?

3) Le 1er mars 2022, la société CARAT a cédé un immeuble à la SAS TART pour un montant de 1.000.000 €. La valeur nette comptable de cet actif figurait au bilan de la société CARAT pour une valeur de 200.000 € et sa valeur d'acquisition au 1er mars 2016 était de 400.000 €. Quelles sont les conséquences fiscales de cette opération ?

4) Avant son intégration et au titre de l'exercice 2020, la société CARAT a réalisé un déficit d'un montant de 2.000.000 €. Elle a imputé partiellement celui-ci sur son bénéfice réalisé en 2021 (soit 1.200.000 €), à hauteur du plafond maximal prévu par la loi. Peut-elle librement imputer le solde restant sur l'intégralité du bénéfice de l'exercice 2022 ?

Voir le corrigé en fin de rubrique.

B) Commentaire d'arrêt

CE 12 mars 2010, *Min. c/ Sté Wolseley Centers France* (n° 328424)

Considérant qu'il ressort des pièces du dossier soumis aux juges du fond que la société Wolseley Centers France, société mère d'un groupe fiscalement intégré, s'est constituée, sur le fondement des dispositions de l'article 223 A du Code général des impôts, seule redevable de l'impôt sur les sociétés dû sur l'ensemble des résultats du groupe constitué par elle-même et ses filiales ; qu'à l'issue de la vérification de la comptabilité de cette société portant en matière d'impôt sur les sociétés sur les trois exercices clos au cours des années 1995, 1996 et 1997, l'administration a relevé que les filiales devaient, en vertu des stipulations de la convention d'intégration conclue entre la société mère intégrante et ses filiales intégrées, participer à la charge globale de l'imposition due par le groupe au prorata de leurs résultats et non en fonction des cotisations dont elles auraient été redevables si elles avaient été imposées individuellement et a estimé que la société mère avait ainsi octroyé des subventions indirectes à ces filiales sous forme de réallocation de l'économie d'impôt réalisée dans le cadre de l'intégration fiscale ; qu'ayant constaté que la société ne les avait pas portées sur l'état joint à la déclaration du résultat d'ensemble de chacun des exercices vérifiés, exigé par les dispositions de l'article 223 B du même code et de l'article 46 *quater*-0 ZL de l'annexe III à ce code pris pour son application, l'administration a mis à sa charge une amende égale à 5 % des sommes omises, sur le fondement de l'article 1734 bis de ce code, dont les dispositions ont été ultérieurement reprises à l'article 1763 ; que le ministre du Budget, des Comptes publics et de la Fonction publique se pourvoit en cassation contre l'arrêt du 2 avril 2009 par lequel la cour administrative d'appel de Lyon a rejeté son recours tendant à l'annulation du jugement en date du 27 septembre 2005 du tribunal administratif de Lyon en tant qu'il a déchargé la société Wolseley Centers France de cette amende ; [...]

Considérant que ni les dispositions précitées de l'article 223 A du Code général des impôts, en vertu desquelles une société mère peut devenir seule redevable de l'impôt sur les sociétés calculé sur l'ensemble des résultats du groupe qu'elle constitue avec ses filiales, ni les dispositions précitées des articles 223 B et 223 E, relatives aux règles de détermination du résultat d'ensemble imposable, de l'article 223 N, relatives aux conditions de paiement de l'impôt, et de l'article 223 R, relatives aux conséquences de la sortie du groupe d'une société ou de la cessation du régime du groupe, ni aucune autre disposition ne déterminent les conditions de répartition de la charge de l'impôt entre les sociétés d'un groupe intégré ; qu'elles n'impliquent pas davantage, dans le silence de la loi, que l'économie d'impôt résultant, le cas échéant, de l'application de ces dispositions ne bénéficie qu'à la seule société mère ; que, par suite, les sociétés membres d'un groupe intégré sont libres de prévoir par une convention d'intégration les modalités de répartition entre ces sociétés de la charge de l'impôt ou le cas échéant de l'économie d'impôt résultant du régime d'intégration ; que, dès lors que les stipulations de cette convention procèdent à une répartition tenant compte des résultats propres de chaque société du groupe dans des conditions telles que cette répartition ne porte atteinte ni à l'intérêt social propre de chaque société ni aux droits des associés ou des actionnaires minoritaires et ne constitue pas, par suite, un acte anormal de gestion, les modalités de cette répartition ne peuvent être regardées comme traduisant le versement d'une somme ayant le caractère d'une subvention indirecte consentie entre des sociétés du groupe au sens de l'article 223 B du même code ;

Considérant, d'une part, qu'en jugeant que ni les dispositions précitées des articles 223 A, 223 B, 223 E, 223 N et 223 R du Code général des impôts ni aucune autre disposition ne règlent les conditions de répartition de la charge de l'impôt entre les sociétés du groupe et n'imposent, ni explicitement ni implicitement, que l'économie d'impôt résultant, le cas échéant, de leur application ne bénéficie qu'à la seule société mère et que, notamment, la circonstance, prévue à l'article 223 A, que les filiales sont tenues solidairement au paiement de l'impôt à hauteur de l'impôt sur les sociétés que devrait chacune d'elle si elle n'était pas membre du groupe ne s'oppose pas à la mise en œuvre d'une répartition de la charge de l'impôt entre la société Wolseley Centers France et ses filiales, la cour n'a pas commis d'erreur de droit ;

Considérant, d'autre part, que les droits des associés ou des actionnaires minoritaires ne sont pas méconnus lorsque les stipulations de la convention d'intégration impliquent que l'économie d'impôt attribuée aux filiales bénéficiaires du groupe présente un caractère provisoire dans la mesure où, lorsque les filiales déficitaires deviennent bénéficiaires, elles prévoient que la contribution des filiales bénéficiaires, qui ont profité des déficits transmis au groupe par les filiales déficitaires, se trouve majorée à concurrence de l'économie d'impôt résultant des déficits transmis dans la limite de l'impôt effectivement dû au titre du résultat d'ensemble ; qu'à cet effet, les filiales bénéficiaires peuvent alors constituer une provision fiscalement non déductible en prévision du risque de reversement de tout ou partie de l'économie d'impôt dont elles ont bénéficié ; que, dès lors que ces règles sont respectées, l'écart existant entre le montant de la contribution au paiement de l'impôt sur les sociétés du groupe réclamé aux filiales, qui est calculé au prorata de leurs résultats, et le montant de l'impôt sur les sociétés dont elles auraient été redevables si elles avaient été imposées séparément, ne constitue pas une subvention indirecte octroyée par la société mère aux filiales sous forme de réallocation de l'économie d'impôt et devant être portée sur l'état prévu par les dispositions précitées de l'article 46 *quater*-0 ZL de l'annexe III au Code général des impôts dont le non-respect entraîne l'application de l'amende prévue par les dispositions précitées de l'article 1734 bis du même code ;

Considérant qu'il ressort des pièces du dossier soumis aux juges du fond que la convention d'intégration conclue entre la société Wolseley Centers France et ses filiales stipule que : « Les filiales, chacune pour ce qui la concerne, verseront à la mère à titre de contribution au paiement de l'impôt sur les sociétés du groupe, une somme égale à la charge d'impôt effectivement due par la mère au prorata de leur résultat et/ou de leur plus-value nette à long terme respective au titre de l'exercice, si elles étaient imposables distinctement, déduction faite par conséquent de l'ensemble des droits à imputation dont les filiales auraient bénéficié en l'absence d'intégration. » ; que, devant la cour, la société Wolseley Centers France a fait valoir sans être contredite qu'en exécution de ces stipulations, l'économie d'impôt attribuée aux filiales bénéficiaires du groupe présentait un caractère provisoire et que celles-ci avaient constitué une provision en prévision du risque de reversement d'une partie de l'économie d'impôt dont elles avaient bénéficié ; que, par suite, en jugeant, après avoir relevé que le régime prévu par ces stipulations de contribution des filiales à la charge de l'impôt du groupe intégré ne lésait pas les droits des associés ou des actionnaires minoritaires des filiales, que ce régime ne pouvait être assimilé à l'octroi de subventions indirectes aux filiales par la société mère, devant à ce titre être mentionnées dans un état joint à ses déclarations sous peine de l'infliction de l'amende de 5 % prévue à l'article 1734 bis du Code général des impôts, la cour n'a pas commis d'erreur de droit ;

Considérant qu'il résulte de ce qui précède que le ministre du Budget, des Comptes publics et de la Fonction publique n'est pas fondé à demander l'annulation de l'arrêt attaqué ; (...)

Voir le corrigé en fin de rubrique.

2) Corrigés

Cas pratique n° 1

Schéma du régime mère-fille

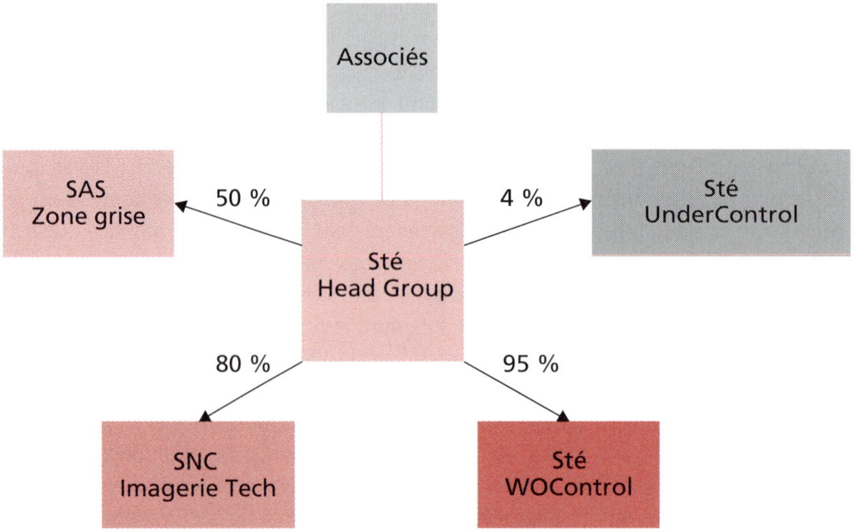

1) Analyse fiscale des différentes distributions

Rappel des conditions du régime mère/fille

En application des dispositions de l'article 205 du Code général des impôts (CGI), l'impôt sur les sociétés est établi sur l'ensemble des bénéfices de toute nature réalisés par chaque société.

Afin d'éviter le cumul d'imposition qui résulterait d'une stricte application de cette règle aux produits des participations, lesquels ont déjà supporté l'impôt sur les sociétés lors de leur réalisation par des sociétés filiales, l'article 216 du CGI prévoit une exonération dans le cadre du régime des sociétés mères, prévu à l'article 145 du CGI. Les distributions concernées ne sont pas prises en compte dans le résultat imposable de la société qui perçoit ces produits, à l'exception d'une quote-part de frais et charges. Hors groupe fiscalement intégré, cette quote-part est égale à 5 % du montant de ces produits, crédit d'impôt compris.

La loi a prévu que le régime des sociétés mères est optionnel.

L'option :

- concerne tous les titres d'une société distributrice : elle doit être exercée pour l'ensemble des titres détenus par une société participante dans une même société distributrice ;

- est annuelle : elle peut être exercée au titre de chaque exercice ou période d'imposition ;

- n'est soumise à aucune obligation déclarative particulière.

Outre l'exercice de l'option, pour que le régime mère/fille s'applique, 4 conditions doivent néanmoins être respectées :

- La société mère et la société filiale doivent être soumises à l'impôt sur les sociétés ;

- La société mère doit détenir ses titres, en pleine propriété ou en nue-propriété ;

- La société mère doit détenir une participation qui représente au moins 5 % du capital de la société émettrice ;

- Les titres de participation doivent être conservés pendant deux ans. Tous les produits des titres de participation peuvent bénéficier de l'exonération dès la première année de détention. Toutefois, l'exonération peut être remise en cause en cas de non-respect du délai minimal de conservation des titres pendant deux ans.

La participation détenue dans la société WoControl

Cette participation est éligible au régime société mère fille dès lors que les quatre conditions précitées sont respectées. S'agissant de sociétés fiscalement intégrées, la quote-part est de 1 %.

Calcul de l'impôt :

350.000 × 95 % × 1 % × 25 % = 831

La participation détenue dans la société UnderControl

Pour l'appréciation du seuil de 5 %, ni la loi, ni le Conseil d'État n'exigent pas que des droits de vote soient attachés à chacun des titres détenus par la société mère, ni que les droits de vote détenus soient strictement proportionnels à la quotité de capital qu'ils représentent. Cette exigence n'est d'ailleurs pas prévue par la directive européenne et elle conduirait à une discrimination à rebours (CE 12 nov. 2015 ; v. également aff. *Metro Holding* : Cons. const. 3 févr. 2016, décis. n° 2015-520 QPC ; Cons. const. 8 juin 2016, n° 2016-553 QPC). Il en résulte donc que les titres dépourvus de droits de vote sont pris en considération afin d'apprécier la qualité de société mère de l'actionnaire. Toutefois faute d'atteindre 5 %, la participation n'est pas éligible au régime mère-fille et relève du taux d'imposition sur les sociétés de droit commun.

Calcul de l'impôt :

1.000.000 × 4 % × 25 % = 10.000

La participation détenue dans la société Imagerie Tech

La filiale n'est pas soumise à l'impôt sur les sociétés, mais relève de l'impôt sur le revenu. Elle n'est donc pas éligible au régime mère/fille. C'est une société transparente pour laquelle les associés sont imposés dès que la filiale réalise un résultat bénéficiaire, à hauteur de leur quote-part respective (CGI, art. 8). Aussi, la distribution votée ne constitue pas un fait générateur d'impôt.

La participation détenue dans la société Zone Grise

La filiale est éligible au régime mère/fille, la loi prévoyant désormais que les titres détenus en nue-propriété y donnent droit. Toutefois, la distribution votée est une distribution de bénéfices. C'est donc l'usufruitier qui percevra ceux-ci. Le nu-propriétaire a seulement droit à une éventuelle distribution de réserves.

La Cour de cassation admet que les réserves soient également attribuées à l'usufruitier, mais celui-ci a alors une dette de restitution à l'égard du nu-propriétaire (c'est un quasi-usufruit ; Com. 27 mai 2015, n° 14-16.246 ; Com 24 mai 2016, n° 15-17.788).

Par conséquent, la société mère ne devrait rien percevoir de la société Zone Grise même si sa participation est éligible.

2) L'acquisition de titres de la société UnderControl

L'acquisition de titres supplémentaires va conduire à accroître la part du capital détenu par la société mère. La détention passerait ainsi de 4 % à 6 % du capital. La société mère deviendrait donc éligible au régime mère/fille.

Pour déterminer si elle peut en bénéficier dès 2022, il faut comparer la date d'acquisition des titres et la date de mise en paiement du dividende (et non la date de la décision de l'assemblée générale ayant voté la distribution).

En effet, la condition tenant au pourcentage minimal de participation s'apprécie à la date de mise en paiement des dividendes (CGI, art. 145, 1-b). À cet égard, la mise en paiement correspond, en pratique, à la mise du dividende à disposition de l'associé.

Si l'acquisition est antérieure à la date de la mise en paiement du dividende, la société UnderControl pourra bénéficier du régime mère/fille dès 2022. La réponse à la question précédente serait alors modifiée.

3) La mise en fiducie

La constitution d'une fiducie a un effet translatif (C. civ., art. 2011). Aussi, les titres qui sont transférés dans un patrimoine fiduciaire ne peuvent en principe pas être pris en compte pour l'appréciation du seuil de détention de 5 % du capital d'une société mère dans sa filiale permettant l'application du régime des sociétés mères prévu à l'article 145 du CGI.

Toutefois, en application des dispositions du dernier alinéa du 1 de l'article 145 du CGI, les titres que le constituant a transférés dans un patrimoine fiduciaire sont pris en compte pour l'appréciation du seuil de participation de 5 % du capital, sous réserve que les deux conditions suivantes soient satisfaites :

- les titres ont été transférés dans le patrimoine fiduciaire dans les conditions prévues à l'article 238 *quater* B du CGI, c'est-à-dire sous le régime fiscal permettant de ne pas comprendre dans le résultat imposable du constituant les plus ou moins-values résultant du transfert de biens ou droits en fiducie ;

- le constituant conserve l'exercice des droits de vote attachés aux titres transférés dans le patrimoine fiduciaire, ou le fiduciaire exerce ces droits dans le sens déterminé par le constituant, sous réserve des éventuelles limitations convenues par les parties au contrat établissant la fiducie pour protéger les intérêts financiers du ou des créanciers bénéficiaires de la fiducie. Cette condition ne s'applique qu'aux titres transférés dans le patrimoine fiduciaire auxquels sont attachés des droits de vote.

Sous réserve de conserver les droits de vote détenus au sein de la société WoControl, soit directement, soit par l'intermédiaire du fiduciaire, le régime mère/fille dont on a bénéficié la société HeadGroup ne sera pas remis en cause.

4) La fusion de la société mère

Seule la participation détenue dans la société WoControl doit être envisagée ici. En effet, l'absorption de la mère ne change rien pour les trois autres sociétés puisque les titres sont détenus depuis plus de deux ans. L'impôt sur les sociétés sera applicable à la distribution opérée au profit de la société absorbée (si la distribution a lieu avant la fusion) ou à l'absorbante (si elle a lieu après) ; le régime des sociétés de personnes sera applicable pour les bénéfices réalisés par la filiale translucide.

Pour la société WoControl, la fusion, en fonction de la date à laquelle elle pourrait être réalisée, peut heurter l'engagement de conservation des titres pendant deux ans. Par exemple, si la fusion intervient avant le 1er mars 2023, la société mère disparaîtra, entraînant ainsi une potentielle remise en cause de l'exonération de dividendes dont elle a bénéficié au titre de 2022.

Néanmoins, en application des dispositions du troisième alinéa du c du 1 de l'article 145 du CGI, « les titres échangés dans le cadre d'opérations dont le profit ou la perte ne sont pas compris dans le résultat de l'exercice de leur réalisation en application (…) du 7 *bis* de l'article 38 du CGI (fusion ou scission de sociétés) sont réputés détenus jusqu'à la cession des titres reçus en échange ».

En d'autres termes, pour éviter que l'on considère sur le plan fiscal qu'il y ait rupture de l'engagement de conservation, les associés de la société mère absorbée doivent opter pour le sursis d'imposition de la plus-value d'échange prévue par l'article 38, 7 *bis*. Les titres reçus de la société absorbante seront alors réputés poursuivre l'engagement de conservation débuté sur les titres de la société absorbée.

Pour rappel, le 7 *bis* de l'article 38 du CGI ouvre à l'associé de la société absorbée la possibilité de choisir entre :

- soit prendre en compte immédiatement dans son résultat le profit ou la perte généré par l'échange de droits sociaux résultant de la fusion ou de la scission ;

- soit surseoir à son imposition ou sa déduction jusqu'à la cession ultérieure des titres reçus lors de cet échange.

Cas pratique n° 2

1) Le périmètre d'intégration

Le régime d'intégration fiscale est applicable aux sociétés (sociétés mères et filiales) soumises en France, de plein droit ou sur option, à l'impôt sur les sociétés au taux de droit commun sur *la totalité des résultats de leurs exploitations françaises* (CGI, art. 223 A).

Relevant de l'article 8 du CGI et non de l'IS, la SNC MURDET ne peut être membre d'un groupe fiscalement intégré.

De même, le capital des filiales doit être détenu à 95 % au moins, directement ou indirectement, par la société mère de manière continue pendant toute la durée de l'exercice. La détention de 95 % du capital s'entend de la détention en pleine propriété de 95 % des droits à dividende et de 95 % des droits de vote.

Détenue à hauteur de 15 % du capital et 10 % des droits de vote, la SA TRAKI ne peut pas non plus faire partie du groupe constitué par la SA JALLAIN.

2) Le régime applicable au dividende versé à la société-mère et réinvesti dans le capital de la SA TRAKI

Lorsqu'une société soumise à l'impôt sur les sociétés met en distribution des bénéfices ou des réserves, les sommes attribuées aux entreprises associées constituent pour elles des produits financiers taxables.

Contrairement aux entreprises relevant de l'impôt sur le revenu, les sociétés passibles de l'impôt sur les sociétés ne peuvent, en principe, retrancher de leurs bénéfices les dividendes qu'elles perçoivent (la suppression des effets de la théorie du bilan concerne les entreprises relevant de l'IR).

Toutefois, lorsqu'une société française par actions détient dans le capital d'une autre société une participation répondant aux conditions requises par l'article 145 du CGI pour bénéficier du régime des sociétés mère/fille, les produits des actions de la filiale perçus au cours de l'exercice par la société mère peuvent être retranchés du bénéfice net total de celle-ci, à l'exception d'une quote-part de frais et charges (CGI, art. 216).

Le régime mère/filiale peut se combiner avec le régime d'intégration fiscale. Les conditions à respecter sont les suivantes :

- les sociétés mères bénéficiaires de ce régime sont les personnes morales ou organismes soumis de plein droit ou sur option à l'impôt sur les sociétés ;

- les titres détenus par la mère doivent revêtir la forme nominative ou être déposés ou inscrits dans un compte tenu par un intermédiaire habilité à recevoir des titres au porteur ;

- Les titres doivent être détenus en pleine propriété ou en nue-propriété. Ils doivent représenter au moins 5 % du capital de la filiale.

Le taux de cette quote-part de frais et charges est fixé à 1 % pour les produits de participation perçus par une société membre d'un groupe d'intégration fiscale, lorsqu'ils proviennent d'une filiale intégrée ou d'une filiale qui aurait pu être intégrée, si elle était établie en France. En l'espèce, la détention ne permet pas une telle intégration. La quote part taxable est donc de 5 %.

En l'espèce, sous réserve de respecter ces différentes conditions, le dividende versé pourrait relever du régime mère/filiale, ce qui conduirait à une taxation réduite : 450.000 × 5 % × 25 % = 5.625.

Aucune neutralisation de la quote-part de frais et charges ne doit être opérée sur le résultat d'ensemble en présence de sociétés intégrées.

3) La cession intragroupe de l'immeuble

Conformément à l'article 223 F du CGI, les plus-values ou moins-values résultant de cessions intragroupe d'immobilisations ou de titres sont neutralisées pour la détermination du résultat d'ensemble.

Au cas présent, cette plus-value est égale à :

1.000.000 – 200.000 = 800.000 (en supposant que la VNC est correcte à la date de la cession).

Ces immobilisations pouvant être amorties par la société cessionnaire sur la valeur d'acquisition inscrite au bilan, il est également nécessaire de réintégrer au résultat d'ensemble de chaque exercice les suppléments d'amortissements qui en résultent (ce qui correspond à une reprise de la plus-value de cession étalée sur la durée d'amortissement du bien).

La réintégration porte sur la différence entre :

- l'annuité fiscale d'amortissement pratiquée par la société cessionnaire (ex. 100.000 € pendant 10 ans, le prix d'acquisition étant de 1.000.000)

- et l'annuité calculée dans les mêmes conditions et au même taux que celle-ci sur la valeur nette fiscale que l'immobilisation avait dans les écritures de la société cédante (ex. 20.000 € sur 10 ans, la VNC initiale étant de 200.000 €)

Soit une reprise de 80.000 par an pendant 10 ans, ce qui correspond au montant de la plus-value.

4) Le déficit subi avant l'intégration

Selon l'article 209, I alinéa 3 du CGI, le déficit subi au titre d'un exercice est considéré comme une charge de l'exercice suivant et déduit du bénéfice réalisé pendant ledit exercice, dans la limite d'un montant de 1 M €, majoré de 50 % de la fraction du bénéfice excédant ce seuil.

En l'espèce, la société CARAT a imputé sur l'exercice 2021 à hauteur du plafond de 1.100.000 € le déficit subi en 2020.

Son déficit reportable en avant s'élève donc à 900.000 € désormais.

À compter de l'exercice 2022, elle est membre d'un groupe fiscalement intégré. Or, selon l'article 223 I du CGI, les déficits et moins-values à long terme subis par les sociétés du groupe au titre d'exercices antérieurs à leur entrée dans le groupe ne sont imputables que sur leur bénéfice propre, et non sur le résultat d'ensemble.

En outre, le bénéfice d'imputation de la société CARAT est diminué de la plus-value ayant donné lieu à neutralisation au niveau du résultat d'ensemble (plus-value réalisée sur la cession de l'immeuble).

La société CARAT ne peut donc pas utiliser la totalité de son bénéfice 2022 pour l'imputation des déficits antérieurs à l'intégration.

Commentaire d'arrêt

La société Wolseley Centers France, société mère d'un groupe fiscalement intégré, s'est constituée, sur le fondement des dispositions de l'article 223 A du Code général des impôts, seule redevable de l'impôt sur les sociétés dû sur l'ensemble des résultats du groupe. La convention d'intégration conclue entre la société mère intégrante et ses filiales prévoyait que celles-ci devaient participer à la charge globale de l'imposition due par le groupe au prorata de leurs résultats.

À l'issue de la vérification de la comptabilité de cette société portant en matière d'impôt sur les sociétés sur les trois exercices clos au cours des années 1995, 1996 et 1997, l'administration fiscale a considéré que la société mère avait octroyé des subventions indirectes à ces filiales, en raison de la réallocation de l'économie d'impôt réalisée dans le cadre de l'intégration fiscale.

Ces subventions n'ayant pas fait l'objet d'une déclaration, l'administration fiscale a mis à la charge de la société mère une amende égale à 5 % du montant des sommes omises.

Par un jugement en date du 27 septembre 2005, le tribunal administratif de Lyon a déchargé la société Wolseley Centers France de cette amende. La cour administrative d'appel de Lyon a confirmé ce jugement dans un arrêt du 2 avril 2009 et le ministre s'est pourvu en cassation contre cette décision.

La question soumise au Conseil d'État était la suivante : le régime de l'intégration fiscale s'oppose-t-il à une convention conclue entre les sociétés membres du groupe répartissant la charge d'imposition due par le groupe ?

Constatant le silence des textes sur cette question, le Conseil d'État considère « les sociétés membres d'un groupe intégré sont libres de prévoir par une convention d'intégration les modalités de répartition entre ces sociétés de la charge de l'impôt ou le cas échéant de l'économie d'impôt résultant du régime d'intégration ».

La solution du Conseil d'État conduit à remettre en cause la position de l'administration fiscale qui considérait que toute répartition de la charge fiscale favorable aux filiales constituait nécessairement une subvention de la société mère au profit des filiales concernées.

Néanmoins, si le Conseil d'État pose un principe de libre répartition de la charge d'impôt au sein du groupe intégré (I), il précise néanmoins une limite à cette liberté qui est guidée par l'intérêt des filiales et de leurs associés (II).

I. La consécration de la libre répartition de la charge d'impôt au sein du groupe intégré

Le raisonnement du Conseil d'État se fait en deux temps. Il constate dans un premier temps le silence de la loi (A), pour en déduire dans un second temps la possibilité de répartir librement la charge de l'impôt (B).

A. Le silence de la loi

Par motifs adoptés, le Conseil d'État commence par constater dans sa décision du 12 mars 2010 que les textes applicables à l'intégration fiscale ne précisent pas « les conditions de répartition de la charge d'impôt entre les sociétés du groupe ». En effet, le régime de l'intégration fiscale permet à une société mère, dite « tête de groupe », de se constituer seule redevable de l'impôt sur les sociétés et de l'imposition forfaitaire annuelle pour l'ensemble du groupe qu'elle forme avec ses filiales. Mais aucun texte ne précise si une répartition de la charge de l'impôt est possible ou non.

Certes, l'article 223 E prévoit que « les déficits retenus pour la détermination du résultat d'ensemble ne sont pas déductibles des résultats de la société qui les a subis ». On pourrait donc déduire de ce texte que l'économie résultant de l'imputation des déficits n'a pas vocation à profiter à la société déficitaire redevenue bénéficiaire.

Pour l'administration fiscale, le silence de la loi conduit à considérer que seule la société mère doit conserver l'économie d'impôts. Le même argument avait été invoqué dans l'arrêt « Sté GE Healthcare Clinical Systems » rendu le 11 décembre 2009, où l'administration fiscale considérait que le silence des textes empêchait qu'un groupe puisse indemniser la filiale sortante abandonnant au groupe intégré ses déficits.

Ce n'est pas seulement le silence des textes qui justifie la position de l'administration fiscale. C'est également l'idée de neutralité. Ainsi, dans l'optique de l'administration fiscale, l'appartenance à un groupe ne doit pas conduire les sociétés membres du groupe à bénéficier d'un avantage qu'elle n'aurait pas pu obtenir si elles étaient restées en dehors du groupe. Il est vrai que le Conseil d'État semble parfois s'appuyer sur cette idée de neutralité, puisque le juge administratif a pu décider qu'aucune disposition n'autorise « l'une des sociétés d'un groupe fiscal intégré à déduire, dans des conditions différant de celles du droit commun, les pertes ou charges résultant de la prise d'une participation dans une société extérieure à ce groupe » (CE 28 avr. 2006, *Sté SEEE*).

Dans la présente espèce, le Conseil d'État retient une interprétation plus audacieuse des textes relatifs à l'intégration fiscale, en posant un principe de liberté.

B. La possibilité de répartir librement l'économie d'impôt

Dans sa décision du 12 mars 2010, le Conseil d'État considère que les textes ne prévoient pas que l'économie d'impôt qui pourrait résulter du régime de l'intégration fiscale « ne bénéficie qu'à la seule société mère ». En outre, l'article 223 A du CGI prévoit seulement « que les filiales sont tenues solidairement au paiement de l'impôt à hauteur de l'impôt sur les sociétés que devrait chacune d'elle si elle n'était pas membre du groupe ». Dès lors, rien ne s'oppose à la mise en œuvre d'une répartition de la charge de l'impôt entre les sociétés membres du groupe.

Cette décision doit être rapprochée d'un arrêt du 11 décembre 2009, où le Conseil d'État a pu décider qu'« aucune disposition législative ne fait obstacle à ce que, par convention, la société mère s'engage à dédommager une filiale déficitaire qui sort du groupe, du préjudice qu'elle a subi à raison des conséquences fiscales liées à la perte de ce droit. »

De ces deux décisions, il ressort clairement l'idée que le régime de l'intégration fiscale peut faire l'objet d'aménagements conventionnels notables. Ces aménagements tirent les conséquences de la spécificité du régime de l'intégration fiscale. Le régime de l'intégration fiscale conduit à faire supporter une charge financière à une société (la société-mère) alors qu'elle incombe normalement à une autre (la filiale). En effet, seule la société-mère est redevable de l'impôt sur les sociétés au titre du groupe, alors même que l'impôt résulte essentiellement des bénéfices d'une seule filiale.

La convention d'intégration apparaît donc une mesure nécessaire pour respecter l'indépendance juridique de chaque société membre du groupe.

Cependant, les aménagements conventionnels du régime de l'intégration fiscale n'ont pas vocation à profiter seulement à la société-mère. Bien au contraire, les filiales peuvent également bénéficier de ces mesures. Une nouvelle fois, la prise en compte de la personnalité juridique et de l'intérêt social des sociétés membres du groupe conduit à remettre en cause une approche centralisée des conventions d'intégration. Cependant, comme toute convention, le déséquilibre risque d'être sanctionné. Précisément, le Conseil d'État pose des limites à la liberté : la prise en compte de l'intérêt des filiales et des associés minoritaires remet en cause toute convention constitutive d'un acte anormal de gestion.

II. La prise en compte de l'intérêt des filiales et des associés minoritaires

Dans sa décision du 12 mars 2010, le Conseil d'État rappelle que les conventions d'intégration doivent respecter l'intérêt des filiales et des associés minoritaires. À l'aune de ce critère, le mécanisme de répartition des économies d'impôts retenu dans la convention concernée est validé par le juge administratif (A). En effet, le dispositif ne constitue pas un acte anormal de gestion (B).

A. Le mécanisme de répartition des économies d'impôts validé

En l'espèce, la convention d'intégration prévoyait que les filiales bénéficiaires bénéficiant d'une économie d'impôt en raison des déficits supportés par les autres sociétés membres du groupe devaient passer une provision. Ainsi, les filiales bénéficiaires n'étaient pas tenues de verser immédiatement à la mère la totalité de l'impôt dont elles auraient été redevables en cas d'imposition séparée. Toutefois, cet avantage n'était que temporaire. D'où la constitution à proportion d'une provision, dans la mesure où les sociétés déficitaires récupéraient l'avantage correspondant à leurs déficits lorsqu'elles devenaient bénéficiaires. Ce système permettait ainsi à une filiale déficitaire redevenue excédentaire de bénéficier de l'imputation du déficit dont elle a fait bénéficier le groupe intégré auparavant.

Ce dispositif était critiquable pour l'administration. Selon celle-ci, le fait que les filiales bénéficiaires conservent le bénéfice de l'économie d'impôt sans le rétrocéder à la mère était constitutif d'une subvention indirecte non déclarée. On notera que l'administration fiscale n'a pas tenu compte de l'hypothèse du reversement de l'économie d'impôt à la filiale déficitaire redevenue bénéficiaire.

Toujours est-il que le Conseil d'État valide un tel dispositif, permettant ainsi aux praticiens d'avoir des repères sur le contenu envisageable des conventions d'intégration.

B. L'acte anormal de gestion écarté

Dans la présente affaire, le Conseil d'État considère que la répartition prévue par les stipulations de la convention d'intégration « ne porte atteinte ni à l'intérêt social propre de chaque société ni aux droits des associés ou des actionnaires minoritaires et ne constitue pas, par suite, un acte anormal de gestion ». Autrement dit, la convention en cause ne viole pas l'intérêt des entreprises concernées, puisqu'elle prend en compte la situation de chacune.

La théorie de l'acte anormal de gestion s'appuie sur l'idée que toute décision de l'entreprise ayant une répercussion fiscale doit être prise dans l'intérêt de celle-ci. Autrement dit, l'opération en cause doit être justifiée par la volonté de conserver ou d'acquérir un bénéfice. Dans le cas des conventions d'intégration en cause, cet objectif est atteint : la filiale déficitaire qui permet à une filiale bénéficiaire de faire une économie « retrouve » la possibilité d'imputer ses déficits en cas de retour à une situation bénéficiaire.

Si en faisant référence à l'acte anormal de gestion, le Conseil d'État pose une limite à la liberté conventionnelle qu'il a lui-même dégagée, certaines interrogations demeurent. En effet, si seule la société mère supporte la charge d'impôts (et bénéficie des éventuelles économies d'impôts), peut-on encore considérer, au regard de la décision du 11 avril 2010, que l'acte de gestion est normal ? La jurisprudence du Conseil d'État n'est-elle pas en train de rendre obligatoire la conclusion d'une convention d'intégration ?

De la même façon, on peut se demander si la filiale qui a été déficitaire sur une longue période ne risque pas d'être désavantagée si elle n'est pas en mesure de récupérer les économies d'impôt dont elle a pu faire bénéficier la société mère. La question se pose avec une acuité certaine en cas de sortie du groupe sans qu'une indemnisation n'ait été prévue.

chapitre 10

Les opérations de restructuration du capital

Plan analytique

section 1

Les opérations portant sur le capital social

§ 1 Les apports en société

A. Les droits d'enregistrement

B. La fiscalité pour l'associé

§ 2 Les rachats de titres et les réductions de capital

A. Les droits d'enregistrement

B. La fiscalité pour l'associé

§ 3 L'acquisition d'une société cible par l'intermédiaire d'une société holding

§ 4 Les autres opérations

A. La transformation de la société

B. La dissolution de la société

C. Le changement d'activité

section 2

Les fusions et opérations assimilées

§ 1 Les fusions

A. Les règles comptables

B. Le régime fiscal de droit commun

C. Le régime fiscal de faveur

D. Les enjeux liés à la date de la fusion

E. La situation des associés

F. Les droits d'enregistrement et la TVA

G. Le cas particulier de l'absorption de la filiale par la société-mère, la fusion simplifiée et la dissolution-confusion

§ 2 Les apports partiels d'actifs

A. Les règles comptables

B. Le régime fiscal de droit commun

C. Le régime de faveur

§ 3 Les scissions

Compléments pédagogiques

Les opérations de restructuration du capital

Les opérations de restructuration désignent les opérations qui affectent l'existence et la structure du capital des entreprises. Elles concernent théoriquement à la fois les entreprises individuelles et les sociétés. Mais, en pratique, ce sont surtout les sociétés qui font l'objet d'opérations de restructuration, dans la mesure où la forme sociétaire est un passage obligé dès que l'activité de l'entreprise prend une certaine importance. 937

Au sein des opérations de restructuration, les finalités poursuivies ne sont pas toujours les mêmes. Certaines visent à créer une nouvelle activité (ex. apport à une société nouvelle), d'autres à assurer son financement (ex. augmentation de capital), d'autres encore consistent à réaliser un regroupement d'activités ou à l'inverse une séparation. Parmi ces finalités, figure notamment le transfert d'activité. Le transfert d'activité est une opération économique réalisée couramment par les entreprises. Transférer une activité, c'est transférer un ensemble d'actifs (et le plus souvent de passifs) à une entité juridiquement distincte de celle détenant ces éléments *ab initio*. D'un point de vue juridique, ce transfert peut prendre des formes très variées : cession de fonds de commerce ; dissolution sans liquidation ; *fusion*[Q] ; *apport partiel d'actifs*[Q] ; *scission*[Q] ; cession ou apport de titres. 938

De ces différentes opérations de transfert d'activités, il ressort que certaines sont réalisées moyennant une contrepartie monétaire (ex. vente de fonds de commerce ou de droits sociaux), tandis que d'autres non (ex. apport de titres). Aussi, il n'est pas illégitime de soumettre ces flux financiers, lorsqu'ils existent, à l'impôt et à l'inverse, d'écarter la contrainte fiscale lorsqu'aucun flux financier n'apparaît. Précisément, lorsque l'opération menée ne génère aucun flux, il est très fréquent que la loi fiscale considère que l'opération présente un caractère intercalaire. Qu'est-ce que cela signifie ? Cela signifie que malgré le changement économique opéré ou le changement d'habit juridique, on va considérer que c'est la même entreprise qui poursuit l'activité transférée. C'est notamment le cas des fusions ou des opérations d'apports de titres. Celles-ci bénéficient d'un régime de faveur conduisant à neutraliser un certain nombre de conséquences fiscales qui devraient normalement se produire. 939

Toujours est-il que ces différentes modalités de transfert d'activités n'ont pas les mêmes conséquences sur les flux financiers, la répartition du capital social, la structure des actifs détenus et les aspects fiscaux. 940

Abordons successivement les opérations portant sur le capital social (section 1) et les opérations de fusions et assimilées (section 2). 941

section 1

Les opérations portant sur le capital social

942 Les opérations portant sur le capital social peuvent prendre des formes variables et produire des effets différents. Certaines conduisent à faire varier les capitaux propres de la société à la hausse ou à la baisse, tandis que d'autres modifient la détention du capital et éventuellement des actifs de l'entreprise. Tout dépend de la nature de l'opération et des modalités retenues par les parties, les effets produits pouvant se combiner (par exemple, une augmentation de capital réservée à un nouvel investisseur conduit à une variation du capital et à une modification de sa détention). Pour en mesurer les conséquences fiscales, il est nécessaire d'appréhender successivement les apports en société (§1), les réductions de capital (§2), l'acquisition d'une société cible par l'intermédiaire d'une société holding (§3) et les autres opérations (§4).

§ 1 Les apports en société

943 Les apports en société soulèvent deux types d'interrogation fiscale. Il s'agit d'une part des droits d'enregistrement, à la charge de la société (A) et d'autre part, de la fiscalité pesant éventuellement sur l'associé (B).

A. Les droits d'enregistrement

944 Les droits d'enregistrement applicables aux opérations d'apport et d'augmentation de capital ont quasiment disparu. En effet, le législateur a multiplié les hypothèses où l'enregistrement se fait gratuitement. Une exception importante doit néanmoins être relevée lorsque l'apport s'apparente pour beaucoup à une vente ou à un échange en allant au-delà d'une simple remise de titres. Dans ce cas, la loi se montre moins clémente. Il est donc nécessaire de délimiter les apports (1), pour mieux cerner leur régime de taxation (2).

1. *La délimitation des apports*

945 La société dispose de la personnalité morale et donc d'un patrimoine. Les biens et valeurs qui sont nécessaires à son exploitation lui sont apportés par les associés de sorte qu'ils passent d'un patrimoine à un autre : du patrimoine de l'associé apporteur au patrimoine de la société. L'associé apporteur ne bénéficie pas à proprement parler d'une satisfaction immédiate, puisqu'il ne perçoit pas un prix, mais obtient des titres dont la valeur va dépendre de l'évolution de l'activité de la société.

946 Le régime fiscal de l'apport en société est donc moins sévère que celui des autres mutations à titre onéreux, ne serait-ce que pour ne pas empêcher ou défavoriser la constitution de sociétés. En droit des sociétés, les apports peuvent avoir plusieurs objets. Ils peuvent porter sur des espèces (on parle d'apports en numéraire), des meubles, corporels ou incorporels, ou encore des immeubles (on parle alors d'apports en nature). L'apport peut aussi bien être en propriété qu'en jouissance. En droit fiscal, l'apport est qualifié de pur et simple lorsque l'associé apporteur obtient en échange

de son apport des titres de la société bénéficiaire de l'apport. L'apport est qualifié d'apport à titre onéreux lorsque l'apporteur bénéficie d'un avantage direct ou indirect, fourni par la société.

Par exemple, l'apport à titre onéreux se rencontre dans le cas où l'apporteur se fait 947 ■
rémunérer par la remise d'obligations ou par la prise en charge d'une dette de l'apporteur. L'apport sera mixte lorsqu'il est à la fois pur et simple et à titre onéreux. Par exemple, l'apport en société d'un immeuble grevé d'une hypothèque ou l'apport d'un fonds de commerce avec prise en charge du passif par la société bénéficiaire.

La qualification d'apport pur et simple ou d'apport à titre onéreux est essentielle puisque dans un cas seul un droit d'apport sera dû, avec des possibilités d'exonération, tandis que dans l'autre cas, un droit de mutation sera exigé.

Apport pur et simple

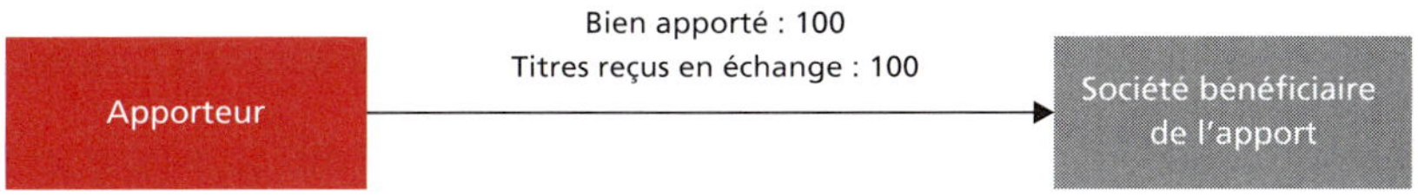

Apport à titre onéreux

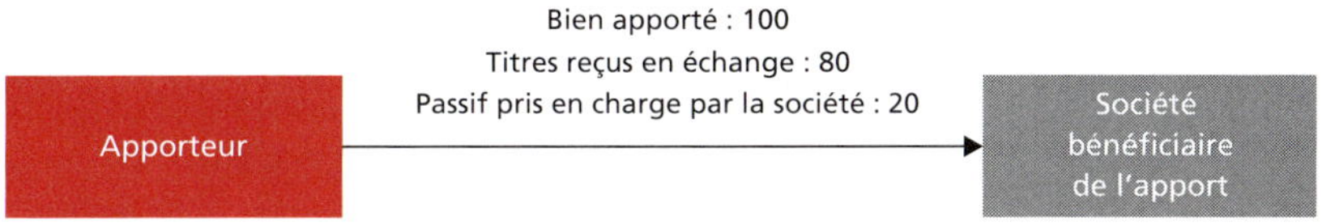

Lorsque plusieurs éléments sont apportés à une société, il peut être délicat d'imputer 948 ■
le passif qui est pris en charge par la société. Le principe est celui de la liberté des parties : elles peuvent imputer le passif sur les éléments de leurs choix. À défaut de choix exprès, le passif se répartit proportionnellement aux valeurs des divers éléments composant l'apport. La liberté d'imputation étant reconnue aux parties, elles l'utiliseront le plus souvent de façon à réaliser une économie d'impôt, en présence d'un apport mixte et sauf dispositions contraires. Les parties ont ainsi intérêt à pratiquer l'imputation sur les éléments pour lesquels il est indifférent qu'ils soient apportés à titre onéreux, soit parce qu'ils échappent à tout droit d'enregistrement, soit parce que leur vente est imposée de la même façon que leur apport.

Exemple

Soit une société anonyme à laquelle il est apporté un immeuble commercial d'une valeur de 600.000 € et des créances d'un montant de 200.000 €, à charge pour la société d'acquitter un passif de 50.000 € incombant à l'apporteur (les autres éléments d'actif de l'entreprise étant apportés par un tiers).

Cet apport est à titre onéreux à concurrence de 50.000 € et pur et simple pour le surplus, soit 750.000 €.

On aura intérêt à préciser dans l'acte que le passif est imputable entièrement sur les créances. L'apport de 600.000 € portant sur l'immeuble pourra alors être considéré en totalité comme un apport pur et simple exonéré de droits d'enregistrement sauf exceptions.

Si aucune précision n'était portée dans l'acte, on devrait procéder à une imputation proportionnelle du passif, soit 12.500 € sur les créances et 37.500 € sur l'immeuble. La charge fiscale serait plus lourde, puisque l'apport de l'immeuble serait considéré comme pur et simple à concurrence de 562.500 € seulement et comme à titre onéreux (tarif de 5 %) à concurrence de 37.500 €.

2. *La taxation des apports*

949 Trois critères se combinent : la nature de l'apport ; la nature du bien apporté ; le statut fiscal de l'apporteur et de la société bénéficiaire.

950 En ce qui concerne la nature de l'apport, on distingue les apports purs et simples et les apports à titre onéreux. Seuls les apports à titre onéreux donnent lieu à un droit de mutation. Les apports à titre pur et simple sont enregistrés gratuitement (CGI, art. 810, I).

951 Le droit de mutation applicable varie selon la nature du bien apporté. Pour les fonds de commerce et opérations assimilées, les droits prélevés sont déterminés par le barème prévu à l'article 719 du Code général des impôts sur renvoi opéré par l'article 810, III du même code. En ce qui concerne les immeubles, le droit de mutation s'élève à 5 %. Ce dernier taux est le fruit d'une combinaison de taxes prélevées par l'État et les collectivités locales (CGI, art. 683 *bis*, 1584 et 1595 et 1595 *bis*). Toutefois, l'enregistrement des apports d'immeubles entrant dans le champ d'application de la taxe sur la valeur ajoutée est gratuit (CGI, art. 810, IV).

952 En ce qui concerne le statut fiscal de l'apporteur et de la société bénéficiaire de l'apport, il n'y a aucune difficulté lorsqu'ils sont tous deux soumis à l'impôt sur le revenu ou tous deux soumis à l'impôt sur les sociétés. Toutefois, il faut noter que lorsqu'une personne morale soumise à l'impôt sur les sociétés fait un apport au profit d'une autre société soumis à cet impôt les droits de mutation trouvent à s'appliquer si aucun impôt n'avait été prélevé lors de l'apport d'origine. En outre, il faut porter une attention particulière à l'hypothèse où l'apporteur est soumis à l'impôt sur le revenu et la société bénéficiaire de l'apport est soumise à l'impôt sur les sociétés (CGI, art. 809-I-3°). En effet, dans ce cas, la loi assimile les apports purs et simples à des apports à titre onéreux, lorsqu'ils portent sur des immeubles, des fonds de commerce ou un droit au bail. Ce qui conduit à appliquer un droit spécial de mutation pour un apport pur et simple.

953 Toutefois, en cas d'apport d'une entreprise individuelle à une société relevant de l'article 151 *octies* du Code général des impôts, l'article 810, III, alinéa 2 prévoit que les apports d'immeubles, de fonds de commerce ou de droit au bail sont enregistrés gratuitement si l'apporteur prend l'engagement de conserver les titres qui lui ont été remis pendant trois ans. Pour les immeubles, la loi exige également que l'apport porte sur l'ensemble des éléments d'actif immobilisés affectés à l'exercice d'une activité professionnelle. Cette mesure de faveur légale conduit ainsi à écarter l'application des dispositions de l'article 809, I, 3° du CGI qui répute à titre onéreux les apports réalisés par une personne soumise à l'impôt sur le revenu au profit d'une société relevant de l'impôt sur les sociétés. Elle ne permet pas d'éviter l'impôt s'agissant d'un apport à titre onéreux en raison de l'avantage consenti à l'apporteur.

Tableau

Apports/ Apporteur	Apports purs et simples				Apports à titre onéreux			
	Espèces Créances	Titres	Immeubles	Fonds de commerce	Espèces Créances	Titres	Immeubles	Fonds de commerce
- Soumis à l'IS - Soumis à l'IR et société bénéficiaire soumise à l'IR	Gratuit (CGI, art. 810, I)	Gratuit (CGI, art. 810, I)	Gratuit (CGI, art. 810, I)	Gratuit (CGI, art. 810, I)	Gratuit (CGI, art. 810, I)	0,1 % pour les actions 3 % pour les parts sociales	5 % (droit proportionnel CGI, art. 810)	0 ; 3 % ; 5 % selon la valeur du bien (CGI, art. 809-3° et 719)
- Soumis à l'IR et société bénéficiaire soumise à l'IS	Gratuit (CGI, art. 810, I)	0,1 % pour les actions 3 % pour les parts sociales (CGI, art. 726)	5 % (droit proportionnel, CGI, art. 810, III) sauf conservation des titres et sous réserve d'appartenir à un ensemble d'actifs immobilisés affectés à une activité professionnelle	0 ; 3 % ; 5 % selon la valeur du bien (CGI, art. 809-3° et 719), sauf conservation des titres	Gratuit (CGI, art. 810)	0,1 % pour les actions 3 % pour les parts sociales (CGI, art. 726)	5 % (droit proportionnel CGI, art. 810)	0 ; 3 % ; 5 % selon la valeur du bien (CGI, art. 809-3° et 719)

954 Les apports faits en cours de société à l'occasion d'une augmentation de capital sont soumis au même régime fiscal que les apports faits lors de la formation de la société.

B. La fiscalité pour l'associé

955 Les opérations d'apport et d'augmentation de capital ne sont pas sans conséquences fiscales pour l'associé y participant. Si elles donnent lieu à un transfert d'actifs au profit de la société, l'apport est un fait générateur de plus-value. Celle-ci donnera lieu à un régime fiscal distinct selon la qualité de l'apporteur (personne physique ou morale), son régime fiscal (impôt sur le revenu ou impôt sur les sociétés) ainsi que la nature du bien (les plus-values mobilières ou immobilières peuvent donner lieu à des régimes différents, notamment dans le cadre de l'impôt sur le revenu). Ces différents régimes ont été vus précédemment, inutile d'y revenir ici.

956 Les opérations d'augmentation de capital par apport en numéraire n'ont en revanche pas d'incidence pour l'associé qui y souscrit. S'il s'agit d'une personne physique agissant dans le cadre de son patrimoine privé, l'apport en numéraire ne constitue pas un fait générateur de plus-value, contrairement à un apport en nature. S'il s'agit d'une personne physique ou morale disposant d'un bilan, l'apport réalisé modifie seulement la nature des actifs détenus : à la trésorerie apportée, se substituent les titres émis par la société.

957 Enfin, certaines opérations d'augmentation de capital peuvent se réaliser sur la base d'une compensation. La dette de souscription à l'augmentation de capital peut ainsi être compensée avec une dette pesant sur la société à l'égard du même associé ou futur associé. C'est notamment le cas en présence d'un compte courant d'associé. La dette de remboursement pesant sur la société peut être compensée avec la dette de souscription lors d'une augmentation de capital par incorporation de la créance en compte courant. Ici, la société trouve le moyen de diminuer les dettes figurant à son bilan et l'associé trouve le moyen d'obtenir des titres, sans consentir un nouvel effort de trésorerie. Lorsque cette créance en compte courant d'associé aura été acquise à un prix décoté auprès d'un associé ayant quitté la société, l'augmentation de capital subséquente réalisée par incorporation de cette créance, conduira à faire émerger un gain imposable entre les mains de l'associé. Par exemple, si une créance en compte courant d'un montant d'un million d'euros donne lieu à une augmentation de capital pour une valeur nominale de même montant alors que cette créance a été acquise pour 500.000 pour l'associé entrant, celui-ci va devoir constater sur son résultat imposable un gain de 500.000 €.

L'article 209, VII *bis* du Code général des impôts prévoit toutefois un mécanisme d'atténuation. En l'occurrence, lorsque des titres de participation ont été acquis dans le cadre d'une opération d'augmentation de capital libérée par compensation avec des créances liquides et exigibles qui ont été acquises auprès d'une entreprise tierce non liée à l'entreprise qui acquiert les titres, ni à l'entreprise émettrice, le profit imposable est déterminé en tenant compte de la valeur réelle des titres reçus en contrepartie et non sur la base de la valeur nominale des titres reçus en contrepartie. Dans l'exemple précédent, cela signifie qu'il est possible de retenir une valeur inférieure à 1.000.000 €. En outre, depuis la loi de finances pour 2021, il n'est plus exigé que l'entreprise auprès de laquelle les créances ont été acquises ne soit pas liée à l'entreprise émettrice lorsque l'augmentation de capital est effectuée dans le cadre d'un protocole de conciliation constaté ou homologué dans les conditions prévues à l'article L. 611-8 du Code de commerce ou d'un plan de sauvegarde ou de redressement.

§ 2 Les rachats de titres et les réductions de capital

Les opérations de rachat de titres et les opérations de réduction de capital ne doivent pas être confondues. Les premières conduisent à une cession : la société rachète ses propres titres moyennant le versement d'un prix, éventuellement en finançant celui-ci par emprunt, sous réserve que celui-ci soit conclu dans l'intérêt de la société (CE 15 févr. 2016, *SNC Pharmacie Saint-Gaudinoise*, n° 376739). Les secondes conduisent à supprimer des titres ou à réduire leur valeur nominale. Bien sûr, les opérations de rachat peuvent être suivies d'une opération de réduction de capital : une société peut annuler ses titres après les avoir rachetés et cela d'autant plus que certaines formes sociales sont soumises à une interdiction de détenir leurs titres au-delà d'un certain seuil. Mais les rachats de titres ne sont pas toujours suivis d'une telle opération de réduction. Ils peuvent également donner lieu à une revente ou à une attribution gratuite au profit de dirigeants ou de salariés. En raison de leurs finalités communes, ces deux catégories d'opérations peuvent néanmoins être analysées ensemble sous l'angle des droits d'enregistrement (A) et de la fiscalité engendrée pour l'associé qui y participe (B). 958

A. Les droits d'enregistrement

Les réductions de capital de sociétés contre annulation ou réduction du nominal ou du nombre de titres sont enregistrées gratuitement (CGI, art. 814 C, 1°). La loi conforte ici la jurisprudence de la Cour de cassation qui a infirmé la position de l'administration qui considérait que le droit de partage était applicable (Com. 23 sept. 2008). 959

À l'inverse, et toujours au titre des droits d'enregistrement, les rachats d'actions sont en principe soumis au taux de 0,1 % sur le prix de cession (ou la valeur vénale si elle est supérieure), sauf s'il s'agit des titres d'une société à prépondérance immobilière auquel cas le taux est de 5 %. 960

Toutefois, « les réductions de capital consécutives au rachat par les sociétés de leurs propres titres, avec attribution de biens sociaux aux associés, y compris du numéraire, lorsqu'un seul acte est établi pour constater les deux opérations » sont enregistrées gratuitement, en application de l'article 814 C, 2° du CGI. 961

B. La fiscalité pour l'associé

La fiscalité pour l'associé est fondamentalement différente selon que l'opération réalisée est un rachat d'actions (1) ou une réduction de capital non motivée par les pertes (2). La réduction de capital motivée par les pertes n'entraîne quant à elle pas de fiscalité en elle-même dès lors qu'elle matérialise la contribution aux pertes des associés (3). 962

1. *Les rachats de titres*

963 Jusqu'à récemment, la fiscalité applicable aux opérations de rachats de titres était pour le moins complexe. En effet, au fil des réformes, le législateur a instauré des régimes fiscaux variant selon la nature de l'opération réalisée. Ainsi, lorsque le rachat des titres était effectué en vue d'une réduction de capital non motivée par les pertes, sur le fondement de l'article L. 225-207 du Code de commerce, les sommes attribuées à l'associé subissaient un régime de taxation hybride. Précisément, le prix de rachat versé à l'associé était susceptible de générer un revenu distribué, au-delà du remboursement d'apport et une plus-value, c'est-à-dire deux qualifications provoquant deux régimes fiscaux différents. En d'autres termes, à chaque fois que le prix d'acquisition ou de souscription des titres était inférieur à la valeur d'apport, l'associé concerné était taxé sur la plus-value réalisée, taxation s'ajoutant à celle subie sur le revenu distribué. L'essentiel du prix de rachat constituait donc le plus souvent un revenu distribué et à la marge, il pouvait constituer une plus-value.

964 Même si son champ d'application était large, ce régime de taxation hybride n'a jamais été généralisé. Mieux, certains programmes de rachat d'actions se voyaient appliquer un seul régime fiscal, en l'occurrence celui des plus-values de cession, en vertu de l'article 112, 6° du Code général des impôts. Les opérations de rachat de titres en vue de leur attribution aux salariés ainsi que les rachats réalisés au sein des sociétés par actions, conformément aux articles L. 225-209 à L. 225-212 du Code de commerce étaient effectivement soumises au régime des plus-values de cession, échappant ainsi au régime hybride qui constituait le droit commun. Une telle différence de régime a été critiquée et a notamment conduit à une question prioritaire de constitutionnalité.

965 Jugeant la question bien fondée dans une décision du 20 juin 2014, le Conseil constitutionnel a invité le législateur à opérer une réforme législative et a décidé d'abroger de manière différée le régime dérogatoire de l'article 112, 6° du Code général des impôts. La seconde loi de finances rectificative pour 2014 tire les conséquences de la décision du Conseil constitutionnel. Désormais, un régime fiscal uniforme s'applique aux rachats de titres. Le régime hybride a été supprimé au profit d'une généralisation du régime des plus-values de cession. En d'autres termes, le régime d'exception d'hier est devenu aujourd'hui le régime de principe.

966 L'article 112, 6° du Code général des impôts dispose à présent que « ne sont pas considérés comme revenus distribués : (...) Les sommes ou valeurs attribuées aux associés ou actionnaires au titre du rachat de leurs parts ou actions ». Ce texte conduit à généraliser le régime des plus-values à l'ensemble des opérations de rachats de titres, sans aucune distinction. Les rachats de titres, suivis ou non d'une annulation, suivis ou non d'une cession sont désormais soumis au même régime, celui des plus-values de cession. La décision du Conseil constitutionnel avait conduit à l'abrogation de l'article 112,6° du Code général des impôts qui prévoyait l'application du régime des plus-values pour certaines opérations de réduction de capital. L'intervention du législateur conduit quant à elle à généraliser ce régime à toutes les opérations de réduction et à supprimer le régime hybride qui constituait hier le droit commun en la matière.

Le traitement de cette plus-value dépend de la qualité de l'associé et de son régime fiscal. En présence d'un associé soumis à l'impôt sur le revenu, c'est le régime des plus-values privées (v. ss 282) ou le régime des plus-values professionnelles (v. ss 555) qui trouvera à s'appliquer selon les hypothèses. Ainsi, si les titres rachetés relèvent la gestion du patrimoine privé de l'associé, c'est le régime des plus-values privées qui s'appliquera. À l'inverse, si les titres rachetés appartiennent à une personne physique ou à une personne morale relevant de l'article 8 du Code général des impôts et que les titres en cause concourent à l'exercice de l'activité professionnelle, le gain réalisé relève du régime des plus-values professionnelles. La mise en œuvre du régime des plus-values plutôt que celui des distributions rend en pratique le rachat de titres particulièrement attractif, notamment pour les associés personnes physiques qui sont en mesure de bénéficier des abattements pour durée de détention (v. ss 301). Aussi, de nombreux conseils ont incité leurs clients à procéder à des rachats partiels pour attribuer des liquidités dans un cadre fiscal avantageux. Toutefois, l'administration juge le procédé abusif, notamment lorsque le rachat ne conduit pas à modifier la structure du capital : n'est-ce pas là le signe que l'opération poursuit un but seulement fiscal ? Une telle position est largement critiquable et cela pour au moins deux raisons. D'une part, le contribuable est toujours libre de choisir la voie la moins imposée. D'autre part, de manière intrinsèque, les rachats de titres permettent d'améliorer la rentabilité des capitaux propres (en réduisant la part de ceux qui sont investis dans le capital de la société procédant au rachat). Le Comité de l'abus de droit fiscal a confirmé une telle analyse et a rappelé que le seul fait de choisir la voie la moins imposée n'était pas abusif. Il en irait autrement que si l'administration apporte la preuve d'un montage artificiel (sur cette notion, v. ss 1483). 967 ■

De surcroît, en écartant la qualification de produit de participation au profit de celle de plus-value, le législateur exclut par la même occasion le régime société mère-fille qui permet de bénéficier d'une exonération sous conditions des produits de participation. Désormais, le gain réalisé lors d'un rachat de titres appartenant à une société soumise à l'impôt sur les sociétés sera assimilé à un résultat d'exploitation soumis au taux normal, sauf si les titres en cause sont des titres de participation détenus depuis plus de deux ans. Dans ce dernier cas, la plus-value nette à long terme sera exonérée, à l'exception d'une quote-part de 12 % (v. ss 723). 968 ■

2. *Les réductions de capital non motivées par les pertes*

La réduction de capital nécessite une décision de l'assemblée générale extraordinaire de la société. Parce qu'elle amoindrit les capitaux propres de la société, les créanciers sociaux disposent d'un droit d'opposition (ex. pour les SA, C. com., art. L. 225-204). Tandis que la réduction de capital motivée par les pertes est l'occasion d'apurer le bilan et conduit les associés à assumer leur engagement de contribuer aux pertes, la réduction de capital non motivée par les pertes est l'occasion de distribuer les richesses accumulées par la société. Elle se traduit donc par une répartition au profit des associés de sommes ou de valeurs sociales en échange soit d'une suppression de titres, soit d'une diminution de la valeur nominale des titres détenus par les associés. Celle-ci est la technique la plus fréquente car elle permet de laisser inchangé le nombre d'actionnaires. 969 ■

L'analyse fiscale des opérations de réduction de capital non motivées par les pertes n'est pas simple : les sommes attribuées aux associés constituent-elles un simple 970 ■

remboursement d'apport ou consacrent-elles un enrichissement ? Pour résoudre la question, l'article 112 du Code général des impôts opère les distinctions suivantes. Les répartitions effectuées au profit des associés qui présentent le caractère d'un remboursement d'apports ne sont pas considérées, en vertu des dispositions du 1° de l'article 112 du CGI, comme des distributions de revenus. Le 1° de l'article 112 du CGI assimile expressément au remboursement du capital proprement dit celui des primes d'émission, sans qu'il y ait lieu de rechercher suivant que la prime est ou non restée identifiée au bilan, qu'elle ait ou non été incorporée au capital, qu'elle profite ou non aux actions qui en ont comporté le versement. L'article 112 comporte toutefois certaines restrictions pour que la réduction de capital soit qualifiée de remboursement d'apport. Les bénéfices et les réserves, autres que la réserve légale, doivent être auparavant répartis. En outre, ni les réserves incorporées au capital, ni les sommes incorporées au capital ou en réserve à l'occasion d'une fusion ou d'une scission ne peuvent être considérées comme des apports. Autrement dit, lorsque des réserves figurent au bilan de l'entreprise, les sommes attribuées aux associés sont assimilables à une distribution et non à un remboursement d'apport non taxé. Et il ne servirait à rien d'incorporer ses réserves au capital, au regard des dispositions de l'article 112 du CGI. La loi opère ici une véritable fiction, indifférente aux modalités comptables de l'opération.

Exemple

Si une société dispose d'un capital social de 100.000 €, issu des apports réalisés lors de sa constitution et de réserves (autres que légales) d'un montant de 60.000 €, la réduction de capital prévoyant l'attribution aux associés d'une somme de 80.000 € est fiscalement analysée un remboursement d'apport non taxé (20.000) et une distribution à hauteur des réserves (60.000)

■ 971 Les modalités d'imposition de la quote-part des sommes reçues ayant la nature de revenus distribués dépendent de la qualité de l'actionnaire. Depuis la loi de finances pour 2018, le contribuable personne physique dispose d'une option pour l'imposition des revenus distribués par une société : - soit il opte pour le barème progressif de l'impôt sur le revenu (option globale) après déduction d'un abattement de 40 % (CGI, art. 158, 3, 2°) ; - soit il est soumis au prélèvement forfaitaire de 12,8 % auquel s'ajoutent les prélèvements sociaux de 17,2 % sur le montant brut distribué, soit un PFU global de 30 %. Dans tous les cas, la distribution donne lieu à l'application d'un prélèvement forfaitaire non libératoire de 12,8 % qui s'imputera l'année suivante sur l'impôt calculé définitivement (v. ss 263).

■ 972 Pour une personne morale soumise à l'impôt sur les sociétés, le remboursement d'apport n'entraîne pas une augmentation de l'actif net car il conduit à réduire le prix de revient des titres. En revanche, les revenus distribués constituent en revanche un revenu imposable soit à l'impôt sur les sociétés, soit dans le cadre du régime mère-fille (si les conditions de celui-ci sont respectées, v. ss 835).

3. *Les réductions de capital motivées par les pertes*

Les réductions de capital motivées par les pertes conduisent à assainir le bilan de la société en faisant supporter aux associés les pertes accumulées par celle-ci. Concrètement, cela signifie que le montant du capital social va être diminué (et donc par la même occasion les droits des associés détenus sur la société) du montant des pertes enregistrées (report à nouveau débiteur). Cette réduction de capital est parfois obligatoire : la loi impose aux sociétés par actions et aux sociétés à responsabilité limitée de réduire leur capital social lorsque les capitaux propres sont devenus inférieurs à 50 % du capital social (C. com., art. L. 223-42 et L. 225-248). 973 ■

Exemple - Bilan de la société X avant réduction de capital motivée par les pertes

Actif	Passif
Actif immobilisé Immobilisations incorporelles 300.000 **Actif circulant** Disponibilités 20.000	**Capitaux propres** Capital social 200.000 Report à nouveau (débiteur) – (80.000) **Dettes** Emprunt 200.000

Bilan de la société X après réduction de capital motivée par les pertes

Actif	Passif
Actif immobilisé Immobilisations incorporelles 300.000 **Actif circulant** Disponibilités 20.000	**Capitaux propres** Capital social 120.000 Report à nouveau 0 **Dettes** Emprunt 200.000

Sur le plan économique, les associés ne perçoivent rien de la société, contrairement à la réduction de capital non motivée par les pertes. En revanche et au plan fiscal se pose la question de savoir s'ils sont en mesure de constater une perte, puisque la réduction de capital a conduit à une perte totale ou partielle du montant de leur apport. En la matière, il faut distinguer selon la qualité de l'associé. Si celui-ci dispose d'un bilan et que les titres de la société ayant réalisé l'opération de réduction de capital y sont inscrits, l'associé est en mesure de constater une perte si elle est définitive. Sur ce point, le Conseil d'État considère qu'une moins-value ne peut être constatée qu'à la condition que « la perte de valeur puisse être tenue pour définitive et certaine dans son montant »... ce qui n'est pas le cas si la réduction de capital est suivie d'une augmentation de capital à laquelle l'associé participe (CE 17 oct. 2008, *Cogefal*, n° 293467). En d'autres termes, si les titres sont annulés et que l'associé ne participe pas à une augmentation de capital pour se maintenir dans la société, la perte est définitive et il peut constater une moins-value si les titres constituaient un actif immobilisé. Celle-ci suivra le régime propre aux titres concernés et la qualité de 974 ■

l'associé. En particulier, si les titres sont détenus par une société soumise à l'impôt sur les sociétés et que la moins-value porte sur des titres de participation détenus depuis plus deux ans, elle ne sera pas déductible (v. ss 727).

En revanche, si l'associé souscrit aux titres nouvellement émis à la suite de la réduction de capital, le montant total investi doit tenir compte de la valeur des titres annulés et n'ayant pas donné lieu à la constatation d'une perte définitive. En cas de cession ultérieure, le prix de revient des titres cédés devra inclure le prix de revient des titres annulés, étant observé qu'une répartition au prorata sera nécessaire si les titres initiaux relèvent du régime du long terme et que les titres cédés le sont à court terme. De même, si les titres donnent lieu à une réduction de la valeur nominale sans que celle-ci ne soit nulle, l'associé conservera la valeur d'acquisition initiale de ses titres immobilisés (ann. III CGI, art. 38 *quinquies*). Sa perte ne deviendra définitive qu'en cas de cession ultérieure des titres ou lors de leur annulation éventuelle. Lorsque la perte n'est pas définitive, l'associé peut passer une provision pour dépréciation des titres. Le régime fiscal de cette provision varie selon la catégorie à laquelle appartiennent les titres. Ainsi, la provision pour dépréciation des titres de participation n'est pas déductible (art. 39, 1, 5° et 219, I-a *quinquies* CGI). De même, s'il s'agit de titres détenus au sein de sociétés à prépondérance financière, la provision ne peut faire l'objet d'aucune déduction à concurrence du montant des distributions ayant ouvert droit au régime mère/fille au cours des cinq exercices précédents (CGI, art. 219, I-a *ter*).

975 Lorsque l'associé agit dans le cadre de son patrimoine privé, c'est le régime des plus-values privées sur droits sociaux et valeurs mobilières qui trouve à s'appliquer. En la matière, le Code général des impôts ne prévoit pas la possibilité de constater une moins-value à la suite d'une réduction de capital motivée par les pertes. Par exception, l'article 150-0 D, 12 autorise la déduction d'une moins-value en cas de réduction du capital de la société, en exécution d'un plan de redressement ou en cas de cession de l'entreprise ordonnée par le tribunal en application de l'article L. 631-22 du Code de commerce ou en cas de jugement de clôture d'une liquidation judiciaire. En outre, à la suite d'une modification opérée par la loi de finances pour 2021, prenant en compte la jurisprudence du Conseil d'État (CE 22 nov. 2019, n° 431867), la constatation d'une moins-value est possible en cas de réduction totale du capital de la société en application du deuxième alinéa des articles L. 223-42 ou L. 225-248 du Code de commerce dès lors que les pertes sont égales ou supérieures aux capitaux propres. En d'autres termes, lorsque la réduction de capital motivée par les pertes est contrainte par l'effet d'un jugement ou de la loi, la constatation d'une moins-value est possible. Dans le cas contraire, les sommes investies et perdues ne peuvent donner lieu à une déduction fiscale (CE 28 nov. 2018, n° 417875). De même, les réductions de capital par diminution de la valeur nominale ne bénéficient pas du même traitement dès lors qu'elle n'empêche pas la constatation d'une moins-value en cas de cession, sans que le juge y voie une quelconque atteinte au principe d'égalité (CE 7 juin 2019, n° 429009).

§ 3 L'acquisition d'une société cible par l'intermédiaire d'une société holding

976 La création d'une société holding est une technique largement répandue dans le cadre d'un rachat d'une société cible lorsque l'acquéreur a recours à l'emprunt. Ce

montage, connu sous divers noms, notamment celui de Leverage Buy Out (LBO), permet de profiter d'un effet de levier en faisant supporter l'emprunt, ainsi contracté, par une société constituée à cet effet. Ce mode de financement présente d'ailleurs un attrait particulier lorsqu'il est utilisé pour acquérir des titres qui vont engendrer un produit exonéré : la société holding qui fait l'acquisition de titres d'une autre société en s'endettant va exécuter ses échéances de remboursement grâce au versement de dividendes opéré par la société dont les titres ont été acquis. Or, si ces dividendes relèvent du régime mère-fille, ils seront quasiment exonérés, à l'exception d'une quote-part de frais et charge de 5 %. L'endettement d'une société holding est ainsi l'opération incontournable des opérations d'acquisition d'entreprises.

Toutefois, cette société holding sera bien souvent dans une situation de déficit fiscal : lorsque les produits sont exonérés et les charges sont déductibles, le résultat est nécessairement déficitaire au plan fiscal. Ce déficit est toutefois reportable dans le temps et viendra la charge fiscale pesant sur les bénéfices futurs. Lorsque la société qui s'est endettée est activée (c'est-à-dire exerce une activité économique), elle pourra bien entendu imputer les déficits accumulés sur les bénéfices engendrés par son activité. À défaut d'activation, les déficits structurels révèlent une situation sous-optimale. La parade existe. Elle peut consister à intégrer la société holding dans un groupe fiscal : les déficits futurs seront ainsi imputables sur les bénéfices des autres sociétés membres du groupe (mais les déficits antérieurs ne seront imputables que sur le résultat individuel de la société holding intégré). Les autres solutions sont au nombre de deux : rendre la société holding translucide (mais là encore, seuls les déficits futurs pourront être imputés sur le résultat des associés de la société holding) ou opérer une fusion de la société holding et de la société opérationnelle (mais dans ce cas, encore faut-il éviter le changement d'activité visé à l'article 221, 5 du Code général des impôts ou obtenir un transfert des déficits sur agrément, conformément à l'article 209, II du même code). Bien entendu, toutes ces solutions ne doivent pas constituer un abus de droit (v. ss 1469).

Schéma récapitulatif – L'acquisition d'une société cible par l'intermédiaire d'une société holding

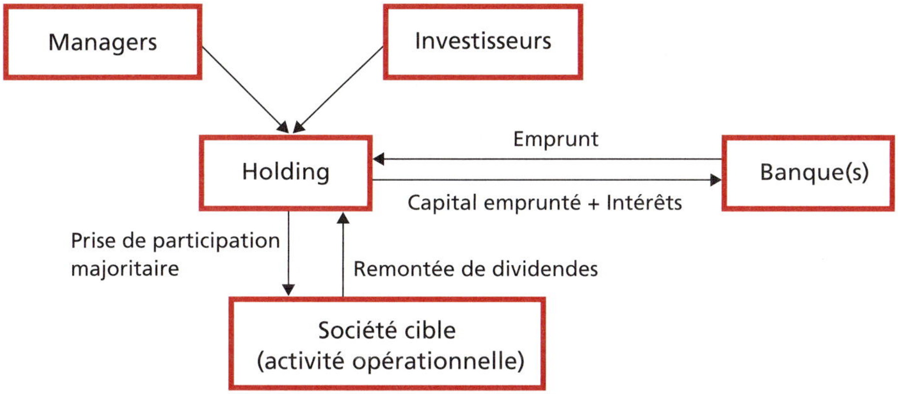

§ 4 Les autres opérations

977 En dehors des opérations portant à proprement parler sur le capital, les restructurations des sociétés peuvent s'appuyer sur deux autres techniques : la transformation (A) et la dissolution (B).

A. La transformation de la société

978 Aux termes de l'article 1844-3 du Code civil, la transformation régulière d'une société en une société d'une autre forme n'entraîne pas la création d'une personne morale nouvelle. *A priori* donc et sur le plan juridique, la transformation est perçue comme une opération n'entraînant pas un transfert d'actifs. Sur le plan fiscal, une nuance supplémentaire apparaît : il faut s'interroger sur le point de savoir si la transformation s'accompagne ou non d'un changement de régime fiscal. En effet, la transformation d'une forme sociale en une autre forme sociale sans création d'une personne morale nouvelle et sans changement de régime fiscal est enregistrée gratuitement (CGI, art. 635). Il n'y a pas ici de dissolution, mais poursuite de la personnalité morale initiale sous une autre forme. En revanche, si la transformation s'accompagne d'un changement de régime fiscal, les conséquences sont différentes au regard des droits d'enregistrement. Si la transformation conduit à ce qu'une société relevant de l'article 8 du Code général des impôts (par ex. une SNC) devienne une société de capitaux relevant de l'impôt sur les sociétés (par ex. une SA), l'article 809, III prévoit l'application des droits de mutation à titre onéreux sur les immeubles (soit un taux de 5 %) et fonds de commerce (CGI, art. 719). Si la transformation conduit à ce qu'une société de capitaux soumise à l'impôt sur les sociétés (par ex. une SA) devienne une société relevant de l'article 8 du Code général des impôts (par ex. une SNC), l'enregistrement se fera au droit fixe (CGI, art. 680).

B. La dissolution de la société

979 Le contrat de société est conclu pour une durée déterminée et au terme de celui-ci, sans prorogation décidée par les associés, la société est automatiquement dissoute (C. civ., art. 1844-6). La dissolution peut également être décidée par les associés lorsqu'ils ne désirent plus poursuivre leur activité commune. Une telle décision n'en reste pas moins lourde de conséquences et il faut distinguer ici les droits d'enregistrement (1) et les autres impositions (2).

1. *Les droits d'enregistrement*

980 Au plan fiscal, la dissolution de la société est enregistrée gratuitement si elle ne donne pas lieu à une transmission de biens aux associés ou à d'autres personnes (CGI, art. 811).

981 Dans l'hypothèse où elle donne lieu à une transmission de biens, il faut distinguer selon la nature des biens répartis (biens acquis par la société ou biens apportés par les associés) et selon l'identité de l'attributaire. En effet, le partage des biens du groupement dissous au profit de ses membres ne suit pas le même régime fiscal selon que les biens à attribuer ont été acquis par le groupement ou apportés par les associés et selon le bénéficiaire de la répartition. En vertu de la théorie de la mutation

conditionnelle des apports, l'analyse fiscale ne considère pas comme des acquêts sociaux, les biens consistant en corps certains ayant fait l'objet d'un apport à titre pur et simple. Ces apports sont en effet réputés constituer des mutations soumises à la condition suspensive de l'attribution ultérieure des biens à un autre que l'apporteur. Dès lors, l'attribution, à un associé autre que l'apporteur (ou à un ayant cause à titre gratuit de ce dernier), d'un corps certain qui avait été apporté à titre pur et simple, réalise la condition suspensive à laquelle était soumis l'apport et entraîne la transmission rétroactive du bien.

Concrètement, pour les biens apportés, lorsque les biens n'ont pas été soumis au droit de mutation au moment de leur apport, leur attribution, lors de la dissolution, à un associé autre que l'apporteur donne ouverture aux droits de mutation à titre onéreux (CGI, art. 810, III) et non au droit de partage. En revanche, s'ils sont attribués à l'apporteur, aucun droit de mutation ou de partage n'est dû. Toutefois, dans ce dernier cas, la reprise par l'apporteur initial d'un immeuble entraîne la perception de la taxe de publicité foncière au taux de 0,70 %, à laquelle s'ajoute le prélèvement pour frais d'assiette et de recouvrement de 2,14 %, soit un taux global d'environ 0,715 %. Outre les droits d'enregistrement, la contribution de sécurité immobilière (CSI) au taux de 0,1 % sera due pour chaque formalité réalisée par le service de publicité foncière sur les transferts d'immeubles ou de droits portant sur des immeubles. Le tarif proportionnel fixé au taux unique de 0,1 % s'applique au prix ou à l'évaluation des immeubles ou des droits immobiliers faisant l'objet de la publication (CGI, art. 881 K). 982 ■

Concernant les biens autres que ceux apportés et notamment les biens acquis en cours de vie sociale, leur répartition entre associés donnera lieu au paiement du droit de partage de 2,5 %, prévu à l'article 746 du CGI et cela depuis le 1er janvier 2022. Ce droit est exigible sur l'intégralité de l'actif net partagé, sans qu'il y ait lieu de tenir compte de la personne de l'attributaire (apporteur ou autre associé). 983 ■

2. *Les autres impositions*

En dehors des droits d'enregistrement, d'autres impôts peuvent trouver à s'appliquer en raison de la dissolution. En effet, la dissolution d'une société est assimilée à une cessation d'entreprise et donne lieu, en conséquence, à l'établissement de l'imposition immédiate prévue à l'article 201 du CGI. Ce principe est expressément applicable à l'impôt sur les sociétés, en vertu des dispositions du 2 de l'article 221 du CGI et trouve également à s'appliquer aux sociétés relevant de l'article 8 du Code général des impôts. 984 ■

L'étendue des impositions va donc dépendre de la qualité de l'associé et du statut fiscal de la société dissoute. 985 ■

Si la société dissoute est une société relevant de l'article 8 du CGI, les bénéfices en cours, la réintégration des provisions et les plus-values portant sur les éléments de l'actif immobilisé donneront lieu à une taxation entre les mains des associés. 986 ■

Si la société dissoute est une société relevant de l'impôt sur les sociétés, les bénéfices en cours, la réintégration des provisions et les plus-values portant sur les éléments de l'actif immobilisé donneront lieu à une taxation supportée par la société elle-même. 987 ■

988 En outre, si des sommes (ou des actifs) sont attribuées aux associés, au-delà de leurs apports, un impôt va venir frapper cet excédent appelé « boni de liquidation ». Ainsi, lorsque l'existence de la société prend fin, toutes les attributions faites aux associés sont considérées comme des revenus distribués dans la mesure où elles ne correspondent pas au remboursement aux associés des apports réels qu'ils ont faits à la société. Sont notamment imposables les réserves de toute nature qui figurent au bilan mais aussi les sommes incorporées au capital et les bénéfices non encore imposés. Ce boni est imposable entre les mains des associés et s'obtient, par différence entre le montant de l'actif net et le montant des apports réels ou assimilés. Toutefois, pour les associés ayant acquis leurs droits sociaux en cours de société pour un prix supérieur au montant des apports, l'imposition est limitée à la différence entre les sommes réparties au titre du boni et le prix (ou la valeur) d'acquisition des droits sociaux (CGI, art. 161).

989 Le traitement fiscal du boni de liquidation dépend de la qualité de l'associé. Si celui-ci est une personne physique, il subira une taxation dans la catégorie des revenus de capitaux mobiliers (v. ss 257). Si l'associé est une personne morale relevant de l'impôt sur les sociétés, le boni de liquidation est une distribution taxable, éligible au régime mère-fille (v. ss 835).

Exemple

Société au capital de 300.000 € (composé en totalité d'apports) divisé en 3.000 actions de 100 € et dont l'actif net à la dissolution s'élève à 480.000 €.
Boni de liquidation : 480.000 € - 300.000 € = 180.000 € (soit 60 € par action).
Si l'on suppose que certains actionnaires ont acheté leur action 120 €, le boni imposable ne sera pour eux que de : 160 € - 120 € = 40 €.

C. Le changement d'activité

990 Aux termes de l'article 221, 5 du Code général des impôts, « le changement de l'objet social ou de l'activité réelle d'une société emporte cessation d'entreprise » et entraîne les conséquences fiscales prévues par l'article 201 du même code : - imposition des bénéfices en cours et en sursis d'imposition ; - réintégration des provisions ; - imposition des plus-values latentes. Cette cessation d'entreprise affecte l'identité d'entreprise. Elle est donc de nature à priver l'entreprise de reporter ses déficits sur ses bénéfices futurs. L'entreprise qui change d'activité effectue une mue qui lui fait perdre son identité et son droit au report des déficits. L'étendue de ce changement est sujette à discussion : le changement doit-il être radical ou se limiter à certains aspects ? C'est ainsi que ne constitue pas un changement d'activité la poursuite de l'exploitation dans le cadre d'une mise en location-gérance portant à la fois sur les éléments incorporels du fonds de commerce et sur l'ensemble des moyens de production. L'interprétation de ce texte a donné lieu à une jurisprudence plutôt souple à l'origine. Le Conseil d'État considérait que ne constituait pas un changement d'activité, le maintien d'une activité représentant un chiffre d'affaires minoritaire au sein de l'entreprise, tout en se séparant des activités représentant un poids plus

important. De même, une activité de vente dans le secteur du textile, mise en sommeil pendant quelques mois, puis sa réactivation sous la forme d'une activité de vente de vêtement de sport, n'a pas été assimilée à un changement d'activité ou d'objet social : les déficits liés à la première activité sont reportables sur les bénéfices issus de la seconde.

Afin de renverser une jurisprudence jugée trop favorable aux entreprises, la deuxième loi de finances rectificative pour 2012 a fixé des critères objectifs pour apprécier le changement d'activité réelle d'une société. Désormais, la loi prévoit expressément que le changement d'activité réelle peut s'entendre « notamment » de deux causes identifiées : - l'adjonction d'activité d'une part, - l'abandon ou le transfert d'activité, d'autre part. L'un ou l'autre de ces évènements doit en outre avoir un impact significatif sur l'activité de l'entreprise ou les moyens matériels ou humains qui lui sont affectés. Cet impact significatif est légalement défini comme l'augmentation (en cas d'adjonction) de plus de 50 %, soit du chiffre d'affaires, soit de l'effectif moyen du personnel et du montant brut des éléments de l'actif immobilisé la société. Ces mêmes critères trouvent s'appliquer dans le sens d'une diminution, en cas d'abandon d'une activité. La fusion constitue précisément l'une des opérations pouvant entraîner pour la société absorbante une adjonction d'activité. Ainsi, l'opération qui conduirait à adjoindre à la société absorbante une nouvelle activité engendrant une variation de plus de 50 % du chiffre d'affaires entraîne une cessation d'entreprise. Fort heureusement, les déficits peuvent être transmis sur agrément (v. ss 1018). 991 ■

En outre, l'article 221, 5, alinéa 2 du Code général des impôts procède à un renvoi à l'article 221 *bis* du même code. Ce dernier texte prévoit que les plus-values latentes incluses dans l'actif social ne font pas l'objet d'une imposition immédiate, sous réserve de respecter deux conditions. En premier lieu, l'imposition de ces plus-values reste possible dans le cadre du nouveau régime fiscal de l'entité concernée. En second lieu, aucune modification n'est apportée aux écritures comptables. Instaurant une atténuation conditionnelle de l'impôt, l'article 221 *bis* du Code général des impôts s'applique donc, en principe, aux sociétés qui cessent totalement ou partiellement d'être soumises à l'impôt sur les sociétés. 992 ■

section 2

Les fusions et opérations assimilées

Les *fusions*[Q] sont des opérations de restructuration lourdes à mettre en œuvre. Et pour cause, elles conduisent à dissoudre la société absorbée, à transmettre l'intégralité de son patrimoine à la société absorbante (ou à la société nouvellement créée) et à attribuer des titres de celle-ci aux associés de la société absorbée. S'il fallait appliquer toutes les conséquences fiscales théoriques de ces opérations, les fusions seraient peu pratiquées. La loi a justement pris en compte leurs spécificités et plusieurs mécanismes sont à l'œuvre pour atténuer la charge fiscale de ces opérations (§1). Il en est de même des opérations d'apports partiels d'actifs (§2) et de scissions (§3) qui présentent des caractéristiques communes aux fusions, sans être pleinement assimilables. 993 ■

§ 1 Les fusions

994 Avant d'envisager les régimes fiscaux des opérations de fusion, il faut bien comprendre comment elles sont appréhendées au plan comptable (A). En effet, la question centrale est celle de la valorisation des actifs transmis par la société absorbée. Une fois que l'on connaît la valeur des éléments transférés à la société absorbante, il est possible de jauger les différences entre le régime de droit commun (B) et le régime de faveur (C). Pour être complet, le tour d'horizon doit également prendre en compte les enjeux liés à la date de la fusion (D), la situation des associés (E), les droits d'enregistrement et la TVA (F), ainsi que le cas particulier de l'absorption d'une filiale par sa société mère (G).

A. Les règles comptables

995 La comptabilisation des actifs et passifs transférés à la société absorbante peut se faire selon deux modes : la valeur réelle à la date de l'opération ; la valeur comptable telle qu'elle figure dans le bilan de la société absorbée. L'utilisation de l'un de ces modes de comptabilisation est obligatoire pour les entreprises et cela quel que soit le régime fiscal choisi pour la fusion. Pour déterminer le mode qu'il convient d'utiliser, la réglementation comptable s'appuie sur deux critères de distinction : le sens de l'opération et l'existence d'un contrôle commun.

996 Le critère du sens de l'opération conduit à s'intéresser à la situation de l'associé qui détient le contrôle après la fusion. En effet, il s'agit ici de se demander si l'associé qui détient le contrôle après la fusion contrôlait à l'origine la société absorbée ou la société absorbante. Ainsi, une fusion est dite à l'endroit lorsque, après la fusion, l'actionnaire principal de la société absorbante conserve le contrôle sur celle-ci. Une fusion est dite à l'envers lorsque, après la fusion, l'actionnaire principal de l'absorbée prend le contrôle de l'absorbante. La fusion à l'envers est possible lorsque la société absorbante a une valeur plus faible que la société absorbée.

997 Le critère du contrôle vise à s'intéresser à l'actionnariat de la société absorbante et de la société absorbée avant la fusion. Ainsi, si les sociétés qui participent à l'opération font l'objet d'un contrôle exclusif par une tierce société ou que l'une d'entre elles exerce un contrôle exclusif sur l'autre, la fusion se déroule entre entités sous contrôle commun. Dans le cas contraire, on parle d'opérations réalisées sous contrôle distinct.

998 Le terme de contrôle est entendu au sens de l'article L. 233-16 du Code de commerce. Selon ce texte, le contrôle exclusif d'une entreprise peut prendre trois formes :

- contrôle légal (ou juridique) : la détention directe ou indirecte de la majorité des droits de vote dans une autre entreprise ;

- contrôle de fait : la désignation, pendant deux exercices successifs, de la majorité des membres des organes d'administration, de direction ou de surveillance d'une autre entreprise. La société est présumée avoir effectué cette désignation lorsqu'elle a disposé au cours de cette période, directement ou indirectement, d'une fraction supérieure à 40 % des droits de vote, et qu'aucun autre associé ou actionnaire ne détenait, directement ou indirectement, une fraction supérieure à la sienne ;

- contrôle contractuel : le droit d'exercer une influence dominante sur une entreprise en vertu d'un contrat ou de clauses statutaires, lorsque le droit applicable le permet.

À partir de ces deux critères (le sens de la fusion et le contrôle exercé), il est possible de déterminer les différents cas de transcription de l'actif et du passif de la société absorbée. 999 ■

Les deux modes de comptabilisation des éléments d'actif et de passif sont dépendants des deux critères vus précédemment. Avant de voir dans quels cas une fusion doit être transcrite à la valeur réelle et dans quel cas, elle doit être transcrite à la valeur nette comptable, il faut comprendre que le mode de transcription ne détermine ni le montant de l'augmentation de capital de la société absorbante, ni la valeur d'inscription des titres reçus en échange de l'apport. L'augmentation de capital de la société absorbante est déterminée par rapport à la valeur réelle de la société apportée que l'on rapporte à la valeur nominale unitaire des titres. Dès lors, le mode de comptabilisation n'a pas d'incidence sur le montant de l'augmentation de capital. En revanche, il a une incidence sur la prime de fusion. La prime de fusion est créée lorsque la valeur réelle d'une action de la société absorbante est supérieure à sa valeur nominale (ce qui est le cas lorsque la société absorbante dispose de réserves). La valeur d'inscription des titres reçus en échange de l'apport, lorsque l'associé dispose d'un bilan, doit être la valeur réelle, y compris si l'apport a été réalisé à la valeur comptable. Le Conseil d'État décide en effet que « dans le cas où une entreprise industrielle et commerciale aliène, par voie d'apport à une société, un bien constituant un élément de son actif immobilisé et inscrit comme tel à son bilan, la cession de ce bien est génératrice d'une plus-value ou d'une moins-value égale à la différence entre, d'une part, la valeur réelle, à la date de l'apport, des titres remis au cédant en contrepartie de l'apport et, d'autre part, la valeur active nette pour laquelle le bien apporté figurait au bilan de clôture de l'exercice précédant l'apport. Toutefois, si la valeur réelle du bien apporté est supérieure à celle des titres reçus en contrepartie, la différence ainsi constatée doit être regardée comme une renonciation à la réalisation de la plus-value correspondante et, par suite, comme un avantage consenti par l'apporteur à la société bénéficiaire de l'apport » (CE 1er juill. 2020, *Sté Lafarge SA*, n° 418378). 1000 ■

Cette prime de fusion conduit à l'équilibre suivant : Valeur réelle de la société absorbée = augmentation de capital + prime de fusion 1001 ■

Exemple

La société A dispose d'un capital social de 1.000.000 € réparti en 1.000 titres d'une valeur nominale de 1.000 €. Sa valeur réelle est de 2.000.000 €, soit 2.000 € par titre.
Elle va être absorbée par la société B dont le capital social est de 10.000.000 € réparti en 2.000 titres d'une valeur nominale unitaire de 5.000 €. La valeur réelle de la société B est de 20.000.000 €, soit 10.000 € par titre. La parité d'échange étant de 1 pour 5 (une action de la société B vaut 5 actions de la société A), 200 titres de la société B vont être émis.
L'augmentation de capital de la société B à la suite de sa fusion avec la société A sera d'un montant nominal de 1.000.000 (émission de 200 titres pour une valeur nominale unitaire de 5.000 €). La prime de fusion sera donc égale à la différence entre la valeur réelle de la société absorbée (2.000.000) et le montant de l'augmentation de capital (1.000.000), soit 1.000.000.
Ce montant correspond aussi à la différence entre la valeur nominale et la valeur réelle de chaque titre de la société B (5.000), multiplié par le nombre de titres émis à l'occasion de la fusion (200).

1002 La fusion sera transcrite à la valeur nette comptable dans deux cas : - les entités sont sous contrôle commun ; - les entités sont sous contrôle distinct et la fusion se réalise à l'envers. À l'inverse, la fusion sera transcrite à la valeur réelle dans un cas : lorsque les entités sont sous contrôle distinct et la fusion se réalise à l'endroit. La fusion à l'endroit sous contrôle distinct est finalement traitée comme une cession d'actifs. En effet, dans le cadre d'une cession d'actifs, les éléments achetés figurent dans le bilan de l'acquéreur pour leur prix d'acquisition.

Tableau

	Sens de la fusion	
Contrôle	**Fusion à l'endroit**	**Fusion à l'envers**
Contrôle commun	VNC	VNC
Contrôle distinct	VR	VNC

Fusion à l'endroit

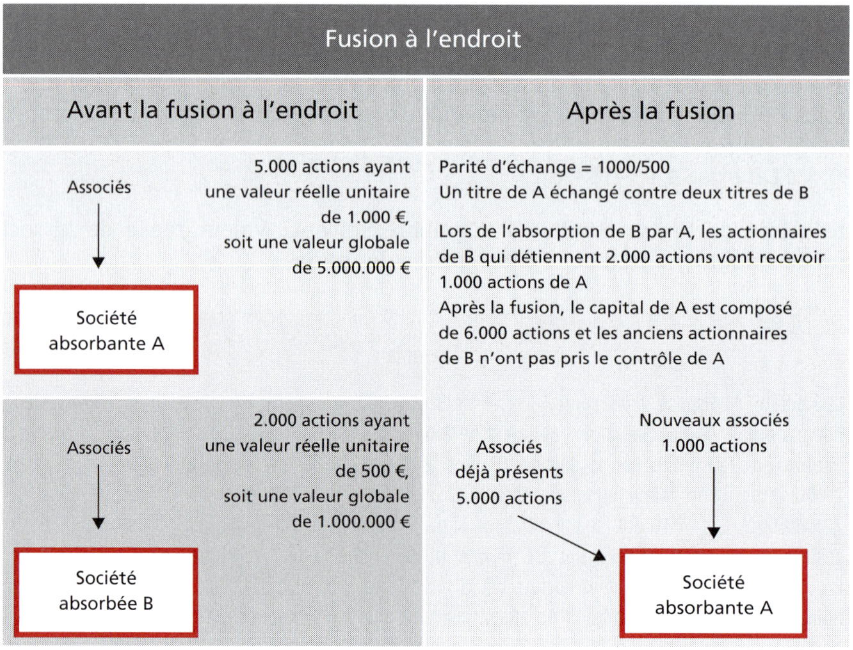

Fusion à l'envers

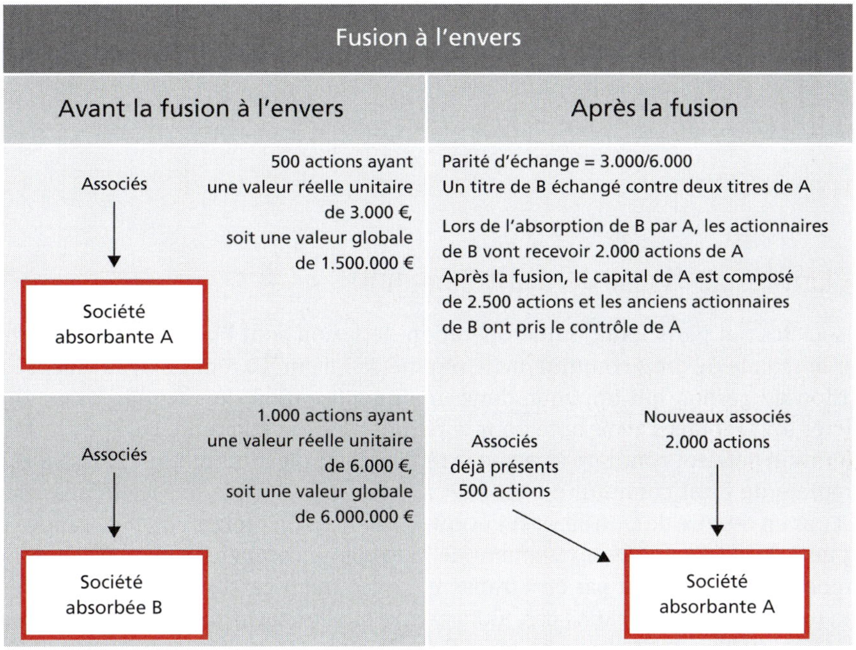

1003 ■ Pour bien mesurer, les enjeux de la réglementation comptable, trois observations complémentaires peuvent être formulées. En premier lieu, la transcription d'une fusion à la valeur réelle a pour effet de faire apparaître chez la société absorbée les plus-values ou moins-values afférentes aux éléments transmis à la société absorbante. En revanche, lorsque la fusion est réalisée à la valeur nette comptable, aucune plus-value ou moins-value n'apparaît dans les comptes de la société absorbée. En deuxième lieu, si la comptabilisation à la valeur réelle a pour effet de générer une plus-value d'apport sur les éléments amortissables, elle permet également de réduire le bénéfice imposable à l'avenir. En effet, la société absorbante pourra calculer une dotation aux amortissements plus importante que dans l'hypothèse où le bien est transcrit à la valeur nette comptable. En troisième et dernier lieu, la comptabilisation à la valeur réelle permet de réduire le montant de la plus-value en cas de cession des immobilisations apportées, par rapport à une transcription à la valeur nette comptable.

La théorie du prix d'acquisition

Dans le cadre des opérations de restructuration et notamment en matière de fusions, le Conseil d'État a élaboré la théorie du prix d'acquisition qui empêche la société absorbante de passer en charges le paiement des dettes de la société absorbée, dont il a été tenu compte pour calculer la valeur d'acquisition (matérialisée par la valeur des titres émis et la prime de fusion). Cette théorie doit toutefois prendre en compte les règles de transcription des apports et la finalité poursuivie par le régime fiscal. Les opérations de restructuration sont en effet réalisées soit à la valeur comptable, soit à la valeur réelle en application des normes comptables. Aussi, en présence d'une opération réalisée aux valeurs comptables, seules les dettes donnant lieu à une inscription au bilan donnent véritablement lieu à une prise en compte dans la détermination de l'actif net. En outre, le régime fiscal de faveur confère aux opérations de restructuration une neutralité fiscale, incompatible avec une règle de non-déductibilité d'une charge non comptabilisée (CE 22 nov. 2022, n° 447097, *RB Holding Europe du Sud*).

B. Le régime fiscal de droit commun

1004 Les sociétés qui participent à une opération de fusion sont libres d'opérer un choix pour le régime de droit commun ou le régime de faveur. Le régime de faveur est une décision de gestion qui implique donc une manifestation de volonté. À défaut, les sociétés sont réputées avoir opté pour le régime de droit commun. Les spécificités de l'opération peuvent conduire à ce que le régime de droit commun soit plus favorable. Le régime de droit commun est en effet à privilégier lorsque la société absorbante n'est pas en mesure de transférer ses éventuels déficits en report. En effet, dans ce cas, les plus-values imposables au moment de la fusion se compenseront avec les déficits en report qui ne peuvent pas être transmis. Le régime fiscal de droit commun trouve donc un intérêt dans certains cas, alors même que les conséquences sont lourdes. À cet égard, l'article 221-2 du Code général des impôts précise que la fusion produit en principe les effets d'une cessation d'entreprise pour la société absorbée. Les conséquences sont radicales et concernent surtout la société absorbée : imposition des plus-values sur les éléments de l'actif immobilisé par différence entre la valeur nette comptable et la valeur d'apport ; perte des déficits non utilisés de la société absorbée. Pour la société absorbante, les conséquences sont plus réduites. La fusion ne constitue pour elle qu'un simple apport, non taxable en application de l'article 38 du Code général des impôts.

1. *Les conséquences pour la société absorbée*

1005 Conformément à l'article 201 du Code général des impôts, dans le délai de 60 jours à compter de la fusion, une déclaration doit être souscrite par la société absorbée afin d'imposer les plus-values d'apport, les provisions figurant au bilan et le résultat d'exploitation réalisé entre la date d'ouverture de l'exercice en cours et la date de la fusion.

1006 En ce qui concerne les plus-values, elles seront imposées par différence entre leur valeur réelle à la date de l'apport et leur valeur nette comptable. Cette règle d'imposition immédiate des plus-values constatées lors de la fusion s'applique quel que soit le mode de comptabilisation de l'opération, ce qui conduit à une déconnexion de la comptabilité et de la fiscalité, si l'opération est réalisée à la valeur comptable et donc à des corrections extra-comptables.

1007 La fusion entraîne la fin des sursis d'imposition attachés à des opérations antérieures placées sous le régime de faveur.

En cas d'apport d'une immobilisation, amortissable ou non, ayant donné lieu au versement d'une subvention d'équipement, la fraction de la subvention non encore imposée, doit, selon l'article 42 *septies* du Code général des impôts, être rattachée au résultat imposable de la société absorbée de l'exercice pendant lequel a lieu la fusion. 1008

Toutes les provisions deviennent imposables au nom de la société absorbée. L'impact réel de cette reprise doit être nuancé. Si cette provision correspond à une dépréciation ou à une charge réelle, la reprise de la provision se trouvera compensée par une perte ou une charge d'égal montant. 1009

Pour que les dividendes provenant de titres de participation perçus par la société absorbée puissent bénéficier de l'exonération résultant de l'application du régime société mère-fille, la société absorbée doit avoir conservé les titres pendant un délai minimum de deux ans. Si ce délai de deux ans n'est pas atteint au moment de la fusion, la société absorbée perd le bénéfice de l'exonération. 1010

Les déficits antérieurs de la société absorbée peuvent être imputés sur les plus-values constatées lors de la fusion ou le résultat d'exploitation dégagé depuis l'ouverture de l'exercice jusqu'à la date d'effet de la fusion. En revanche, les déficits ne peuvent être transmis à la société absorbante, à l'exception de la créance de carry-back. 1011

2. *Les conséquences pour la société absorbante*

L'imposition des plus-values au niveau de la société absorbée conduit à considérer que la société absorbante réalise un apport pur et simple. Il en résulte les conséquences suivantes : 1012

- en ce qui concerne les éléments d'actif apportés, il faut distinguer selon que la fusion a été transcrite ou non à la valeur réelle. Si la fusion a été réalisée à la valeur réelle, la société absorbante calculera les amortissements en fonction de leur valeur d'apport. Dans la mesure où il s'agit de biens précédemment utilisés par la société absorbée, elle ne sera pas en droit de pratiquer l'amortissement dégressif. En cas de cession ultérieure de ces biens, la plus-value fiscale sera déterminée en fonction de la valeur d'apport. Si la fusion a été réalisée à la valeur nette comptable, la société absorbante est tenue d'inscrire les éléments qu'elle a reçus pour la valeur nette comptable qu'ils avaient chez la société absorbée. En revanche, le fait que la société ait supporté une plus-value lors de la fusion n'a pas d'incidence sur le bilan de la société absorbante et sur les dotations aux amortissements. Celles-ci dépendront toujours de la valeur nette comptable. En reprenant les biens pour leur valeur comptable, la société absorbante peut se retrouver à être à nouveau imposée à raison des mêmes plus-values en cas de cession ultérieure. En pratique, l'administration tolère que le résultat de cession soit calculé en tenant compte de la valeur réelle retenue pour la détermination de la plus-value d'apport.
- en ce qui concerne les dividendes provenant des titres apportés, la société absorbante devra conserver les titres pendant un délai de deux ans à compter de la réalisation de la fusion pour bénéficier de l'exonération accordée dans le régime des sociétés mères filles.

C. Le régime fiscal de faveur

1013 Contrairement à une vente, la fusion ne génère pas de liquidités. Le paiement immédiat de l'impôt sur la plus-value est donc gênant. Depuis 1965, il existe donc un régime fiscal de faveur qui permet d'assurer la neutralité fiscale de l'opération de fusion. La finalité de ce régime est d'éviter que les plus-values soient immédiatement imposées et d'empêcher la réintégration des provisions. Ce régime de faveur n'est pas un régime d'exonération, mais un régime de report d'imposition. C'est en cela que la fusion a un caractère intercalaire : la société absorbante est la continuation de la société absorbée. Toutefois, ce principe de neutralité fiscale ne s'applique pas aux déficits fiscaux de la société absorbée. Sauf exception, le transfert des déficits dont le montant dépasse 200.000 € n'est possible que sur agrément.

Voilà pourquoi le régime de droit commun conserve un intérêt lorsque la société absorbée a des déficits importants en report et que l'agrément ne peut être obtenu. En outre, le régime de faveur peut être écarté si l'opération poursuit un objectif de fraude ou d'évasion fiscale. En effet, le régime de faveur des fusions donne lieu à une clause anti-abus. L'opération est regardée, sauf preuve contraire, comme ayant pour objectif principal ou pour un de ses objectifs principaux la fraude ou l'évasion fiscales lorsqu'elle n'est pas effectuée pour des motifs économiques valables, tels que la restructuration ou la rationalisation des activités des sociétés participant à l'opération (CGI, art. 209, II, 2).

1. *Les conditions du régime de faveur*

1014 Le régime de faveur implique la réunion de *trois conditions.*

Les sociétés doivent être passibles de l'impôt sur les sociétés. Cette première condition se comprend. Le régime fiscal de la société absorbante doit garantir l'imposition des plus-values d'apport et des provisions qui ne sont pas taxées chez la société absorbée. Concrètement, cela signifie qu'une société absorbante qui bénéficierait d'une exonération à l'impôt sur les sociétés ne peut absorber une société soumise au même impôt. En outre, une société de personnes peut bénéficier du régime de faveur si elle opte pour l'impôt sur les sociétés.

1015 *L'opération en cause doit répondre à la définition de l'article 210 A du CGI.* En l'occurrence, sont visées : les fusions au profit d'une société préexistante (une ou plusieurs sociétés absorbées transmettent, par suite et au moment de leur dissolution sans liquidation, l'ensemble de leur patrimoine à une autre société préexistante absorbante, moyennant l'attribution à leurs associés de titres de la société absorbante et, éventuellement, d'une soulte ne dépassant pas 10 % de la valeur nominale de ces titres) ; les fusions au profit d'une société nouvelle (deux ou plusieurs sociétés absorbées transmettent, par suite et au moment de leur dissolution sans liquidation, l'ensemble de leur patrimoine à une société absorbante qu'elles constituent, moyennant l'attribution à leurs associés de titres de la société absorbante et, éventuellement, d'une soulte ne dépassant pas 10 % de la valeur nominale de ces titres) ; la fusion simplifiée ; la dissolution-confusion.

1016 *Les parties doivent opter pour le régime de faveur dans le traité de fusion.* La société absorbante doit souscrire dans l'acte de fusion l'ensemble des engagements prévus par l'article 210 A du CGI. Cette condition est fondamentale car elle constitue la contrepartie à l'exonération qui est accordée à la société absorbée.

2. Les conséquences du régime de faveur

Les conséquences du régime de faveur doivent être abordées tant sous l'angle de la société absorbée (a), que sous celui de la société absorbante (b). 1017

a. Les conséquences pour la société absorbée

À la différence du régime de droit commun, le régime de faveur se traduit, pour la société apporteuse, par l'exonération des plus-values de fusion ainsi que des provisions qui conservent leur objet. C'est la société absorbée qui supportera les conséquences de la fusion, ce qui est cohérent avec le caractère intercalaire de l'opération. Toutefois, dire que la société absorbante perpétue la personnalité fiscale de la société absorbée n'est pas tout à fait exact concernant les déficits, les charges financières non déduites et les capacités de déduction inemployées. En la matière, une distinction doit être opérée entre les éléments transférables et les éléments intransférables. Ainsi, le montant cumulé des déficits, des charges financières non déduites et des capacités de déduction inemployées que la société absorbée a constaté antérieurement à la date d'effet de la fusion ne sont transférables à la société bénéficiaire des apports que si leur montant est inférieur à 200.000 €. Au-delà de ce montant, ces différents éléments ne peuvent être reportés dans leur intégralité sur les bénéfices ultérieurs de la société bénéficiaire des apports que si un agrément spécial est délivré. En outre, toutes les sociétés ne peuvent bénéficier de ces possibilités de transfert. Certaines en sont exclues et subissent donc une intransférabilité. En effet, les déficits et intérêts susceptibles d'être transférés ne doivent provenir ni de la gestion d'un patrimoine mobilier par des sociétés dont l'actif est principalement composé de participations financières, ni de la gestion d'un patrimoine immobilier. En d'autres termes, les sociétés holding pure comme les sociétés gérant un patrimoine immobilier sont dans l'incapacité de transférer des déficits, des charges financières non déduites ou encore une capacité de déduction inemployée. 1018

En cas de transfert des déficits et intérêts sur agrément, celui-ci est de droit lorsque : 1019

- l'opération est placée sous le régime de l'article 210 A du CGI ;
- elle est justifiée du point de vue économique et obéit à des motivations principales autres que fiscales ;
- l'activité à l'origine des déficits n'a pas subi de changements significatifs (appréciés au moyen de critères relatifs à la clientèle, à l'emploi, aux moyens d'exploitation mis en œuvre, ainsi qu'à la nature et au volume d'activité) pendant la période de constatation des déficits ;
- l'activité à l'origine des déficits dont le transfert est demandé doit être poursuivie pendant un délai minimum de trois ans. En outre, cette activité ne doit pas faire l'objet, pendant cette période, de changement significatif apprécié selon les modalités décrites ci-dessus. La société bénéficiaire des apports peut imputer les déficits transférés sur ses résultats dans les conditions de droit commun.

Lorsque des titres de participation sont détenus par la société absorbée depuis moins de deux ans, l'exonération accordée aux dividendes versés n'est pas remise en cause par la fusion. Le régime société mère/fille trouve à s'appliquer tant que la société absorbante conserve les titres. 1020

b. Les conséquences pour la société absorbante

1021 Il faut distinguer ici, selon que la fusion s'est réalisée à la valeur réelle ou à la valeur historique.

1022 Dans les situations où les apports sont transcrits aux valeurs réelles, la société bénéficiaire doit réintégrer dans ses bénéfices imposables au taux de droit commun les plus-values constatées sur les éléments amortissables lors de la fusion ou de l'opération assimilée. La somme à réintégrer correspond aux plus-values nettes, résultant de la compensation entre les plus-values et les moins-values dégagées par l'apport des biens relevant d'une durée de réintégration identique. La réintégration des plus-values est effectuée par parts égales sur une période de cinq ans. Cette période est portée à quinze ans pour les constructions et les droits s'y rapportant. Lorsque le total des plus-values nettes sur les constructions, les plantations et les agencements et aménagements de terrains excède 90 % de la plus-value nette globale sur éléments amortissables, sa réintégration s'effectue sur la durée moyenne pondérée d'amortissement de ces biens. Par ailleurs, la cession d'un bien amortissable entraîne l'imposition immédiate de la fraction de la plus-value afférente à ce bien qui n'a pas encore été réintégrée. Pour les éléments non amortissables, aucune imposition n'est constatée au moment de l'apport. En revanche, lors de la cession des immobilisations non amortissables reçues, la société absorbante doit calculer les plus ou moins-values d'après la valeur fiscale de ces biens pour l'apporteuse (et non par rapport à leur valeur d'apport).

1023 Lorsque les apports sont transcrits pour leur valeur comptable, les valeurs individuelles des actifs et passifs apportés correspondent aux valeurs de chaque actif et passif figurant dans les comptes de la société apporteuse à la date d'effet de l'opération. S'agissant des actifs immobilisés reçus, la société bénéficiaire des apports doit reprendre à son bilan les valeurs d'origine, amortissements et provisions qui figuraient au bilan de l'absorbée. Aucune plus-value n'est donc constatée : ni sur le plan comptable ; ni sur le plan fiscal.

Fusion-absorption d'une société mère d'un groupe intégré et imputation des déficits

Dans le cadre de l'impôt sur les sociétés, les déficits subis par une entreprise au cours d'un exercice font en principe l'objet d'un report en avant. Ce report sur les exercices futurs est toutefois plafonné. L'imputation ne peut dépasser la somme d'un million d'euros à laquelle il faut ajouter un montant variable qui correspond à 50 % de la fraction du bénéfice qui excède un million d'euros.

De surcroît, les règles d'imputation des déficits obéissent à des règles particulières tant dans le cadre des fusions que dans le cadre d'un groupe fiscalement intégré. En cas d'absorption sous le régime de faveur, le transfert des déficits peut s'opérer sur agrément. Dans le cadre de l'intégration fiscale, les déficits subis par les sociétés du groupe au titre d'exercices antérieurs à leur entrée dans le groupe ne sont imputables que sur leur bénéfice propre et non sur le résultat d'ensemble. Toutefois, en cas d'absorption de la société mère d'un groupe fiscalement intégré avec création d'un nouveau groupe par la société absorbante, la fraction du déficit d'ensemble qui n'a pu être imputée sur les réintégrations de sortie peut être transférée sur agrément à la nouvelle société mère (CGI, art. 223 I, 6).

L'articulation de ces différentes dispositions n'a rien d'évident et elle pose notamment la question de savoir si la société absorbante peut bénéficier d'un double plafond d'imputation des déficits, lorsque ceux-ci proviennent à la fois de ses exercices antérieurs, mais aussi du groupe absorbé, comme le montre la décision rendue par le Conseil d'État en décembre 2022 (CE, 9e et 10e ch., 9 déc. 2022, n° 451553). Selon le Conseil d'État, l'article 223, I, 6 du CGI ne permet l'imputation des déficits constitués par l'ancien groupe que sur les résultats des sociétés membres de ce groupe et qui font partie du nouveau groupe : les déficits des filiales transférés sont donc des déficits pré-intégration, imputables seulement sur leur bénéfices. En outre, les déficits subis par la société absorbante, antérieurement à la constitution du nouveau groupe fiscalement intégré ainsi que les déficits de la société absorbée qui lui ont été transférés en vertu des agréments délivrés par l'administration fiscale peuvent uniquement être imputés sur ses bénéfices propres ultérieurs et dans la limite d'un seul plafond.

Fusion-absorption d'une société mère et imputation

Nature du déficit	Transfert à la société mère absorbante	Imputation
Filiales membres de l'ancien groupe et du nouveau groupe	Oui sur agrément (CGI, art. 223 I, al. 5 et 6)	Résultats propres de la société mère et des filiales et non sur le résultat d'ensemble
Société mère de l'ancien groupe	Oui sur agrément (CGI, art. 209)	Résultat propre de la société mère absorbante (plafond unique : déficits propres + déficits de la société absorbée)

D. Les enjeux liés à la date de la fusion

Afin de fixer les valeurs respectives des sociétés participant à l'opération, les clauses de rétroactivité des fusions sont largement utilisées en pratique. Dès lors qu'elles sont correctement stipulées dans le traité de fusion, elles sont opposables à l'administration qui en reconnaît largement les effets dans ses commentaires. Pour la détermination des résultats imposables, la société absorbante se substitue à la société apporteuse au titre des activités apportées à compter de la date d'effet rétroactif fixée dans le traité. Toutefois, la portée d'une clause de rétroactivité n'est pas sans limite. En raison du principe de la spécialité des exercices, les clauses de rétroactivité ne peuvent pas conduire à rectifier les résultats du dernier exercice clos. Autrement dit, les effets de l'opération restent donc sans influence sur les résultats imposables dégagés par chacune des sociétés au cours des exercices qui précèdent celui au cours duquel l'apport est réalisé. 1024

La date d'effet de la fusion est déterminée par les dispositions du Code de commerce. Celui-ci énonce un principe et prévoit une exception. Ainsi, selon l'article L. 236-4 du Code de commerce, « la fusion ou la scission prend effet : 1° En cas de création d'une 1025 ou plusieurs sociétés nouvelles, à la date d'immatriculation, au registre du commerce et des sociétés, de la nouvelle société ou de la dernière d'entre elles ; 2° Dans les autres cas, à la date de la dernière assemblée générale ayant approuvé l'opération sauf si le contrat prévoit que l'opération prend effet à une autre date, laquelle ne doit être ni postérieure à la date de clôture de l'exercice en cours de la ou des sociétés bénéficiaires ni antérieure à la date de clôture du dernier exercice clos de la ou des sociétés qui transmettent leur patrimoine ». En pratique toutefois, pour fixer les éléments comptables d'évaluation des sociétés participant à l'opération, les sociétés conviennent généralement, par mesure de simplification, de conférer un caractère rétroactif à la fusion. Ce texte accorde, en effet, donc une marge de manœuvre aux parties, bien qu'elle soit limitée. En effet, les aménagements conventionnels ne sont possibles que pour les fusions-absorptions. Les fusions par création d'une société nouvelle prennent nécessairement effet à la date d'immatriculation de la société nouvellement créée.

1026 La rétroactivité des effets de la fusion est donc une manifestation de volonté. Elle implique une clause particulière, admise par le Conseil d'État de longue date. Pour les fusions-absorptions, selon l'article L. 236-4 du Code de commerce, le choix exprimé par les parties doit porter sur une date comprise entre la date de clôture du dernier exercice clos de la société absorbée et la date de clôture de l'exercice en cours de la société bénéficiaire. En réalité, ici, le droit des sociétés et le droit fiscal n'ont pas la même analyse. Le droit des sociétés retient un seul butoir (la date de clôture de l'exercice clos de la société absorbée), là où le droit fiscal en retient deux (la date de clôture des exercices clos des deux sociétés).

Exemple

Si la société A clôt son dernier exercice le 30 novembre de l'année N et la société B le 31 janvier N +1, les effets de la fusion des deux sociétés pourront seulement remonter au plus tôt le 1er février N+1. Cela signifie que la société A sera imposable sur son résultat dans l'intervalle.

1027 En l'absence d'exercice clos ayant précédé l'opération, la clause de rétroactivité ne peut faire produire un effet à la fusion au-delà du 1er janvier de l'année de l'opération. L'article 37 du CGI fait en effet obstacle à ce que l'effet rétroactif donné conventionnellement à l'opération de fusion puisse, dans ce cas particulier, remonter antérieurement au 1er janvier de l'année au cours de laquelle cette opération est conclue (CE 13 sept. 2021 n° 451564, *SAS Adis*).

Ce choix conventionnel entraîne pour les parties la nécessité d'en respecter les conséquences. Un arrêt l'illustre (CE 26 janv. 2011, PPR). En l'espèce, dans le cadre d'une opération de réorganisation du groupe Pinault, la société Cia, avait cédé, le 25 février 1992, à la Société Générale de participation et de financement les participations qu'elle détenait dans trois sociétés. Elle avait ainsi dégagé une plus-value. Mais le 30 septembre suivant, la société Cia a été absorbée par la société Pinault, la date d'effet de l'opération étant fixée au 1er avril 1992. La société Pinault a alors repris à son compte les produits et charges générés par l'activité de la société Cia pendant la période du 1er avril au 30 septembre 1992 tandis que les produits et charges enregistrés en comptabilité entre le 1er janvier et le 31 mars 1992, dont la plus-value de cession, étaient déclarés au nom de la société absorbée au titre de son exercice clos le 30 septembre 1992. L'administration fiscale a estimé que la plus-value résultant de la cession des titres de participation aurait dû être imposée au nom de la société Pinault au motif que la cession avait été soumise à la condition suspensive de l'autorisation du conseil d'administration et qu'elle n'était devenue parfaite qu'à la date de cette autorisation, le 13 avril 1992, soit postérieurement à la date rétroactive d'absorption de la société Cia fixée au 1er avril. Pour le Conseil d'État, si une vente initiée par la société absorbée pendant la période séparant l'ouverture de son exercice en cours et la date stipulée pour l'effet de son absorption ne devient parfaite qu'après cette date, cette opération doit être rattachée non aux résultats de la société absorbée au titre de cette période, mais à ceux de la société absorbante au titre de son exercice en cours.

En validant la date de rétroactivité choisie conventionnellement, la jurisprudence du 1028 ■
Conseil d'État fait rétroagir le bilan fiscal à la date d'effet de l'opération. Il en résulte plusieurs conséquences :

- Les apports doivent être évalués à leur valeur d'apport à la date d'effet du traité de fusion. L'amortissement pratiqué lors de la période intercalaire sera donc calculé sur les valeurs d'apport. Peu importe que d'un point de vue juridique la société absorbante ne soit pas propriétaire des biens amortissables à la date d'effet de la fusion. En cas de cession d'immobilisation au cours de la période intercalaire, les plus-values seront calculées par rapport à la valeur d'apport.
- Le résultat réalisé par la société absorbée entre la date d'effet de la fusion (celle retenue fiscalement) et la date de réalisation juridique de l'opération sera réputé réalisé par la société absorbante. Si l'activité de la société absorbée est déficitaire pendant la période intercalaire, ce déficit sera transmis de plein droit à la société absorbante ;
- Les opérations réciproques sont neutralisées. Ainsi, l'abandon de créances à caractère commercial consenti par la société absorbante à la société absorbée conduira à des écritures comptables qui neutraliseront l'abandon.

E. La situation des associés

Le régime fiscal de la fusion n'a pas d'impact sur la situation des associés. C'est donc 1029 ■
la situation fiscale de l'associé lui-même qu'il faut prendre en compte pour déterminer les conséquences de la fusion le concernant. En l'occurrence, le traitement fiscal peut être différent selon que l'associé est une personne morale ou physique et selon qu'il relève de l'impôt sur le revenu ou de l'impôt sur les sociétés.

Pour les associés de la société absorbante, les conséquences de la fusion sont simples 1030 ■
à appréhender. Les titres détenus initialement sont conservés ; mais l'entrée dans le capital de la société absorbante des anciens associés de la société absorbée entraîne une dilution qui peut engendrer des conséquences fiscales (ex. seuil d'intégration fiscale de 95 % franchi à la baisse).

Pour les associés de la société absorbée, la fusion provoque un échange de titres (ils 1031 ■
obtiennent des titres de la société absorbante en lieu et place de ceux détenus sur la société absorbée) qui est un fait générateur de plus-value. Celle-ci ne donne pas nécessairement lieu à une taxation immédiate. S'agissant des personnes physiques

qui gèrent des titres relevant de leur patrimoine privé, la plus-value d'échange donne lieu à une mise en sursis obligatoire (CGI, art. 150-0 B, sauf si la soulte excède 10 % de la valeur nominale des titres). Ce sursis est également prévu sur option pour les associés personnes morales ou relevant des bénéfices industriels et commerciaux (CGI, art. 38, 7 *bis*).

F. Les droits d'enregistrement et la TVA

■ 1032 Au regard des droits d'enregistrement, les fusions (mais non les autres opérations emportant transmission universelle du patrimoine, comme la dissolution-confusion) bénéficient également d'un régime de faveur. Pour les sociétés soumises à l'impôt sur les sociétés, l'article 816 du Code général des impôts prévoit que « les actes qui constatent des opérations de fusion auxquelles participent exclusivement des personnes morales ou organismes passibles de l'impôt sur les sociétés, ainsi que la prise en charge du passif dont sont grevés les apports mentionnés dans ces actes, sont enregistrés gratuitement ».

■ 1033 L'article 816 A, II du Code général des impôts étend la règle de l'enregistrement gratuit aux fusions concernant des sociétés relevant de l'article 8 du Code général des impôts, à l'exception des apports assimilés à des mutations à titre onéreux en vertu du 3° du I de l'article 809.

■ 1034 Au regard de la TVA, les fusions sont traitées comme des transmissions d'universalité de biens (CGI, art. 257 *bis*).

G. Le cas particulier de l'absorption de la filiale par la société-mère, la fusion simplifiée et la dissolution-confusion

■ 1035 Lorsque la fusion s'opère entre une société mère absorbante et une société filiale absorbée, les titres détenus par la société mère dans la société absorbée sont annulés, sans remise de titres en échange. Il en est de même en cas de fusion simplifiée ou de dissolution-confusion. La fusion simplifiée est envisagée par les dispositions du Code de commerce dans l'hypothèse où la société-mère dispose d'une participation d'au moins 90 % des titres de la filiale : pour faciliter les restructurations, la loi allège les formalités. En particulier, il n'est pas nécessaire de réunir deux assemblées générales (celle de la société absorbante et celle de la société absorbée) pour décider de la fusion, celle de la société absorbée suffit (C. com., art. L. 236-11-1). La dissolution-confusion est quant à elle envisagée à l'article 1844-5 du Code civil qui prévoit que la réunion de toutes les parts sociales d'une société en une seule main n'entraîne pas la dissolution de plein droit de ladite société. Toutefois, tout intéressé peut demander cette dissolution si la situation n'a pas été régularisée dans le délai d'un an et bien entendu l'associé unique peut y procéder de sa propre initiative. Cette dissolution entraîne alors la transmission universelle du patrimoine de la société à l'associé unique, sans qu'il y ait lieu à liquidation.

■ 1036 Dans ces différentes situations, il s'opère sur le bilan de la société-mère ou confondante, une substitution d'actifs : les titres sont annulés et remplacés par les actifs de la filiale. Mais il n'y a ici aucune remise de titres, dès lors que la société absorbante ne se voit pas attribuer des titres représentatifs de son propre capital. La différence entre la valeur nette d'apport de la quote-part de patrimoine de l'absorbée correspondant aux titres annulés et la valeur comptable de ces derniers conduit à la constatation d'un boni ou d'un mali de fusion chez la société absorbante. En somme, si la société mère a acquis les titres de la filiale pour 100.000 €, filiale qu'elle détient à 100 % et si l'actif net de la filiale lors de la fusion est évalué à 150.000, l'opération fait apparaître un boni pour la société-mère. Bien entendu, ce calcul doit se faire sur la base du capital détenu par la société-mère : si elle possède 80 % du capital de la filiale, il faut comparer la valeur d'acquisition des 80 % avec les 80 % de la valeur de l'actif net de la filiale. En présence d'actionnaires minoritaires, la fusion donnera lieu à leur profit à une attribution de titres émis par la société-mère et représentatifs de leur apport initial. Si l'écart entre l'actif net reçu par la société absorbante à hauteur de la participation détenue dans la société absorbée et la valeur comptable de cette participation s'avère négatif, il s'agit d'un mali.

Encore faut-il ici démêler le faux du vrai. Le mali se décompose en deux éléments : le mali technique (ou encore faux mali) ; le vrai mali. Le mali technique concerne l'hypothèse où des plus-values latentes chez la société absorbée n'ont pas été prises en compte au moment de la fusion (ce qui sera le cas en cas de fusion à la valeur nette comptable). Ce mali technique ne constitue pas une charge mais une immobilisation. Ce faux mali pourra être déprécié en cas de diminution de la valeur réelle du bien en cause et sera annulé en cas de cession du bien. Fiscalement, le sort de cette dépréciation et de l'annulation dépendra du régime sous lequel a été réalisée la fusion : déductible en cas de fusion en régime de droit commun ; non déductible en cas de fusion en régime de faveur. 1037 ■

Le vrai mali concerne l'hypothèse où la valeur nette comptable des titres est supérieure à l'actif net de la société absorbée parce que la valeur de la société absorbée a diminué depuis l'acquisition des titres. Ce vrai mali va constituer une charge déductible, à condition que les titres ne constituent pas des titres de participation (MVLT non déductible). 1038 ■

Exemple

La société A fait l'acquisition du capital de la société B, à hauteur de 100 % pour 10.000.000 €, le 01/06/N.
- Fusion entre les sociétés A et B le 1er janvier N+3
- Les sociétés sont sous contrôle commun, la fusion se fait donc aux valeurs comptables
- Actif net comptable de B : 4.000.000

Plus-values latentes : 9.000.000

Mali technique : 10.000.000 – 4.000.000 = 6.000.000 €

§ 2 Les apports partiels d'actifs

L'apport partiel d'actif est une opération par laquelle une personne morale apporte une partie de son actif à une autre personne morale, laquelle rémunère cet apport 1039 ■

par la remise de titres qu'elle émet. Cette définition permet de mettre en évidence les différences qui existent par rapport aux opérations de fusion ou de scission. En effet, les opérations de fusion ou de scission entraînent la disparition de la société absorbée ou de la société scindée. Dans un apport partiel d'actif, en revanche, la société qui réalise l'apport ne disparaît nullement du fait de l'opération.

■ 1040 Une autre différence vient du fait que les titres rémunérant l'apport réalisé reviennent à la société qui consent l'apport ; dans les opérations de scission ou de fusion, ce sont les associés de la société absorbée ou scindée qui ont vocation à recevoir ces titres.

D'un point de vue économique, l'apport partiel d'actifs présente plusieurs aspects stratégiques. Il permet la filialisation de certaines activités ; il permet la création de filiales communes entre groupes ayant des activités identiques ou complémentaires. De surcroît, lorsque l'activité apportée est plus importante que celle exercée par la société apporteuse, l'apport partiel d'actifs est un moyen de prendre le contrôle de cette dernière. À l'inverse, une société à la recherche de trésorerie peut avoir intérêt à apporter les activités nécessitant des moyens financiers supplémentaires à une filiale afin de permettre l'entrée de nouveaux partenaires dans le capital de cette dernière (laissant ainsi le capital de l'apporteuse inchangée).

■ 1041 D'un point de vue fiscal, les apports partiels d'actif sont soumis à un régime proche de celui applicable aux fusions. Il résulte en effet de l'article 210 B du CGI que les plus-values réalisées lors de l'apport partiel d'actif d'une branche complète d'activité peuvent, sous certaines conditions, bénéficier du régime de faveur prévu par l'article 210 A pour les plus-values réalisées lors d'une fusion. Comme pour les fusions, il y a lieu d'appréhender en premier lieu les règles comptables (A) qui trouvent à s'appliquer que l'apport partiel d'actifs relève du régime de droit commun (B) ou du régime de faveur (C).

A. Les règles comptables

■ 1042 La réglementation comptable prescrit aux sociétés réalisant un apport partiel d'actif les modalités d'évaluation des apports. Lorsque les sociétés parties à l'opération d'apport sont placées sous contrôle commun ou lorsque l'opération réalisée « à l'envers » entre des sociétés sous contrôle distinct, la transcription des apports par la société bénéficiaire doit être établie sur la base de leur valeur comptable figurant dans les écritures de la société apporteuse. Aucune plus-value d'apport n'est alors dégagée en comptabilité dans cette hypothèse. L'apport partiel d'actif réalisé entre sociétés placées sous contrôle commun est une opération réalisée entre sociétés présentant des liens entre elles et à l'occasion de laquelle l'activité ne change pas vraiment de bénéficiaire effectif. L'apport partiel d'actif à l'envers entre sociétés sous contrôle distinct permet à la société apporteuse de prendre le contrôle de la société bénéficiaire, ce qui revient à dire que l'ancien actionnaire principal de la société bénéficiaire en perd le contrôle. Or, l'idée qui sous-tend la valorisation des actifs à la valeur comptable est que les actifs en cause ne changent pas de périmètre économique. C'est toujours la même personne qui les contrôle : directement avant l'opération d'APA ; indirectement via la société bénéficiaire après l'APA. Voilà pourquoi l'opération réalisée à l'envers sous contrôle distinct suit le même régime que celui applicable aux opérations sous contrôle commun.

À l'inverse, les opérations à l'endroit sous contrôle distinct (c'est l'hypothèse où l'actionnaire principal de la société bénéficiaire de l'apport conserve son pouvoir de contrôle sur celle-ci et s'approprie une activité avec laquelle il n'avait pas de lien à l'origine) doivent être effectuées à la valeur réelle. 1043 ■

B. Le régime fiscal de droit commun

La société apporteuse est passible de l'impôt sur les sociétés (selon les règles prévues pour les plus-values professionnelles) à raison des plus-values réalisées à l'occasion de l'apport, sans qu'il y ait lieu de distinguer selon qu'elles ont été extériorisées ou non dans les comptes. 1044 ■

Le montant des plus-values imposables est déterminé par différence entre la valeur réelle des éléments apportés et leur valeur comptable (ou leur valeur fiscale si ces éléments avaient été recueillis par la société apporteuse lors d'un précédent apport placé sous le régime spécial). Le régime de droit commun présente un intérêt si la société apporteuse dispose de déficits fiscaux. Elle pourra imputer ceux-ci sur les plus-values d'apport, dans la limite des règles de plafonnement prévues par l'article 209 du Code général des impôts. 1045 ■

S'agissant de la société bénéficiaire et lorsque les apports sont obligatoirement transcrits d'après leur valeur réelle, elle devra calculer les amortissements des éléments apportés sur la base de cette valeur, en fonction de la durée d'utilisation prévue pour ces éléments, telle qu'elle est appréciée à la date de l'opération. Le système de l'amortissement dégressif, réservé aux biens neufs, ne peut être mis en œuvre. Les plus ou moins-values résultant de la cession ultérieure des biens reçus seront également déterminées par rapport à leur valeur réelle. Dans le cas où les apports partiels d'actif doivent être transcrits d'après les valeurs comptables, la société bénéficiaire inscrit normalement les éléments reçus à son bilan pour ces valeurs. Par conséquent, l'amortissement doit être calculé sur la base de la valeur nette comptable des biens reçus. 1046 ■

C. Le régime de faveur

1. *Les conditions de mise en œuvre du régime*

L'application du régime de faveur de l'article 210 B du CGI présente un caractère facultatif. L'option pour un tel régime constitue une décision de gestion qui doit être formulée dans le traité d'apport. À défaut d'indication particulière, il y a lieu d'appliquer le régime de droit commun. 1047 ■

Pour que le régime de faveur trouve à s'appliquer, deux conditions doivent être remplies : 1048 ■

- les sociétés doivent être soumises à l'impôt sur les sociétés ; ce qui exclut les sociétés relevant de l'article 8 du Code général des impôts ;
- l'apport partiel d'actif doit porter sur une branche complète d'activité ou sur des éléments assimilés. La branche complète d'activité se définit comme l'ensemble des éléments d'actif et de passif d'une division d'une société qui constituent, du point de vue de l'organisation, une exploitation autonome, c'est-à-dire un ensemble capable

de fonctionner par ses propres moyens. L'article 210 B, 1 du CGI assimile certains apports à des apports de branches complètes d'activité. Tel est le cas par exemple des apports de participations qui portent sur plus de 50 % du capital de la société dont les titres sont apportés. Il en est de même, d'une part, des apports de participations conférant à la société bénéficiaire des apports la détention directe de plus de 30 % des droits de vote de la société dont les titres sont apportés lorsqu'aucun autre associé ne détient, directement ou indirectement, une fraction des droits de vote supérieure et, d'autre part, des apports de participations conférant à la société bénéficiaire des apports, qui détient d'ores et déjà plus de 30 % des droits de vote de la société dont les titres sont apportés, la fraction des droits de vote la plus élevée dans la société.

■ 1049 En cas d'apport ne constituant pas une branche complète d'activité, la société apporteuse peut bénéficier du régime de faveur en sollicitant un agrément. L'agrément accordant le bénéfice du régime de faveur a vocation à être délivré dans le cadre d'opérations n'aboutissant pas à un désengagement de la société apporteuse de l'activité filialisée. L'agrément est délivré lorsque, compte tenu des éléments faisant l'objet de l'apport :

- l'opération est justifiée par un motif économique, se traduisant notamment par l'exercice par la société bénéficiaire de l'apport d'une activité autonome et l'amélioration des structures, ainsi que par une association entre les parties formalisée par un engagement de conservation pendant trois ans des titres remis en contrepartie de l'apport ;
- l'opération n'a pas pour objectif la fraude ou l'évasion fiscale ;
- les modalités de l'opération permettent d'assurer l'imposition future des plus-values mises en sursis d'imposition.

2. *Les conséquences du régime de faveur*

■ 1050 Les conséquences du régime de faveur sont sensiblement identiques à celles que l'on a vues pour le régime des fusions. Il faut distinguer ici les sociétés concernées.

■ 1051 Comme les sociétés absorbées, la société qui effectue l'apport partiel d'actif est exonérée d'impôt sur les sociétés à raison des plus-values résultant de cet apport (plus-values représentées par la différence entre la valeur des actions reçues en contrepartie de l'apport et la valeur nette comptable de cet apport). Cette exonération est indépendante du mode de transcription comptable des apports (valeur comptable ou valeur réelle). Dans le cas où les titres représentatifs de l'apport sont inscrits à l'actif pour la valeur réelle des actifs apportés, la plus-value fiscale qui sera réalisée lors de la cession ultérieure de ces titres s'écartera des données comptables. La plus-value exonérée au moment de l'apport partiel d'actif deviendra imposable (dans la mesure où elle subsistera s'agissant d'un sursis) à l'occasion de la cession des titres ayant rémunéré l'apport. Sur ce point, l'article 210 B, 2 du CGI précise que « les plus-values de cession afférentes aux titres remis en contrepartie de l'apport sont calculées par référence à la valeur que les biens apportés avaient, du point de vue fiscal, dans les écritures de la société apporteuse ».

■ 1052 Comment déterminer, en vue du calcul de la plus-value de cession des titres, la valeur que les biens apportés avaient « du point de vue fiscal » dans les écritures de la société apporteuse ? L'administration a précisé que cette valeur s'entend du montant de l'actif net comptable apporté et qu'elle doit donc être déterminée « après déduction des passifs pris en charge ainsi que des amortissements et provisions constitués sur les éléments d'actif transférés ».

Exemple

Valeur nette comptable des éléments d'actif apportés (déduction faite des amortissements et des provisions pour dépréciation) : 1.800.000 €
Valeur d'apport de ces éléments : 2.800.000 €
Passif transmis : 1.200.000 €
Bien que la société apporteuse ait été rémunérée par des actions valant 1.600.000 € (2.800.000 € - 1.200.000 €), le prix de revient fiscal à retenir en cas de cession ultérieure de cette participation (cession qui ne pourra avoir lieu qu'après un délai de trois ans) se réduira à : 1.800.000 € - 1.200.000 € (passif transféré) = 600.000 €.
Par suite, si la cession des titres est consentie moyennant un prix de 1.800.000 €, la plus-value de cession sera de : 1.800.000 € - 600.000 € = 1.200.000 €.

Quant à la société bénéficiaire, elle est dans la même situation que la société absorbante. Elle doit donc reprendre à son bilan les éléments de l'actif circulant compris dans l'apport pour leur valeur telle qu'elle figurait dans les écritures de la société apporteuse (ou sinon rattacher immédiatement la plus-value d'apport de ces éléments à son résultat fiscal). En outre, si l'apport partiel d'actif se réalise à la valeur réelle, la société bénéficiaire de l'apport doit procéder à la réintégration échelonnée des plus-values d'apport dégagées sur les biens amortissables. S'agissant des biens non amortissables, elle ne supportera d'imposition immédiate mais elle doit s'engager lors de la cession ultérieure des éléments non amortissables qu'elle a reçus en apport, à calculer les plus-values ou moins-values de cession correspondantes par rapport à la valeur que ces biens avaient, du point de vue fiscal, dans les écritures de la société apporteuse. 1053

§ 3 Les scissions

Il y a *scission*[Q] lorsque le patrimoine d'une société scindée est réparti entre plusieurs sociétés existantes ou nouvelles (C. com., art. L 236-1, al. 2). Comme les fusions, les scissions conduisent à une transmission universelle du patrimoine. Le passif de la société scindée est donc pris en charge par les sociétés existantes ou nouvelles selon les modalités définies au contrat de fusion ou de scission. La scission se distingue de l'apport partiel d'actif par le fait que la société scindée disparaît, tandis que la société apporteuse conserve son existence dans le cadre de l'apport partiel d'actif. La dissolution de la société scindée se fait sans liquidation : il n'y a pas lieu de nommer un liquidateur qui serait chargé de régler le passif avec les actifs restants. 1054

Comme dans le cadre d'une fusion, la scission conduit à ce que les associés de la société scindée deviennent associés des sociétés bénéficiaires et se voient attribuer des actions (ou des parts sociales) de cette société (C. com., art. L 236-1, al. 4). La rémunération des associés en échange de la disparition des titres de la société 1055 scindée ne peut se faire que par des actions ou des parts sociales. Le cas échéant, ils peuvent également percevoir une soulte en espèces sous réserve qu'elle ne dépasse pas 10 % de la valeur nominale des droits sociaux attribués (C. com., art. L 236-1, al. 4).

■ 1056 Sur le plan fiscal, la définition de la scission est sensiblement identique. Aux termes de l'article 210-0 A du CGI, constitue une scission, au sens de la réglementation fiscale, l'opération par laquelle une société transmet, par suite et au moment de sa dissolution sans liquidation, l'ensemble de son patrimoine à deux ou plusieurs sociétés préexistantes ou nouvelles, moyennant l'attribution aux associés de la société scindée, proportionnellement à leurs droits dans le capital, de titres des sociétés bénéficiaires des apports et, éventuellement, d'une soulte ne dépassant pas 10 % de la valeur nominale de ces titres.

■ 1057 Comme pour les opérations de fusion et d'apport partiels d'actifs, il faut s'intéresser en premier lieu aux modes de transcription comptable des apports (valeur comptable ou valeur réelle). Ceux-ci dépendent des mêmes critères : il importe de savoir si la société scindée est sous un contrôle commun avec les sociétés bénéficiaires de l'apport et l'actionnaire majoritaire conserve ce contrôle sur la ou les sociétés bénéficiaires de la scission.

■ 1058 Les conséquences de la scission sont équivalentes à celles de la fusion. La société scindée est assimilée à la société absorbée. La société bénéficiaire est assimilable à une société absorbante. Deux régimes sont susceptibles de s'appliquer comme les autres opérations : le régime de droit commun et le régime de faveur.

■ 1059 Deux conditions doivent ici être respectées pour bénéficier du régime de faveur :

- la société scindée détient au moins deux branches complètes d'activité ;
- chaque société bénéficiaire doit recevoir des apports d'une ou plusieurs branches complètes d'activités ;
- les titres représentatifs de l'apport sont attribués aux associés de la société scindée proportionnellement à leurs droits dans le capital : les associés de la société scindée sont donc nécessairement associés des sociétés bénéficiaires des apports.

■ 1060 Lorsque les actifs de la société scindée ne permettent pas de constituer au moins deux branches d'activité, l'application du régime de faveur des fusions est subordonnée à l'obtention d'un agrément préalable. Cet agrément sera délivré lorsque, compte tenu des éléments faisant l'objet de l'apport :

- l'opération est justifiée par un motif économique, se traduisant notamment par l'exercice par la société bénéficiaire de l'apport d'une activité autonome ou l'amélioration des structures, ainsi que par une association entre les parties ;
- l'opération n'a pas comme objectif principal ou comme un de ses objectifs principaux la fraude ou l'évasion fiscales ;
- les modalités de l'opération permettent d'assurer l'imposition future des plus-values mises en sursis d'imposition ;
- les associés qui détiennent dans la société scindée, à la date d'approbation de la scission, 5 % au moins des droits de vote ou qui y exercent ou y ont exercé dans les six mois précédant cette date, directement ou par l'intermédiaire de leurs mandataires

sociaux ou préposés, des fonctions de direction, d'administration ou de surveillance et détiennent au moins 0,1 % des droits de vote dans la société sont tenus de conserver leurs titres pendant trois ans.

Si le régime de faveur est applicable, la société scindée bénéficie d'exonérations d'impôt sur les sociétés identiques à celles prévues pour les fusions. C'est ainsi qu'elle est exonérée d'impôt à raison des plus-values résultant de l'apport de ses éléments d'actif. Les provisions qui conservent leur objet n'ont pas à être réintégrées. Le bénéfice de ce régime est indifférent au mode de transcription des apports. Le transfert de ses déficits est possible sur agrément dans les mêmes conditions que celles prévues pour les fusions, chaque société bénéficiaire se voyant attribuer les déficits correspondants aux activités transmises (CGI, art. 209, II, al. 2). Les personnes morales bénéficiaires dans le cadre d'une opération de scission sont soumises aux mêmes obligations que les sociétés absorbantes. Chaque société bénéficiaire de la scission doit réintégrer dans son résultat imposable la plus-value nette dégagée par la scission à raison des biens amortissables reçus par elle (cas où les apports ont été transcrits pour leur valeur réelle). Comme en cas de fusion, cette réintégration doit être opérée sur une période de cinq ou quinze ans en principe. Les plus-values nettes sur biens non amortissables ne donnent pas lieu à une taxation immédiate, mais leur cession future donnera lieu à une plus-value calculée sur la base des valeurs d'acquisition historiques de la société scindée. 1061 ■

Si le régime de droit commun est applicable, la société scindée subit toutes les conséquences inhérentes à une cessation d'entreprise : imposition des bénéfices en cours et en sursis d'imposition ; imposition des plus-values latentes ; réintégration des provisions. À cela s'ajoute la taxation des apports à titre onéreux au titre des droits de mutation. 1062 ■

Pour les actionnaires de la société scindée, la scission se traduit par une substitution de titres : ils détenaient des titres d'une société A ; celle-ci ayant été scindée au profit d'une société B et d'une société C, les actions A se trouvent annulées et remplacées gratuitement par des actions nouvelles de la société B et de la société C. L'article 115, 1 du CGI prévoit qu'en pareille situation l'attribution gratuite des titres représentatifs de l'apport aux membres de la société apporteuse n'est pas considérée comme une distribution de revenus mobiliers. En outre, la loi, à l'égard des associés personnes physiques (CGI, art. 150-0 B), dispose que les échanges de titres résultant d'une fusion échappent au régime d'imposition des cessions à titre onéreux et constituent seulement une opération intercalaire. Corrélativement, en cas de perte réalisée au moment de l'échange, aucune déduction n'est admise. À l'égard des associés personnes morales ou relevant des bénéfices industriels et commerciaux, la loi donne à l'entreprise titulaire des titres échangés le droit de surseoir, du point de vue fiscal, à la constatation du résultat qui se dégage de l'échange (CGI, art. 38-7 *bis*). Mais tel n'est pas toujours son intérêt. Ainsi, une entreprise disposant d'un report déficitaire peut avoir intérêt à opter pour l'imposition immédiate de la plus-value d'échange résultant de l'opération de scission. 1063 ■

Schéma récapitulatif – Les opérations de scission

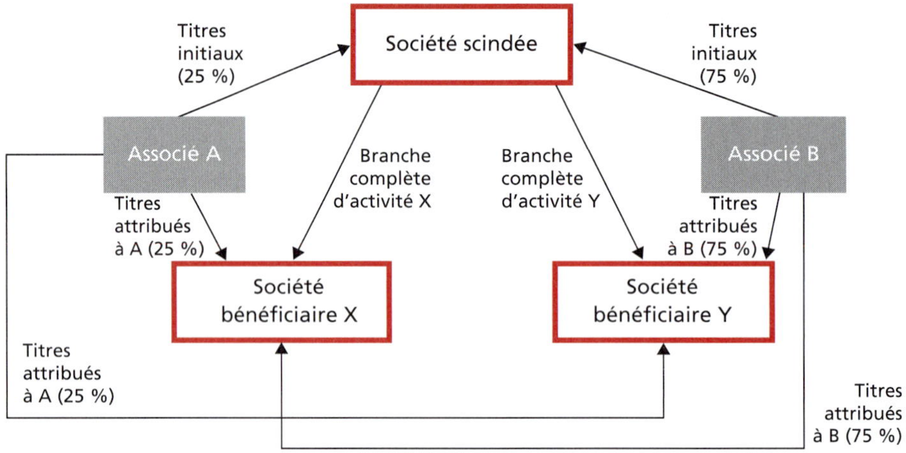

Schéma récapitulatif – Les fausses scissions ou scissions partielles

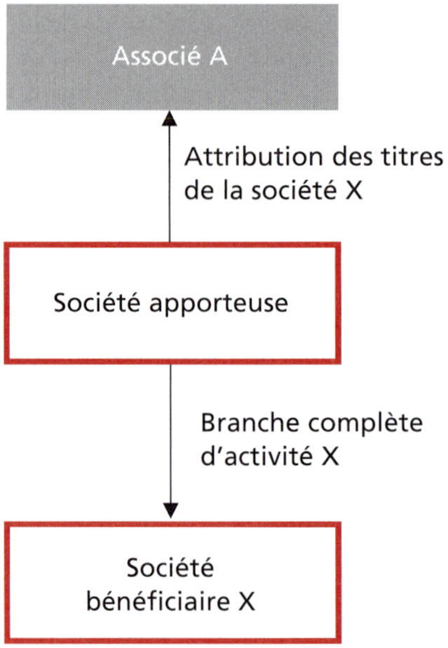

Remarques sur le schéma d'une scission partielle : 1064 ■

- l'opération combine le mécanisme de l'*apport partiel d'actifs*[Q] et l'attribution de titres inhérents à la scission ;

- la société apporteuse ne disparaît pas et devient une société sœur de la société bénéficiaire de l'apport ;

- l'attribution gratuite des titres représentatifs de l'apport aux membres de la société apporteuse n'est pas considérée comme une distribution de revenus mobiliers à la condition que la répartition ait lieu dans un délai d'un an à compter de la réalisation de l'apport (CGI, art. 115, 2) ;

- l'opération nécessite un agrément spécifique si l'apport partiel d'actifs ne porte pas sur une branche complète d'activité ou lorsque la société apporteuse ne conserve pas au moins une branche complète d'activité après l'apport ;

- pour les entreprises actionnaires, l'attribution des titres n'ouvre pas droit au régime mère fille (aucune distribution de dividendes ne s'étant produite) et conduit à une réduction de la valeur pour laquelle était inscrite la participation d'origine ainsi qu'une inscription au bilan des titres attribués pour une valeur dont le calcul est déterminé par la loi (CGI, art. 115, 2). Si par exemple, une entreprise actionnaire détient 400 titres de la société apporteuse et se voit attribuer des titres dont la valeur réelle est de 100.000 € et que sa participation d'origine dans la société apporteuse a été acquise pour un prix de 200.000 €, évaluée aujourd'hui à 500.000 €, les titres reçus gratuitement devront donc être entrés à l'actif pour 40.000 (400 × 100.000/ 500.000). Le coût de revient de la participation d'origine devra corrélativement être ramené de 200.000 à 160.000.

10

Compléments pédagogiques

Mémo

Les opérations sur le capital social peuvent donner lieu à une augmentation ou à une réduction de celui-ci. Pour chacune de ses opérations, il faut envisager les conséquences fiscales pour l'apporteur ou l'associé, mais aussi les conséquences fiscales pour la société qui réalise l'opération.

Les opérations d'apports en société sont généralement un fait générateur de plus-value pour l'associé. En revanche, elles n'entraînent pas de bénéfice imposable pour la société en application de l'article 38 du Code général des impôts. Ces mêmes opérations donnent lieu à un enregistrement gratuit. Elles sont toutefois soumises aux droits de mutation à titre onéreux lorsqu'elles constituent des apports à titre onéreux portant sur des fonds de commerce ou des immeubles.

Les réductions de capital peuvent être motivées ou non par les pertes de la société. Lorsqu'elles sont non motivées par les pertes, elles consistent à allouer des richesses aux associés. Ceux-ci seront donc taxés comme pour une distribution de bénéfices, mais à hauteur seulement des réserves de la société. Les remboursements ne donnent pas lieu taxation.

Le rachat par la société de ses propres titres ne se confond pas avec la réduction de capital. Le rachat conduit à une cession de titres et entraîne l'application d'un régime de plus-value qui dépendra de la situation de l'associé.

La transformation de la société entraîne de lourdes conséquences fiscales en cas de changement de régime fiscal allant d'une imposition à l'impôt sur le revenu vers l'impôt sur les sociétés. Les dissolutions entraînent également de lourdes impositions dès lors qu'elles conduisent à une distribution des actifs restants de la société, à un associé non apporteur.

Les fusions, apports partiels et scissions sont susceptibles de bénéficier d'un régime de faveur évitant une imposition immédiate de toutes les plus-values d'actifs, lorsqu'elles sont constatées comptablement. Celles-ci sont réintégrées par fraction dans le bénéfice de la société absorbante (ou assimilées) s'agissant des biens amortissables et donnent lieu à un sursis d'imposition s'agissant des biens non amortissables. Les déficits des sociétés absorbées (ou apporteuses) ne sont pas transférables lorsqu'ils dépassent de 200.000 €, sauf agrément.

Quid

■ Apport partiel d'actifs nos 938, 1064

C'est l'opération par laquelle une société apporte, sans être dissoute, un ensemble d'actifs à une autre société, moyennant la remise de titres représentatifs du capital social de la société bénéficiaire de l'apport. Si celui-ci constitue une ou plusieurs branches complètes de son activité, l'apport partiel d'actifs est éligible au régime de faveur. Contrairement à la fusion ou à la scission, l'apport partiel d'actifs ne se traduit pas par la disparition de la société apporteuse.

■ Fusion nos 938, 993

C'est l'opération par laquelle deux ou plusieurs sociétés réunissent leurs patrimoines pour ne plus en former qu'une seule. La fusion suppose donc la réunion d'au moins deux sociétés préexistantes. Conformément au premier alinéa de l'article L. 236-1 du Code de commerce : - soit de la création d'une société nouvelle par des sociétés existantes qui lui transfèrent l'ensemble de leur patrimoine, activement et passivement, au moment de leur dissolution sans liquidation (fusion par création d'une société nouvelle) ; - soit du transfert à une société préexistante de l'ensemble du patrimoine d'une ou plusieurs sociétés dissoutes sans liquidation (fusion par absorption).

■ Scission nos 938, 1054

C'est l'opération par laquelle la société scindée transmet au moment de sa dissolution sans liquidation, l'ensemble de son patrimoine à deux ou plusieurs sociétés préexistantes ou nouvelles, moyennant l'attribution aux associés de la société scindée, de titres des sociétés bénéficiaires des apports. Pour être éligible au régime de faveur, cette attribution de titres doit se faire de manière proportionnelle aux droits détenus dans la société scindée et le cas échéant, si une soulte est versée, celle-ci ne doit pas dépasser pas 10 % de la valeur nominale de ces titres.

Document

CE 1er juill. 2020, *Sté Lafarge SA*, n° 418378

[…] Dans le cas où une entreprise industrielle et commerciale aliène, par voie d'apport à une société, un bien constituant un élément de son actif immobilisé et inscrit comme tel à son bilan, la cession de ce bien est génératrice d'une plus-value ou d'une moins-value égale à la différence entre, d'une part, la valeur réelle, à la date de l'apport, des titres remis au cédant en contrepartie de l'apport et, d'autre part, la valeur active nette pour laquelle le bien apporté figurait au bilan de clôture de l'exercice précédant l'apport. Toutefois, si la valeur réelle du bien apporté est supérieure à celle des titres reçus en contrepartie, la différence ainsi constatée doit être regardée comme une renonciation à la réalisation de la plus-value correspondante et, par suite, comme un avantage consenti par l'apporteur à la société bénéficiaire de l'apport. […]

Biblio

1) Ouvrages et articles

- M. Chadefaux, *Les fusions de sociétés*, 8e éd., Groupe Revue Fiduciaire, 2017.
- Ph. Oudenot, *Fiscalité approfondie des sociétés*, 6e éd., LexisNexis, 2022.
- Ph. Oudenot, « Les réductions de capital non motivées par des pertes », *Dr. fisc.* 2016, ét. 642.

2) Jurisprudence

- CE 1er juill. 2020, *Sté Lafarge SA*, n° 418378 ; *Dr. fisc.* 2020, n° 30-35, act. 254, Ph. Oudenot ; *Dr. fisc.* 2020, n° 42, comm. 409, concl. É. Bokdam-Tognetti, note S. Hamis et Ch. Ghuysen ; *Dr. sociétés* 2020, comm. 138, note J.-L. Pierre.

Quiz

1) Sujet corrigé

Cas pratique

La société Largo est une société par actions simplifiée (SAS), soumise l'impôt sur les sociétés (IS). Son exercice comptable coïncide avec l'année civile. Son capital est détenu par deux associés, Patrick Michal et Pierre Surand, qui détiennent respectivement 60 % et 40 % du capital et des droits de vote. Le montant du capital social s'élève à 1.000.000 €, composé de 2.000 actions. Cette société va être prochainement absorbée par une société concurrente, la société anonyme (SA) Winch.

La SA Winch est également soumise à l'IS. Son exercice comptable coïncide avec l'année civile. Elle est détenue par deux associés : la SA Parc Techno qui détient 90 % du capital et des droits de vote. La SAS Louis RM qui détient les 10 % restants. Le montant du capital social de la SA Winch s'élève à 5.000.000 €, composé de 5.000 actions.

À l'issue des audits menés, la valeur réelle des actions qui a été retenue par les parties est 750 € par titre pour la SAS Largo et 1.500 € par titre pour la SA Winch.

L'analyse comptable de la SAS Largo révèle les principaux éléments suivants :

- la SAS détient un fonds de commerce acquis pour une valeur de 250.000 € le 1er janvier 2012 et dont la valeur réelle est estimée à 450.000 € à la date de la fusion ;

- la SAS détient un immeuble acquis le 1er janvier 2018 pour un montant de 500.000 €, amortie de manière linéaire sur 10 ans et dont la valeur est estimée à 700.000 € à la date de la fusion ;

- la SAS détient 100 % du capital de la SAS Toison dorée, ces actions étant enregistrées dans un compte « Titres de participation ». Les actions de la SAS Toison dorée ont été achetées le 1er janvier 2012 pour un montant de 100.000 € (les frais d'acquisition sont considérés comme nuls) et leur valeur est estimée à 500.000 € à la date de la fusion. En outre, la SAS Toison dorée a versé, en juin 2022, un dividende d'un montant 50.000 € à la SAS Largo.

Par ailleurs, la société Largo vous communique les informations suivantes :

- la fusion devrait être votée définitivement le 1er janvier 2023 et prendrait effet à cette date ;

- en dehors des opérations précédemment évoquées, le montant du bénéfice en cours de la SAS Largo pour l'exercice 2023 devrait être de 400.000 € ; aucune provision n'a été constatée ;

- la SAS Largo dispose d'un déficit fiscal en report d'un montant de 250.000 € ;

- la société absorbée et la société absorbante n'ont aucun associé commun.

Sur la base de ces différents éléments, la société Largo vous interroge sur les points suivants :

1) Déterminer dans l'ordre les éléments suivants : la parité d'échange ; le nombre total de titres à créer ; le montant de l'augmentation de capital.

2) Déterminer si les actifs apportés doivent être transcrits à la valeur comptable ou à la valeur réelle. Est-ce que la solution a une incidence fiscale ?

3) Déterminer les conséquences fiscales si la fusion est soumise au régime de droit commun.

4) Déterminer les conséquences fiscales si la fusion est soumise au régime de faveur.

Voir le corrigé en fin de rubrique.

2) Corrigé

Cas pratique

1) La parité d'échange se détermine sur la base de la valeur réelle unitaire. Ici cette parité est 1.500/750, soit deux actions de la société absorbée pour une action de l'absorbante. Le capital de la société absorbée étant composé de 2.000 actions, l'augmentation de capital va donner lieu à l'émission de 1.000 actions nouvelles. Celles-ci ayant une valeur nominale de 1.000 €, l'augmentation de capital sera donc de 1.000.000. Or, la valeur réelle globale de la société absorbée est 1.500.000. Une prime de fusion de 500.000 sera donc nécessaire pour équilibrer l'opération.

2) La transcription des apports dans les comptes de la société bénéficiaire doit obligatoirement être réalisée dans le respect des normes comptables. Les valeurs d'apport qui doivent figurer dans le traité résultent de façon impérative de la situation de contrôle au moment de l'opération et du sens dans lequel elle est réalisée (PCG, art. 740-1 à 744-3).

Les biens apportés doivent être transcrits à leur valeur comptable dans les opérations impliquant des sociétés placées sous contrôle commun, quel que soit le sens dans lequel elles sont réalisées. Il en est de même des opérations impliquant des sociétés sous contrôle distinct, lorsqu'elles sont réalisées à l'envers. En revanche, les apports doivent être transcrits aux valeurs réelles lorsque les sociétés participantes sont sous un contrôle distinct, si elles sont effectuées à l'endroit.

En l'espèce, la fusion doit se faire à la valeur réelle. À la valeur réelle, la société absorbante pourra amortir les biens apportés sur une base plus importante. En revanche, la comptabilisation à la valeur réelle conduit à calculer les plus-values et moins-values sur les actifs transmis.

3) Dans le cadre du régime de droit commun, les fusions entraînent les conséquences d'une cessation d'entreprise. Elles se traduisent par l'imposition, en sus des bénéfices d'exploitation non encore taxés, des provisions et des plus-values d'actif.

Plus-value sur le fonds de commerce :

450.000 – 250.000 = 200.000 (taxée à l'IS de droit commun)

Plus-value sur l'immeuble (amorti sur 5 exercices allant de 2018 à 2022) :

700.000 – (500.000 – 250.000) = 450.000 (taxée à l'IS de droit commun)

Plus-value sur les titres de participation :

500.000 – 100.000 = 400.000 (régime des cessions de titres de participation, soit une taxation portant sur une quote-part de frais et charges de 12 %)

400.000 × 12 % = 48.000

Les titres ont été conservés plus de deux ans, le bénéfice du régime mère-fille sur le dividende n'est pas remis en cause.

Bénéfice en cours : 400.000

Résultat imposable (avant imputation du déficit en report) = 200.000 + 450.000 + 48.000 + 400.000, soit 1.098.000

Sur ce résultat, l'imputation du déficit en report est possible dans son intégralité, soit 250.000 (le plafond d'imputation de l'article 209 n'est pas atteint ; le déficit est donc librement imputable).

Résultat imposable (après imputation du déficit en report) = 848.000

Impôt sur les sociétés à 25 % = 212.000

Les fusions et opérations assimilées sont souvent conclues avec effet rétroactif au premier jour de l'exercice en cours de la société apporteuse. Dans ce cas, les résultats (bénéficiaires ou déficitaires) réalisés par la société apporteuse pendant la période courue depuis le début de l'exercice en cours à la date de la fusion sont englobés dans le résultat imposable de la société bénéficiaire, à condition que cette dernière n'ait pas elle-même ouvert l'exercice en cours à une date postérieure à celle de la prise d'effet de la fusion.

4) À la différence du régime de droit commun, le régime de faveur se traduit, pour la société apporteuse, par l'exonération des plus-values de fusion ainsi que des provisions qui conservent leur objet. En contrepartie, la société bénéficiaire des apports est soumise à diverses obligations destinées à rendre possible l'imposition ultérieure, à son nom, des plus-values et provisions exonérées lors de la fusion ou assimilée. Mais le régime de faveur a également pour effet de lui conférer certains droits. L'application de ce régime a un caractère facultatif au regard de l'impôt sur les sociétés.

L'exonération d'impôt sur les sociétés prévue pour les plus-values d'apport et les provisions de la société apporteuse n'est applicable que si la société bénéficiaire des apports s'engage, dans l'acte de fusion (ou dans l'acte de dissolution en cas de transmission universelle de patrimoine), à respecter certaines obligations concernant les inscriptions au bilan, la réintégration de bénéfices et de plus-values et le calcul des plus-values ultérieures afférentes aux éléments non amortissables (CGI, art. 210 A)

a. Éléments amortissables (immeuble)

La société bénéficiaire doit réintégrer dans ses bénéfices imposables au taux de droit commun les plus-values constatées sur les éléments amortissables lors de la fusion ou de l'opération assimilée.

La somme à réintégrer correspond aux plus-values nettes, résultant de la compensation entre les plus-values et les moins-values dégagées par l'apport des biens relevant d'une durée de réintégration identique.

La réintégration des plus-values est effectuée par parts égales sur une période de cinq ans. Cette période est portée à quinze ans pour les constructions et les droits s'y rapportant, ainsi que pour les plantations et les agencements et aménagements des terrains amortissables sur une période au moins égale à cette durée.

Lorsque le total des plus-values nettes sur les constructions, les plantations et les agencements et aménagements de terrains excède 90 % de la plus-value nette globale sur éléments amortissables, sa réintégration s'effectue sur la durée moyenne pondérée d'amortissement de ces biens.

En l'espèce, l'immeuble est le seul bien amortissable pour lequel une plus-value est réalisée. La réintégration peut se faire la durée d'amortissement de celui-ci, soit 10 ans. La plus-value annuelle à réintégrer est donc de 45.000 €.

b. Éléments non amortissables (fonds de commerce et titres)

La plus-value n'est pas taxée au moment de l'apport, elle fait l'objet d'un sursis d'imposition. Lors de la cession des immobilisations non amortissables reçues, la société bénéficiaire des apports calcule les plus ou moins-values d'après la valeur fiscale de ces biens pour l'apporteuse (et non par rapport à leur valeur d'apport).

Le taux applicable à ces plus-values est en principe le taux normal de l'impôt sur les sociétés. Font exception à cette règle les éléments (titres de participation notamment) qui relèvent du régime des plus-values à long terme lorsqu'ils sont détenus depuis au moins deux ans, ce délai étant décompté à partir de leur acquisition par la société absorbée ou apporteuse.

c. Déficits

Les déficits que la société apporteuse a subis antérieurement à la date d'effet de la fusion ou assimilée ne sont pas déductibles des bénéfices ultérieurs de la société bénéficiaire des apports (application du principe d'identité d'entreprise).

En cas de fusion bénéficiant du régime de faveur, les déficits antérieurs non encore déduits et dépassant le seuil de 200.000 €, qui ont été subis par la société apporteuse, peuvent être transférés au profit de la société bénéficiaire des apports si un agrément spécial est délivré.

L'agrément est de droit lorsque :

- l'opération est placée sous le régime de l'article 210 A du CGI ;

- elle est justifiée du point de vue économique et obéit à des motivations principales autres que fiscales ;

- l'activité à l'origine des déficits n'a pas subi de changements significatifs (appréciés au moyen de critères relatifs à la clientèle, à l'emploi, aux moyens d'exploitation mis en œuvre, ainsi qu'à la nature et au volume d'activité) pendant la période de constatation des déficits ;

- l'activité à l'origine des déficits dont le transfert est demandé doit être poursuivie pendant un délai minimum de trois ans, sans faire l'objet, pendant cette période, de changement significatif apprécié selon les modalités décrites ci-dessus ;

- les déficits ne proviennent ni de la gestion d'un patrimoine mobilier par des sociétés holding ni de la gestion d'un patrimoine immobilier.

Au cas présent, si l'agrément est accordé, la société bénéficiaire des apports pourra imputer les déficits transférés sur ses résultats dans les conditions de droit commun.

d. Associés

À la suite d'une fusion l'attribution gratuite des titres représentatifs de l'apport aux membres de la société apporteuse n'est pas considérée comme une distribution de revenus mobiliers (CGI, art. 115).

Par ailleurs, les plus-values réalisées par les associés personnes physiques à l'occasion de l'échange de titres bénéficient d'un sursis d'imposition applicable quel que soit le régime fiscal des opérations (CGI, art. 150-0 B). Celui-ci est donc obligatoire pour MM. Michal et Surand.

chapitre 11

Les opérations de transmission de l'entreprise et de ses actifs

Plan analytique

section 1

La transmission à titre onéreux

§ 1 Les droits d'enregistrement sur les cessions de fonds de commerce et d'éléments assimilés

- A. Le fonds de commerce
- B. Les cessions de droit au bail
- C. Les cessions de marque et de brevets

§ 2 Les cessions de titres

- A. Les cessions de parts sociales
- B. Les cessions d'actions

§ 3 Les cessions d'immeubles et de titres de société à prépondérance immobilière

section 2

La transmission à titre gratuit

§ 1 Les règles générales

- A. Rappels sur la fiscalité des successions
- B. Rappels sur la fiscalité des donations
- C. L'optimisation de la donation

§ 2 Les règles spécifiques aux transmissions d'entreprises

Compléments pédagogiques

11

Les opérations de transmission de l'entreprise et de ses actifs

Les termes « transmission de l'entreprise » ont une connotation économique et ne désignent rien de très précis au plan juridique. Une transmission peut en effet s'opérer selon des formes juridiques variables : vente, apport, échange ou encore fusion. L'entreprise peut elle-même donner lieu à des modes d'exploitation très divers : fonds de commerce, société, société holding interposée. Les opérations de transmission de l'entreprise peuvent donc s'appuyer sur des techniques juridiques différentes qui donnent lieu à des régimes fiscaux eux aussi très divers. Certaines conséquences fiscales ont déjà été traitées : c'est le cas du régime des plus-values. D'autres doivent encore être abordées, tant dans le cadre de transmissions à titre onéreux (section1) que dans le cadre des transmissions à titre gratuit (section 2). 1065

section 1

La transmission à titre onéreux

La transmission à titre onéreux de l'entreprise peut s'opérer soit dans le cadre d'une cession de fonds de commerce (à laquelle la loi fiscale assimile certaines opérations (§1), soit dans le cadre d'une cession de titres (§2). Les cessions d'immeubles, souvent concomitante ou préalable à la transmission de l'entreprise donnent lieu à un régime qui leur est propre (§3). 1066

§ 1 Les droits d'enregistrement sur les cessions de fonds de commerce et d'éléments assimilés

Les droits de mutation ne s'appliquent, en principe, qu'aux actes passés en France portant sur des biens français. Toutefois, lorsqu'elles s'opèrent par acte passé en France, les transmissions à titre onéreux de biens mobiliers étrangers, corporels ou incorporels, sont soumises aux droits de mutation dans les mêmes conditions que si elles avaient pour objet des biens français de même nature (CGI, art. 718). Le caractère français ou étranger d'un bien meuble dépend de sa nature. Pour les fonds de commerce et les clientèles, le caractère français du bien cédé s'apprécie au regard de son assise matérielle : un fonds de commerce exploité en France est réputé avoir une assise matérielle en France, justifiant l'application des droits de mutation à titre onéreux français en cas de cession. À défaut de matérialité, l'assiette est censée se situer au siège de la société ou de l'organisme émetteur pour les valeurs mobilières et parts sociales ou au domicile du débiteur pour les créances. 1067

A. Le fonds de commerce

1068 Les mutations de propriété à titre onéreux de fonds de commerce ou de clientèles sont soumises à un droit d'enregistrement dont les taux sont fixés à l'article 719 du CGI. À ce droit budgétaire, s'ajoutent des taxes locales additionnelles départementale (CGI, art. 1595) et communale (CGI, art. 1584 et 1595 *bis*). La combinaison de ces droits et taxes donne lieu au barème suivant :

Tableau – Barème

	Droit budgétaire	Taxe départementale	Taxe commun'le	Imposition totale
N'excédant pas 23.000 €	0 %	0 %	0 %	0 %
Comprise entre 23.000 € et 107.000 €	2 %	0,60 %	0,40 %	3 %
Comprise entre 107.000 € et 200.000 €	0,60 %	1,40 %	1 %	3 %
Supérieure à 200.000 €	2,60 %	1,40 %	1 %	5 %

1069 Le fonds de commerce est la réunion d'éléments corporels et incorporels.

1070 Les éléments corporels du fonds de commerce comprennent tous les biens meubles servant à l'exploitation du fonds. En font partie non seulement les meubles proprement dits (rayons, bureaux, comptoirs, etc.), mais encore le matériel industriel, l'outillage, les approvisionnements et, d'une façon générale, tous les objets mobiliers qui, par opposition aux marchandises neuves, ne sont pas destinés à être vendus. Toutefois, le matériel ne constitue un élément du fonds de commerce que dans le cas où le commerçant est locataire de l'immeuble dans lequel il exerce son commerce. Lorsque le commerçant est également propriétaire de l'immeuble, les objets mobiliers qu'il a placés dans ce dernier pour le service et l'exploitation du fonds constituent, aux termes de l'article 524 du Code civil, des immeubles par destination. Sont en revanche du fonds de commerce, les créances et les dettes résultant de l'exploitation, les disponibilités figurant sur le compte bancaire, les immeubles ou encore les valeurs mobilières et les droits sociaux en portefeuille.

1071 Les éléments incorporels du fonds de commerce incluent un élément essentiel : la clientèle ou achalandage. La clientèle est la valeur que représentent les rapports probables ou possibles avec les personnes qui demanderont des biens ou des services à l'exploitant du fonds. Sans clientèle, il n'existe plus, à proprement parler, de fonds de commerce, mais seulement des marchandises, des droits ou objets mobiliers ne constituant plus une entité juridique distincte, et sans rapport de destination les uns avec les autres. Pour qu'il y ait cession de fonds de commerce, il est nécessaire que la clientèle du cédant soit transmise, sous une forme ou sous une autre, à l'acquéreur.

Se rattachent à la clientèle : le nom commercial, l'enseigne, les droits de propriété industrielle, littéraire et artistique, les autorisations administratives ou licences donnant le droit d'exploiter le fonds, les marchés en cours.

Outre la clientèle, les éléments incorporels formant un fonds de commerce comprennent généralement le droit au bail qui est le droit conféré au cessionnaire du fonds de continuer l'exploitation dans les locaux qui y étaient jusqu'alors affectés. Il est concrétisé par la somme d'argent que le cédant reçoit du cessionnaire en sus des loyers de l'immeuble, et comme prix de l'abandon de son bail. Toutefois, un fonds peut être vendu sans droit au bail : tel est le cas lorsque l'acheteur acquiert en même temps l'immeuble dans lequel ce fonds est exploité. 1072 ■

La cession du fonds de commerce emporte souvent cession de biens dont la transmission n'est pas soumise aux droits de mutation à titre onéreux, mais à la TVA. Il s'agit principalement des marchandises neuves, comme le précise l'article 723 du CGI. Échappent également aux droits d'enregistrement, les cessions isolées de brevet qui ne sont pas non plus soumises à la TVA parce qu'elles sont soumises aux droits fixes, comme le précise l'article 731 du CGI. 1073 ■

Les droits d'enregistrement sont assis évidemment sur le prix de cession, mais également sur toutes les charges qui pourraient être imposées à l'acquéreur (ex. cession avec reprise de passif). 1074 ■

L'article 720 du CGI étend le régime des cessions de fonds de commerce à toute convention à titre onéreux, ayant pour effet de permettre à une personne d'exercer une profession, une fonction ou un emploi occupé par un précédent titulaire, même lorsque ladite convention conclue avec ce titulaire ou ses ayants cause ne s'accompagne pas d'une cession de clientèle. 1075 ■

Ce texte permet de soumettre aux droits d'enregistrement de l'article 719 des cessions, qui bien que ne portant pas sur une clientèle, permettent le transfert d'une activité à un nouveau titulaire. Le champ d'application de ce texte est potentiellement très large puisqu'il va concerner les cessions de concessions de service public, mais aussi toutes les conventions qui tenteraient de dissimuler une cession de fonds de commerce. 1076 ■

Ainsi, selon la Cour de cassation, l'article 720 du CGI trouve à s'appliquer lorsque par trois actes distincts conclus le même jour, ont été cédés une convention d'occupation d'un emplacement situé dans l'enceinte d'un marché d'intérêt national, des éléments immobiliers et du matériel d'exploitation. De la même façon, l'article 720 du CGI a vocation à être utilisé lorsque la vente du matériel de l'entreprise est concomitante à une cessation d'activité du vendeur ou lorsque la résiliation du bail s'accompagne du versement d'une indemnité par le bailleur, lorsque celui-ci continue l'exploitation du locataire. 1077 ■

Si le domaine d'application de l'article 720 est très large, plusieurs conditions doivent néanmoins être réunies : 1078 ■
- les opérations en cause doivent donner lieu à des accords contractuels ;

- ces accords doivent être intervenus entre le précédent titulaire et ses ayants cause et le nouveau titulaire d'une profession. Autrement dit, il doit y avoir une succession entre l'ancien et le nouvel exploitant, ce qui implique que le précédent titulaire cesse toute activité ;

- les activités du cédant et du cessionnaire doivent être identiques.

Cette convention doit intervenir à titre onéreux. Si aucune rémunération n'est versée par le successeur, aucune taxation ne peut intervenir au titre l'article 720 du CGI.

■ 1079 Lorsque ces conditions sont réunies, l'assiette des droits d'enregistrement est constituée seulement des sommes « effectivement acquittées en exécution de la convention de successeur, et non sur la valeur de l'activité transférée, telle que déterminée par l'administration fiscale » (Com. 14 oct. 2020, n° 18-16.491, *Sté Edmond de Rothschild Asset Management*).

B. Les cessions de droit au bail

■ 1080 Il faut distinguer entre une simple cession de bail par laquelle un locataire se substitue à un autre locataire qui est une cession ignorée sur le plan des droits d'enregistrement, de la cession de droit au bail, c'est-à-dire de la cession d'un bail commercial conférant au locataire la propriété commerciale, c'est-à-dire le droit au renouvellement.

■ 1081 La transmission de la propriété commerciale, la cession portant sur le droit au bail entraîne le versement d'une somme d'argent par le cessionnaire au cédant. Cette somme appelée le pas-de-porte est assujettie aux droits d'enregistrement applicables aux cessions de fonds de commerce, conformément à l'article 725 du Code général des impôts. On considère que le cédant transmet en réalité le fonds de commerce.

■ 1082 L'assiette de ce droit est le prix de la cession, c'est-à-dire l'indemnité (le pas-de-porte) versée au précédent locataire ou la valeur réelle si elle est supérieure. Trois conditions essentielles doivent être réunies :

- La cession concerne un bail préexistant : si le propriétaire loue un local pour la 1re fois et s'il perçoit à cette occasion un 1er pas-de-porte, l'opération ne constitue pas la cession d'un droit de bail.

- La cession doit intervenir entre le sortant et l'entrant : si le propriétaire évince le 1er locataire puis reloue à un tiers alors il n'y a pas de cession de droit au bail. Cette opération de résiliation suivie de la conclusion d'un nouveau bail n'est pas soumise aux droits de l'article 725 du CGI.

- La cession doit se faire à titre onéreux : le nouveau locataire doit avoir payé un pas-de-porte.

C. Les cessions de marque et de brevets

■ 1083 Les marques exploitées sont soumises aux mêmes droits que les cessions de fonds de commerce. Depuis un arrêt du 24 mars 1992, la Cour de cassation considère que le critère de rattachement d'une marque au sol français doit être recherché dans sa soumission au droit français, peu importe que l'acte soit conclu à l'étranger.

Lorsque la marque est cédée dans le même temps que le fonds qui l'exploite, elle constitue un élément du fonds de commerce et supporte avec l'ensemble des autres éléments le droit de mutation applicables aux cessions de fonds de commerce. Il en est de même pour les droits de propriété industrielle que sont les brevets. 1084 ■

Lorsque la marque est cédée de manière isolée, elle n'est pas soumise au droit d'enregistrement. Encore faut-il qu'elle n'emporte pas cession d'une clientèle. En effet, si la cession de marque emporte cession de clientèle, l'opération est soumise au droit d'enregistrement. 1085 ■

Pour les cessions de brevet, le régime est quelque peu différent : 1086 ■

- Lorsque le brevet est cédé indépendamment du fonds de commerce, il donne lieu simplement à un droit fixe si l'enregistrement a lieu. Ainsi, selon l'article 731 du CGI, les cessions de brevet sont enregistrées au droit fixe de 125 € (ce droit n'est que 75 € pour les concessions de licences d'exploitation, conformément à l'article 738 CGI).
- Si le brevet est cédé en même temps que les autres éléments du fonds de commerce, les parties peuvent retrancher du prix la valeur du brevet.
- Si le brevet est laissé à l'abandon, alors sa cession n'est pas obligatoirement soumise au droit d'enregistrement. Néanmoins, les parties peuvent l'enregistrer spontanément au droit fixe de 125 €. À défaut, la TVA s'applique puisqu'il s'agit d'une cession de meuble incorporel.

§ 2 Les cessions de titres

Conformément aux principes généraux relatifs à la territorialité des droits d'enregistrement, les cessions de titres de sociétés françaises cotées ou non cotées (autres que des sociétés à prépondérance immobilière) constatées par actes passés en France ou à l'étranger sont, sous réserve des conventions internationales, soumises aux droits de mutation en France (CGI, art. 726, I-1°). 1087 ■

Les cessions de titres de sociétés étrangères ne sont soumises au droit de vente que si elles font l'objet d'un acte passé en France. Les actes passés à l'étranger et portant sur des titres de sociétés étrangères échappent donc à la taxation. 1088 ■

La cession d'une participation dans une société, française ou étrangère, à prépondérance immobilière dont l'actif est principalement constitué d'immeubles ou de droits immobiliers situés en France est soumise au droit de vente au taux normal (après imputation, le cas échéant, des droits d'enregistrement effectivement acquittés à l'étranger) même si l'acte de cession est passé à l'étranger (dans ce cas, un acte doit également être établi en France). 1089 ■

Pour les transmissions à titre onéreux de droits sociaux, il faut distinguer les cessions de parts sociales (A) et les cessions d'actions (B). La distinction des parts sociales et des actions ne recoupe pas ici la distinction entre les sociétés de personnes et les sociétés de capitaux. Ainsi, la cession de titres détenus dans une société qui est soumise à l'impôt sur les sociétés peut relever des cessions de parts sociales (s'il s'agit d'une SARL par exemple), comme des cessions d'actions (s'il s'agit d'une société anonyme par exemple). 1090 ■

A. Les cessions de parts sociales

1091 Les cessions à titre onéreux de parts sociales sont soumises à un droit de 3 % (au lieu de 5 % auparavant). Il s'agit d'un droit de mutation applicable aux seules opérations translatives de propriété. En effet, la Cour de cassation considère que la cession de l'usufruit de droits sociaux, qui n'emporte pas mutation de la propriété des droits sociaux, n'est pas soumise au droit d'enregistrement applicable aux cessions de droits sociaux (Com. 30 nov. 2022, n° 20-18.884). L'impôt est dû indépendamment de toute rédaction d'acte. En outre, depuis une modification introduite par la loi de finances pour 2023, sont assimilées à des cessions de droits sociaux mentionnées les cessions d'entreprises individuelles ou d'entreprises individuelles à responsabilité limitée ayant exercé l'option en faveur de l'impôt sur les sociétés.

1092 Si la société (ou l'entreprise) exerce une activité professionnelle, la cession bénéficie d'un abattement de 23.000 € comme pour la cession de fonds de commerce, sauf si on est en présence d'une société à prépondérance immobilière. L'abattement est calculé au niveau du capital de la société. De ce fait, pour une cession donnée, l'abattement est égal au rapport entre le nombre de parts cédées et le nombre total de parts composant le capital social, multiplié par 23.000 € (CGI, art. 726, I-1° *bis*).

Exemple

Le capital d'une société est divisé en 1.000 parts sociales. Un associé en cède 300 pour un prix de 90.000 €.

Abattement = (300/1.000) × 23.000 = 6.900

Droits = (90.000 – 6.900) × 3 % = 2.493

1093 L'abus de droit par fraude à la loi est retenu par le juge, lorsque la cession d'actions d'une société intervient dans un laps de temps très court après l'apport du fonds de commerce (Com. 20 mars 2007, *Casino*).

1094 Pour dissuader d'avoir recours à cette formule, l'article 727 du CGI prévoit que lorsque la cession de parts sociales intervient dans les 3 ans de l'apport, la cession est réputée avoir pour objet les biens précédemment apportés et représentés par les titres cédés (on fait comme si l'apport n'était pas intervenu).

1095 L'administration fiscale avait également tendance à considérer que la transformation d'une SARL en SA, suivie d'une cession d'actions plutôt qu'une cession de parts sociales était constitutive d'un abus de droit. Tel n'est pas la position de la Cour de cassation. Ainsi, pour le juge les implications juridiques d'une telle transformation montrent que l'objectif poursuivi par les parties n'est pas seulement fiscal, excluant ainsi la qualification d'abus de droit (Com. 10 déc. 1996, *RMC France*). On ne serait en présence d'un abus de droit par simulation que si peu de temps après la cession des actions, interviendrait à nouveau une transformation de la société anonyme en société à responsabilité limitée.

B. Les cessions d'actions

Les cessions d'actions sont soumises à un droit d'enregistrement de 0,1 %, calculé sur la valeur de l'opération (CGI, art. 726). 1096

Dans les sociétés par actions cotées (sociétés dont les titres sont négociés sur un marché réglementé d'instruments financiers ou sur un système multilatéral de négociation), le droit n'est exigible que si les cessions sont constatées par un acte ; lequel s'entend de tout écrit (ou ensemble d'écrits) formant titre à l'égard de chacune des parties et constatant leur accord sur la chose et sur le prix quelle qu'en soit la forme. 1097

Dans les sociétés non cotées, en revanche, le droit est exigible même en l'absence d'acte. 1098

§ 3 Les cessions d'immeubles et de titres de société à prépondérance immobilière

Les actes constatant des mutations à titre onéreux d'immeubles donnent lieu en principe à la formalité fusionnée lors de la publication au service de la publicité foncière. La taxe de publicité foncière tient alors lieu de droits d'enregistrement. En principe, les mutations d'immeubles sont soumises aux droits d'enregistrement qui se composent : 1099

- d'un droit départemental qui est en principe d'un montant de 3,80 % mais que les conseils départementaux peuvent modifier tous les ans dans une fourchette comprise entre 1,20 % et 4,50 % (CGI, art. 1594 D, al. 2 et art. 1594 E). En pratique, la plupart des départements ont voté un taux de 4,50 % ;
- d'une taxe additionnelle perçue au profit des communes de 1,20 % (CGI, art. 1584 et 1595 *bis*) ;
- d'un prélèvement pour frais d'assiette et de recouvrement du droit départemental calculé sur le montant du droit départemental (et non sur la base imposable) de 2,37 % (CGI, art. 1647, V-a). Au total, les droits d'enregistrement s'élèvent au taux de 5,80 % (CGI, art. 714), (5,80665 % précisément) dans la plupart des départements. Ce droit s'applique uniformément à toutes les mutations immobilières (propriété ou droit réel de propriété) et quelle que soit la nature des immeubles (privé ou professionnel). Les droits sont assis sur le prix convenu (principal et accessoire). Il est courant de répartir certaines charges entre le vendeur et l'acquéreur. Lorsque l'acheteur prend à sa charge des frais qui incombent normalement au vendeur, ces charges augmentent l'assiette des droits d'enregistrement (y compris les frais d'acquisition).

Les cessions de participations dans des sociétés à prépondérance immobilière sont soumises à un droit de 5 % qu'il s'agisse d'actions ou de parts sociales (CGI, art. 726, I, 2°). Est considérée comme à prépondérance immobilière la personne morale, quelle que soit sa nationalité, dont les droits sociaux ne sont pas cotés dont l'actif est, ou a été au cours de l'année précédant les cessions en cause, principalement constitué 1100 d'immeubles ou de droits immobiliers situés en France ou de participations dans des personnes morales, quelle que soit leur nationalité, elles-mêmes non cotées et elles-mêmes à prépondérance immobilière. Les immeubles à prendre en compte ne recouvrent pas totalement la notion civiliste d'immeuble : selon la Cour de cassation, « ne mentionnant que les immeubles et droits réels immobiliers, sans viser les immeubles par destination », le texte retient une approche plus restrictive de la notion d'immeuble (Com. 2 déc. 2020, n° 18-25.559).

section 2

La transmission à titre gratuit

1101 La transmission à titre gratuit de l'entreprise peut intervenir par voie de succession ou de donation. Pour bien appréhender le régime fiscal propre aux transmissions d'entreprises (§2), il est nécessaire de revenir au préalable sur les règles générales applicables aux successions et aux donations (§1).

§ 1 Les règles générales

1102 L'étude des règles générales implique de faire quelques rappels sur la fiscalité des successions (A) et des donations (B).

A. Rappels sur la fiscalité des successions

1103 Les successions donnent lieu à impôt en raison de l'effet translatif de biens qu'elles provoquent. Les droits de mutation à titre gratuit frappent en effet tous les biens qui composent le patrimoine du défunt au jour du décès. Lorsque le défunt était domicilié en France, tous les biens meubles et immeubles sont imposables en France, quelles que soient leur nature ou leur situation. Toutefois, la double imposition est évitée par l'imputation des droits acquittés à l'étranger sur l'impôt exigible en France à raison des meubles et immeubles situés hors de France (CGI, art. 784 A). Si l'assiette des droits de succession est très large, certaines mutations bénéficient toutefois d'une exonération. Par exemple, l'article 796-0 *bis* du CGI prévoit une exonération de droits de mutation à titre gratuit pour le conjoint survivant et le partenaire survivant.

1104 La détermination de l'impôt applicable aux successions donne lieu à un calcul qui s'opère en plusieurs étapes.

Les étapes du calcul pour déterminer l'impôt applicable aux successions

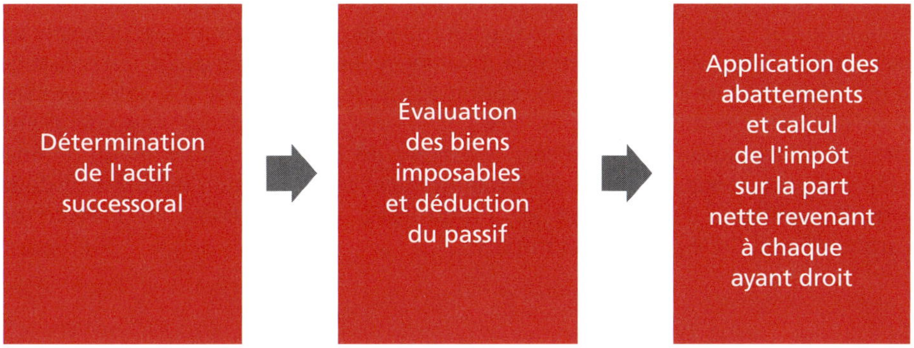

1. *Détermination de l'actif successoral*

La détermination de l'actif successoral imposable se fait sur la base des règles civiles. 1105
C'est donc seulement si la liquidation civile de la succession conduit à constater la mutation d'un actif taxable que les droits de mutation à titre gratuit trouveront à s'appliquer. Toutefois, de nombreuses règles fiscales spécifiques modifient l'assiette taxable. Ces règles vont consister soit à exonérer en tout ou partie certains biens des droits de succession, soit à l'inverse à faire entrer dans l'assiette de l'impôt des biens ne dépendant pas de la succession. Sont ainsi exonérés les biens ruraux donnés à bail à long terme et détenus par des groupements fonciers agricoles (CGI, art. 793, 1, 4°), les bois, forêts et parts de groupements forestiers (CGI, art. 793, 2, 2°) ou encore les entreprises (CGI, art. 787 B et 787 C). Un régime spécifique s'applique aussi aux assurances-vie (CGI, art. 990).

Le législateur a également instauré des présomptions dont la portée est purement 1106
fiscale. Sans exhaustivité, deux d'entre elles peuvent être citées. D'une part, la première présomption concerne les démembrements de propriété. Ainsi, l'extinction de l'usufruit lors du décès de l'usufruitier ne conduit pas à l'application des droits de mutation à titre gratuit (CGI, art. 1133). Afin d'éviter que des démembrements de propriété soient réalisés dans le but d'échapper à l'impôt peu de temps avant le décès, la loi répute propriétaire, du point de vue fiscal, l'usufruitier de tout bien meuble ou immeuble dont la nue-propriété appartient déjà à ses présomptifs héritiers ou à leurs descendants, à ses donataires ou légataires ou à des personnes réputées interposées. En d'autres termes, on considère par fiction que la propriété appartient toujours au défunt, de sorte que la valeur en pleine propriété du bien va intégrer l'assiette imposable. Toutefois, cette présomption est écartée en cas de donation régulière lorsque cette donation, a été consentie plus de trois mois avant le décès ou en cas de démembrement de propriété effectué à titre gratuit, réalisé plus de trois mois avant le décès, constaté par acte authentique et pour lequel la valeur de la nue-propriété a été déterminée selon le barème prévu à l'article 669 du Code général des impôts. D'autre part, est réputé propriétaire, sauf preuve contraire d'un fonds de commerce ou d'une clientèle, celui qui apparaît comme tel au rôle des impôts locaux (contribution économique territoriale) et a effectué au moins deux paiements en vertu de ce rôle (CGI, art. 1882).

2. Évaluation des biens imposables et déduction du passif

1107 L'évaluation des biens imposables est effectuée par les héritiers ou légataires dans la déclaration de succession et soumise au contrôle de l'administration. En principe, les biens transmis sont évalués à leur valeur vénale réelle au jour du décès, qui constitue le fait générateur de l'impôt. Par exception à la règle d'évaluation à la valeur vénale, il existe pour certains biens des bases légales d'évaluation qui s'imposent aux déclarants. Par exemple, la valeur imposable de l'usufruit viager et de la nue-propriété correspondante est fixée forfaitairement à une fraction de la valeur de la propriété entière, d'après l'âge de l'usufruitier, conformément au barème de l'article 669 du Code général des impôts.

Valeur imposable en cas d'usufruit viager

Âge de l'usufruitier	Valeur de l'usufruit	Valeur de la nue-propriété
Jusqu'à 20 ans	90 %	10 %
De 21 à 30 ans	80 %	20 %
De 31 à 40 ans	70 %	30 %
De 41 à 50 ans	60 %	40 %
De 51 à 60 ans	50 %	50 %
De 61 à 70 ans	40 %	60 %
De 71 à 80 ans	30 %	70 %
De 81 à 90 ans	20 %	80 %
À partir de 91 ans	10 %	90 %

1108 L'évaluation des biens imposables ne se limite pas à leur valeur vénale des actifs. De celle-ci, peuvent être déduites les dettes à la charge personnelle du défunt au jour de l'ouverture de la succession (CGI, art. 768). En conséquence, les dettes nées après le décès ne peuvent pas en principe être déduites de l'actif successoral, dès lors qu'elles sont à la charge des héritiers et des légataires (à l'image des droits de succession eux-mêmes). Par exception, certaines dettes sont déductibles alors même qu'elles sont nées après le décès. Tel est le cas par exemple de la rémunération du mandataire posthume ou des frais funéraires (limités à 1.500 € ; CGI, art. 775). À l'inverse, certaines dettes sont non-déductibles. C'est le cas notamment des dettes échues plus de trois mois avant l'ouverture de la succession (CGI, art. 773).

1109 Enfin, des exonérations spécifiques sont prévues pour la transmission de certains biens. Les transmissions d'entreprises ayant donné lieu à un engagement de conservation (pacte « Dutreil » ; CGI, art. 787 B et 787 C), les bois et forêts (CGI, art. 793, 2, 2°) ainsi que les biens ruraux loués par bail rural à long terme (CGI, art. 793, 2, 3°) ainsi que les parts de groupements fonciers agricoles ou ruraux (CGI, art. 848 *bis*) bénéficient d'exonérations fiscales.

3. Application des abattements et calcul de l'impôt sur la part nette revenant à chaque ayant droit

Sauf hypothèse d'un partage pur et simple, la part nette revenant à chaque ayant droit va être déterminée d'après les règles de la saisine légale (C. civ., art. 724) qui tiennent notamment compte du lien de parenté. Les règles civiles conduisent également à mettre en œuvre le rapport des donations antérieures qui vise à assurer l'égalité des héritiers, lorsqu'elles ont été consenties en avancement de parts successorales. Le rapport civil des donations n'a pas d'incidence fiscale et ne donne pas lieu à taxation. Pour la détermination de la part nette de l'héritier débiteur du rapport, les donations qu'il a reçues sont déduites pour le montant pour lequel elles ont été rapportées à la succession. 1110 ■

Exemple

Mme Garnier a deux fils, Richard et Patrick. Le 1er septembre 2005, elle fait une donation en avancement de part successorale à son fils Richard de 300.000 €.

Liquidation de la donation

- masse taxable : 254.000 € (= 300.000 € - 46.000 € d'abattement personnel en vigueur à l'époque de la donation)
- montant des droits réglés en 2004 = 49.100 €

Mme Garnier décède le 15 mars 2022. Elle laisse un actif net successoral de 260.000 €. Richard rapporte la donation reçue pour 300.000 €, soit un total de 560.000 € revenant à chacun des deux enfants pour 280.000 €.

Liquidation des droits dus par Antoine : en raison de la donation antérieure, Richard ne recueille rien lors de l'ouverture de la succession de sa mère. Il a reçu un excédent de 20.000 €, taxé en 2005, sans porter atteinte à la quotité disponible.

Liquidation des droits dus par Patrick : Patrick, qui n'a reçu antérieurement aucune donation, recueille lors de la succession l'intégralité de sa part héréditaire, soit 280.000 €.

Il peut déduire de sa part l'excédent touché par son frère, qui a déjà été taxé en 2005.

- part taxable : 260.000 €
- abattement personnel : 100.000 €
- part taxée : 160.000 €
- montant des droits dus par Patrick lors du dépôt de la déclaration de succession = 30.194 €

C'est sur cette part nette que l'impôt va être calculé. La détermination de celui-ci conduit à appliquer éventuellement un abattement sur l'assiette imposable, à calculer l'impôt brut et à appliquer une réduction de droits lorsqu'elle existe. Selon l'article 779 du CGI, pour la perception des droits afférents aux mutations en ligne directe, il est pratiqué un abattement personnel de 100.000 €, sur la part de chacun des ascendants et sur la part de chacun des enfants vivants ou représentés par suite du prédécès ou de la renonciation de l'enfant. Un abattement de 15.932 € est applicable sur la part de chaque frère et sœur vivant ou représenté par suite de prédécès ou de renonciation, l'abattement se divisant entre les représentants d'après les règles de la dévolution légale. La loi prévoit également un abattement de 7.967 € sur la part de chaque neveu ou nièce, de 31.865 € en cas de donation au profit des 1111 ■

petits-enfants et de 5.310 € en cas de donation au profit des arrière-petits-enfants. Les personnes handicapées physiques ou mentales ont droit à un abattement spécifique de 159.325 €. Cet abattement s'applique quel que soit le lien de parenté existant entre la personne handicapée et le défunt. Un abattement de 1.594 € est applicable sur chaque part successorale à défaut d'autre abattement. En outre, les dons familiaux de somme d'argent donnent lieu à un abattement de 31.865 € (cumulable avec les précédents).

1112 Le barème des droits de successions applicable dépend du lien de parenté (ou de l'absence d'un tel lien) entre le défunt et son ayant droit. Il convient d'appliquer le tarif en vigueur au jour du décès sur la part nette, arrondie à l'euro le plus proche, revenant à chaque ayant droit après abattement.

1113 Les tarifs indiqués ci-après sont communs aux droits de succession et aux droits de donation.

Successions en ligne directe (CGI, art. 777)

Fraction de part nette taxable	Tarif applicable	Formule de calcul des droits (P = part nette taxable)
N'excédant pas 8.072	5 %	P × 0,05
Comprise entre 8.072 et 12.109	10 %	(P × 0,1) – 404 €
Comprise entre 12.109 et 15.932	15 %	(P × 0,15) – 1.009 €
Comprise entre 15.932 et 552.324	20 %	(P × 0,2) – 1.806 €
Comprise entre 552.324 et 902.838	30 %	(P × 0,3) – 57.038 €
Comprise entre 902.838 et 1.805.677	40 %	(P × 0,4) – 147.322 €
Au-delà de 1.805.677	45 %	(P × 0,45) – 237.606 €

Successions entre frères et sœurs (CGI, art. 777)

Fraction de part nette taxable	Tarif applicable	Formule de calcul des droits (P = part nette taxable)
N'excédant pas 24.430 €	35 %	P × 0,35
Supérieure à 24.430 €	45 %	(P × 0,45) – 2.443 €

Autres transmissions (CGI, art. 777)

Fraction de part nette taxable	Tarif applicable
Entre parents jusqu'au 4e degré inclusivement	55 %
Entre parents au-delà du 4e degré et entre personnes non parentes	60 %

Le calcul de l'impôt peut être modifié par la prise en compte des donations antérieures. Le rapport civil des donations ne doit pas ici être confondu avec le mécanisme du rappel fiscal. Selon ce dernier mécanisme, lorsque des donations ont été consenties par le défunt (ou le donateur) au même bénéficiaire, la perception des droits de succession (ou de donation), est effectuée : en ajoutant à la valeur des biens compris dans la succession (ou dans la donation), la valeur des biens qui ont fait l'objet de donations antérieures (à l'exception de celles passées depuis plus de 15 ans et des dons familiaux de sommes d'argent). La forme des donations est indifférente ; le rappel fiscal concerne aussi bien les donations par acte notarié que les dons manuels, les donations déguisées ou les donations indirectes (sauf dons familiaux de sommes d'argent). 1114 ■

Le rappel fiscal entraîne les conséquences suivantes sur le calcul des droits de succession : 1115 ■

- les abattements sont appliqués déduction faite de ceux dont les intéressés ont déjà bénéficié ;
- lorsqu'il y a lieu à application d'un tarif progressif, ceux des biens dont la transmission n'a pas encore été assujettie au droit de mutation à titre gratuit sont considérés comme inclus dans les tranches les plus élevées de l'actif imposable ;
- les tranches les plus basses qui ont totalement servi pour l'imposition des donations de moins de 15 ans ne sont pas utilisées, celles ayant servi en partie n'étant reprises que pour leur solde.

B. Rappels sur la fiscalité des donations

1. *Les règles de droit commun*

Les donations sont soumises au même régime fiscal que les successions avec cependant quelques particularités. Sous réserve des règles de territorialité et des exonérations prévues par la loi, elles sont donc susceptibles d'être soumises aux droits de mutation à titre gratuit, qu'il s'agisse de donations simples ou de donations-partage. Toutefois, alors que les droits de successions se calculent sur une assiette réduite du passif successoral, les droits de donation sont déterminés sur la valeur brute des biens donnés. Certaines dettes viennent toutefois en diminution de l'assiette des droits de donation. Tel est le cas des dettes contractées par le donateur pour l'acquisition du bien donné et mise à la charge du donataire (CGI, art. 776 *bis*). De même, les donations de droits sociaux (dont la valeur dépend du passif de la société) permettent de prendre en compte indirectement le passif de l'entreprise, à l'inverse d'une donation portant directement sur l'entreprise individuelle. 1116 ■

1117 Les règles d'évaluation des biens sont les mêmes que celles applicables aux successions sous les réserves suivantes : - l'abattement de 20 % pour l'évaluation de la résidence principale n'est pas applicable ; - n'est pas non plus applicable le forfait mobilier de 5 % pour l'évaluation des meubles meublants.

1118 Les donations font également l'objet des mêmes abattements que les successions, sous réserve de quelques spécificités. Il n'existe pas d'abattement en cas de donation à une personne n'ayant aucun lien de parenté avec le donateur. En outre, les donations au profit des petits-enfants et arrière-petits-enfants donnent lieu à des abattements spécifiques (respectivement 31.865 € et 5.310 €). De même, les dons familiaux de somme d'argent bénéficient d'un abattement de 31.865 €. Ces différents abattements sont cumulables entre eux. Par exemple, les donations consenties par des grands-parents (quel que soit leur âge) à leurs petits-enfants ouvrent droit à un abattement spécifique de 31.865 € par part. Cet abattement se cumule, le cas échéant, avec l'exonération des dons de sommes d'argent, avec l'abattement en ligne directe de 100.000 € dont peuvent bénéficier les petits-enfants qui viennent en représentation de leur auteur ainsi qu'avec celui prévu en faveur des handicapés.

1119 De plus, la 3e loi de finances rectificative pour 2020 a instauré un abattement de 100.000 € supplémentaires pour toute donation de somme d'argent réalisée entre le 15 juillet 2020 et le 30 juin 2021, sous réserve de certaines conditions :

- l'abattement est un abattement par donateur et non par bénéficiaire ;
- la somme d'argent doit être réinvestie dans les trois mois (capital d'une PME ; dépenses énergétiques ; acquisition d'une résidence principale) ;
- la donation doit être réalisée au profit des enfants, petits-enfants, arrière-petits-enfants, neveux/nièces (à défaut de descendance).

1120 Comme en matière de successions, les donations de moins de quinze ans vont modifier le calcul de l'impôt en cas de nouvelle donation. À l'inverse, les donations de plus de 15 ans sont dispensées de rappel fiscal. Dans ce cas, l'héritier ou le donataire peut donc à nouveau bénéficier à plein des abattements, des tranches les plus basses du barème progressif et des réductions de droits.

1121 Les donations sont soumises au même barème que les successions (CGI, art. 777). Le donateur peut payer lui-même les droits de mutation à titre gratuit. Le fait pour le donateur de prendre en charge la totalité des droits de mutation à titre gratuit et, par conséquent, l'écart de droits entre les donataires, ne constituera pas, au plan fiscal, un complément de donation taxable mais, civilement, sera constitutif d'un avantage indirect soumis à rapport successoral (Civ. 1re, 25 févr. 2009, n° 07-20.010). Sur le plan fiscal, cette prise en charge n'est pas considérée comme une donation complémentaire et n'est donc pas taxée (Com. 28 févr. 2006, n° 03-12.310).

2. *Les règles propres aux donations-partages*

1122 La donation-partage est un acte par lequel une personne peut faire, entre ses héritiers présomptifs, la distribution et le partage de ses biens et de ses droits (C. civ., art. 1075). Le donateur peut aussi, dans une donation-partage transgénérationnelle, gratifier des descendants de degrés différents même s'ils ne sont pas ses héritiers présomptifs (C. civ., art. 1075-1). Il s'agit donc d'une variété particulière de donation qui permet au donateur, habituellement dans un même acte, de donner ses biens et d'en faire un partage anticipé entre ses héritiers.

La donation-partage n'est pas totalement soumise au droit commun de la fiscalité des donations ordinaires ; dans certains cas, elle bénéficie d'un régime fiscal particulier. Lorsque l'opération génère des soultes, le calcul des droits s'opère non pas sur la part effectivement reçue par le donataire mais sur sa part théorique dans chaque masse donnée. 1123 ■

Exemple 1 : Partage pur et simple

Donation-partage consentie par un père à ses deux enfants A et B
Biens donnés :
- une exploitation agricole louée par bail à long terme d'une valeur de 200.000 € (bénéficiant d'une exonération partielle des droits de mutation à titre gratuit - CGI, art. 793, 2, 3° et 793 *bis*) ;
- un appartement d'une valeur de 200.000 €.

Total de la masse : 400.000 €
Droits de chaque enfant : 200.000 €
Attributions : A reçoit l'exploitation agricole pour sa valeur de 200.000 € et B reçoit l'appartement pour la même valeur.
Chaque donataire reçoit des biens correspondant à ses droits dans la masse.

Tableau – Exemple 1

Enfant A	Enfant B
Valeur du bien transmis : 200.000 €	Valeur du bien transmis : 200.000 €
Fraction exonérée aux ¾ jusqu'à 300.000 € (soit 200.000 x 75 %) = 150.000 €	Abattement en ligne directe = 100.000 €
Base taxable = 50.000 €	Droits dus = 18.194 €
Abattement en ligne directe = 100.000 €	
Droits dus = 0	

Exemple 2 : Partage avec soulte

Biens donnés : - une exploitation agricole louée par bail à long terme d'une valeur de 210.000 € ;
- un appartement d'une valeur de 190.000 €
Total de la masse : 400.000 €
Droits de chaque enfant : 200.000 €

Attributions : A reçoit l'exploitation agricole pour 210.000 € à charge de verser une soulte à B de 10.000 €. B reçoit l'appartement pour 190.000 € et la soulte de 10.000 €
Calcul des droits : l'exonération profite ici aux deux enfants dans les mêmes proportions puisque les droits sont calculés sur *les droits théoriques de chacun dans la masse globale.*

Tableau – Exemple 2

Enfant A	Enfant B
Total des biens donnés 400.000 €	
Fraction exonérée (210.000 x 75 %) = 157.500 €	
Base taxable globale 242.500 €	
Part théorique reçue par A = 121.250	Part théorique reçue par B = 121.250
Droits dus par A : 2.444 (après abattement 100.000 €)	Droits dus par B : 2.444 (après abattement 100.000 €)

C. L'optimisation de la donation

1124 La donation est un outil d'anticipation des opérations de transmission. Elle est un excellent moyen de transmettre un patrimoine dans des conditions fiscales avantageuses sous réserve de l'abus de droit (v. ss 1469). Pour ce faire, la pratique utilise plusieurs outils, étant relevé que la finalité des opérations ne peut être ni exclusivement, ni principalement fiscale. À cette fin, la donation portant sur des droits démembrés et non sur des biens détenus en pleine propriété est un premier mécanisme d'atténuation de la charge fiscale. Mieux, cette donation peut parfaitement être précédée d'une opération d'apport. Dans ce cas, il est possible d'apporter à une société des droits démembrés, puis de réaliser une donation portant sur des titres représentants ces droits démembrés apportés. L'apport de la nue-propriété suivi de la donation des titres est couramment pratiqué en matière immobilière.

Donation de la nue-propriété de l'immeuble

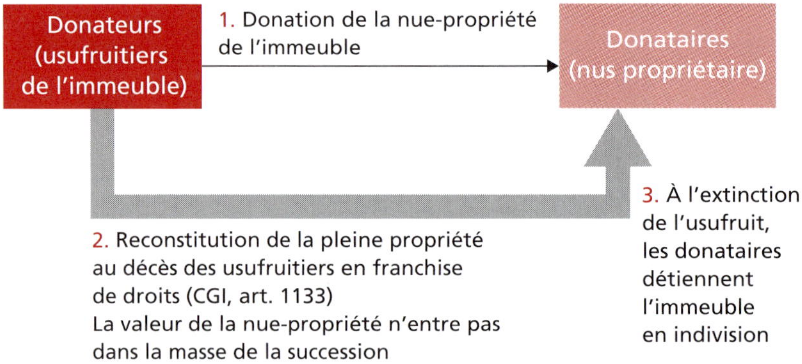

Apport de la nue-propriété de l'immeuble à une SCI suivi de la donation des parts de la société

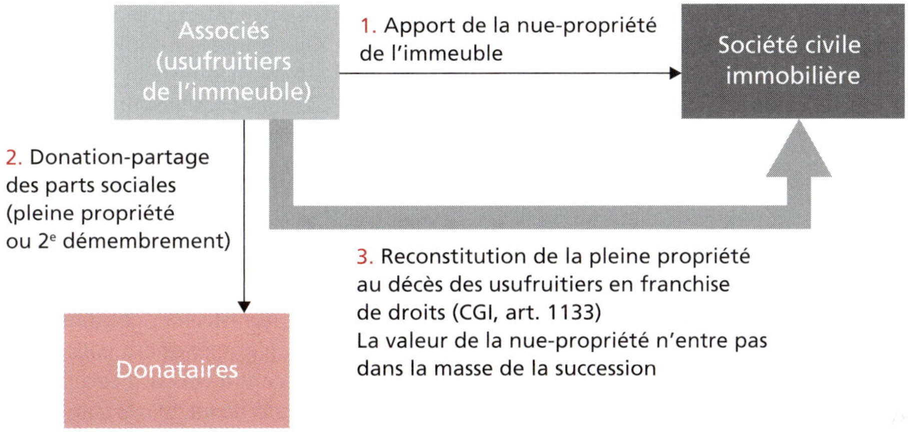

Les stratégies d'optimisation ne s'arrêtent pas là. L'ingénierie patrimoniale est aussi friande de l'opération de *donation-cession*[Q]. Une donation préalablement à une cession permet de purger la plus-value latente du bien donné : certes, la donation donnera lieu à des droits de mutation à titre gratuit, mais elle permettra d'éviter l'impôt sur les plus-values. 1125 ■

L'opération de donation-cession

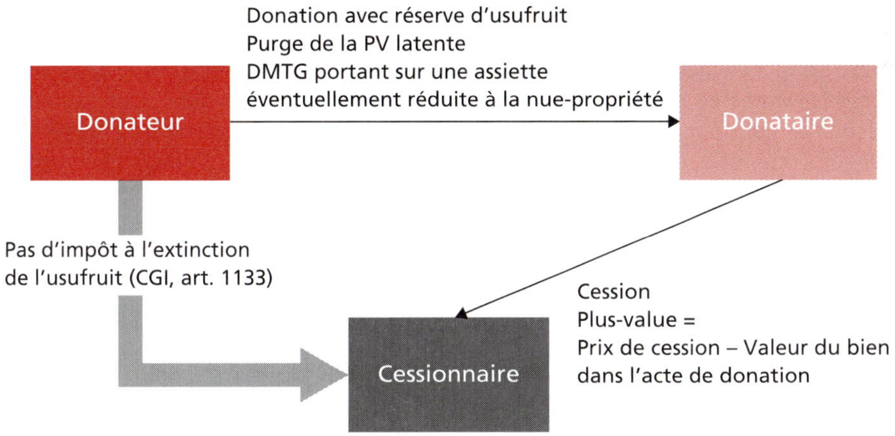

§ 2 Les règles spécifiques aux transmissions d'entreprises

Le législateur cherche à favoriser les transmissions d'entreprises, notamment lorsqu'elles interviennent dans un cadre familial. À cet égard, un dispositif commun aux successions et aux donations est particulièrement utilisé en pratique. Il s'agit des 1126 ■

pactes dits « Dutreil » du nom du ministre à l'origine du texte qui figure désormais aux articles 787 B et 787 C du Code général des impôts. Le mécanisme fiscal à l'œuvre est simple ; il s'agit d'accorder un abattement de 75 % sur l'assiette imposable aux droits de mutation à titre gratuit lorsque celle-ci comporte une entreprise individuelle ou une société. Cet abattement peut, le cas échéant, se cumuler avec les abattements accordés en fonction des liens de parenté ainsi que la réduction de l'assiette imposable en présence de droits démembrés. Le bénéfice de cette exonération partielle reste néanmoins soumis à des conditions strictes dont la finalité est de s'assurer que l'entreprise transmise exerce bien une activité économique pendant la durée des engagements pris par les signataires et non une activité patrimoniale, mais également que la stabilité de l'actionnariat est préservée.

■ 1127 En ce qui concerne les sociétés, ces conditions sont au nombre de quatre.

- Les parts ou actions de la société ayant une activité industrielle, commerciale, artisanale, agricole ou libérale doivent avoir fait l'objet d'un engagement collectif de conservation d'une durée minimale de deux ans commençant à courir à compter de l'enregistrement de l'acte le constatant (à compter de la date de l'acte, s'il s'agit d'un acte authentique) ; le présent engagement peut être pris par une personne seule, pour elle et ses ayants cause à titre gratuit, sous les mêmes conditions.

■ 1128 - Cet engagement doit, en principe, être en cours à la date de la transmission. Il est pris par le défunt (ou le donateur), pour lui et ses ayants cause à titre gratuit, avec un ou plusieurs autres associés, personnes physiques ou morales.

■ 1129 - L'engagement collectif doit porter : - s'il s'agit de titres de sociétés cotées, sur au moins 10 % des droits financiers et 20 % des droits de vote attachés aux titres émis par la société ; - s'il s'agit de titres de sociétés non cotées, sur au moins 17 % des droits financiers et 34 % des droits de vote. Ces pourcentages doivent être respectés tout au long de la durée de l'engagement collectif de conservation des titres. L'engagement collectif de conservation est réputé acquis lorsque le défunt (ou donateur) seul ou avec son conjoint ou partenaire de Pacs détient depuis deux ans au moins le quota de titres requis pour la conclusion de cet engagement et que l'un d'eux exerce dans la société depuis plus de deux ans son activité principale ou, lorsque la société est soumise à l'IS, l'une des fonctions de direction énumérées à l'article 975 du Code général des impôts. Par ailleurs, en l'absence d'engagement pris avant la transmission par décès, l'engagement collectif de conservation peut encore être conclu dans les six mois du décès par un ou des héritiers ou légataires entre eux ou avec d'autres associés (engagement « *post mortem* »).

■ 1130 - Au moment de la transmission, chacun des héritiers ou légataires (ou donataires) doit à son tour s'engager, pour lui et ses ayants cause à titre gratuit, à conserver les titres transmis pendant une période de quatre ans commençant à courir à compter de l'expiration de l'engagement collectif de conservation des titres (ou de la transmission lorsque l'engagement collectif de conservation est réputé acquis).

■ 1131 En ce qui concerne les entreprises individuelles, les conditions à respecter pour bénéficier du régime du pacte « Dutreil » sont au nombre de trois :

- L'entreprise individuelle mentionnée est détenue depuis plus de deux ans par le défunt ou le donateur lorsqu'elle a été acquise à titre onéreux.

- Chacun des héritiers, donataires ou légataires prend l'engagement dans la déclaration de succession ou l'acte de donation, pour lui et ses ayants cause à titre gratuit, de conserver l'ensemble des biens affectés à l'exploitation de l'entreprise pendant une durée de quatre ans à compter de la date de la transmission.

- L'un des héritiers, donataires ou légataires poursuit effectivement pendant les trois années qui suivent la date de la transmission l'exploitation de l'entreprise.

Tableau

Nature de l'engagement	Durée de l'engagement
Engagement initial (collectif)	2 ans (minimum)
Engagement individuel	4 ans (minimum)
Fonction de direction	Durée de l'engagement collectif + 3 ans à compter de la transmission

Ces conditions montrent que certaines activités sont exclues du champ d'application du *pacte « Dutreil »*[Q] : les sociétés gérant un patrimoine mobilier ou immobilier, les sociétés holding passives (c'est-à-dire celles qui ne sont pas animatrices de groupe) ainsi que les sociétés exploitant un fonds de commerce par l'intermédiaire d'un locataire-gérant ne peuvent en bénéficier. Les activités de location immobilière visées à l'article 35 du CGI en sont exclues, tandis que les activités de construction-vente d'immeubles ainsi que les marchands de bien sont éligibles au dispositif. Une distinction doit ainsi être faite entre les sociétés holding « pures » dont l'activité se borne à la gestion d'un patrimoine mobilier et à la perception de produits financiers et les sociétés holding dites animatrices qui s'immiscent directement ou indirectement dans la gestion des entreprises dont elles détiennent des titres. Les premières ne font qu'exercer les prérogatives usuelles d'un actionnaire (exercice du droit de vote et prises de décisions lorsque l'importance de la participation le permet, et exercice des droits financiers) et ne sont pas éligibles en tant que telles au pacte « Dutreil ». Les secondes exercent un contrôle effectif sur le fonctionnement et la stratégie du groupe et peuvent bénéficier de l'abattement de 75 %. 1132 ■

Les commentaires de l'administration indiquent expressément que les sociétés exerçant une activité mixte peuvent bénéficier de l'abattement de 75 % sous réserve que l'activité économique, également qualifiée d'opérationnelle qu'elles exercent soit prépondérante. Toujours selon l'administration, la prépondérance de l'activité opérationnelle s'apprécierait au regard d'un double critère fondé sur le chiffre d'affaires de l'entité et son actif brut immobilisé et circulant. Le premier critère, calculé à partir du chiffre d'affaires, permet de mesurer le poids de l'activité éligible dans l'ensemble des activités, éligibles et non éligibles. Le second critère revient à exiger que la part des éléments d'actif affectés durablement à l'exploitation (immeubles, marques commerciales ou titres de participation) soit supérieure à la part des éléments de l'actif total. Sur ce point, le Conseil d'État a été amené à censurer de manière nette les critères posés par l'administration fiscale en présence d'une société exerçant une activité mixte, à propos d'une affaire ayant trait au pacte « Dutreil », dans un arrêt du 23 janvier 2020 (CE 23 janv. 2020, *Bardin et Mehrdad*, n° 435562) de sorte que ces critères n'ont désormais qu'une valeur indicative, le caractère prépondérant de l'activité pouvant s'apprécier sur la base d'un faisceau d'indices.

1133 En effet, selon le Conseil d'État, en présence d'une activité mixte, incluant une gestion patrimoniale de biens, l'appréciation du caractère principal de cette activité, réputée opérationnelle, doit être faite « en considération d'un faisceau d'indices déterminés d'après la nature de l'activité et les conditions de son exercice » et non sur les seuls critères du chiffre d'affaires et de l'actif brut immobilisé, qui sont les critères traditionnels posés par la doctrine administrative. En outre, la Cour de cassation a rendu un arrêt qui rejoint la position du Conseil d'État. Dans un arrêt en date du 14 octobre 2020, elle décide d'une part, que le critère de prépondérance de l'activité opérationnelle, qui s'impose aux sociétés exerçant une activité mixte (civile et opérationnelle), s'apprécie en considération d'un faisceau d'indices déterminés d'après la nature de l'activité et les conditions de son exercice ; et d'autre part, pour les holdings animatrices de groupe, que le caractère principal de l'activité d'animation de groupe est « notamment » caractérisé lorsque la valeur vénale des titres des filiales représente, au jour du fait générateur de l'imposition, plus de la moitié du total d'actif. Cette position a encore été confirmée récemment (Com. 25 janv. 2023, n° 20-23.137).

1134 Une telle solution confirme à nouveau l'illégalité des critères de l'administration, la primauté de la méthode du faisceau d'indices et la prise en compte de la valeur vénale des actifs de la société holding. En outre, si la valeur vénale des titres des filiales représente plus de la moitié de l'actif de la société holding animatrice et d'une manière générale, si les actifs liés à l'activité opérationnelle restent prépondérants, son statut est préservé, sous réserve toutefois de maintenir un tel ratio pendant la durée des engagements.

1135 Les différentes conditions du pacte « Dutreil » montrent également qu'il y a deux types d'engagements qui se succèdent dans le temps (sauf si l'engagement collectif est réputé acquis). Au cours de l'engagement collectif de conservation, toute cession décidée par l'un des signataires remet en cause le bénéfice de l'abattement pour tous les autres, sauf si la cession intervient entre signataires ou si la cession ne remet pas en cause les seuils prévus par la loi pour les signataires ayant conservé leurs titres. De même, l'engagement collectif n'est pas remis en cause si le cessionnaire s'associe à celui-ci à raison des titres cédés afin que le pourcentage de détention demeure respecté. Dans ce cas, l'engagement collectif est reconduit pour une durée minimale de deux ans pour l'ensemble des signataires. Par exception, les héritiers, légataires ou donataires peuvent sous certaines conditions apporter les titres ayant bénéficié de l'exonération à une société holding constituée à cet effet (CGI, art. 787 B, f ; v. schéma ci-dessous). Cette dernière disposition est particulièrement utile en cas de transmission de l'entreprise familiale à un seul des héritiers à charge pour lui de désintéresser ses co-héritiers. Au cours de l'engagement individuel de conservation, la cession éventuellement initiée par un signataire ne remettra en cause le bénéfice de l'abattement qu'à l'égard de celui-ci. Les autres héritiers ou donataires ne subiront donc pas les effets d'une violation d'un engagement individuel.

1136 Si ces différentes conditions sont remplies, l'exonération porte sur 75 % de la valeur des actifs, parts ou actions transmises, sans limitation de montant. La fraction taxable des biens transmis peut bénéficier, dans les conditions de droit commun, des dispositifs de paiement différé et fractionné. En cas de donation d'usufruit ou avec réserve d'usufruit, l'exonération s'applique à la valeur de l'usufruit ou de la nue-propriété des biens transmis par application du barème de l'article 669 du CGI.

Outre l'abattement de 75 % prévu par les articles 787 B et 787 C du Code général des impôts, les transmissions d'entreprises peuvent bénéficier de deux mesures complé- 1137 ■
mentaires particulièrement favorables. En premier lieu, les donations en pleine propriété d'entreprises individuelles ou de parts ou actions de sociétés qui réunissent les conditions de l'exonération partielle (pactes « Dutreil ») bénéficient d'une réduction de droits de 50 % si le donateur a moins de soixante-dix ans (CGI, art. 790). En second lieu, le paiement des droits d'enregistrement sur les mutations à titre gratuit d'entreprises est susceptible d'être différé pendant cinq ans, puis, à l'expiration de cette période, fractionné sur dix ans. Peuvent en bénéficier les transmissions d'entreprises à titre gratuit par décès, ainsi que les donations, quelle que soit la forme de la libéralité. Ce régime s'applique même si le donateur prend à sa charge les droits de donation.

Schéma récapitulatif – La transmission familiale de l'entreprise dans le cadre d'un pacte « Dutreil » au profit d'un héritier, à charge de régler une soulte aux co-héritiers

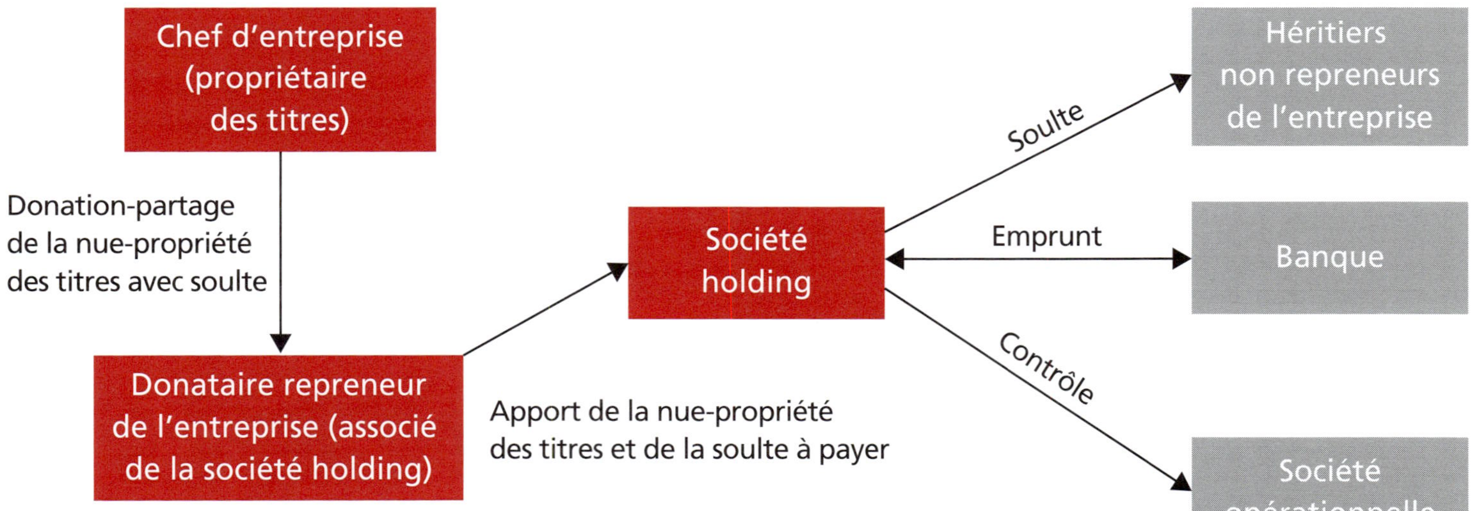

* En rouge, figurent les signataires du pacte Dutreil (ECC ou EIC)

Compléments pédagogiques

Mémo

Les cessions de fonds de commerce (et assimilés), de titres et d'immeubles sont assujetties aux droits de mutation à titre onéreux dont le tarif varie en fonction de la nature du bien cédé.

La transmission de l'entreprise à titre gratuit peut s'opérer par voie de successions ou de donations. En pratique, la transmission par voie de donation est la voie la plus fréquente car elle permet d'anticiper les effets de la transmission et de répartir le patrimoine du donateur en préservant l'intérêt de l'entreprise et des héritiers.

Les donations sont soumises aux mêmes règles que les successions, à l'exception de quelques dispositions spécifiques. En particulier, le barème d'imposition des droits de mutation à titre gratuit est commun.

Le mécanisme du rappel fiscal implique de prendre en compte pour la détermination des droits de mutation à titre gratuit les donations antérieures de moins de 15 ans.

La loi encourage la transmission intrafamiliale de l'entreprise grâce au mécanisme du pacte « Dutreil » qui donne droit à un abattement de 75 % sur l'assiette soumise aux droits de mutation à titre gratuit.

Quid

■ Donation-cession n° 1125

C'est l'opération par laquelle une donation est réalisée préalablement à une cession à titre onéreux au lieu d'une cession directe sans acte préalable et qui permet de transmettre une valeur au donataire en purgeant la plus-value éventuelle du bien donné.

■ Pacte « Dutreil » n° 1132

C'est un dispositif fiscal permettant de transmettre une entreprise dans un cadre familial en bénéficiant d'une réduction de l'assiette imposable aux droits de mutation à titre gratuit de 75 %.

Biblio

1) Ouvrages et articles

- S. Ferré-André et S. Berre, *Successions et libéralités*, Dalloz, coll. « Hypercours », 2021.

- Dossier, *Transmission d'entreprise*, Actes prat. strat. patrimoniale 2020, n° 2.
- Dossier, *La transmission de l'entreprise familiale*, Actes prat. strat. patrimoniale 2015, n° 2.
- A. Bouquemont et A. Teitgen, « Le LBO familial », *JCP* N 2019. 1319.

2) Jurisprudence

- CE 23 janv. 2020, *Bardin et Mehrdad*, n° 435562, concl. R. Victor ; *Revue IP* 2-2020, n° 7, § 55, comm. S. Anouchian ; P. Carcelero et G. Dumont, « Régime "Dutreil" : le Conseil d'État annule les critères de prépondérance de l'activité éligible », *Francis Lefebvre FR* 18/20, inf. 16.
- Com. 14 oct. 2020, n° 18-17.955 ; *Dr. sociétés*, févr. 2021, comm. 30, note J.-L. Pierre.

Quiz

1) Sujets corrigés

Cas pratique

M. Bertrand est l'associé majoritaire d'un Groupement foncier agricole (GFA). Il dispose de 50 % du capital de cette entité qui est propriétaire de vignes en Bourgogne. Celles-ci sont évaluées à 8 millions d'euros et elles constituent le seul actif du GFA. Les statuts du GFA interdisent l'exploitation en faire-valoir direct.

M. Bertrand détient également avec son frère les parts d'une société civile d'exploitation qui loue les vignes détenues par le GFA. La société civile est évaluée à 500.000 € et M. Bertrand en possède 60 %.

M. Bertrand est veuf et il a deux enfants : Paul et Marie, âgés respectivement de 21 et 26 ans. M. Bertrand vient d'avoir 60 ans et songe à partir à la retraite et à transmettre son patrimoine. Paul n'est pas intéressé par l'exploitation du domaine viticole et envisage de devenir avocat ; Marie va à l'inverse reprendre l'exploitation familiale. Aucune donation n'a été consentie antérieurement.

Aussi, M. Bertrand envisage de transmettre la moitié des parts du GFA qu'il détient à son fils Paul et de donner la totalité des titres de la société d'exploitation à Marie. Il vous interroge sur les conséquences fiscales des scénarios suivants :

- M. Bertrand transmet à Paul par donation en pleine propriété la moitié des parts du GFA dans l'hypothèse où les vignes font l'objet d'un bail à long terme (18 ans) ;
- M. Bertrand transmet à Paul par donation avec réserve d'usufruit la moitié des parts du GFA dans l'hypothèse où les vignes font l'objet d'un bail à long terme (18 ans) ;
- M. Bertrand transmet à Marie par donation en pleine propriété les titres de la société d'exploitation, sans pacte « Dutreil » ;
- M. Bertrand transmet à Marie par donation en pleine propriété les titres de la société d'exploitation, avec pacte Dutreil. Dans ce dernier cas, quelles seraient les contraintes qui pèseraient sur Marie ?

Voir le corrigé en fin de rubrique.

Commentaire d'arrêt

Com 30 novembre 2022 (pourvoi n° 20-18.884)

1. Selon l'arrêt attaqué (Paris, 29 juin 2020) et les productions, par acte des 7, 15 et 22 mars 2012, enregistré le 26 avril 2012 au service des impôts des entreprises, Mmes [H] [F] [R], [O] [F] et [G] [F] et MM. [T] [F], [D] [F], [W] [F] et [S] [F] (les consorts [F]), associés dans la société civile immobilière NSG, ont cédé l'usufruit temporaire des parts qu'ils détenaient dans cette société à la société [F] participations, qui a acquitté le droit fixe prévu à l'article 680 du code général des impôts.

2. Le 23 janvier 2015, soutenant que cet acte devait être soumis au droit d'enregistrement proportionnel de 5 % prévu à l'article 726, I, 2°, du code général des impôts, applicable aux cessions de participations dans des personnes morales à prépondérance immobilière, l'administration fiscale a notifié à la société [F] participations une proposition de rectification des droits d'enregistrement pour l'année 2012.

3. Après le rejet partiel de sa réclamation contentieuse, la société [F] participations a assigné l'administration fiscale en décharge des droits supplémentaires mis en recouvrement.

Examen du moyen

Enoncé du moyen

4. La société [F] participations fait grief à l'arrêt de rejeter ses demandes tendant à la décharge totale des droits supplémentaires d'enregistrement auxquels elle a été assujettie au titre de l'année 2012, alors « que seules les cessions de participations dans les personnes morales à prépondérance immobilière sont soumises à un droit d'enregistrement dont le taux est fixé à 5 % ; que la cession temporaire de l'usufruit de droits sociaux, dès lors qu'elle ne confère pas au titulaire une part du capital, mais seulement le droit temporaire de jouir et de percevoir les fruits de tels droits, n'est pas incluse dans le champ d'application de la taxe ; qu'en l'espèce, il résulte de l'acte de cession d'usufruit temporaire de parts sociales des 7, 15 et 20 mars 2012 que la société civile immobilière NSG, au capital de 49 300 000 euros, a été créée entre les consorts [F], lesquels ont cédé pour une durée de vingt ans l'usufruit de leurs parts à la société [F] participations ; que cette dernière n'est devenue propriétaire, avec la jouissance qui y est attachée, que de l'usufruit temporaire des parts sociales, les consorts [F] demeurant propriétaires des parts et assumant le risque capitalistique qui s'y attache ; qu'en jugeant qu'une telle cession devait être regardée comme une cession de participations, la cour d'appel a violé l'article 726 du code général des impôts. »

Réponse de la Cour

Vu l'article 726 du code général des impôts, dans sa rédaction issue de la loi n° 2011-1977 du 28 décembre 2011 de finances pour 2012, et l'article 578 du code civil :

5. Selon le premier de ces textes, les cessions de droits sociaux sont soumises à un droit d'enregistrement proportionnel.

6. Aux termes du second, l'usufruit est le droit de jouir des choses dont un autre a la propriété, comme le propriétaire lui-même, mais à la charge d'en conserver la substance. Il en résulte que l'usufruitier de parts sociales ne peut se voir reconnaître la qualité d'associé, qui n'appartient qu'au nu-propriétaire, de sorte que la cession de l'usufruit de droits sociaux ne peut être qualifiée de cession de droits sociaux.

7. Pour retenir que la cession de l'usufruit des parts sociales de la société civile immobilière NSG, conclue entre les consorts [F] et la société [F] participations, entrait dans le champ d'application

de l'article 726 du code général des impôts et rejeter la demande de décharge des droits d'enregistrement supplémentaires réclamés, l'arrêt énonce que le terme « cession », au sens de cet article, n'est pas uniquement limité à l'acte définitif de la cession de l'intégralité d'une ou plusieurs parts sociales, mais s'entend de toute transmission temporaire ou définitive de la part sociale elle-même ou de son démembrement, telle la cession de l'usufruit ou de la nue-propriété, le texte ne distinguant pas selon que la cession porte sur la pleine propriété ou sur un démembrement de celle-ci, même si d'autres dispositions du code général des impôts procèdent à une telle différenciation. Il retient encore que la cession litigieuse a entraîné le transfert d'éléments de participation dès lors qu'en se dépossédant de l'usufruit des titres, les associés de la société civile immobilière NSG, qui ont perdu leur droit au bénéfice des dividendes, ont également perdu leur droit de vote afférent aux parts sociales cédées.

8. En statuant ainsi, alors que la cession de l'usufruit de droits sociaux, qui n'emporte pas mutation de la propriété des droits sociaux, n'est pas soumise au droit d'enregistrement applicable aux cessions de droits sociaux, la cour d'appel a violé le texte susvisé.

Portée et conséquences de la cassation

9. Après avis donné aux parties, conformément à l'article 1015 du code de procédure civile, il est fait application des articles L. 411-3, alinéa 2, du code de l'organisation judiciaire et 627 du code de procédure civile.

10. L'intérêt d'une bonne administration de la justice justifie, en effet, que la Cour de cassation statue au fond.

11. Il résulte de ce qui précède que l'acte des 7, 15 et 22 mars 2012, enregistré le 26 avril 2012 au service des impôts des entreprises, portant cession, par les consorts [F] à la société [F] participations, de l'usufruit des parts sociales de la société civile immobilière NSG, n'est pas soumis au droit d'enregistrement proportionnel de 5 % prévu à l'article 726, I, 2°, du code général des impôts.

12. En conséquence, il y a lieu d'infirmer le jugement, d'annuler la décision du 16 mars 2015 ayant rejeté partiellement la réclamation de la société [F] participations et de prononcer la décharge des droits d'enregistrement supplémentaires mis en recouvrement contre cette société.

PAR CES MOTIFS, la Cour :

CASSE ET ANNULE, en toutes ses dispositions, l'arrêt rendu le 29 juin 2020, entre les parties, par la cour d'appel de Paris ;

Voir le corrigé en fin de rubrique.

2) Corrigé

Cas pratique

I. Calcul des droits dus (transmission en pleine propriété des parts de GFA)

Il résulte des dispositions du 4° du 1 de l'article 793 du Code général des impôts et de l'article 793 *bis* du même que les mutations à titre gratuit de parts de groupements fonciers agricoles (GFA) sont susceptibles de bénéficier d'un régime d'exonération partielle.

Ainsi, aux termes du 4° du 1 de l'article 793 du CGI sont exonérées de droits de mutation à titre gratuit, à concurrence de 75 % de leur valeur nette correspondant aux biens grevés d'un bail à long terme, les parts de GFA répondant à certaines caractéristiques et, en principe, détenues depuis deux ans au moins par le donateur ou le défunt.

Au surplus, les statuts du groupement doivent lui interdire d'exploiter en faire-valoir direct et les fonds agricoles constituant son patrimoine doivent avoir été donnés à bail à long terme ou à bail cessible.

Le régime de faveur s'applique sous réserve des dispositions de l'article 793 *bis* du CGI :

- les parts reçues doivent rester la propriété du bénéficiaire de la transmission pendant cinq ans ;

- lorsque la valeur totale des parts en cause transmises par le donateur ou le défunt à chaque héritier, donataire ou légataire excède le seuil de 300.000 € (la limite passe à 500.000 euros en cas d'engagement pour une durée supplémentaire de cinq ans, depuis une modification introduite par la loi de finances pour 2023), l'exonération partielle des droits de mutation à titre gratuit est ramenée à 50 % au-delà de cette limite.

Pour l'appréciation de cette limite, les donations passées depuis plus de quinze ans ne sont pas prises en compte (BOI-ENR-DMTG-20). Par ailleurs, lorsqu'un donataire de parts de GFA a la qualité de preneur (des biens loués à long terme par le groupement), le bénéfice de l'exonération partielle est subordonné à la condition que le bail lui ait été consenti depuis au moins deux ans. En outre, le bénéfice de l'exonération partielle est réservé à la fraction de la valeur nette des parts de GFA qui correspond aux biens donnés à bail à long terme (CGI, art. 793, 2-3°), que ces biens aient été apportés par les associés ou acquis à un autre titre par le GFA.

En l'espèce, les statuts interdisent l'exploitation en faire-valoir ; le bail est à long terme ; les vignes sont détenues de longue date dans le patrimoine familial ; le GFA détient uniquement les vignes données à bail. La transmission est donc éligible à l'abattement prévu pour les GFA mais Paul devra conserver les parts pendant 5 ans.

La moitié des parts du GFA est transférée, sachant que le donateur possède 50 % du capital :

8.000.000 × 50 % × 50 % = 2.000.000

Calcul de l'exonération partielle (art. 793 et 793 *bis* du CGI)

300.000 × 75 % = 225.000 (part exonérée)

300.000 – 225.000 = 75.000 (part taxable)

(2.000.000 – 300.000) × 50 % = 850.000 (part exonérée)

(2.000.000 – 300.000 – 850.000) = 850.000 (part taxable)

Base imposable : 75.000 + 850.000 = 925.000

Abattement en ligne directe :

925.000 – 100.000 = 825.000

Base imposable = 825.000

Droits de donation (art. 777) – v. tableau de calcul simplifié :

Total : 190.462 soit moins de 10 % de la valeur transmise (2.000.000)

II. Calcul des droits dus (transmission en nue-propriété)

La moitié des parts du GFA est transférée en nue-propriété. En application du barème de l'article 669 du CGI, celle-ci représente 50 % de la valeur en pleine propriété.

8.000.000 × 50 % × 50 % × 50 % = 1.000.000

Exonération partielle

300.000 × 75 % = 225.000 (part exonérée)

300.000 – 225.000 = 75.000 (part taxable)

(1.000.000 – 300.000) × 50 % = 350.000 (part exonérée)

(1.000.000 – 75.000 – 350.000) = 575.000 (part taxable)

Base imposable : 75.000 + 575.000 = 650.000

Abattement en ligne directe :

650.000 – 100.000 = 550.000

Base imposable : 550.000

Droits de donation (art. 777) – v. tableau de calcul simplifié :

Total : 108.194 soit 10,81 % de la valeur transmise (1.000.000)

III. Calcul des droits dus (sans pacte « Dutreil »)

La totalité des parts de la SCEA est transférée :

500.000 × 60 % = 300.000

Abattement en ligne directe :

300.000 – 100.000 = 200.000

Base imposable : 200.000

Droits de donation (art. 777) – v. tableau de calcul simplifié

Total : 38.194 soit 12,73 % de la valeur transmise

IV. Calcul des droits dus (avec pacte « Dutreil »)

La totalité des parts de la SCEA est transférée :

500.000 × 60 % = 300.000

La conclusion d'un pacte « Dutreil » donne droit à un abattement de 75 %.

300.000 × 75 % = 225.000 (part exonérée) ; 75.000 (part taxable)

Pour que l'abattement de 75 % puisse s'appliquer, Marie sera notamment tenue d'un engagement individuel de conservation.

Abattement en ligne directe :

75.000 – 100.000 = 0

Droits de donation (art. 777) : 0

Conclusion : les lots sont déséquilibrés entre les deux enfants. Une soulte sera sans doute à prévoir au profit de Marie. Une donation-partage avec soulte permettrait de sécuriser l'opération.

Commentaire d'arrêt

La jurisprudence de la Cour de cassation suscite régulièrement des débats en droit et fiscalité du patrimoine, comme le montre l'arrêt du 30 novembre 2022, ayant trait au traitement fiscal des cessions d'usufruit de droits sociaux.

En l'espèce, les associés d'une société civile immobilière ont cédé l'usufruit temporaire de leurs parts à une société dont ils étaient également associés et à cette occasion, la société cessionnaire a supporté le droit fixe de 125 euros prévu à l'article 680 du Code général des impôts pour les actes innomés (c'est-à-dire les actes qui ne sont ni exonérés, ni soumis à une imposition proportionnelle ou progressive par le CGI).

Toutefois, l'administration a considéré que cet acte devait être soumis au droit d'enregistrement proportionnel de 5 % prévu à l'article 726, I, 2°, du Code général des impôts et applicable aux cessions de participations dans des personnes morales à prépondérance immobilière. À la suite du rejet de leur réclamation par les services fiscaux, les contribuables ont initié un contentieux qui s'est soldé par un rejet de leurs prétentions en appel.

Ils ont alors engagé un pourvoi en cassation et les débats se sont concentrés sur le point de savoir si la cession temporaire de l'usufruit de droits sociaux, dès lors qu'elle ne confère pas au titulaire une part du capital, mais seulement le droit temporaire de jouir et de percevoir les fruits de tels droits, est incluse ou non dans le champ d'application des droits de mutation. La Cour de cassation leur accorde gain de cause dans l'arrêt commenté, en décidant que « la cession de l'usufruit de droits sociaux ne peut être qualifiée de cession de droits sociaux », de sorte qu'elle ne relève pas de l'article 726 du CGI et donc du droit proportionnel prévu pour les sociétés à prépondérance immobilière.

I. Les cessions d'usufruit de droits sociaux et l'absence d'effet translatif de propriété

A. La nature juridique de l'usufruit de droits sociaux

Dans l'arrêt commenté, la Cour de cassation rend sa décision au visa de l'article 578 du Code civil dont elle rappelle le contenu quasiment *in extenso*. L'usufruit étant le droit détenu sur un bien dont un autre est propriétaire, il ne constitue ni une partie de ce même bien, ni un démembrement de propriété ni même une propriétaire temporaire, mais un droit réel spécifique grevant le bien d'une charge.

Elle en déduit que sa cession n'est pas translative de propriété et ne permet pas de céder la qualité d'associé, l'usufruitier n'étant nullement titulaire de celle-ci. De cette analyse, qui n'est pas nouvelle, mais qui est désormais constante, elle en tire la conclusion que l'article 726 du Code général des impôts, en visant les cessions de droits sociaux ne visent que les mutations translatives de propriété.

B. Les opérations constitutives d'une cession de droits sociaux

Par cette décision, la Cour de cassation attribue une portée bien restrictive du terme « cession », visé par l'article 726 du CGI qui au demeurant présente plutôt un sens économique, dans la mesure où il recouvre plusieurs opérations juridiques (vente, apport, échange, renonciation à un droit, etc.), comme le montre le régime des plus-values professionnelles par exemple.

En outre, la solution peut être critiquée dès lors que la cession de l'usufruit de droits sociaux conduit incontestablement à céder des prérogatives, dont certaines relèvent de la qualité d'associé, comme le droit de percevoir les bénéfices sociaux. À cet égard, l'usufruitier dispose d'ailleurs d'un droit intangible, caractéristique de la qualité d'associé, tant aux yeux du droit des sociétés que du droit fiscal : celui de voter l'affectation des bénéfices. La cession de l'usufruit entraîne donc un transfert de droits et cet effet translatif est justement au cœur des droits de mutation à titre onéreux… mais il n'est pas suffisant pour constituer une cession de droits sociaux.

II. La cession de l'usufruit de droits sociaux et le champ d'application des droits de mutation à titre onéreux

A. L'article 726 du CGI au regard des dispositions spéciales en matière d'enregistrement

En l'espèce, la Cour de cassation exploite le silence de l'article 726 du CGI. Celui-ci ne précise nullement si les cessions visées recouvrent ou non les cessions d'usufruit de droits sociaux. À l'inverse, la rédaction des textes en matière de cession d'immeubles ne laisse pas place au doute. Ainsi, l'article 683 du Code civil indique bien que « les actes civils et judiciaires translatifs de propriété ou d'usufruit de biens immeubles à titre onéreux sont assujettis à une taxe de publicité foncière ou à un droit d'enregistrement ». De la comparaison de l'article 683 et de l'article 726 du CGI, il est possible de penser que le législateur n'a pas entendu taxer les cessions d'usufruit de droits sociaux, contrairement aux immeubles. En somme, il y aurait une vraie différence d'approche, fondée sur la nature des biens.

B. L'article 726 du CGI au regard des dispositions communes aux droits d'enregistrement

Si l'arrêt commenté est rendu au visa de l'article 578 du Code civil et 726 du Code général des impôts, la Cour de cassation omet de citer l'article 677 du CGI. Celui-ci dispose que « Sous réserve de dispositions particulières, sont passibles d'une imposition proportionnelle ou progressive : 1° Les transmissions, soit entre vifs, soit par décès, de propriété ou d'usufruit de biens meubles ou immeubles, […] ». Cet article figure dans un paragraphe dédié aux dispositions générales en matière de droits d'enregistrement et de taxe sur la publicité foncière, ce qui laisse à penser qu'il s'agit de dispositions de droit commun. En d'autres termes, sauf disposition contraire, les cessions d'usufruit de biens meubles ou immeubles sont soumises aux droits de mutation. En faisant abstraction de l'article 677 du CGI, la Cour de cassation en vient à considérer que l'article 726 vient y déroger, alors même que ce dernier texte ne comporte aucune disposition expresse en ce sens.

chapitre 12

L'impôt sur la fortune immobilière

Plan analytique

section 1

Le champ d'application de l'impôt sur la fortune immobilière

§ 1 Les personnes imposables

A. Les personnes physiques

§ 2 Les biens imposables

A. La détermination des biens imposables

B. L'évaluation des biens imposables

section 2

Les biens affectés à l'activité professionnelle

§ 1 Immeubles et droits immobiliers affectés à une entreprise individuelle

§ 2 Immeubles et droits immobiliers affectés à une société

section 3

Le calcul de l'impôt sur la fortune immobilière

Compléments pédagogiques

L'impôt sur la fortune immobilière

Si l'*impôt sur la fortune immobilière*[Q] est le fruit d'une réforme récente, son ancêtre, l'*impôt de solidarité sur la fortune*[Q] (ISF) a eu une histoire mouvementée et a été une source considérable de tensions politiques. La loi de finances pour 1982 a en effet instauré un impôt sur les grandes fortunes supprimé en 1987, puis rétabli le 1er janvier 1989 sous la forme d'un impôt annuel de solidarité sur la fortune. L'ISF concernait tous les contribuables personnes physiques disposant d'un patrimoine dépassant le seuil d'imposition prévu par la loi. Parmi eux, les chefs d'entreprise étaient susceptibles d'être concernés par cette imposition, dès lors que son champ d'application était large, incluant à la fois les biens mobiliers (y compris les actions et parts sociales détenues dans des sociétés opérationnelles ou holdings) ou immobiliers. Toutefois, sous l'empire de cette ancienne législation, le sort des entrepreneurs était déjà au cœur des préoccupations du législateur, puisque les biens professionnels étaient exonérés d'ISF. En taxant le patrimoine des contribuables qui subissent déjà le plus souvent une taxation de leurs revenus, l'ISF a toujours suscité de vives réactions et désapprobations. À cela s'ajoute sa faible rentabilité du point de vue des recettes fiscales. Plusieurs réformes ont tenté d'améliorer l'efficacité de cet impôt. Une réforme votée en 2011 (et applicable au 1er janvier 2012) a allégé les seuils d'imposition et supprimé le « bouclier fiscal », en vigueur depuis 2006 et qui permettait de plafonner le montant de l'impôt en fonction des revenus. Une nouvelle réforme initiée par la loi de finances pour 2013 (et applicable au 1er janvier 2013) a rehaussé les seuils d'imposition, tout en réintroduisant un mécanisme de plafonnement pour les années à venir (un plafond plus élevé que celui établi par l'ancien « bouclier fiscal »), l'année 2012 restant toutefois déplafonnée. Ces modifications récurrentes du cadre législatif montrent la difficulté à trouver un point d'équilibre entre une imposition effective et une imposition confiscatoire. Sur ce point, le Conseil constitutionnel s'est plutôt montré frileux aux arguments invoqués par les contribuables qui ont parfois tenté de mettre en évidence l'atteinte portée par l'ISF (puis l'IFI) à leurs droits fondamentaux. Selon le juge constitutionnel, l'ISF a vocation à appréhender la capacité contributive que confère la détention d'un ensemble de biens, peu importe que ceux-ci ne soient pas productifs de revenus. Un plafonnement du montant cumulé des impositions sur le revenu et le patrimoine à 75 %, voire à 85 % n'est pas contraire aux normes constitutionnelles. Le législateur est ainsi en droit de taxer l'usufruitier sur la valeur du bien en pleine propriété, dès lors que c'est lui qui bénéficie de la jouissance du bien (Cons. const. 29 sept. 2010, décis. N° 2010-44) ou de décider de limiter les effets du plafonnement (Cons. const. 11 févr. 2011, décis. N° 2010-99 QPC). La Cour de cassation va jusqu'à considérer que la contribution exceptionnelle sur la fortune, un temps applicable et cumulable avec l'ISF, n'a pas de caractère confiscatoire, y compris si elle dépasse les revenus de l'année du contribuable (Com. 2 déc. 2020, n° 18-26.479). L'ISF a finalement été supprimé pour être remplacé par l'impôt sur la fortune immobilière, mais certaines règles actuelles sont largement inspirées du régime précédent. 1138

1139 L'impôt sur la fortune immobilière (IFI), institué par la loi de finances pour 2018 en remplacement de l'ISF et applicable dès 2018, est un impôt annuel dû par les personnes physiques dont le patrimoine immobilier, apprécié au niveau du foyer fiscal le 1er janvier de l'année d'imposition, excède un certain seuil (1.300.000 ; CGI, art. 964). Il est payable tous les ans, d'après une déclaration que le contribuable doit souscrire et annexer à sa déclaration d'ensemble des revenus n° 2042. Contrairement à l'ISF, son assiette est restreinte aux biens et *droits immobiliers*. Tout comme lui, il prévoit plusieurs mécanismes d'exonérations lorsque les actifs en cause permettent l'exercice d'une activité opérationnelle.

section 1

Le champ d'application de l'impôt sur la fortune immobilière

1140 L'étude du champ d'application de l'impôt sur la fortune immobilière implique de délimiter les personnes imposables (§ 1) et les biens imposables (§2).

§ 1 Les personnes imposables

A. Les personnes physiques

1141 L'une des caractéristiques de l'impôt sur la fortune immobilière est qu'il ne frappe que les personnes physiques (CGI, art. 964). Précisément, sont passibles de l'impôt sur la fortune immobilière, les personnes physiques ayant au 1er janvier de leur année d'imposition leur domicile fiscal en France. En outre, sont également passibles de cet impôt, les personnes physiques non domiciliées fiscalement en France au 1er janvier de l'année d'imposition, mais propriétaires, à la même date de biens situés en France d'une valeur nette excédant le seuil d'imposition. Une mesure attractive est néanmoins applicable aux personnes ayant leur résidence fiscale en France au 1er janvier, sans l'avoir été au cours des cinq années qui précèdent : seuls leurs biens situés en France sont taxables (CGI, art. 964). C'est là poser une exception au principe général d'imposition à l'ISF à raison du patrimoine mondial.

1142 Les personnes morales ne sont jamais soumises à l'impôt sur la fortune immobilière, qu'il s'agisse de sociétés, d'associations, de groupements ou de personnes morales de droit public ; elles n'ont donc aucune déclaration à souscrire. Il reste que la détention du capital des sociétés relève du champ d'application de cet impôt. En effet, les actions et parts sociales des sociétés sont taxées à l'impôt sur la fortune immobilière entre les mains de leurs associés personnes physiques, sauf si elles bénéficient d'une exonération, lorsqu'elles sont représentatives de biens ou de droits immobiliers.

1143 Les contribuables qui ont leur domicile fiscal en France entrent dans le champ d'application de l'impôt sur la fortune immobilière, quel que soit le lieu où sont situés leurs biens. Ils peuvent néanmoins imputer sur l'impôt qui est dû en France les impôts sur la fortune qu'ils auront payés à l'étranger, évitant ainsi une éventuelle double imposition et sous réserve que l'impôt étranger présente les mêmes caractéristiques que l'impôt français (CGI, art. 980). Toutefois, des dérogations peuvent résulter des conventions internationales à l'égard des redevables disposant de biens hors de France. Une convention internationale peut ainsi reconnaître la compétence fiscale d'un seul État ou admettre une compétence partagée (autorisant ainsi la déduction du crédit d'impôt étranger). Les cas de double imposition restent néanmoins limités puisque de nombreux pays ne connaissent pas ou ont supprimé l'impôt sur la fortune : Grande-Bretagne, Allemagne, Italie, Pays-Bas.

L'impôt sur la fortune immobilière appréhende les personnes imposables sur la base du foyer fiscal, tout comme l'impôt sur le revenu. Mais la délimitation du foyer fiscal n'est pas en tout point identique à celui retenu dans le cadre de l'imposition des revenus. Le foyer fiscal au sens de l'impôt sur la fortune immobilière peut regrouper des concubins notoires et pas seulement des couples mariés ou pacsé. En outre, le patrimoine d'un enfant devenu majeur n'a pas à être pris en compte pour le calcul de l'impôt sur la fortune immobilière en dépit de son rattachement éventuel au foyer fiscal pour l'impôt sur le revenu. 1144 ■

§ 2 Les biens imposables

L'analyse des biens relevant de l'impôt sur la fortune immobilière implique de délimiter les biens imposables (A) et de préciser leurs modalités d'évaluation (B). 1145 ■

A. La détermination des biens imposables

L'assiette de l'impôt de solidarité sur la fortune était formée de l'ensemble des biens, droits et valeurs (CGI, anc. art. 885 E) qui formaient le patrimoine du contribuable : immeubles nus ou bâtis, droits immobiliers, meubles meublants, meubles corporels (bijoux, yacht, véhicules, etc.), meubles incorporels (valeurs mobilières). Désormais, l'impôt sur la fortune immobilière est, sous réserve de certaines exonérations, assis sur le patrimoine immobilier appartenant, au 1er janvier de l'année d'imposition, au redevable et aux membres de son foyer fiscal. Le patrimoine immobilier est entendu au sens large et ne se limite pas aux seuls biens immobiliers au sens du Code civil (1). Il inclut également les droits immobiliers détenus par l'intermédiaire d'une ou plusieurs sociétés (2). 1146 ■

1. *Les biens et droits immobiliers*

Tous les immeubles bâtis (quelle qu'en soit l'affectation, privée ou professionnelle) ou non bâtis (terrains à bâtir, terres agricoles, bois et forêts, landes, etc.) ou en cours de construction ainsi que tous les droits réels immobiliers (usufruit, droit d'usage, droit du preneur d'un bail à construction notamment) détenus par les personnes précédemment mentionnées entrent dans le champ d'application de l'impôt sur la fortune immobilière. Celui-ci se focalise donc sur le patrimoine immobilier et non sur l'ensemble du patrimoine. 1147 ■

1148 La consistance de ce patrimoine est appréciée à la date du fait générateur de l'impôt, c'est-à-dire au 1er janvier de l'année d'imposition. Les variations que le patrimoine peut subir entre le 1er janvier et la date de la déclaration, notamment par suite d'achats ou de ventes, ne sont pas prises en considération pour la détermination de la base d'imposition, à moins que l'événement ultérieur intervenu n'ait un effet rétroactif.

1149 La loi ne fait aucune distinction selon que les biens, droits et valeurs appartenant au contribuable au 1er janvier de l'année considérée sont ou non productifs de revenus, confortant ainsi la jurisprudence du Conseil constitutionnel sur ce point.

2. *Les droits sociaux*

1150 En vertu du 2° de l'article 965 du Code général des impôts, est incluse dans l'assiette de l'impôt sur la fortune immobilière, outre les biens et droits immobiliers détenus directement par le redevable, la valeur nette, au 1er janvier de l'année d'imposition, des parts ou actions des sociétés et organismes établis en France ou hors de France appartenant au redevable et aux membres du foyer fiscal. Les parts ou actions des sociétés (établies en France ou à l'étranger) sont, en principe, imposables à hauteur de la fraction de leur valeur, représentative de biens ou droits immobiliers détenus directement ou indirectement – quel que soit le nombre de niveaux d'interposition – par la société. En d'autres termes, il faut extraire de la valeur des titres la fraction de cette valeur qui correspond aux immeubles détenus directement ou indirectement par la société. Pour extraire cette substance immobilière des titres, une méthode de calcul doit être mise en œuvre. Elle consiste à :

1. Déterminer la valeur nette des titres imposables en prenant en compte la valeur réelle de la société détenue (le plus souvent sur la base de l'actif net) et au prorata du pourcentage détenu par l'associé ;
2. Déterminer la valeur brute des immeubles imposables ;
3. Déterminer la valeur brute des autres actifs de la société ;
4. Calculer le coefficient immobilier en effectuant le rapport valeur brute des immeubles imposables / (valeur brute des immeubles imposables + valeur brute des autres actifs de la société) ;
5. Appliquer le coefficient immobilier à la valeur des titres détenus par l'associé.

1151 S'agissant du coefficient immobilier à appliquer à la valeur des titres, il est nécessaire de déterminer les ratios applicables à chaque niveau de la chaîne en commençant par le niveau le plus éloigné et en remontant jusqu'à la société dont le redevable détient les titres.

Exemple chiffré
Une société interposée

M. X détient 50 % du capital d'une société A. La valeur totale des parts composant le capital de cette société est évaluée à 1 million d'euros. Sa participation vaut donc 500.000 € (1). Un immeuble imposable d'une valeur vénale de 400.000 € est inscrit à l'actif de cette société (2).

La valeur vénale réelle de l'ensemble des éléments inscrits à l'actif de la société A s'élève à 1,6 million d'euros, y compris l'immeuble précité, soit 1,2 million d'actifs non imposables (3).

Le coefficient correspondant à la fraction imposable des parts de la société A correspond à :

valeur de l'immeuble (2) / valeur totale des actifs de la société (2+3) = 400.000 / 1.600.000

M. X détenant 50 % des parts de la société A, la valeur imposable à l'IFI de ses parts est égale à :

(1.000.000 × 50 %) × (400.000 / 1 600.000) = 125.000 €.

Exemple chiffré
Deux sociétés interposées

Un redevable possède 50 % des titres d'une société A qui détient à la fois des immeubles et des titres d'une société B elle-même propriétaire d'immeubles. L'actif de la société A s'élève à 10 M€ (2+3) dont 4 M€ d'actifs immobiliers (2) et 2 M€ de titres B. Au passif, les dettes s'élèvent à 5 M€.
On suppose que le coefficient immobilier de la société B (valeur de l'immobilier imposable détenu par B / valeur de l'actif total de B) est de 0,9.
Valeur des titres A détenus par le redevable : 50 % × (10 M€ - 5 M€) = 2,5 M€
Coefficient immobilier de A : [4 M€ + (2 M€ × 0,9)] / 10 M€ = 0,58
Valeur imposable des titres A détenus par le redevable (sauf exclusion ou exonération) :
2,5 M€ × 0,58 = 1,45 M€
Cette méthode d'évaluation montre que le passif logé dans la société diminue la valeur de celle-ci et donc la valeur des droits immobiliers imposables. De même, plus le poids de l'immobilier dans l'ensemble des actifs sociaux est faible, plus la valeur imposable des titres le sera également.

3. *Les biens et les droits immobiliers exclus de la détermination de la valeur imposable*

L'article 965 prévoit un certain nombre d'exclusions du champ d'application de l'IFI. 1152 ■
Le contenu des dispositions est technique et d'une lecture difficile. D'une manière générale, le législateur entend exclure de l'assiette de l'impôt les immeubles utilisés dans le cadre d'une activité opérationnelle.

Pour l'application des dispositions de l'article 965, l'article 966 du Code général des impôts 1153 ■
précise que n'est pas considéré comme une activité industrielle, commerciale, artisanale, agricole ou libérale l'exercice par une société ou un organisme d'une activité de gestion de son propre patrimoine immobilier.

En revanche, sont considérées comme des activités opérationnelles les activités des 1154 ■
sociétés *holding animatrices*[Q] qui, outre la gestion d'un portefeuille de participations, participent activement à la conduite de la politique de leur groupe et au contrôle de leurs filiales et rendent, le cas échéant et à titre purement interne, des services spécifiques, administratifs, juridiques, comptables, financiers et immobiliers.

L'article 965, 2°, alinéa 3 du CGI exclut ainsi de l'assiette de l'impôt sur la fortune immobilière les parts ou actions de société ou organisme qui exercent une activité industrielle, commerciale, artisanale, agricole ou libérale dans lesquelles le redevable et les membres du foyer fiscal détiennent moins de 10 % du capital et des droits de vote. En d'autres termes, détenir moins de 10 % du capital dans une société civile immobilière gérant son patrimoine immobilier, notamment en le louant ne permet pas de bénéficier de cette exonération *de minimis*

En outre, l'article 965, 2°, alinéa 6, a) exclut du champ d'application de l'impôt les 1155 ■
immeubles se rattachant à l'activité opérationnelle de la société qui les détient ou à

l'activité opérationnelle de l'une des sociétés du groupe. Ainsi, ne sont pas retenus pour le calcul de la fraction imposable : - les biens ou droits immobiliers détenus directement par la société dans laquelle le redevable est associé ou par une filiale (quel que soit le nombre de niveaux d'interposition) et affectés par la société qui les détient à sa propre activité opérationnelle. Ici, il faut comprendre que le texte se focalise sur l'activité opérationnelle exercée par la société qui détient les immeubles et pas nécessairement sur l'activité exercée par la société au sein de laquelle le redevable détient des titres.

Mais l'article 965, 2°, al. 6, b) du CGI exclut également du champ d'application de l'impôt, les biens ou droits immobiliers détenus (directement ou indirectement) par une société opérationnelle dans laquelle le redevable détient (directement ou indirectement) des parts ou actions et affectés à sa propre activité opérationnelle ou à l'activité opérationnelle d'une société du groupe. Il s'agit ici d'exclure de l'assiette de l'impôt les immeubles détenus via une ou plusieurs sociétés opérationnelles et utilisés dans le cadre de l'activité opérationnelle de la société qui les détient ou d'une autre société du groupe. Enfin, le même texte écarte du champ d'application les biens ou immobiliers détenus par une société opérationnelle et affectés à une autre société du groupe au sein de laquelle la société opérationnelle possède la majorité des droits de vote. Dans ce dernier cas, l'activité de la société contrôlée est sans incidence dès lors que le contribuable détient des titres d'une société opérationnelle. En somme et d'une manière générale, la loi cherche à appréhender l'immobilier de rapport et non l'immobilier professionnel.

Exemple
Biens immobiliers mis à la disposition d'une société opérationnelle du groupe

Un contribuable détient les titres d'une société commerciale X, qui détient elle-même des titres dans deux autres sociétés commerciales A et B qu'elle contrôle, ainsi que dans la société commerciale Y, non contrôlée.

Les biens immobiliers inscrits à l'actif de B et utilisés par A, X ou Y pour leur propre activité opérationnelle sont hors du champ de l'impôt.

Les biens détenus par Y et utilisés par A (société commerciale dont le redevable détient indirectement les titres) sont également hors champ.

Mais les biens détenus par X, par A ou par B, et mis à la disposition de Y sont inclus dans l'assiette de l'impôt, car X ne contrôle pas Y (mais ils peuvent le cas échéant être exonérés au titre des biens professionnels si le redevable exerce son activité professionnelle principale ou des fonctions dirigeantes dans la société Y). Il en irait autrement que si le contribuable détenait des titres de la société Y

Schéma explicatif

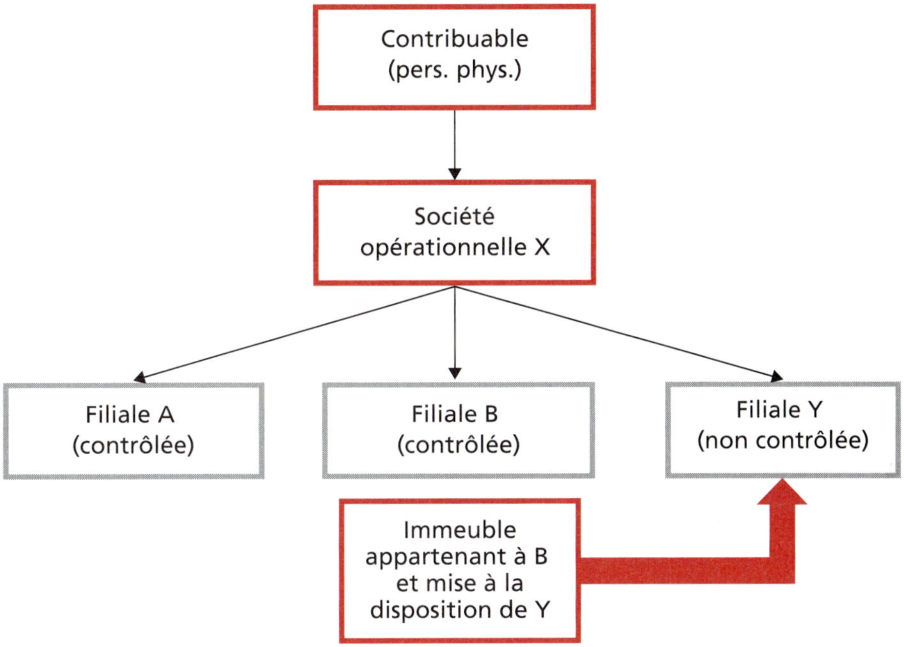

4. *Les biens faisant l'objet d'un démembrement de propriété*

Les biens ou droits grevés d'un usufruit, d'un droit d'habitation ou d'un droit d'usage accordé à titre personnel sont compris dans le patrimoine de l'usufruitier ou du titulaire du droit pour leur valeur en pleine propriété, aucun abattement n'étant applicable au titre du démembrement. Corrélativement, le nu-propriétaire n'a rien à déclarer au titre de l'IFI. La règle tord un peu la réalité économique puisque l'usufruitier est taxé sur la base d'une valeur supérieure de celle du droit qu'il détient réellement. Sans doute dispose-t-il du droit de jouir de la chose et d'en percevoir les fruits, ce qui lui confère une capacité contributive pour reprendre l'expression du Conseil constitutionnel. Sa situation n'est pas sans rappeler celle du propriétaire détenant un immeuble à la suite d'une donation prononcée en sa faveur, mais grevée d'une clause de retour conventionnel et d'interdiction d'aliéner ou d'hypothéquer. Ce dernier doit lui aussi déclarer le bien pour sa valeur en pleine propriété alors qu'il dispose de prérogatives limitées sur celui-ci. Mais l'usufruitier ou le titulaire du droit n'est imposable que sur la fraction de la pleine propriété correspondant au droit dont il dispose (ainsi, l'usufruitier d'un quart du bien ne doit déclarer que le quart de la toute propriété). 1156

En outre, la loi prévoit plusieurs exceptions au principe de l'imposition de l'usufruitier sur la toute propriété du bien, notamment en cas d'usufruit légal (CGI, art. 968). C'est ainsi que l'usufruit conféré par la loi au conjoint survivant (CGI, art. 757) conduit à deux déclarations : usufruitier et nu-propriétaire déclarent leurs droits respectifs, sur la base du barème figurant à l'article 669 du CGI. 1157

Exemple
Valeur de l'usufruit et de la nue-propriété d'un immeuble imposable à l'IFI en cas d'usufruit légal

Un couple marié a deux enfants et un patrimoine conséquent. Au décès de l'un des conjoints, le conjoint survivant, âgé de 75 ans, obtient l'usufruit légal sur l'intégralité des biens figurant dans la succession qui comprend un patrimoine immobilier d'un montant de 4.000.000 €.
Valeur de l'usufruit : 1.600.000
IFI à la charge de l'usufruitier : 4.600
Valeur de la nue-propriété : 2.400.000
IFI à la charge du nu-propriétaire : 10.200

1158 Le principe de taxation de l'usufruitier sur la pleine propriété des biens a fait naître une technique de défiscalisation qui consiste pour les redevables de l'impôt à donner temporairement l'usufruit d'une partie de leurs biens à leurs descendants. Se faisant, ils ne sont plus taxés sur ces biens pendant la période de dessaisissement. L'administration fiscale invoque néanmoins l'abus de droit si cette transmission est fictive. Elle admet toutefois que cette technique soit utilisée au profit d'associations ou de fondations reconnues d'utilité publique, sous réserve de respecter certaines conditions (BOI-PAT-IFI-20-20-30-10, juin 2018, spéc. n° 280).

B. L'évaluation des biens imposables

1159 D'une manière générale, la valeur servant de base à l'impôt est déterminée par le contribuable, sous réserve du contrôle de l'administration. Excepté dans le cas où le législateur a fixé des bases d'évaluation, la valeur à déclarer est la valeur vénale déterminée à la date du fait générateur de l'impôt, c'est-à-dire au 1er janvier de chaque année. La résidence principale bénéficie toutefois d'un abattement de 30 %, si le bien est la propriété d'un membre du foyer fiscal et qu'il est occupé par le contribuable (CGI, art. 973). L'abattement ne s'applique donc pas si la résidence principale est détenue par une société.

1160 Les passifs liés à l'acquisition des biens immobiliers ou droits immobiliers viennent en diminution de la valeur vénale. C'est donc la valeur nette du patrimoine immobilier qui sera prise en compte qui servira d'assiette à l'impôt. Par exemple, si un bien immobilier de forte valeur vient d'être acquis au moyen d'un emprunt, sa valeur nette sera nulle. Son acquisition n'engendrera donc pas d'impôt. Il en est de même si le bien est acquis par l'intermédiaire d'une société ayant pour seul actif, l'immeuble acquis par voie d'emprunt. Toutefois, le *passif déductible*[Q] donne lieu à un encadrement légal strict. Le législateur s'est surtout concentré sur certains types de dettes ou certains montages pour en empêcher la déduction, au point qu'il est nécessaire de distinguer les dettes qui sont déductibles et celles qui ne le sont pas.

1. *Les dettes déductibles*

Les dettes grevant les biens imposables (donc immobiliers) sont déductibles de la valeur de ces biens. Toutefois, cette déductibilité est écartée par la loi si les dettes n'ont pas de lien avec les actifs immobiliers taxables. Tel est le cas par exemple des dettes souscrites pour assurer le train de vie de la famille, pour acquérir des actifs non imposables (un fonds de commerce par exemple) ou des actifs exonérés (par exemple des locaux constituant l'outil professionnel d'un contribuable). 1161

Logiquement, les dettes sont déductibles « le cas échéant, à proportion de la fraction de (la) valeur imposable (des actifs) ». Cette règle générale de déduction proportionnelle s'applique dès qu'une fraction de l'actif considéré est hors champ ou exonérée. Ainsi, si un commerçant, exploitant individuel, détient un immeuble au sein duquel se trouve au rez-de-chaussée un fonds de commerce et à l'étage son domicile personnel, seule la partie correspondant à son domicile est taxable (sous réserve qu'elle atteigne le seuil d'imposition) de sorte que l'emprunt contracté pour l'acquisition de l'immeuble sera déductible proportionnellement à la superficie non exploitée au titre de l'activité commerciale. 1162

La loi limite encore les réductions de l'assiette de l'IFI en prévoyant des modalités particulières de déduction des dettes, notamment lorsque leur terme est spécifique. Sont ainsi visés les contrats de prêts dits *in fine* qui constituent des prêts dont le capital est remboursé seulement à l'issue du contrat de prêt et les contrats de prêt sans terme, c'est-à-dire pour lesquels aucune échéance n'est prévue pour le remboursement du capital. 1163

Exemple – Contrat de prêt *in fin*

Soit un prêt à terme d'un montant de 1 M € souscrit le 30 juin 2022 afin d'acquérir un bien immobilier imposable. Le remboursement du capital est prévu en juin 2037 soit au bout de 15 ans. Au titre de l'IFI 2023, la dette sera déductible pour la première fois à l'IFI pour son montant total. En effet, au 1er janvier 2022, date du fait générateur de l'impôt, aucune année pleine ne s'est encore écoulée.

Au titre de l'IFI 2024, elle ne sera, par contre, plus admise en déduction qu'à hauteur de : 1.000.000 - (1.000.000 x 1/15) = 933.333 €.

Le montant déductible ira ensuite décroissant jusqu'à l'IFI 2034 qui sera la dernière année où la dette sera déductible à hauteur de seulement : 1.000.000 - (1.000.000 x 14 / 15) = 66.667 €.

Les dettes correspondant à des prêts contractés pour l'achat d'un bien ou droit immobilier imposable ne prévoyant pas de terme pour le remboursement du capital, sont déductibles chaque année à hauteur du montant total de l'emprunt diminué d'une somme égale à un vingtième de ce montant par année écoulée depuis le versement du prêt. Les contrats de prêt sans terme sont donc traités comme des contrats de prêt avec un terme de 20 ans et un remboursement linéaire. 1164

2. *Les dettes non déductibles*

1165 L'encadrement de la déductibilité de certaines dettes n'est pas la seule option retenue par le législateur. Celui-ci a aussi fait le choix d'interdire la déduction de certains passifs, en présumant de leur faible intérêt économique et de leur objectif principalement fiscal. Ces mécanismes anti-abus, également appelées clauses de sauvegarde, visent notamment les opérations de vente avec soi-même et les opérations de financement intragroupe ou intrafamilial.

1166 C'est ainsi que la valeur taxable des parts et actions détenues par un redevable est déterminée sans tenir compte des dettes contractées (directement ou indirectement) par la société en vue d'acquérir un immeuble imposable auprès d'un associé ou d'un membre de son foyer fiscal qui contrôle, seul ou conjointement avec son foyer fiscal, ladite société. En d'autres termes, la loi empêche la déduction du passif engendré dans le cadre d'une vente à soi-même. La monétisation du patrimoine immobilier (obtenir des liquidités en vendant l'immeuble à une société contrôlée par le cédant) n'est pas une stratégie d'optimisation payante au regard de l'impôt sur la fortune immobilière, sauf si le redevable justifie que le prêt n'a pas été contracté dans un objectif principalement fiscal.

Schéma explicatif

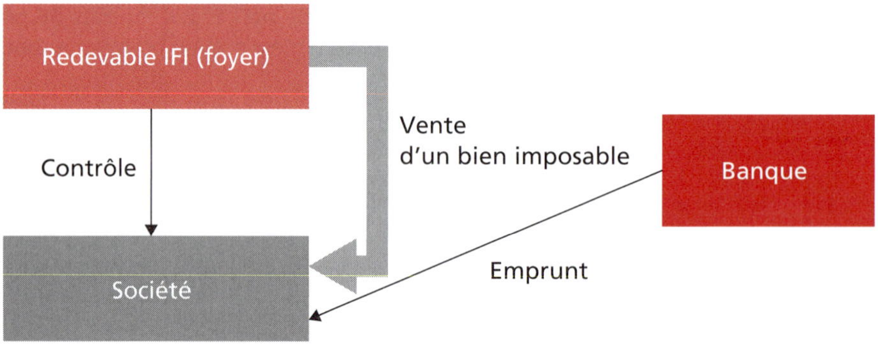

1167 La dette est également écartée lorsqu'elle est contractée auprès d'un membre du foyer fiscal du redevable ou du cercle familial élargi ou auprès d'une société contrôlée directement ou indirectement par le redevable (ou son foyer) pour l'acquisition d'un immeuble imposable ou pour le financement des dépenses afférentes à un tel immeuble. La dette est en ce cas écartée à proportion de la participation que détient cet associé (seul ou conjointement avec son foyer fiscal) dans la société. Cette clause anti-abus ne s'applique toutefois pas si le redevable justifie que le prêt n'a pas été contracté dans un objectif principalement fiscal.

Schéma explicatif

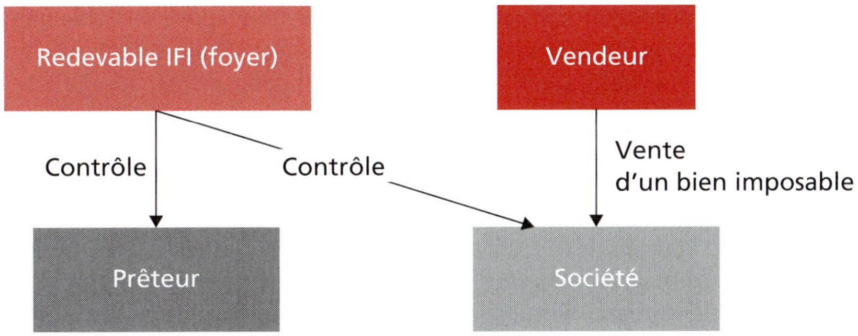

3. *Le plafond de déduction pour les titulaires de patrimoines importants (CGI, art. 974, IV)*

Les règles relatives à la déduction du passif pour l'évaluation des biens imposables comportent une dernière restriction. Ainsi, lorsque la valeur vénale du patrimoine taxable est supérieure à 5 millions d'euros et que le montant des dettes excède 60 % de cette valeur, le montant des dettes excédant ce seuil n'est déductible qu'à hauteur de 50 % de cet excédent. Toutefois, ce plafonnement ne s'applique pas aux dettes dont le redevable justifie qu'elles n'ont pas été contractées dans un objectif principalement fiscal. 1168

Exemple

Un redevable est propriétaire de biens immobiliers taxables d'une valeur brute de 8 M €, il a contracté des dettes pour leur acquisition d'un montant de 5 M €, représentant donc plus de 60 % de la valeur des biens (4,8 M €). L'excédent de 200.000 € n'est déductible qu'à hauteur de 50 %, soit 100.000 €. Le montant des dettes déductibles se trouve alors limité à 4,9 M €.

section 2

Les biens affectés à l'activité professionnelle

Un dispositif spécifique permet d'exonérer d'IFI les immeubles utilisés dans le cadre de l'activité professionnelle principale du redevable ou de l'activité de la société dans laquelle le redevable exerce son activité professionnelle principale (CGI, art. 975). Cette exonération recoupe très largement les différentes exclusions d'assiette 1169 applicables aux immeubles affectés à l'activité industrielle, commerciale, agricole, artisanale et libérale de la société qui les détient ou des sociétés appartenant au même groupe. En conséquence, l'exonération ne présente d'utilité véritable que dans des cas limités. Sont concernés les immeubles et droits immobiliers détenus en direct et affectés par le redevable à son activité professionnelle principale (§1). Le sont également les immeubles et droits immobiliers détenus par le contribuable indirectement, via une société ou un organisme, et affectés à l'activité industrielle, commerciale, agricole, artisanale et libérale d'une autre société ne faisant pas partie du même groupe et dans laquelle le redevable exerce son activité professionnelle principale (§2). En la matière, une spécificité commune aux deux situations doit être relevée. En l'occurrence, l'activité professionnelle soit à titre individuel, soit dans le cadre d'une société doit être de type industrielle, commerciale, artisanale, agricole ou libérale. Le V de l'article 975 du Code général des impôts prévoit que les activités commerciales s'entendent en principe de celles mentionnées à l'article 966. Sont ainsi considérées comme activités commerciales les activités mentionnées à l'article 34 du CGI et à l'article 35 du CGI à l'exclusion des activités de gestion de son propre patrimoine immobilier. Toutefois, par exception certaines activités limitativement énumérées de gestion de patrimoine immobilier, sont néanmoins considérées comme des activités commerciales éligibles pour l'application du régime d'exonération des actifs professionnels (CGI, art. 975, V- al. 2). Tel est le cas de la location meublée, étant observé que, pour les personnes physiques, cette activité doit engendrer plus de 23.000 € de recettes annuelles et représenter plus de 50 % des revenus professionnels du foyer fiscal.

§ 1 Immeubles et droits immobiliers affectés à une entreprise individuelle

1170 La loi exonère d'impôt sur la fortune immobilière les biens ou droits immobiliers et les parts ou actions représentatives de ces mêmes biens ou droits, lorsque ceux-ci sont affectés à l'activité principale industrielle, commerciale, artisanale, agricole ou libérale exercée par le redevable ou l'un des membres de son foyer (CGI, art. 975, I). L'exonération concerne ainsi les immeubles et droits immobiliers de nature professionnelle. Pour être considérés comme professionnels, les biens doivent être utilisés par leur propriétaire ou son conjoint (ou concubin notoire) pour l'exercice de sa profession. L'utilisation professionnelle des biens peut également être le fait du partenaire lié par un PACS au propriétaire. Ainsi, en raison du principe de l'imposition par foyer, peut être qualifié de bien professionnel, un bien appartenant en propre à l'un des membres du foyer fiscal, qui est utilisé pour l'exercice de la profession d'un autre membre de ce foyer.

1171 La valeur de ces actifs professionnels doit être diminuée des dettes professionnelles qui réduisent ainsi le montant des sommes exonérées. Seul l'excédent de ces dettes peut être déduit du patrimoine non professionnel.

1172 Les droits ou biens immobiliers affectés à l'exercice d'une activité économique ne peuvent être considérés comme des actifs professionnels éligibles à l'exonération que si cette activité correspond à l'exercice d'une véritable profession. Celle-ci implique l'exercice, à titre habituel et constant, d'une activité de nature à procurer à celui qui l'exerce le moyen de satisfaire aux besoins de l'existence.

§ 2 Immeubles et droits immobiliers affectés à une société

Il faut ici distinguer les immeubles et droits immobiliers affectés à une société relevant de l'impôt sur le revenu et ceux affectés à une société soumise à l'impôt sur les sociétés. 1173

Pour les sociétés soumises à l'impôt sur le revenu, l'article 975, II du Code général des impôts prévoit que sont exonérés les biens ou droits immobiliers et les parts ou actions représentatives de ces mêmes biens ou droits, lorsque ceux-ci sont affectés à l'activité industrielle, commerciale, artisanale, agricole ou libérale d'une société de personnes soumise à l'impôt sur le revenu dans laquelle le redevable ou l'un des membres de son foyer exerce son activité principale. Le caractère principal de l'activité professionnelle s'apprécie comme dans le cas des professions exercées sous la forme individuelle. En d'autres termes, les immeubles et droits immobiliers détenus directement ou indirectement par le contribuable et affectés à l'activité opérationnelle d'une société de personnes au sein de laquelle il exerce son activité professionnelle, sont exonérés au titre des *biens professionnels*. 1174

Pour les sociétés soumises à l'impôt sur les sociétés, l'exonération est subordonnée au respect de conditions plus restrictives. L'article 975 III du CGI impose que le redevable : 1175

- exerce dans la société une fonction de direction (gérant, associé en nom d'une société de personnes ou président, directeur général, président du conseil de surveillance ou membre du directoire d'une société par actions) de manière effective et donnant lieu à une rémunération normale dans les catégories imposables à l'impôt sur le revenu des traitements et salaires, bénéfices industriels et commerciaux, bénéfices agricoles, bénéfices non commerciaux et revenus des gérants et associés mentionnés à l'article 62 du CGI, au regard des rémunérations du même type versées au titre de fonctions analogues dans l'entreprise ou dans des entreprises similaires établies en France. Cette rémunération doit représenter plus de la moitié des revenus à raison desquels l'intéressé est soumis à l'impôt sur le revenu dans les mêmes catégories, à l'exclusion des revenus non professionnels ;
- détienne 25 % au moins des droits de vote attachés aux titres émis par la société, directement ou par l'intermédiaire de son conjoint, de leurs ascendants ou descendants ou de leurs frères et sœurs.

Le respect de cette seconde condition n'est pas exigé après une augmentation de capital si, à compter de la date de cette dernière, le redevable remplit les trois conditions suivantes : 1176

- il a respecté cette condition au cours des cinq années ayant précédé l'augmentation de capital ;
- il détient 12,5 % au moins des droits de vote attachés aux titres émis par la société, directement ou par l'intermédiaire de son conjoint, de leurs ascendants ou descendants ou de leurs frères et sœurs ;

- il est partie à un pacte conclu avec d'autres associés ou actionnaires représentant au total 25 % au moins des droits de vote et exerçant un pouvoir d'orientation dans la société.

1177 Par dérogation, le seuil de 25 % n'est pas exigé, si la valeur des parts ou actions détenues directement excède 50 % de la valeur brute du patrimoine total du redevable y compris les biens ou droits immobiliers affectés à l'activité opérationnelle de la société, ou si les titres en cause sont détenus par des gérants et associés visés à l'article 62 du CGI.

1178 Ici, encore, les immeubles et droits immobiliers exonérés sont ceux détenus directement ou indirectement par la redevable et mis à la disposition d'une société relevant de l'impôt sur les sociétés qui respectent les conditions précitées liées à la détention du capital et à l'exercice d'une fonction de direction.

section 3

Le calcul de l'impôt sur la fortune immobilière

1179 Le barème de l'impôt sur la fortune immobilière est arrêté à l'article 977 du CGI. Il comporte six tranches qui conduisent à exonérer la valeur nette taxable du patrimoine qui n'excède pas 800.000 €. En d'autres termes, le champ d'application de l'impôt prévoit un seuil de déclenchement (1.300.000 €) qui ne correspond à la première tranche du barème (800.000 €). À titre d'exemple, le contribuable qui déclare un patrimoine net taxable de 1.500.000 € sera taxé sur la fraction de son patrimoine allant de 800.000 à 1.300.000 € (à hauteur de 0,5 %), puis sur celle allant de 1.300.000 à 1.500.000 € (à hauteur de 0,7 %).

Barème IFI

Fraction de la valeur nette taxable du patrimoine	Tarif applicable (en %)
N'excédant pas 800.000 €	0
Supérieure à 800.000 € et inférieure ou égale à 1 300.000 €	0,50
Supérieure à 1 300.000 € et inférieure ou égale à 2 570.000 €	0,70
Supérieure à 2 570.000 € et inférieure ou égale à 5.000.000 €	1
Supérieure à 5.000.000 € et inférieure ou égale à 10.000.000 €	1,25
Supérieure à 10.000.000 €	1,50

L'application de ce barème permet de calculer un impôt brut. Celui-ci peut être réduit par certains mécanismes de crédit d'impôt. Par exemple, les redevables qui investissent dans des PME (directement ou par l'intermédiaire de sociétés holdings) ou qui souscrivent des parts de fonds d'investissement peuvent, sous certaines conditions, imputer une partie de leur investissement sur le montant de leur impôt (ancienne réduction « ISF-PME »). Le montant de la réduction d'impôt est égal à 50 % des versements effectués par le redevable sans pouvoir peut excéder 45.000 €. Un mécanisme de réduction d'impôt est également prévu en cas de don à un organisme d'intérêt général (CGI, art. 978). La réduction d'impôt est égale à 75 % du montant des dons effectués par le redevable, sans pouvoir excéder 50.000 € par redevable et par année d'imposition. Dans le cas où le montant de la réduction d'impôt excède cette limite, la fraction non imputée de cette réduction ne peut donner lieu ni à remboursement au titre de la même année, ni à report sur l'impôt dû au titre des années suivantes. 1180 ■

La charge fiscale résultant de l'impôt sur la fortune immobilière, mais également de l'impôt sur le revenu fait en outre l'objet d'un mécanisme de plafonnement. Ainsi, le redevable dont le montant total de l'impôt sur la fortune immobilière et de l'impôt sur le revenu excède 75 % des revenus nets de frais professionnels de l'année précédente, peut réduire l'impôt sur la fortune immobilière à due concurrence grâce au mécanisme du « plafonnement » (CGI, art. 979). Le plafonnement a pour but d'éviter que le total formé par l'impôt sur la fortune immobilière et l'impôt sur le revenu n'excède 75 % des revenus de l'année précédente. En cas d'excédent, celui-ci vient en diminution de l'impôt à payer. 1181 ■

Exemple – Plafonnement de l'IFI

Monsieur X possède au 1er janvier 2023 un patrimoine immobilier net taxable d'un montant de 5.000.000 €. Célibataire, sans personne à charge et ayant fait valoir ses droits à la retraite, il perçoit une pension d'un montant de 45.000 € par an. Il a effectué en septembre 2022 un don d'un montant de 6.000 € ouvrant droit à la réduction d'impôt prévu par l'article 978 du CGI.

Tableau explicatif

Montant des revenus (après abattement de 10 %, prévu par l'article 158, 5, a CGI, plafonné à 4.123 €)	40.877
Montant de l'IR	5.857
Montant de l'IFI avant plafonnement	35.690
Réduction d'impôt	4.500
Montant de l'IFI avant plafonnement et après réduction d'impôt	31.190
Total des impôts	37.047
Montant du plafond (75 % des revenus)	30.657

Montant du plafonnement admis en déduction de l'IFI	6.390
Montant de l'IFI après plafonnement	24.800

1182 Ce mécanisme de plafonnement a provoqué certaines stratégies abusives, visant à diminuer artificiellement les revenus du contribuable et cela afin d'amplifier les effets du plafonnement (v. schéma ci-dessous). Aussi, l'article 7 de la loi de finances pour 2017 a créé un dispositif anti-abus consistant à réintégrer les revenus distribués à une société passible de l'IS, contrôlée par le redevable, lorsque l'existence de celle-ci et le choix d'y recourir ont pour but principal d'éluder tout ou partie de l'ISF. Ce dispositif a été maintenu dans le cadre de l'IFI (CGI, art. 979). N'est concernée que la part des revenus distribués à la société interposée qui correspond à une diminution artificielle des revenus pris en compte pour le plafonnement. Le dispositif appréhende donc les revenus mobiliers distribués à une société passible de l'IS, mais non les autres catégories des revenus, ni les plus-values réalisées par celle-ci. Ne sont pas non plus concernées les stratégies de capitalisation qui, sans recourir à une société, utilisent d'autres techniques telles qu'un contrat d'assurance vie.

Exemple – Dispositif anti-abus de l'article 979, II du CGI

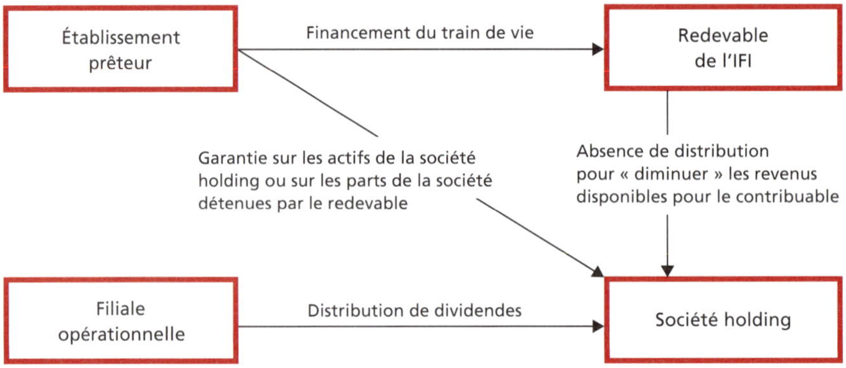

12

Compléments pédagogiques

Mémo

L'impôt sur la fortune immobilière (IFI) a remplacé l'impôt de solidarité sur la fortune. Depuis le 1er janvier 2018, l'IFI frappe le patrimoine immobilier des personnes physiques, domicilié en France (pour l'ensemble de leurs biens) ou à l'étranger (pour leurs biens détenus en France seulement) dont le montant dépasse 1.300.000 €. Le patrimoine taxable inclut les biens et les droits immobiliers, mais également les droits détenus dans des sociétés possédant des immeubles. L'évaluation des biens et droits immobiliers implique de prendre en compte leur valeur vénale réelle éventuellement diminuée des passifs qui leur sont liés. L'évaluation des droits détenus dans une société possédant des immeubles implique également de calculer un coefficient immobilier qui est ensuite appliqué à la valeur des titres détenus. La loi limite toutefois les possibilités de déduction de certains passifs, afin de lutter contre certains montages abusifs.

Les immeubles détenus par des sociétés opérationnelles affectés à leurs activités opérationnelles ou aux activités opérationnelles de sociétés qu'elles contrôlent sont exclus de la base d'imposition. De même, les immeubles détenus directement ou indirectement par le contribuable et affectés à une société dans laquelle le redevable exerce sa profession bénéficient d'une exonération.

Le barème de l'impôt sur la fortune immobilière est fixé à l'article 977 du CGI. Il comporte six tranches qui conduisent à exonérer la valeur nette taxable du patrimoine qui n'excède pas 800.000 €.

Quid

■ Impôt de solidarité sur la fortune n° 1138

Désigne l'ancien impôt qui frappait l'intégralité du patrimoine des redevables.

■ Impôt sur la fortune immobilière n° 1138

Désigne l'impôt frappant le patrimoine immobilier (et les éléments assimilés) des redevables personnes physiques soumis à cet impôt.

■ Droits immobiliers n° 1139

Ce sont les droits réels détenus sur un immeuble et entrant dans le champ de l'impôt sur la fortune immobilière.

■ Passif déductible n° 1160

Ce sont les dettes admises en déduction de la valeur des biens soumis à l'impôt sur la fortune immobilière.

■ Holding animatrice n° 1154

Ce sont les sociétés qui, outre la gestion d'un portefeuille de participations, participent activement à la conduite de la politique de leur groupe et au contrôle de leurs filiales et rendent, le cas échéant et à titre purement interne, des services spécifiques, administratifs, juridiques, comptables, financiers et immobiliers.

■ Biens professionnels n° 1174

Désigne le dispositif d'exonération de l'impôt sur la fortune immobilière prévu pour les immeubles affectés à l'activité professionnelle du redevable, exercée dans le cadre d'une entreprise indi'iduelle ou dans le cadre d'une société.

Biblio

- Dossier, « L'immobilier sociétaire à l'épreuve de l'IFI », *Revue Ingénierie patrimoniale* juill. 2019, 2-2019.
- J.-Fr. Desbuquois et X. Lebrun, *L'impôt sur la fortune immobilière*, éd. EFE, 2020.

Quiz

1) Sujet corrigé

Cas pratique

Mme Rotschi est pacsée à M. Sincla depuis le 1er décembre 2011. Ils n'ont pas d'enfants. Ils ont chacun perçu en 2022 des salaires d'un montant de 25.000 €. Les salaires nets du foyer fiscal après abattement forfaitaire de 10 % s'établissent donc à 45.000 € pour l'année 2022. Au 1er janvier 2023, ils vivent à Paris dans un appartement dont la valeur est évaluée à 1.800.000 €, dans lequel se trouvent des meubles meublants évalués globalement à 100.000 € ainsi qu'un tableau d'artiste d'une valeur estimée à 1,5 million d'euros. L'appartement a été acquis au moyen d'un crédit *in fine* de 1.500.000 € souscrit le 1er janvier 2018 pour une durée de 10 ans (abstraction faite des intérêts). Le couple possède également en indivision une maison en Espagne d'une valeur de 300.000 € ; aucun passif n'est attaché à ce bien.

Par ailleurs, Mme Rotschi est directrice marketing de la SA Axel (soumise à l'IS) dont l'activité consiste à commercialiser des sacs et des chaussures en cuir. La SA Axel ne possède directement ou indirectement aucun immeuble ou droit immobilier. Mme Rotschi détient 20 % du capital et des droits de vote de cette SA (les 80 % restants sont détenus par des investisseurs non liés à Mme Rotschi) et n'y exerce pas la fonction de dirigeant. Les titres de la SA détenus par Mme Rotschi sont évalués à 500.000 €.

Elle détient également 80 % du capital et des droits de vote de la SCI Johan (soumise à l'IS), établie à Paris, qui détient quatre immeubles, tous situés en France :

- le premier, évalué à 1.500.000 € est loué à la SA Axel qui y a installé son siège social ;

- le deuxième, évalué à 2.000.000 € est loué à des particuliers dans le cadre d'une location nue ; ce bien a été acquis en partie au moyen d'un crédit *in fine* souscrit pas la SCI de 500.000 €, le 1er janvier 2016 sur une période de 10 ans (abstraction faite des intérêts) ;

- le troisième, évalué à 2.500.000 est loué à une entreprise dans le cadre d'un contrat de location immobilière prévoyant que le propriétaire fournit l'ensemble des équipements et matériels nécessaires à l'activité du locataire ;

- et le quatrième, évalué à 850.000 €, constitue la résidence secondaire Mme Rotschi et de M. Sincla qui y passent régulièrement leurs vacances d'été.

La SCI ne détient pas d'autres actifs que ceux précédemment mentionnés, à l'exception d'une trésorerie évaluée à 50.000 €.

Déterminez le montant du patrimoine net taxable à l'IFI de Mme Rotschi et de M. Sincla au titre de l'année 2022 ainsi que le montant de l'impôt.

Voir le corrigé en fin de rubrique.

2) Corrigé

Cas pratique

I. Personnes imposables

En vertu de l'article 964 du CGI, les personnes physiques domiciliées fiscalement en France sont assujetties à l'IFI, en raison de leurs actifs situés en France et hors de France. Les personnes liées par un pacte civil de solidarité (Pacs) font l'objet d'une imposition commune.

Toutefois, des dérogations peuvent résulter des conventions internationales à l'égard des redevables disposant de biens hors de France.

En l'espèce, le couple est redevable de l'IFI, sous réserve que la valeur des biens imposables atteigne le seuil d'imposition.

II. Biens imposables

Aux termes de l'article 965 du CGI, l'IFI est, sous réserve de certaines exonérations, assis sur le patrimoine immobilier (ainsi que les droits sociaux détenus sur le capital de sociétés détenant directement ou indirectement des immeubles ou des droits immobiliers) appartenant, au 1er janvier de l'année d'imposition, au redevable et aux membres de son foyer fiscal.

Les meubles meublants, le tableau et les droits sociaux détenus dans la société anonyme Axel n'entrent donc pas dans le champ d'application de l'IFI.

Les autres actifs doivent en revanche être appréhendés individuellement pour déterminer la valeur imposable.

La consistance du patrimoine est appréciée à la date du fait générateur de l'impôt, c'est-à-dire au 1er janvier de l'année d'imposition. Excepté dans le cas où le législateur a fixé des bases d'évaluation, la valeur à déclarer est la valeur vénale déterminée à la date du fait générateur de l'impôt, c'est-à-dire au 1er janvier de chaque année (art. 965). Les variations que le patrimoine peut subir entre le 1er janvier et la date de la déclaration, notamment par suite d'achats ou de ventes, ne sont pas prises en considération pour la détermination de la base d'imposition, à moins que l'événement ultérieur intervenu n'ait un effet rétroactif (vente annulée, partage de succession, par exemple).

a. Appartement à Paris

Par dérogation au principe selon lequel la valeur vénale des immeubles dont le propriétaire a l'usage est réputée égale à leur valeur libre de toute occupation, un abattement de 30 % est effectué sur la valeur vénale lorsque l'immeuble est occupé, au 1er janvier de l'année d'imposition, à titre de résidence principale par son propriétaire (CGI, art. 973).

1.800.000 × 0,7 = 1.260.000

Les dettes grevant le patrimoine au 1er janvier de l'année d'imposition peuvent être déduites dans les mêmes conditions et limites qu'en matière de droits de succession (CGI, art. 974). Pour être déductibles, les dettes doivent donc exister au 1er janvier de l'année d'imposition, être à la charge personnelle du redevable et être justifiées.

Lorsque le redevable a contracté un prêt prévoyant le remboursement du capital au terme du contrat (prêt *in fine*), la déduction est limitée à la somme des annuités théoriques restant à courir jusqu'au terme prévu. Ce montant est obtenu comme suit : montant total de l'emprunt - (montant total de l'emprunt x **nombre d'années écoulées** depuis le versement du prêt / nombre d'années total de l'emprunt).

Montant déductible de l'IFI : 1.500.000 – (1.500.000 x 5/10) = 150.000 €

1.260.000 – 750.000 = 510.000 (valeur à déclarer)

b. Maison en Espagne

En principe, quelle que soit leur nationalité, les personnes physiques ayant leur domicile fiscal en France sont soumises à une obligation fiscale illimitée et tous les biens leur appartenant, qu'ils soient situés en France ou hors de France, entrent dans le champ d'application de l'impôt (CGI, art. 965).

La convention fiscale conclue avec l'Espagne prévoit néanmoins que « la fortune constituée par des biens immobiliers visés à l'article 6 que possède un résident d'un État contractant et qui sont situés dans l'autre État contractant, est imposable dans cet autre État » (art. 23).

Cette même convention prévoit toutefois qu'un résident de France qui possède de la fortune imposable en Espagne est également imposable en France à raison de cette fortune. L'impôt français est calculé sous déduction d'un crédit d'impôt égal au montant de l'impôt espagnol payé à raison de cette fortune.

La maison détenue en Espagne doit être déclarée en France, mais donnera lieu à un crédit d'impôt.

c. Parts de la SCI Johan

Les parts ou actions des sociétés (établies en France ou à l'étranger) sont, en principe, imposables à hauteur de la fraction de leur valeur représentative de biens ou droits immobiliers détenus directement ou indirectement - quel que soit le nombre de niveaux d'interposition - par la société.

Pour déterminer la fraction imposable, il est appliqué à la valeur des parts un coefficient correspondant au rapport entre :

- la valeur vénale réelle des biens ou droits immobiliers imposables ;
- et la valeur vénale réelle de l'ensemble des actifs de la société.

Immeuble 1 : La question se pose ici de savoir si l'immeuble peut être considéré comme étant imposable alors qu'il est loué à une société opérationnelle, la SA Axel.

Il est vrai que selon l'article 965, 2° du CGI, ne sont pas retenus pour le calcul de la fraction imposable les biens ou droits immobiliers détenus directement par la société dans laquelle le redevable est associé et affectés par la société qui les détient à sa propre activité opérationnelle.

De même, les biens ou droits immobiliers détenus par une société opérationnelle dans laquelle le redevable détient (directement ou indirectement) des parts ou actions et affectés à l'activité opérationnelle d'une société du groupe ne sont pas imposables.

Néanmoins, l'article 966 du CGI précise que pour l'application de l'article 965, n'est pas considéré comme une activité industrielle, commerciale, artisanale, agricole ou libérale l'exercice par une société ou un organisme d'une activité de gestion de son propre patrimoine immobilier (v. également BOI-PAT-IFI-20-20-20-30-20180608, n° 90).

En l'espèce, la SCI n'est pas une société opérationnelle. Elle gère son propre patrimoine immobilier. Aussi, l'immeuble loué à la SA Axel est imposable.

L'impôt aurait pu être évité si Mme Rotschi exerçait une fonction de direction au sein de la SA (CGI, art 975). Les titres détenus dans la SA auraient alors été assimilables à des biens professionnels et les immeubles utilisés par celle-ci auraient pu être exonérés.

Immeuble 2 : même solution que précédemment. L'immeuble est imposable.

Concernant le passif, et en premier lieu, celui-ci est à prendre en compte pour la valorisation des parts de la SCI et non dans le calcul du coefficient immobilier (la loi fait référence à la valeur vénale réelle des immeubles pour la détermination de ce dernier).

En second lieu, le retraitement des prêts *in fine* ne s'applique pas aux prêts souscrits par une société (le capital restant dû par la société serait alors déductible en totalité sans retraitement fictif).

En effet, la valorisation des titres est déterminée conformément à l'article 973 du CGI, lequel ne mentionne pas de retraitement fictif pour les prêts *in fine* (CGI, art. 974, II)

La réponse facile mais fausse d'après le texte est de « l'amortir » comme pour l'appartement et de trouver un passif de : 500.000 – (500.000 × 3/10) = 350.000 €

La bonne réponse est que le passif est déductible à hauteur de 500.000 € (capital restant dû).

Immeuble 3 : même solution que précédemment. L'immeuble est imposable car détenu par une SCI gérant son patrimoine immobilier (CGI, art. 966 et BOI-PAT-IFI-20-20-20-30-20180608, n° 90).

Immeuble 4 : même solution que précédemment. L'immeuble est imposable détenu par une SCI gérant son patrimoine immobilier.

Valeur vénale réelle des biens immobiliers imposables et détenus par la société :

1.500.000 + 2.000.000 + 2.500.000 + 850.000 = 6.850.000

Valeur vénale réelle de l'ensemble des biens détenus par la société :
6.850.000 + 50.000 = 6.900.000
Coefficient : 6.850.000 / 6.900.000 = 0,99
Valeur des parts détenues (calculée sur la base de l'actif net de la SCI) :
80 % × (6.900.000 – 500.000) = 5.120.000
Valeur imposable :
5.120.000 × 0,99 = 5.068.800

III. Bilan et calcul de l'impôt (barème fixé à l'article 977 du CGI)

Détermination du patrimoine immobilier net taxable

Parts de la SCI	5.068.800
Résidence principale	510.000
Résidence secondaire	300.000
Total (Patrimoine immobilier net fiscal)	5.878.800

Calcul de l'IFI et du plafonnement

Revenus et produits de l'année 2022	45.000
Impôts dus au titre des revenus et produits 2022	1.649 (après décôte)
Patrimoine immobilier net taxable	5.878.800
IFI (avant plafonnement)	46.675
Plafond à 75 % des revenus	30.375
IFI 2023	28.726 (soit 46.675 – 17.949)

chapitre 13

Les impôts directs locaux

Plan analytique

section 1

Les taxes foncières

§ 1 Les règles communes aux taxes foncières

§ 2 La taxe foncière sur les propriétés bâties

A. Le champ d'application

B. Les modalités d'imposition

§ 3 La taxe foncière sur les propriétés non bâties

A. Le champ d'application

B. Les modalités d'imposition

section 2

La contribution économique territoriale (CET)

§ 1 La cotisation foncière des entreprises (CFE)

A. Le champ d'application

B. Les modalités d'imposition

§ 2 La cotisation sur la valeur ajoutée des entreprises (CVAE) (abrogée à compter du 1er janvier 2024)

Compléments pédagogiques

13

Les impôts directs locaux

Les impôts directs locaux regroupent les impôts non perçus au profit de l'État mais au profit d'autres organismes, en particulier les collectivités territoriales (communes, départements, régions), les établissements publics favorisant la coopération entre communes (ex. communauté de communes) ou encore certains organismes consulaires (ex. chambre de commerce et d'industrie). La particularité des impôts directs locaux provient de leur assiette imposable. Ils ne frappent ni les revenus, ni les bénéfices. Les quatre impôts directs (deux taxes foncières, la taxe d'habitation et la contribution économique territoriale) ont en effet une base d'imposition commune qui est le patrimoine immobilier détenu par le contribuable et qui est évaluée sur la base de sa valeur locative. La valeur locative représente, de manière très approximative, le loyer annuel que les immeubles en cause sont censés produire s'ils donnaient lieu à une location. Son évaluation est approximative tout simplement parce que les barèmes utilisés n'ont pas été mis à jour régulièrement pour les locaux non professionnels. Des actualisations forfaitaires annuelles sont mises en œuvre, mais elles sont très loin de correspondre à la réalité économique. 1183

En raison de leur affectation à des entités locales, les impôts directs locaux donnent lieu à des taux d'imposition qui sont en principe fixés par les autorités locales. Mais ce principe connaît plusieurs exceptions dont la cotisation sur la valeur ajoutée pour laquelle c'est l'État qui fixe le tarif. 1184

Cette imbrication entre l'État et les collectivités locales est source de tensions. Lorsque l'État souhaite diminuer la fiscalité locale, les collectivités locales ne manquent pas de réagir pour obtenir une compensation pour les recettes fiscales perdues. L'État joue un rôle important en matière de fiscalité locale, puisqu'il assure lui-même la détermination de l'assiette et le recouvrement de l'impôt. À ce titre, une partie des recettes fiscales lui revient au titre des services rendus aux collectivités. 1185

Les critiques à l'égard des impôts locaux sont assez virulentes car ils présentent la particularité d'alourdir les coûts de production des entreprises, indépendamment de leur niveau d'activité ou de bénéfices, mais aussi la charge fiscale pesant sur les ménages, souvent déjà lourdement taxés sur leurs revenus. Abordons successivement les taxes foncières (section 1), la taxe d'habitation (section 2), la contribution économique territoriale (CET). 1186

section 1

Les taxes foncières

1187 Tout propriétaire d'un immeuble est soumis à la taxe foncière. Selon la nature de ce bien immeuble, il s'agira de subir la taxe foncière sur les propriétés bâties (§2) ou la taxe foncière sur les propriétés non bâties (§3). Chacune d'elles obéit à des règles propres, mais le Code général des impôts fixe quelques règles communes qu'il convient d'aborder dans un premier temps (§1).

§ 1 Les règles communes aux taxes foncières

1188 Prévues par les articles 1399 et suivants du CGI, les règles communes aux taxes foncières sont au nombre de quatre. Elles concernent le lieu d'imposition, le débiteur de l'impôt, les modifications du *cadastre*[Q] et les changements affectant le débiteur de l'impôt et enfin les constructions nouvelles ainsi que les changements de consistance, d'affectation ou d'utilisation de l'immeuble concerné.

1189 En premier lieu, « toute propriété foncière, bâtie ou non bâtie, doit être imposée dans la commune où elle est située » (CGI, art. 1399).

En deuxième lieu, « toute propriété, bâtie ou non bâtie, doit être imposée au nom du propriétaire (...) » au 1er janvier de l'année d'imposition qui constitue le fait générateur de l'impôt (CGI, art. 1400). La taxe foncière est donc due par le propriétaire, même si le bien est loué.

En troisième lieu, les mutations cadastrales consécutives aux opérations translatives de propriété sont faites à la diligence des propriétaires intéressés (en pratique les formalités sont accomplies par les notaires). Le cadastre est un document administratif qui recense et identifie les propriétés foncières (immeuble, maison, terrain, etc.) d'une commune afin de permettre le calcul des impôts locaux. Ce document doit être mis à jour dès qu'un changement de propriétaire s'opère ; on appelle cela la mutation cadastrale. Aucune modification à la situation juridique d'un immeuble ne peut faire l'objet d'une mutation si l'acte ou la décision judiciaire constatant cette modification n'a pas été préalablement publié au fichier immobilier (CGI, art. 1402). Cette précision est importante pour la détermination du débiteur de l'impôt. En effet, « tant que la mutation cadastrale n'a pas été faite, l'ancien propriétaire continue à être imposé (...) » (CGI, art. 1403), tout comme ses héritiers, sous réserve du recours qu'ils peuvent exercer contre le nouveau propriétaire. Lorsqu'une cotisation de taxe foncière a été établie au nom d'une personne (l'ancien propriétaire) autre que le redevable légal (le nouveau propriétaire), le dégrèvement de cette cotisation est prononcé seulement si les obligations prévues à l'article 1402 ont été respectées. Le dégrèvement implique donc que les propriétaires intéressés ont fait procéder à la mutation cadastrale, après publication au fichier immobilier de l'acte ou de la décision judiciaire constatant la modification de la situation juridique de l'immeuble. Fort logiquement, l'imposition du redevable légal « au titre de la même année est établie au profit de l'État dans la limite de ce dégrèvement » (CGI, art. 1404).

En quatrième et dernier lieu, les constructions nouvelles, ainsi que les changements de consistance ou d'affectation des propriétés bâties et non bâties, doivent donner lieu à une information de l'administration, dans les quatre-vingt-dix jours de leur réalisation définitive afin de lui permettre de procéder à la mise à jour de la *valeur locative*[Q] des immeubles concernés (CGI, art. 1406) qui sert d'assiette imposable.

§ 2 La taxe foncière sur les propriétés bâties

Pour appréhender les principales règles relatives à la taxe foncière sur les propriétés bâties, distinguons le champ d'application (A) et les modalités d'imposition (B) de cet impôt. 1190

A. Le champ d'application

En incluant dans le champ d'application, toutes les propriétés bâties situées en France, le champ d'application de la taxe foncière est potentiellement très large. Aux termes de l'article 1381 du CGI, il recouvre : 1191

- « les installations destinées à abriter des personnes ou des biens ou à stocker des produits ainsi que les ouvrages en maçonnerie » ;
- « les ouvrages d'art et les voies de communication » ;
- « les bateaux utilisés en un point fixe et aménagés pour l'habitation, le commerce ou l'industrie, même s'ils sont seulement retenus par des amarres » ;
- « les sols des bâtiments de toute nature et les terrains formant une dépendance indispensable et immédiate de ces constructions à l'exception des terrains occupés par les serres affectées à une exploitation agricole » ;
- « les terrains non cultivés employés à un usage commercial ou industriel, tels que chantiers, lieux de dépôt de marchandises et autres emplacements de même nature, soit que le propriétaire les occupe, soit qu'il les fasse occuper par d'autres à titre gratuit ou onéreux » ;
- « les terrains sur lesquels sont édifiées des installations exonérées en application du 11° de l'article 1382 ou encore « les terrains, cultivés ou non, utilisés pour la publicité commerciale ou industrielle, par panneaux-réclames, affiches-écrans ou affiches (...) établis au-delà d'une distance de 100 mètres autour de toute agglomération de maisons ou de bâtiments ».

La notion recouvre aussi toutes les constructions qui n'ont pas vocation à être déplacées, ce qui permet d'étendre le champ d'application de l'impôt à des constructions démontables (v. par ex., pour une piscine en kit de panneaux de bois semi-enterrée, CE 13 avr. 2016, n° 376959). Il n'y a pas ici de convergence avec la notion civile d'immeuble : toutes les constructions réputées immeubles par nature, au sens de l'article 518 du Code civil ne relèvent pas de la taxe foncière sur les propriétés bâties. Seules sont concernées, les constructions, cimentées ou non, fixées au sol à perpétuelle demeure, de telle façon qu'il soit impossible de les déplacer sans les démolir ou détériorer, ou, lorsqu'elles sont démontables, qu'elles n'aient pas vocation à être déplacées. La taxe concerne encore les personnes propriétaires d'une fraction d'un bâtiment même si la structure appartient à un tiers (v. à propos d'un parking, CE 16 mars 2016, n° 374432). En revanche, un immeuble délabré (CE 16 févr. 1192

2015, n° 364676), comme un immeuble devenu impropre à toute utilisation dans son ensemble ne constitue pas une propriété bâtie mais relève de la taxe foncière sur les propriétés non bâties en application de l'article 1393 CGI (CE 12 juin 2020, n° 424626).

■ 1193 Si le champ d'application de la taxe foncière est potentiellement très large, la loi prévoit néanmoins une longue liste d'exonérations. Ces exonérations sont tantôt permanentes (CGI, art. 1382), tantôt temporaires (CGI, art. 1383). Les premières concernent par exemple les monuments historiques, les lycées et écoles, les cimetières, les haras, encore les bâtiments servant aux exploitations rurales ainsi que les immobilisations destinées à la production d'électricité d'origine photovoltaïque ou encore les outillages, autres installations et moyens matériels d'exploitation des établissements industriels. Pour être exonéré, l'outillage devait être directement utile à l'activité industrielle de l'établissement et être dissociable des bâtiments (ex. installation de sécurité incendie d'un atelier de menuiserie), selon la jurisprudence administrative… Ce qui s'avérait très restrictif en pratique. Voilà pourquoi le Conseil d'État est revenu sur ces critères : un outillage n'a pas besoin d'être dissociable pour être exonéré et il peut être affecté à une activité industrielle sans être directement utile au processus de production (CE, ass. plén. fisc., 11 déc. 2020, *SA GKN Driveline*, n° 422418).

■ 1194 Sans prétendre à l'exhaustivité, les secondes concernent par exemple « les constructions nouvelles, reconstructions et additions de construction » durant les deux années qui suivent celle de leur achèvement.

■ 1195 Au-delà des exonérations prévues par la loi, la taxe foncière sur les propriétés bâties peut également donner lieu à des dégrèvements spéciaux qui tiennent compte de la vacance de l'immeuble pour des raisons indépendantes de la volonté du contribuable. Ainsi, « les contribuables peuvent obtenir le dégrèvement de la taxe foncière en cas de vacance d'une maison normalement destinée à la location ou d'inexploitation d'un immeuble utilisé par le contribuable lui-même à usage commercial ou industriel, à partir du premier jour du mois suivant celui du début de la vacance ou de l'inexploitation jusqu'au dernier jour du mois au cours duquel la vacance ou l'inexploitation a pris fin » (CGI, art. 1389, I, al. 1). Le dégrèvement implique néanmoins « que la vacance ou l'inexploitation soit indépendante de la volonté du contribuable, qu'elle ait une durée de trois mois au moins et qu'elle affecte soit la totalité de l'immeuble, soit une partie susceptible de location ou d'exploitation séparée » (CGI, art. 1389, I, al. 2). Un mécanisme de dégrèvement est également prévu pour les personnes âgées de soixante-quinze ans ainsi que pour celles devant être hébergées de manière durable dans une maison de retraite ou un établissement de soins de longue durée (CGI, art. 1391 et 1391 B bis).

B. Les modalités d'imposition

■ 1196 Pour déterminer le montant de la taxe foncière sur les propriétés bâties, il faut appliquer au revenu cadastral le taux de l'impôt décidé annuellement par les collectivités territoriales concernées. La base d'imposition est ainsi constituée par la valeur locative cadastrale diminuée d'un abattement forfaitaire de 50 %, prévu par l'article 1388 du CGI, qui tient compte des frais de gestion, d'amortissement, d'entretien et de réparation de la propriété. Chaque propriété ou fraction de propriété est appréciée d'après sa consistance, son affectation, sa situation et son état, à la date de l'évaluation (CGI, art. 1494).

Des règles d'évaluation différentes sont prévues par les textes en fonction de la nature des immeubles. Pour s'en tenir aux locaux d'habitation et ceux à usage professionnel, la loi prévoit que la valeur locative « (...) est déterminée par comparaison avec celle de locaux de référence choisis, dans la commune, pour chaque nature et catégorie de locaux » (CGI, art. 1496, al. 1). Précisément, « la valeur locative des locaux de référence est déterminée d'après un tarif fixé, par commune ou secteur de commune, pour chaque nature et catégorie de locaux, en fonction du loyer des locaux loués librement à des conditions de prix normales et de manière à assurer l'homogénéité des évaluations dans la commune et de commune à commune » (CGI, art. 1496, al. 2). En ce qui concerne les bâtiments et terrains industriels, l'évaluation se base sur la méthode comptable qui consiste à s'appuyer sur le prix de revient de l'actif figurant au bilan de l'entreprise et à lui appliquer un taux d'intérêt. 1197 ■

Pour les contribuables disposant de revenus limités, la loi prévoit un mécanisme de plafonnement de la taxe foncière sur propriétés bâties. Celle-ci ne peut dépasser 50 % des revenus disponibles, lorsque deux conditions sont réunies (CGI, art. 1391-B ter et art. 1417, II). D'une part, le contribuable concerné doit percevoir un revenu n'excédant pas 27.947 € pour la première part de quotient familial, majorée de 6.530 € pour la première demi-part supplémentaire et de 5.140 € à compter de la deuxième demi-part supplémentaire. D'autre part, le contribuable ne doit pas être soumis à l'impôt sur la fortune immobilière au titre de l'année précédant celle de l'imposition à la taxe foncière sur les propriétés bâties. 1198 ■

§ 3 La taxe foncière sur les propriétés non bâties

Pour appréhender les principales règles relatives à la taxe foncière sur les propriétés non bâties, distinguons le champ d'application (A) et les modalités d'imposition (B) de cet impôt. 1199 ■

A. Le champ d'application

Selon l'article 1393 du CGI, la taxe foncière sur les propriétés non bâties sises en France est due annuellement à l'exception de celles qui en sont expressément exonérées. Elle frappe notamment « les terrains occupés par les chemins de fer, les carrières, mines et tourbières, les étangs, les salines et marais salants » ainsi que « ceux occupés par des serres affectées à une exploitation agricole ». Elle concerne encore « les terrains non cultivés affectés à la pratique du golf lorsque l'aménagement de ces terrains ne nécessite pas la construction d'ouvrages en maçonnerie présentant le caractère de véritables constructions ». 1200 ■

Comme pour la taxe foncière sur les propriétés bâties, la loi prévoit de nombreuses exonérations. Elles sont permanentes pour « les routes nationales, les chemins départementaux, les voies communales, y compris les places publiques servant aux foires et marchés, ainsi que les chemins des associations foncières d'aménagement foncier agricole et forestier, les rivières » ainsi que pour « les propriétés de l'État, les 1201 ■

propriétés des régions, les propriétés des départements pour les taxes perçues par les communes et les propriétés des communes pour les taxes perçues par la commune à laquelle elles appartiennent, lorsqu'elles sont affectées à un service public ou d'utilité générale et non productives de revenus » (CGI, art. 1394). L'exonération peut également être temporaire pour certains terrains. À ce titre, les conseils municipaux, généraux et régionaux ainsi que les organes délibérants des groupements de communes peuvent accorder une exonération de taxe foncière sur les propriétés non bâties au profit de terrains dont les caractéristiques sont listées par la loi (CGI, art. 1394 C s.).

■ 1202 Des dégrèvements sont prévus par la loi lorsque des évènements indépendants de la volonté du propriétaire ont endommagé son bien, par exemple la perte de récoltes sur pied par suite de grêle, gelée, inondation, incendie ou autres événements extraordinaires (CGI, art. 1398).

B. Les modalités d'imposition

■ 1203 Pour déterminer le montant de la taxe foncière sur les propriétés non bâties, il faut appliquer au revenu cadastral le taux de l'impôt décidé annuellement par les collectivités territoriales concernées.

■ 1204 La base d'imposition est ainsi constituée par la valeur locative cadastrale diminuée d'un abattement forfaitaire de 20 %, prévu par l'article 1396 du CGI.

Les valeurs locatives cadastrales sont fixées dans chaque commune, selon un tarif donnant lieu à une actualisation forfaitaire fixée au niveau national.

■ 1205 Le montant de la taxe est déterminé en multipliant la valeur locative cadastrale au taux fixé dans chaque commune.

section 2

La contribution économique territoriale (CET)

■ 1206 La contribution économique territoriale (CET) est composée de la cotisation foncière des entreprises (CFE) et de la cotisation sur la valeur ajoutée des entreprises (CVAE). Elle a été instaurée pour remplacer l'ancienne taxe professionnelle qui datait de 1975 et qui présentait la particularité d'être calculée sur les immobilisations corporelles et la masse salariale. La CFE est assise sur la valeur locative des biens soumis à la taxe foncière, c'est-à-dire essentiellement les immobilisations corporelles. La CVAE s'applique aux personnes relevant du champ de la cotisation foncière des entreprises (CGI, art. 1447), dont le chiffre d'affaires excède 500.000 €. Elle constitue l'impôt le plus important au sein de la CET, mais sera supprimée en 2024.

§ 1 La cotisation foncière des entreprises (CFE)

Pour appréhender les principales règles relatives à la cotisation foncière des entreprises, distinguons le champ d'application (A) et les modalités d'imposition (B) de cet impôt. 1207 ■

A. Le champ d'application

La cotisation foncière des entreprises est due chaque année par les personnes physiques ou morales, les sociétés non dotées de la personnalité morale ou les fiduciaires pour leur activité exercée en vertu d'un contrat de fiducie qui exercent à titre habituel une activité professionnelle non salariée (CGI, art. 1447). Les exploitants individuels, les sociétés et les associations ayant une activité lucrative sont ici concernés. 1208 ■

En d'autres termes, une activité est imposable au titre de la CFE si trois conditions sont réunies : 1209 ■

- l'activité est exercée à titre habituel ;
- l'activité n'est pas salariée ;
- l'activité présente un caractère professionnel.

Ces conditions ont trait davantage à la fréquence de l'activité et aux moyens mis en œuvre pour l'exercer, mais ne donnent pas d'indications particulières quant à sa nature. Aussi, toutes les activités économiques sont potentiellement concernées, à l'exception de celles ayant une nature patrimoniale. Les activités de location ou de sous-location d'immeubles, autres que les activités de location ou sous-location d'immeubles nus à usage d'habitation, sont réputées exercées à titre professionnel. Le statut de loueur meublé professionnel ou non professionnel est ici indifférent. Dès lors que l'activité de location présente un caractère récurrent, elle entre dans le champ d'application de la CFE. Par exception, la cotisation foncière des entreprises n'est pas due lorsque l'activité de location ou de sous-location d'immeubles nus (usage autre que d'habitation) est exercée par des personnes qui en retirent annuellement des recettes brutes hors taxes, inférieures à 100.000 € (CGI, art. 1447). 1210 ■

Il en va différemment des locations ou sous-locations d'immeubles nus à usage d'habitation : elles sont exonérées de CFE sauf dans l'hypothèse où, à travers cette location, le bailleur ne se borne pas à gérer son propre patrimoine mais poursuit, selon des modalités différentes, une exploitation commerciale antérieure ou participe à l'exploitation du locataire (CE 25 sept. 2013, *Sté immobilière Groupe Casino SAS*, n° 350893). 1211 ■

En outre, certaines activités de location meublée sont exonérées de CFE. Il s'agit par exemple des personnes qui louent de manière accidentelle, et sans aucun caractère périodique une partie de leur habitation personnelle (CGI, art. 1459, 1°). Il en est de même de ceux qui louent une partie de leur habitation principale (même à titre habituel), à condition, d'une part, que le prix de la location demeure fixé dans des limites raisonnables, et d'autre part, que le logement constitue pour le locataire sa résidence principale (CGI, art. 1459, 2°). 1212 ■

1213 En matière de propriété industrielle, un raisonnement proche de celui retenu pour les activités de location est appliqué par le juge. Ainsi, les revenus tirés de la concession d'une marque sont considérés comme étant le fruit d'une activité professionnelle, si le concédant met en œuvre de manière régulière et effective, pour cette activité de concession, des moyens matériels et humains ou s'il trouve le moyen par la concession de participer à l'exploitation du concessionnaire et est rémunéré, en tout ou partie, en fonction de cette dernière (CE 17 juin 2015, *Sté Vivarte*, n° 369840). Le juge n'hésite pas à considérer que des liens capitalistiques sont en soi suffisants pour considérer qu'une société mère concédante participe à l'exploitation de l'activité du concessionnaire (CE 11 janv. 2019, *SA Casino*, n° 405031), y compris lorsque les sociétés parties au contrat ont un actionnaire commun et que la société concédante est une société sœur de la société concessionnaire (CE 26 janv. 2021, *Sté Segas*, n° 439856). Un simple droit de participation « indirecte » à l'exploitation du concessionnaire suffit donc à caractériser une activité professionnelle. En revanche, la clause conférant au sous-concédant le pouvoir d'autoriser ou non le sous-concessionnaire à confier la production des biens nés de l'exploitation des brevets à des sociétés tierces n'est pas un élément de nature à caractériser une participation à l'activité de l'exploitant (CE 16 juill. 2020, *SAS Bio-Rad Innovations*, n° 430152 et dans la même affaire, CE 29 nov. 2021, n° 451521).

Propriété industrielle et CFE

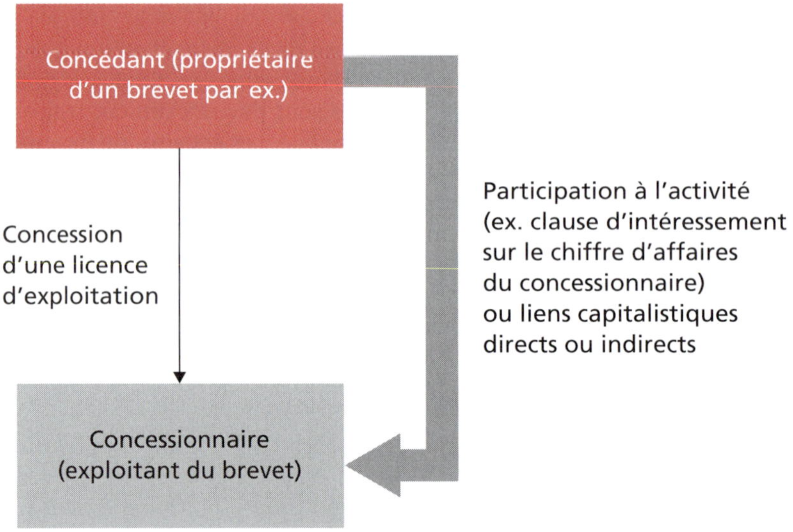

1214 De nombreuses exonérations sont prévues par la loi : agriculture, presse, enseignement, jeunes avocats, etc.

1215 Les biens imposables sont les immeubles, entrant dans le champ d'application de la taxe foncière, utilisés par les entreprises pour les besoins de leurs activités. Peu importe que ces biens soient détenus en tant que propriétaire ou non. Peu importe que ces biens soient inscrits ou non au bilan de l'entreprise.

B. Les modalités d'imposition

La base d'imposition à la CFE repose sur la *valeur locative*^Q des biens passibles d'une taxe foncière (immeubles et meubles indissociables) dont le redevable a disposé pour les besoins de son activité professionnelle pendant tout ou partie de la période de référence, à l'exception de ceux qui ont été détruits ou cédés au cours de la même période et de ceux qui sont expressément exonérés. 1216 ■

Cette base est ensuite multipliée par un taux fixé dans chaque commune afin de calculer le montant de l'impôt. Les entreprises doivent souscrire au plus tard le 30 avril de chaque année une déclaration portant sur les éléments de l'année précédente. Ainsi, la cotisation de l'année 2023 va être calculée sur la base d'imposition 2021, déclarée en 2022 (CGI, art. 167 A). 1217 ■

Le législateur considère que chaque redevable de la CFE doit contribuer pour un certain montant à la couverture des charges des collectivités locales. C'est pourquoi l'article 1647 D du CGI prévoit l'application d'une cotisation minimum de CFE (sauf lorsque le chiffre d'affaires annuel de l'entreprise ne dépasse pas 5.000 € HT), au lieu du principal établissement de l'entreprise. 1218 ■

L'article 1518 B du CGI prévoit une valeur plancher : la valeur locative des immobilisations corporelles ne peut être inférieure à 100 % de son montant avant une opération d'apport ou de cession lorsque, directement ou indirectement, l'entreprise cessionnaire ou bénéficiaire de l'apport contrôle l'entreprise cédante, apportée ou scindée ou est contrôlée par elle, ou ces deux entreprises sont contrôlées par la même entreprise. Ce montant est porté à 90 % de son montant avant l'opération pour les autres opérations entre sociétés membres d'un groupe fiscalement intégré. Le pourcentage est porté à 80 % lorsque ce type d'opérations est réalisé entre sociétés n'ayant aucun lien entre elles. 1219 ■

§ 2 La cotisation sur la valeur ajoutée des entreprises (CVAE) (abrogée à compter du 1er janvier 2024)

À quelques nuances près, la CVAE a le même champ d'application que la CFE. En effet, l'article 1586 ter du CGI dispose que « les personnes physiques ou morales ainsi que les sociétés non dotées de la personnalité morale et les fiduciaires pour leur activité exercée en vertu d'un contrat de fiducie qui exercent une activité dans les conditions fixées aux articles 1447 et 1447 bis et dont le chiffre d'affaires est supérieur à 152.500 € sont soumises à la cotisation sur la valeur ajoutée des entreprises ». En d'autres termes, soit le contribuable exerce une activité qui relève de la CFE et il est susceptible, en fonction du chiffre d'affaires réalisé, d'être soumise à la CVAE ; soit il n'est pas redevable de la CFE et dans ce cas, il ne peut être soumis à la CVAE. Le fait générateur de l'impôt est la création de l'activité, bien qu'une exonération soit prévue l'année de la création de l'entreprise 1220 ■

Les exonérations sont également communes aux deux impôts. 1221 ■

En revanche, la base d'imposition est spécifique. La CVAE frappe la valeur ajoutée créée par l'entreprise, ce qui conduit à prendre en compte son résultat d'exploitation 1222 ■

(résultant de la différence entre les produits d'exploitation et certaines charges d'exploitation, sous réserve de certains aménagements). Ce sont les qualifications comptables qui guident ici la détermination des éléments à prendre en compte sur le plan fiscal (CE, ass. plén. fisc., 9 mai 2018, CRCAM de Pyrénées-Gascogne, n° 388209, rendu à propos des dépenses de mécénat). Les dépenses de personnel ne sont pas visées en revanche. Les redevances pour concessions, brevets, licences, marques, procédés, logiciels, droits et valeurs similaires sont à prendre en compte tout comme les plus-values de cession d'immobilisations corporelles et incorporelles, lorsqu'elles se rapportent à une activité normale et courante.

■ 1223 Le taux de la CVAE est fixé par la loi. Il est en principe de 0,375 % depuis une réforme introduite par la loi de finances pour 2023. Ce taux ne concerne néanmoins que les entreprises dont le chiffre d'affaires dépasse 50 millions d'euros. Pour les entreprises dont le chiffre d'affaires est inférieur, la loi a instauré un mécanisme de dégrèvement qui conduit à atténuer la charge fiscale de l'entreprise et de fait réduit le taux d'imposition.

■ 1224 Le taux effectif d'imposition varie selon le montant du chiffre d'affaires conformément au barème suivant.

Taux effectif d'imposition de la CVAE

Montant du CA HT	Taux effectif d'imposition
< 500.000 €	0 %
500.000 € ≤ CA ≤ 3.000.000 €	0,125 % x [(montant du chiffre d'affaires - 500 000 €) / 2.500.000 €]
3.000.000 € < CA ≤ 10.000.000 €	0,125 % + [0,225 % x (montant du chiffre d'affaires – 3.000.000 €) / 7.000.000 €]
10.000.000 € < CA ≤ 50.000.000 €	0,35 % + [0,025 % x (montant du chiffre d'affaires – 10.000.000 €) / 40.000.000€]
> 50.000.000 €	0,375 %

■ 1225 La CVAE due par les entreprises dont le chiffre d'affaires hors taxe excède 500.000 € ne peut être inférieure à 63 € (CGI, art. 1586 *septies*). Les entreprises qui bénéficient d'une exonération totale de CVAE ne sont pas redevables de ce montant minimum.

■ 1226 Outre les différents dégrèvements spécifiques à la CFE ou à la CVAE, la loi prévoit un dégrèvement applicable à la CET prise dans son ensemble qui est liée à la valeur ajoutée produite par l'entreprise. Ainsi, lorsque le montant de la CVAE excède 2 % de la valeur ajoutée, l'excédent peut faire l'objet d'un dégrèvement, sur réclamation du contribuable.

■ 1227 Comme pour la TVA, la CVAE repose sur un système déclaratif : l'entreprise doit déclarer sa valeur ajoutée, calculer l'impôt et le régler.

La détermination de la valeur ajoutée se fait en principe sur une base individuelle : chaque entreprise déclare sa propre valeur ajoutée. Toutefois, conformément au I bis de l'article 1586 quater du Code général des impôts, en présence d'un groupe le chiffre d'affaires consolidé est supérieur ou égal à 7.630.000 €, pour le calcul du dégrèvement, le chiffre d'affaires à retenir s'entend de la somme des chiffres d'affaires de chacune des sociétés membres du groupe. À l'origine, les sociétés appartenant à un groupe dans lequel la condition de détention de 95 % fixée par l'article 223 A était remplie faisaient l'objet d'un traitement différent, selon que le groupe relevait ou non du régime de l'intégration fiscale. Ce critère de l'option en faveur du régime de l'intégration fiscale a été jugé inadéquat avec l'objet de la loi. Il a donc donné lieu à une censure du Conseil constitutionnel sur le fondement du principe d'égalité devant la loi. Désormais, la règle est identique pour le groupe fiscalement intégré comme pour celui qui n'est pas intégré, mais qui respecte les conditions nécessaires à la mise en œuvre du régime de l'intégration fiscale. 1228 ■

La loi a enfin prévu des dispositions visant à lutter contre les pratiques de sous-évaluation du chiffre d'affaires fondées sur des opérations de restructuration. L'article 1586 quater III prévoit ainsi qu'en cas d'apport, de cession d'activité ou de scission d'entreprise ou de transmission universelle du patrimoine, le chiffre d'affaires à retenir est égal à la somme des chiffres d'affaires des entreprises parties à l'opération lorsque l'entité à laquelle l'activité est transmise est détenue, directement ou indirectement, à plus de 50 % par l'entreprise cédante ou apporteuse ou les associés de l'entreprise scindée réunis. Cette approche globale du chiffre d'affaires doit être retenue toutes les fois où la somme des cotisations dues, d'une part, par l'entreprise cédante, apporteuse ou scindée et, d'autre part, par le nouvel exploitant est inférieure, d'au moins 10 % aux impositions au titre de la cotisation sur la valeur ajoutée des entreprises qui auraient été dues par ces mêmes entreprises en l'absence de réalisation de l'opération. Cette règle anti-fractionnement implique également que l'activité transférée continue d'être exercée par la société apporteuse, cédante ou scindée et que les entreprises en cause aient des activités similaires ou complémentaires. 1229 ■

Compléments pédagogiques

Mémo

Les impôts directs locaux regroupent pour l'essentiel quatre impôts : deux taxes foncières, la taxe d'habitation et la contribution économique territoriale (qui elle-même regroupe la cotisation foncière des entreprises et la cotisation sur la valeur ajoutée de l'entreprise).

Ces quatre impôts comportent des règles communes, notamment celles relatives à l'assiette imposable qui concerne les immeubles détenus par les entreprises et les particuliers.

La CVAE se distingue toutefois des autres impositions en ce qu'elle frappe le résultat d'exploitation de l'entreprise.

Ces impôts présentent la particularité d'engendrer des recettes fiscales pour les collectivités locales et assimilées. Ces dernières disposent de plusieurs prérogatives et notamment celles de fixer les taux d'imposition (sauf en ce qui concerne la CVAE).

La taxe foncière sur les propriétés bâties concerne toutes les constructions qui n'ont pas vocation à être déplacées, ce qui inclut les constructions démontables.

La taxe foncière sur les propriétés non bâties frappe les terrains occupés par les chemins de fer, les carrières, mines et tourbières, les étangs, les salines et marais salants ainsi que ceux occupés par des serres affectées à une exploitation agricole.

La cotisation foncière des entreprises est due par toutes les entreprises et entités qui exercent à titre habituel une activité professionnelle non salariée.

La cotisation sur la valeur ajoutée concerne les mêmes entreprises que celles soumises à la CFE, mais la loi fixe un seuil d'imposition spécifique, déterminé en fonction du chiffre d'affaires et s'appliquant au résultat d'exploitation de l'entreprise (sa valeur ajoutée). Ainsi, seules les entreprises dont le chiffre d'affaires dépasse 500.000 € sont soumises à cet impôt, sauf dégrèvement. Sa suppression est actée pour le 1er janvier 2024.

Quid

■ Cadastre n° 1188

Document administratif qui recense et identifie les propriétés foncières (immeuble, maison, terrain, etc.) d'une commune afin de permettre le calcul des impôts locaux.

■ Valeur locative n°s 1189, 1216

La valeur locative d'un immeuble désigne le loyer annuel potentiel, calculé par l'administration, sur la base des caractéristiques du bien que celui-ci peut produire s'il était loué.

Biblio

- CE, ass. plén. fisc., 11 déc. 2020, *SA GKN Driveline*, N° 422418, concl. M.-G. Merloz ; *Dr. fisc.* 2021, comm. 151, note A. Bussac et D. Barreau ; A. Maitrot de la Motte, « L'abandon partiel et bienvenu de la jurisprudence *SAS Les Menuiseries du Centre* – À propos de CE, ass. plén. fisc., 11 déc. 2020, n° 422418, *SA GKN Driveline* », *Dr. fisc.* 2020, n° 51-52, act. 455. – Adde, S. Rudeaux, « Exonération de taxe foncière des biens spécifiques aux activités industrielles ou assimilées : l'édifice jurisprudentiel, récemment clarifié par la décision *GKN Driveline*, devra encore être consolidé », *Dr. fisc.* 2021, n° 7-8, étude 147 ;
- L. Chatel, « Une réforme de la fiscalité locale, 10 ans après la suppression de la taxe professionnelle », *Dr. fisc.* 2021. 161.

Quiz

1) Sujet corrigé

Test de connaissances

1. Le recouvrement des impôts locaux est assuré par les collectivités locales.

a. Vrai.

b. Faux.

2. La taxe d'habitation est due par le locataire si le bien est loué.

a. Vrai.

b. Faux.

3. La taxe foncière sur les propriétés bâties prévoit un abattement de 50 % sur la valeur locative.

a. Vrai.

b. Faux.

4. Les bâtiments d'habitation et les bâtiments industriels sont soumis aux mêmes règles d'évaluation de leur valeur locative.

a. Vrai.

b. Faux.

5. La cotisation sur la valeur ajoutée des entreprises a la même base d'imposition que la cotisation foncière des entreprises.

a. Vrai.

b. Faux.

6. La cotisation sur la valeur ajoutée des entreprises a pour base d'imposition le résultat d'exploitation, le résultat financier et le résultat financier de l'entreprise.

a. Vrai.

b. Faux.

7. Une société qui consent une concession de marque à une société concessionnaire dont elle détient la majorité du capital exerce une activité professionnelle relevant de la CET.

a. Vrai.

b. Faux.

8. Le taux d'imposition à la CVAE est fixé par l'État.

a. Vrai.

b. Faux.

9. Le montant total de la CET (CFE + CVAE) est plafonné à 3 % de la valeur ajoutée de l'entreprise.

a. Vrai.

b. Faux.

10. La loi de finances pour 2021 a divisé par deux le taux d'imposition à la CVAE.

a. Vrai.

b. Faux.

Voir le corrigé en fin de rubrique.

2) Corrigé

Test de connaissances

1. Faux (il est assuré par l'État qui reverse les recettes aux collectivités locales) ; **2.** Vrai (CGI, art. 1408) ; **3.** Vrai (CGI, art. 1518 A *quater*) ; **4.** Faux (les bâtiments industriels relèvent de la méthode comptable) ; **5.** Faux (la CVAE concerne le résultat d'exploitation) ; **6.** Faux (le résultat d'exploitation seulement et éventuellement corrigé) ; **7.** Vrai (v. jurisprudence citée) ; **8.** Vrai ; **9.** Vrai ; **10.** Vrai.

chapitre 14

Le champ d'application de la TVA

Plan analytique

section **1**

Le champ d'application matériel de la TVA

§ 1 Les opérations effectuées à titre onéreux par un assujetti agissant en tant que tel

A. La notion d'opération

B. Le caractère onéreux

C. L'opération accomplie par un assujetti agissant en tant que tel

§ 2 Les opérations avec soi-même

A. Les livraisons à soi-même

B. Les prestations de services à soi-même

§ 3 Les opérations exonérées

A. Les cas d'exonération

B. Les conséquences de l'exonération

§ 4 Les opérations imposables sur option

section **2**

Le champ d'application territorial de la TVA

§ 1 Les opérations portant sur les biens

A. Les cas d'imposition en France

B. Les échanges intracommunautaires de biens

C. Les échanges extracommunautaires de biens

§ 2 Les prestations de service

A. Les règles de principe

B. Les prestations matérielles (CGI, art. 259 A)

C. Les prestations de services fournies à des personnes non assujetties

Le champ d'application de la TVA

Stricto sensu, la TVA a été instituée en France par une loi du 10 avril 1954. Son destin est toutefois remarquable : cet impôt a été généralisé, d'abord à l'ensemble des activités économiques, puis à l'ensemble des pays membres de l'Union européenne, la TVA étant désormais un impôt dont le régime dépend d'une directive européenne (Dir. 2006/112/CE) et d'un règlement d'application (Règl. n° 282/2011). 1230

Son régime n'est toutefois pas totalement uniforme. Un certain nombre de dispositions notamment celles relatives aux exonérations de TVA, mais également les taux d'imposition, reste de la compétence des États membres. Ainsi, le taux de la taxe qui ne peut être inférieur à 15 % (en ce qui concerne le taux normal) et être supérieur à 27 %. Le taux normal de la TVA en France est de 20 %. Dans les autres pays, il varie entre 17 % (Luxembourg) et 27 % (Hongrie). 1231

Comme son nom l'indique, la TVA est un impôt qui frappe la valeur ajoutée. Elle frappe la valeur ajoutée à tous les stades de la production ou de la commercialisation d'un bien ou d'un service. C'est donc un impôt qui s'applique essentiellement à la plus-value conférée à un produit ou un service considéré à chaque stade de sa production ou de sa commercialisation. 1232

Exemple

Une société A extrait des matières premières du sol pour les vendre à la société industrielle B. Le prix des produits vendus est de 100. La TVA s'applique à cette opération de vente et va frapper la valeur ajoutée. Ici, la valeur ajoutée est la totalité du prix facturé à B (produit du sol).
TVA = 100 x 20 % = 20.
A fait payer donc 120 à B. B paye le prix à A qui va encaisser le prix de vente TTC et sur cette somme reçue de 120, la société A va verser au Trésor la TVA sur cette vente soit 20.
B va fabriquer des biens avec les produits achetés et va les revendre à la société C pour que celle-ci les commercialise.
On passe d'un produit brut à un produit fini. Supposons que B revend les produits finis pour un prix de 300. B envoie une facture à C faisant apparaître le prix de vente (300) et la TVA (60). C reçoit donc une facture de 360.
C paye le prix TTC, et B verse au Trésor la TVA qu'elle reçoit (60) moins la TVA que lui a facturé la société A sur la première opération (20) soit 40 €.
On dit que B récupère la TVA que lui a facturée A dite TVA d'amont.
Le montant versé au Trésor correspond à la TVA sur la valeur ajoutée de cette étape, c'est-à-dire la différence entre le prix de vente (300) et le prix d'achat des matières premières (100) soit 200. Or 200 x 20 % = 40 €.
C est un distributeur qui vend au consommateur. C revend avec à l'esprit de faire un profit. Supposons que C revend le bien pour un prix de 500 €. C va facturer au consommateur final 500 +

TVA c'est-à-dire 500 + 100 et C va verser au Trésor la TVA sur cette vente moins la TVA que lui a facturée B soit 100 - 60 c'est-à-dire 40. La valeur ajoutée est de 500 – 300 c'est-à-dire 200. Or, la TVA sur 200 est de 40.
La TVA due au total sur le Trésor est payée de manière successive et fractionnée au long des étapes (20 + 40 + 40) soit un montant total de 100 qui est le montant de la TVA sortie de la poche du consommateur final. Le redevable est le professionnel mais le poids économique pèse sur le consommateur final car pour les professionnels, ils n'ont agi que comme des collecteurs d'impôt.

1233 Trois idées fondamentales peuvent être tirées de cet exemple :

– L'assiette de la TVA n'est pas constituée par un bénéfice ou un revenu. La TVA est due sur un chiffre d'affaires, c'est-à-dire sur un prix de vente (d'un bien ou d'un service) avec une valeur d'échange. Ce n'est qu'ensuite que le redevable pourra déduire la TVA d'amont et ainsi limiter le versement au Trésor à la simple valeur ajoutée. La TVA est toujours assise sur le prix de vente.

– La TVA est un impôt de consommation, c'est-à-dire qu'il est supporté par le consommateur final. On impose chaque opération exactement de la même façon sans distinction de la question de savoir si l'acquéreur est un professionnel ou un consommateur final. Chaque opérateur est imposé et cela qu'il puisse ou non récupérer la TVA.

– La TVA n'est pas payée au Trésor par le consommateur final. Ce sont ceux qui ne supportent pas l'impôt, qui le versent au Trésor, en l'occurrence les entreprises qui le collectent.

- La TVA est un impôt objectif, c'est-à-dire qu'elle frappe des opérations (livraison, prestation de service). La notion d'opération imposable est suffisamment large pour ne pas s'intéresser à la nature de l'activité exercée. Cette activité peut être industrielle, commerciale ou artisanale, sans que cette nature ne change le régime de TVA. La TVA s'intéresse à la nature des opérations et non à la nature des activités. Néanmoins, la généralisation de la TVA n'est pas totale, de sorte qu'il faut distinguer trois catégories d'opérations :

- Opérations situées en dehors du champ d'application de la TVA ;
- Opérations situées à l'intérieur du champ d'application de la TVA ;
- Opérations imposables sur option.

1234 Cette première classification permet de faire le tri entre les différentes opérations. Mais le raisonnement devra peu à peu s'affiner. En particulier, certaines opérations peuvent être dans le champ d'application de la TVA, mais bénéficier d'une mesure d'exonération, ce qui n'est pas tout à fait comparable avec une opération hors champ.

Lorsqu'une entreprise réalise tout à la fois des opérations qui entrent dans le champ d'application de la taxe et des opérations qui sont hors de son champ, on la qualifie d'*assujetti*[Q] partiel. L'hypothèse est différente de celle du redevable partiel qui est la personne dont l'activité entre dans le champ d'application de la taxe sur la valeur ajoutée mais dont une partie est exonérée de taxe.

1235 Pour clarifier ces différentes hypothèses, il est nécessaire d'appréhender séparément le champ d'application matériel de la TVA (section 1) et son champ d'application géographique (section 2).

section 1

Le champ d'application matériel de la TVA

L'analyse du champ matériel de la TVA implique d'étudier quatre catégories d'opérations : 1236 ■

- les opérations relevant d'une activité économique et effectuée à titre onéreux par un assujetti agissant en tant que tel (§1) ;
- les opérations échappant à cette définition mais imposables en vertu d'une disposition législative spéciale telle l'opération de livraison à soi-même (§2) ;
- les opérations exonérées (§3) ;
- les opérations imposables sur option (§4).

§ 1 Les opérations effectuées à titre onéreux par un assujetti agissant en tant que tel

Le texte de référence est ici l'article 256-I du CGI. Celui-ci précise que « sont soumises à la taxe sur la valeur ajoutée les livraisons de biens et les prestations de services effectuées à titre onéreux par un assujetti agissant en tant que tel ». 1237 ■

Il ressort trois éléments essentiels de ces dispositions : une opération (A) n'est imposable que si elle consiste soit en une livraison de biens, soit en une prestation de services, qui est effectuée à titre onéreux (B), par un assujetti agissant en tant que tel (C). 1238 ■

A. La notion d'opération

La notion d'opération recouvre les livraisons de biens et les prestations de services (1). Cette approche binaire cadre toutefois mal avec les opérations complexes qui peuvent comporter à la fois une livraison de biens et une prestation de services. Leur traitement donne lieu à une abondante jurisprudence et surtout à une méthodologie permettant de retenir le cas échéant une qualification unique (2). 1239 ■

1. *Les livraisons de biens et les prestations de services*

Une opération peut être de deux natures différentes. Elle peut prendre la forme soit d'une livraison de biens corporels, soit d'une prestation de services. 1240 ■

S'agissant de la première catégorie, l'article 256-II-1° du CGI définit la livraison comme « le pouvoir de disposer d'un bien corporel comme un propriétaire ». Incontestablement, les opérations translatives de propriété constituent des livraisons de biens. La vente est au premier chef concernée. Mais sont également considérés comme des livraisons de biens : l'apport en société ; l'échange d'un bien contre un autre bien ou un service ; le prêt de consommation. Toutefois, le critère fiscal est un critère économique et non juridique. La simple remise matérielle d'un bien à un usager, lui permettant d'en jouir comme un propriétaire, peut ainsi constituer une 1241 ■

livraison imposable alors même que cette remise n'est pas toujours translative de propriété. La livraison vise donc toute opération de transfert d'un bien corporel par une partie qui habilite l'autre partie à en disposer en fait. Les livraisons de biens illicites (ex. vente d'un véhicule volé) relèvent aussi de la TVA à chaque fois qu'une telle activité crée une distorsion de concurrence, au regard du marché fonctionnant légalement. En revanche, la vente avec faculté de rachat s'analyse comme une vente sous condition résolutoire : l'exercice de la faculté de rachat n'est pas constitutif d'une nouvelle livraison de biens (CE 7 oct. 2021, n° 430136).

Exemple

Si un bien est vendu moyennant la stipulation d'une clause de réserve de propriété, dans le temps qui sépare la date de conclusion du contrat et le paiement effectif, l'acheteur n'est pas propriétaire, d'un point de vue juridique.
Mais, il se comporte comme un propriétaire et il s'apprête à en acquérir la propriété. Il est donc normal de taxer au moment de la conclusion du contrat.

■ 1242 En matière de livraison, seuls sont concernés les biens corporels (meubles et immeubles). Dès lors, les biens meubles incorporels ne peuvent donner lieu à une livraison en matière de TVA. Les opérations portant sur ce type de biens sont traitées comme des prestations de services. En outre, un certain nombre d'éléments sont assimilés à des biens meubles corporels. Il s'agit de l'électricité, du gaz, de la chaleur, du froid et des biens similaires (CGI, art. 256-II).

■ 1243 En principe, pour qu'une livraison de biens soit réalisée, elle doit intervenir entre deux personnes juridiques différentes. Cela signifie notamment que les opérations internes à l'entreprise ne sont pas soumises à la taxe sur la valeur ajoutée en principe (sauf exception en matière de livraisons à soi-même). Il en est de même si un entrepreneur individuel fait sortir de son patrimoine professionnel un immeuble de l'actif de son bilan pour l'intégrer dans son patrimoine privé. On sait qu'en matière de bénéfices industriels et commerciaux, ce retrait d'actif constitue une cession entraînant l'imposition de la plus-value. En revanche, il ne s'agit pas d'une opération juridique justifiant l'exigibilité de la TVA.

■ 1244 S'agissant de la seconde catégorie d'opérations imposables, outre les prestations intellectuelles ou dématérialisées, les prestations de services intègrent tous les opérations portant sur des biens qui ne sont pas (ou pas seulement) des biens corporels, telle la conception d'un logiciel sur-mesure. Il peut s'agir de la cession ou de la concession d'un bien meuble incorporel, comme un brevet ou une marque de fabrique, de contrats de crédit-bail, de ventes à consommer sur place (restaurants, cafés). La loi énonce encore qu'est considéré comme une prestation de service le fait de s'obliger à ne pas faire ou à tolérer un acte ou une situation.

■ 1245 Enfin, les cessions de biens et des prestations de services réalisées dans le cadre de la transmission à titre onéreux ou à titre gratuit ou sous forme d'apport à une société d'une universalité totale ou partielle de biens sont exonérées de TVA dès lors que le bénéficiaire continue la personne du cédant (CGI, art. 257 *bis*). Ainsi, la transmission d'un fonds de commerce, la cession d'une branche d'activité, la cession d'un ensemble d'actifs permettant l'exploitation d'une activité ou encore la cession d'un immeuble locatif constitue la transmission d'une universalité totale ou partielle de biens, au sens de cette disposition. Mieux, la CJUE considère que le transfert de la propriété du stock de marchandises et de l'équipement commercial d'un magasin de détail, concomitant à la location, au cessionnaire, des locaux dudit magasin pour une durée indéterminée, peut constituer une transmission d'universalité, si l'opération permet d'exercer une activité économique autonome (CJUE 10 nov. 2011, *Schriever*; comp. CJUE 19 déc. 2018, aff. C-17/18).

2. *Les prestations complexes*

Certaines prestations fournies par les entreprises peuvent s'avérer complexes et comporter à la fois une livraison de biens et une prestation de services ou plusieurs prestations de services. Lorsqu'une opération est constituée par un faisceau d'éléments et d'actes, il y a lieu de prendre en considération toutes les circonstances dans lesquelles se déroule l'opération en question, aux fins de déterminer, d'une part, si l'on se trouve en présence de deux ou de plusieurs prestations distinctes ou d'une prestation unique et, d'autre part, si, en ce dernier cas, cette prestation unique doit être qualifiée de livraison de biens ou de prestation de services. Autrement dit, en présence d'une opération composée de plusieurs éléments relevant de régimes de TVA différents, il faut vérifier s'il est possible de retenir une qualification unique en vue d'appliquer un régime unique. À défaut, chaque élément se verra appliquer un régime de TVA qui lui est propre. 1246 ■

Pour la CJUE, on est en présence d'une prestation unique lorsque deux ou plusieurs éléments ou actes fournis par l'assujetti au client sont si étroitement liés qu'ils forment, objectivement, une seule prestation économique indissociable dont la décomposition revêtirait un caractère artificiel. À cet égard, elle a considéré que la livraison et la pose d'un câble de fibre optique constituent une opération complexe unique (CJUE 29 mars 2007, *Aktiebolaget*). À l'inverse, la prestation de services portant sur l'assurance afférente au bien faisant l'objet d'un crédit-bail et la prestation de services portant sur le crédit-bail lui-même doivent, en principe, être considérées comme des prestations de services distinctes et indépendantes aux fins de la TVA (CJUE 17 janv. 2013, *BGZ Leasing*). 1247 ■

Afin de déterminer, ensuite, si une opération complexe unique, doit être qualifiée de livraison de biens ou de prestation de services, il y a lieu d'en identifier les éléments prédominants, sous l'angle du « consommateur moyen ». Ainsi, une prestation doit être considérée comme accessoire à une prestation principale lorsqu'elle ne constitue pas pour la clientèle une fin en soi, mais le moyen de bénéficier dans les meilleures conditions du service principal du prestataire. Dans l'affaire *Aktiebolaget* précitée, la CJUE a considéré que la pose du câble en cause au principal demande la mise en œuvre de procédures techniques complexes, exige l'utilisation d'un équipement spécialisé, nécessite un savoir-faire spécifique et apparaît non seulement indissociable de la livraison du bien dans une opération d'une telle envergure, mais également indispensable à l'utilisation et à l'exploitation ultérieures dudit bien. Il s'ensuit que la pose de ce câble ne constitue pas un simple élément accessoire de la livraison.

1248 Pour apprécier quel est l'élément déterminant, le rapport entre le prix du bien et celui des services peut être pris en compte. Mais pour la CJUE, le coût du matériel et des travaux ne doit pas, à lui seul, revêtir une importance déterminante. C'est un faisceau d'indices qu'il convient d'utiliser. Dans l'affaire *Aktiebolaget* précitée, le service de pose fournit ne conduisait pas à altérer la nature dudit câble ni à l'adapter aux besoins spécifiques du client, de sorte que c'est la qualification de livraison de biens qui a été retenue par le juge.

1249 Cette jurisprudence a été reprise et consacrée en droit interne par la loi de finances pour 2021. Désormais, l'article 257 ter, I du CGI rappelle qu'en principe « chaque opération imposable à la taxe sur la valeur ajoutée est considérée comme étant distincte et indépendante et suit son régime propre déterminé en fonction de son élément principal ou de ses éléments autres qu'accessoires ». À cette fin, « l'étendue d'une opération est déterminée (...) à l'issue d'une appréciation d'ensemble réalisée du point de vue du consommateur, envisagé comme un consommateur moyen, tenant compte de l'importance qualitative et quantitative des différents éléments en cause ainsi que de l'ensemble des circonstances dans lesquelles l'opération se déroule ». Le II de ce même article précise que « relèvent d'une seule et même opération les éléments qui sont si étroitement liés qu'ils forment, objectivement, une seule prestation économique indissociable dont la décomposition revêtirait un caractère artificiel ». En outre, « lorsqu'un élément est accessoire à un ou plusieurs autres éléments, il relève de la même opération que ces derniers ». Par exception à cette méthodologie, « constituent une prestation de services unique suivant son régime propre les différents éléments fournis pour la réalisation d'un voyage par une agence de voyages ou un organisateur de circuits touristiques qui agit en son nom à l'égard du voyageur et recourt à des livraisons de biens ou des prestations de services d'autres assujettis » (CGI, art. 257 ter, III).

1250 L'enjeu de ces dispositions est clair : appliquer un régime unique (et notamment le taux de TVA) à une opération unique (CJUE 18 janv. 2018, *Stadion Amsterdam CV*, aff. C-463/16). En la matière, si l'opération comporte un élément principal et un élément accessoire, le taux de TVA applicable sera le taux de l'élément principal (CGI, art. 278-0). Si les éléments sont équivalents, il faut prendre le taux le plus élevé (CGI, art. 278-0).

Exemples

- La prestation de services consistant, pour un opérateur économique indépendant du revendeur d'un véhicule d'occasion, à garantir, moyennant le versement d'une somme forfaitaire, la panne mécanique susceptible d'affecter certaines pièces de ce véhicule et la vente du véhicule d'occasion lui-même doit être considérée comme des prestations distinctes et indépendantes du point de vue de la taxe sur la valeur ajoutée (CJUE 16 juill. 2015, *Mapfre*).
- La vente par une entreprise d'un moule qu'elle a fabriqué en exemplaire unique en suivant les spécifications, dessins ou plans de son client constitue une livraison de biens. La circonstance que dans le prix de revient du bien la valeur de la matière première soit faible par rapport au coût de conception du produit est sans incidence (CE 5 juin 2002, *Charrier*, n° 204741).
- L'activité de reprographie consistant en la reproduction d'exemplaires plus ou moins élevée d'un document original fourni par le client s'accompagne de travaux d'assemblage, de brochage et de mise en ordre des copies. Ces opérations ne sont toutefois qu'un moyen de faire bénéficier la

clientèle de la prestation dans les meilleures conditions. L'activité de reprographie ne donne donc lieu qu'à une seule opération économique indissociable. Celle-ci est qualifiée de livraison d'un bien corporel à moins que les prestations complémentaires telles que le conseil et l'adaptation, la modification et l'altération de l'original en fonction des souhaits du client ne revêtent, compte tenu de leur ampleur, du temps nécessaire et de leur coût, un caractère prédominant par rapport à la livraison des documents reproduits (CJUE 11 févr. 2010, *Graphic Procédé*).

B. Le caractère onéreux

Une opération ne sera soumise à la TVA que si elle est réalisée à titre onéreux. Il faut entendre par là que l'opération doit comporter une contrepartie (1) en lien direct avec la livraison ou la prestation (2). 1251 ■

1. *L'existence d'une contrepartie*

Pour être imposable à la TVA, l'opération doit être réalisée à titre onéreux. Le caractère onéreux se reconnaît par l'existence d'une contrepartie à l'opération (argent, en nature, en service, un bien, etc.). Une opération n'entre dans le champ de la TVA que si elle comporte une contrepartie, quelle que soit la nature de cette dernière. Une opération réalisée gratuitement est donc hors champ. 1252 ■

Dès lors que la contrepartie existe, l'opération est taxable quel que soit le but ou le résultat de l'opération conclue. La taxe sur la valeur ajoutée est une taxe sur le chiffre d'affaires et non sur le bénéfice. 1253 ■

Une opération de cession de créances constitue-t-elle une prestation de services à titre onéreux ? La réponse dépend des modalités de rémunération du cessionnaire. Ainsi, le fait pour un affactureur de garantir à un client le paiement des créances en assumant le risque de défaillance des débiteurs doit être considéré comme une exploitation du bien en question en vue de retirer des recettes ayant un caractère de permanence, dès lors que cette opération est effectuée, moyennant rémunération, pour une période déterminée (CJUE 26 juin 2003, *MKG-Kraftfahrzeuge-Factoring*). En revanche, si le cessionnaire des créances ne reçoit aucune contrepartie de la part du cédant, il n'accomplit pas une activité économique au sens de la directive TVA, ni ne fournit une prestation de services. Certes, il peut exister une différence entre la valeur nominale des créances cédées et le prix d'achat de ces créances. Mais, contrairement à la commission d'affacturage, cette différence ne constitue pas une rémunération visant à rétribuer directement un service fourni par l'acheteur des créances cédées. En effet, la différence entre la valeur nominale des créances cédées et le prix d'achat de ces créances constitue non pas la contrepartie d'un tel service, mais le reflet de la valeur économique effective desdites créances au moment de leur cession, qui est tributaire du caractère douteux de celles-ci et d'un risque accru de défaillance des débiteurs (CJUE 27 oct. 2011, *GFKL Financial Services AG*). 1254 ■

2. *Le lien direct de la contrepartie avec le service rendu*

1255 Le lien doit être direct, c'est-à-dire qu'il doit exister un lien entre le service qui a été rendu et la contre-valeur qui a été reçue. Cette exigence de lien direct a pour origine une jurisprudence de la CJCE du 8 mars 1988 qui a ensuite été reprise par le Conseil d'État. Elle implique un service individualisable et une équivalence entre la prestation et la contrepartie. Le service est individualisable lorsqu'il est rendu directement à une personne donnée, c'est-à-dire lorsqu'il procure un avantage individualisé, personnel au bénéficiaire. Immédiatement, il faut exclure les indemnités d'assurance versées en réparation du préjudice subi par l'assuré : l'assureur ne verse pas cette indemnité en contrepartie d'un service que l'assuré lui aurait rendu. Il existe cependant des situations dans lesquelles cette individualisation du service n'est pas si facile à opérer. L'équivalence entre l'avantage et la contrepartie implique que le prix soit en rapport avec le service rendu, dans l'esprit des parties. L'équivalence ne doit pas nécessairement être en valeur, c'est-à-dire que l'opération peut être réalisée à perte tout en restant taxable. Peu importe que la contrepartie soit la juste contrepartie du service. Le prix doit être payé à raison de l'exécution d'une prestation et non pour autre chose. Dans cette perspective, la jurisprudence a précisé qu'il n'y a pas de lien de correspondance entre les dividendes perçus par une société holding et les services fournis à sa filiale (CJCE 27 sept. 2001, *CIBO Participation*).

Exemples
Les subventions reçues par des entreprises sont-elles soumises à la TVA ?

En principe, une subvention n'est pas soumise à la TVA, dès lors qu'elle ne vise pas à rémunérer une prestation individualisée et qu'elle est versée dans le but de favoriser un intérêt collectif ou l'intérêt général, notamment lorsque celui qui la verse est un organisme public. Toutefois, deux exceptions à ce principe doivent prises en compte :
- si les sommes versées constituent en fait la contrepartie d'une opération réalisée au profit de la partie versante, cette opération entre dans le champ d'application de la TVA et la « subvention » est taxable sauf si l'opération bénéficie d'une exonération.
- si les sommes versées complètent le prix d'une opération imposable, elles doivent être comprises dans la base d'imposition à la TVA et doivent donc être taxées (CJUE 22 nov. 2001, *Office des produits wallons*) sauf si l'opération est expressément exonérée.

Sur ce point, le Conseil d'État a décidé que l'abandon de créance consenti par une société mère à sa filiale qui permet à cette dernière, en exécution d'une convention de groupe conclue antérieurement, d'offrir aux unités opérationnelles du groupe des prestations à un prix inférieur à leur coût de revient, doit être regardé comme ayant le caractère, non d'une subvention d'équilibre, mais d'un complément du prix fixé par le groupe en faveur des sociétés bénéficiaires des prestations, entrant ainsi dans le champ d'application de la TVA par application de l'article 256 du CGI (CE 16 avr. 2012, *Sté Geodis Division Messageries Services [GDMS]*).

Exemples
Les indemnités de résiliation ou de rupture de contrat sont-elles soumises à la TVA ?

Si l'indemnité ne rémunère pas une prestation de service individualisée, elle n'est pas taxable (CE 15 déc. 2000, *SA Polyclad Europe*). Dès lors, échappent à la TVA, les dommages et intérêts, qu'ils soient initialement prévus par un contrat ou qu'ils soient alloués par un tribunal, les indemnités d'assurance versées en cas de sinistre, les indemnités dues au crédit-bailleur en cas de perte de bien loué, les intérêts moratoires en cas de paiement tardif.
L'indemnité perçue à l'occasion de la résiliation d'un bail entre dans le champ d'application de la TVA dès lors qu'elle peut être analysée comme la contrepartie à une prestation fournie par le preneur. La jurisprudence analyse la résiliation d'un bail comme permettant au bailleur de retrouver la jouissance du bien et considère que le preneur fournit une prestation à cette occasion, en renonçant à son droit (CE, 27 févr. 2015, n° 368661, SCI Catleya). Toutefois, si l'indemnité de résiliation d'un bail entre dans le champ d'application de la TVA, elle peut en être exonérée, dès lors que la jurisprudence européenne prévoit que le régime de TVA de la rupture conventionnelle du contrat doit correspondre à celui appliqué pendant l'exécution du contrat, afin d'éviter les rémanences de TVA (CJUE, 15 déc. 1993, aff. 63/92, Lubbock Fine and Co.).
S'agissant spécifiquement des arrhes, celles-ci constituent l'indice de la conclusion d'un contrat, dans la mesure où leur versement implique une présomption d'existence de ce contrat. En outre, les arrhes incitent les parties à exécuter ledit contrat, car la partie qui les a versées est susceptible de perdre la somme correspondante, l'autre partie devant, le cas échéant, restituer cette somme au double si l'inexécution vient de son fait. Enfin, les arrhes constituent une indemnisation forfaitaire, étant donné que leur versement dispense l'une des parties de prouver le montant du préjudice subi lorsque l'autre partie se départit de sa stipulation. Dès lors, une telle indemnité ne constitue pas la rétribution d'une prestation et ne fait pas partie de la base d'imposition de la TVA (CJCE 18 juill. 2007, *Sté thermale d'Eugénie-les-bains*).
L'indemnité de résiliation due par le client résiliant de manière anticipée son contrat d'abonnement à Internet est soumise à la TVA, car le montant dû en cas de résiliation anticipée doit être considéré comme faisant partie intégrante du prix que le client s'est engagé à verser pour l'exécution, par le prestataire, de ses obligations contractuelles. Les sommes prédéterminées perçues par un opérateur économique en cas de résiliation anticipée d'un contrat de prestation de services prévoyant une période minimale d'engagement sont donc soumises à la TVA. Lorsque cette période de fidélisation fait partie intégrante du prix total payé pour la fourniture de prestations de services Il faut ici considérer que le consommateur s'est engagé dès l'origine à recevoir des prestations moyennant un prix et le cas échéant une indemnité, de sorte que l'un comme l'autre présente un lien direct avec la prestation qui justifie l'application de la TVA (CJUE 11 juin 2020, *Vodafone Portugal*; comp. CJUE 22 nov. 2018, *Sté Meo*).

C. L'opération accomplie par un assujetti agissant en tant que tel

L'article 256 A al. 1er du CGI dispose que « sont assujetties à la TVA les personnes qui effectuent de manière indépendante des activités économiques ». En matière de TVA, 1256 ■

aucune référence n'est faite au statut juridique de la personne qui y est soumise. Peu importe qu'elle relève de l'article 8 du CGI ou de l'impôt sur les sociétés. Peu importe que l'entreprise dispose ou non de la personnalité morale. En revanche, les particuliers qui agissent dans le cadre de leur patrimoine privé ne sont pas assujettis à la TVA. Sont seulement assujetties les entreprises qui exercent une activité économique de manière indépendante ; ce qui conduit à exclure les salariés, mais à inclure les intermédiaires (agents commerciaux ; commissionnaires).

■ 1257 L'article 256 A du CGI reprend dans des termes quasi identiques la définition communautaire de l'*assujetti*[Q]. Il précise que la qualité d'assujetti est indépendante du statut juridique des personnes (personne physique ou morale, société, association ou GIE, etc.), de leur situation au regard des autres impôts et de la forme ou de la nature de leur intervention.

■ 1258 Dépourvus de la personnalité morale, les groupes de sociétés ont pendant longtemps été dans l'impossibilité de se constituer seuls redevables de la TVA. Chaque société membre du groupe était donc considérée comme une entité assujettie en tant que telle. Toutefois, la directive TVA prévoit depuis longtemps un régime de groupe. Celui-ci est désormais une réalité en droit français. La loi de finances pour 2021 a instauré un nouvel article 256 C du CGI le régime optionnel de groupe TVA prévu par l'article 11 de la directive TVA. Selon ce texte, il est possible de « considérer comme un seul *assujetti*[Q] les personnes qui sont indépendantes du point de vue juridique mais qui sont étroitement liées entre elles sur le plan financier, économique et de l'organisation ». Sont considérés comme liés entre eux sur le plan financier les assujettis contrôlés en droit, directement ou indirectement, par une même personne, y compris cette dernière. Cette condition est satisfaite lorsqu'un assujetti ou une personne morale non assujettie détient plus de 50 % du capital d'un autre assujetti directement ou indirectement par l'intermédiaire d'autres assujettis ou personnes morales non assujetties ou plus de 50 % des droits de vote d'un autre assujetti ou d'une personne morale non assujettie dans les mêmes conditions. Cette option permet de réaliser des opérations intragroupes sans TVA, de centraliser la trésorerie nécessaire au règlement de la TVA et de désigner un représentant du groupe, seul redevable de l'impôt.. Les membres ne sont en effet plus des assujettis et n'ont plus d'obligations déclaratives en matière de TVA.

■ 1259 L'article 256 A al. 3 donne une liste des activités qui confèrent la qualité d'assujetti à ceux qui les exercent. Il s'agit des activités de producteur, de commerçant, de prestataires de services y compris les activités extractives agricoles et celles des professions libérales ou assimilées. En fait, toutes les activités économiques sont visées sans exception. On vise toutes les entreprises dont les résultats sont imposables dans la catégorie des BIC, des BA ou des BNC. L'activité doit être exercée à titre habituel dans un but lucratif. Si une personne exploite de manière habituelle un bien en vue d'en retirer un profit, on est en présence d'une activité professionnelle. En revanche, le particulier qui fait l'acquisition d'un immeuble pour le louer n'entre pas dans le champ d'application de la TVA.

■ 1260 Si les opérations en cause s'inscrivent dans le cadre de la gestion du patrimoine privé d'une personne, elles ne relèvent pas du champ d'application de la TVA. Ainsi, l'opération par laquelle une personne se voit adjuger un immeuble saisi dans le cadre d'une procédure d'exécution forcée engagée en vue du recouvrement d'un prêt précédemment octroyé et, par la suite, procède à la vente de cet immeuble ne constitue pas, en soi, une activité économique lorsque cette opération relève du simple exercice du droit de propriété ainsi que de la bonne gestion du patrimoine privé, de sorte que ladite personne ne saurait, au titre de ladite opération, être considérée comme un assujetti (CJUE 20 janv. 2021, *LN*, aff. C-655/19).

En résumé, pour déterminer si on est en présence d'une activité économique, deux éléments doivent être pris en compte : 1261 ■

- Il faut qu'on soit en présence de l'exploitation d'un bien, c'est-à-dire d'une activité positive, d'une prestation positive. La recette doit découler d'une activité effective. On voit une différence entre les revenus passifs et les revenus actifs.

- Il faut que la recette découle d'une activité qui postule la répétition d'actes en vue d'en retirer un revenu professionnel. Le nombre d'opérations effectuées, leur importance, leur fréquence ou encore la brièveté du délai séparant l'achat et la revente sont autant d'indices à prendre en compte. On doit donc distinguer entre les gains isolés et les revenus réguliers provenant de l'exercice d'une profession. À cet égard, la livraison, par une personne physique, de terrains à bâtir est soumise à TVA lorsqu'elle procède, non de la simple gestion d'un patrimoine privé, mais de démarches actives de commercialisation foncière, telles que la réalisation de travaux de viabilisation ou la mise en œuvre de moyens de commercialisation de type professionnel, similaires à celles déployées par un producteur, un commerçant ou un prestataire de services, et qu'elle permet ainsi de regarder cette personne comme ayant exercé une activité économique (CE 9 juin 2020, n° 432596).

§ 2 Les opérations avec soi-même

Les opérations avec soi-même sont des opérations imposables par détermination de la loi. Les opérations avec soi-même correspondent en principe à l'hypothèse dans laquelle une personne se rend service à elle-même à partir de biens ou de moyens qui lui appartiennent ou obtient un bien à partir de ces mêmes éléments. Afin d'éviter toute distorsion de concurrence, la loi impose à l'entreprise de se livrer à elle-même, c'est-à-dire en quelque sorte de s'auto-facturer la taxe sur la valeur ajoutée. L'idée est d'aboutir à la même situation que celle qui découlerait pour l'entreprise du recours à un fournisseur qui serait un véritable tiers. 1262 ■

Ces opérations ne sont pas des opérations juridiques à proprement parler. Ce sont des opérations purement matérielles sans existence juridique mais qui sont par détermination de la loi fiscale traitées comme des livraisons ou des prestations de services. De fait, lorsque l'entreprise se livre à elle-même, elle devient redevable de la taxe sur la valeur ajoutée en principe. Néanmoins, cette TVA sera déductible de la TVA éventuellement facturée, ce qui fait que l'opération sera le plus souvent neutre. Toutefois, cela ne sera pas systématiquement le cas. En effet, pour certains biens, la déduction de la taxe sur la valeur ajoutée ne sera pas possible, comme pour les véhicules de tourisme. Par ailleurs, l'entreprise ne peut être qu'un redevable partiel : dans cette situation, elle ne récupérera qu'une partie de la taxe. Il faut ici distinguer deux situations : les livraisons à soi-même (A) ; les services à soi-même (B). 1263 ■

A. Les livraisons à soi-même

1264 Au sein des livraisons à soi-même, il faut distinguer la fabrication pour soi-même (1) et les prélèvements sans contrepartie (2).

1. *La fabrication pour soi-même*

1265 L'imposition des autofabrications s'explique par le souci d'assurer la neutralité fiscale entre les différents circuits économiques. Elle tend à supprimer l'avantage fiscal qu'aurait une entreprise à effectuer elle-même certaines opérations plutôt qu'à les commander à des tiers qui factureraient à cette occasion la TVA correspondante. L'imposition des livraisons à soi-même rétablit l'égalité fiscale.

1266 En application de l'article 257, II-1-2° du CGI, la taxation de la livraison à soi-même s'applique, lors de leur mise en service, aux biens fabriqués (c'est-à-dire : produits, construits, extraits ou transformés) par l'entreprise elle-même et destinés à être utilisés dans le cadre de son exploitation.

1267 L'imposition de la livraison à soi-même de biens (stocks ou immobilisations) n'est exigée que s'il s'agit :

- de biens exclus du droit à déduction (cas notamment des biens concourant exclusivement à la réalisation d'opérations n'ouvrant pas droit à déduction et des biens faisant l'objet d'une exclusion totale, comme les véhicules de transport de personnes) ;
- de biens qui n'ouvrent que partiellement droit à déduction (en raison de l'application d'un coefficient de déduction inférieur à un).

1268 La livraison à soi-même concerne également l'hypothèse d'un changement d'affectation. Si un bien passe d'une activité ouvrant droit à déduction à une activité n'y ouvrant pas droit, la TVA est exigible lors du changement.

2. *Les prélèvements sans contrepartie*

1269 Aux termes de l'article 257, II-1-1° du CGI, le prélèvement par un assujetti d'un bien de son entreprise pour ses besoins privés ou ceux de son personnel ou qu'il transmet à titre gratuit ou, plus généralement, qu'il affecte à des fins étrangères à l'entreprise, entraîne en principe, au moment où il se produit, une imposition à la TVA selon les règles des livraisons à soi-même, lorsque ce bien ou les éléments le composant ont ouvert droit à une déduction complète ou partielle de la TVA, sauf cadeaux ou échantillons de faible valeur.

1270 Lorsqu'un bien ou service est, dès son acquisition ou importation, affecté à des besoins autres que ceux de l'entreprise, la taxe y afférente n'est pas déductible, de sorte qu'ultérieurement, il n'y a pas matière à imposition de la livraison à soi-même.

1271 En revanche, la livraison à soi-même est imposable si les biens et services en cause, lors de leur acquisition ou importation, étaient destinés à la réalisation d'opérations ouvrant droit à déduction, que la déduction ait été totale ou partielle ou qu'elle ait été ou non effectivement exercée.

1272 La TVA est due sur ces opérations à la condition que la TVA d'amont ait été déduite par l'entreprise totalement ou partiellement, lorsque celle-ci a acquis les biens ou composants du service. Si la TVA d'amont n'a pas été déduite, il n'y a pas livraison à soi-même taxable car l'entreprise aura déjà supporté la TVA en tant que consommateur final.

Si la TVA d'amont a été déduite alors il faut qu'elle soit facturée même si l'opération est effectuée à titre gratuit. À ce titre, la TVA constitue une charge définitive pour l'entreprise parce qu'elle n'est pas facturée au bénéficiaire du bien ou du service et parce qu'elle n'est pas déductible puisque l'affectation du bien ou du service est étrangère aux besoins de l'exploitation. 1273 ■

Exemples

- Si un chef d'entreprise prélève sur l'actif de son entreprise un ordinateur d'une valeur actuelle de 3000 € afin de l'offrir à un membre de sa famille. La TVA a été déduite par l'entreprise lors de l'achat du bien. Cette dernière doit se livrer à elle-même et devient redevable de la taxe soit 600 € (300 x 20 %). Comme le bien n'est pas affecté à l'activité de l'entreprise soumise à la TVA, elle ne peut pas récupérer cette taxe. La solution est identique que l'ordinateur ait eu chez l'entreprise la nature d'immobilisation ou d'élément du stock.
- Prenons le cas d'une entreprise qui met un ordinateur à la disposition d'un salarié. Si l'ordinateur est utilisé pour les besoins de l'activité de l'entreprise, l'entreprise rend un service à elle-même. Elle n'a pas à se livrer à elle-même. Si elle prête l'ordinateur à un salarié pour la réalisation de ses desseins personnels, par exemple pour lui permettre de dessiner le plan de sa future maison, la livraison à soi-même du service doit être faite par l'entreprise car l'entreprise a déduit la taxe qui a grevé l'achat de l'ordinateur.

B. Les prestations de services à soi-même

Les opérations avec soi-même ne se limitent pas aux livraisons de biens. Les prestations de services sont aussi concernées. La loi poursuit ici les mêmes finalités : éviter les distorsions de concurrence et l'exercice injustifié du droit à déduction de la TVA. Ainsi, l'article 257, II, 2, 2° du CGI soumet à la TVA les prestations de services à titre gratuit effectuées par l'assujetti pour ses besoins privés ou ceux de son personnel ou, plus généralement, à des fins étrangères à son entreprise. Songeons ici par exemple au dirigeant d'une société informatique qui bénéficierait de la réparation de son matériel personnel par l'un des salariés ou collaborateurs de la société. 1274 ■

Le texte appréhende les hypothèses d'utilisation d'un bien, à ne pas confondre avec une véritable livraison (CGI, art. 257, II, 2, 1°). Tel est le cas par exemple d'un matériel appartenant à l'entreprise et utilisé par un dirigeant pour des besoins propres à celui-ci. Dans cette hypothèse, si le bien utilisé a donné lieu à une déduction de la TVA au moment de son acquisition, la prestation de service à soi-même est taxable (sans qu'il soit nécessaire de procéder à une régularisation de la taxe déduite, v. ss 1407). 1275 ■

§ 3 Les opérations exonérées

1276 Contrairement à d'autres impositions, l'exonération de TVA n'est pas nécessairement recherchée par les opérateurs (A). Certes, cela simplifie la gestion de l'entreprise ou de l'entité concernée. Mais l'effet de l'exonération (B) ne se limite pas à une absence de facturation de la TVA auprès des clients ; elle conduit également à une perte du droit à déduction de la TVA d'amont.

A. Les cas d'exonération

1277 La loi prévoit de multiples cas d'exonération de la TVA. Elle poursuit souvent des objectifs économiques et sociaux à travers ces dérogations, notamment en réduisant le coût des biens et services concernés. La finalité poursuivie peut parfois être également plus technique, lorsqu'il s'agit d'éviter une surtaxation du secteur concerné.

1278 En matière de santé, les soins médicaux ou paramédicaux, les frais d'hospitalisation, les transports par ambulanciers, les analyses de biologie médicale, les opérations sur le sang sont des opérations exonérées de TVA. La directive TVA, prévoit deux dispositifs d'exonération des activités de soin. D'une part, l'article 132 A, §1, b), transposé à l'article 261, 4, 1° bis du CGI, prévoit une exonération au profit de l'hospitalisation et des soins médicaux ainsi que les opérations qui leur sont étroitement liées, assurés par des organismes de droit public ou, dans des conditions sociales comparables à celles qui valent pour ces derniers, par des établissements hospitaliers (…) et d'autres établissements de même nature ». D'autre part, l'article 132 A, §1, c), repris à l'article 261, 4, 1° du CGI, accorde une exonération aux prestations de soins à la personne effectuées dans le cadre de l'exercice des professions médicales ou paramédicales. Ces deux dispositifs d'exonération ont chacun un champ d'application qui leur est propre. Le droit national doit toutefois veiller à ne pas vider les exonérations prévues par la directive de toute substance. s'il appartient aux États membres de définir les professions médicales et paramédicales concernées par l'exonération de TVA, les réglementations nationales ne peuvent restreindre la portée de celle-ci en empêchant les professionnels disposant des qualifications nécessaires et fournissant des prestations équivalentes de se prévaloir de ladite exonération (CJUE, 27 juin 2019, aff. C-597/17). En ce domaine, le contentieux est abondant. Ainsi, le Conseil d'État a jugé que les redevances versées par les médecins qui exercent leur activité libérale dans des centres de radiothérapie ne constituaient en elles-mêmes, ni des soins médicaux, ni des opérations étroitement liées à ces soins qui seraient assurés par le centre, dès lors que l'acte de radiothérapie émane du seul médecin qui est rémunéré par le patient dans le cadre de son exercice libéral. En conséquence, lesdites redevances ne sont pas exonérées de TVA (CE 31 déc. 2008, *Sté Iridis Nord*). De même, les reversements d'honoraires rémunérant la mise à la disposition des praticiens, par la clinique, des services nécessaires au suivi administratif et comptable de leur activité, à leur secrétariat et à leur prise de rendez-vous sont soumis à la TVA (CE 16 avr. 2010, *Sté Clinique du Parc*).

1279 Également, en matière de crédit, les produits financiers qui entrent dans le champ de la TVA sont la plupart du temps exonérés afin d'inciter le développement du crédit. Ainsi, les banques sont essentiellement soumises à un régime d'exonération prévu par l'article 261 C du CGI. Seules les opérations se rattachant aux opérations de crédit sont toutefois exonérées. À l'inverse, les opérations ne se rattachant pas au commerce de l'argent sont soumises de plein droit à la TVA. Ex. opérations de recouvrement de créances ; locations de coffres-forts ; études financières.

Pour permettre à la vie associative de se développer, certains organismes bénéficient 1280 ■ également d'exonération de TVA sur leurs opérations. On distingue généralement les organismes fermés et les organismes ouverts selon qu'ils rendent des services à leurs membres uniquement ou à tout le public.

S'agissant des organismes fermés, l'article 261, 7, 1°, a du CGI exonère de taxe sur la 1281 ■ valeur ajoutée les services rendus à leurs adhérents par les groupements constitués de personnes physiques ou morales exerçant une activité exonérée ou non assujettie à cette taxe. À cet effet, un groupement doit nécessairement réunir au moins deux personnes physiques ou morales exonérées ou non assujetties qui en sont adhérentes et utilisent en commun des moyens humains ou matériels. De même, les associations et organismes à but non lucratif ayant un caractère social, éducatif, culturel ou sportif bénéficient d'une exonération. Cette exonération reste néanmoins soumise à conditions posées à l'article 261,7, 1°a du CGI :

- l'organisme ne doit pas poursuivre un but lucratif ;
- la gestion doit être désintéressée, ce qui n'est pas le cas lorsqu'une association entretient des relations privilégiées avec des organismes à but lucratif ou des professionnels qui en retirent un avantage concurrentiel leur permettant notamment de réaliser, de manière directe, un surcroît de recettes (CE, 9e et 10e ch., 17 oct. 2022, n° 453019) ;
- les personnes qui gèrent doivent le faire bénévolement. L'organisme ne doit pas distribuer à ses membres les éventuels bénéfices dégagés dans le cadre de son activité.

S'agissant des organismes ouverts, l'exonération concerne les œuvres sans but 1282 ■ lucratif qui présentent un caractère social ou philanthropique et dont la gestion est désintéressée (CGI, art. 261, 7, 1°, b). Selon le Conseil d'État, même dans le cas où l'association intervient dans un domaine d'activité et dans un secteur géographique où existent des entreprises commerciales, elle reste exclue du champ de l'impôt sur les sociétés et de la taxe professionnelle et continue de bénéficier de l'exonération de taxe sur la valeur ajoutée si elle exerce son activité dans des conditions différentes de celles des entreprises commerciales, soit en répondant à certains besoins insuffisamment satisfaits par le marché, soit en s'adressant à un public qui ne peut normalement accéder aux services offerts par les entreprises commerciales, notamment en pratiquant des prix inférieurs à ceux du secteur concurrentiel et à tout le moins des tarifs modulés en fonction de la situation des bénéficiaires, sous réserve de ne pas recourir à des méthodes commerciales excédant les besoins de l'information du public sur les services qu'elle offre (CE 13 févr. 2013, *Assoc. Groupe de plongée de Carantec*).

Certaines exonérations visent enfin à éviter le cumul d'impôt. Ainsi, les opérations 1283 ■ d'assurance et de réassurance sont exonérées de TVA mais en contrepartie, il existe une taxe dite « taxe sur les assurances ». Sur ce point, la CJUE admet que le sous-mandataire chargé de conclure des contrats d'assurance bénéficie de l'exonération de TVA (CJCE 3 avr. 2008, *J. C. M. Beheer*). En revanche, la cession de contrats de réassurance ne constitue pas une opération d'assurance ou de réassurance exonérée (CJUE 22 oct. 2009, *Swiss Re Germany Holding GmbH*).

B. Les conséquences de l'exonération

1284 À première vue, l'exonération devrait favoriser les entreprises puisque l'exonération contribue à réduire le prix de leurs biens, de leurs services donc à stimuler leurs ventes et leur chiffre d'affaires. La réalité est parfois différente parce que si les biens vendus par l'entreprise sont exonérés de TVA alors l'entreprise constitue bien le dernier maillon dans la chaîne des opérations ayant donné lieu au paiement de la TVA. L'entreprise (ou l'entité exonérée) se trouve assimilée elle-même à un consommateur final et ne peut pas déduire la TVA qui lui a été facturée en amont. La perte du droit à déduction est de nature à renchérir le coût des biens et services que l'entreprise acquiert et l'oblige à réduire d'autant sa marge bénéficiaire, si elle souhaite éviter une hausse des prix pour ses clients. Dès lors, il peut être de l'intérêt de l'entreprise d'opter pour la TVA.

1285 En outre, l'entreprise qui est exonérée de la TVA devra payer la taxe sur les salaires (CGI, art. 231), à proportion des opérations exonérées et hors champ d'application de la TVA. Cette taxe est due par toutes les personnes qui versent des rémunérations à leurs salariés. Cela est notamment le cas des banques, des assurances, des associations et des entreprises du secteur médical. Aussi, plus une entreprise a des charges salariales élevées, plus elle trouvera intérêt à être dispensée de cette imposition.

Exemple

Une entreprise souhaite faire une marge de 200 € sur un bien. Ainsi, si elle est soumise à la TVA, elle achète un bien 500 € hors taxe (soit 600 TTC) et le revend 700 hors taxe (soit 840 TTC). - Si elle n'est pas soumise à la TVA, elle va acheter 500 HT (soit 600 TTC) et va revendre 800 pour pouvoir conserver sa marge (800-600). Dans le premier cas, si le client est professionnel, le coût supporté par lui sera de 700 (il pourra déduire la TVA à hauteur de 140). Dans le second cas, le coût pour le client professionnel sera de 800.

§ 4 Les opérations imposables sur option

1286 Certaines opérations non imposables peuvent être rendues imposables si l'entreprise opte pour leur imposition. Il faut cependant une disposition spéciale de la loi car toutes les opérations ne donnent pas lieu à option. Si l'option n'est pas prévue, il n'est pas possible pour un entrepreneur de se soumettre volontairement à la taxe. L'option permet à l'entreprise de bénéficier du droit à déduction de la TVA et d'éviter l'application de la taxe sur les salaires (CGI, art. 231). L'imposition sur option concerne les exploitants agricoles réalisant moins de 46.000 euros de recettes, certaines opérations bancaires, les collectivités locales ainsi l'activité de location d'un immeuble nu à usage professionnel.

Toutes les locations d'immeubles aménagés constituent, en effet, des opérations de nature commerciale et sont, à ce titre, normalement soumises à la TVA sur le prix de location. Tel est le cas des locations de locaux à usage professionnel munis du mobilier, du matériel ou des installations nécessaires à l'exercice de l'activité ; de terrains aménagés (exemple : terrains de camping pourvus d'aménagements tels que sanitaires, emplacements, etc.). 1287

À l'inverse, les locations de terrains non aménagés et de locaux nus sont, en principe, exonérées de la TVA. 1288

La CJUE a précisé la notion d'immeuble au regard de l'exonération de TVA des locations immobilières. La location d'un bâtiment construit à base d'éléments préfabriqués incorporés au sol de manière à n'être ni aisément démontables ni aisément déplaçables constitue une location de bien immeuble au sens de la directive TVA, même si ce bâtiment doit être enlevé à la fin du contrat de location et réutilisé sur un autre terrain. De même, selon la Cour, la notion d'affermage et de location de biens immeubles comprend la location d'une péniche, y compris l'espace et le ponton y attenants, qui est immobilisée au moyen d'attaches non aisément amovibles fixées à la berge et au bassin d'un fleuve. En l'espèce, la péniche était exclusivement affectée, selon les termes du contrat de bail, à l'exploitation permanente d'un restaurant discothèque sur cet emplacement. Elle peut donc bénéficier de l'exonération prévue pour les locations immobilières (CJUE 15 nov. 2012, *Leichenich*). 1289

Parmi les locations immobilières exonérées de la TVA, certaines peuvent faire l'objet d'une option pour le paiement volontaire de la TVA. Il s'agit : des locations de biens nus à usage professionnel ; des locations de biens ruraux ou encore des baux conférant un droit réel au preneur (CGI, art. 260). 1290

Cette option pour la TVA peut être exercée par toute personne (physique ou morale) qui donne en location des locaux nus pour les besoins de l'activité du preneur que celui-ci soit assujetti à la TVA (industriel, commerçant, prestataire de services, profession libérale, etc.) ou même, non assujetti à la TVA (ex. commune). Cependant, dans ce cas de location à un non-assujetti, l'option n'est autorisée que si le bail fait mention expresse de l'option exercée par le bailleur. 1291

Cette option présente l'avantage pour le propriétaire de pouvoir déduire la TVA qui taxe ces achats de biens en amont. L'assujetti propriétaire doit faire une balance entre le gain lié à la déduction et le renchérissement du prix de vente des produits ou services. En tout état de cause, l'option prévue par l'article 260 du Code général des impôts doit faire l'objet d'une déclaration expresse à l'administration et distincte pour chaque immeuble ou ensemble d'immeubles (CE 23 déc. 2011, *Sté Mercedes*). 1292

Schéma récapitulatif des flux en présence d'une société louant des locaux avec option pour la TVA

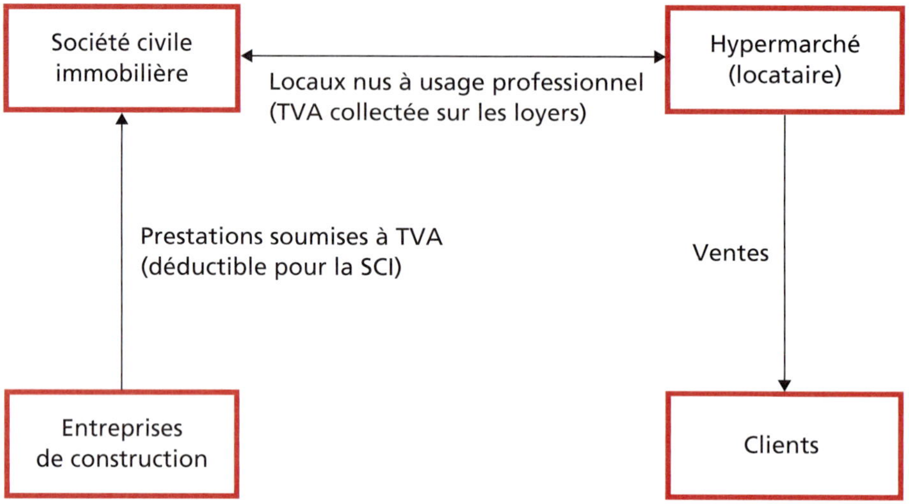

section 2

Le champ d'application territorial de la TVA

1293 En matière de TVA, à partir du moment où chaque État dispose de ressources fiscales qui lui sont propres, il faut déterminer quel est l'État qui va avoir le droit de prélever la TVA. Les règles de territorialité abordent cette question, en différenciant les opérations réalisées et les États avec lesquels elles sont réalisées.

1294 C'est ce qui amène à distinguer les opérations qui interviennent au sein des États membres de l'Union européenne (opérations intracommunautaires) et les opérations réalisées avec des États tiers (opérations extracommunautaires).

1295 De manière générale, les opérations d'exportation et les opérations de livraisons intracommunautaires de biens vont bénéficier d'un système de faveur : l'opération sera exonérée, mais la taxe sur la valeur ajoutée payée en amont par l'entreprise « exportatrice » restera déductible, ce qui pourra aboutir à un crédit de taxe. L'opération pourra néanmoins être soumise à la TVA dans le pays tiers ou dans l'autre État membre destinataire de l'opération. La logique est inverse pour les importations et les acquisitions intracommunautaires.

1296 Deux facteurs principaux sont déterminants pour l'application des règles de la territorialité :

- Les règles sont différentes selon que les opérations portent sur des livraisons ou des prestations de services.

- Les règles de territorialité sont différentes selon que les opérations sont faites avec des États membres de l'UE ou avec des États tiers.

Abordons successivement les opérations portant sur les biens (§1) et les prestations de services (§2).

§ 1 Les opérations portant sur les biens

Les règles territoriales relatives aux opérations portant sur les biens impliquent de déterminer les différents cas d'imposition en France (A) avant de déterminer le régime applicable aux échanges intracommunautaires (B) et extracommunautaires des biens (C). 1297 ■

A. Les cas d'imposition en France

Les règles territoriales de la TVA sont déterminées par référence au lieu où les opérations concernées sont réalisées ou réputées être réalisées. Deux situations peuvent se présenter : - soit le lieu où l'opération est réputée réalisée se situe hors de France : il s'agit alors d'une opération « extraterritoriale » n'entrant pas dans le champ d'application de la TVA française ; - soit ce lieu se situe en France : l'opération est alors passible de la TVA française (sous réserve d'une exonération). 1298 ■

Les règles de territorialité applicables aux livraisons de biens sont fixées par l'article 258, I et III du CGI. Elles varient selon que les biens sont livrés en l'état ou après montage ou installation. 1299 ■

Pour les biens livrés en l'état, lorsque le bien est expédié ou transporté à partir de la France, et quel que soit le lieu de destination (France, autre État membre, pays tiers), le lieu de la livraison est situé en France et la TVA française est donc applicable (sous réserve notamment des exonérations prévues pour les livraisons intracommunautaires et pour les exportations). 1300 ■

Lorsque le lieu de départ du bien expédié ou transporté se situe dans un pays tiers, le lieu d'arrivée se situant en France, il faut distinguer selon que la livraison est ou non effectuée par l'importateur (ou pour son compte). La livraison est imposable en France lorsqu'elle est effectuée par l'importateur (ou pour son compte). Pour les biens nécessitant un montage ou une installation, le lieu de livraison des biens est situé en France lorsque le bien se trouve en France lors du montage ou de l'installation par le vendeur ou pour son compte (CGI, art. 258, I-b). Lorsque le bien ne donne pas lieu à une expédition ou à un transport (par exemple, le bien était déjà loué), la livraison est imposable si le bien est situé en France lors de sa mise à disposition de l'acquéreur. En revanche, elle échappe à l'imposition si le bien est situé à l'étranger lors de cette mise à disposition (CGI, art. 258, I-c). La livraison des biens meubles corporels vendus à bord d'un bateau, d'un aéronef ou d'un train est en principe imposable en France lorsque les biens se trouvent en France au moment du départ d'un transport dont le lieu d'arrivée est situé sur le territoire d'un autre État membre de l'Union européenne (CGI, art. 258, I-d). En outre, en de cas de vente à distance de biens provenant d'États tiers à destination de consommateurs français, la TVA française est applicable, même si l'importateur est établi dans un autre État que la France (CGI, art. 258, IV). 1301 ■

B. Les échanges intracommunautaires de biens

1302 Au sein de l'Union européenne, les échanges de biens peuvent recevoir deux qualifications liées au sens de circulation du bien : celle de livraison intracommunautaire (1) ou d'acquisition intracommunautaire (2).

1. *Les livraisons intracommunautaires*

1303 Sur le plan économique, la *livraison intracommunautaire*[Q] d'un bien et l'acquisition intracommunautaire de celui-ci constituent une seule et même opération. En un mot, il y a un seul contrat et deux parties (celui qui livre et celui qui reçoit la livraison). Sur le plan fiscal, cette opération unique crée différents droits et obligations tant pour les parties à l'opération que pour les autorités fiscales des États membres concernés. Ainsi, en principe, toute acquisition intracommunautaire taxée dans l'État membre d'arrivée a pour corollaire une livraison exonérée dans l'État membre de départ du bien.

1304 En France, les livraisons intracommunautaires sont exonérées, en application de l'article 262 *ter*, I du CGI, lorsque sont réunies les conditions posées par le texte :

- Le bien est expédié depuis la France à destination d'un autre État membre : le transport doit donner lieu à un justificatif et le vendeur doit remplir une déclaration d'échanges de biens ;
- La livraison est effectuée à titre onéreux. Par exception, les mouvements de stocks ou d'immobilisation au départ de la France ne sont pas des opérations taxables ;
- Le vendeur doit être un assujetti agissant en tant que tel, ce qui exclut les particuliers ;
- L'acquéreur doit être un assujetti et doit justifier de cette qualité. Pour que l'entreprise française puisse facturer sans ajouter la TVA, il faut que l'acquéreur envoie au vendeur son numéro d'assujettissement à la TVA (CGI, art. 262 *ter*). Le vendeur français va indiquer sur sa facture HT ce numéro : c'est en vertu de ce numéro qu'il est bien autorisé à facturer sans appliquer la TVA française.

1305 La jurisprudence de la CJUE et du Conseil d'État s'est montrée conciliante à ce sujet. Elle décidait que lorsqu'un assujetti ne disposait pas d'éléments lui permettant de soupçonner l'existence d'une fraude, son droit à exonération ne pouvait pas être remis en cause au seul motif qu'il n'a pas procédé à la vérification de la validité du numéro d'identification à la TVA de l'acquéreur dans la base de données européenne.

1306 Désormais, depuis l'adoption de la directive « *quick fixes* » du 4 décembre 2018, le vendeur doit s'assurer de l'existence et de la validité du numéro d'identification à la TVA communiqué par l'acquéreur. Lorsque l'acquéreur ne fournit pas de numéro d'identification ou fournit un numéro invalide à la date de l'opération, la livraison doit être soumise à la TVA. En outre, l'exonération ne s'applique pas lorsque le fournisseur n'a pas déposé par voie électronique l'état récapitulatif des clients auprès de l'administration des douanes (qui récapitule mensuellement les clients livrés et leur numéro d'identification à la TVA).

1307 Cette exonération de TVA sur les livraisons intracommunautaires a donné lieu à des abus et des fraudes, en particulier dans le cadre de schéma dit de « fraude carrousel », ce qui a conduit le législateur à durcir les obligations déclaratives et à renforcer les sanctions applicables en la matière. Cette fraude peut prendre des formes variables. Par exemple : un opérateur français vend des marchandises à destination d'un assujetti situé dans un autre État de l'UE (livraison intracommunautaire avec exonération de TVA en France). L'acquéreur ne déclare pas l'achat sur son territoire et il n'autoliquide pas la taxe et donc il ne paye pas la TVA dans son État. Puis l'acquéreur revend la marchandise à un sous-acquéreur établi dans le même État, et à cette occasion il va facturer la TVA, l'encaisser, mais il ne va pas la reverser au fisc. Le sous-acquéreur qui a acheté les biens et qui s'est vu facturer la TVA, va déduire celle-ci. Une fois que le sous-acquéreur a la marchandise, il se peut qu'il décide la revendre au vendeur initial français et cette fois, l'opération sera déclarée et payée au Trésor : déduite par le vendeur initial et autoliquidée par le sous-acquéreur. Au passage, le premier acheteur a encaissé la TVA et disparaît dans la nature.

Schéma – Exemple de fraude dite « carrousel »

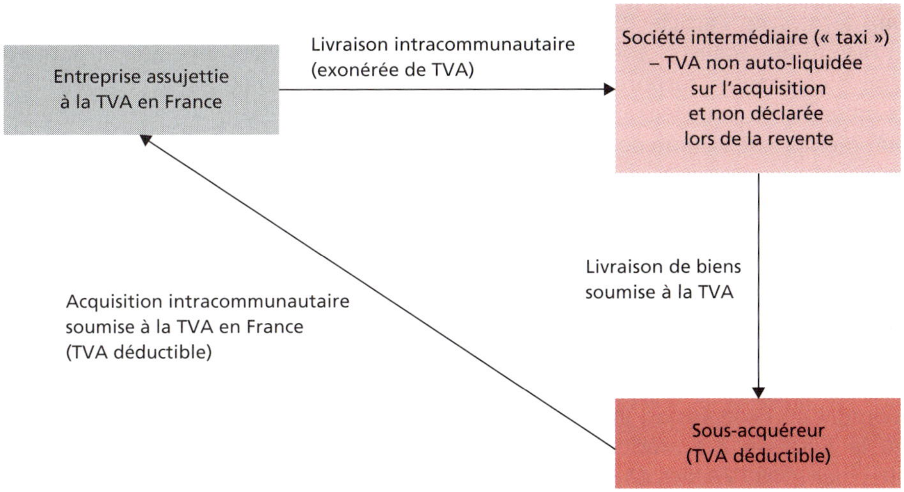

Le législateur a prévu quatre mesures pour lutter contre ce type de fraude : 1308

- la remise en cause de l'exonération de la livraison intracommunautaire effectuée par un assujetti qui savait, ou ne pouvait ignorer, que le destinataire présumé de cette livraison n'avait pas d'activité réelle (CGI, art. 262 *ter*, I-1°, al. 3) ;

- aux termes de l'article 272, 3 du CGI, la TVA afférente à une livraison de biens ne peut faire l'objet d'aucune déduction lorsqu'il est démontré que l'acquéreur savait ou ne pouvait ignorer que, par son acquisition, il participait à une fraude consistant à ne pas reverser la taxe due à raison de cette livraison ;

- la mise en œuvre d'une procédure de solidarité en paiement à l'égard des clients ayant sciemment participé à un circuit de fraude (CGI, art. 283, 4 *bis*) ;

- des sanctions pénales en cas de fraude fiscale.

2. Les acquisitions intracommunautaires

1309 La vente (à titre onéreux), par un assujetti d'un État membre, d'un bien meuble corporel qui est expédié ou transporté en France, par le vendeur, par l'acquéreur ou pour leur compte, à destination de l'acquéreur, constitue une *acquisition intracommunautaire*[Q] (CGI, art. 256 *bis* I-1°).

1310 Dès lors que le lieu de cette acquisition, est réputé situé en France, la TVA française est exigible en principe (CGI, art. 258 C).

1311 Ce régime n'intéresse pas les achats effectués par des particuliers, ni les biens relevant du régime des ventes à distance (v. ss 1317). Il ne concerne pas non plus les biens vendus par un assujetti qui bénéficie dans son État membre du régime particulier de franchise des petites entreprises. Il concerne, en revanche, les acquisitions intracommunautaires réalisées, non seulement par des assujettis, mais encore par des personnes morales non assujetties.

1312 Aux termes de l'article 256 *bis*, I-3° du CGI « est considérée comme acquisition intracommunautaire l'obtention du pouvoir de disposer comme un propriétaire d'un bien meuble corporel expédié ou transporté en France par le vendeur, par l'acquéreur ou pour leur compte, à destination de l'acquéreur, à partir d'un autre État membre de l'Union européenne ».

1313 Le redevable de la taxe due au titre d'une acquisition intracommunautaire dont le lieu se situe en France est l'acquéreur (CGI, art. 283, 2 *bis*). Il a donc pour obligation d'autoliquider la taxe et de reverser au Trésor l'impôt dû en raison de l'opération. Dans ce système, c'est celui qui acquiert le bien qui la reverse directement au Trésor, sans passer par l'opérateur qui lui a livré le bien.

1314 Conformément à l'article 269, 1-a du CGI, le fait générateur de la taxe intervient au moment où l'acquisition intracommunautaire est effectuée, c'est-à-dire au moment où la livraison à l'intérieur du pays de biens similaires est considérée comme effectuée (Dir. TVA, art. 68).

1315 La taxe est exigible le 15 du mois suivant celui au cours duquel s'est produit le fait générateur. Toutefois, la taxe devient exigible lors de la délivrance de la facture, à condition qu'elle précède la date d'exigibilité prévue ci-dessus et qu'il ne s'agisse pas d'une facture d'acompte (CGI, art. 269, 2-d).

En revanche, les acquisitions intracommunautaires des biens sont exonérées de TVA lorsqu'elles portent sur des biens dont la livraison en France serait exonérée.

3. Les opérations réalisées avec des particuliers

1316 Il n'est pas possible d'appliquer les mêmes règles pour les opérations réalisées avec des particuliers : dans le régime vu précédemment, l'acquéreur autoliquide la TVA. Mais s'il est un particulier, on ne lui impose pas la même chose. On applique la règle inverse : lorsqu'on est en présence d'une opération réalisée avec un particulier, le vendeur facture la TVA en appliquant la TVA locale (CGI, art. 258 A). Les particuliers sont donc normalement soumis à la TVA applicable dans l'État dans lequel se trouve le vendeur, sauf exceptions. Ces exceptions sont au nombre de deux : les ventes à distance (a) ; les ventes de véhicules de transport neufs (b). Ces régimes trouvent également à s'appliquer aux personnes bénéficiant du régime dérogatoire (CGI, art. 256 *bis*).

a. Les ventes à distance et le commerce électronique

Ce sont les ventes qui rendent nécessaires le transport du bien par le vendeur à destination d'un acquéreur d'un État membre à un autre. Elles sont taxables au niveau du vendeur. Mais, si c'est toujours lui qui devra acquitter la taxe sur la valeur ajoutée, il ne le fera pas nécessairement selon le taux de son pays. C'est une exception au principe d'exonération des livraisons intracommunautaires. La livraison est toujours taxable, mais le lieu qui est réputé être celui de la livraison varie. 1317

L'expression « ventes à distance » désigne des échanges intracommunautaires présentant simultanément trois caractéristiques : 1318

- la livraison porte sur des biens expédiés ou transportés par le vendeur ou pour son compte, à destination de l'acquéreur ;
- la livraison est faite de France vers un autre État membre ou inversement d'un autre État membre ;
- l'acquéreur est un particulier (personne physique non assujettie).

La vente ainsi définie constitue toujours une livraison taxable au niveau du vendeur. Mais la localisation de cette livraison est régie par des règles particulières. Il faut ainsi opérer une distinction selon le volume d'affaires annuel du vendeur. Si le vendeur étranger réalise avec la France un chiffre d'affaires suffisant, c'est-à-dire si pendant l'année civile précédente ou pendant l'année en cours, il réalise un chiffre d'affaires supérieur à 10.000 € alors la TVA française est exigible en France au taux français (le vendeur peut également opter pour la TVA française pour l'ensemble de ses ventes, y compris celles comprises en deçà du seuil de 10.000 €). S'il n'est pas établi en France, il doit désigner un représentant en France pour le paiement de l'impôt. 1319

Si le chiffre d'affaires n'atteint pas ce seuil, c'est la TVA locale qui est due. Si le taux local est supérieur au taux français, le vendeur étranger peut opter pour le taux de TVA française. 1320

Lorsque le vendeur est une entreprise française, on applique des règles symétriques. La TVA française sera donc applicable si cette entreprise réalise avec le pays étranger un chiffre d'affaires inférieur au seuil de 10.000 € HT. Au-delà, la TVA du pays de destination sera applicable (CGI, art. 258 A et 259 D, II, 1). 1321

Le régime des ventes à distance ne s'applique toutefois pas aux ventes de moyens de transport neufs. 1322

Les vendeurs non établis dans l'Union européenne qui s'appuient sur une plateforme électronique pour commercialiser leurs produits auprès des particuliers (type « market place ») font l'objet d'un régime spécifique depuis le 1er juillet 2021. Aux termes de l'article 256, V, 2°, b) du CGI ; l'entreprise assujettie qui exploite « une interface électronique telle qu'une place de marché, une plateforme, un portail ou un dispositif similaire », en vue de faciliter « la livraison d'un bien dans l'Union européenne par un assujetti non établi sur le territoire de l'Union européenne à une personne non assujettie » est réputée acquérir et vendre lui-même les biens en question. 1323

Précisément, l'entrée sur le territoire de l'Union européenne bénéficie d'une exonération de TVA (CGI, art. 262 *ter*, III). En revanche, la vente réalisée par la plateforme électronique auprès du client non assujetti donnera lieu à l'application de la TVA.

■ 1324 D'une manière générale, les vendeurs à distance établis dans l'Union européenne, comme les plateformes servant d'intermédiaire, peuvent bénéficier du régime du guichet unique OSS (« *one stop shop* »), ce qui leur évite d'avoir à s'immatriculer dans chacun des États membres où ils réalisent des opérations et leur permet de déclarer l'ensemble de leurs opérations auprès d'une seule administration.

■ 1325 Les ventes à distance de biens importés, c'est-à-dire les ventes réalisées par des vendeurs non établis dans l'Union européenne à destination de particuliers donnent également lieu à des dispositions spécifiques qui visent à taxer l'importation des biens concernés, mais également la vente subséquente (l'importation peut toutefois donner lieu à une exonération dans certains cas ; CGI, art. 291 et 298 *sexdecies* H).

b. Les moyens de transport neufs

■ 1326 Ce régime concerne principalement les ventes de véhicules automobiles mais la règle s'applique en réalité aux ventes de tous les véhicules à moteur au-delà d'une certaine puissance.

■ 1327 Sont donc concernés les bateaux (de plus de 7,5 m), les avions (dont le poids total dépasse au décollage 1 550 kg) et les véhicules terrestres à moteur d'une puissance supérieure à 7,2 kW ou d'une cylindrée de plus de 48 cm3.

■ 1328 Ces moyens de transport sont considérés comme neufs lorsqu'ils remplissent l'une des deux conditions suivantes :

- être livrés dans les 6 mois suivant la première mise en service pour les véhicules terrestres ou dans les 3 mois pour les autres véhicules ;
- avoir parcouru moins de 6.000 km pour les véhicules terrestres ou navigué moins de 100 heures pour moins de 100 heures pour les bateaux ou volé moins de 40 heures pour les avions.

■ 1329 La TVA est calculée au taux du pays de l'acquéreur. L'achat par un résident français d'un moyen de transport neuf dans un autre État membre est donc une acquisition intracommunautaire imposable en France.

■ 1330 C'est l'acquéreur, en principe, qui s'acquitte de la TVA auprès de la recette des impôts. Pour être certain que tel est le cas, il doit obtenir un certificat visé par l'administration fiscale qui atteste que le bien est en situation régulière aux vues de la TVA. C'est avec ce visa qu'il pourra obtenir sa carte grise auprès de la préfecture.

C. Les échanges extracommunautaires de biens

■ 1331 Après les échanges « intracommunautaires » se situant à l'intérieur de l'Union européenne, il faut aborder les échanges « extracommunautaires » qui résultent d'opérations réalisées avec des pays tiers (ou territoires assimilés). C'est seulement pour les opérations réalisées avec un acteur établi en dehors de l'Union européenne que l'on retrouve les notions d'« importation » et d'« exportation » qui, en matière communautaire, ont été respectivement remplacées par celles d'« acquisition intracommunautaire » et de « livraison intracommunautaire ».

En dépit de ces différences terminologiques, les deux réglementations présentent entre elles certaines analogies : 1332 ■
- comme les *acquisitions intracommunautaires*Q, les importations en provenance de pays tiers sont soumises à la TVA française, mais avec d'importantes particularités liées notamment à son mode de perception par le service des douanes ;
- comme les *livraisons intracommunautaires*Q, les exportations vers des pays tiers entrent dans le champ d'application de la TVA, mais en sont le plus souvent exonérées.

1. *Les importations*

Aux termes de l'article 291, I-2 du CGI, l'importation est constituée, selon le cas, par 1333 ■ l'entrée du bien sur le territoire communautaire, lorsque ce bien est mis à la consommation en France ou la mise à la consommation en France d'un bien précédemment placé sous l'un des régimes douaniers.

Dès lors que le bien est considéré comme importé au sens de l'article 291, I-2 du CGI, 1334 ■ la TVA s'applique (sauf exonération ou suspension de la taxe), qu'il y ait ou non transfert de propriété et que l'opération soit faite à titre onéreux ou à titre gratuit. Le lieu de dédouanement d'un bien en provenance d'un pays ou territoire tiers, entré dans l'Union européenne par un autre État membre et à destination de la France, est laissé au choix de l'entreprise importatrice. Tout produit, neuf ou usagé, destiné à un assujetti ou à un non-assujetti, qui est passible de la TVA en régime intérieur l'est également à l'importation. Certains biens bénéficient toutefois d'une exonération, comme par exemple les œuvres d'art (CGI, art. 291, II et III).

La base d'imposition à l'importation est constituée, selon l'article 292 du CGI, par la 1335 ■ « valeur définie par la législation douanière conformément aux règlements communautaires en vigueur », cette valeur devant toutefois être ajustée. En effet, vertu de l'article 292, 1° du CGI, sont à comprendre dans la base d'imposition les impôts, droits, prélèvements et autres taxes dus en raison de l'importation, à l'exception de la TVA elle-même. Sont notamment à inclure dans la base d'imposition les droits de douane, les taxes fiscales perçues comme en matière de TVA (taxe spéciale sur les huiles alimentaires, taxe sur les appareils de reproduction ou d'impression, etc.), les droits d'accises sur les produits de tabac manufacturé et les alcools et boissons alcooliques.

En application de l'article 293 A, 1 du CGI, à l'importation, la taxe doit être acquittée 1336 ■ par la personne désignée comme destinataire réel des biens sur la déclaration d'importation. Toutefois, cette taxe est solidairement due par le déclarant en douane qui agit dans le cadre d'un mandat de représentation. En pratique, à l'importation, la taxe peut être versée par le déclarant en douane au nom et pour le compte du destinataire.

Les produits suivants sont exonérés de TVA à l'importation (CGI, art. 291, II-3°) : 1337 ■ produits de la pêche ; navires ; aéronefs ; prothèses dentaires ; devises, billets de banque et monnaies qui sont des moyens de paiement légaux (à l'exception des billets et monnaies de collection) ; œuvres d'art originales, timbres, objets de collection ou d'antiquité, lorsque leur importation est réalisée directement à destination d'établissements agréés par le ministre de la Culture ; gaz naturel (gaz naturel liquéfié et gaz naturel à l'état gazeux non utilisé comme carburant), électricité, chaleur ou froid.

2. *Les exportations*

1338 L'article 262, I du CGI vise les livraisons de biens expédiés ou transportés en dehors de l'Union européenne. Les territoires d'exportation s'entendent donc uniquement des pays tiers (ou territoires assimilés). Les exportations au départ de la France vers des pays tiers entrent en principe dans le champ d'application de la TVA française. Mais elles en sont exonérées lorsque sont remplies les conditions fixées par la loi. L'exonération s'applique qu'il s'agisse de livraisons directes par l'exportateur ou de livraisons réalisées par l'entremise d'un intermédiaire « transparent » agissant au nom et pour le compte d'autrui.

1339 Le 1° du I de l'article 262 du CGI exonère non seulement les livraisons de biens expédiés ou transportés par le vendeur ou pour son compte en dehors de l'Union européenne mais aussi les prestations de services directement liées à l'exportation. Cette exonération concerne les transports afférents aux expéditions directes de marchandises vers des pays hors UE et certains transports d'approche effectués en vue d'acheminer vers ces pays ces marchandises destinées à l'exportation. L'exonération concerne notamment : - les transports de marchandises effectués à destination d'un port, d'un aéroport, d'une gare routière ouverte au trafic international, d'une ville ou d'une gare frontière ou à proximité immédiate de la frontière en vue du transbordement de ces marchandises vers des pays ou territoires tiers à l'Union européenne ; - les transports de marchandises destinées à l'avitaillement des navires et des aéronefs bénéficiant de l'exonération de la TVA et transbordées à cet effet dans un port ou un aéroport.

1340 Malgré l'exonération, les exportateurs conservent leur droit à déduction (CGI, art. 271, V, d). Ils peuvent donc déduire la TVA qui a grevé les éléments du prix des biens exportés. Les exportateurs sont en droit, lorsqu'ils ne peuvent pas récupérer la taxe par imputation, d'en obtenir le remboursement. Par ailleurs, ils ont la faculté d'acquérir ou d'importer en franchise de taxe les biens qu'ils destinent à l'exportation en l'état ou après transformation (CGI, art. 275).

§ 2 Les prestations de service

1341 Les prestations de service ne se définissent pas en tant que telles, mais par référence à la livraison : tout ce qui n'est pas une livraison de biens corporels constitue une prestation de service. Sont ainsi concernées les cessions ou concessions de certains bien meubles dès lors que ces biens sont incorporels : brevets, logiciels... De même, certaines opérations du commerce électronique sont assimilées à des prestations de service parce qu'elles portent sur des opérations immatérielles, même si parfois elles sont des ventes.

Les règles de territorialité en matière de prestations de services sont articulées en règles de principe (A) et règles spéciales ou dérogatoires (B). 1342

A. Les règles de principe

L'article 259 du CGI fixe les règles de territorialité de principe en matière de prestations de services. Il prévoit ainsi que le lieu des prestations de services est situé en France : 1343

- lorsque le preneur est un assujetti agissant en tant que tel et qu'il a en France, le siège de son activité économique ou un établissement stable auquel les services sont fournis ou à défaut son domicile ou sa résidence habituelle ;
- lorsque le preneur est une personne non assujettie, si le prestataire a établi en France le siège de son activité économique ou dispose d'un établissement stable en France à partir duquel les services sont fournis ou a en France son domicile ou sa résidence habituelle.

En d'autres termes, dans les relations *B to B* (*Business to Business*), la TVA française s'applique si le preneur est un assujetti établi en France. Dans les relations *B to C* (*Business to Consumers*), la TVA française s'applique si le prestataire est un assujetti établi en France.

La notion d'assujetti retenue en matière de territorialité des services pour déterminer si le preneur du service est ou non un assujetti est plus large que la notion servant habituellement à définir les opérations entrant dans le champ d'application de la TVA. Conformément à l'article 259-0 du CGI, doit être considéré comme ayant la qualité de preneur assujetti au regard des règles de territorialité des services, l'opérateur qui réalise des opérations dans le champ de la TVA et cela même s'il réalise des opérations hors champ. Un assujetti « partiel » a donc la qualité d'assujetti au regard des règles de territorialité des services même si la prestation est acquise pour les besoins de ses activités ou opérations situées hors champ de la TVA. Au regard de ses règles, sont également considérés comme des assujettis les assujettis réalisant exclusivement des opérations exonérées. 1344

En la matière, les règles de territorialité font référence au lieu d'établissement (du prestataire ou du preneur). Cet établissement est en principe situé au lieu du siège social, s'agissant d'une personne morale. Le rattachement d'une prestation de services à un établissement autre que le siège n'est possible que si cet établissement présente une consistance minimale, par la réunion permanente des moyens humains et techniques nécessaires à des prestations de services déterminées (CJCE 4 juill. 1985, *Berkholz*; art. 53, Règl. n° 282/2011 du Conseil du 15 mars 2011). La notion d'établissement stable peut trouver à s'appliquer lorsque le prestataire dispose de plusieurs lieux d'exploitation. Ainsi, si un prestataire est établi en Espagne, mais dispose également d'un établissement stable en France, les opérations effectuées par ce dernier seront imposables à la TVA en France si le preneur est un assujetti établi en France ou si le preneur est non assujetti. Le critère de l'établissement stable permet donc d'éviter une application systématique du critère du siège social et de prendre en compte la réalité économique de la situation (risque de distorsion de concurrence, le lieu effectif de la prestation et la rationalité de la solution). En la matière, l'autonomie de l'établissement doit être caractérisée, à l'inverse de ce qui est prévu en matière d'impôt sur les sociétés dans le cadre des conventions internationales. En outre, le 1345

Conseil d'État considère que le simple fait pour un établissement d'accéder à distance aux moyens techniques mis à la disposition des différentes sociétés d'un groupe suffit à considérer que ledit établissement dispose des moyens nécessaires pour fournir les services en cause (CE, ass. plén., 11 déc. 2020, *Sté Conversant International Ltd*, n° 420174), sans rechercher si ce rattachement à cet établissement est fiscalement plus rationnel qu'un rattachement au siège de l'activité économique du prestataire.

Tableau récapitulatif des règles de territorialité de principe prévues par l'article 259 du CGI (hors exceptions)

Lieu d'établissement du prestataire	Qualité du preneur	Lieu d'établissement ou de résidence du preneur	TVA applicable
France	Assujetti	France/UE	TVA de l'État du preneur
	Non assujetti	France/UE/Hors UE	TVA de l'État du prestataire
UE	Assujetti	France/UE	TVA de l'État du preneur
	Non assujetti	France/UE/Hors UE	TVA de l'État du prestataire
Hors UE	Assujetti	France/UE	TVA de l'État du preneur

B. Les prestations matérielles (CGI, art. 259 A)

1346 Par dérogation à la règle générale posée à l'article 259, la détermination du lieu d'imposition des services suivants s'effectue en fonction d'autres critères que celui de la qualité du preneur. Peu importe ici qu'il soit assujetti ou non. Quatre catégories de prestations matérielles donnent lieu à des règles particulières : les locations de moyens de transport (1) ; les services se rattachant à un bien immeuble (2) ; les prestations de transport de passagers (3) ; les prestations matérielles exécutées en France (4) ; les services fournis par les agences de voyages (5).

1. Les locations de moyen de transport de courte durée (CGI, art. 259 A-1°, a))

1347 Les locations de moyens de transport donnent lieu à des règles de territorialité spécifiques. Le lieu d'une location de courte durée d'un moyen de transport est situé en France lorsque le moyen de transport est effectivement mis à la disposition du preneur en France. Un moyen de transport est considéré comme « effectivement mis à la disposition du preneur » à l'endroit où ce moyen de transport se trouve au moment où le preneur en prend effectivement et physiquement possession. La simple prise de possession juridique du moyen de transport (signature du contrat, remise des clés) ne suffit pas à caractériser la mise à disposition du preneur. Une location d'un moyen de transport est dite de courte durée lorsque la possession ou l'utilisation continue de ce moyen de transport couvre une période ne dépassant pas trente jours.

2. Les services se rattachant à un bien immeuble (CGI, art. 259 A-2°)

Les prestations de services se rattachant à un bien immeuble (logement, expertise immobilière, travaux immobiliers, architecte, droits d'utilisation de l'immeuble) sont taxables en France lorsque le bien immeuble y est situé. Conformément à la jurisprudence de la CJUE, doivent être regardés comme entretenant un lien suffisamment étroit avec l'immeuble les services dont l'immeuble constitue un élément central et indispensable de la prestation (CJCE 7 sept. 2006, *Heger*, aff. C-166/05). L'article 13 *ter* du règlement d'exécution (UE) n° 282/2011 du Conseil du 15 mars 2011 portant mesures d'exécution de la directive TVA, précise que constituent des biens immeubles les constructions incorporées au sol, dans le sol ou au-dessus ou au-dessous du niveau de la mer et qui ne peuvent être aisément démontées ou déplacées. L'article 31 *bis* du même règlement ajoute que constituent des prestations rattachables à un immeuble : - les prestations de nettoyage d'immeubles, de constructions et de machines et matériels ainsi que les prestations de gardiennage, de surveillance et de sécurité sur place d'un bien immeuble ; - les travaux de réparation et les prestations d'entretien, d'inspection et de contrôle de machines et matériels considérés comme des biens immeubles ; - les prestations modifiant physiquement un immeuble ou une construction et qui, ce faisant, leur sont rattachables, notamment les travaux immobiliers de construction, de démolition, de réparation, de rénovation, d'amélioration, de transformation, d'aménagement portant sur un immeuble bâti ou non bâti (aménagement de jardins, terrassements de terrains). Cela vaut également lorsque les services sont fournis à distance à condition que le bien immeuble reste l'élément essentiel de la prestation. 1348

3. Les prestations de transport de passagers (CGI, art. 259 A-4°)

Au regard des règles de territorialité, les prestations de transport de passagers sont situées en France en fonction des distances parcourues en France. Mais ici, les règles d'exonération sont nombreuses. L'article 262, II, 8° et 10° du CGI exonère de TVA : 1349

- les transports aériens ou maritimes de voyageurs en provenance ou à destination de l'étranger ou des territoires et départements d'outre-mer ;
- les transports ferroviaires de voyageurs en provenance et à destination de l'étranger, ainsi que les transports de voyageurs effectués par les trains internationaux et sur les relations désignées à l'article 24 A de l'annexe IV au CGI ;
- les transports par route de voyageurs étrangers en provenance et à destination de l'étranger, circulant en groupe d'au moins dix personnes.

4. Les prestations matérielles exécutées en France (CGI, art. 259 A-5° et 5°bis)

Les prestations culturelles, artistiques, sportives, scientifiques, éducatives ou de divertissement sont soumises à la TVA française si leur lieu d'exécution se situe en France. De même, les ventes à consommer sur place entrent dans le champ d'application de la TVA française lorsqu'elles sont matériellement exécutées ou exercées en France. 1350

5. Les agences de voyages (CGI, art. 259 A-8°)

1351 Conformément aux dispositions du 8° de l'article 259 A du CGI, la prestation de services unique d'une agence de voyages est taxable en France lorsque cette agence dispose dans ce pays de son siège économique ou d'un établissement stable à partir duquel la prestation de services est rendue.

1352 On entend par prestation de services unique, la prestation réalisée par l'agence de voyages lorsqu'elle agit en son nom propre à l'égard du client (intermédiation « opaque » au sens du V de l'article 256 du CGI) et utilise, pour la réalisation du voyage, des livraisons de biens et des prestations de services fournis par d'autres assujettis.

Tableau récapitulatif des règles de territorialité relatives aux prestations de services fournies à des personnes assujetties et non assujetties

Type de prestation	TVA applicable
Location de moyens de transport de courte durée	Lieu de mise à disposition du véhicule
Services rattachables à un immeuble	Lieu de situation de l'immeuble
Transport de passagers	Distance parcourue dans l'État membre, sauf exonérations
Vente à consommer sur place (hors train, navire et aéronef)	Lieu d'exécution de la prestation
Vente à consommer sur place dans le train, navire et aéronef	Lieu du départ du moyen de transport
Agences de voyages	Lieu d'établissement de l'agence si prestation unique

C. Les prestations de services fournies à des personnes non assujetties

1. *Les locations de moyens de transport autre que de courte durée (CGI, art. 259 A-1°, b))*

1353 Les locations, qui ne sont pas de courte durée, consenties à une personne non assujettie, lorsque cette personne est établie ou a son domicile ou sa résidence habituelle en France sont taxables en France.

2. Les prestations de transport intracommunautaire de biens (CGI, art. 259 A-3°)

Le lieu d'une prestation de transport intracommunautaire (le lieu de départ et le lieu d'arrivée sont dans l'Union européenne) de biens fournie à des personnes non assujetties est en France lorsque le lieu de départ du transport y est situé. Par conséquent c'est la TVA française qui s'applique dans cette situation. 1354 ■

3. Les prestations de transport de biens autre qu'intracommunautaire (CGI, art. 259 A-4°)

Les prestations de transport de biens autres qu'intracommunautaires sont imposées en France en fonction des distances parcourues en France, sauf exceptions. En résumé, les règles de territorialité applicables aux transports internationaux de biens sont différentes selon la qualité du preneur. Ces prestations relèvent de l'article 259, 1° du CGI, lorsque le preneur est un assujetti. Lorsque le preneur est une personne non assujettie, les prestations de transport international de biens autres qu'intracommunautaires relèvent du 4° de l'article 259 A du CGI. 1355 ■

4. Les prestations fournies par un intermédiaire agissant au nom et pour le compte d'autrui (CGI, art. 259 A-7°)

Les prestations fournies par un intermédiaire agissant au nom et pour le compte d'autrui (mandataire) suivent le même régime que l'opération principale. La prestation fournie par l'intermédiaire est taxable en France lorsque l'opération principale qu'elle favorise est taxable. Par exemple, le mandataire chargé de la vente d'un immeuble neuf doit appliquer la TVA française, si la vente immobilière est taxable en France. 1356 ■

Tableau récapitulatif des règles de territorialité relatives aux prestations de services fournies à des personnes non assujetties (hors prestations de services immatérielles et électroniques)

Type de prestation	Qualité du preneur	TVA applicable
Location de moyens de transport de longue durée	Non assujetti	Lieu d'établissement du preneur
Transport intracommunautaire de biens	Non assujetti	Lieu de départ du bien
Transport de biens autre qu'intracommunautaire	Non assujetti	Distance parcourue dans l'État membre
Prestataire agissant au nom et pour le compte d'autrui (transparent)	Non assujetti	Lieu d'imposition de l'opération principale

5. Les prestations de service immatérielles (CGI, art. 259 B)

1357 Il s'agit de prestations liées au droit de la propriété intellectuelle (marque, brevet, etc.) et les prestations intellectuelles (conseil, expertise, etc.).

1358 Les prestations de service intracommunautaires sont soumises aux règles de principe de l'article 259 du CGI.

1359 Les prestations de service extracommunautaires suivent le même régime que les exportations et importations. Aussi, elles ne sont pas réputées se situer en France lorsqu'elles sont fournies à une personne non assujettie qui n'est pas établie ou n'a pas sa résidence habituelle dans un État de l'UE.

6. Les prestations de service électroniques (CGI, art. 259 B, 12° et 259 D)

1360 Pour être qualifié d'électronique, les services doivent répondre à quatre critères cumulatifs : - les services sont fournis sur l'Internet ou sur un réseau électronique ; - la prestation est largement automatisée : cela signifie que la prestation est principalement réalisée au moyen de machines, notamment d'ordinateurs ; - l'intervention humaine est minimale ; - la prestation est impossible à assurer en l'absence de technologies de l'information (BOI-TVA-CHAMP-20-50-40-20, 13 août 2021, spéc. n° 70 s.) L'article 98 C de l'annexe III au CGI dresse une liste indicative et non exhaustive de services fournis par voie électronique. Les fournitures numérisées d'images sont ainsi considérées comme des services électroniques.

1361 Les prestations de service électroniques sont soumises à la TVA du lieu de consommation en présence d'un preneur non assujetti (sauf exceptions : seuil de 10.000 € HT pour un prestataire UE).

7. Les prestations de service fournies par un prestataire établi hors UE (CGI, art. 259 C)

1362 En dehors des cas précédents (CGI, art. 259 A et 259 D), les prestations de service fournies par un prestataire établi hors UE au profit d'un preneur non assujetti relèvent de la TVA française si les services sont utilisés ou exploités en France (ex. publicité).

Tableau récapitulatif des règles de territorialité prévues pour les prestations immatérielles

Lieu d'établissement du prestataire	Qualité du preneur	Lieu d'établissement ou de résidence du preneur	TVA applicable
France	Assujetti	France/UE	TVA de l'État du preneur
	Non assujetti	France/UE	TVA de l'État du prestataire
		Hors UE	

	Assujetti/non assujetti		Pas de TVA française
UE	Assujetti	France/UE	TVA de l'État du preneur
	Non assujetti	France/UE/Hors UE	TVA de l'État du prestataire
Hors UE	Assujetti	France/UE	TVA de l'État du preneur
	Non assujetti	France	TVA française si le service est utilisé en France

Mémo

Selon l'article 256-I du CGI, sont soumises à la taxe sur la valeur ajoutée les livraisons de biens et les prestations de services effectuées à titre onéreux par un assujetti agissant en tant que tel.

La TVA appréhende donc toutes les activités économiques, quel que soit le statut de l'entreprise qui les réalise, dès lors qu'elles engendrent des recettes ayant un caractère de permanence.

Une opération ne sera soumise à la TVA que si elle est réalisée à titre onéreux. Il faut entendre par là que l'opération doit comporter une contrepartie en lien direct avec la livraison ou la prestation.

Théoriquement hors champ d'application de la TVA, les opérations avec soi-même sont taxables. Les opérations avec soi-même correspondent à l'hypothèse dans laquelle une personne se rend service à elle-même à partir de biens ou de moyens qui lui appartiennent ou obtient un bien à partir de ces mêmes éléments.

La loi prévoit de multiples cas d'exonération de la TVA. Elle poursuit souvent des objectifs économiques et sociaux à travers ces dérogations, notamment en réduisant le coût des biens et services concernés. Mais être exonéré de TVA implique une perte du droit à déduction de la TVA supportée en amont (sauf exception).

Certaines opérations non imposables peuvent être rendues imposables si l'entreprise opte pour leur imposition. L'option pour la TVA a pour conséquence d'autoriser le droit à déduction de la TVA supportée en amont.

La détermination du champ d'application géographique de la TVA implique de distinguer les opérations qui interviennent au sein des États membres de l'Union européenne (opérations intracommunautaires) et les opérations réalisées avec des États tiers (opérations extracommunautaires).

S'agissant des livraisons de biens réalisées entre assujettis, toute acquisition intracommunautaire taxée dans l'État membre d'arrivée a pour corollaire une livraison exonérée dans l'État membre de départ du bien. En France, les livraisons intracommunautaires sont exonérées, en application de l'article 262 *ter*, I du CGI et les acquisitions intracommunautaires sont taxées (autoliquidation par l'acquéreur assujetti).

S'agissant des livraisons de biens réalisées au profit d'un non-assujetti, le principe est que c'est la TVA dans l'État dans lequel se trouve le vendeur qui s'applique et qui est liquidée par ses soins, sauf exceptions (ventes à distance et vente de véhicules de transport neuf).

En matière de prestations de services, les règles de territorialité sont articulées en règles de principe et règles dérogatoires. Les règles de principe conduisent à déterminer en premier lieu si le preneur est un assujetti ou non. Si tel est le cas, c'est la TVA du lieu où il est établi qui trouve à s'appliquer. Dans le cas contraire, il faut appliquer la TVA du lieu où est établi le prestataire, lorsqu'il est lui-même assujetti à la TVA. La loi prévoit de nombreuses dérogations à ces règles de principe. Ces dérogations varient selon la nature de l'activité exercée et selon la qualité du preneur ainsi que son lieu de domicile ou d'établissement.

Quid

■ Acquisition intracommunautaire n°s 1309, 1332

C'est la livraison de biens opérée entre deux assujettis, établis dans deux États de l'Union européenne différents et qui conduit à une entrée sur le territoire où se situe l'acquéreur.

■ Assujetti n°s 1234, 1257, 1258

Désigne l'entité soumise à la TVA en raison de son activité.

■ Livraison intracommunautaire n°s 1303, 1332

C'est la livraison de biens opérée entre deux assujettis, établis dans deux États de l'Union européenne différents et qui conduit à une sortie du territoire où se situe le vendeur.

Numéro de TVA intracommunautaire n° 1299, 1300, 1301

C'est le numéro d'identification à la TVA des assujettis effectuant des opérations ouvrant droit à déduction, ainsi qu'à un certain nombre d'autres assujettis. Les numéros d'identification attribués aux entreprises figurent dans une base de données électronique mise en place au niveau européen pour faciliter les échanges entre partenaires commerciaux.

Biblio

- Y. Sérandour, *Précis de TVA*, LexisNexis, coll. « Précis fiscal », 2021 ; « La fraude à la TVA sur les livraisons intracommunautaires », *Dr. fisc.* 2011. 491 ; « La TVA sur les opérations complexes », *Dr. fisc.* 2017. 146.

Quiz

1) Sujets corrigés

A) Tableaux de connaissances

Énoncé n° 1

Analysez les situations suivantes au regard de la TVA et répondez par Oui ou par Non.

Situations et application de la TVA

Situation de fait	Champ d'application de la TVA	Exonération de TVA
M. Dupont est avocat salarié		
Mme Dupont est avocate collaboratrice		
La société anonyme Pilote gère une auto-école		
Mme Noé est vétérinaire		
M. Noé est médecin généraliste		
M. Capi exploite un fonds de commerce en tant que locataire-gérant et verse des redevances à la SARL Ingé		
M. Colina est arbitre de football		
M. Tessier a perçu des dividendes de la société Bibendi		
M. Kameron loue un immeuble d'habitation en meublé		
L'entreprise Kameron loue un immeuble équipé à un commerçant		

Voir le corrigé en fin de rubrique.

Énoncé n° 2

Analysez les situations suivantes et déterminez la TVA applicable.

Situations et taux de TVA

Situation de fait	TVA applicable
Vente de matériel informatique par la société Roger établie à Pau à destination de la société Gerhard établie en Allemagne	
Acquisition par la société Roblot, établie à Caen, de pièces de textile provenant de Thaïlande et produite par un fabricant industriel	
Achat par le docteur Leclerc domicilié dans l'Aube d'un véhicule automobile pour son usage personnel, auprès d'un particulier allemand dont le kilométrage s'élève à 4.000 km	
Vente d'un véhicule utilitaire par la société Kanne établie en France à la société Ahr établie en Pologne, qui ne lui a pas communiqué son numéro d'identification à la TVA locale.	
Vente par la société Amer, établie à Lille, de produits ménagers à M. Loque, résidant en Belgique, pour 120.000 €	
Achat de 550 € de marchandises par une Américaine domiciliée à Dubaï dans un grand magasin parisien	

Voir le corrigé en fin de rubrique.

B) Cas pratique

1. La société par actions simplifiée (SAS) Trackars exerce une activité économique dans le domaine des arts de la table. Elle produit et elle vend des objets en céramique. Elle vous interroge sur le traitement fiscal, au regard de la taxe sur la valeur ajoutée (TVA), des opérations suivantes :

a) Pour certains clients, la SAS Trackars est chargée non seulement de créer sur-mesure le design des objets vendus mais également de fournir et livrer ceux-ci. Quelle qualification convient-il de retenir pour ce type d'opérations ? Quelles sont les conséquences en matière de TVA ?

b) Lors de la rupture du contrat la liant avec l'un de ses fournisseurs, la SAS a été amenée à verser une indemnité forfaitaire d'un montant de 75.000 € HT à celui-ci en application d'une clause de résiliation anticipée prévue par la convention. Le cocontractant de la SAS n'a pas facturé de TVA sur cette indemnité, dans un premier temps. Mais à présent, il réclame le montant de la TVA à la SAS. Cette TVA est-elle applicable ?

2. a) La société Unterlin, établie à Bruxelles, est chargée de la construction d'un immeuble situé sur le port du Havre qui accueillera le siège social d'une entreprise locale.

Quelle est la TVA applicable à la prestation fournie par la société belge ?

b) Les ouvriers de cette société seront logés sur place, dans des éléments préfabriqués, appartenant à la société Unterlin. Une société allemande, établie à Munich, est chargée de repeindre et d'améliorer le confort des éléments préfabriqués.

Quelle est la TVA applicable à la prestation fournie par la société allemande ?

c) Dans le cadre de ce projet immobilier, le cabinet Mediatec a fourni des conseils fiscaux à la banque chargée du financement de l'opération.

Quelle est la TVA applicable à cette prestation de conseil ?

d) Enfin, une fois l'immeuble achevé, la société Clean'net, établie en Belgique, sera chargée du nettoyage de celui-ci

Quelle est la TVA applicable à cette prestation ?

Voir le corrigé en fin de rubrique.

2) Corrigés

Tableau de connaissances n° 1

Réponses sur l'application de la TVA

Situation de fait	Champ d'application de la TVA	Exonération de TVA
M. Dupont est avocat salarié	Non	Non
Mme Dupont est avocate collaboratrice	Oui	Non
La société anonyme Pilote gère une auto-école	Oui	Non
Mme Noé est vétérinaire	Oui	Non
M. Noé est médecin généraliste	Oui	Oui
M. Capi exploite un fonds de commerce en tant que locataire-gérant et verse des redevances à la SARL Ingé	Oui	Non
M. Colina est arbitre de football	Oui	Non
	Non	Non

M. Tessier a perçu des dividendes de la société Bibendi		
M. Kameron loue un immeuble d'habitation en meublé	Non	Non
L'entreprise Kameron loue un immeuble équipé à un commerçant	Oui	Non

Tableau de connaissances n° 2

Réponses sur le taux de TVA

Situation de fait	TVA applicable
Vente de matériel informatique par la société Roger établie à Pau à destination de la société Gerhard établie en Allemagne	TVA allemande (les livraisons intracommunautaires sont exonérées en France)
Acquisition par la société Roblot, établie à Caen, de pièces de textile provenant de Thaïlande et produite par un fabricant industriel	TVA française (les importations sont taxables en France)
Achat par le docteur Leclerc domicilié dans l'Aube d'un véhicule automobile pour son usage personnel, auprès d'un particulier allemand dont le kilométrage s'élève à 4.000 km	Hors champ d'application de la TVA
Vente d'un véhicule utilitaire par la société Kanne établie en France à la société Ahr établie en Pologne, qui ne lui a pas communiqué son numéro d'identification à la TVA locale	TVA française (les livraisons intracommunautaires sont exonérées seulement si l'acquéreur assujetti communique son numéro d'identification à la TVA)
Vente par la société Amer, établie à Lille, de produits ménagers à M. Loque, résidant en Belgique, pour 120.000 €	TVA française, la vente est effectuée auprès d'un particulier et non au bénéfice d'un assujetti
Achat de 550 € de marchandises par une Américaine domiciliée à Dubaï dans un grand magasin parisien	Achat en franchise de TVA si les conditions de l'article 262, I, 2°, al. 2 du CGI sont respectées

Cas pratique

1. a) Les opérations complexes sont constituées de deux ou plusieurs actes fournis aux mêmes clients. En principe, au regard de la TVA, chaque opération doit être regardée comme distincte. Ce qui signifierait en l'espèce qu'il serait nécessaire de distinguer la conception du design (prestation de services) et la livraison. Toutefois, la CJUE considère que les opérations indissociables doivent être appréhendées comme une opération unique, relevant d'une seule qualification (CJUE 21 févr. 2008). Il faut donc déterminer ici si l'opération est indissociable aux yeux du client et déterminer le cas échéant quelle est l'opération principale. Au cas présent, dès lors que l'entreprise fournit un service sur-mesure, on comprend que l'opération est indissociable (à quoi servirait le bien livré si le design n'est pas adapté au client ?) : design et livraison sont donc étroitement liés.

Mieux, il est possible de considérer que le design constitue la prestation principale. La CJUE admet en effet que même en présence de la fourniture d'un bien matériel, la qualification de prestation de services soit retenue lorsque les services complémentaires fournis ont une importance cruciale aux yeux du client (CJUE 27 oct. 2005). Pour apprécier si le service est déterminant, il faut prendre en compte ici le temps d'exécution et le coût des prestations. En l'espèce, même si le coût des prestations n'est pas indiqué, le temps consacré à l'élaboration d'un produit sur-mesure est probablement plus important que la livraison elle-même. La qualification de prestation de service doit donc être privilégiée. Les enjeux sont importants : le fait générateur de la TVA n'est pas le même ; la date d'exigibilité n'est pas la même non plus ; les règles de territorialité sont celles des prestations de services.

b) Au regard de l'article 256 du CGI qui définit le champ d'application des opérations soumises à la TVA, une somme relève de cet impôt si les deux conditions suivantes sont cumulativement respectées : le versement est la contrepartie d'un service rendu ; la somme est versée dans le cadre d'un rapport juridique où des prestations réciproques sont échangées. En principe, les sommes versées à l'occasion de la rupture d'un contrat viennent compenser un préjudice : elles ne sont donc pas imposables dès lors qu'elles ne viennent pas rémunérer un service.

Toutefois, la CJUE considère que si le montant de l'indemnité tient compte de la rémunération qui aurait dû être versée sur la période restante, celle-ci doit être soumise à la TVA (CJUE 20 nov. 2018, aff. *MEO*). En outre, dans le dernier état de la jurisprudence, la Cour estime que l'indemnité doit être soumise à la TVA toutes les fois où l'indemnité fait partie de l'engagement du cocontractant dès l'origine et qu'elle est liée aux avantages dont il a bénéficié (CJUE, 11 juin 2020, *Vodafone Portugal*).

Au cas présent, le montant prévu est forfaitaire et il n'y a pas d'indication sur la rémunération qui était due normalement, en cas d'exécution du contrat jusqu'à son terme. Aussi, il faut considérer que l'indemnité n'est pas soumise à la TVA, sauf si les modalités de calcul sont celles visées dans les arrêts précités.

2. a) En application de l'article 259 A, 2° du CGI, les prestations de services se rattachant à un immeuble ne sont imposables en France que lorsque l'immeuble est situé en France. C'est donc le lieu de situation de l'immeuble qui détermine le lieu d'imposition des prestations qui s'y rapportent.

L'article 13 *ter* du règlement d'exécution (UE) n° 282/2011 du Conseil du 15 mars 2011 portant mesures d'exécution de la directive TVA, précise que constituent des biens immeubles les constructions incorporées au sol, dans le sol ou au-dessus ou au-dessous du niveau de la mer et qui ne peuvent être aisément démontées ou déplacées.

Au cas présent, il ne fait pas de doute que le siège social constitue bien un immeuble au sens de ce texte. Reste à déterminer quelles sont les prestations qui sont rattachables à celui-ci.

L'article 31 *bis* du même règlement précise que ces services sont considérés comme ayant un lien suffisamment direct avec un bien immeuble « lorsqu'ils sont issus d'un bien immeuble, que ledit bien immeuble est un élément constitutif du service et qu'il est central et essentiel pour les services fournis ou lorsqu'ils sont fournis ou destinés à un bien immeuble et ont pour objet de modifier le statut juridique ou les caractéristiques physiques dudit bien ». Par conséquent, sont concernées par l'article 259 A, 2° du CGI comme étant des prestations de services se rattachant à un immeuble :

- les prestations d'experts et d'agents immobiliers : notamment services d'évaluation de biens immobiliers, prestations d'intermédiation à l'achat, à la vente ou à la location de biens immobiliers, prestations de bornage ;

- la fourniture de logements dans le secteur hôtelier ou de secteurs ayant une fonction similaire tels que des camps de vacances ou des sites aménagés pour camper ;

- les prestations tendant à préparer ou à coordonner l'exécution de travaux immobiliers, telles que celles fournies par les architectes ou celles des géomètres (BOI-TVA-CHAMP-20-50-30 n° 140).

Il s'agit encore des prestations suivantes :

- travaux immobiliers de construction, de démolition, de réparation, de rénovation, d'amélioration, de transformation, d'aménagement portant sur un immeuble bâti ou non bâti (aménagements de jardins, terrassements de terrains) ;

- établissement d'actes ou conventions par lesquels des droits réels ou personnels sont consentis sur un immeuble (rédaction des actes administratifs de propriété, rédaction de baux, rédaction d'actes notariés, notamment de partage de biens immobiliers, modifiant la situation juridique d'un immeuble), y compris lorsque la transaction n'est pas menée à son terme ;

- expertises relatives à l'évaluation des dommages et indemnités destinées à réparer les dommages causés à l'immeuble ;

- prestations de nettoyage, d'entretien et de gardiennage (BOI-TVA-CHAMP-20-50-30 n° 150 s.).

b) Outre les terrains, constituent des biens immeubles les constructions incorporées au sol, y compris leurs accessoires (canalisations, tuyauteries, câblages…), lorsqu'elles ne sont pas aisément démontables et déplaçables. Ainsi, un bien qui n'est pas indissociablement incorporé au sol (comme par exemple, un bâtiment construit à base d'éléments préfabriqués) peut présenter un caractère immobilier (CJUE 16 janv. 2003, aff. 315/00 ; BOI-TVA-CHAMP-20-50-30 n° 130).

La rénovation des préfabriqués, sous réserve que ceux-ci présentent bien un caractère immobilier constitue donc une prestation rattachable à un immeuble, justifiant l'application la TVA française.

c) Le règlement européen précité vise les prestations de service modifiant le statut juridique de l'immeuble. Ne constituent pas des prestations de services se rattachant à un immeuble, et relèvent par suite des règles qui leur sont propres, les prestations de conseils fiscaux antérieures au contrat de vente de l'immeuble et dont la finalité juridique immédiate n'est pas la modification juridique de l'immeuble.

d) En application du règlement européen précité, les prestations de nettoyage d'un immeuble relèvent des prestations de services rattachables à un immeuble, justifiant en l'espèce l'application de la TVA française.

chapitre 15

Le calcul, le paiement et la liquidation de la TVA

Plan analytique

section 1

La détermination de la TVA à payer

§ 1 La TVA exigible

A. L'assiette de la TVA

B. Les taux de la TVA

C. Le fait générateur de la TVA

D. La date d'exigibilité de la TVA

§ 2 La TVA déductible

A. Les conditions du droit à déduction

B. L'exercice du droit à déduction

C. Les régularisations

section 2

La déclaration et le paiement de la TVA

section 3

Les régimes spécifiques

§ 1 Les opérations sur titres

§ 2 Les biens d'occasion

§ 3 Les opérations immobilières

A. Opérations réalisées par les assujettis dans le cadre de leur activité économique

B. Opérations réalisées par des non assujettis

Compléments pédagogiques

section 1

La détermination de la TVA à payer

La détermination de la TVA à payer repose sur un calcul simple : il faut déduire de la *TVA collectée*[Q] auprès des clients la TVA payée en amont auprès des fournisseurs. Pour réaliser ce calcul, encore faut-il être en mesure de déterminer à quel moment la TVA collectée est exigible (§1 ; les mêmes règles s'appliquent pour la TVA déductible du point de vue du fournisseur) et à quelles conditions elle est déductible (§2). 1363

§ 1 La TVA exigible

Le calcul de la TVA exigible implique de déterminer 4 paramètres : l'assiette de la TVA – c'est-à-dire la base d'imposition, la somme sur laquelle on va appliquer le taux de TVA – (A) ; le taux de TVA (B) ; le fait générateur de la TVA – c'est-à-dire l'évènement qui donne naissance à la créance de TVA pour le Trésor (C) ; la date d'exigibilité de la TVA – c'est-à-dire la date à laquelle la TVA doit être versée par le fournisseur ou le prestataire de services (D). 1364

A. L'assiette de la TVA

Il s'agit de la valeur de l'opération taxable, de la contrepartie reçue à raison de cette opération. Selon l'article 266-1, a) du CGI, la base d'imposition est constituée pour les livraisons de biens, les prestations de services et les acquisitions intracommunautaires, par toutes les sommes, valeurs, biens ou services reçus ou à recevoir par le fournisseur ou le prestataire, en contrepartie de ces opérations, de la part de l'acheteur, du preneur ou d'un tiers, y compris les subventions directement liées au prix de ces opérations. Dans le cas d'une contrepartie monétaire, l'évaluation de la base imposable ne soulèvera pas trop de difficultés : il s'agira du prix versé en contrepartie de la livraison ou de la prestation reçue. Autrement dit, le versement d'une somme qui ne rémunère pas une prestation ou une livraison ne rentre pas dans la composition de la base d'imposition. Il importe peu de savoir selon quel mode de règlement est payé le prix. Il peut s'agir d'un paiement en espèces, mais également d'un paiement en nature, par exemple par la remise d'un bien, c'est-à-dire d'une dation en paiement ou d'un échange. 1365

En sus du prix de vente hors TVA, certains frais acquittés par le client font partie de la base imposable : les compléments de prix ; les frais de transport (sauf si la vente est réalisée « aux conditions départ » et s'ils font l'objet d'une facturation séparée ; les 1366 frais fiscaux (sont à comprendre dans la base d'imposition tous les impôts, droits, taxes et prélèvements de toute nature autres que la TVA). Les majorations de prix réclamées à la clientèle au titre du « service » par certaines entreprises commerciales (hôtels, restaurants, cafés, salons de coiffure, etc.), également qualifiées de « pourboires obligatoires », doivent être comprises dans la base d'imposition à la TVA de l'entreprise prestataire, qu'elles soient centralisées par l'employeur ou perçues directement auprès de la clientèle par les employés. En revanche, les simples gratifications (pourboires) versées spontanément par les clients aux employés d'une entreprise où le service est déjà incorporé dans les prix facturés ne sont pas imposables

■ 1367 À l'inverse, certains éléments sont exclus de la base d'imposition. Il s'agit en premier lieu des remises, rabais et autres ristournes accordées par le vendeur ou le prestataire à son client (CGI, art. 267, II, 1°). Ces sommes diminuent directement le prix. Si la réduction de prix figure sur la facture initiale, on retiendra donc le prix après déduction pour calculer la TVA. Si elle n'est attribuée qu'à l'issue d'un délai, par exemple pour les remises en fin d'année en fonction du volume d'achat du client concerné, l'entreprise devra adresser à ce dernier une facture rectificative ou une note d'avoir. Dans une telle situation, le client aura déduit plus de taxe qu'il n'avait droit et inversement, le fournisseur aura le droit de récupérer la TVA qu'il a versée en trop au Trésor. Le client devra reverser le montant de la taxe sur la valeur ajoutée correspondant à la réduction du prix. Pour réduire l'assiette imposable à la TVA, encore faut-il que deux autres conditions soient réunies : - Il faut que cette réduction de prix bénéficie effectivement et pour son montant exact au client ; - La réduction de prix ne doit pas masquer la perception d'une rémunération d'un service que le client aurait rendu à son fournisseur (vente qu'il aurait lui-même effectuée au profit du fournisseur).

■ 1368 Il en est également ainsi en second lieu des remboursements des débours, c'est-à-dire les sommes qui sont remboursées à des intermédiaires par leurs mandants au titre de dépenses engagées au nom et pour le compte de ces derniers. Afin de justifier l'absence de soumission des débours à la TVA, l'article 267-I-2° du CGI pose des conditions : l'intermédiaire devra être en mesure de prouver qu'il a agi en vertu d'un mandat préalable et explicite et qu'il a rendu compte à son mandant des dépenses exactes qui ont été effectuées. Il devra également justifier auprès de l'administration fiscale de la nature ou du montant exact des débours.

■ 1369 Mais si les parties ont convenu d'un prix sans préciser qu'il était hors taxes, le Conseil d'État considère que le prix est censé être stipulé toutes taxes comprises, impliquant d'extraire la TVA de ce montant (CE 14 déc. 1979, *Comité de propagande de la banane*). C'est également la position de la CJUE (CJUE 7 nov. 2013, aff. C-249/12 et C-250/12), lorsque le fournisseur ne peut pas récupérer la TVA auprès de l'acquéreur. La Cour de cassation considère à l'inverse que lorsque les parties sont des commerçants, les prix s'entendent hors taxe, sauf convention contraire (Com. 9 janv. 2001, n° 97-22.212).

Exemple :

Prix TTC = 250 ; x = prix hors taxes ; x + 20 %x = 250 ; x = 250/1,2 ; x = 208.

B. Les taux de la TVA

Il existe en France continentale quatre taux de TVA : 20 % ; 10 % ; 5,5 % et 2,1 %. À ces quatre taux, s'ajoutent des taux particuliers pour la Corse et les DOM (où le taux normal est de 8,5 %). Le champ d'application du taux normal n'est pas défini de manière limitative, dès lors qu'il englobe toutes les opérations imposables pour lesquelles un autre taux n'est pas spécialement prévu. 1370 ■

Taux réduits de TVA

Taux réduit à 10 %	Taux réduit à 5,5 %	Taux super-réduit à 2,1 %
- Médicaments non remboursables - Produits d'origine agricole, de la pêche, de la pisciculture et de l'aviculture - Bois de chauffage - Certains produits destinés à l'alimentation animale -Produits à usage agricole - Soins dispensés par les établissements thermaux autorisés - Transports de voyageurs - Fourniture de logement en hôtel ou en meublé et dans les terrains de camping classés - Locations d'emplacements sur les terrains de camping classés - Locations d'aires d'accueil ou de terrains de passage des gens du voyage - Ventes à consommer sur place de produits alimentaires ou de boissons - Ventes à emporter ou à livrer de produits alimentaires préparés en vue d'une consommation immédiate - Fourniture de logement et de nourriture dans les lieux de vie et d'accueil - Prestations relatives à la fourniture et à l'évacuation de l'eau - Prestations de balayage	- Eau - Livres - Produits alimentaires (à l'exclusion, des boissons alcooliques et des ventes à consommer sur place et des ventes à emporter ou à livrer en vue d'une consommation immédiate) - Certains appareillages et équipements pour handicapés - Prestations fournies dans les maisons de retraite et dans les établissements accueillant des personnes handicapées - Certains services d'aide aux personnes âgées dépendantes et aux personnes handicapées - Fourniture de repas dans les cantines scolaires - Abonnements au gaz, à l'électricité de petite puissance et à l'énergie calorifique, fourniture de chaleur - Collecte et tri sélectifs ainsi que traitement des déchets ménagers - Travaux forestiers réalisés au profit d'exploitants agricoles - Services d'aide à la personne - Travaux portant sur des locaux d'habitation	- Publications de presse d'intérêt général - Médicaments remboursables par la sécurité sociale - Produits sanguins - 140 premières représentations théâtrales ou de cirques - Ventes d'animaux de boucherie et de charcuterie à des non-assujettis

des caniveaux et voies publiques et prestations de déneigement des voies publiques - Collecte et tri sélectifs ainsi que traitement des déchets ménagers - Travaux forestiers réalisés au profit d'exploitants agricoles - Services d'aide à la personne - Travaux portant sur des locaux d'habitation - Abonnements télévisions privées	- Commissions et courtages sur produits au taux réduit - Presse - Spectacles - Cinéma	

C. Le fait générateur de la TVA

1371 Il faut distinguer entre le fait générateur et l'exigibilité. Le fait générateur est l'évènement par lequel sont réalisées les conditions pour que la taxe soit exigible. C'est à cette date que naît la dette de la TVA. Le fait générateur est l'évènement qui fait naître la créance d'impôt. Puisque la créance naît au moment du fait générateur, c'est à ce moment qu'il faut se placer pour évaluer le montant de la dette du contribuable envers le Trésor.

1372 L'exigibilité se définit par la date à laquelle le Trésor peut obtenir le paiement de la taxe et peut faire valoir ses droits auprès du redevable. Cette date peut ne pas coïncider avec le fait générateur.

1373 En principe, la distinction entre le fait générateur et l'exigibilité n'existe pas pour la livraison de biens. En effet, l'article 269-2 du CGI précise que la taxe est exigible pour les livraisons de biens lors de la réalisation du fait générateur. Depuis la loi de finances pour 2022, des exceptions ont toutefois été introduites de sorte que le fait générateur et l'exigibilité peuvent ne pas coïncider pour les livraisons de biens, notamment en cas d'acompte versé avant la livraison. En revanche, pour les prestations de service, les deux dates ne coïncident pas : le fait générateur est constitué par l'exécution de la prestation et l'exigibilité est en principe celle de l'encaissement du prix.

D. La date d'exigibilité de la TVA

1374 La date d'exigibilité de la TVA en matière de livraison de biens est donc au moment de la livraison, soit au moment où l'acquéreur peut disposer du bien comme un propriétaire. Le plus souvent, la date d'exigibilité correspond à la date de la remise matérielle de la chose transmise. Mais le transfert de propriété peut parfaitement intervenir avant la remise matérielle. De même, les opérations assimilées à des ventes (ex. location-vente) ne comportent pas par définition de transfert de propriété (et donc seule la remise matérielle du bien importe ; CGI, art. 256, II, c)). En principe, cette date d'exigibilité est indifférente aux modalités de paiement du prix. Voilà pourquoi, le droit interne prévoyait qu'un acompte versé par l'acquéreur ne rendait pas la TVA exigible. Une telle solution n'était pas en adéquation avec le droit de l'Union européenne (CAA Nantes, 28 mai 2021, *SAS Technitoit*). Aussi, la loi de finances pour 2022 a modifié le 2 de l'article 269 du CGI afin de prévoir qu'en cas de versement préalable d'un acompte en paiement d'une livraison de bien, la TVA devient exigible au moment de son encaissement à concurrence du montant encaissé. En l'absence d'acompte, la taxe demeure exigible à la livraison. Désormais donc, en cas d'encaissement d'un acompte relatif à une livraison de biens, la TVA est exigible au moment de son encaissement et dans la limite du montant encaissé (CGI, art. 269, 2, a, al. 1er). En contrepartie, le client peut récupérer la TVA mentionnée sur la facture d' acompte s'il est assujetti à la TVA .Ces nouvelles règles sont applicables à compter du 1er janvier 2023 et apparaissent plus conformes à la directive TVA et particulièrement à son article 35. En outre, la CJUE considère pour que la TVA soit exigible sans que la livraison ou la prestation ait encore été effectuée, il faut, d'une part, que tous les éléments pertinents du fait générateur, c'est-à-dire de la future prestation, soient déjà connus et donc, en particulier, que, au moment du versement de l'acompte, les biens ou les services soient désignés avec précision et, d'autre part, que la réalisation de la livraison ou de la prestation ne soit pas incertaine (CJUE 13 mars 2014, *Firin OOD*, aff. C-107/13 et 31 mai 2018, *Kollross et Wirtl*, aff. C-660/16 et C-661/16).

En tout état de cause, le critère de la livraison peut conduire le vendeur a versé la TVA au Trésor public avant d'avoir encaissé le prix. Pire, en cas d'impayé ou d'annulation de l'opération, se pose la question de savoir, comment la TVA peut être remboursée au vendeur. En la matière, l'article 272 du CGI prévoit que la TVA qui a été perçue à l'occasion de ventes ou de services résiliés ou annulés ou lorsque les créances correspondantes sont devenues définitivement irrécouvrables donne lieu à imputation ou à remboursement (v. ss 1404). Si l'acheteur rencontre des difficultés financières, la TVA déjà n'a pas vocation à être remboursée immédiatement. En effet, l'imputation ou le remboursement de la taxe implique une décision de justice qui prononce la liquidation judiciaire, s'agissant d'un acquéreur exerçant une activité économique. 1375

Toutefois, selon le Conseil d'État, l'imputation ou la restitution de taxe sur la valeur ajoutée est subordonnée à l'obligation de justifier de la rectification préalable de la facture initiale lorsque la créance correspondant à la vente ou aux services est devenue définitivement irrécouvrable du fait de la mise en liquidation judiciaire du débiteur. La mise en liquidation judiciaire ne peut donc pas justifier en soi l'imputation ou la restitution de la taxe (CE 28 mars 2012, *Sté Saint Germain Automobile*). 1376

L'imputation ou la restitution est subordonnée à la justification, auprès de l'administration, de la rectification préalable de la facture initiale. Sur ce point, le Conseil d'État décide qu'un fournisseur doit, afin de pouvoir récupérer la TVA acquittée au titre d'une opération impayée, justifier de l'envoi d'une facture « rectificative » bien que le caractère irrécouvrable de la créance détenue sur le client soit dû à sa liquidation judiciaire (CE 21 nov. 2011, *SARL Éditions Ixora*). De même, lorsque le 1377 client est en liquidation judiciaire, la facture « rectificative » requise pour obtenir l'imputation ou le remboursement de la TVA acquittée au titre des opérations demeurées impayées n'a pas à être communiquée à l'administration avant la clôture de la liquidation. L'article 272 du CGI ne fixe, en effet, aucun délai pour la production de cette facture (CE 28 juill. 2011, *Sté Myrys*).

■ 1378 Les services, travaux immobiliers, ventes à consommer sur place, ne sont pas concernés par l'application des dispositions de l'article 272 du CGI, puisque l'exigibilité de la taxe se situe, en principe, à la date de l'encaissement pour ces opérations (v. ss 1384).

■ 1379 Pour les ventes à exécution échelonnée (ex. eau, gaz, etc.), la livraison est continue de sorte qu'il est difficile d'en faire une cause d'exigibilité. Selon l'article 269, 2, d) du CGI, la taxe est exigible à l'expiration des périodes auxquelles les décomptes ou encaissements se rapportent, ou bien lorsque l'abonné est débité dans les livres du fournisseur.

■ 1380 Selon l'article 269, 2, d) du CGI, en matière d'acquisition intracommunautaire, la taxe est exigible le 15 du mois suivant au cours duquel s'est produit le fait générateur. Dans le cas où la facture est émise avant le 15 du mois qui suit le mois de livraison, la taxe devient exigible lors de la délivrance de la facture. La taxe est due par l'entreprise qui procède à l'acquisition (autoliquidation).

■ 1381 Pour les livraisons et transferts de biens expédiés ou transportés vers le territoire d'un autre État membre de l'UE, l'exigibilité intervient désormais, comme pour les acquisitions intracommunautaires : le 15 du mois suivant celui au cours duquel s'est produit le fait générateur ; ou lors de la délivrance de la facture (à l'exclusion des factures d'acomptes), sous réserve qu'elle soit délivrée avant le 15 du mois suivant celui au cours duquel le fait générateur est intervenu. Par ailleurs, lorsque ces livraisons et transferts sont effectués de manière continue pendant une période de plus d'un mois civil, le fait générateur se produit à l'expiration de chaque mois civil.

■ 1382 Lorsque l'on est en présence d'une importation (opération extracommunautaire), la taxe est due au moment où le bien est considéré comme importé (au moment du dédouanement). C'est le destinataire réel, l'acquéreur, qui acquitte la TVA d'après la déclaration d'importation.

■ 1383 S'agissant des livraisons à soi-même, la TVA est exigible au moment de la première utilisation du bien ou au moment de son changement d'affectation. La TVA est due par l'entreprise qui se livre à elle-même.

■ 1384 S'agissant des prestations de services et des travaux immobiliers, il convient d'opérer une distinction entre le fait générateur et l'exigibilité. À l'opposé des livraisons de biens meubles corporels, il n'y a pas de coïncidence entre les deux moments (CGI, art. 269). Le fait générateur est constitué par l'exécution de la prestation, c'est-à-dire les services ou les travaux. L'exigibilité est constituée par l'encaissement du prix.

■ 1385 Il existe deux systèmes applicables en matière de prestation de service. En principe, le paiement de la TVA s'effectue au moment de l'encaissement du prix, mais les redevables peuvent également être autorisés par les impôts à acquitter la taxe après leurs débits. Par encaissement, il faut entendre toutes sommes perçues à l'occasion de l'exécution de la prestation de services : acomptes, avances, règlement pour solde, quelle que soit l'utilisation de ces sommes. En la matière et sur la base de la jurisprudence rendue par la Cour de justice de l'Union européenne, le Conseil d'État précise que « pour que la taxe sur la valeur ajoutée soit exigible sans que la prestation ait encore été effectuée, il faut, d'une part, que tous les éléments pertinents du fait générateur, c'est-à-dire de la future prestation, soient déjà connus et donc, en particulier, que, au moment du versement de l'acompte, les biens ou les services soient désignés avec précision et, d'autre part, que la réalisation de la prestation ne soit pas incertaine » (CE 24 févr. 2021, n° 429647). L'article 269, 2 c), al. 1er pose un régime spécifique d'option pour le paiement de la taxe d'après les débits. Il permet à certains assujettis de ne pas attendre l'encaissement du prix et de rendre exigible taxe dès que le compte client ou le compte de trésorerie est débité.

Tableau récapitulatif - Exigibilité de la TVA

Mode de règlement des prestations de service	Exigibilité de la TVA
Chèque	Date de remise
Virement	Inscription au crédit du compte du prestataire
Escompte d'une lettre de change	Paiement réalisé par le client (échéance de la lettre de change ; CGI, art. 269, 2, c))
Cession de créance	Paiement réalisé par le client (échéance de la créance transmise ; CGI, art. 269, 2, c))

§ 2 La TVA déductible

La possibilité de déduire la TVA payée en amont est de l'essence de la TVA puisqu'elle permet aux opérateurs qui sont dans le cycle de distribution de n'acquitter la TVA que sur leur valeur ajoutée. Cette déduction permet de réduire le montant de la TVA à verser au Trésor, voire de générer un crédit de taxe, lorsque la taxe collectée auprès des clients est inférieure à celle payée auprès des fournisseurs. La réglementation applicable à la déduction de la TVA est toutefois complexe car elle tient compte de l'étendue des activités de l'entreprise : en un mot, le droit à déduction ne sera pas intégral pour l'entreprise si celle-ci exerce certaines activités non imposables ou exonérées ou pour lesquelles le droit à déduction ne peut être mis en œuvre en raison d'une disposition légale. En somme, le droit de déduire la TVA n'est pas libre et implique de respecter certaines conditions qui vont déterminer son étendue (A). Une fois, ces conditions respectées, le droit à déduction n'est pas un long fleuve tranquille. Sa mise en œuvre est encadrée (B) et ne donne pas lieu systématiquement à un remboursement. En outre, la TVA déduite peut donner lieu à une *régularisation*[Q] (C), à la hausse comme à la baisse. 1386

A. Les conditions du droit à déduction

1387 Les conditions du droit à déduction présentent une triple nature : il s'agit de conditions de fond (1), de forme (2) et de délai (3).

1. *Les conditions de fond*

1388 Selon l'article 271-II-1 du CGI, la TVA supportée par l'entreprise sur les biens ou les acquis n'est déductible que dans la mesure où les biens et les services sont utilisés pour les besoins de ses opérations imposables, et à la condition que ces opérations ouvrent droit à déduction. Le principe est donc que la TVA est déductible à condition que le bien ou le service ait été utilisé pour les besoins d'une opération taxable. Il doit exister un lien d'affectation immédiat entre une opération particulière en amont et une ou plusieurs opérations en aval.

1389 Si l'opération ou les opérations en aval auquel l'opération se rapporte sont assujetties à la TVA (ou assimilées à des opérations taxables, comme les exportations et les livraisons intracommunautaires), alors l'opération en amont est déductible. Si l'opération n'est pas soumise à la TVA, alors la TVA sur les dépenses liées pour les besoins de ces opérations n'est pas déductible. L'application de ce critère d'affectation est simple dans son principe mais difficile à appliquer en pratique pour les entreprises exerçant une pluralité d'activités, dont certaines ne sont pas taxables.

1390 Par mesure d'assouplissement, la CJUE admet que la TVA, payée par l'entreprise sur ses *frais généraux*[Q], puisse être déduite dans la mesure où la dépense en question entretient un lien direct et immédiat avec l'ensemble de l'activité économique de l'assujetti (CJCE 6 avr. 1995, *BLP Groupe*). Ont été rangées, soit par l'administration, soit par la jurisprudence, dans la catégorie des frais généraux d'une entreprise notamment les dépenses suivantes : honoraires des commissaires aux comptes ; dépenses supportées pour la réalisation d'opérations en capital ; dépenses occasionnées par l'entremise d'une personne dans la vente d'un fonds de commerce... La circonstance que des dépenses soient engagées pour les besoins d'une opération en aval exonérée ne fait pas obstacle à ce qu'elles puissent être considérées comme faisant partie des frais généraux de l'entreprise dès lors qu'elles ne sont pas incorporées dans le prix de l'opération exonérée.

1391 Si l'entreprise exerce une ou plusieurs activités qui sont soumises pleinement à la TVA, il n'est pas nécessaire d'affecter les dépenses, opération par opération, pour savoir si l'activité est taxable. Elles le sont puisque toutes les opérations en aval le sont, sous réserve que la dépense soit bien nécessaire à l'exploitation. En effet, si la dépense est somptuaire au sens donné en matière de bénéfices industriels et commerciaux, ou exposée pour des besoins étrangers à ceux de l'entreprise, il n'y a plus de lien entre la dépense et l'activité imposable. Même si la totalité de l'activité est soumise à cette taxe, à partir du moment où la dépense n'est pas exposée pour les besoins de l'exploitation, la TVA n'est pas déductible.

1392 Si le bien acquis est partiellement nécessaire au besoin de l'exploitation, alors la TVA est déductible pour partie par application d'une clé de répartition entre l'usage privé et l'usage professionnel. Dans cette hypothèse, on peut alors opérer une déduction partielle. Il faut distinguer ici deux hypothèses :

- Si les biens ou les services sont affectés à des besoins étrangers à ceux de l'entreprise à plus de 90 %, alors la taxe en amont n'est pas déductible (ann. II, CGI, art. 206, IV, 2) ;

- Dans tous les autres cas, l'entreprise peut déduire la taxe supportée en amont partiellement en calculant un coefficient de déduction.

Le montant de la taxe déductible s'obtient alors de la manière suivante : 1393 ■

TVA déductible = TVA acquittée en amont × coefficient de déduction.

Le coefficient de déduction permet à la fois de déterminer les montants de taxe 1394 ■ déductible initialement et, au travers de ses variations, les régularisations de taxe auxquelles l'assujetti pourra être tenu. Le coefficient de déduction est lié à un bien ou à un service et peut donc varier d'un bien ou d'un service à l'autre. Les assujettis doivent ainsi calculer un coefficient de déduction pour chaque bien et service grevé de TVA. Une nouvelle fois, la distinction entre les activités entrant ou non dans le champ d'application de la TVA et les activités exonérées ou non est fondamentale.

Le coefficient de déduction est en effet égal au produit de trois coefficients : coeffi- 1395 ■ cients d'assujettissement, de taxation et d'admission. Il est compris entre zéro et un. Il se calcule de la manière suivante (ann. II, CGI, art. 206 I) :

Coefficient de déduction = coefficient d'assujettissement × coefficient de taxation × coefficient d'admission.

Compris entre zéro et un, le coefficient d'assujettissement d'un bien ou d'un service 1396 ■ utilisé à la fois pour la réalisation d'opérations non imposables et pour la réalisation d'opérations imposables est égal à la proportion d'utilisation de ce bien ou de ce service pour la réalisation d'opérations imposables. Cette proportion d'utilisation pour la réalisation d'opérations imposables est déterminée par l'assujetti sous sa propre responsabilité. Elle doit traduire correctement l'utilisation réelle de chaque bien ou service. Ainsi, si 50 % de la superficie d'un immeuble est utilisé pour la réalisation d'opérations imposables, les 50 % restants correspondant à des activités hors champ d'application de la TVA, le coefficient d'assujettissement sera égal à 0,5.

Le coefficient de taxation traduit de son côté le principe posé par l'article 271, II-1 du 1397 ■ CGI selon lequel, au sein des opérations imposables, seule peut être déduite la taxe grevant des biens ou des services utilisés pour la réalisation d'opérations ouvrant droit à déduction. Quand un bien ou un service est utilisé concurremment pour la réalisation d'opérations ouvrant droit et n'ouvrant pas droit à déduction de la taxe, l'entreprise doit appliquer un coefficient de taxation forfaitaire. Le coefficient de taxation concerne donc les redevables partiels, c'est-à-dire les personnes qui réalisent des opérations exonérées de taxe sur la valeur ajoutée. Ce dernier est obtenu par le rapport entre au numérateur, le montant total annuel du chiffre d'affaires hors taxe afférente aux opérations ouvrant droit à déduction, y compris les subventions, et, au dénominateur, le montant total annuel du chiffre d'affaires hors taxe (à savoir la somme des recettes provenant de toutes les opérations imposables, celles ouvrant droit à déduction et celles n'ouvrant pas droit à déduction).

Contrairement au coefficient d'assujettissement et au coefficient de taxation, qui 1398 ■ dépendent de l'activité de l'assujetti et de l'utilisation qu'il fait des biens et services qu'il achète, le coefficient d'admission d'un bien ou d'un service dépend uniquement de la réglementation en vigueur. Il a en effet pour objet de prendre en compte l'existence de dispositifs particuliers d'exclusion ou de restriction du droit à déduction. Le coefficient d'admission est ainsi nul (et donc corrélativement le coefficient de déduction) lorsque la loi interdit la déduction de la TVA. Tel est le cas pour la fourniture à titre gratuit du logement des dirigeants ou du personnel de l'entreprise (à l'exception de celui du personnel de gardiennage, de sécurité ou de surveillance sur les chantiers ou dans les locaux de l'entreprise) ou encore des dépenses afférentes aux véhicules de transport de personnes.

2. *Les conditions de forme*

■ 1399 Toutes les conditions de forme tournent autour de la nécessité pour le contribuable de démontrer qu'il a payé la taxe en amont. Ne peut être déduite que la TVA qui a été facturée à l'entreprise. Il faut donc que cette dernière soit en mesure de produire la facture du fournisseur ou les documents qui justifient de l'existence de cette taxe sur la valeur ajoutée.

■ 1400 Le Conseil d'État s'est prononcé à plusieurs reprises sur des cas de taxe déduite alors qu'elle avait été irrégulièrement facturée (taxe facturée pour une opération non taxable ou selon une assiette ou un taux erronés). Sa position a évolué vers une plus grande fermeté. Indépendamment de la bonne foi du client, il est désormais acquis que la TVA facturée à tort n'est pas déductible (CE 21 nov. 2011, *Sté Tobacco Exporters International*). L'administration est donc en droit d'opposer un refus de droit à déduction en cas de méconnaissance d'une règle objective que l'acquéreur d'un bien ou service doit connaître.

■ 1401 Au-delà des règles de facturation, des conditions de forme particulière peuvent trouver à s'appliquer selon certaines opérations. Ainsi, en cas d'importation, l'entreprise française doit être en possession des documents douaniers sur lesquels doit figurer la TVA et c'est sur la foi de ces documents que le droit à déduction peut être exercé. En cas d'acquisition intracommunautaire, on est dans un cas d'autoliquidation. La facture est adressée par le vendeur étranger qui indique son numéro d'identification à la TVA et l'entreprise cliente utilise cette facture pour les besoins de l'autoliquidation en déclarant le montant de la TVA (en ajoutant le montant de la taxe). La règle est la même en cas de livraison avec soi-même : c'est l'entreprise qui verse la TVA et en demande la déduction dans les conditions de droit commun. Elle déclare donc elle-même l'opération taxable.

3. *La condition de délai*

■ 1402 En suivant l'ordre chronologique, il faut déterminer tout d'abord le moment où le droit à déduction est censé prendre naissance, la date de la déduction étant définie par rapport à ce moment. Le droit à déduction prend naissance lorsque la taxe « d'amont » afférente à l'opération motivant la déduction (vente, prestation de services, etc.) devient exigible chez le redevable de cette taxe, c'est-à-dire chez le fournisseur des biens ou des services dans le cas général (ou chez l'assujetti lui-même dans le cas particulier où c'est lui qui est redevable de la taxe « d'amont » : importations ou livraisons à soi-même). La naissance du droit à déduction coïncide donc avec la date d'exigibilité de la taxe « d'amont » correspondante. Qu'il s'agisse de biens constituant des immobilisations, de biens autres que les immobilisations ou de services, la déduction de la taxe les ayant grevés est opérée par imputation sur la taxe due par le redevable au titre du mois pendant lequel le droit à déduction a pris naissance.

Lorsque la mention d'une taxe déductible a été omise dans la déclaration sur laquelle elle aurait dû normalement figurer, le redevable conserve cependant la possibilité de réparer cette omission. En effet, la taxe dont la déduction a été ainsi omise peut valablement figurer sur les déclarations ultérieures déposées jusqu'au 31 décembre de la deuxième année qui suit celle de l'omission. Pour une déduction qui aurait dû être mentionnée sur la déclaration des opérations de septembre 2020, le délai de réparation de l'omission expirera le 31 décembre 2022. Passé cette date, le droit à déduction sera définitivement perdu (CE 24 févr. 2010, *Sté Saint-Gobain Pam*). 1403 ■

B. L'exercice du droit à déduction

L'exercice du droit à déduction peut s'opérer de deux façons distinctes : l'imputation ou le remboursement. L'imputation est la règle de principe (CGI, art. 271, III). On soustrait la taxe déductible de la taxe collectée dont l'entreprise est redevable. Si la différence est positive, il y a un solde net à verser au Trésor. Si la différence est négative, le solde donne naissance à un crédit de taxe qui est reportable le mois suivant et ainsi de suite jusqu'à épuisement et sans limitation de délai. 1404 ■

Il y a des situations où l'entreprise est chroniquement dans une situation de crédit de taxe. C'est souvent le cas des entreprises nouvelles car elles exposent des dépenses importantes sans avoir de chiffre d'affaire suffisant. Il en est de même pour les entreprises en difficulté. 1405 ■

C'est pourquoi, les entreprises peuvent demander le remboursement de la TVA excédentaire non encore imputée. Cette demande est présentée à la recette des impôts au 31 décembre en cas de déclaration annuelle. Cette demande peut également être formulée à chaque trimestre en cas de déclaration trimestrielle ou à chaque nouvelle déclaration en cas de déclaration mensuelle. Le remboursement est mensuel ou trimestriel si la demande porte sur un minimum de 760 €. À défaut, le remboursement est annuel à condition que le crédit soit d'au moins 150 €. 1406 ■

C. Les régularisations

En principe, lorsque l'entreprise déduit la TVA, la déduction est définitive car les conditions de fond et de forme doivent être réunies au moment où le droit à déduction est exercé. Toutefois, il se peut, dans certains cas, que les déductions soient remises en cause après avoir été effectuées lorsqu'elles se révèlent être excessives ou au contraire insuffisantes. Ainsi, le bien pour lequel la TVA a été déduite n'est peut-être plus affecté à une opération ouvrant droit à déduction. La déduction se révèle avoir été faite indûment de telle sorte qu'il y a lieu au reversement des sommes indûment déduites. Il convient de régulariser lorsque le coefficient de déduction du bien ou du service est modifié en raison de l'évolution de l'utilisation du bien ou de la survenance de certains éléments. La variation du coefficient de déduction peut aussi révéler que la TVA a été insuffisamment déduite. Dans ce cas, l'entreprise pourra bénéficier d'un complément de déduction. Ces corrections effectuées a posteriori sont appelées les *régularisations*[Q]. 1407 ■

1408 Deux catégories de régularisations doivent être distinguées : les régularisations dites « annuelles », qui tiennent compte de l'évolution de l'utilisation d'un bien immobilisé dans le temps, et les régularisations dites « globales », qui sont déclenchées par la survenance de certains événements ayant un impact pour le futur. La régularisation annuelle traduit le fait que, l'année en cause, le bien a été utilisé différemment de ce que la situation initiale laissait présager. La régularisation globale traduit le fait que, pour l'avenir, le bien sera utilisé différemment de ce que la situation initiale laissait présager.

1409 La régularisation (annuelle ou globale) de la taxe initialement déduite ne doit être opérée que pendant une certaine période dont le point de départ et la durée sont fixés par l'article 207, II de l'annexe II au CGI. La période de régularisation est de cinq ans pour les biens meubles immobilisés et de vingt ans pour les immeubles immobilisés. Le point de départ de la période de régularisation se situe l'année au cours de laquelle le bien a été acquis, importé, achevé, utilisé pour la première fois ou transféré entre secteurs d'activités distincts. Le délai de régularisation est indépendant de la durée d'amortissement. Par exemple, pour un immeuble acquis en 2023, la période de régularisation court jusqu'au 31 décembre 2042. Un matériel acquis au cours de l'année 2023 sera sujet à régularisation jusqu'au 31 décembre 2027 ; il en sera dispensé au-delà.

1. *Les régularisations annuelles*

1410 Les régularisations annuelles peuvent intervenir pour deux raisons. D'une part, au moment de l'acquisition du bien, l'entreprise retient un coefficient provisoire (sur la base d'une utilisation prévisionnelle du bien). Ce coefficient devra être fixé de manière définitive au terme de l'année civile (sur la base de l'utilisation effective du bien) et les régularisations devront être calculées au plus tard le 25 avril de l'année suivante. D'autre part, chaque année durant la période de régularisation, une régularisation de la taxe initialement déduite sur les biens immobilisés doit être opérée lorsque la différence entre le produit des coefficients d'assujettissement et de taxation de l'année, d'une part, et le produit des coefficients d'assujettissement et de taxation de référence, d'autre part, est supérieure, en valeur absolue, à un dixième (ann. II, CGI, art. 207).

Exemple

En 2022, le propriétaire de locaux utilisés à la fois pour un usage professionnel et pour un usage personnel d'habitation fait installer des caméras de surveillance vidéo pour l'ensemble du bâtiment. Les frais d'installation sont de 15.000 € HT, soit 3.000 € de TVA.

La location d'immeubles équipés à usage professionnel est soumise à la TVA, à l'inverse de la location d'immeubles à usage d'habitation (opération entrant dans le champ d'application, mais exonérée). Par conséquent, le coefficient d'assujettissement est égal à un, tandis que les coefficients de taxation vont varier selon l'importance des loyers perçus pour les locaux à usage professionnel (il est possible d'utiliser une autre clé de répartition). Si ces loyers représentent 70 % du chiffre d'affaires réalisé par le professionnel, le coefficient de taxation sera de 0,7.

Pour l'année 2022, le coefficient de déduction de référence est donc de 0,7. Autrement dit, le propriétaire a pu déduire la somme suivante :

15.000 × 20 % × (1 × 0,7 × 1) = 2.100

En 2023, le coefficient de déduction passe à 0,92, en raison de l'augmentation des loyers perçus sur les locaux à usage professionnel. L'écart par rapport au coefficient initial de référence étant supérieur à 10 % (comparaison 0,92/0,7), le propriétaire va pouvoir bénéficier d'un complément de déduction.

[15.000 × 20 % × ((1 × 0,92 × 1) - (1 × 0,7 × 1))] / 5 = 132

En 2024, le coefficient de référence passe à 0,5 en raison d'une baisse sensible de la proportion de loyers soumis à la TVA. L'écart par rapport au coefficient de référence étant supérieur à 10 %, le propriétaire va devoir reverser au Trésor une partie de la TVA.

[15.000 × 20 % × ((1 × 0,5 × 1) – (1 × 0,7 × 1))]/5 = - 120

2. *Les régularisations globales*

L'entreprise doit procéder à une régularisation globale de la TVA qu'elle a initialement déduite lorsque certains évènements conduisent à changer pour l'avenir l'utilisation des biens et services acquis par elle. Les régularisations globales concernent à la fois les biens et services, mais aussi les immobilisations. 1411

Les régularisations de taxe relatives aux services et aux biens autres que des immobilisations sont à effectuer dans deux cas (ann. II, CGI, art. 207 VI). La première hypothèse de régularisation est celle dans laquelle des marchandises ont disparu. On part du postulat que la déduction de la TVA n'était pas justifiée. Néanmoins, l'entreprise a la possibilité d'échapper à la régularisation dans deux sous-hypothèses. 1412

D'une part, la régularisation ne sera pas exigée si les biens ont été détruits avant toute utilisation ou cession et qu'il est justifié de cette destruction ou cession. D'autre part, la régularisation n'aura pas lieu lorsque les biens ont été volés et que l'entreprise justifie de ce vol. Le vol est entendu de manière assez large et inclut l'abus de confiance.

La seconde hypothèse de régularisation concerne les biens ou les services ayant fait l'objet d'une déduction de la taxe et qui sont utilisés pour une opération qui n'est pas effectivement soumise à l'impôt. Par exemple, les prélèvements sur stocks, effectués pour les besoins privés normaux du chef d'une entreprise individuelle et pour les besoins des membres de sa famille à sa charge ne sont pas considérés comme des livraisons à soi-même taxables. Corrélativement, cette dispense d'imposition rend obligatoire la régularisation de la taxe d'amont grevant les biens prélevés. Autre exemple, les entreprises qui nourrissent gratuitement leur personnel doivent reverser la taxe comprise dans le coût de revient des repas fournis. 1413

En ce qui concerne les régularisations globales afférentes aux immobilisations, la déduction de la TVA n'est acquise que dans la mesure où le bien est affecté à l'exercice d'une activité imposable. Toutefois, dans le délai de régularisation, l'immobilisation peut être utilisée pour des opérations imposables et pour des opérations non imposables. Il est donc juste que la TVA déduite soit régularisée en tout ou partie. Quels sont les évènements qui justifient la régularisation ? Ce sont toutes les hypothèses où contrairement à ce qui avait été initialement envisagé, l'entreprise fait figure de consommateur final de l'immobilisation acquise. Les cas de régularisations globales sont au nombre de six : 1414

- cession ou apport non soumis à la TVA sur le prix total ou la valeur totale ;
- cession ou apport soumis à la TVA sur le prix total ou la valeur totale ;
- transferts entre secteurs distincts d'activité ;
- modification législative ou réglementaire des règles d'exclusion du droit à déduction ;
- biens venant à être utilisés pour des opérations ouvrant droit à déduction ;
- biens cessant d'être utilisés à des opérations ouvrant droit à déduction.

■ 1415 À se limiter aux deux premières hypothèses, il y a lieu de procéder à une régularisation globale (en une seule fois) en réputant que le bien sera utilisé, pour chacune des années restantes de la période de régularisation, à une activité exonérée n'ouvrant pas droit à déduction (lorsqu'ils ont donné lieu précédemment à l'exercice d'un droit à déduction) ou à une activité imposable ouvrant droit à déduction (lorsqu'ils n'ont pas donné lieu précédemment à l'exercice d'un tel droit). La régularisation est ainsi égale à la somme des régularisations annuelles qui auraient été effectuées jusqu'au terme de la période de régularisation en considérant que, pour chacune des années restantes, le coefficient de taxation sera égal à zéro ou à un. Cette régularisation prend nécessairement la forme d'un reversement de la TVA initialement déduite ou d'un complément de droit à déduction.

■ 1416 Toutefois, lorsque le bien cédé constitue également une immobilisation pour le nouveau détenteur (bénéficiaire de la cession ou de l'apport), le cédant peut lui « transférer » une partie de la TVA initiale, à proportion de la durée de régularisation non encore courue. Le nouveau détenteur peut ainsi déduire une fraction du montant de la TVA ayant grevé initialement le bien, à proportion du rapport entre le nombre d'années restant à courir, pour le cédant ou l'apporteur, jusqu'au terme de la période de régularisation et le nombre d'années total de celle-ci.

■ 1417 Le montant de la taxe transférée est donc égal à : TVA initiale × nombre d'années restant à courir/nombre total d'années de la période de régularisation. Le nouveau détenteur doit ainsi calculer un nouveau coefficient de déduction pour le bien immobilisé et appliquer ce coefficient au montant de la « taxe transférée ». Le montant du droit à déduction du nouveau détenteur est, en conséquence, égal à : TVA transférée × coefficient de déduction du nouveau détenteur.

Exemple
Cession non soumise à la TVA sur le prix total

Une entreprise acquiert en l'année N un immeuble neuf pour un montant HT de deux millions d'euros, auxquels s'ajoutent 400.000 € de TVA. Il s'avère que le coefficient d'assujettissement de ce bien est de 0,8 et son coefficient de taxation de 0,5. Son coefficient d'admission étant égal à l'unité, le coefficient de déduction de ce bien est égal à 0,4 et l'entreprise a pu déduire initialement pour 160.000 € de TVA.
Ces coefficients ne varient pas tout au long de la vie de l'entreprise. Au cours de l'année N + 7, l'entreprise cède son immeuble à une autre entreprise. Cette cession n'étant pas soumise à la TVA (les livraisons de terrains qui ne répondent pas à la définition des terrains à bâtir ainsi que les livraisons d'immeubles achevés depuis plus de cinq ans sont exonérées de TVA sauf option), l'entreprise cédante est tenue à une régularisation globale, qui est égale à la somme des

régularisations qui auraient eu lieu au cours des années N + 8 à N + 19 (soit 12 années), si, pour chacune de ces années, elle avait constaté que le coefficient de taxation de l'immeuble était nul. Cette régularisation, qui prend la forme d'un reversement, est donc égale à :
[12 × (0 - 0,4) × 400.000] /20 = - 96.000 €.
L'immeuble acquis par l'entreprise cessionnaire constituant pour elle une immobilisation, l'entreprise cédante peut lui transférer un montant de TVA égal à 12/20 × 400.000, soit 240.000 €. Il s'avère que pour le nouveau détenteur, le coefficient d'assujettissement de l'immeuble est égal à 1 et son coefficient de taxation est égal à 0,35. Le nouveau détenteur pourra donc déduire : 240.000 € × 0,35 = 84.000 €. Il sera lui-même tenu aux régularisations éventuelles pendant les dix-neuf années suivant son acquisition, sur la base d'une TVA initiale égale à la TVA transférée, soit 240.000 €.

section 2

La déclaration et le paiement de la TVA

Les entreprises soumises à la TVA sont tenues de déclarer celle-ci à échéance régulière, par voie dématérialisée et de procéder au paiement de l'impôt lorsque la *TVA collectée*[Q] est supérieure à la *TVA déductible*[Q]. Sauf exception et cas d'autoliquidation (par exemple, un preneur assujetti en France bénéficiant d'une prestation de service d'une entreprise établie à l'étranger ou un importateur), ce n'est pas l'acheteur qui doit régler l'impôt auprès du Trésor. La TVA ne donne pas lieu non plus à un avis d'imposition contrairement à l'impôt sur le revenu par exemple. 1418

Les 1, 2 et 3 de l'article 287 du CGI fixent la périodicité des déclarations de chiffre d'affaires. Trois régimes distincts doivent être ici mentionnés. 1419

En premier lieu, les redevables soumis au régime réel normal d'imposition doivent déposer mensuellement (sauf exception) leurs déclarations de taxe sur la valeur ajoutée (formulaire de déclaration n° 3310 CA 3, disponible en ligne) et acquitter en même temps la taxe exigible. 1420

En deuxième lieu, les redevables soumis au régime réel simplifié déposent au titre de chaque exercice une déclaration annuelle (formulaires de déclarations n° 3517-S CA 12 et CA 12 E) qui détermine la taxe due au titre de la période écoulée et le montant des acomptes semestriels pour la période ultérieure (CGI, art. 287, 3). 1421

En troisième et dernier lieu, les entreprises éligibles au régime de la franchise en base sont dispensées de toute déclaration ainsi que du paiement de la TVA (CGI, art. 293 B). Le régime de la franchise en base n'est pas corrélé à celui des microentrepreneurs et les seuils fixés par la loi s'apprécient sur trois exercices (N, N-1 et N-2). 1422

Tableau récapitulatif du champ d'application des régimes d'imposition et de la franchise de base

Seuil de chiffres d'affaires pour une activité de vente de biens ou de fourniture de logements	Seuil de chiffres d'affaires pour une activité de prestations de services	Régime applicable
Recettes supérieures à 840.000 € (tolérance administrative : 925.000 €)	Recettes supérieures à 254.000 € (tolérance administrative : 287.000 €)	Réel normal
Recettes comprises entre 91.900 € et 840.000 € (tolérance administrative : 101.000/925.000 €)	Recettes comprises entre 34.400 € et 247.000 (tolérance administrative : 39.100/287.000 €)	Réel simplifié (option pour le régime normal possible)
Recettes inférieures à 91.900 € (tolérance administrative : 101.000 €)	Recettes inférieures à 36 800 € (tolérance administrative : 39 100 €)	Franchise en base (option pour un régime réel possible)

section 3

Les régimes spécifiques

1423 Parmi les différents régimes spécifiques, trois d'entre eux appellent des précisions complémentaires : les opérations sur titres (1) ; les biens d'occasion (2) ; les opérations immobilières (3).

§ 1 Les opérations sur titres

1424 Comme le montre le schéma suivant, les opérations sur titres soulèvent trois interrogations au regard de la TVA.

Schéma récapitulatif – La TVA sur les opérations sur titres

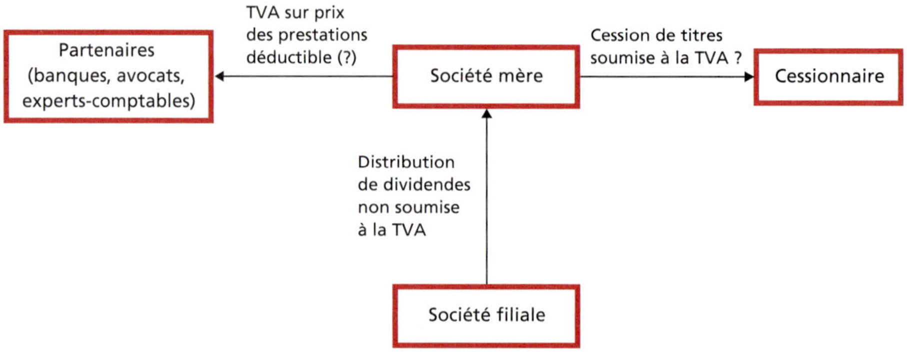

La première interrogation concerne les produits tirés des titres eux-mêmes. En la matière, la réponse implique de différencier la nature des produits. S'agissant de dividendes produits par des actions, ils sont hors champ d'application de la TVA car ils constituent le résultat d'une activité patrimoniale et non la contrepartie d'une activité économique (CJCE 20 juin 1991, *Polysar*). S'agissant des intérêts produits par une obligation, ils peuvent aussi résulter d'une activité patrimoniale ou bénéficier d'une exonération pour ceux provenant d'une activité économique, notamment celles exercées par les banques et les établissements financiers (CGI, art. 261 C, 1°, a)). **1425**

La deuxième interrogation porte sur le point de savoir si une cession de titres relève ou non du champ d'application de la TVA. Sur ce point, l'arrêt de référence est la décision rendue par la CJUE dans l'affaire *AB SKF*. Le juge européen rappelle ainsi qu'en principe, les opérations sur titres sont hors du champ d'application de la TVA (CJUE 29 oct. 2009, *AB SKF*). Toutefois, ce principe connaît trois exceptions. En premier lieu, les opérations sur titres réalisées dans le cadre d'une activité de négociation de titres sont imposables. En deuxième lieu, la prise d'une participation dans le capital d'une société suivie d'une immixtion dans la gestion de celle-ci (élément caractéristique des sociétés holding dites animatrices de groupe) relève également du champ d'application de la TVA (CJCE 27 sept. 2001, *CIBO Participations*). Il en sera de même et c'est la troisième hypothèse lorsque l'opération sur titres se situe dans le prolongement direct, permanent et nécessaire d'une activité elle-même taxable. **1426**

Même lorsqu'une opération sur titres rentre dans le champ d'application de la TVA, elle échappera bien souvent à celle-ci en vertu d'une exonération prévue par la directive TVA et reprise à l'article 261 C, 1°, e) du CGI. Ce dernier texte exonère en effet les opérations susceptibles de créer, de modifier ou éteindre les droits et obligations des parties sur les titres. **1427**

La troisième et dernière interrogation concerne le droit à déduction la TVA ayant frappé les frais d'acquisition ou de cession des titres. La CJCE admet que la TVA, payée par l'entreprise sur ses *frais généraux*[Q], puisse être déduite dans la mesure où la dépense en question entretient un lien direct et immédiat avec l'ensemble de l'activité économique de l'assujetti. Il est ainsi admis que la TVA qui grève ces dépenses soit totalement déductible si elles sont en rapport avec l'ensemble de l'activité économique de l'entreprise (CJCE 6 avr. 1995, *BLP Groupe*; CJCE 27 sept. 2001 *CIBO Participations*). En matière de cessions de titre de participation, la CJUE a décidé que la TVA payée sur les frais de conseil afférents aux cessions en cause est considérée comme faisant partie des frais généraux de l'assujetti. Peu importe que la cession elle-même soit en dehors du champ d'application de la TVA ou soit qualifiée d'opération exonérée (CJCE 29 oct. 2009, *AB SKF*, aff. C-29/08). **1428**

De son côté, le Conseil d'État a une position plus nuancée. Il considère que lorsqu'une société holding, qui se livre à une activité économique à raison de laquelle elle est assujettie à la taxe sur la valeur ajoutée, envisage de céder tout ou partie des titres de la participation qu'elle détient dans une filiale et expose à cette fin des dépenses en vue de préparer cette cession, elle est en droit, sous réserve de produire des pièces justificatives, de déduire la taxe sur la valeur ajoutée ayant grevé ces dépenses, qui sont réputées faire partie de ses frais généraux et se rattacher aux éléments constitutifs du prix des opérations relevant de cette activité économique. Il en va également **1429** ainsi lorsque l'opération de cession des titres ne se réalise pas. Les dépenses préparatoires de la cession (ex. frais d'expertise d'évaluation des titres ; frais de recherche d'un acquéreur, etc.) peuvent donc donner lieu à une déduction de la TVA les grevant. Cependant, l'Administration peut remettre en cause la déductibilité de la taxe ayant grevé de telles dépenses si elle établit que cette opération a revêtu un caractère patrimonial. La preuve du caractère patrimonial de l'opération sera rapportée dès lors que le produit de cette cession a été distribué, quelles que soient les modalités de cette distribution, ou que, en l'absence d'éléments contraires produits par la société, ces dépenses ont été incorporées dans le prix de cession des titres (CE 23 déc. 2010, *Sté Pfizer holding*). Les dépenses préparatoires de la cession se distinguent ici des dépenses inhérentes à la cession (ex. honoraires versés au rédacteur de l'acte ; frais d'acte, etc.). Pour ces dernières, la règle est inverse. La TVA n'est pas déductible sauf si la société rapporte la preuve que les frais supportés n'ont pas été incorporés dans le prix de cession et qu'ils constituent des frais généraux. Ultérieurement, le Conseil d'État a confirmé la déductibilité de la taxe afférente aux frais de cession par une société holding de titres de participation, sous les conditions habituelles de non-distribution du prix de cession et de non-incorporation des frais au prix de cession. En revanche, il exclut la déduction de la taxe se rapportant aux frais de garantie de passif liés à la cession (CE 13 juill. 2012, *SA Entreprises Franque*). En outre, le Conseil d'État a refusé la déductibilité de la TVA supportée sur des dépenses engagées par une société holding cédant des titres, au motif que celle-ci n'avait pas d'activité commerciale ou industrielle et ne s'immisçait pas dans la gestion de ses filiales (CE 3 déc. 2012, *SA Rhodia*).

§ 2 Les biens d'occasion

■ 1430 Les opérations portant sur les biens d'occasion sont soumises à un régime spécial en matière de TVA. Pour l'essentiel, ce régime se focalise sur les négociants (les « assujettis-revendeurs »), qui acquièrent, pour les revendre, des biens d'occasion. Ces négociants sont soumis, sauf option contraire, à un système de taxation sur la marge, c'est-à-dire sur la différence entre le prix de vente et le prix d'achat des biens vendus.

Aux termes de l'article 98 A, I de l'annexe III au CGI, sont considérés comme biens d'occasion les biens meubles corporels susceptibles de remploi, en l'état ou après réparation, autres que des œuvres d'art et des objets de collection. Cette définition regroupe tous les biens qui, sortis de leur cycle de production par suite d'une vente ou d'une livraison à soi-même réalisée par un producteur, ont fait l'objet d'une utilisation mais sont encore susceptibles de remploi, soit en l'état, soit après réparation. En d'autres termes, deux critères doivent être remplis simultanément pour que des biens soient qualifiés de biens d'occasion :

- ces biens doivent avoir fait l'objet d'une utilisation ;
- ces biens doivent être susceptibles de remploi, en l'état ou après une simple réparation (mais non après transformation ou rénovation)

■ 1431 Le régime de la TVA sur la marge s'applique de plein droit aux livraisons de biens d'occasion, achetés auprès d'un non-redevable, c'est-à-dire soit une personne (particulier ou personne morale) non assujettie à la TVA ; soit un autre assujetti établi en France ou dans un autre État membre dans la mesure où la livraison par cet assujetti était exonérée.

En d'autres termes, le régime de la marge n'est pas applicable si le bien vendu a ouvert droit à déduction lors de son acquisition par l'assujetti-revendeur. Il en est ainsi lorsque les reventes portent sur des biens qui ont été importés ou qui ont été achetés auprès d'un assujetti qui a facturé de la taxe au titre de sa livraison ou qui ont fait l'objet d'une acquisition intracommunautaire taxable. 1432

§ 3 Les opérations immobilières

Le régime de TVA applicable aux opérations de livraison d'immeubles a été substantiellement modifié à compter du 11 mars 2010 afin d'être mise en conformité avec les normes communautaires. Les règles applicables jusqu'ici procédaient pour l'essentiel d'une loi de 1963 et étaient, de fait, antérieures à la sixième directive TVA. C'est ainsi que sous l'empire de l'ancien régime, il était nécessaire de s'intéresser au sort réservé à l'immeuble par l'acquéreur. Aujourd'hui, tel n'est plus le cas, sauf pour les droits d'enregistrement. La question essentielle porte sur le point de savoir si le cédant est assujetti ou non. 1433

En effet, le régime actuel repose sur la distinction entre les opérations réalisées par des assujettis (entreprises, professionnels de l'immobilier…), relevant de règles proches de celles du droit commun, et celles réalisées en dehors d'une activité économique, qui ne sont plus soumises à la TVA qu'exceptionnellement. Par ailleurs, le nouveau régime s'applique à l'ensemble des assujettis, sans distinguer les professionnels de l'immobilier (lotisseurs, aménageurs, constructeurs ou marchands de biens) et les autres assujettis dont l'activité se déploie hors du secteur de l'immobilier mais qui sont néanmoins amenés à réaliser des opérations portant sur des immeubles inscrits à leur bilan. Cette approche conduit donc à distinguer deux catégories d'opérations : les opérations réalisées dans le cadre d'une activité économique et les opérations réalisées hors d'une activité économique. 1434

A. Opérations réalisées par les assujettis dans le cadre de leur activité économique

Les livraisons de biens immeubles effectuées à titre onéreux par un assujetti agissant en tant que tel entrent dans le champ de la TVA. Sont taxables de plein droit, les livraisons de terrains à bâtir et les livraisons d'immeubles neufs. 1435

En ce qui concerne les terrains à bâtir, l'article 257, I-2 du CGI retient une définition objective. Est ici visé le terrain pour lequel les prescriptions des documents d'urbanisme précisent qu'il est constructible. Ainsi, le sort de l'opération au regard de la TVA est connu au moment où elle se réalise, sans que la destination finale de l'opération ne change le régime fiscal. Sur ce point, la CJUE a décidé que la livraison d'un terrain supportant un bâtiment vétuste destiné à être démoli pour ériger à son emplacement une nouvelle construction a pour objet non la livraison du bâtiment existant et du sol y attenant, mais celle d'un terrain non bâti, indépendamment de l'état d'avancement des travaux de démolition de l'ancien bâtiment au moment de la livraison effective du terrain (CJUE 19 nov. 2009, *Don Bosco Onroerend Goed*). 1436

1437 En outre, constitue un immeuble neuf l'immeuble qui n'est pas achevé depuis plus de cinq ans, qu'il résulte d'une construction neuve ou de travaux ayant consisté dans une surélévation ou dans la remise à neuf (CGI, art. 257, I-2). Contrairement au droit antérieur, l'immeuble demeure un immeuble neuf au sens de la TVA pendant cinq ans après son achèvement quel que soit le nombre de livraisons dont il aura pu faire l'objet pendant ce délai. Par conséquent, toutes les mutations pendant ce délai sont soumises à la TVA exceptées celles qui seraient le fait d'une personne non assujettie.

En revanche, sont exonérées les livraisons de terrains autres qu'à bâtir et les immeubles achevés depuis plus de cinq ans (CGI, art. 261, 5) ainsi que des baux conférant un droit réel (CGI, art. 261 D, 1 *bis*). Les assujettis peuvent toutefois opter pour l'application de la TVA à ces opérations (CGI, art. 260, 5 ° et 5° *bis*). L'option en faveur de la TVA n'est pas anodine puisqu'elle ouvre un droit à déduction pour le cédant.

1438 Outre la TVA, une opération immobilière implique en principe pour l'acquéreur de supporter les droits de mutation à titre onéreux (dont le taux d'imposition globale peut varier d'un département à l'autre, mais ne peut dépasser 5,807 %). Toutefois, lorsque l'acquéreur est un assujetti à la TVA, il peut échapper aux droits de mutation, soit en prenant un engagement de construire lorsque la nature de l'immeuble le permet (cela concerne donc tous les immeubles, sauf ceux les terrains qui ne sont pas à bâtir), soit en prenant un engagement de revendre dans un délai de cinq ans. L'engagement de construire permet à l'acquéreur de bénéficier d'une exonération de droits de mutation à titre onéreux (CGI, art. 1594-0G), tandis que l'engagement de revendre rend l'opération seulement éligible à la taxe sur la publicité foncière d'un montant de 0,715 % (CGI, art. 1115 et 1594 F *quinquies* A). Pour les immeubles neufs, la TVA porte nécessairement sur le prix total et corrélativement les droits de mutation sont prélevés au taux réduit de 0,715 %, sans qu'aucun engagement particulier ne soit attendu de l'acquéreur (CGI, art. 1594 F *quinquies*).

Schéma récapitulatif

Objet de l'opération	TVA	Droits d'enregistrement
Terrain non à bâtir	Opération exonérée de TVA mais option possible	Droits de mutation à titre onéreux à 5,807 % Si engagement de revendre pris par un acquéreur assujetti, droits de mutation à titre onéreux à 0,715 %
Terrain à bâtir	TVA sur le prix total, lorsque le terrain ouvert droit à déduction lors de son acquisition par le cédant ou TVA sur la marge dans le cas contraire	Droits de mutation à titre onéreux à 5,807 % Si engagement de construire : exonération de droits de mutation à titre onéreux Si engagement de revendre pris par un

		acquéreur assujetti, droits de mutation à titre onéreux à 0,715 %
Immeuble neuf	TVA sur le prix total	Taxe sur la publicité foncière à 0,715 %
Immeuble ancien	Opération exonérée de TVA mais option possible TVA sur le prix total, lorsque l'immeuble a ouvert droit à déduction lors de son acquisition par le cédant ou TVA sur la marge dans le cas contraire	Droits de mutation à titre onéreux à 5,807 % Si engagement de revendre pris par un assujetti, taxe sur la publicité foncière à 0,715 %

B. Opérations réalisées par des non assujettis

Les opérations immobilières réalisées par des non assujettis sont hors du champ d'application de la TVA. Elles donnent lieu en conséquence à l'application de droits de mutation au taux normal. Une exception est néanmoins prévue pour les livraisons à soi-même réalisées par un non-assujetti dans le cadre du régime particulier dit du « Pass foncier » (permettant à des ménages modestes de devenir propriétaire). 1439 ■

15

Compléments pédagogiques

Mémo

L'entreprise assujettie à la TVA doit déclarer et calculer la TVA à payer au Trésor public. À cette fin, elle doit opérer une soustraction entre la TVA collectée auprès de ses clients et celle versée à ses fournisseurs.

Les règles d'exigibilité de la TVA permettent de déterminer à quel moment la TVA est due, tant par les clients de l'entreprise que par l'entreprise elle-même auprès de ses fournisseurs. L'exigibilité ne se confond pas avec le fait générateur de la TVA qui constitue la date de naissance de la créance de la TVA. Fait générateur et exigibilité coïncident en cas de livraisons de biens. Ils se distinguent en présence d'une prestation de service.

Le calcul de la TVA exigible implique d'appliquer l'un des taux prévus par la loi sur l'assiette imposable. L'assiette se compose du prix et des frais acquittés par le client pour bénéficier des biens et services et en lien direct avec ceux-ci.

Le taux normal de la TVA est de 20 % en France. Mais il existe plusieurs taux réduits, le législateur cherchant à amoindrir le coût d'accès de certains biens et services pour le consommateur.

L'exercice du droit à déduction est subordonné au respect de plusieurs conditions. La plus importante est que le bien ou le service acquis par l'entreprise soit utilisé pour les besoins de ses opérations taxables ou relèvent de ses frais généraux. Si le bien ou le service acquis n'est pas pleinement utilisé pour les besoins de l'activité taxable de l'entreprise, le droit à déduction ne sera pas intégral.

Pour déterminer son étendue, il faut calculer un coefficient de déduction qui dépend de l'utilisation du bien ou du service acquis par l'entreprise et qui est lui-même le produit de trois coefficients (coefficient d'assujettissement ; coefficient de taxation ; coefficient d'admission).

Si l'utilisation du bien varie dans le temps (la loi prévoyant un délai de régularisation), elle pourra donner lieu à une régularisation de la taxe initialement déduite.

Quid

■ Frais généraux n°s 1390, 1428

Il s'agit des dépenses supportées par l'administration et n'ayant pas un lien direct et immédiat avec une opération réalisée en aval auprès des clients, mais étant liées avec l'activité de l'entreprise dans son ensemble (ex. honoraires payés à l'expert-comptable de l'entreprise).

■ Régularisation n°s 1386, 1407

Désigne l'opération visant à ajuster, à la hausse ou à la baisse, le montant de la TVA déductible sur une opération, en fonction de l'utilisation du bien ou du service acquis par l'entreprise.

■ TVA collectée n°s 1363, 1418

C'est la TVA facturée par le vendeur ou le prestataire auprès de ses clients.

■ TVA déductible n° 1418

C'est la TVA supportée par le vendeur ou le prestataire auprès de ses fournisseurs.

Documents

CJCE 29 oct. 2009, *AB SKF*, aff. C-29/08

[...] 27. Il convient de rappeler, tout d'abord, qu'il résulte de l'article 2 de la sixième directive et de l'article 2, paragraphe 1, de la directive 2006/112, qui définissent le champ d'application de la TVA, qu'à l'intérieur de l'État membre seules les activités ayant un caractère économique sont soumises à cette taxe. En vertu de l'article 4, paragraphe 1, de la sixième directive ainsi que de l'article 9 de la directive 2006/112, est considéré comme assujetti quiconque accomplit, d'une façon indépendante, une de ces activités économiques. La notion d'activité économique est définie à l'article 4, paragraphe 2, de la sixième directive comme englobant toutes les activités de producteur, de commerçant ou de prestataire de services et, notamment, les opérations comportant l'exploitation d'un bien corporel ou incorporel en vue d'en retirer des recettes ayant un caractère de permanence.

28. Selon une jurisprudence constante, la simple acquisition, la seule détention et la simple vente d'actions ne constituent pas, en elles-mêmes, des activités économiques au sens de la sixième directive (voir, notamment, arrêts du 29 avril 2004, *EDM*, C-77/01, Rec. p. I-4295, point 59, ainsi que du 8 février 2007, *Inverstrand*, aff. C-435/05, Rec. p. I-1315, point 25 et jurisprudence citée). En effet, ces opérations ne comportent pas l'exploitation d'un bien visant à produire des recettes ayant un caractère de permanence, l'unique rétribution de ces opérations étant constituée par un éventuel bénéfice lors de la vente de ces actions (voir, en ce sens, arrêt *EDM*, précité, point 58).

29. La Cour a précisé que seuls les paiements qui constituent la contrepartie d'une opération ou d'une activité économique entrent dans le champ d'application de la TVA et que tel n'est pas le cas de paiements qui résultent de la simple propriété du bien comme c'est le cas de dividendes ou d'autres produits d'actions (voir, en ce sens, arrêts du 22 juin 1993, *Sofitam*, aff. C-333/91, Rec. p. I-3513, point 13 ; du 6 février 1997, *Harnas & Helm*, aff. C-80/95, Rec. p. I-745, point 15, ainsi que *EDM*, précité, point 49).

30. Cependant, la Cour a jugé qu'il en va différemment lorsqu'une participation financière dans une autre entreprise est accompagnée d'une immixtion directe ou indirecte dans la gestion de la société où s'est opérée la prise de participation, sans préjudice des droits que détient l'auteur de la participation en sa qualité d'actionnaire ou d'associé (voir arrêts du 20 juin 1991, *Polysar Investments Netherlands*, aff. C-60/90, Rec. p. I-3111, point 14 ; du 14 novembre 2000, *Floridienne et Berginvest*, aff. C-142/99, Rec. p. I-9567, point 18 ; ordonnance du 12 juillet 2001, *Welthgrove*, aff. C-102/00, Rec. p. I-5679, point 15, et arrêt du 27 septembre 2001, *Cibo*

Participations, aff. C-16/00, Rec. p. I-6663, point 20), dans la mesure où une telle immixtion implique la mise en œuvre de transactions soumises à la TVA en vertu de l'article 2 de la sixième directive, telles que la fourniture de services administratifs, comptables et informatiques (arrêt *Floridienne et Berginvest*, précité, point 19 ; ordonnance *Welthgrove*, précitée, point 16 ; arrêts *Cibo Participations*, précité, point 21, ainsi que du 26 juin 2003, *MKG-Kraftfahrzeuge-Factoring*, aff. C-305/01, Rec. p. I-6729, point 46).

31. Il ressort, par ailleurs, de la jurisprudence de la Cour que les opérations portant sur les actions ou les parts d'une société relèvent du champ d'application de la TVA lorsqu'elles sont effectuées dans le cadre d'une activité commerciale de négociation de titres, pour réaliser une immixtion directe ou indirecte dans la gestion des sociétés dans lesquelles s'est opérée la prise de participation ou qu'elles constituent le prolongement direct, permanent et nécessaire de l'activité taxable (voir, notamment, arrêts du 20 juin 1996, *Wellcome Trust*, aff. C-155/94, Rec. p. I-3013, point 35, ainsi que *Harnas & Helm*, précité, point 16 et jurisprudence citée).

32. En l'occurrence, il ressort de la décision de renvoi que SKF, en sa qualité de société mère d'un groupe industriel, s'est immiscée dans la gestion de la filiale et de la société contrôlée en leur fournissant, à titre onéreux, diverses prestations de services de nature administrative, comptable et commerciale, pour lesquelles elle était assujettie à la TVA.

33. Par la cession de la totalité des actions détenues dans la filiale et dans la société contrôlée, SKF met fin à sa participation dans ces sociétés. Ladite cession, effectuée en vue de la restructuration d'un groupe de sociétés par la société mère, peut être considérée comme une opération qui consiste à retirer des recettes ayant un caractère permanent d'activités qui excèdent le cadre de la simple vente d'actions (voir, en ce sens, arrêt du 26 mai 2005, *Kretztechnik*, aff. C-465/03, Rec. p. I-4357, point 20 et jurisprudence citée). Cette opération présente un lien direct avec l'organisation de l'activité exercée par le groupe et constitue ainsi le prolongement direct, permanent et nécessaire de l'activité taxable de l'assujetti au sens de la jurisprudence citée au point 31 du présent arrêt. Une telle opération relève, par conséquent, du champ d'application de la TVA. [...]

CE 23 déc. 2010, *Sté Pfizer holding*, n° 307698

Considérant que, lorsqu'une société holding, qui se livre à une activité économique à raison de laquelle elle est assujettie à la taxe sur la valeur ajoutée, envisage de céder tout ou partie des titres de la participation qu'elle détient dans une filiale et expose à cette fin des dépenses en vue de préparer cette cession, elle est en droit, sous réserve de produire des pièces justificatives, de déduire la taxe sur la valeur ajoutée ayant grevé ces dépenses, qui sont réputées faire partie de ses frais généraux et se rattacher aux éléments constitutifs du prix des opérations relevant de cette activité économique ; qu'il en va ainsi lorsque l'opération de cession des titres ne se réalise pas ; que, lorsque cette cession est intervenue, que cette opération soit en dehors du champ d'application de la taxe sur la valeur ajoutée ou dans le champ mais exonérée, l'administration est toutefois fondée à remettre en cause la déductibilité de la taxe ayant grevé de telles dépenses quand, compte tenu des éléments portés à sa connaissance et au vu des pièces qu'il appartient le cas échéant à la société qui les détient de produire, elle établit que cette opération a revêtu un caractère patrimonial dès lors que le produit de cette cession a été distribué, quelles que soient les modalités de cette distribution, ou que, en l'absence d'éléments contraires produits par la société, ces dépenses ont été incorporées dans le prix de cession des titres ;

Considérant que si la taxe sur la valeur ajoutée ayant grevé les dépenses inhérentes à la transaction elle-même n'est en principe pas déductible dès lors qu'elles présentent un lien direct et immédiat avec l'opération de cession des titres, cette société est néanmoins en droit de

déduire cette taxe si, compte tenu de la nature des titres cédés ou par tous éléments probants tels que sa comptabilité analytique, elle établit que ces dépenses n'ont pas été incorporées dans leur prix de cession et que, par suite, elles doivent être regardées comme faisant partie de ses frais généraux et se rattachant ainsi aux éléments constitutifs du prix des opérations relevant des activités économiques qu'elle exerce comme assujettie ; que les mêmes règles s'appliquent dans le cas où les dépenses ont été payées à un même intermédiaire, chargé à la fois de préparer cette cession et de réaliser la transaction, dès lors que ces deux catégories de prestations n'ont pas donné lieu à une rémunération distincte et qu'elles doivent alors être regardées comme un tout indissociable se rattachant à la transaction ;
Considérant que, pour juger que la taxe sur la valeur ajoutée dont ont été grevées les sommes versées par la SA Jouveinal dans le cadre de la cession des titres de la société américaine « Pharm Eco » ne présentait pas un caractère déductible, la cour a relevé qu'alors même que cette société soutenait que la cession des titres de sa filiale américaine avait pour but un redéploiement de son pôle de distribution sur le territoire français afin de pérenniser son activité dans le cadre d'une stratégie internationale et que cette opération était le résultat d'exigences financières, elle n'établissait pas que cette opération de cession avait entretenu un lien direct et immédiat avec l'ensemble de son activité économique taxable ; qu'elle en a déduit que ces dépenses ne pouvaient être regardées comme faisant partie des frais généraux de la société se rattachant aux éléments constitutifs du prix des opérations relevant des activités économiques qu'elle exerçait comme assujettie ; qu'en statuant ainsi, sans rechercher si ces dépenses avaient été exposées en vue de préparer cette cession ou étaient inhérentes à la transaction elle-même ni si elles avaient été ou non incorporées dans le prix de cession, la cour a commis une erreur de droit ; que, dès lors, et sans qu'il soit besoin d'examiner les autres moyens du pourvoi, la SOCIÉTÉ PFIZER HOLDING FRANCE est fondée à demander l'annulation de l'arrêt qu'elle attaque ; [...]

Biblio

1) Ouvrages

- Y. Sérandour, *Précis de TVA*, 2e éd., LexisNexis, coll. « Précis fiscal », 2021.

2) Jurisprudence

- CJCE 29 oct. 2009, *AB SKF*, aff. C-29/08 ; *Dr. fisc.* 2009, n° 50, comm. 578, note Ph. Tournès.
- CE 23 déc. 2010, *Sté Pfizer holding*, n° 307698 ; *Dr. fisc.* 2011, n° 6, comm. 206, concl. L. Olléon.

Quiz

1) Sujet corrigé

Cas pratique

La société Turat exerce une activité de marchands de biens en France. Au cours de l'exercice 2023, elle a réalisé les quatre opérations suivantes :

a) la société a acheté le 1er juin auprès d'un redevable italien des locaux nouvellement construits à Lyon, pour y installer ses bureaux pour un montant de 1.000.000 € HT et son coefficient de déduction est égal à 0,8 ;

b) elle a fait l'acquisition, auprès de particuliers non assujettis, de terrains sur lesquels sont édifiés des immeubles d'habitation vétustes qu'elle va démolir avant revente en 2022 ;

c) la société a cédé le 10 juin 50 % du capital d'une société civile immobilière pour un montant de 3.000.000 € HT, soumise à l'impôt sur les sociétés en France et exerçant une activité de location immobilière soumise à la TVA ;

d) la société a fait l'acquisition d'un mobilier neuf pour un montant de 300.000 € HT, afin d'équiper ses nouveaux locaux. Cette acquisition a été réalisée auprès d'une société allemande qui lui a communiqué son numéro de TVA. Le mobilier a été livré le 1er juin, la facture a été émise le 3 juin et réceptionnée par la société Turat le 5 juin.

Quelles sont les conséquences fiscales de ces différentes opérations au regard de la TVA ?

Voir le corrigé en fin de rubrique.

2) Corrigé

Cas pratique

a) La date de construction de l'immeuble n'est pas indiquée, mais il est précisé qu'il est nouveau. Il faut donc partir de l'hypothèse que l'immeuble est achevé depuis moins de 5 ans. Or, sont imposables de plein droit à la TVA les livraisons à titre onéreux d'immeubles bâtis dans les cinq ans qui suivent leur achèvement (CGI, art. 257). Une difficulté apparaît néanmoins dans le cas pratique. L'immeuble appartient à un redevable italien. En réalité, cela ne change en rien la solution. L'article 258 du CGI prévoit que les opérations liées à un immeuble situé en France sont toujours taxables en France, quel soit le lieu d'établissement des parties ou leur nationalité. En revanche, la TVA ne sera pas intégralement déductible, dès lors que le coefficient de déduction de la société est de 0,8.

TVA applicable à l'opération :

1.000.000 × 20 % = 200.000

TVA déductible

200.000 × 0,8 = 160.000

b) Qu'il s'agisse de terrains ou d'immeubles bâtis, la TVA applicable aux livraisons d'immeubles (ou droits assimilés) est calculée en règle générale sur le prix de cession.

Toutefois, en cas de livraison d'un terrain à bâtir (imposable de plein droit) ou d'un immeuble bâti achevé depuis plus de cinq ans (imposable sur option), la base d'imposition est obligatoirement constituée de la marge du cédant s'il est établi que l'acquisition du terrain à bâtir ou de l'immeuble bâti par le cédant n'a pas ouvert droit à déduction (CGI, art. 268). Selon l'administration, l'application du régime de la marge suppose que le bien revendu soit identique au bien acquis quant à sa qualification juridique. Le Conseil d'État a récemment confirmé que le régime de la marge ne s'applique pas à défaut d'identité de qualification juridique entre bien acquis et bien cédé, ce qui est le cas en présence d'un terrain comportant un immeuble à démolir et devenant un terrain à bâtir (CE 27 mars 2020, n° 428234). La base d'imposition de la cession envisagée par la société sera donc le prix de cession.

c) Les cessions de parts de SCI ne relèvent pas de la TVA dès lors qu'elles ne constituent pas une activité économique, mais relèvent plutôt d'une opération de gestion de patrimoine (CGI, art. 256). En outre, l'article 256, IV du CGI vise les cessions de droits sociaux portant sur le capital de sociétés dont les associés ont aucun droit à l'attribution, en propriété ou en jouissance, des locaux construits. Il ne vise pas les sociétés vendant ou louant à des tiers (BOI-TVA-IMM-10-10-20-20170802, n° 130). Dès lors, l'opération réalisée par la société TURAT donnera lieu seulement à la perception de droits de mutation à titre onéreux et non à la TVA.

d) La vente, par un assujetti d'un État membre, d'un bien meuble corporel qui est expédié ou transporté en France, par le vendeur, par l'acquéreur ou pour leur compte, à destination de l'acquéreur, constitue une acquisition intracommunautaire (CGI, art. 256 *bis*, I-1 ; hors régime de la franchise). Dès lors que le lieu de cette acquisition est réputé situé en France, la TVA française est exigible en principe. L'acquéreur est donc le redevable de la taxe qu'il doit autoliquider (CGI, art. 283, 2 *bis*).

Conformément à l'article 269, 1-a du CGI, le fait générateur de la taxe intervient au moment où l'acquisition intracommunautaire est effectuée, c'est-à-dire au moment où la livraison à l'intérieur du pays de biens similaires est considérée comme effectuée (Dir. TVA, art. 68).

La taxe est exigible le 15 du mois suivant celui au cours duquel s'est produit le fait générateur. Toutefois, la taxe devient exigible lors de la délivrance de la facture, à condition qu'elle précède la date d'exigibilité prévue ci-dessus et qu'il ne s'agisse pas d'une facture d'acompte (CGI, art. 269, 2-d).

S'agissant d'une acquisition intracommunautaire en France, le numéro d'identification du vendeur est ici indifférent. Le numéro d'identification est en effet nécessaire en France en cas de livraison intracommunautaire. En effet, pour que les livraisons intracommunautaires donnent lieu à une exonération du vendeur, il est nécessaire de connaître le numéro d'identification de l'acheteur. C'est donc bien la TVA française qui s'appliquera.

TVA due au titre du mois de juin : 20 % × 300.000 = 60.000

chapitre 16

L'acte anormal de gestion et l'abus de droit

Plan analytique

section 1

L'acte anormal de gestion

§ 1 Les manifestations de l'acte anormal de gestion

- A. Définition et délimitation de l'acte anormal de gestion
- B. L'acte anormal de gestion dans les groupes de sociétés

§ 2 La charge de la preuve et les conséquences d'un acte normal de gestion

section 2

L'abus de droit

§ 1 Les définitions

- A. Les origines historiques
- B. Les variétés d'abus de droit
- C. Synthèse et convergences des définitions

§ 2 Préventions, procédure et sanctions

- A. La prévention
- B. La procédure
- C. Les sanctions

Compléments pédagogiques

L'acte anormal de gestion et l'abus de droit

La théorie de l'acte anormal de gestion et la théorie de l'abus de droit constituent deux fondements différents qui permettent à l'administration de remettre en cause les conséquences fiscales des opérations réalisées par le contribuable, le cas échéant en lui appliquant des pénalités et des sanctions. Ce sont donc deux outils permettant de corriger le résultat ou le revenu déclaré par le contribuable qui n'en restent pas moins distincts pour de multiples raisons. 1440

D'abord, les sources sont différentes. La théorie de l'acte anormal de gestion a pour l'essentiel une assise jurisprudentielle. Les arrêts en la matière sont rendus le plus souvent sur le fondement des articles 38 et 206 du Code général des impôts, mais le rattachement à ces articles paraît bien discutable. C'est la jurisprudence du Conseil d'État qui a œuvré en la matière, en considérant que si les entreprises sont en principe librement gérées par leurs exploitants et dirigeants. Cette liberté connaît toutefois des bornes sous l'angle fiscal. En l'occurrence, constitue un acte anormal de gestion l'acte « *qui met une dépense ou une perte à la charge de l'entreprise, ou qui prive cette dernière d'une recette* », sans que cet acte ne « *soit justifié par les intérêts de l'exploitation commerciale* ». L'acte anormal est donc l'acte qui n'est pas conforme à l'intérêt de l'entreprise, entendu comme la réalisation de profits ou d'économie pour les associés. 1441

La théorie de l'abus de droit a, à l'inverse, donné lieu à l'adoption de plusieurs textes, qui ont évolué aussi sous l'influence du juge, de sorte qu'il existe aujourd'hui de multiples fondements à cette théorie. 1442

Ensuite, le champ d'application des deux théories n'est pas le même. Tandis que l'acte anormal de gestion voit son domaine d'application limité pour l'essentiel à l'imposition du bénéfice des entreprises, la théorie de l'abus de droit s'est progressivement généralisée à toutes les situations. L'abus de droit peut être commis par un particulier dans le cadre de l'impôt sur le revenu ou dans le cadre de l'imposition de son patrimoine. L'abus de droit peut aussi être le fait d'une entreprise qu'elle soit exploitée individuellement ou dans le cadre d'une société voire d'un groupe de sociétés. L'abus peut concerner l'assiette de l'impôt mais également sa liquidation et son paiement. Bénéficier d'un différé d'imposition peut ainsi être constitutif d'un abus, y compris si ce différé ne nécessite pas une décision ou une option exercée par le contribuable. De surcroît, la norme abusée peut être la loi elle-même, la loi tel qu'interprétée par la doctrine, une convention fiscale internationale, voire le droit de l'Union européenne, la CJUE ayant elle aussi développer une jurisprudence relative à l'abus de droit, notamment en matière de TVA. 1443

Les deux théories se distinguent encore sur leur portée juridique. L'acte anormal ne conduit pas à remettre en cause les situations juridiques voulues par les entreprises, mais il autorise l'administration à vérifier que les décisions de l'entreprise ayant une 1444 répercussion fiscale ont bien été prises dans son intérêt. À défaut, l'administration peut corriger à la hausse le bénéfice déclaré et donc neutraliser au nom de l'intérêt général et probablement au nom du respect d'une concurrence saine entre les entreprises les conséquences fiscales d'une décision individuelle, sans avoir le pouvoir d'en prononcer la nullité.

1445 Abordons successivement, l'***acte anormal de gestion***[Q] (section 1) et l'***abus de droit***[Q] (section 2).

section 1

L'acte anormal de gestion

1446 Avant d'apprécier les conséquences d'un acte anormal de gestion (§2), il faut en comprendre les contours et les manifestations (§1).

§ 1 Les manifestations de l'acte anormal de gestion

1447 L'*acte anormal de gestion*[Q] peut donner lieu à de multiples manifestations. Celles-ci peuvent néanmoins être regroupées dans une définition unique (A). Les groupes de sociétés ont par ailleurs donné lieu à une jurisprudence abondante en la matière qu'il faut également aborder (B).

A. Définition et délimitation de l'acte anormal de gestion

1448 Les entreprises sont librement gérées par leurs dirigeants, conformément aux dispositions légales et statutaires applicables aux différentes formes sociales. Sous l'angle fiscal, ce principe de liberté de gestion a été affirmé à plusieurs reprises par le Conseil d'État. Il implique notamment la liberté de retirer ou non de son activité un maximum de profits (CE 7 juill. 1958, *Dupont*), la liberté de choisir le mode de financement de l'entreprise (CE 30 déc. 2003, *SA Andritz*), la liberté de choisir la solution la moins onéreuse au plan fiscal (CE 21 mars 1986, *Auriège*, n° 53002) ou encore la liberté de choisir le moyen permettant d'aider une filiale en difficulté (CE 27 juin 1984, n° 35030).

1449 Mais cette liberté n'a pas une portée absolue. La théorie jurisprudentielle de l'acte anormal de gestion, dont le domaine d'application est limité pour l'essentiel à l'imposition du bénéfice des entreprises, conduit justement à poser des bornes à cette liberté. L'acte anormal ne conduit pas à remettre en cause les situations juridiques voulues par les entreprises, mais il autorise l'administration à vérifier que les décisions de l'entreprise ayant une répercussion fiscale ont bien été prises dans son intérêt. Lorsque l'entreprise constate une charge ou renonce à un profit, encore faut-il qu'elle y trouve un intérêt. En d'autres termes, la minoration de l'actif net entraînée par la décision de l'entreprise doit être compensée par une contrepartie, directe ou indirecte. À défaut, l'opération est anormale et peut justifier un redressement. Incontestablement, lorsque la preuve de l'acte anormal de gestion est rapportée l'administration est en droit de s'immiscer dans les décisions prises par les dirigeants de l'entreprise.

Encore faut-il distinguer la mauvaise gestion et la gestion anormale : l'atteinte à 1450 ■
l'intérêt de l'exploitation doit être intentionnelle, ce qui signifie que les simples erreurs de gestion ne relèvent pas de l'acte anormal de gestion.

Encore faut-il distinguer la prise de risque excessive et la gestion anormale : le risque 1451 ■
excessif n'est plus pris en compte pour apprécier le comportement du contribuable (CE 13 juill. 2016, *SA Monte Paschi Banque*, n° 375801 ; comp. CE 30 mai 2007, *SA Peronnet*). Prendre des risques est le propre de l'activité entrepreneuriale et capitalistique et relève d'une gestion normale dans la plupart des secteurs économiques.

En tout état de cause, les actes anormaux de gestion peuvent être d'une grande 1452 ■
variété : il peut s'agir de charges exposées au profit de membres de l'entreprise (ex. acquisition d'un bien du dirigeant pour un prix excessif ; location d'un bien appartenant à un dirigeant de l'entreprise pour un loyer excessif) ou exposées au profit de tiers (mais une entreprise peut avoir intérêt à supporter les charges d'une autre entreprise, si cela peut lui permettre de maintenir des relations commerciales ; ex. prise en charge des dépenses de publicité supportées par un distributeur étranger sur le marché concerné).

À ces cas jurisprudentiels, il convient de rajouter des cas légaux : les dépenses 1453 ■
somptuaires (CGI, art. 39, 4) ; les transferts indirects de bénéfices à l'étranger (CGI, art. 57 et 238 A).

L'acte anormal ne se limite pas aux charges exposées ; il peut également concerner 1454 ■
une renonciation à profit. Par exemple, dans le cadre d'un bail commercial non renouvelé, si la société ne réclame pas le versement d'une indemnité d'éviction au dirigeant propriétaire de l'immeuble loué, sa passivité peut constituer un acte anormal de gestion. Ici, la société a en quelque sorte consenti une libéralité à son dirigeant et l'administration sera en droit de réintégrer cette libéralité dans le bénéfice imposable. L'acte anormal de gestion peut être caractérisé, même s'il apparaît comme étant conforme à l'objet social de la société : la mise à disposition à titre gratuit d'un appartement au profit de l'un des associés de la société peut être constitutif d'un acte anormal de gestion, faute de contrepartie et en dépit des dispositions statutaires prévues en ce sens (CE, 22 juill. 2022, n° 444942)

Reste à déterminer dans quels cas l'administration fiscale pourra remettre en cause 1455 ■
ce principe de liberté. Selon la jurisprudence du Conseil d'État, constitue un acte anormal de gestion « celui qui met une dépense ou une perte à la charge de l'entreprise, ou qui prive cette dernière d'une recette, sans que l'acte soit justifié par les intérêts de l'exploitation commerciale ». Le postulat est donc que l'entreprise cherche toujours à faire prévaloir ses intérêts et ne peut agir de manière désintéressée (sauf exceptions, tel le mécénat). Ce qui est contestable. La notion d'intérêt de l'entreprise est fuyante et on voit mal au nom de quoi l'administration aurait le pouvoir de définir ce qu'il devrait être, ne serait-ce que de manière indirecte. En outre, ce critère s'accommode mal de la jurisprudence qui considère comme normaux certains actes illicites. Un acte illicite peut être dans l'intérêt de l'entreprise ;

par exemple, le versement d'une contribution illégale à une ville pour l'obtention d'un permis de construire (CE 24 mai 2006, *Genestar*). Peut-on légitimement admettre que l'intérêt de l'entreprise implique de faire parfois des actes illicites ?

1456 La contrepartie permettant de justifier l'opération réalisée par l'entreprise sera le plus souvent le prix qui a été ou qui aurait dû être versé, mais cela peut être toute forme d'avantage économique. L'avantage économique peut consister dans le souci de s'assurer le contrôle d'un marché, de maintenir un certain niveau d'activité, ou de se procurer des débouchés.

B. L'acte anormal de gestion dans les groupes de sociétés

1457 Les groupes de sociétés constituent un terrain d'application récurrent de la théorie de l'*acte anormal de gestion*[Q] : avances sans intérêt, abandons de créances, cession d'actifs ou encore prestations de services à prix coûtant. La raison en est que de nombreuses opérations sont réalisées en pratique en considération de l'intérêt de groupe qui est une notion plus diffuse et moins nette que l'intérêt d'une entreprise prise isolément. L'administration les perçoit souvent plutôt d'un mauvais œil, alors qu'elles peuvent avoir du sens d'un point de vue économique. Une société mère peut imposer à la filiale A de venir en aide à la filiale B : ce n'est pas forcément l'intérêt de la filiale A de le faire, mais cela peut être l'intérêt du groupe, si la filiale B détient un actif stratégique. Une position trop stricte quant à l'appréciation de l'intérêt et de la contrepartie pourrait freiner considérablement les opérations intragroupes. Fort heureusement, en présence d'un groupe de sociétés, la jurisprudence et l'administration font preuve d'une plus grande souplesse dans l'application de la théorie générale de l'acte anormal de gestion. Néanmoins, le Conseil d'État n'apprécie pas l'anormalité de l'acte de gestion au niveau du groupe, l'existence d'une contrepartie étant toujours envisagée du point de l'entité ayant passé l'acte.

1458 En cas d'aide consentie par une société-mère implantée en France à une filiale implantée à l'étranger, le Conseil d'État admet la déductibilité de l'aide des résultats imposables en France à la condition que la société mère en ait retiré une contrepartie suffisante (CE, ass. plén., 30 mars 1987). À l'inverse, l'aide accordée à une succursale n'est pas déductible, faute de personnalité juridique, sauf si la succursale entretient des relations commerciales avec la société mère (CE 16 mai 2003, *Télécoise*).

1459 De même, le fait qu'un groupe ait opté pour le régime de l'intégration fiscale ne conduit à remettre en cause la règle selon laquelle l'acte pour être normal doit comporter une contrepartie suffisante pour son auteur (CE 28 avr. 2006, *SEEE*). La solution se justifie par le fait que même si l'intégration fiscale conduit à un résultat d'ensemble, toutes les sociétés du groupe conservent une pleine autonomie quant à la détermination de leur résultat fiscal (v. ss 880).

1460 En revanche, une avance sans intérêt et une cession à prix coûtant peuvent être jugées normales pour un groupe, encore faut-il que ce soient les relations mère-fille qui soient concernées et non les relations entre sœurs. En effet, faute de relations capitalistiques entre sociétés sœurs, les avances qui seraient consenties n'auraient pas de retombées économiques et financières pour la société ayant accordé l'avance. Le Conseil d'État a toutefois admis le principe de la déductibilité d'un abandon de créance consenti par une société-mère à sa sous-filiale en tenant compte de la relation existant entre les deux entités. Ainsi, « une société peut, sans commettre d'acte anormal de gestion, prévenir les conséquences des graves difficultés financières d'une sous-filiale en lui consentant une aide, alors même qu'elle n'entretient avec elle aucune relation commerciale » (CE 10 mars 2006, *Sté Sept*). En aidant sa sous-filiale, la société-mère permet la préservation de la valeur de la participation de sa filiale dans le capital de la sous-filiale, et donc la valeur de sa propre participation. Il faut admettre que la portée de cette jurisprudence est aujourd'hui limitée, dès lors que l'abandon de créance à caractère financier est en principe une charge non déductible. Passer la barrière de l'acte anormal de gestion n'est plus suffisant : la loi a érigé un obstacle supplémentaire à la non-déductibilité (v. ss 709).

§ 2 La charge de la preuve et les conséquences d'un acte normal de gestion

L'acte anormal ne conduit pas à remettre en cause les situations juridiques voulues par les entreprises, mais il autorise l'administration à vérifier que les décisions de l'entreprise ayant une répercussion fiscale ont bien été prises dans son intérêt. À défaut, l'administration peut corriger à la hausse le bénéfice déclaré et donc neutraliser au nom de l'intérêt général et probablement au nom du respect d'une concurrence saine entre les entreprises, les conséquences fiscales d'une décision individuelle, sans avoir le pouvoir d'en prononcer la nullité. 1461 ■

S'il appartient toujours à l'entreprise de justifier l'exactitude dans leur principe et leur montant de ses écritures comptables, c'est à l'administration qu'il incombe de prouver que les dépenses correspondantes sont dénuées d'intérêt pour l'entreprise et relèvent d'une gestion anormale (CE, ass. plén., 27 juill. 1984, *Sté Renfort Services*, n° 34588 ; CE 8 août 1990, *SA Intertrans*, n° 92997). 1462 ■

S'agissant de la cession d'un élément d'actif immobilisé, le Conseil d'État a établi une présomption réfragable et dispensé l'administration de la charge de la preuve de l'élément intentionnel de l'acte anormal de gestion. Parce que la cession d'un élément de l'actif immobilisé constitue un acte non courant et exceptionnel, on présume que le dirigeant est conscient de son acte. Aussi, lorsque l'administration, qui n'a pas à se prononcer sur l'opportunité des choix de gestion opérés par une entreprise, soutient que la cession a été réalisée à un prix significativement inférieur à la valeur vénale qu'elle a retenue et que le contribuable n'apporte aucun élément de nature à remettre en cause cette évaluation, elle doit être regardée comme apportant la preuve du caractère anormal de l'acte de cession si le contribuable ne justifie pas que l'appauvrissement qui en est résulté a été décidé dans l'intérêt de l'entreprise, soit que celle-ci se soit trouvée dans la nécessité de procéder à la cession à un tel prix, soit qu'elle en ait tiré une contrepartie (CE, ass. plén. fisc., 21 déc. 2018, *Sté Croë Suisse*, n° 402006). Il en va différemment en présence d'un actif circulant : l'administration ne peut se fonder sur la seule circonstance que la société avait consenti un prix de vente significativement inférieur à la valeur vénale du bien. Elle doit également démontrer l'intention libérale du cédant, celle-ci étant toutefois présumée en cas de relations d'intérêt (CE, 3e et 8e ch., 4 juin 2019, *SARL Sté d'investissements maritimes et fonciers*, n° 418357). Au-delà de la solution de principe, il faut ici détecter les problèmes pratiques qu'une telle situation soulève : en cas 1463 ■

de cession d'un immeuble ou d'un bien pour lequel, il n'y a pas de transactions portant sur des biens comparables, il est aisé de comprendre que l'évaluation de l'administration peut être déconnectée de la réalité. Et un contribuable peut parfaitement commettre une erreur dans son évaluation : dans ce cas, la délimitation entre l'erreur non délibérée et l'acte anormal de gestion peut être particulièrement tenue.

■ 1464 Si l'anormalité d'un acte de gestion est retenue, elle donnera lieu le plus souvent à un rehaussement de l'impôt sur les bénéfices de l'entreprise concernée. Ce rehaussement sera dû soit en raison de la réduction des charges déductibles, soit en raison de la réintégration des profits auxquels l'entreprise a renoncé. Il en est ainsi en cas de rémunération excessive ou de cession à un prix minoré. Jusqu'ici l'impact de l'acte anormal de gestion se limite à une correction de l'assiette de l'impôt à laquelle s'ajoute bien entendu l'intérêt de retard ainsi qu'une pénalité de 40 % pour manquement délibéré.

■ 1465 En cas d'acquisition d'un actif immobilisé pour un prix surévalué, on pourrait penser que la solution est la même, mais il n'en est rien. Le Conseil d'État juge que l'inscription du bien au bilan n'a pas à être modifiée. Le bien acquis pour un prix de 100.000 euros alors que sa valeur réelle est inférieure n'a pas vocation à figurer à l'actif pour une autre valeur que celle effectivement payée. À ce stade, l'acte anormal de gestion n'entraîne alors pas de rehaussement du bénéfice imposable et donc pas d'impôt supplémentaire.

■ 1466 Mais c'est sans compter sur la dilution des conséquences de cette opération. En effet, si le bien acquis à un prix surévalué donne lieu à une cession ultérieure, la plus-value sera calculée non pas par rapport au prix d'acquisition surévalué, mais par rapport à la valeur réelle du bien au moment de son acquisition. En corrigeant le prix d'acquisition à la baisse, on rehausse le montant de la plus-value et donc de l'impôt. Bien sûr si le bien ne donne pas lieu à une cession, aucune plus-value ne sera constatée et aucun impôt rehaussé ne trouvera à s'appliquer.

Cependant, le contribuable qui conserve la détention du bien en cause est aussi privé de la possibilité de passer un certain nombre d'écritures comptables, susceptibles de diminuer son résultat. Ainsi l'entreprise est dans l'impossibilité de constater des amortissements sur le bien acquis à un prix surévalué, ou une dépréciation (qui pourrait d'ailleurs être justifié sur le plan comptable puisque la valeur réelle du bien est inférieur à son coût de revient). Le contribuable est aussi dans l'incapacité de déduire les intérêts d'emprunt éventuellement contracté pour faire l'acquisition du bien.

■ 1467 Le cumul d'effets fiscaux se retrouve également en cas de cession à un prix minoré. Le Conseil d'État a jugé que les minorations du prix de cession d'un élément de l'actif peuvent conduire, lorsqu'elles ne relèvent pas d'une gestion normale, à un rehaussement, à concurrence de l'insuffisance du prix stipulé, du bénéfice de la société cédante, imposable dans les conditions de droit commun, sans pouvoir être imposées ou exonérées selon les règles propres aux plus-values et notamment le régime de quasi-exonération des plus-values à long terme réalisées sur cessions de titres de participation (CE 26 déc. 2018, *Sté JPC-DS*, n° 424570 et CE 6 févr. 2019, *SARL Alternance*, n° 410248). En d'autres termes, lorsque le bénéfice corrigé porte sur une cession d'actif qui aurait pu bénéficier d'un régime de faveur, le contribuable est privé de celui-ci. La faveur est accordée avec parcimonie en matière fiscale et elle est fuyante en cas d'excès.

Sur le plan procédural, une même opération peut relever de l'abus de droit et de l'acte anormal de gestion. Si l'administration se trouve dans le champ d'application de l'article 64 LPF, on aurait pu se demander si le juge était à même d'imposer à l'administration de suivre la procédure des abus de droit ou la procédure de droit commun ou si celle-ci a le choix du fondement. L'hypothèse reste rare en pratique car le Conseil d'État a tendance à considérer que lorsque l'administration fiscale tend à mettre en évidence l'absence de contrepartie, le redressement est justifié par l'acte anormal de gestion. L'administration n'est donc pas tenue de se fonder sur l'abus de droit (CE 6 oct. 2010, *Kalpokdjian*). 1468 ■

section 2

L'abus de droit

La théorie de l'*abus de droit*[Q] s'est lourdement complexifiée ces dernières années en raison de la multiplication des fondements textuels en la matière. Cette pluralité de définitions (§1) implique un effort de synthèse pour comprendre les enjeux qui ont trait à la prévention, à la procédure et aux sanctions applicables en la matière (§2). 1469 ■

§ 1 Les définitions

A. Les origines historiques

Jusqu'en 2009, la lutte contre la fraude fiscale s'appuyait sur deux mécanismes : un mécanisme légal, l'abus de droit ; en dehors du cas légal, la jurisprudence appliquait un principe général de sanction de la fraude à la loi. Pourquoi y avait-il un double fondement ? Tout simplement parce que le mécanisme légal ne permettait pas de couvrir toutes les hypothèses de fraude. En vertu de l'article L. 64 du LPF, dans sa rédaction ancienne, ne pouvaient être opposés à l'administration les actes qui dissimulent la portée véritable d'un contrat ou d'une convention à l'aide de clauses qui donnent ouverture à des droits d'enregistrement moins élevés, ou qui déguisent une réalisation ou un transfert de bénéfices ou encore qui permettent d'éviter le paiement des taxes sur le chiffre d'affaires. 1470 ■

La finalité du texte était de permettre à l'administration de parer aux manœuvres frauduleuses visant à dissimuler sciemment, sous le couvert d'actes juridiques apparemment réguliers, des bénéfices en vue de faire échec à la loi fiscale. 1471 ■

Mais le texte ne permettait de sanctionner que les opérations aboutissant à la minoration de l'assiette de l'impôt ; il laissait donc hors de son champ d'application tout ce qui concernait la liquidation de l'impôt (application des taux ; imputation des crédits et réductions d'impôt) et enfin le paiement de l'impôt. 1472 ■

1473 Une évolution fondamentale est intervenue avec l'arrêt *Janfin* rendu par le Conseil d'État en date du 27 septembre 2006. Dans cet arrêt, le juge reconnaît à l'administration le pouvoir d'écarter certains actes même de droit privé, sans se fonder sur l'article L. 64 LPF, dès lors qu'elle établit que soit ces actes ont un caractère fictif, soit que, recherchant une application littérale des textes à l'encontre des intentions de leurs auteurs, ils n'ont pu être inspirés par aucun motif autre que celui d'éluder ou d'atténuer la charge fiscale que le contribuable, s'il n'avait pas passé ces actes, aurait normalement supportée eu égard à sa situation et à ses activités réelles. Autrement dit, soit une opération rentre dans le champ d'application de l'article L. 64 du LPF et dans ce cas l'administration doit mettre en œuvre ce texte et suivre la procédure spécifique prévue ; soit l'opération remise en cause échappe au champ d'application de l'article L. 64 et l'administration peut alors l'écarter se fonder sur le principe général de la fraude à la loi. La décision *Janfin* fait émerger un principe jurisprudentiel de fraude à la loi, principe qui a d'abord complété le texte applicable à l'époque, et qui aujourd'hui a encore un rôle à jouer, lorsque l'abus est invoqué par l'administration en dehors d'une procédure de rectification contradictoire et en réponse à une demande du contribuable (CE 4 févr. 2022, n° 455278). En outre, si l'administration ne visait pas expressément l'article L. 64 du LPF dans la procédure de redressement, les contribuables étaient souvent amenés à lui reprocher cette omission et à faire annuler la procédure. Aujourd'hui, le risque d'un abus de droit implicite ou rampant existe encore, mais en élargissant le champ d'application de l'article L. 64 du LPF, le législateur a nécessairement réduit les risques.

B. Les variétés d'abus de droit

1474 De manière synthétique, il existe cinq variétés différentes d'abus de droit : l'abus de droit au sens de l'article L. 64 du LPF (1) ; l'abus de droit au sens de l'article L. 64 A du LPF (2) ; l'abus de droit au sens de l'article 205 A du CGI (3) ; l'abus de droit au sens du droit de l'Union européenne (4) ; l'abus des conventions fiscales internationales (5).

1. *L'abus de droit au sens de l'article L. 64 du LPF*

1475 Reprenant le principe de la fraude à la loi dégagé par l'arrêt *Janfin*, l'abus de droit, au sens classique, repose sur l'article L. 64 du LPF qui envisage deux hypothèses :

- soit les actes en cause ont un caractère fictif
- soit les actes en cause, recherchant le bénéfice d'une application littérale des textes ou de décisions à l'encontre des objectifs poursuivis par leurs auteurs, n'ont pu être inspirés par aucun autre motif que celui d'éluder ou d'atténuer les charges fiscales que l'intéressé aurait dû normalement supporter au regard de sa situation réelle.

1476 Il résulte de ce texte que l'abus de droit comporte deux branches : la simulation – évoquée avec les termes d'actes ayant un caractère fictif – et la fraude à la loi, définie de manière plus détaillée. La fraude à la loi implique précisément la réunion de deux conditions : - le but exclusivement fiscal ; - la mise en œuvre d'une norme au mépris de l'objectif défini par l'auteur de celle-ci et en particulier le législateur.

1477 En visant les charges fiscales de l'intéressé, le texte est applicable à tous les impôts et peu importe l'étape de l'imposition concernée : fait générateur, exigibilité, assiette, liquidation, paiement. La jurisprudence considère également qu'un différé d'imposition (l'impôt n'est pas payé immédiatement, mais le contribuable n'est pas exonéré pour autant, il subira tôt ou tard une imposition) constitue un avantage fiscal qui peut donner lieu à la procédure pour abus droit.

En revanche, quel que soit le cas d'abus, il est nécessaire que l'opération en cause procure un avantage fiscal. Les termes de l'arrêt *Pharmacie des Chalonges* sont explicites : « même lorsque le contribuable conclut un contrat dans l'unique but d'atténuer ses charges fiscales, celui-ci ne peut pas constituer un abus de droit [...] lorsque la charge fiscale de l'intéressé ne se trouve en réalité pas modifiée par cet acte » (CE 5 mars 2007, *SELARL Pharmacie des Chalonges*, n° 284457). Pas d'avantage, pas d'abus. 1478 ■

Au-delà ces éléments, la distinction entre les deux cas d'abus visé est importante car, en principe, en cas de fictivité (a), on ne s'intéresse pas à la motivation des parties concernées. À l'inverse, en cas de fraude à la loi (b), l'administration doit démontrer la motivation exclusivement fiscale de l'opération. Dans tous les cas, la charge de la preuve pèse sur l'administration fiscale. 1479 ■

a. La fictivité

L'article L. 64 du LPF fait référence d'abord aux actes fictifs. Selon la doctrine, la fictivité est une notion trop restreinte et il convient d'utiliser la notion de simulation. Ainsi, il y aurait trois cas de simulation : - la simulation peut s'opérer par la conclusion d'un acte fictif (société fictive, contrat de travail fictif ou contrat de location fictif), d'un acte déguisé (l'acte existe véritablement mais sa véritable nature est dissimulée ; par exemple, une vente dissimulant une donation) ou par l'interposition d'une personne (l'acte passé est régulier mais le mensonge porte sur la personne du cocontractant). La fictivité est retenue lorsque par exemple une personne morale a été constituée par le contribuable, mais que son existence n'est pas avérée faute d'un fonctionnement normal (ex. absence de réunion de l'assemblée générale des associés) et faute de compte bancaire (v. par ex., à propos d'un groupement foncier agricole ; Com. 11 janv. 2000, n° 97-16.070). 1480 ■

b. La fraude à la loi

Outre les actes fictifs, la procédure de l'*abus de droit*[Q] peut être utilisée pour contrer la fraude à la loi, c'est-à-dire pour pouvoir écarter comme n'étant pas opposables à l'administration fiscale « les actes qui n'ont pu être inspirés par aucun motif autre que celui d'éluder ou atténuer les charges fiscales que l'intéressé, s'il n'avait pas passé ces actes aurait normalement supportées ». Ici, la poursuite d'un but exclusivement fiscal n'est pas suffisante : encore faut-il que l'on soit en présence d'une application littérale de la règle contraire aux objectifs poursuivis par le législateur. La difficulté en la matière est à son comble lorsque les objectifs du législateur ne sont pas clairement identifiés. Dans une décision du 12 mars 2010 « *Société Charcuterie du Pacifique* », relative à un dispositif spécifique d'incitation à l'investissement applicable en Polynésie française, le Conseil d'État a estimé en substance que, même dans le silence des travaux préparatoires, un montage peut être considéré comme constitutif de fraude à la loi lorsqu'il s'inscrit nettement en opposition avec l'objectif poursuivi par le législateur, déduit « de la rationalité économique de la règle fiscale ». 1481 ■

L'abus pour fraude à la loi a donné lieu à une jurisprudence abondante en matière d'apport-cession. Dans trois décisions du 8 octobre 2010, le Conseil d'État décide que 1482 ■

« le placement en report d'imposition d'une plus-value réalisée par un contribuable lors de l'apport de titres à une société qu'il contrôle et qui a été suivi de leur cession par cette société est constitutif d'un abus de droit s'il s'agit d'un montage ayant pour seule finalité de permettre au contribuable, en interposant une société, de disposer effectivement des liquidités obtenues lors de la cession de ces titres tout en restant détenteur des titres de la société reçus en échange lors de l'apport ; (...) il n'a en revanche pas ce caractère s'il ressort de l'ensemble de l'opération que cette société a, conformément à son objet, effectivement réinvesti le produit de ces cessions dans une activité économique ». En d'autres, la qualification d'abus de droit se résume à deux hypothèses : l'appréhension par le contribuable auteur de l'apport des liquidités dégagées par la cession ; la création d'un montage en vue d'un réinvestissement patrimonial (placements financiers, immeubles locatifs, etc.). En vue de clarifier les opérations d'apport-cession et limiter les abus, le législateur a adopté l'article 150-0 B *ter* du CGI (v. ss 321).

1483 Le Conseil d'État considère à juste titre qu'un *montage artificiel*[Q] est nécessairement contraire aux objectifs poursuivis par le législateur, de sorte qu'il n'est pas nécessaire de rapporter la preuve de la condition objective pour caractériser l'abus par fraude à la loi (CE, ass. plén. fisc., 25 oct. 2017, *Cts Verdannet*, n° 396954). En d'autres termes, des deux conditions classiques de l'abus de droit par fraude à la loi, prévu par l'article L. 64 du LPF, l'une est nécessairement respectée en cas de montage artificiel. La difficulté ne vient pas de la désactivation de cette condition prévue par la loi, mais plutôt de la définition même de ce qui est artificiel et de ce qui ne l'est pas. L'insécurité est totale lorsque l'appréciation du caractère artificiel conduit le juge à apprécier de manière subjective les finalités de l'opération et à écarter des éléments objectifs tendant à démontrer le but économique ou patrimonial de l'opération (CE, 10ᵉ et 9ᵉ ch., 12 févr. 2020, *Mangeot*, n° 421444 et *Gautier*, n° 421441), voire à considérer que les deux conditions propres à l'abus de droit par fraude à la loi sont caractérisées, par le simple fait d'invoquer la notion de montage artificiel. Un exemple : dans le cadre d'un apport-cession de titres, la loi prévoit un report d'imposition automatique de la plus-value d'apport. La cession rapide des titres apportés (dans un délai inférieur à trois ans) via une société holding ne remet pas en cause le report d'imposition si un réinvestissement dans une activité économique est réalisé. La loi vise les activités économiques exploitées dans l'UE. Mais qu'en est-il d'une société holding établie dans l'UE investissant dans une société opérationnelle établie hors UE : un cas non prévu par la loi via une société interposée est-il nécessairement un montage artificiel relevant de la procédure d'abus de droit ? Si le contribuable exploite les silences d'un texte, se place-t-il nécessairement sur le terrain de l'abus ? S'il en respecte l'esprit, la réponse devrait être négative. Si le montage est jugé artificiel, il est à craindre que la finalité de l'investissement ne soit pas prise en compte.

1484 Largement utilisée par l'administration fiscale, la fraude à la loi laisse au contribuable la possibilité de démontrer que le but poursuivi par l'opération n'est pas exclusivement fiscal. Par exemple, la transformation d'une SARL en société par actions avant sa cession pour bénéficier d'une fiscalité moins lourde sur les cessions d'actions n'est pas en soi une opération abusive : les conséquences liées au changement de régime juridique de la société sont telles que le but poursuivi ne peut être exclusivement fiscal, sauf si la société retrouve sa forme antérieure à l'issue de la cession (Com. 10 déc. 1996, *RMC France*).

2. L'abus de droit au sens de l'article L. 64 A du LPF

Tandis que l'abus de droit « historique » concerne les opérations fondées sur un motif exclusivement fiscal ou présentant un caractère fictif, le nouvel article L. 64 A du LPF s'applique aux rectifications notifiées à compter du 1er janvier 2021 portant sur des actes passés ou réalisés à compter du 1er janvier 2020 et relatives à des opérations dont le but est principalement fiscal. Le nouveau texte ne fait donc pas référence à la fictivité, contrairement à l'article L. 64 du LPF et ne vise ainsi qu'un seul cas d'abus. Son champ d'application est donc potentiellement plus limité que celui de l'article L. 64 du LPF. Néanmoins, dès lors que l'administration relève que « la notion d'objectif principal est plus large que la notion de but exclusivement fiscal au sens de l'article L. 64 du Livre des procédures fiscales », l'article L. 64 A du LPF présente un domaine d'application potentiellement plus important. Comme l'indique l'Administration dans ses commentaires sous l'article L. 64 A du LPF, « d'après les débats parlementaires, les dispositions de l'article L. 64 A du LPF ont à cet égard pour objectif d'étendre les dispositions anti-abus concernant l'impôt sur les sociétés prévues à l'article 205 A du CGI à l'ensemble de la fiscalité » (BOI-CF-IOR-30-20, 31 janv. 2020, § 110). Il existe donc une filiation entre le nouvel article L. 64 A du LPF et l'article 205 A du CGI, qui sont d'ailleurs exclusifs l'un de l'autre. 1485 ■

En outre, comme l'a encore précisé récemment l'administration, l'article L. 64 A du LPF, « pas plus que l'abus de droit visé à l'article L. 64 du LPF, n'a pour objet d'interdire au contribuable de choisir le cadre juridique le plus favorable du point de vue fiscal pourvu que ce choix ou les conditions le permettant ne soient empreints d'aucune artificialité » (BOI-CF-IOR-30-20, 31 janv. 2020, § 1. – V. en ce sens, Rép. min. n° 73340, *JOAN* 10 nov. 2015, p. 8219). 1486 ■

3. L'abus de droit au sens de l'article 205 A du CGI

L'article 205 A du CGI prévoit en effet une clause anti-abus en matière d'impôt sur les sociétés assurant ainsi la transposition de l'article 6 de la directive 2016/1164/UE du Conseil du 12 juillet 2016 établissant des règles pour lutter contre les pratiques d'évasion fiscale qui ont une incidence directe sur le fonctionnement du marché intérieur (dite « ATAD » pour anti-tax avoidance directive). Ce dernier texte fait en effet obligation aux États membres d'écarter, en matière d'impôt sur les sociétés, les montages ou séries de montages inauthentiques, à visée principalement fiscale, assimilée au but essentiellement fiscal par la CJUE. Comme la directive 2015/121/UE, la directive ATAD précise qu'est regardé comme inauthentique le montage qui n'est pas mis en place pour des motifs commerciaux valables reflétant la réalité économique. Le contenu de l'article 205 A du CGI n'est pas en tout point identique à celui de l'article L. 64 A LPF. Pour être mis en œuvre, le premier implique un montage considéré comme non authentique, c'est-à-dire sans justification économique, avec pour objectif principal l'obtention d'un avantage fiscal allant à l'encontre de l'objet ou de la finalité du droit fiscal applicable tandis que le second n'implique pas l'existence d'un tel type de montage. 1487 ■

4. L'abus de droit au sens du droit de l'Union européenne

Au regard du droit de l'Union européenne et abstraction faite des clauses anti-abus prévues dans certaines directives et transposées en droit interne, l'abus de droit a donné lieu à plusieurs développements jurisprudentiels ayant trait à la liberté d'établissement (a) et à la TVA (b). 1488 ■

a. Abus de droit et liberté d'établissement

1489 Le principe de la liberté d'établissement prohibe les mesures nationales, notamment fiscales, qui viennent entraver celles-ci. La CJUE contrôle avec rigueur les justifications avancées par les États membres pour motiver d'éventuelles restrictions : la justification doit être au nombre des « raisons impérieuses d'intérêt général » et la restriction doit être proportionnée au motif qui la justifie. Parmi ces raisons impérieuses d'intérêt général, figure l'hypothèse d'une législation ayant « pour objet spécifique d'exclure d'un avantage fiscal les montages purement artificiels dont le but serait de contourner la loi fiscale » (CJCE 16 juill. 1998, *Imperial Chemical Industries*).

1490 Toujours est-il que la CJCE admet assez rarement que les législations en cause puissent faire obstacle à la liberté d'établissement au nom de la lutte contre les montages artificiels. En effet, encore faut-il que les législations en cause soient proportionnées. La CJCE a tendance à sanctionner les législations nationales qui empêchent une catégorie d'opérations prise dans sa globalité, sans rechercher au cas par cas si le montage est réellement artificiel ou non. Ainsi, la France a été condamnée en raison d'une législation qui visait « de manière générale, toute situation dans laquelle un contribuable, détenant des participations substantielles dans une société soumise à l'impôt sur les sociétés transfère, pour quelque raison que ce soit, son domicile hors de France » alors le transfert du domicile d'une personne physique en dehors du territoire d'un État membre n'implique pas, en soi, l'évasion fiscale (CJCE 11 mars 2004, *Lasteyrie du Saillant*).

b. Abus de droit et TVA

1491 Dans l'arrêt *Halifax* du 21 février 2006, la CJCE considère que « des opérations telles que celles en cause au principal constituent des livraisons de biens ou des prestations de services et une activité économique [...] dès lors qu'elles satisfont aux critères objectifs sur lesquels sont fondées lesdites notions, même lorsqu'elles sont effectuées dans le seul but d'obtenir un avantage fiscal, sans autre objectif économique ». Autrement dit, des opérations poursuivant exclusivement un objectif fiscal peuvent être soumises à TVA. En revanche, « la 6e directive doit être interprétée en ce sens qu'elle s'oppose au droit de l'assujetti de déduire la taxe sur la valeur ajoutée acquittée en amont lorsque les opérations fondant ce droit sont constitutives d'une pratique abusive [...] ».

1492 Selon la CJCE, lorsque l'assujetti a le choix entre deux opérations, la 6e directive ne lui impose pas de choisir celle qui implique le paiement du montant de TVA le plus élevé, mais il y a pratique abusive lorsque le but essentiel des opérations en cause est l'obtention d'un avantage fiscal, en l'occurrence le droit à déduction.

1493 Un arrêt ultérieur a pu semer le trouble en indiquant que « ce principe conduit à prohiber les montages purement artificiels, dépourvus de réalité économique, effectués à la seule fin d'obtention d'un avantage fiscal », mais rapidement la CJUE est revenue à sa jurisprudence classique.

La lutte contre les sociétés écrans et la directive ATAD III

La directive « ATAD III » en cours d'adoption a pour objectif de lutter contre les sociétés-écrans qui profitent abusivement de la liberté d'établissement sur le territoire de l'Union européenne. Cette directive propose ainsi une définition des critères de substance minimum pour les entreprises établies dans l'Union européenne et détermine les conséquences fiscales pour celles qui ne rempliraient pas ces critères.

Sont ainsi considérées à risque, et seront en conséquence soumises à une obligation déclarative spécifique, les entreprises qui présentent cumulativement plusieurs caractéristiques : – une activité passive : revenus issus à plus de 75 % de revenus passifs ou assimilés ; – une activité internationale : revenus issus à plus de 60 % de transactions transfrontières, ou un bilan composé à plus de 60 % d'actifs immobiliers ou actifs à usage privé d'une valeur supérieure à un million d'euros situés à l'étranger ; – un recours important à la sous-traitance pour les activités liées à la gestion quotidienne de l'entreprise et aux prises de décision pour les fonctions les plus importantes.

Les entreprises identifiées à l'issue de cette première étape devront inclure un certain nombre d'informations dans leur déclaration annuelle de revenus, afin de permettre à l'État membre où elles sont établies de tester leur niveau de substance minimum. Devront ainsi être mentionnés les indicateurs suivants : – les locaux utilisés ; – l'existence d'un compte bancaire ; – la présence d'administrateurs ou de personnels salariés.

Ainsi, en fonction des informations communiquées, l'administration fiscale de l'État dans lequel la société est établie pourra retenir soit la présomption d'une substance minimum (critères entièrement remplis), soit la qualification de société-écran.

Pour les entreprises qualifiées comme telles, l'administration fiscale locale pourra au choix ne pas délivrer de certificat de résidence fiscale, ou délivrer un certificat précisant que l'entité ne peut bénéficier des dispositions des conventions fiscales visant à éviter la double imposition ou toute autre convention internationale de portée équivalente.

Les autres États membres pourront écarter l'application des dispositions des conventions visant à éviter la double imposition et taxer les revenus de la société-écran comme s'ils avaient été directement appréhendés par ses actionnaires.

Plus spécifiquement, l'État membre de la source des revenus versés à la société-écran pourra appliquer les retenues à la source de droit commun, ou appliquer la retenue prévue à la convention conclue le cas échéant avec l'État de résidence des actionnaires de la société-écran ; l'État membre de résidence des actionnaires de la société-écran pourra imposer les revenus de cette dernière, déduction faite de l'impôt sur les sociétés local payé et des retenues à la source supportées le cas échéant sur les flux entrants (au taux de la convention conclue le cas échéant avec l'État de la source des revenus).

5. *L'abus des conventions fiscales internationales*

À l'image de la jurisprudence de *Janfin* où le Conseil d'État a été amené à dégager principe général de fraude à la loi, indépendant du texte alors en vigueur, le juge administratif a admis dans l'arrêt *Verdannet* qu'une convention fiscale internationale puisse donner lieu à un abus pour fraude à la loi, même si aucune disposition de cette convention ne prévoit cette hypothèse (CE, ass. plén. fisc., 25 oct. 2017, *Cts* 1494

Verdannet, n° 396954). En d'autres termes, les conventions fiscales internationales font partie des décisions et des normes pouvant être abusées, au sens du droit interne. Un État qui écarte les dispositions d'une convention fiscale au motif qu'elles sont invoquées par le contribuable, coupable d'un montage abusif, ne constitue pas une violation de cette convention, ni la violation de l'obligation faite aux États d'exécuter de bonne foi les conventions.

C. Synthèse et convergences des définitions

■ 1495 L'article L. 64 du LPF fait référence à la mise en œuvre d'une norme au mépris de l'objectif défini par l'auteur de celle-ci et en particulier le législateur. Cette dernière condition est commune aux autres fondements de l'abus de droit. L'article 205 A du CGI, prévoit qu'un montage est non authentique s'il va « à l'encontre de l'objet ou de la finalité du droit fiscal ». Il en est de même dans le cadre de l'article L. 64 A du LPF, qui prévoit qu'« afin d'en restituer le véritable caractère et sous réserve de l'application de l'article 205 A du Code général des impôts, l'Administration est en droit d'écarter, comme ne lui étant pas opposables, les actes qui, recherchant le bénéfice d'une application littérale des textes ou de décisions à l'encontre des objectifs poursuivis par leurs auteurs, ont pour motif principal d'éluder ou d'atténuer les charges fiscales que l'intéressé, si ces actes n'avaient pas été passés ou réalisés, aurait normalement supportées eu égard à sa situation ou à ses activités réelles ».

■ 1496 En d'autres termes, pour caractériser un abus, l'administration doit non seulement rapporter la preuve que l'opération réalisée par le contribuable a pour principal (ou seul, le cas échéant) objectif que celui d'éluder l'impôt, mais que l'objectif poursuivi par l'auteur de la norme, particulièrement sa finalité économique, a été dévoyé. Il s'agit donc de rapprocher l'objectif poursuivi par l'autorité ayant édicté la norme applicable de l'usage que le contribuable en a fait et du résultat qu'il a obtenu. C'est bien l'élément commun aux trois textes précités.

■ 1497 En outre, le Conseil d'État a eu l'occasion de retenir que le contribuable ne peut se prévaloir d'un avantage autre que fiscal, même réel, s'il est « minime », « négligeable », autrement dit « sans commune mesure avec l'économie fiscale réalisée » et échapper à l'abus sur le fondement de l'article L. 64 du LPF (CE, 9e et 10e ss-sect., 17 juill. 2013, *Min. c/ SAS Garnier Choiseul Holding*, n° 356523 ; *Min. c/ SARL Garnier Choiseul Holding*, n° 352989 et *Min. c/ SARL Garnier Choiseul Holding*, n° 360706). En d'autres termes, à l'époque où l'article L. 64 A du LPF n'existait pas, le juge administratif admettait déjà que l'abus de droit puisse être retenu lorsque l'objectif était bien plus important que tout autre avantage économique engendré par l'opération en cause, sous réserve que celui-ci apparaisse comme minime, voire dérisoire, sans être totalement absent (et donc sans un but exclusivement fiscal). Certains auteurs estiment d'ailleurs que l'interprétation à venir des dispositions de l'article L. 64 A du LPF sera très proche de celle retenue jusqu'à présent sur le fondement de l'abus de droit défini par l'article L. 64 du LPF.

§ 2 Préventions, procédure et sanctions

L'abus de droit donne lieu à des mesures préventives (A), à une procédure spécifique (B) et à des sanctions lourdes (C). 1498 ■

A. La prévention

L'objectif de la directive est de donner aux administrations fiscales des États membres de l'Union européenne des informations supplémentaires sur les schémas de planification fiscale mis en place en Europe. C'est la directive dite DAC 6 (Directive (UE) 2018/822 du Conseil du 25 mai 2018 modifiant la directive 2011/16/UE en ce qui concerne l'échange automatique et obligatoire d'informations dans le domaine fiscal en rapport avec les dispositifs transfrontières devant faire l'objet d'une déclaration, *JOUE* L 139 du 5 juin 2018, p. 1), transposée aux articles 1649 AD et suivants du Code général des impôts. Le texte vise à renforcer les échanges automatiques d'information entre administrations fiscales, en laissant toutefois ces dernières libres d'apprécier, conformément aux droits nationaux, les conséquences à tirer des dispositifs déclarés. En soi, la finalité du texte est informative, mais on comprend tout de suite qu'il existe un risque d'auto-incrimination qui fragilise cette réglementation au regard de certains principes fondamentaux, même si pour le moment elle n'a pas donné lieu à une quelconque décision de non-conformité. 1499 ■

Toujours est-il que le champ d'application de cette obligation déclarative, pesant sur l'intermédiaire ayant participé à la mise en œuvre de ce dispositif ou par le contribuable concerné, vise les dispositifs transfrontières qui présentent des signes d'évasion fiscale ou de pratiques fiscales abusives. 1500 ■

Le non-respect de l'obligation de déclaration prévue par les dispositions du CGI entraîne l'application d'une amende prévue à l'article 1729 C *ter* du CGI. Le montant de cette dernière ne peut excéder 10.000 € ou 5.000 € lorsqu'il s'agit de la première infraction de l'année civile en cours et des trois années précédentes. En cas de multiplication des manquements à l'obligation de déclaration, le montant de l'amende appliquée à un même intermédiaire ou à un même contribuable concerné ne peut excéder 100.000 € par année civile. 1501 ■

B. La procédure

La répression de l'abus de droit implique de respecter une procédure particulière qui a des répercussions sur la charge de la preuve. En l'occurrence, l'administration, comme le contribuable peuvent saisir le comité de l'abus de droit fiscal. Composé d'un conseiller d'État, président, un conseiller à la cour de cassation, un avocat ayant une compétence en droit fiscal, un conseiller maître à la Cour des comptes, un notaire, un expert-comptable et un professeur des universités, ce comité doit émettre un avis sur la portée véritable des actes réalisés par le contribuable. Aux termes de l'article L. 64 du LPF, et après avoir entendu les parties, le comité de l'abus de droit fiscal a pour mission, lorsqu'il est saisi, d'émettre un avis sur la portée véritable des actes réalisés par le contribuable. Ce comité rend un avis que l'administration n'est pas tenue de suivre. Mais si celle-ci entend poursuivre le redressement et qu'un juge est saisi, la charge de la preuve lui incombera. Elle doit alors produire tous les 1502 ■

éléments suffisamment précis attestant du caractère fictif des actes en cause ou de l'intention du contribuable d'éluder ou d'atténuer ses charges fiscales normales. Si cette preuve est rapportée, le contribuable doit apporter la preuve de la réalité des actes contestés ou de ce que l'opération litigieuse est justifiée par un motif autre que celui d'éluder ou d'atténuer ses charges fiscales normales (CE 17 nov. 2011, *SCI Ram*).

■ 1503 Parce que la procédure de l'abus de droit comporte quelques garanties pour le contribuable, la question s'est posée de savoir si l'administration peut reprocher au contribuable un abus, sans s'appuyer sur la procédure de l'article L. 64 du LPF. On parle alors d'abus de droit implicite ou rampant. Ce point est délicat lorsque l'administration fiscale est amenée à interpréter les clauses d'un contrat ou à requalifier un acte juridique : doit-elle nécessairement agir sur le fondement de l'abus ? L'enjeu est de taille : si le redressement n'entre pas dans le champ de l'article L. 64 du LPF, l'administration devra utiliser la procédure de droit commun de l'article L. 55 du LPF. Lorsque le contribuable initie une procédure en formulant une réclamation, l'administration n'est pas tenue de suivre la procédure de l'article L. 64 du LPF (CE 4 févr. 2022, n° 455278).

■ 1504 En la matière, la jurisprudence est subtile. Si l'administration entend démontrer que le contribuable a commis une erreur de qualification, elle peut s'appuyer sur son pouvoir de requalification (CE 17 déc. 2010, *SARL Concept sport*). En revanche, lorsqu'elle prétend que le contribuable avait l'intention de tromper l'administration par une opération fictive ou frauduleuse, c'est la procédure de l'abus qui doit être suivie. De même, lorsqu'elle écarte l'existence même d'un acte de droit privé, elle se place nécessairement sur le terrain de l'abus de droit. L'abus de droit rampant ne peut être retenu comme vice de procédure que si aucune autre base juridique valable n'a été invoquée par l'administration (CE 23 nov. 2001, *SA Cogedac*)

C. Les sanctions

■ 1505 Outre la correction du résultat et l'application d'un intérêt de retard, la procédure de l'abus de droit peut conduire à de véritables sanctions. La loi prévoit ici une modulation des pénalités assortissant les rectifications pour inexactitude ou omissions dans une déclaration, afin de se conformer au principe de proportionnalité des sanctions prévu par la Convention européenne de sauvegarde des droits de l'Homme et des libertés fondamentales.

■ 1506 L'abus de droit au sens de l'article L. 64 du LPF est ainsi puni d'une majoration de 80 % du montant des droits éludés (CGI, art. 1729, a)). Cette majoration est toutefois réduite à 40 %, lorsqu'il n'est pas établi que le contribuable a eu l'initiative principale du ou des actes constitutifs de l'abus de droit ou en a été le principal bénéficiaire. La majoration réduite peut ainsi profiter à un associé minoritaire qui n'est pas à l'origine de l'acte répréhensible et n'a pas à être spécialement motivé (CE 5 mars 2018, *Pagès*, n° 399862).

■ 1507 De telles majorations ne sont pas prévues en cas d'abus de droit fondé sur l'article L. 64 A du LPF ou 205 du CGI, même si on ne peut exclure que l'administration applique une majoration pour manquement délibéré, également de 40 %, mais prévu par un alinéa différent de l'article 1729 du CGI. Cette absence de pénalité automatique en cas d'opération poursuivant un but principalement fiscal a été vue comme une garantie pour le contribuable : la définition légale du but principalement fiscal manque de clarté et d'intelligibilité (Cons. const. 29 déc. 2013, n° 2015-685 DC), mais comme la sanction n'est pas équivalente à l'abus de droit au sens de l'article L. 64 du LPF, aucune atteinte à Constitution ne semble caractérisée au regard de la jurisprudence du Conseil constitutionnel (Cons. const. 29 déc. 2015, n° 2015-726 DC).

S'agissant du recouvrement de l'intérêt de retard et de la majoration pour abus de droit dont le contribuable contrôlé est le redevable légal, un dispositif de paiement solidaire s'exerce auprès des parties à l'acte constitutif de l'abus de droit. En effet, conformément à l'article 1754, V, 1 du CGI, en cas d'abus de droit ou de dissimulation d'une partie du prix stipulé dans un contrat, toutes les parties à l'acte ou à la convention sont tenues solidairement, avec le redevable de la cotisation d'impôt ou de la restitution d'une créance indue, au paiement de l'intérêt de retard et de la majoration prévue à l'article 1729. 1508 ■

En outre et en application de l'article 1729 A *bis* du CGI, les amendes ou majorations appliquées à l'encontre de personnes morales pour un montant de droits fraudés au moins égal à 50.000 € et par le recours à une manœuvre frauduleuse, au sens du b et du c de l'article 1729 du CGI (ce qui inclut l'abus de droit dans le cadre de la procédure relevant de l'article L. 64 A du LPF) peuvent faire l'objet d'une publication sur le site internet de l'administration fiscale, pendant une durée qui ne peut excéder un an. 1509 ■

Enfin, la répression à l'égard du contribuable ayant commis un abus de droit ne s'arrête pas là. Depuis la réforme introduite par la loi du 23 octobre 2018 relative à la lutte contre la fraude fiscale, sociale et douanière, l'article L228 du Livre des procédures fiscales, « sans préjudice des plaintes dont elle prend l'initiative, l'administration est tenue de dénoncer au procureur de la République les faits qu'elle a examinés dans le cadre de son pouvoir de contrôle (...) qui ont conduit à l'application, sur des droits dont le montant est supérieur à 100.000 € (...) 2° Soit de la majoration de 80 % prévue au c du 1 de l'article 1728, aux b ou c de l'article 1729 (...) 3° Soit de la majoration de 40 % prévue au b du 1 de l'article 1728 ou aux a ou b de l'article 1729 dudit code, lorsqu'au cours des six années civiles précédant son application le contribuable a déjà fait l'objet lors d'un précédent contrôle de l'application des majorations mentionnées aux 1° et 2° du présent I et au présent 3° ou d'une plainte de l'administration ». Autrement dit lorsqu'une procédure d'abus de droit a été mise en œuvre et a donné lieu à l'application d'une majoration de 80 % ou 40 % sur des droits d'un montant minimum de 100.000 € au moment de la mise en recouvrement, une transmission automatique du dossier est réalisée auprès du procureur de la République et peut déboucher sur une répression pénale. 1510 ■

La définition de la fraude fiscale, telle qu'elle résulte de l'article 1741 du CGI, est particulièrement vaste : le délit comporte un élément matériel (la soustraction frauduleuse à l'établissement ou au paiement de l'impôt) et un élément intentionnel (l'auteur de l'infraction doit avoir la volonté de commettre un acte qu'il savait illicite). À supposer la fraude fiscale établie, les sanctions sont lourdes : peine d'emprisonnement de cinq ans et amende de 500.000 € dont le montant peut être porté au double du produit tiré de l'infraction. 1511 ■

1512 Ce risque potentiellement décuplé est tempéré par plusieurs éléments : - un abus de droit n'est pas toujours constitutif d'une fraude fiscale, dès lors qu'il est parfois difficile d'identifier les objectifs du législateur : comment affirmer que le contribuable a délibérément violé telle norme, lorsqu'on peine à comprendre sa finalité ou son esprit ? ;

- à supposer qu'il y ait un cumul de sanctions, le Conseil constitutionnel, influencé par la jurisprudence de la Cour européenne des droits de l'homme a posé quelques bornes : le cumul de sanctions doit être réservé aux cas les plus graves (Cons. const. 24 juin 2016, n° 2016-7-545 QPC et n° 2016-546 QPC ; Crim. 11 sept. 2019, n° 18-81.040) ;

- à cela s'ajoute le principe de proportionnalité : la sévérité de l'ensemble des sanctions (pécuniaires et privatives de liberté) ne doit pas excéder la gravité de l'infraction constatée (CJUE 5 mai 2022, aff. C-570/20, *DDFIP de la Haute-Savoie* ; Crim. 22 mars 2023, n° 19-81.929).

- lorsque des poursuites pénales ont été initiées parallèlement à un contentieux fiscal, une cohérence des décisions doit s'établir : un contribuable ne peut être condamné au plan pénal, si le contribuable a été déchargé de tout impôt par une décision juridictionnelle définitive adoptée pour un motif de fond. Le principe de proportionnalité va principalement concerner le juge qui se prononce en dernier, la loi comme la jurisprudence n'imposant nullement que l'un sursoit à statuer dans l'attente d'une décision de l'autre (Crim. 29 janv. 2020, n° 17-83.577). Malheureusement, l'articulation entre les ordres de juridiction n'est pas toujours parfaitement huilée : une relaxe en raison d'un doute ou d'une absence de faits établis ne met pas à l'abri d'une condamnation devant le juge administratif (CAA Paris, 2e ch., 3 févr. 2021, n° 20PA00384).

Compléments pédagogiques

Mémo

Le résultat fiscal d'une entreprise est calculé sur la base de sa comptabilité, sous réserve des règles fiscales particulières dérogeant à celle-ci. Toutefois, l'administration est en droit de remettre en cause les écritures comptables du contribuable en les corrigeant et en recalculant l'impôt dû. Cette correction n'est envisageable que si des erreurs comptables ont été commises, qu'elles soient délibérées ou non. En revanche, les véritables décisions de gestion de l'entreprise restent opposables à l'administration.

La liberté de gestion de l'entreprise a été reconnue à plusieurs reprises par la jurisprudence du Conseil d'État. Elle n'est toutefois pas sans limite. Sur le fondement de la théorie jurisprudentielle de l'acte anormal de gestion, l'administration est en droit de considérer que les charges supportées par l'entreprise ou les renonciations à produit qu'elle aurait consenties sont contraires à l'intérêt de l'exploitation, justifiant un rehaussement du résultat et donc de l'impôt. L'acte anormal de gestion s'accompagne également du paiement de l'intérêt de retard et d'une pénalité pour manquement délibéré de 40 % le plus souvent.

La théorie de l'abus de droit permet à l'administration de déclarer certains actes du contribuable comme lui étant inopposables. L'abus de droit au sens classique figure à l'article L. 64 du LPF qui distingue deux cas : la fictivité ; l'abus par fraude à la loi. La fictivité est caractérisée lorsque le contribuable entend dissimuler la réalité de son opération en concluant un acte fictif, ou en interposant une personne. L'abus par fraude à la loi est caractérisé lorsque le contribuable entend se prévaloir des dispositions d'un texte ou d'une décision au mépris des objectifs poursuivis par le législateur et dans un but exclusivement fiscal. L'abus peut porter sur une disposition législative interne, sur une disposition relevant d'un texte européen ou encore d'une convention internationale. Le Conseil d'État admet aussi l'abus d'un commentaire administratif interprétant la loi, en présence d'un montage artificiel.

Afin de renforcer la lutte contre les montages fiscaux et sous l'influence du droit de l'Union européenne, le législateur a progressivement renforcé l'arsenal des mesures anti-abus. Outre les clauses anti-abus figurant dans certains régimes spécifiques (par ex., en matière de fusions, CGI, art. 210-0 A, III), deux textes ont été adoptés en 2019 : l'article 205 A du CGI et l'article L. 64 A du LPF. L'un et l'autre font référence au but ou à l'avantage « principalement » fiscal poursuivi par le contribuable dans le cadre d'un montage qui peut être déclaré inopposable à l'administration. S'agissant de règles d'assiette, ces deux textes ne donnent pas lieu aux majorations prévues pour l'abus de droit au sens de l'article L. 64 du LPF.

L'abus de droit au sens de l'article L. 64 du LPF peut donner lieu effectivement à de lourdes sanctions : intérêt de retard, majoration de 80 % (ou 40 % selon les cas). En outre, pour les faits les plus graves, une transmission au Parquet en vue de poursuites pénales pour fraude fiscale est possible. Mais les conditions constitutives de l'infraction ne sont pas en tout point identiques à celle de l'abus de droit, au sens de la fiscalité.

Quid

■ Acte anormal de gestion n°s 1445, 1447, 1457

C'est l'acte qui met une dépense ou une perte à la charge de l'entreprise, ou qui prive cette dernière d'une recette, dans l'intérêt exclusif d'un tiers.

■ Abus de droit n°s 1445, 1469, 1481

Au sens de l'article L. 64 du LPF, c'est l'opération qui est soit fictive, soit constitutive d'une fraude à la loi (lorsque le contribuable entend se prévaloir d'une norme au mépris des objectifs poursuivis par le législateur et en poursuivant un but exclusivement fiscal).

■ Montage artificiel n° 1483

C'est une série d'actes dénués de substance économique et dont la finalité vise à procurer un avantage fiscal au contribuable.

Documents

Cons. const. 29 déc. 2013, n° 2015-685 DC

[...] Considérant que l'article L. 64 du livre des procédures fiscales permet à l'administration, dans une procédure de rectification, d'écarter comme ne lui étant pas opposables les actes constitutifs d'un abus de droit « soit que ces actes ont un caractère fictif, soit que, recherchant le bénéfice d'une application littérale des textes ou de décisions à l'encontre des objectifs poursuivis par leurs auteurs, ils n'ont pu être inspirés par aucun autre motif que celui d'éluder ou d'atténuer les charges fiscales que l'intéressé, si ces actes n'avaient pas été passés ou réalisés, aurait normalement supportées eu égard à sa situation ou à ses activités réelles » ; que les dispositions contestées modifient la définition de ces actes pour prévoir que sont constitutifs d'un abus de droit, non plus les actes qui « n'ont pu être inspirés par aucun autre motif que celui d'éluder ou d'atténuer » l'impôt que l'intéressé aurait dû supporter « si ces actes n'avaient pas été passés ou réalisés », mais les actes qui « ont pour motif principal » d'éluder ou d'atténuer l'impôt ; qu'une telle modification de la définition de l'acte constitutif d'un abus de droit a pour effet de conférer une importante marge d'appréciation à l'administration fiscale ;

117. Considérant que, d'une part, la procédure de l'abus de droit fiscal peut s'appliquer à tous les impôts pesant sur les entreprises et les particuliers ; que, d'autre part, la mise en œuvre de cette procédure est assortie, outre du rétablissement de l'impôt normalement dû et du paiement d'intérêts de retard à raison de 0,40 % par mois en vertu du paragraphe III de l'article 1727 du code général des impôts, d'une majoration égale, en vertu de l'article 1729 du même code, à 80 % des impôts dus, ramenée à 40 % « lorsqu'il n'est pas établi que le contribuable a eu l'initiative principale du ou des actes constitutifs de l'abus de droit ou en a été le principal bénéficiaire » ;

118. Considérant que, compte tenu des conséquences ainsi attachées à la procédure de l'abus de droit fiscal, le législateur ne pouvait, sans méconnaître les exigences constitutionnelles précitées, retenir que seraient constitutifs d'un abus de droit les actes ayant « pour motif principal » d'éluder ou d'atténuer les charges fiscales que l'intéressé aurait dû normalement supporter. [...]

Cons. const. 24 juin 2016, n° 2016-7-545 QPC et n° 2016-546 QPC et Cons. const. 23 nov. 2018, n° 2018-745 QPC

[...] Le principe de nécessité des délits et des peines ne saurait interdire au législateur de fixer des règles distinctes permettant l'engagement de procédures conduisant à l'application de plusieurs sanctions afin d'assurer une répression effective des infractions. Ce principe impose néanmoins que les dispositions de l'article 1741 ne s'appliquent qu'aux cas les plus graves d'omission déclarative frauduleuse. Cette gravité peut résulter du montant des droits fraudés, de la nature des agissements de la personne poursuivie ou des circonstances de leur intervention. [...]

CE 4 févr. 2022, n° 455278

[...] 4. Par ailleurs, si un acte de droit privé opposable aux tiers est en principe opposable dans les mêmes conditions à l'administration tant qu'il n'a pas été déclaré nul par le juge judiciaire, il appartient à l'administration, lorsque se révèle une fraude commise en vue d'obtenir l'application de dispositions de droit public, d'y faire échec même dans le cas où cette fraude revêt la forme d'un acte de droit privé. Ce principe peut conduire l'administration à ne pas tenir compte d'actes de droit privé opposables aux tiers et s'applique également en matière fiscale, dès lors que le litige n'entre pas dans le champ d'application des dispositions particulières de l'article L. 64 du livre des procédures fiscales qui, lorsqu'elles sont applicables, font obligation à l'administration fiscale de suivre la procédure qu'elles prévoient. Ainsi, hors du champ de ces dispositions, l'administration, qui peut toujours écarter comme ne lui étant pas opposables certains actes passés par le contribuable, dès lors qu'elle établit que ces actes ont un caractère fictif, peut également se fonder sur le principe qui vient d'être rappelé pour écarter les actes qui, recherchant le bénéfice d'une application littérale des textes à l'encontre des objectifs poursuivis par leurs auteurs, n'ont pu être inspirés par aucun motif autre que celui d'éluder ou d'atténuer les charges fiscales que l'intéressé, s'il n'avait pas passé ces actes, aurait normalement supportées eu égard à sa situation et à ses activités réelles. [...]

Crim. 22 mars 2023, n° 19-81.929

[...] 22. Les juridictions nationales ayant l'obligation d'interpréter le droit interne dans un sens conforme au droit de l'Union, il s'en déduit que lorsque le prévenu de fraude fiscale justifie avoir fait l'objet, à titre personnel, d'une sanction fiscale définitivement prononcée pour les mêmes faits, l'article 1741 du code général des impôts doit être appliqué de sorte que la charge finale résultant de l'ensemble des sanctions prononcées, quelle que soit leur nature, ne soit pas excessive par rapport à la gravité de l'infraction qu'il a commise. [...]

Biblio

1) Doctrine

- M. Collet, « Contrôle des actes de gestion : pour un retour à l'anormal », *Dr. fisc.* 2003, n° 14.
- F. Deboissy, « Acte anormal de gestion et groupe de sociétés : orthodoxie juridique versus réalisme économique », in *Écrits de fiscalité des entreprises*, Litec, 2009, p. 263.

- F. Deboissy, « Articulation de la procédure d'abus de droit et des clauses anti-abus », *Dr. fisc.* 2016, n° 49, étude 632.
- O. Fouquet, « Interprétation française et interprétation communautaire de l'abus de droit », *RJF* 2006. 383 ; « Apport-cession de titres et abus de droit : la continuité », *Dr. fisc.* 2012, n° 20, act. 216.
- P. Kouraleva-Cazals, P. Collin et M. Collet, Actes de colloque (CEFEP) – L'acte anormal de gestion : un champ d'application en évolution ? : Dr. fisc. 2019, n° 41, étude 393
- E. Joannard-Lardant, F. Lerat et V. Villette, « La preuve de l'acte anormal de gestion : le droit et la pratique », *Dr. fisc.* 2019, n° 41, ét. 394.
- L. Olléon, « Mini-abus de droit : la Campagne des Cent Fleurs ? », *Dr. fisc.* 2019, n° 30-35, étude 344.
- Y. Sérandour, « L'abus de droit selon la CJCE. À propos de l'arrêt *Halifax* (CJCE 21 févr. 2006, aff. C-255/02) », *Dr. fisc.* 2006, étude 16.
- R. Vabres, « Autonomie, fictivité et artifice : quelle délimitation en droit fiscal ? », in L'autonomie de la personne morale, Dalloz, Thèmes et commentaires, 2023, p. 61.

2) Jurisprudence

A) Acte anormal de gestion

- CE, 3e et 8e ss-sect., 25 nov. 2009, n° 307227, Cie Rhénane de raffinage ; Dr. fisc. 2010, n° 7, comm. 186, concl. É. Geffray, note R. Schneider ; Dr. fisc. 2012, n° 50, étude 556, M. Chadefaux ; Dr. fisc. 2015, n° 6, étude 124, L. Chatain-Autajon.
- CE, plén. fisc., 21 déc. 2018, n° 402006, *Sté Croë Suisse*, *Dr. fisc.* 2019, comm. 176, note F. Deboissy et G. Wicker.
- CE, 22 juill. 2022, n° 444942, *Sté Phoenix Union*, *Dr. fisc. 2022, comm. 353*, note E. Joannard-Lardant.

B) Abus de droit

- CE, 8e et 3e ss-sect., 8 oct. 2010, *Bazire*, n° 301934 ; *Bauchart*, n° 313139 et *Cts Four*, n° 321361 ; *Dr. fisc.* 2010, n° 45, comm. 553, concl. L. Olléon, note R. Poirier ; V. Daumas, « Abus de droit : derniers développements jurisprudentiels », *RJF* 1/2011, p. 5.
- CE 27 juin 2012, *Berjot*, n° 327295 ; *Dr. fisc.* 2012, n° 46, comm. 522, concl. É. Crépey, note D. Barsus et J. Béguier ; O. Fouquet, « Apport-cession de titres et abus de droit : la continuité », *Dr. fisc.* 2012, n° 20, act. 216.
- CE, 9e et 10e ss-sect., 17 juill. 2013, *Min. c/ SAS Garnier Choiseul Holding*, n° 356523 ; *Min. c/ SARL Garnier Choiseul Holding*, n° 352989, et *Min. c/ SARL Garnier Choiseul Holding*, n° 360706, *Dr. fisc.* 2013, n° 41, comm. 477, concl. F. Aladjidi, note F. Deboissy et G. Wicker ; *RJF* 11/2013, n° 1064, chron. E. Bokdam-Tognetti, p. 883 ; *Dr. sociétés* 2013, comm. 194, J.-L. Pierre.
- Cons. const. 29 déc. 2013, n° 2015-685 DC.
- CE, ass. plén. fisc., 25 oct. 2017, *Cts Verdannet*, n° 396954 ; *Lebon*, p. 321 ; *Dr. fisc.* 2018, n° 2, comm. 64, concl. É. Crépey, note F. Deboissy ; *Procédures* 2017, comm. 327 ; *RJF* 1/2018, n° 70, chron. A. Iljic, p. 1553.
- CE, ass., 28 oct. 2020, *Charbit*, n° 428048, concl. M.-G. Merloz ; M. Collet, « Opposabilité de la doctrine et répression des abus de droit : quelle conciliation en cas de montage abusif ? », *Dr. fisc.* 2020, n° 47, étude 441 ; O. Fouquet, « Les nouveaux rapports entre la garantie contre les changements de doctrine (LPF, art. L. 80 A) et l'abus de droit : jurisprudence infléchie ou

complétée ? À propos de CE, ass., 28 oct. 2020, *Charbit*, n° 428048 », *Dr. fisc.* 2020, n° 45, act. 380 ; P.-F. Racine, « L'abus de droit après la décision Charbit : le législateur doit-il reprendre la main ? », *Ingénierie Patrimoniale* 2-2021, n° 1.

C) Cumul de sanctions

- Cons. const. 24 juin 2016, n° 2016-7-545 QPC et n° 2016-546 QPC ; Cons. const. 23 nov. 2018, n° 2018-745 QPC, n° 19.

Quiz

1) Sujet corrigé

Commentaire d'arrêt

CE, ass., 28 oct. 2020, n° 428048, *Charbit*

1. Il ressort des pièces du dossier soumis aux juges du fond que M. A... a acquis, le 17 mars 2010, 50.000 actions de la société anonyme (SA) Balmain, de sorte qu'il détenait 1,053 % du capital de cette société. Le 25 mai 2010, M. A... a cédé 4.000 de ces actions à la société civile immobilière (SCI) Steniso, détenue par les sociétés Sapafang et Bern Finances, elles-mêmes détenues par M. C..., proche collaborateur de M. A... La cession de ces actions a eu pour effet de ramener le pourcentage de détention de la SA Balmain de M. A... à 0,97 %. Le lendemain, soit le 26 mai 2010, M. A... a cédé la totalité des 20.000 actions de la société SAS Marie-Clémence, dont il était le dirigeant, avant de partir à la retraite, à la société SA Balmain pour un montant de cinq millions d'euros. Le 8 juillet 2010, la SCI Steniso a acquis 49.300 actions de la SA Balmain à un tiers, pour un montant de 739.500 €. Le 5 juin 2013, soit trois ans et dix jours après la cession des titres de la SAS Marie-Clémence à la SA Balmain, M. et Mme A... ont acquis pour trois € la totalité des parts de la SCI Steniso, dont M. A... a été nommé gérant. Dans le cadre de la cession des titres de la SAS Marie-Clémence à la SA Balmain, M. A... a réalisé une plus-value totale de 4.972.560 €, sur laquelle il a appliqué un abattement de 100 % en application des dispositions des articles 150-0 D bis et 150-0 D ter du code général des impôts.
2. À la suite d'un contrôle sur pièces du dossier fiscal des époux A..., l'administration fiscale a considéré que la cession des 4.000 actions de la SA Balmain par M. A... à la SCI Steniso intervenue le 25 mai 2010, soit la veille de la cession de la totalité de ses parts de la SAS Marie-Clémence à la SA Balmain, avait été réalisée dans le seul but de ramener sa participation dans le capital de cette dernière entreprise à moins de 1 % et de se placer ainsi dans les prévisions de l'instruction 5 C-1-07 publiée au BOI n° 10 du 22 janvier 2007, assouplissant les conditions prévues par la loi fiscale pour bénéficier de cet abattement. En conséquence, suivant la procédure spéciale de répression des abus de droit prévue à l'article L. 64 du livre des procédures fiscales, l'administration fiscale a écarté les opérations réalisées par M. A... comme ne lui étant pas opposables, puis a assujetti M. et Mme A... à une cotisation supplémentaire d'impôt sur le revenu au titre de l'année 2010, assortie des intérêts de retard et d'une pénalité de 80 % pour abus de droit sur le fondement des dispositions du b) de l'article 1729 du code général des impôts. Par un jugement du 4 janvier 2017, le tribunal administratif de Paris a rejeté la demande de M. A... tendant à obtenir la réduction de la cotisation supplémentaire d'impôt sur le revenu à laquelle son foyer fiscal a été assujetti au titre de l'année 2010, ainsi que des intérêts de retard et

de la pénalité correspondants. Par un arrêt du 20 décembre 2018, la cour administrative d'appel de Paris a rejeté l'appel formé par M. A... contre ce jugement. M. A... se pourvoit en cassation contre cet arrêt.
3. Aux termes de l'article 150-0 D bis du code général des impôts, en vigueur lors de l'année d'imposition en litige : " I.-1. Les gains nets mentionnés au 1 de l'article 150-0 D et déterminés dans les conditions du même article retirés des cessions à titre onéreux d'actions, de parts de sociétés (...) sont réduits d'un abattement d'un tiers pour chaque année de détention au-delà de la cinquième (...) ". Aux termes de l'article 150-0 D ter du même code, dans sa rédaction applicable à l'année d'imposition en litige : " I. - L'abattement prévu à l'article 150-0 D bis s'applique dans les mêmes conditions (...) aux gains nets réalisés lors de la cession à titre onéreux d'actions, de parts ou de droits démembrés portant sur ces actions ou parts (...) si les conditions suivantes sont remplies : / (...) / 2°) le cédant doit : / (...) / c) cesser toute fonction dans la société dont les titres ou droits sont cédés et faire valoir ses droits à la retraite dans les deux années suivant ou précédant la cession ; / (...) / 4° En cas de cession des titres ou droits à une entreprise, le cédant ne doit pas détenir, directement ou indirectement, de droits de vote ou de droits dans les bénéfices sociaux de l'entreprise cessionnaire. / (...) / IV. En cas de non-respect de la condition prévue au 4° du I à un moment quelconque au cours des trois années suivant la cession des titres ou droits, l'abattement prévu au même I est remis en cause au titre de l'année au cours de laquelle la condition précitée cesse d'être remplie. (...) ".
4. Par ailleurs, la doctrine référencée 5 C-1-07 au BOI n° 10 du 22 janvier 2007 indique : " (...) 165. Il est admis que le cédant personne physique qui remplit l'ensemble des conditions mentionnées au B de la présente sous-section puisse détenir seul, directement ou indirectement, au maximum 1 % des droits de vote ou des droits dans les bénéfices sociaux de la société cessionnaire. Le dispositif transitoire est donc notamment applicable aux gains nets de cession réalisés par les dirigeants lorsque le prix de cession versé par la société cessionnaire est constitué par des actions ou parts représentant, directement ou indirectement, au plus 1 % des droits de vote ou des droits aux bénéfices sociaux de la société cessionnaire. Le pourcentage maximum de 1 % s'apprécie à la date de la cession des titres et pendant les trois années (36 mois) qui suivent la cession des titres ou droits. 166. Sont pris en compte pour le calcul de ce seuil les titres ou droits détenus directement et/ou indirectement dans des sociétés, groupements, propriétés ou indivisions. Pour l'appréciation de la détention indirecte, il est tenu compte des titres ou droits qui sont détenus par l'intermédiaire d'une ou plusieurs sociétés ou groupements. Le pourcentage de ces titres ou droits s'apprécie alors en multipliant entre eux les taux de détention successifs dans la chaîne de participations. 167. Remarque : En cas de remise au cédant par la société cessionnaire de titres donnant accès à son capital (bons de souscription d'actions, obligations convertibles ou remboursables en actions notamment), le cédant ne pourra pas exercer ses bons ou échanger ses obligations pendant les trois années (36 mois) qui suivent la cession des titres, sauf si les actions auxquelles ces titres donnent droit ne lui confèrent pas plus de 1 % des droits de vote ou des droits aux bénéfices sociaux de la société cessionnaire (...) ".
5. Enfin, aux termes de l'article L. 64 du livre des procédures fiscales, dans sa version applicable au litige : " Afin d'en restituer le véritable caractère, l'administration est en droit d'écarter, comme ne lui étant pas opposables, les actes constitutifs d'un abus de droit, soit que ces actes ont un caractère fictif, soit que, recherchant le bénéfice d'une application littérale des textes ou de décisions à l'encontre des objectifs poursuivis par leurs auteurs, ils n'ont pu être inspirés par aucun autre motif que celui d'éluder ou d'atténuer les charges fiscales que l'intéressé, si ces actes n'avaient pas été passés ou réalisés, aurait normalement supportées eu égard à sa situation ou à ses activités réelles. / (...) ". Aux termes de l'article L. 80 A du même livre, dans

sa rédaction applicable à l'année d'imposition en litige : " Il ne sera procédé à aucun rehaussement d'impositions antérieures si la cause du rehaussement poursuivi par l'administration est un différend sur l'interprétation par le redevable de bonne foi du texte fiscal et s'il est démontré que l'interprétation sur laquelle est fondée la première décision a été, à l'époque, formellement admise par l'administration. / Lorsque le redevable a appliqué un texte fiscal selon l'interprétation que l'administration avait fait connaître par ses instructions ou circulaires publiées et qu'elle n'avait pas rapportée à la date des opérations en cause, elle ne peut poursuivre aucun rehaussement en soutenant une interprétation différente. Sont également opposables à l'administration, dans les mêmes conditions, les instructions ou circulaires publiées relatives au recouvrement de l'impôt et aux pénalités fiscales ".

6. Les dispositions précitées de l'article L. 80 A du livre des procédures fiscales instituent un mécanisme de garantie au profit du redevable qui, s'il l'invoque, est fondé à se prévaloir, à condition d'en respecter les termes, de l'interprétation de la loi formellement admise par l'administration, même lorsque cette interprétation ajoute à la loi ou la contredit. Elles font obstacle à ce que l'administration rehausse l'imposition du contribuable en soutenant que ce dernier, tout en se conformant aux termes mêmes de cette instruction ou circulaire, aurait outrepassé la portée que l'administration entendait en réalité conférer à la dérogation aux dispositions de la loi fiscale que l'instruction ou la circulaire autorisait. Toutefois, l'administration peut mettre en œuvre la procédure de répression des abus de droit prévue à l'article L. 64 du livre des procédures fiscales et faire échec à ce mécanisme de garantie si elle démontre, par des éléments objectifs, que la situation à raison de laquelle le contribuable entre dans les prévisions de la loi, dans l'interprétation qu'en donne le ministre par voie d'instruction ou de circulaire, procède d'un montage artificiel, dénué de toute substance et élaboré sans autre finalité que d'éluder ou d'atténuer l'impôt.

7. En premier lieu, il résulte de ce qui précède que si, contrairement à ce qu'a jugé la cour, le terme « décisions » figurant à l'article L. 64 du livre des procédures fiscales ne peut être interprété comme faisant référence aux instructions ou circulaires émanant de l'administration fiscale, la cour n'a pas commis d'erreur de droit en jugeant que l'administration pouvait se fonder sur la procédure de répression des abus de droit prévue à cet article pour écarter les opérations réalisées par M. A... au motif qu'elles constituaient un montage artificiel.

8. En second lieu, la cour, après avoir relevé que M. A... avait cédé la veille de l'opération de cession des titres de la SAS Marie-Clémence à la société Balmain, 4.000 actions de la société cessionnaire qu'il détenait à la SCI Steniso, a estimé que l'interposition de cette dernière société, qui était dépourvue de substance économique et qui n'avait pu acheter ces titres, ainsi que 49.300 actions Balmain le 8 juillet 2010, que grâce à des prêts consentis par M. A... qu'elle n'a jamais remboursés, n'avait été décidée que pour permettre à ce dernier de réduire le montant de sa participation dans le capital de la SA Balmain à moins de 1 % afin de pouvoir, par une application littérale du paragraphe 65 de l'instruction 5 C-1-07 publiée au BOI n° 10 du 22 janvier 2007, pratiquer l'abattement prévu par l'article 150-0 D bis du code général des impôts et percevoir le gain de cession des titres de la SAS Marie-Clémence en franchise d'impôt sans se défaire définitivement des titres de la société Balmain, dont il a retrouvé la disposition, juste après l'expiration du délai de trois ans mentionné au IV de l'article 150-0 D ter du même code, en rachetant avec son épouse, pour leur valeur d'acquisition, les parts de la SCI Steniso. La cour a pu, sans commettre d'erreur de qualification juridique, déduire de ces constatations, non arguées de dénaturation, que ce montage, dénué de toute substance et élaboré sans autre finalité que d'éluder le paiement de l'impôt sur la plus-value réalisée lors de la vente des titres de la SAS Marie-Clémence à la SA Balmain, présentait un caractère artificiel.

Voir le corrigé en fin de rubrique.

2) Corrigé

Commentaire d'arrêt

Les tolérances administratives, tout comme l'esprit de la loi ne doivent pas être abusées. Telle est la morale de l'arrêt *Charbit* rendu en assemblée par le Conseil d'État dans un contexte où la répression de la lutte contre l'évasion fiscale et l'abus de droit s'accroît incontestablement au fil des réformes et des évolutions jurisprudentielles.

En l'espèce, M. A. a acquis, le 17 mars 2010, 50.000 actions de la société anonyme (SA) Balmain, de sorte qu'il détenait 1,053 % du capital de cette société. Le 25 mai 2010, M. A. a cédé une partie de ces actions à la société civile immobilière (SCI) Steniso, contrôlée indirectement par un proche collaborateur de M. A. La cession de ces actions a eu pour effet de ramener le pourcentage de détention de la SA Balmain de M. A. à 0,97 %. Le lendemain, soit le 26 mai 2010, M. A. a cédé la totalité des 20.000 actions de la société SAS Marie-Clémence, dont il était le dirigeant, avant de partir à la retraite, à la société SA Balmain pour un montant de cinq millions d'euros. En d'autres termes, la SAS est devenue une filiale de la SA Balmain, elle-même détenue à hauteur de 0,97 % par M. A. Le 8 juillet 2010, la SCI Steniso a acquis 49.300 actions de la SA Balmain à un tiers, pour un montant de 739.500 €. Le 5 juin 2013, soit trois ans et dix jours après la cession des titres de la SAS Marie-Clémence à la SA Balmain, M. et Mme A. ont acquis pour 3 € la totalité des parts de la SCI Steniso, dont M. A. a été nommé gérant. En d'autres termes, les époux A. ont repris le contrôle de la société Balmain et dépassé le seuil de 1 %. Dans le cadre de la cession des titres de la SAS Marie-Clémence à la SA Balmain, M. A. a réalisé une plus-value totale de 4.972.560 €, sur laquelle il a appliqué un abattement de 100 % en application des dispositions des articles 150-0 D bis et 150-0 D ter du Code général des impôts.

L'administration fiscale a considéré que la cession des 4.000 actions de la SA Balmain par M. A. à la SCI Steniso, la veille de la cession de la totalité de ses parts de la SAS Marie-Clémence à la SA Balmain, avait été réalisée dans le seul but de ramener sa participation dans le capital de cette dernière entreprise à moins de 1 % et de se placer ainsi dans les prévisions de l'instruction administrative, assouplissant les conditions prévues par la loi fiscale pour bénéficier d'un abattement. En conséquence, sur le fondement de la procédure de l'abus de droit prévue à l'article L. 64 du livre des procédures fiscales, l'administration fiscale a écarté les opérations réalisées par M. A. comme ne lui étant pas opposables, puis l'a assujetti avec son épouse à une cotisation supplémentaire d'impôt sur le revenu au titre de l'année 2010, assortie des intérêts de retard et d'une pénalité de 80 % pour abus de droit sur le fondement des dispositions du b) de l'article 1729 du code général des impôts.

De son côté, le contribuable entendait se prévaloir de l'article L. 80 A du Livre des procédures fiscales qui autorise le contribuable à opposer à l'administration sa propre interprétation des dispositions de la loi. En d'autres termes et selon M. A., l'administration ne peut à la fois publier son interprétation d'un dispositif légal, refuser de l'appliquer et entendre une procédure de répression des abus de droit.

Le Conseil d'État rend une décision articulée en deux temps. Dans un premier temps, le juge confirme sa jurisprudence antérieure en décidant que les dispositions de l'article L.80 A du LPF « font obstacle à ce que l'administration rehausse l'imposition du contribuable en soutenant que ce dernier, tout en se conformant aux termes mêmes de cette instruction ou circulaire, aurait outrepassé la portée que l'administration entendait en réalité conférer à la dérogation aux dispositions de la loi fiscale que l'instruction ou la circulaire autorisait ». Toutefois, le Conseil d'État apporte une nuance dans un second temps aux termes de laquelle il reconnaît que « l'administration peut mettre en œuvre la procédure de répression des abus de droit (...) et faire échec à ce mécanisme de garantie si elle démontre, par des éléments objectifs, que la situation à raison de laquelle le contribuable entre dans les prévisions de la loi, dans l'interprétation qu'en donne le ministre par voie d'instruction ou de circulaire, procède d'un montage artificiel, dénué de toute substance et élaboré sans autre finalité que d'éluder ou d'atténuer l'impôt ». C'est là mettre le contribuable à l'abri de l'abus de doctrine administrative (I), sauf en cas de montage artificiel abusant du texte interprété par l'administration (II)

I. Le contribuable à l'abri de l'abus de doctrine administrative

Le Conseil d'État rappelle qu'à titre de principe, le contribuable est à l'abri de l'abus, dès lors que la doctrine est opposable à l'administration (A) et que celle-ci ne constitue pas une décision au sens de l'article L. 64 du LPF (B).

A. L'opposabilité de la doctrine

L'arrêt commenté est l'occasion pour le Conseil d'État de revenir sur l'articulation entre l'article L. 80 A du LPF et l'article 64 du LPF. Tandis que le premier offre une garantie aux contribuables en lui permettant de se prévaloir d'une interprétation de l'administration et d'éviter de subir un changement de doctrine, le second vise à réprimer les abus de droit et notamment les abus par fraude à la loi. Le premier préserve la sécurité juridique, le second a une nature répressive. A priori tous les oppose et dans l'arrêt commenté, le Conseil d'État confirme sa jurisprudence antérieure. En effet, dans le célèbre arrêt SDMO du 8 avril 1998, le juge administratif avait déjà décidé que « dans l'hypothèse où le contribuable (...) a seulement entendu se conformer à l'interprétation contraire à celle-ci qu'en avait donnée l'Administration dans une instruction ou une circulaire, l'Administration ne peut faire échec à la garantie que le contribuable tient de l'article L. 80 A du LPF et recourir à la procédure de répression des abus de droit en se fondant sur ce que ce contribuable, tout en se conformant aux termes mêmes de cette instruction ou circulaire, aurait outrepassé la portée que l'Administration entendait en réalité conférer à la dérogation aux dispositions de la loi fiscale que l'instruction ou la circulaire autorisait ». Implicitement, cette articulation entre les deux textes soulève la délicate question de la nature de la doctrine administrative.

B. La nature de la doctrine

Dans l'arrêt commenté, le Conseil d'État indique que « le terme "décisions" figurant à l'article L. 64 du livre des procédures fiscales ne peut être interprété comme faisant référence aux instructions ou circulaires émanant de l'administration fiscale ». C'est là refuser à la doctrine le statut de norme juridique pouvant être abusé. La solution quoique classique se comprend aisément pour deux raisons.

En premier lieu, la doctrine administrative n'a pas le statut de règle de droit ou de décision. Elle assume seulement une fonction d'interprétation et même si elle est largement prise en compte en pratique par les contribuables, elle ne s'adresse pas eux. Elle reflète seulement la position retenue par l'administration centrale à destination des agents de l'impôt.

En second lieu, la doctrine administrative n'a pas d'esprit. Cette précision est importante au regard du champ d'application de l'article 64 du LPF. Celui-ci vise notamment à réprimer la fraude à la loi, c'est-à-dire l'abus par lequel le contribuable ne respecte pas les objectifs poursuivis par l'auteur de la norme et en particulier le législateur. Pour connaître les objectifs de la norme, il faut connaître la volonté de son auteur et la finalité qu'il entend poursuivre. Théoriquement, il est possible de connaître les objectifs du législateur, grâce aux travaux parlementaires, lorsqu'ils sont suffisamment explicites. Il n'en est rien, s'agissant de la doctrine administrative. Nul travail préparatoire, nul esprit. Faute d'esprit, il n'est pas possible de caractériser un abus.

II. Le montage artificiel abusant du texte interprété par la doctrine administrative

En cas de montage artificiel, les solutions précédentes sont revisitées. Le montage artificiel corrompt tout, y compris la doctrine administrative. L'opposabilité de la doctrine écartée en cas de montage artificiel (A), ce qui mécaniquement entraîne une extension du champ d'application de l'abus (B).

A. L'opposabilité de la doctrine écartée en cas de montage artificiel

Au cas présent, le contribuable est privé de la possibilité de se prévaloir de l'article L. 80 A du LPF en raison du montage artificiel mis en place pour bénéficier de la tolérance administrative qui prévoyait la possibilité de bénéficier de l'abattement sur la plus-value de cession pour les dirigeants partant à la retraite, lorsque le cédant détenait encore 1 % de la société cessionnaire à l'issue de la cession. L'arrêt commenté prend soin de relever les éléments caractéristiques de l'artifice. Précisément, M. A a interposé une société qui était dépourvue de substance économique et qui n'avait pu acheter les titres de la SAS, ainsi que ceux de la société Balmain, que grâce à des prêts consentis par M. A. qu'elle n'a jamais remboursés, n'avait été décidée. Cette interposition lui a permis de réduire le montant de sa participation dans le capital de la SA Balmain à moins de 1 % afin de pouvoir, par une application littérale du paragraphe 65 de l'instruction administrative, pratiquer l'abattement prévu par l'article 150-0 D *bis* du Code général des impôts et percevoir le gain de cession des titres de la SAS Marie-Clémence en franchise d'impôt sans se défaire définitivement des titres de la société Balmain, dont il a retrouvé la disposition, juste après l'expiration du délai de trois ans. En somme, constitue un montage artificiel l'interposition d'une société, dénuée de substance économique, suivi d'une reprise en mains de la société. Lorsque le changement est temporaire et in fine rien n'a changé, l'artifice est caractérisé. Le contribuable ne peut alors se prévaloir de bonne foi de la garantie prévue par l'article L. 80 A du LPF.

B. L'extension du champ d'application de l'abus

La solution rendue s'inscrit dans un courant jurisprudentiel qui assouplit les conditions de preuve de l'abus en cas de montage artificiel et donc élargit le champ d'application de l'article L. 64 du LPF. En présence d'un artifice, le montage est nécessairement contraire aux objectifs du législateur (v. CE 12 févr. 2020, n°s 421441 et 421444) et l'un des éléments caractéristiques de l'abus par fraude à la loi n'a pas à être démontré.

On peut ajouter que la preuve du second élément est aussi largement facilitée : si le montage est artificiel et ne poursuit pas un but économique, il vise nécessairement un objectif fiscal, ce que le Conseil d'État s'emploie ici à démontrer. Finalement, l'abus de droit par fraude à la loi est caractérisé beaucoup plus facilement en présence d'un artifice, en s'éloignant pour beaucoup de la lettre du texte. Le juge s'intéresse moins aux conditions posées par le texte et se concentre beaucoup sur la succession des opérations réalisées par le contribuable. L'interposition d'une personne morale, le contrôle exercé et la rapidité des opérations sont des indices précieux d'un artifice pour lequel on n'y voit plus une habileté, mais bien une grossièreté intolérable.

chapitre 17

Les procédures fiscales

Plan analytique

section 1
Le délai de reprise de l'administration

section 2
Les procédures de contrôle et de redressement

§ 1 Le contrôle de l'impôt et la collecte d'informations

- **A.** La demande d'information non contraignante
- **B.** La demande de justifications
- **C.** Le droit de communication
- **D.** Les visites domiciliaires, perquisitions et saisies

§ 2 Les vérifications spécifiques

- **A.** L'examen de la situation fiscale personnelle
- **B.** La vérification de comptabilité
- **C.** Les garanties communes à l'ESFP et à la vérification de comptabilité

§ 3 Les procédures de rectification et de taxation d'office

- **A.** La procédure de rectification contradictoire
- **B.** L'imposition d'office

§ 4 Les effets de la rectification et le recouvrement de l'impôt

- **A.** Les intérêts de retard et les majorations
- **B.** Le recouvrement de l'impôt

section 3
Les procédures de contestation de l'impôt

§ 1 Les procédures préalables au contentieux

- **A.** Les recours gracieux et hiérarchiques
- **B.** La saisine des commissions administratives

§ 2 Les procédures contentieuses

- **A.** La réclamation contentieuse
- **B.** La phase juridictionnelle

Compléments pédagogiques

17

Les procédures fiscales

La fiscalité française repose pour l'essentiel sur un régime déclaratif et cela depuis une loi du 15 juillet 1914. Il appartient aux contribuables, qu'ils s'agissent de particuliers ou d'entreprises, de déclarer spontanément leurs revenus, leurs chiffres d'affaires, leurs bénéfices, la cession de certains biens ou encore leurs successions. Cette déclaration est une obligation imposée par la loi, de sorte que si cette déclaration fait défaut, le silence du contribuable devient coupable. En raison de cette obligation de déclaration préalable, le silence n'est donc pas créateur de droits en matière fiscale, il est souvent fautif et source de responsabilité. 1513

Corrélativement, la loi organise différentes procédures de contrôle qui permettent à l'administration de vérifier la sincérité et l'exactitude des déclarations réalisées par les contribuables (section 2). En la matière, les services compétents – il faut distinguer les services à compétence nationale, comme la Direction des vérifications nationales et internationales chargée de contrôler les plus grandes entreprises, et les services départementaux – disposent d'importants moyens d'investigation, contre lesquels le contribuable dispose de certaines garanties. La première d'entre elles est liée à l'écoulement du temps : l'administration ne peut agir que dans le cadre du délai de reprise qui produit un effet extinctif sur ses moyens de contrôle (section 1). Mais les garanties reconnues aux contribuables ne se limitent pas à celui-ci. Ces derniers disposent également d'un droit de réponse face aux arguments développés par l'administration et d'un panel de mesures visant à préserver leurs droits fondamentaux (propriété, vie privée, etc.) (section 3). 1514

section 1

Le délai de reprise de l'administration

Le droit qui appartient à l'administration de réparer les omissions, insuffisances ou erreurs commises dans l'établissement de l'impôt ne peut être exercé que pendant un certain délai, appelé *délai de reprise*[Q] ou de prescription, à l'expiration duquel l'administration ne peut plus établir d'imposition primitive ou supplémentaire. 1515

Le délai de reprise varie selon les impositions. Mais il est en règle générale de trois ans (LPF, art. 169). Le délai de reprise de l'administration expire ainsi, en principe, à la fin de la troisième année suivant celle au titre de laquelle l'imposition est due. Par exemple, dans le cadre de l'impôt sur le revenu, pour les revenus de l'année 2022 imposables au titre de cette même année (revenus déclarés en 2023), le délai de reprise expirera le 31 décembre 2025. 1516

1517 La loi prévoit de nombreux cas de prorogation qui dépendent notamment du comportement du contribuable. Une activité occulte (LPF, art. L. 169) ou un comportement frauduleux (s'agissant de la fraude fiscale, v. LPF, art. L. 187 s.) conduit à rallonger le délai de prescription. Idem pour la taxe sur les services numériques (LPF, art. L. 177 A). De même, la loi prévoit plusieurs causes d'interruption du délai : celui-ci est alors remis à zéro, à l'image de la prescription en matière civile. La proposition de rectification formulée par l'administration dans le cadre d'une procédure de rectification contradictoire (LPF, art. L. 57) produit un tel effet interruptif.

1518 Au plan procédural, la prescription du délai de reprise est un moyen qui doit être soulevé par le contribuable, à tout moment de la procédure (et au plus tard en appel), le juge n'étant pas tenu de le soulever d'office. Toutefois, le paiement spontané de l'impôt équivaut à une renonciation à se prévaloir de la prescription.

section 2

Les procédures de contrôle et de redressement

1519 Les procédures de contrôle et de redressement visent à collecter des informations (§1), à vérifier de manière approfondie la situation des contribuables (§2) afin le cas échéant de procéder à une rectification de l'impôt dû (§3).

§ 1 Le contrôle de l'impôt et la collecte d'informations

1520 Dans le cadre d'une procédure de contrôle, l'administration sera souvent amenée à demander des informations (A) ou des renseignements complémentaires au contribuable (B) ou à des tiers (C), voire à procéder à des opérations de saisies de documents (D).

A. La demande d'information non contraignante

1521 Aux termes de l'article L. 10 du Livre des procédures fiscales, l'administration peut demander aux contribuables tous renseignements, justifications ou éclaircissements relatifs aux déclarations souscrites ou aux actes déposés. En pratique, ces demandes informelles constituent une part prépondérante de l'activité des services fiscaux. Elles permettent de solliciter de la part du contribuable des précisions sur sa situation de famille, sur la nature exacte de certains frais ou charges ; elles font nécessairement suite à une déclaration déposée par le contribuable. Le plus souvent, le contribuable a bien effectué une déclaration fiscale, mais celle-ci est imprécise ou incomplète. Ces demandes d'information que l'administration qualifie d'informelles n'emportent aucune obligation juridique : leurs destinataires restent libres de garder le silence. Cette faculté conduit légitimement à dire que le silence gardé par le contribuable n'a ici rien de fautif.

En réalité, l'analyse est plus complexe qu'il n'y paraît. Deux facteurs conduisent à rendre le processus quelque peu contraignant. D'abord, les contribuables peuvent avoir une perception erronée et considérer qu'ils sont tenus, dès ce stade, de sortir du silence. En effet, non sans un certain cynisme, dans le cadre de l'article L. 10, l'administration n'est pas tenue d'indiquer que sa demande n'est pas contraignante. Autrement dit, si le contribuable croit qu'il est tenu de répondre aux demandes informelles de l'administration, il ne pourra pas s'en plaindre. En effet, le Conseil d'État a jugé, au contraire de la Cour de cassation d'ailleurs, en 2009, que l'administration n'a pas l'obligation d'informer le contribuable du caractère non contraignant d'une demande de production de justificatifs. Selon la Haute juridiction, le contribuable ne peut utilement soutenir que la procédure d'imposition était irrégulière au motif que la « crainte révérencielle » que lui aurait inspirée la demande de justificatifs qui lui a été adressée aurait produit le même effet qu'un document contraignant (CE 27 juill. 2009, n° 300456, *Billon*) 1522 ■

Ensuite, le silence du contribuable peut l'exposer à de sérieux désagréments s'il ne répond pas à une demande de justificatifs. Précisément, l'administration peut non seulement engager, à défaut de réponse, la procédure de la demande d'éclaircissements ou de justifications de l'article L. 16 du Livre des procédures fiscales, mais elle peut également exercer son droit de communication. Le manque de coopération du contribuable peut donc très vite conduire à des outils beaucoup plus contraignants. 1523 ■

B. La demande de justifications

L'article L. 16 du Livre des procédures fiscales en est l'illustration classique (mais il existe d'autres textes spécifiques). Ainsi, en vue de l'établissement de l'impôt sur le revenu, l'administration peut demander au contribuable des éclaircissements ou des justifications. En particulier, elle peut lui demander des justifications lorsqu'elle a réuni des éléments permettant d'établir que le contribuable peut avoir des revenus plus importants que ceux qu'il a déclarés « notamment lorsque le total des montants crédités sur ses relevés de compte représente au moins le double de ses revenus déclarés ou excède ces derniers d'au moins 150 000 € ». La loi liste les éléments sur lesquels l'administration est en droit de demander des justifications (ex. charges de famille, réductions d'impôt, revenus perçus à l'étranger, etc.). 1524 ■

Lorsque l'administration réclame des justifications, elle doit le faire par écrit et le contribuable peut difficilement garder le silence. Il est tenu de répondre à cette demande dans le délai imparti (qui ne peut être inférieur à deux mois). À défaut de réponse de sa part, l'administration est, en effet, fondée à l'imposer d'office, sans mise en demeure préalable, à raison des sommes au sujet desquelles il s'est abstenu de répondre dans le délai requis. Le silence du contribuable face à une demande de justification est donc assimilé à une absence de déclaration fiscale. Dans les deux cas, cela conduit à une imposition d'office (LPF, art. 69). De la même façon, l'administration considère qu'une réponse sans consistance équivaut à une absence de réponse. 1525 ■

C. Le droit de communication

Le droit de communication est prévu par l'article L. 81 du Livre des procédures fiscales et dont les modalités de mise en œuvre sont précisées par d'autres textes. Il permet aux agents de l'administration, pour l'établissement de l'assiette, le contrôle 1526 ■

et le recouvrement des impôts, d'avoir connaissance d'un certain nombre de documents et de renseignements détenus par des tiers (entreprises privées, administrations, établissements et organismes divers, etc.), sans que le contribuable concerné ne soit informé de la démarche entreprise. C'est donc un moyen de récolter discrètement des informations. Les renseignements recueillis à cette occasion peuvent être utilisés pour l'assiette, le contrôle et le recouvrement de tous impôts et taxes à la charge, soit de la personne physique ou morale auprès de laquelle il est exercé, soit de tiers à cette personne.

■ 1527 Le Livre des procédures fiscales énumère les personnes à qui l'Administration est en droit de s'adresser pour obtenir des informations (organismes financiers, organismes de sécurité sociale, professionnels du droit et du chiffre, entreprises publiques, plateformes, etc.). Mais le sens de l'histoire est sans doute celui d'une transmission automatique des informations aux services fiscaux. Celle-ci est déjà une réalité dans certaines hypothèses.

D. Les *visites domiciliaires*♀, perquisitions et saisies

■ 1528 L'article L. 16 B du LPF reconnaît à l'administration fiscale un droit de visite et de saisie de documents afin d'établir certaines infractions en matière d'impôts directs et de taxes sur le chiffre d'affaires (TVA notamment). Les agents des services fiscaux peuvent ainsi accéder à tous types de lieux, y compris les lieux privés, sur autorisation délivrée par une ordonnance du juge des libertés et de la détention du tribunal judiciaire dans le ressort duquel sont situés les lieux à visiter.

■ 1529 La loi détermine les cas dans lesquels l'autorité judiciaire peut autoriser l'administration fiscale à procéder aux visites et saisies. Ainsi en est-il lorsque le contribuable se soustrait à l'établissement ou au paiement des impôts sur le revenu ou sur les bénéfices, ou de la taxe sur la valeur ajoutée en se livrant à des achats ou à des ventes sans facture, en utilisant ou en délivrant des factures ou des documents ne se rapportant pas à des opérations réelles ou encore en omettant sciemment de passer ou de faire passer des écritures comptables. Toutefois, l'article L. 16 B du LPF n'exige que de simples présomptions et à ce stade, l'administration n'est pas tenue d'établir les manquements à la règle fiscale (Cass. com., 15 févr. 2023, n° 20-20.599 et n° 20-20.600). De simples indices faisant état de soupçons de manquements suffisent à ordonner une visite. Le contenu de l'ordonnance donne également lieu à des dispositions spécifiques. Mais il est fréquent en pratique que le juge se limite à reprendre les éléments présentés par l'administration pour justifier sa demande.

■ 1530 Selon la jurisprudence, les agents de l'administration n'ont pas l'obligation de justifier que chacun des documents saisis présente un lien avec la fraude présumée. Dès lors que les documents en cause entrent dans le champ de l'autorisation, leur saisie est possible. La Cour de cassation exploite quelque peu les silences du texte et confirme que l'article L. 16 B ne relève pas de la matière pénale et donc du principe de l'interprétation stricte. En effet, si le texte ne comporte pas de précisions sur la nature des documents pouvant être saisis, il mentionne néanmoins que l'autorisation donnée par le juge aux services fiscaux, habilités à procéder à la saisie, doit permettre d'appréhender « les pièces et documents » se « rapportant » aux agissements reprochés au contribuable. En d'autres termes, la saisie ne doit théoriquement porter que sur les documents permettant de montrer que la personne visée par l'ordonnance a dissimulé des opérations ou minoré son chiffre d'affaires ou encore passé des écritures comptables irrégulières. La lettre du texte impose donc qu'un lien soit établi entre le document saisi et la finalité de l'ordonnance. Cette exigence est d'autant plus nécessaire que l'article L. 16 B porte, par essence, atteinte à certaines libertés fondamentales.

En outre, l'article L. 16 B du Livre des procédures fiscales ne limite pas l'autorisation 1531 ■
de saisie aux documents appartenant aux personnes visées par des présomptions de fraude, ou émanant d'elles, mais permet d'appréhender des documents comptables de personnes pouvant être en relation d'affaires avec elles, y compris des pièces utiles, seulement pour partie, à la preuve des agissements présumés.

Fort heureusement, le contribuable est en droit d'exercer un recours devant le 1532 ■
premier président de la cour d'appel dans le ressort de laquelle le juge a autorisé la mesure et contre l'ordonnance autorisant la visite ou pour contester le déroulement des opérations de visite ou de saisie.

§ 2 Les vérifications spécifiques

Le Livre des procédures fiscales prévoit plusieurs procédures de vérification appro- 1533 ■
fondie de la situation des contribuables. Sont ici concernés l'examen de la situation fiscale personnelle (A) et la vérification de comptabilité (B). Bien que leur champ d'application soit distinct, elles obéissent à des règles communes visant à préserver les droits du contribuable (C).

A. L'examen de la situation fiscale personnelle

L'article 12 du Livre des procédures fiscales prévoit que l'administration peut procé- 1534 ■
der à l'examen contradictoire de la situation fiscale des personnes physiques (ESFP) au regard de l'impôt sur le revenu. L'ESFP a la nature d'un contrôle de cohérence global, par lequel l'Administration compare l'ensemble des ressources du contribuable avec ses revenus déclarés. À l'occasion de cet examen, l'administration peut contrôler la cohérence entre, d'une part les revenus déclarés et, d'autre part, la situation patrimoniale, la situation de trésorerie et les éléments du train de vie des membres du foyer fiscal. L'ESFP est potentiellement un examen très approfondi. Dès le début de l'ESFP, le vérificateur avise le contribuable qu'il analysera les mouvements de ses comptes et qu'il sera conduit à lui demander des renseignements sur ses sources de revenus, l'origine des fonds dont il a disposé, ainsi que sur la composition et les variations de son patrimoine. Lorsque les explications fournies par le contribuable sont suffisantes, l'examen contradictoire peut s'achever par un redressement portant simplement sur l'insuffisance de la déclaration. Cette procédure a donc pour champ d'application naturel l'hypothèse où le contribuable a gardé un silence partiel. L'ESFP ne peut pas en outre dépasser un délai de douze mois, sauf exceptions (LPF, art. L. 12).

Un ESFP peut-il être engagé en l'absence de souscription d'une déclaration ? On 1535 ■
pourrait penser que non, notamment parce que les services des impôts initient souvent en pratique un examen contradictoire à la suite du dépôt d'une déclaration.

Pourtant, dans un arrêt du 17 mai 2013, le Conseil d'État a considéré que si un ESFP ne peut être régulièrement opéré avant l'expiration du délai légal de déclaration, rien ne s'oppose à sa mise en œuvre ultérieure alors même que le contribuable aurait manqué à son obligation déclarative. Le silence du contribuable au moment de sa déclaration n'empêche donc pas le déclenchement d'un ESFP.

B. La vérification de comptabilité

1536 La vérification de comptabilité est une procédure de contrôle poussée à laquelle les entreprises tenues de présenter des documents comptables peuvent être soumises. Elle conduit les services fiscaux à analyser ces derniers pour apprécier le bien-fondé. Elle concerne l'intégralité des impôts auxquels les entreprises sont assujetties (TVA, impôt sur les bénéfices, impôts locaux, droits d'enregistrement liés à l'activité professionnelle, etc.). Elle peut conduire à opérer des contrôles matériels (niveau de stocks, par ex.).

1537 La procédure débute par un avis de vérification qui a vocation à informer le contribuable de la mise en œuvre de cette procédure. L'avis doit comporter des mentions obligatoires et notamment lui indiquant qu'il peut se faire assister par un avocat. Une fois le contribuable informé, le vérificateur dispose de larges pouvoirs lui permettant de se rendre sur les lieux d'exploitation de l'entreprise et il n'est pas tenu d'avertir le contribuable de chaque intervention sur place. Il doit néanmoins laisser au contribuable la possibilité d'un débat oral et contradictoire. La vérification ne peut pas en outre dépasser un délai de trois mois, sauf exceptions (LPF, art. L. 52).

1538 La vérification de comptabilité donne lieu à des variantes procédurales. Plusieurs textes envisagent en effet des dispositifs spécifiques : la vérification de comptabilité informatisée, le contrôle des prix de transfert ou encore le contrôle des groupes de sociétés. En substance, ces différentes variantes conduisent à préciser la nature des documents et informations devant être communiqués par les contribuables et la discussion qui doit s'initier avec ceux-ci.

C. Les garanties communes à l'ESFP et à la vérification de comptabilité

1539 Le contribuable bénéficie d'un certain nombre de garanties qui sont communes tant à l'ESFP qu'à la vérification de comptabilité :

- la procédure doit être initiée par l'envoi d'un avis de vérification qui doit nécessairement comporter certaines mentions (LPF, art. L. 47) ;
- le contribuable doit disposer d'un délai raisonnable à la suite de cet avis pour faire appel à un avocat ou au conseil de son choix ;
- l'administration doit remettre la Charte du contribuable vérifié qui décrit le déroulement de la vérification et les droits du contribuable ;
- les résultats du contrôle doivent être portés à la connaissance du contribuable (LPF, art. L. 49) ;
- l'agent vérificateur est soumis à une obligation de loyauté et d'impartialité (mais encore faut-il que l'utilisation de procédés déloyaux soit prouvée : CE 20 oct. 2016, n° 390639) ;
- le contribuable peut exercer un recours hiérarchique.

§ 3 Les procédures de rectification et de taxation d'office

Sur le fondement de la procédure de rectification contradictoire (A) ou de la procédure de taxation d'offre (B), l'administration va être amenée à corriger le montant de l'impôt dû par le contribuable. 1540

A. La procédure de rectification contradictoire

Aux termes de l'article L. 55 du Livre des procédures fiscales, une procédure de rectification contradictoire doit être engagée lorsque l'administration constate une insuffisance, une inexactitude, une omission ou une dissimulation dans les éléments servant de base au calcul des impôts, droits, taxes, redevances ou sommes quelconques dus en vertu du Code général des impôts. 1541

Cette procédure a une portée générale et n'est pas spécifique à certains impôts. En particulier, la procédure de rectification contradictoire s'applique à l'ensemble des reconstitutions de bénéfice. Elle n'est écartée que dans certains cas limitativement énumérés à l'article L. 56 du LPF. 1542

Le déroulement de la procédure de rectification contradictoire s'effectue de la manière suivante : 1543

- la notification au contribuable de l'insuffisance découverte par les services fiscaux, c'est la proposition de rectification, élément central de la procédure ; cette proposition doit comporter plusieurs mentions obligatoires à peine de nullité (LPF, art. R*. 57-1) et être motivée ;
- le contribuable dispose ensuite d'un délai de trente jours, prorogé à sa demande de trente jours supplémentaire, pour accepter la proposition ou manifester son désaccord avec celle-ci (LPF, art. R*59-1) ;
- l'administration est tenue de répondre aux observations éventuellement formulées par le contribuable (LPF, art. L57) ;
- en cas de persistance du désaccord, le contribuable peut saisir soit la commission départementale ou nationale des impôts directs et des taxes sur le chiffre d'affaires, soit en matière de droits d'enregistrement, de taxe de publicité foncière, d'impôt de solidarité sur la fortune, la commission départementale de conciliation ;
- si le désaccord persiste, la dernière étape consiste en l'ouverture éventuelle d'une procédure contentieuse avec réclamation préalable obligatoire devant le service des impôts et après établissement de l'imposition par émission d'un rôle ou notification d'un avis de mise en recouvrement.

B. L'imposition d'office

Dans le cadre d'une imposition d'office, l'administration n'est pas tenue de prouver le caractère bien fondé de l'imposition. La lettre de l'article L. 193 du Livre des procédures fiscales est sans appel : dans tous les cas où une imposition a été établie d'office, la charge de la preuve incombe au contribuable qui demande la décharge ou la réduction de l'imposition. 1544

Nombre d'arguments soulevés par les contribuables pour justifier leur défaut de réponse aux demandes de l'administration et ayant conduit à l'imposition d'office 1545 sont rejetés par le juge. Ainsi, un contribuable ne peut se prévaloir de son droit au respect de la vie privée ou de son droit à une vie familiale pour s'opposer aux investigations de l'administration. De même, un contribuable se trouvant en prison ne peut se prévaloir de son incarcération pour justifier son absence de réponse.

1546 Enfin, dans le cadre d'une procédure d'imposition d'office, la loi fiscale tire les conséquences du silence retenu par le contribuable. Puisqu'il fait le choix de se taire, la procédure fiscale ne sera pas contradictoire. Le seul moyen pour lui de contester le redressement dont il fait l'objet, c'est de saisir le juge.

1547 Le contribuable silencieux qui fait l'objet d'une imposition d'office s'expose donc à un régime où ses droits seront sévèrement amoindris. C'est aujourd'hui toute la problématique actuelle de la lutte contre la fraude fiscale : jusqu'où peut-on aller dans l'atteinte portée aux droits fondamentaux pour assurer l'efficacité du contrôle fiscal ? Au-delà des droits fondamentaux, ce sont également les libertés économiques qui sont en jeu. La lutte contre la fraude fiscale conduit en effet à un certain nombre de restrictions, notamment à la liberté de circulation des capitaux. Or, ici, l'administration a parfois la possibilité d'imposer sans même avoir l'obligation d'interroger le contribuable. Les obligations pesant sur les contribuables en matière de comptes bancaires détenus à l'étranger le prouvent. En ce domaine, l'article 1649 A du CGI impose aux contribuables de déclarer les comptes ouverts, utilisé ou clos à l'étranger, sous peine de supporter une majoration de retard de 40 %. Ici, les sommes disponibles sur ces comptes bancaires sont présumées être des revenus imposables et la majoration s'applique même si le contribuable est de bonne foi. L'application de ce dispositif se fait sans mise en demeure préalable et le contribuable ne peut échapper à l'imposition qu'en démontrant que sa déclaration de revenus intègre déjà les sommes détenues à l'étranger. Le Conseil d'État considère ici que la restriction à la libre circulation des capitaux instaurée par l'article 1649 A était justifiée (CE 17 déc. 2010, n° 330666, *Mme Throude*).

§ 4 Les effets de la rectification et le recouvrement de l'impôt

1548 À l'issue de la rectification adressée par le contribuable, des intérêts de retard et des majorations pourront trouver à s'appliquer (A). L'impôt entre alors en phase de recouvrement (B).

A. Les intérêts de retard et les majorations

1549 Les intérêts de retard ne doivent pas être confondus avec les majorations. Les premiers visent à réparer le préjudice subi par le Trésor public en raison du paiement tardif de l'impôt. Ils n'ont pas la nature d'une sanction, contrairement aux majorations.

1550 Le taux de l'intérêt de retard est fixé à 0,2 % par mois, soit 2,4 % l'an (CGI, art. 1727, III). En application de l'article L. 62 du Livre des procédures fiscales (LPF), le taux de l'intérêt de retard est réduit lorsqu'au cours d'une vérification de comptabilité et pour les impôts sur lesquels porte cette vérification, le contribuable régularise les erreurs, inexactitudes, omissions ou insuffisances dans les déclarations souscrites dans les délais, soit en cours de contrôle (la réduction est alors de 30 %, soit un taux de 0,14 % par mois), soit spontanément (la réduction est alors de 50 %, soit un taux de 0,10 % par mois).

La base de calcul de l'intérêt de retard est constituée par le montant des droits en principal qui n'ont pas été acquittés dans les délais. Le calcul s'effectue à compter du 1er jour du mois suivant celui au cours duquel l'impôt aurait dû être payé. Le décompte est arrêté au dernier jour du mois du paiement. 1551 ■

La violation des obligations déclaratives pesant sur le contribuable conduit à distinguer le défaut de déclaration et l'insuffisance de déclaration. Dans les deux cas, le silence coupable conduit concrètement à payer un impôt plus élevé que celui qui était dû initialement. Néanmoins, le niveau et les conditions de mise en œuvre des majorations diffèrent quelque peu. 1552 ■

Pour le défaut de déclaration, les majorations sont fixées par l'article 1728 du Code général des impôts. Leur articulation est assez simple. En principe, l'absence de déclaration du contribuable conduit à une majoration de 10 % des droits réclamés et cela pour l'ensemble des impôts. Si le contribuable persiste et s'abstient de régulariser sa situation dans les trente jours d'une première mise en demeure, la majoration passe à 40 %. L'échelle des majorations ne s'arrête pas là. Elle passe à 80 % lorsqu'un contribuable s'est abstenu de déposer une déclaration pour une activité professionnelle occulte. Le manquement aux obligations déclaratives est ici apprécié objectivement. L'administration n'a donc pas à démontrer l'intention du contribuable pour fonder une décision de sanction. Le contribuable ne peut échapper à la sanction en invoquant l'absence de mauvaise foi ou l'absence de manquement délibéré. 1553 ■

Au sommet de l'échelle des majorations, il en est une qui frappe les esprits c'est celle de 100 %. Elle vise un cas particulier : c'est l'opposition à un contrôle fiscal. Un arrêt récent illustre cette hypothèse. En l'espèce, la dirigeante de l'entreprise était absente des locaux lors de la première intervention du vérificateur. Un courrier lui est adressé en vue de la mettre en garde contre les risques encourus en cas d'opposition à contrôle fiscal. Une nouvelle intervention infructueuse a lieu. Un nouvel avertissement écrit est délivré à la société et ce n'est que lors d'une troisième intervention sur place que le vérificateur a été invité par la dirigeante à rencontrer l'expert-comptable de la société chez qui la comptabilité pouvait, selon elle, être consultée. Mais le vérificateur n'a pu accéder à ces pièces, le comptable ayant mis fin à sa mission et renvoyé à la dirigeante de l'entreprise la totalité des éléments de sa comptabilité. La solution du Conseil d'État ne souffre ici d'aucune ambiguïté : le contrôle fiscal n'a pu avoir lieu du fait de l'attitude du contribuable, ce qui justifie une majoration de 100 %. 1554 ■

En cas d'insuffisance de déclaration, les conditions de mise en œuvre des majorations sont plus complexes. Elles sont envisagées à l'article 1729 du CGI. Selon ce texte, les inexactitudes ou les omissions relevées dans une déclaration entraînent l'application d'une majoration de 40 % en cas de manquement délibéré et de 80 % en cas de manœuvres frauduleuses. La bonne foi du contribuable est toujours présumée, à peine de quoi l'infliction d'une sanction administrative revêtant le caractère d'une 1555 ■

punition heurterait le principe de la présomption d'innocence. Il incombe donc à l'Administration d'apporter la preuve que le contribuable à qui la pénalité est infligée est l'auteur d'un manquement délibéré ou de manœuvres frauduleuses.

1556 Pour le manquement délibéré, deux éléments doivent être réunis pour permettre l'infliction régulière de la majoration de 40 % : un élément matériel (omission ou insuffisance de déclaration) et un élément intentionnel. Comment établir l'élément intentionnel ? À partir d'éléments objectifs : sous-évaluation importante des revenus, nature du rehaussement, fréquence du manquement et état des connaissances du contribuable. Les revenus distribués sont huit fois supérieurs aux revenus déclarés ? L'élément intentionnel est caractérisé ! Le contribuable est un expert-comptable qui sous-évalue sa déclaration ? L'élément intentionnel est caractérisé ! En revanche, la mauvaise foi s'apprécie à la date de la déclaration. Dès lors, le défaut de collaboration du contribuable lors du contrôle étant postérieur à la déclaration est un élément inopérant.

1557 En ce qui concerne les manœuvres frauduleuses, elles peuvent être analysées comme consistant dans la mise en œuvre de procédés ayant pour effet soit de faire disparaître ou de réduire la matière imposable, soit d'obtenir de l'État des remboursements injustifiés, lorsque ces procédés ne peuvent être considérés comme des erreurs excusables ou des omissions involontaires. Ils sont, au contraire, le résultat d'actes conscients et volontaires destinés à donner l'apparence de la sincérité à des déclarations en réalité inexactes de leurs auteurs et impliquant l'intention d'éluder tout ou partie de l'impôt. La notion de manœuvres frauduleuses recouvre donc deux séries d'éléments : un manquement délibéré auquel s'ajoute la mise en œuvre de procédés destinés à masquer l'existence de l'infraction ou à la présenter sous la forme d'une opération parfaitement régulière. L'attitude silencieuse du contribuable peut-elle recevoir la qualification de manœuvres frauduleuses ? On peut sérieusement en douter. En effet, l'élément matériel des manœuvres frauduleuses implique un acte, un artifice, une opération destinée à égarer ou restreindre le pouvoir de vérification de l'administration. Concrètement, cela passe par une comptabilité occulte, des fausses factures ou l'interposition d'une personne. Le silence sera le plus souvent insuffisant.

B. Le recouvrement de l'impôt

1558 Pour les particuliers, le recouvrement de l'impôt implique généralement l'émission d'un titre exécutoire, le plus souvent par voie d'émission de rôle et parfois par voie d'avis de mise en recouvrement.

1559 Pour les professionnels, les impositions donnent lieu à déclaration (sauf exception, comme la CFE par exemple) et à une autoliquidation de l'impôt. Le paiement spontané au comptant est la règle générale. L'émission d'un titre exécutoire sera toutefois nécessaire en cas de défaillance du contribuable ou en cas d'émission d'un titre exécutoire (avis de mise en recouvrement).

1560 Les impôts sont exigibles 30 jours après la mise en recouvrement, sauf exigibilité immédiate.

Toute somme non acquittée à la date limite de paiement conduit à l'application d'une majoration de 10 % pour les particuliers (CGI, art. 1730) ou de 5 % ainsi que l'application de l'intérêt de retard pour les professionnels. 1561 ■

La loi accorde au Trésor un ensemble de garanties ou de sûretés pour le recouvrement des impôts, attachées à la nature de la créance. Tel est notamment le cas du privilège du Trésor et de l'hypothèque légale. 1562 ■

La contestation par le contribuable des mesures de recouvrement forcé de l'impôt obéit à des règles contentieuses spécifiques (LPF, art. L. 281 s.), distinctes du contentieux lié à l'assiette de l'impôt. 1563 ■

section 3

Les procédures de contestation de l'impôt

Les procédures de contestation de l'impôt (et des éventuelles majorations) regroupent les procédures préalables au contentieux (§1) et les procédures contentieuses *stricto sensu* (§2). 1564 ■

§ 1 Les procédures préalables au contentieux

Lorsque le contribuable est en désaccord avec l'administration fiscale, il peut tenter d'établir une transaction avec celle-ci, indépendamment et préalablement à tout recours contentieux. Ces recours peuvent être présentés devant l'administration elle-même, lorsqu'ils prennent la forme d'un recours gracieux ou hiérarchique (A) ou devant des organismes spécialisés, à l'image des commissions administratives (B) ou encore du comité de l'abus de droit fiscal (C). 1565 ■

A. Les recours gracieux et hiérarchiques

Le recours gracieux peut prendre deux formes. Soit il résulte d'une transaction conclue avec l'administration et le plus souvent à son initiative, soit il se matérialise par une demande gracieuse formulée par le contribuable. 1566 ■

Dans le premier cas, avant que l'impôt et les diverses sommes dues par le contribuable ne soient mis en recouvrement, il peut solliciter une transaction avec celle-ci. Celle-ci constitue un véritable contrat fixant les obligations réciproques des parties. 1567 ■

La demande gracieuse peut porter sur la totalité des pénalités, quel que soit l'impôt en cause. En revanche, s'agissant des impôts eux-mêmes, seuls les impôts directs (impôt sur le revenu, impôts directs locaux) peuvent faire l'objet d'une remise. Aucune forme particulière n'est imposée. Les demandes peuvent être écrites (simple courrier) ou orales. Elles doivent contenir les informations nécessaires pour identifier le contribuable et l'imposition. 1568 ■
Si l'administration n'a pas répondu dans le délai de deux mois, la demande est

considérée comme rejetée. La décision gracieuse de rejet ou d'admission partielle peut faire l'objet d'une contestation par voie de recours hiérarchique (pourvoi) ou par voie judiciaire (recours pour excès de pouvoir devant les tribunaux).

B. La saisine des commissions administratives

1569 La commission des impôts directs et des taxes sur le chiffre d'affaires (qui comporte un échelon départemental et un échelon national), la commission départementale de la conciliation, la commission nationale des impôts directs et des taxes sur le chiffre d'affaires et le comité consultatif du crédit d'impôt recherche sont des organismes consultatifs. Elles peuvent être saisies par le contribuable à l'issue de la procédure de rectification contradictoire. Leur compétence se limite toutefois aux questions de fait, à quelques exceptions près (la commission des impôts directs et des taxes sur le chiffre d'affaires peut par exemple se prononcer sur l'existence d'un acte anormal de gestion). Composées généralement de représentants des contribuables et de l'administration ainsi que d'un ou plusieurs magistrats, ces commissions rendent un avis consultatif qui ne lie pas les parties. Le contribuable conserve donc la possibilité d'agir au contentieux si besoin.

§ 2 Les procédures contentieuses

1570 L'étude de la phase contentieuse implique de distinguer la réclamation préalable contentieuse (A) de la phase juridictionnelle (B).

A. La *réclamation contentieuse*

1571 Quel que soit l'impôt en cause, les contestations soulevées par les contribuables doivent obligatoirement être formulées par voie de réclamation écrite adressée à l'administration. Cette réclamation ne dispense pas du paiement de l'impôt, sauf à solliciter parallèlement à la réclamation un sursis de paiement (LPF, art. L. 277).

1572 Aux termes de l'article R* 196-1 du Livre des procédures fiscales, les réclamations sont recevables, sauf exceptions jusqu'au 31 décembre de la deuxième année suivant celle : - de la mise en recouvrement du rôle, - de la notification d'un avis de mise en recouvrement, - du versement de l'impôt contesté si cet impôt n'a pas donné lieu à l'établissement d'un rôle ou à la notification d'un avis de mise en recouvrement, - de la réalisation de l'événement qui motive la réclamation. Par exception, l'article R. 196-3 du Livre des procédures fiscales prévoit que lorsque le contribuable fait l'objet d'une procédure de reprie ou de rectification, il dispose d'un délai équivalent à celui dont dispose l'administration pour faire valoir ses arguments. Le délai de réclamation d'un contribuable exerçant une activité occulte est donc porté à dix ans, y compris lorsque l'administration n'a pas mis en œuvre son droit de reprise allongé dans cette situation (CE, 9e et 10e ch., 22 juill. 2022, n° 451206)

1573 La réclamation est établie sous la forme d'une simple lettre adressée au service des finances publiques compétent pour la recevoir. Elle doit comporter des mentions obligatoires (LPF, art. R*197-3).

L'administration dispose alors d'un délai de six mois pour répondre aux arguments du contribuable. Ce n'est qu'après avoir reçu la réponse de l'administration ou à l'expiration du délai de six mois que le contribuable peut saisir la juridiction compétence. Le service des impôts a, de son côté, la faculté de soumettre d'office au tribunal concerné toute réclamation qui lui a été adressée et sur laquelle il lui appartient normalement de se prononcer. 1574 ■

Cependant, bien qu'elle soit obligatoire, cette procédure de la réclamation préalable devant l'administration ne revêt pas un caractère juridictionnel. Elle constitue donc une étape administrative avant la phase juridictionnelle. 1575 ■

B. La phase juridictionnelle

L'étude de la phase juridictionnelle implique de distinguer la détermination des tribunaux compétents (1), la saisine et le déroulement de la procédure (2) et l'exercice des voies de recours (3). 1576 ■

1. *Tribunaux compétents*

En matière d'impôts directs, de taxes sur le chiffre d'affaires et de taxes assimilées, les décisions rendues par l'administration (rejet explicite ou implicite, partiel ou total) sur les réclamations contentieuses qui ne donnent pas entière satisfaction aux contribuables peuvent être attaquées devant le tribunal administratif. 1577 ■

Par dérogation, la loi a attribué expressément compétence aux tribunaux judiciaires pour connaître des litiges relatifs aux droits d'enregistrement et de timbre, à la taxe de publicité foncière, à l'impôt sur la fortune immobilière, aux contributions indirectes et aux taxes assimilées à ces droits, taxes ou contributions (LPF, art. L. 199). 1578 ■

L'action doit être introduite devant le tribunal compétent dans le délai de deux mois à partir du jour de la réception de l'avis par lequel l'administration notifie au contribuable la décision prise sur la réclamation, que cette notification soit faite avant ou après l'expiration du délai de six mois prévu à l'article R. 198-10. D'un point de vue territorial, le tribunal compétent est celui dans le ressort duquel l'autorité dont la décision est attaquée, a son siège. 1579 ■

Toutefois, le contribuable qui n'a pas reçu la décision de l'administration dans le délai de six mois peut saisir le tribunal dès l'expiration de ce délai. En cas de silence gardé par l'administration fiscale sur la réclamation pendant six mois, « le délai de recours contentieux ne peut courir à l'encontre du contribuable tant qu'une décision expresse de rejet de sa réclamation ne lui a pas été régulièrement notifiée » (CE 7 déc. 2016, n° 384309). Ainsi, seule la notification au contribuable d'une décision expresse de rejet de sa réclamation, avec mention des voies et délais de recours, a pour effet de faire courir le délai de deux mois (CE, avis, 21 oct. 2020, n° 443327). 1580 ■

2. *Saisine et déroulement de la procédure*

Devant le tribunal administratif, conformément aux dispositions des articles R. 413-1 et suivants du Code de justice administrative, les demandes doivent être adressées au greffe du tribunal administratif où elles sont enregistrées. 1581 ■

1582 Devant le tribunal judiciaire, la demande en justice est formée par assignation et les parties sont tenues de constituer avocat (LPF, art. R*202-2).

1583 Les procédures devant les deux ordres de juridiction sont écrites, contradictoires et menées par le tribunal. Celui-ci peut le cas échéant ordonner des mesures d'instruction avant la phase de jugement.

3. *Voies de recours*

1584 Une fois le jugement rendu, le contribuable comme l'administration peut exercer une voie de recours.

1585 Devant la cour administrative d'appel, compétente pour les recours exercés contre les jugements du tribunal administratif, et en application des dispositions de l'article R. 811-2 du Code de justice administrative, le délai d'appel est de deux mois. Il court à compter du jour où la notification du jugement lui a été faite. La représentation par avocat est ici obligatoire.

1586 Lorsque le tribunal administratif statue en dernier ressort, le recours doit être porté directement devant le Conseil d'État.

1587 Cette dernière juridiction est également compétente pour les pourvois dirigés contre les décisions rendues en appel.

1588 Devant la cour d'appel, compétente pour les recours exercés contre les jugements du tribunal judiciaire, le délai d'appel est également de deux mois. Il court à compter du jour où la notification du jugement lui a été faite. Tout comme devant la juridiction administrative, la représentation par avocat est obligatoire (LPF, art. R* 202-6).

1589 La Cour de cassation ne peut être saisie que des contestations ayant été soumises en premier ressort, au tribunal judiciaire et en dernier ressort, à la cour d'appel.

Compléments pédagogiques

Mémo

La loi organise différentes procédures de contrôle qui permettent à l'administration de vérifier la sincérité et l'exactitude des déclarations réalisées par les contribuables, sous réserve de respecter le délai de reprise. À l'exception de la demande d'informations de l'article L. 10 du LPF, ces procédures font peser une contrainte sur le contribuable qui est tenu de répondre aux demandes des services fiscaux. L'administration dispose également du pouvoir d'obtenir la communication de certains documents détenus par des tiers. En cas de non-réponse de la part du contribuable, celui-ci s'expose à une taxation d'office.

L'article L. 16 B du LPF reconnaît également à l'administration fiscale un droit de visite et de saisie de documents afin d'établir certaines infractions en matière d'impôts directs et de taxes sur le chiffre d'affaires (TVA notamment). Les agents des services fiscaux peuvent ainsi accéder à tous types de lieux, y compris les lieux privés, sur autorisation délivrée par une ordonnance du juge des libertés et de la détention du tribunal judiciaire dans le ressort duquel sont situés les lieux à visiter.

Outre les procédures visant à la collecte d'information, le Livre des procédures fiscales prévoit plusieurs procédures de vérification approfondie de la situation des contribuables et notamment l'examen de la situation fiscale personnelle et la vérification de comptabilité. Ces mesures étant par nature intrusives et susceptibles de porter atteinte à plusieurs libertés fondamentales, elles donnent lieu à un encadrement assez lourd et plusieurs garanties sont accordées au contribuable.

À l'issue de procédures de contrôle, l'administration peut procéder à des mesures de rectification du montant de l'impôt dû par le contribuable. La procédure de rectification contradictoire sert ainsi de modèle de référence pour la plupart des impôts et comme son nom l'indique, elle conduit à ce qu'il y ait un dialogue avec le contribuable, en droit de faire valoir ses arguments. En cas de désaccord persistant avec l'administration fiscale, le contribuable est en droit de saisir l'une des commissions administratives spécialisées et compétente pour apprécier des éléments de fait. Si aucune solution n'a pu être trouvée avec l'administration, le contribuable est toujours en droit de saisir la juridiction compétente, en ayant au préalable formulé une réclamation contentieuse, point de départ de la phase contentieuse en matière fiscale. Cette même réclamation est exigée du contribuable, lorsque celui-ci ne conteste pas l'assiette de l'impôt mais les mesures de recouvrement adoptées par le comptable public.

Quid

■ Délai de reprise n° 1515

Désigne le délai dont dispose l'administration fiscale pour corriger le montant de l'impôt dû par le contribuable

■ Réclamation contentieuse n° 1571

C'est l'acte par lequel le contribuable conteste le montant de l'impôt dû (ou éventuellement déjà payé) voire s'oppose à la rectification qui lui a été adressée par les services fiscaux ; c'est une formalité obligatoire et préalable à tout recours devant une juridiction

■ Visite domiciliaire n° 1528

Désigne le droit reconnu à l'administration fiscale d'opérer une visite et une saisie des documents dans les lieux désignés par une ordonnance émise par le juge judiciaire.

Biblio

1) Ouvrages et articles

- M. Collet, « La loyauté : un principe qui nous manque ? », *Dr. fisc.* 2016, ét. 554.
- J.-C. Drié, *Le contrôle fiscal raconté aux dirigeants et à leurs conseils*, 3e éd., LexisNexis, Précis Fiscal, 2014.
- B. Ricou, *Droit des procédures fiscales*, Ellipses, 100 % Droit, 2022.

2) Jurisprudence

- CE 27 juill. 2009, n° 300456, *Billon, Dr. fisc.* 2009, n° 46, comm. 535, concl. E. Glaser.
- CEDH 21 févr. 2008, n° 18497/03, *Ravon c. France, Dr. fisc.* 2008, n° 39, p. 6, note D. Ravon et C. Louit.
- CE 22 janv. 2010, n° 314010, *Quéro, Dr. fisc.* 2010, n° 15, comm. 274, concl. N. Escaut, note M. Guichard et R. Grau.
- CE 7 déc. 2016, n° 384309, *Dr. fisc.* 2017, n° 12, comm. 219, concl. B. Bohnert.
- CE, avis, 21 oct. 2020, n° 443327, *Dr. fisc.* 2021, n° 19, comm. 248, concl. R. Victor.
- Com. 15 févr. 2023, n° 20-20.599, *Dr. fisc.* 2023, Chron. 151, obs. A. Rousseau.

Quiz

1) Sujet corrigé

Test de connaissances

1. L'intérêt de retard sanctionne les contribuables qui ne souhaitent pas payer d'impôt.

a. Vrai

b. Faux

2. Le contribuable qui fait l'objet d'une demande d'informations au titre de l'article L. 10 du LPF est tenu d'y répondre.

a. Vrai

b. Faux

3. La loi prévoit une procédure de taxation d'office en l'absence de déclaration de la part du contribuable

a. Vrai

b. Faux

4. En matière d'impôt sur le revenu et d'impôt sur les sociétés, le délai de reprise de droit commun est de trois ans à compter du fait générateur de l'impôt.

a. Vrai

b. Faux

5. Un même contribuable peut faire l'objet d'un examen de situation fiscale personnelle et d'une vérification de comptabilité.

a. Vrai

b. Faux

6. Le contribuable qui entend répondre à une proposition de rectification contradictoire émise par l'administration a deux mois pour le faire.

a. Vrai

b. Faux

7. Le contribuable qui entend contester une proposition de rectification contradictoire émise par l'administration peut saisir le juge sans formalité préalable.

a. Vrai

b. Faux

8. La réclamation contentieuse préalable entraîne automatiquement un sursis du paiement de l'impôt.

a. Vrai

b. Faux

9. Le juge judiciaire est compétent en matière d'impôt sur la fortune immobilière et de droits d'enregistrement.

a. Vrai

b. Faux

10. Les commissions administratives compétentes en matière fiscale rendent des avis obligatoires.

a. Vrai

b. Faux

Voir le corrigé en fin de rubrique.

2) Corrigé

Test de connaissances

1. Faux (ils réparent le préjudice subi par l'État) ; **2.** Faux (la demande est non contraignante) ; **3.** Vrai ; **4.** Faux (le délai prend fin à l'issue de la troisième suivant celle de l'imposition) ; **5.** Vrai ; **6.** Faux (le délai est en principe de 30 jours) ; **7.** Faux (une réclamation préalable contentieuse est nécessaire) ; **8.** Faux (le sursis doit être demandé expressément, le cas échéant au même moment que la réclamation) ; **9.** Vrai ; **10.** Faux (les avis sont consultatifs bien qu'ils soient fréquemment suivis par l'administration.

Sujet terminal

1) Sujet corrigé

Cas pratique

Domiciliés en France, âgés tous deux de 55 ans, et mariés sous le régime de la communauté de biens, Monsieur et Madame Malimposez détiennent 100 % du capital d'une société par actions simplifiée (SAS) MLP Engineering qui est une société opérationnelle exerçant une activité de prestation de services dans le secteur de l'industrie informatique. Le chiffre d'affaires de la SAS est de 50 millions d'euros et son exercice comptable coïncide avec l'année civile. La valeur réelle de la société est estimée à 15.000.000 euros.

Monsieur et Madame Malimposez ont deux enfants, Jean et Alice, âgés respectivement de 23 et 28 ans.

Les époux détiennent également ensemble 100 % du capital d'une société civile immobilière (SCI), relevant du régime de l'article 8 du CGI. La SCI détient deux immeubles d'une valeur réelle respective de 400.000 HT et 600.000 HT euros, acquis respectivement pour un montant de 200.000 HT et 300.000 HT euros et tous deux loués en nu à des particuliers. La SCI perçoit des loyers d'un montant annuel cumulé de 80.000 euros.

La SAS MLP Engineering possède également un immeuble qui constitue le siège social de l'entreprise. Acquis pour une valeur de 8.00.000 euros HT le 1er janvier 2018, cet immeuble est aujourd'hui amorti à hauteur de 50 % (clôture du dernier exercice). Sa valeur réelle est néanmoins de 12.000.000 euros HT. La SAS MLP Engineering présente également des déficits en report d'un montant de 1.450.000 euros.

Dans cette perspective, Monsieur et Madame Malimposez vous interrogent sur le traitement fiscal des opérations suivantes :

a) Si la SAS MLP Engineering décide d'apporter le 1er janvier 2023 l'immeuble qu'elle détient à une société soumise à l'impôt sur les sociétés, quelles seront les conséquences fiscales ?

b) Si les époux Malimposez constituent une société holding soumise à l'impôt sur les sociétés qui contractera un emprunt auprès d'une banque de 1.200.000 euros, à un taux annuel de 3,5 % sur 10 ans, pour racheter l'immeuble détenu par la SAS MLP Engineering, les charges financières seront-elles entièrement déductibles ?

c) Si le résultat de la SAS est bénéficiaire en 2023 à hauteur de 1.720.000 euros, les déficits réalisés au cours des exercices antérieurs seront-ils reportables ? Quel sera le montant de l'impôt après imputation des déficits ? L'apport de l'immeuble mentionné dans la question précédente change-t-il quelque chose à ce sujet ? Les excédents de déficits peuvent-ils être imputés sur les revenus de M. et Mme Malimposez ?

d) Quel est le régime fiscal applicable aux loyers ? Si les époux Malimposez décident d'apporter les parts de la SCI à la SAS (sauf une), quel sera le régime fiscal applicable aux loyers ? La SAS pourrait-elle bénéficier du régime mère-fille en cas de distribution de dividendes ? À quelles conditions pourrait-elle en bénéficier et quelles en seraient les conséquences fiscales ?

e) Si les époux Malimposez décident de donner les parts de la SCI à leur fils Jean et celles de la SAS à leur fille Alice, quelles seront les conséquences fiscales (aucune donation antérieure n'a été consentie) et comment le cas échéant parvenir à les atténuer ?

Voir le corrigé en fin de rubrique.

2) Corrigé

Cas pratique

a) L'apport d'un élément de l'actif immobilisé constitue un fait générateur de plus-value professionnelle (CGI, art. 39 *duocecies*, applicable aux sociétés soumises à l'impôt en raison du renvoi opéré par l'article 207 du CGI). Par conséquent, le calcul de la plus-value d'apport implique de faire la différence entre la valeur d'apport (par hypothèse il s'agit de la valeur réelle) et la valeur nette comptable (soit 4.000.000 euros s'agissant d'un bien amorti à 50 %). Cette plus-value est donc égale à 8.000.000 euros. S'agissant de son régime fiscal, elle est taxée intégralement comme un résultat d'exploitation, les sociétés soumises à l'impôt sur les sociétés ne bénéficiant pas du régime du long terme sauf exception. Cette plus-value relève du taux de 25 %, soit un impôt de 2.000.000 euros.

Au regard des droits d'enregistrement, l'acte constatant l'apport d'un bien immobilier réalisé par une société soumise l'impôt sur les sociétés au profit d'une autre société soumise à l'impôt sur les sociétés, nouvellement constituée, est enregistrée gratuitement (CGI, art. 810).

Au regard de la TVA, en cédant l'immeuble, inscrit à son actif immobilisé, la SAS agit en tant que redevable de l'impôt (CGI, art. 256). Toutefois, l'immeuble ayant été achevé depuis plus de cinq ans, sa cession sera soumise à la TVA sur option (CGI, art. 261, 5). Cette option est toutefois préconisée au cas présent car la cession d'un bien immobilisé non soumise à la TVA entraîne une régularisation globale (CGI, art. 207, III, ann. II), si cette opération intervient dans le délai de régularisation de 20 ans.

b) L'opération de rachat à soi-même, via une société interposée n'est pas illégale. Mais si elle poursuit un but exclusivement fiscal (LPF, art. L. 64) ou si elle est réalisée dans le cadre d'un montage non authentique poursuivant un but principalement fiscal (CGI, art. 205 A), elle peut donner lieu soit à la procédure pour abus de droit, soit à un contrôle de l'administration permettant à celle-ci de déclarer l'opération comme lui étant inopposable.

Indépendamment de l'existence d'un éventuel abus, les charges financières supportées par la société holding vont être soumises aux dispositions de l'article 212 *bis* du CGI (s'agissant d'un prêt contracté auprès d'un tiers, l'article 39, 1, 3° du CGI est inapplicable ici). Aux termes de ce texte, les charges financières supportées dans le cadre d'un prêt bancaire ne sont déductibles que dans la limite la plus élevée des deux plafonds suivantes : 3 millions d'euros ; 30 % de l'EBITDA fiscal de la société emprunteuse. S'agissant d'un prêt engendrant des intérêts d'un montant annuel de

420.000 euros, les charges financières seront entièrement déductibles. Ce qui accroît d'autant le risque d'un redressement fondé sur l'article 205 A du CGI, voire l'article L.64 du LPF, si la finalité de l'opération est principalement ou exclusivement fiscale.

c) Dans le cadre de l'impôt sur les sociétés, les déficits réalisés par l'entreprise sont en principe reportable en avant (CGI, art. 209) car ils constituent une charge de l'exercice suivant. Le report en arrière est un régime d'exception qui ne trouve à s'appliquer que si l'exercice précédent était bénéficiaire. Au cas présent, la société MLP Engineering va procéder à un report en avant sur le bénéfice réalisé en 2023. Cette imputation est toutefois plafonnée dans son montant. Elle ne peut se faire qu'à hauteur d'un montant fixe de 1.000.000 euros, augmenté de 50 % de la fraction du bénéfice excédant 1.000.000 euros. Pour un bénéfice 2023 évalué à 1.720.000, le déficit imputable est limité à 1.360.000 euros. Au cas présent, les déficits en report sont d'un montant de 1.450.000 euros. À l'issue de l'imputation réalisée sur le bénéfice 2022, les déficits en report seront donc de 90.000 euros. Le résultat imposable de 2022 sera de 360.000 euros et l'impôt d'un montant de 90.000 euros (l'entreprise n'étant pas éligible au taux réduit de 15 %).

Il est possible de se demander si l'apport de l'immeuble n'est pas susceptible de modifier les possibilités de report. En effet, le report en avant est illimité dans le temps sous réserve de respecter l'identité d'entreprise. En particulier, celle-ci ne doit pas changer d'activité à l'occasion d'une opération de restructuration, ce qui inclut l'apport des éléments d'actifs. En ce domaine, l'article 221, 5 du CGI précise qu'un changement d'activité réelle est caractérisé lorsqu'une opération conduit une entreprise à faire varier de plus de 50 % soit son chiffre d'affaires, soit l'effectif moyen du personnel et du montant brut des éléments de l'actif immobilisé de la société. Par conséquent, en fonction de l'effet produit par le transfert de l'immeuble, ces seuils devront être vérifiés. Toutefois, ils seront sans effet si le transfert de l'immeuble ne conduit pas à un transfert d'activité.

Le déficit restant (90.000) ne peut être imputé sur le revenu des époux Malimposez. La SAS est une société opaque et ses déficits ne peuvent être imputés sur le résultat de ses associés. Il en serait autrement si la SAS était translucide ou si elle était détenue par une autre société soumise à l'impôt sur les sociétés, dans le cadre d'un groupe fiscalement intégré.

d) Les loyers perçus par une société civile immobilière, relevant de l'article 8 du CGI, dans le cadre d'une activité de location d'immeubles nus à des particuliers relèvent du régime des revenus fonciers. Les époux Malimposez, associés de la SCI devront donc déclarer ces loyers et supporter l'impôt sur le revenu sur ceux-ci. C'est le barème progressif de l'impôt qui trouve ici à s'appliquer, sur l'intégralité des loyers, sauf charges foncières déductibles, ce qui n'est pas précisé ici.

Si les époux Malimposez décident d'apporter les parts de la SCI à la SAS (sauf une), le régime fiscal applicable aux loyers ne sera plus le même. En effet, la quote-part de résultat correspondant aux parts détenues par la SAS ne sera plus soumise à l'impôt sur le revenu, mais à l'impôt sur les sociétés (CGI, art. 238 K *bis*).

Si la SCI décidait de distribuer un dividende, la SAS ne pourrait pas bénéficier du régime mère-fille (CGI, art. 145 et 216). Celui-ci implique en effet que la filiale comme la société mère relèvent de l'impôt sur les sociétés, ce qui n'est pas le cas de la SCI.

Pour en bénéficier, il faudrait que la SCI opte pour l'impôt sur les sociétés. Une telle option équivaut toutefois à une cessation d'activité, ce qui signifie que les plus-values latentes sur les deux immeubles seraient taxées. Le mécanisme d'atténuation des conséquences fiscales d'une cessation d'activité ne trouve pas à s'appliquer ici, dès lors que le régime d'imposition en cause est celui des revenus fonciers.

Toutefois, en l'absence de création d'une personne morale nouvelle, la SCI a la possibilité de ne pas subir une taxation immédiate des plus-values si ses immeubles sont inscrits au bilan d'ouverture du premier exercice d'assujettissement à l'impôt sur les sociétés, en faisant apparaître distinctement, d'une part, leur valeur d'origine et, d'autre part, les amortissements et provisions y afférents qui auraient été admis en déduction si la société ou l'organisme avait été soumis à l'impôt sur les sociétés depuis sa création (CGI, art. 202 *ter*, II). Dans ce dernier cas, la plus-value ne sera taxée que lors de la cession du bien en prenant en compte la valeur d'acquisition historique.

e) Si les époux Malimposez décident de donner les parts de la SCI à leur fils Jean, les droits de mutation à titre gratuit seront applicables. En se basant sur la valeur des immeubles (400.000 euros HT et 600.000 euros HT), la valeur globale des donations réalisées par les époux serait donc de 1.000.000 euros. Les parts de la SCI étant des biens communs, ce sont deux donations de 500.000 euros qui seraient ici consenties. Chacune d'elles donnerait lieu à un impôt de 78.194 euros, soit 156.388 euros.

Les conséquences fiscales seraient moindres avec des donations en réserve d'usufruit. Si les époux se contentent de transmettre la nue-propriété des parts de la SCI, leur valorisation sera, en application de l'article 669 du CGI, d'un montant global de 500.000 euros (les parents usufruitiers ayant moins de 61 ans révolus). Les droits de donation seraient alors d'un montant de 28.194 euros, soit 56.388 euros au total. En outre, au décès des parents, l'extinction de l'usufruit n'entraînera aucune conséquence fiscale (CGI, art. 1133).

La transmission des parts de la SAS à Alice en pleine propriété serait coûteuse en raison de la forte valorisation de la société. Les droits de mutation à titre gratuit s'élèveraient à 6.634.788 euros. La charge fiscale pourrait être considérablement atténuée grâce au mécanisme du pacte Dutreil. Sous réserve qu'Alice reprenne l'activité de ses parents et que les conditions de l'article 787 B du CGI soient respectées, la donation à son profit pourrait bénéficier d'un abattement de 75 %. En outre, les donations en pleine propriété réalisées dans le cadre d'un pacte Dutreil avant que les donateurs atteignent l'âge de 70 ans peuvent bénéficier d'une remise de droits à hauteur de 50 % (CGI, art. 790). En d'autres termes et dans ce scénario, la charge fiscale ne serait plus que de 617.394 euros.

Au cas présent, une donation-partage pourrait également être mise en œuvre, notamment pour assurer des lots égalitaires entre les deux enfants et pour éviter toute atteinte à la réserve héréditaire de Jean.

Bibliographie générale

- B. Castagnede, *Précis de fiscalité internationale*, 6e éd., PUF, 2019.
- M. Collet, *Droit fiscal*, 11e éd., PUF, 2023.
- M. Cozian, *Les grands principes de la fiscalité des entreprises*, rééd. LexisNexis, 2015.
- M. Cozian, F. Deboissy et M. Chadefaux, *Précis de fiscalité des entreprises*, 46e éd., LexisNexis, 2022.
- C. David, O. Fouquet, B. Plagnet et J.-F. Racine, *Les grands arrêts de la jurisprudence fiscale*, 5e éd., Dalloz, 2009.
- O. Debat et P. Serlooten, *Droit fiscal des affaires 2021/2022*, Précis Dalloz.
- C. De La Mardière, Droit fiscal de l'entreprise, Larcier, 2022.
- F. Douet, *Précis de Droit fiscal de la famille*, 21e éd., LexisNexis, 2022.
- J. Grosclaude, P. Marchessou et B. Trescher, *Droit fiscal général*, 13e éd., Dalloz, coll. « Cours », 2021.
- D. Gutmann, *Droit fiscal des affaires*, 13e éd., Montchrestien, coll. « Précis Domat », 2022.
- J. Lamarque, O. Negrin et L. Ayrault, *Droit fiscal général*, 4e éd., LexisNexis, 2016.
- A. Maitrot de la Motte, *Droit fiscal de l'Union européenne*, 3e éd., Bruylant, 2022.
- P. Oudenot, *Fiscalité approfondie des sociétés*, 6e éd., LexisNexis, 2022.
- A. Périn-Dureau, *Précis de droit fiscal international et de l'Union européenne*, LexisNexis, 2022.

Index alphabétique

Les chiffres sans crochets renvoient aux numéros de paragraphe du cours. Les chiffres entre crochets renvoient aux définitions des mots dans la rubrique « Quid ».

A

B

E

F

G

H

I

L

M

N

O

P

Q

R

S

T

U

V

Table des matières